⑥ **Karpaten (Lwow): 12 Divisionen (9 Schützenmot., 2 Pz., 1 Artillerie-)**
9 Gebiete der Ukraine: Lwow, Chmelnizki (bis 1954: Kamenez-Podolski) Iwano-Frankowsk (bis 1962: Stanislaw), Rowno, Schitomir, Transkarpaten, Tschernowzy, Ternopol, Wolhynien.
Fläche: 161 200 qkm
Bevölkerung: 11 189 095

⑦ **Odessa: 8 Divisionen (6 Schützenmot., 1 Luftlande-, 1 Artillerie-)**
Unionsrepublik Moldau und Gebiete Odessa, Cherson, Krym, Nikolajew, Saporoschje, Winniza der Ukraine.
Fläche: 200 800 qkm
Bevölkerung: 15 064 000

⑮

⑯

⑪ **Ural (Swerdlosk): 3 Divisionen (2 Schützenmot., 1 Pz.)**
ASSR Komi, Udmurtien, Gebiete Swerdlowsk, Kirow, Kurgan, Perm, Tscheljabinsk der RSFSR.
Fläche: 1 216 000 qkm
Bevölkerung: 18 087 000

⑫ **Turkestan (Taschkent): 7 Divisionen (5 Schützenmot., 1 Luftlande-, 1 Artillerie-)**
Usbekistan, Turkmenistan.
Fläche: 935 500 qkm
Bevölkerung: 19 055 000

⑬ **Mittelasien (Alma-Ata): 7 Divisionen (6 Schützenmot., 1 Pz.-)**
Unionsrepubliken Kasachstan, Kirgisien, Tadschikistan.
Fläche: 3 058 900 qkm
Bevölkerung: 22 715 000

⑭ **Sibirien (Nowosibirsk): 5 Schützenmot., Divisionen**
ASSR Tuwa (s. 1961), Regionen Altai, Krasnojarsk, Gebiete Nowosibirsk, Kemerowo, Omsk, Tjumen, Tomsk der RSFSR.
Fläche: 4 999 300 qkm
Bevölkerung: 15 710 800

⑮ **Transbaikal (Tschita): 11 Divisionen (7 Schützenmot., 3 Pz.-, 1 Artillerie-)**
ASSR Burjatien, Gebiete Tschita und Irkutsk der RSFSR.
Fläche: 4 653 900 qkm
Bevölkerung: 5 439 500

⑯ **Fernost (Chabarowsk): 23 Divisionen (20 Schützenmot., 1 Pz.-, 2 Artillerie-)** Regionen Chabarowsk, Küste, Gebiete Amur, Kamtschatka, Sachalin und Jüdisches Autonomes Gebiet der RSFSR. Die Zugehörigkeit des Gebietes Magadan ist unbekannt.
Fläche: 3 112 700 qkm
Bevölkerung: 5 679 000

Michael Morozow

Die Falken des Kreml

Michael Morozow

Die Falken des Kreml

Die sowjetische Militärmacht von 1917 bis heute

Langen Müller

Bildnachweis: Alle Bilder aus dem Privatarchiv des Autors, außer 1 dpa

Lektorat: H. R. v. Zabuesnig
Umschlaggestaltung: Christel Aumann, München
Vorsatzkarten: Nick Hermanns, München u.
Fink GmbH, München
Satz: Ludwig Auer, Donauwörth
Druck: Druck- und Buchbinderei-Werkstätten May & Co., Darmstadt
Printed in Germany 1982
ISBN: 3-7844-1908-9

Inhalt

TEIL III. EXPANSION

Vorwort

Die Träume der Revolutionäre vergehen schnell. Kein Traum aber zerplatzte so rasch, wie der des – neben Mao Tse-tung – größten Völkerbewegers des 20. Jahrhunderts: Der Traum von der freiwilligen sozialistischen Armee der Arbeiter und Bauern. Die berühmten »Umstände«, die jede revolutionäre Suppe versalzen, waren stärker: Schon ein Vierteljahr nach seiner Machtergreifung in Petrograd mußte Lenin seinen Traum für immer begraben.

Aus dem russischen Bürgerkrieg ging eine geschlossene, hochmütige, sieggewohnte Kaste von Armeeführern hervor, entstanden im Schmelztiegel des Krieges aus kaiserlichen Generalen, den zu Armeechefs aufgestiegenen kaiserlichen Leutnanten und den Heerführern aus dem Volk, Unteroffizieren des Zaren vom Schlage des Reiters Budjonny. Diese Kaste stellte auch die ersten Waffenmeister der Sowjetmacht.

Im Bestreben, die Dominanz der Partei über die Armee im künftigen, letzten Krieg zu verankern, ging Stalin daran, diese Kaste zu vernichten.

Aber wieder waren die »Umstände« stärker: Zum zweiten Mal seit 1918 wurde die deutsche Bedrohung zur Hebamme des militärindustriellen Komplexes in Moskau und die Sieger von 1945 wurden zur privilegiertesten Schicht der »Neuen Klasse«.

Nach einem flüchtigen Intermezzo des vom Wohlstand unter einem raketenbestückten Schirm – ohne Panzer und mit wenigen Generalen – träumenden Chruschtschow, kam 1964 der Mann der Armee und der Rüstung, Leonid Breschnew, an die Macht. Stalins Rüstungsminister Ustinow wurde zwölf Jahre später Breschnews Wehrminister. Die meerübergreifende Expansion nahm ihren Anfang – ob sie ins Stocken geraten ist, steht in den Sternen.

Dies ist der Gegenstand dieses Buches – einer Untersuchung des Aufstieges, Niederganges und des Wiederaufstieges einer der einflußreichsten ›Pressure-groups‹ der gegenwärtigen Welt.

Die Schwierigkeiten, mit Hamburger Bordmitteln, ohne Verbindung zu den Dossiers der Geheimdienste, trotz über zehnjähriger Materialsammlung- und Sichtung, ein solches Unternehmen in Angriff zu nehmen, waren eigentlich unüberwindbar. Ohne den Beschluß von Marschall Gretschko und – nach dessen Tod – von Marschall Ogarkow, ein achtbändiges Werk, die »Militärische Sowjet-Enzyklopädie« innerhalb von vier Jahren vorzulegen, wäre es aussichtslos gewesen, dieses Thema einigermaßen in den Griff zu bekommen. Aus sonst nirgendwo auffindbaren Puzzle-Teilen mühsam zusammengesetzt manifestiert sich dort auf 5334 Seiten in stolzer Selbstdarstellung das Selbstverständnis dieser Kaste.

Naturgemäß nimmt die Vergangenheit in diesem Buch den meisten Platz ein. In 15–20 Jahren, wenn das Wehrministerium in Moskau alle Dokumente über den Zweiten Weltkrieg (in 50 Jahren über die Nachkriegszeit) zur Publikation freigibt – wie es 1969 mit den Dokumenten aus dem Bürgerkrieg geschah –, kann vieles ergänzt und korrigiert werden. Schließlich gibt auch London die Archive erst nach 75 Jahren frei – was soll man da von Moskau erwarten?

Mein Dank gilt aber vor allem Herrn H. R. v. Zabuesnig: Nach seiner Lektoratsarbeit ist es auch sein Buch. Seine Antwort: »Ich kann es nicht bestreiten« auf meine Frage, ob er mit dem Manuskript viel Arbeit hatte, ist eine sehr starke Untertreibung.

Zum Schluß noch ein Wort über die Schreibweise des Namens »Trozki«. Irgendeiner der vielen Biographen war auf die Idee verfallen, daß der »trotzige« Lew Bronstein, der Schöpfer der Roten Armee, sich nach seiner so charakteristischen Eigenschaft genannt und geschrieben hätte. Aber er nannte sich »Trozki« nach einem seiner sibirischen Gefängnisaufseher. Meine Hoffnung auf eine Dauer-Korrektur ist gering – wie bei vielen anderen Details: Geschichts-Enten haben lange Beine.

Mag sein, daß mancher Leser sich über die Kapitelüberschrift, »Die ersten Schritte in der Freiheit«, wundern wird, da bittet der in Stalins Schattenreich aufgewachsene Autor um Nachsicht.

Hamburg, 10. 10. 1982

TEIL I
REVOLUTION

1
Vorgänger

Seltsam: Die größte Militärmacht der Welt zu Beginn der 80er Jahre, die Sowjetunion, begann ihre Geschichte 1917/18 mit einem – vergeblichen – Versuch, sich ihrer Armee zu entledigen.
Wie ihr großes Vorbild, die Französische Revolution von 1789, waren die beiden russischen Revolutionen des Jahres 1917 aus einem schlecht geführten Krieg geboren.
Das Russische Reich, das im Laufe des Ersten Weltkrieges 15,8 Millionen Mann einberufen hatte – mehr als jede andere kriegführende Macht – verlor 2,3 Millionen Mann allein an Toten. Die ruhmreiche Armee des Zaren, ehemals Siegerin über den Schwedenkönig Karl XII. und Mit-Überwinderin Napoleons, war den Anforderungen des beginnenden Zeitalters der Technik in der Kriegskunst nicht gewachsen. Das Fehlen des eigenen Werkzeugmaschinenbaus rächte sich bitter. Mit 1500 schweren Geschützen und 1099 Flugzeugen waren die Russen hoffnungslos hinter den Armeen ihrer Verbündeten zurück, die fast 10000 schwere Geschütze und 5819 Flugzeuge besaßen. Den 12000 für die deutsche Armee im Kriege hergestellten Granatwerfern konnte die russische Armee keinen einzigen eigenen entgegenstellen. Die neue Waffe der Tanks, die das Kriegsgeschehen des 20. Jahrhunderts, revolutionieren sollten, fehlte bei den Russen ebenfalls völlig, während ihre Erfinder, die Briten, zusammen mit den Franzosen, im Laufe des Ersten Weltkrieges schon mit 7000 davon aufwarten konnten. Als die Franzosen 1918 Odessa besetzten und die Rotarmisten zum ersten Mal von den »gepanzerten Monstern« hörten, gingen unter ihnen Gerüchte um, daß die Tanks unverwundbar, absolut zielsicher und sogar fähig seien, den Gegner mit Hilfe »irgendwelcher violetter Strahlen« zu blenden. Als es den Russen 1919 gelang, den ersten Tank, einen »Renault«, zu erbeuten, wurde er dann ja auch Lenin zum Geschenk gemacht.[1]
Und schließlich war auch die russische Kriegsmarine im Japanischen Krieg durch die Katastrophe der Schlacht von Tsuschima 1905, in der 22 von 32 russischen Kriegsschiffen, größtenteils durch Feindeinwirkung, ausschieden, schwer angeschlagen und demoralisiert. Noch ein Jahrzehnt danach konnte Rußland nur 103 Kriegsschiffe (darunter 15

U-Boote) in die Entente einbringen, während Großbritannien und Frankreich mit 538 Einheiten (darunter 104 U-Booten) die Meere beherrschten und die Mittelmächte – Kontinentalstaaten wie Rußland – mit immerhin 312 Einheiten (darunter 34 U-Boote) den Alliierten zu trotzen versuchten. So war die Kampfmoral der Russen auch durch die mangelhafte Versorgung angeschlagen; die Mängel in der Armee-Ausrüstung hingen wiederum mit der allgemeinen Schlamperei, der Unfähigkeit der Staatsbediensteten und der Korruption zusammen, die zuweilen die Grenzen des Verrats streifte. Selbst der von 1909 bis 1915 amtierende Kriegsminister, General der Kavallerie Wladimir Suchomlinow, war in eine solche Affäre verwickelt und im März 1916 verhaftet worden[2]. Je länger der verlustreiche und ruhmlose Krieg andauerte, um so heftiger lehnten fast alle Parteien – nicht nur die Linken – das Regime ab. Miljukow, der Vorsitzende des Zentralkomitees der Partei der Konstitutionellen Demokraten, prägte 1916 in der Staatsduma (Parlament) jenen Satz, der zum geflügelten Wort wurde: »Diese Regierung treibt Landesverrat.«
Unzufriedenheit und Empörung waren in der Armee noch stärker verbreitet als in der russischen Öffentlichkeit – bis hinauf zu den Generalen. Allerdings hatte die Unzufriedenheit der Mannschaften und die der Offiziere verschiedene Beweggründe. Der russische Soldat war ein in Uniform gesteckter Bauer; er strebte eher nach der Umverteilung des schon vorhandenen Landes als nach Eroberung eines neuen – während der Offizier den verlorenen Schlachten nachtrauerte und über die Unfähigkeit der Kriegführung fluchte. Die Soldaten wollten überhaupt keinen Krieg mehr führen, die Offiziere wollten *unter dieser Regierung* keinen Krieg führen. Als die Generalität schließlich Ende Februar 1917 dem Zaren ihre Unterstützung entzog, war die Entscheidung über die Romanow-Dynastie gefallen: Nikolai II. dankte ab – zumal auch seine Alliierten den Wechsel an der Spitze wünschten. England und Frankreich erwarteten von einer reformfreudigeren Staatsmacht an der Spitze Rußlands eine forschere und aktivere Teilnahme an der Kriegführung. So ließen auch sie den Zaren fallen (daß die Deutschen, wenn auch aus anderen Gründen, den Sturz des Zarenhauses wünschten, kann man ihnen verständlicherweise nicht übelnehmen).
So erhofften sich alle etwas von der Revolution: die Soldaten, die Generale, die öffentliche Meinung, die Verbündeten und die Kriegs-

gegner. Am Ende stand Nikolai II. allein. Und Lenin, der vereinsamte Revolutionär im Zürcher Exil? Sein unverrückbarer Glaube, daß dieser Krieg unweigerlich zu *seiner* Revolution führen würde, gehört ebenso zu den Ursachen für den Zarensturz wie verlorene Schlachten, sinkende Kampfmoral, Korruption und das Fehlen einer modernen Rüstungsindustrie.

Zunächst glaubte der von dem Atem der Geschichte in der stillen Schweiz abgeschnittene Parteiführer der Bolschewiki, seit sieben Jahren in der Emigration, nicht einmal an den Kriegsausbruch: Lenin hielt die ersten Kriegsmeldungen in der Schweizer Presse für falsch. Dann aber gab er die Parole aus, daß aus diesem Kriege die Revolution geboren werden müsse. Unermüdlich agitierten die bolschewistischen Redner in der Armee gegen den Krieg, für die Revolution. Ihre Zahl – und die Zahl ihrer Zuhörer – wuchs mit der Dauer des Krieges und der Häufung von Niederlagen der russischen Armee.

Aber auch nach der Abdankung des Zaren am 2. 3.[3] 1917 blieben die Probleme Rußlands ungelöst, seine Lage als kriegführende Großmacht unverändert. Die Soldaten wollten den Frieden – der Rechtsanwalt Alexandr Kerenski, seit 8. 5. Kriegs- und Marineminister, startete im Juni eine Offensive an der Südwestfront. Die Bauern wollten das Land und die Arbeiter die soziale Besserstellung – Kerenski wollte eine »politische, nicht eine soziale Revolution.«[4]

Die Alliierten wünschten eine erfolgreiche russische Kriegführung – Kerenskis Offensive blieb stecken. Trotzdem übernahm Kerenski am 8. 7. obendrein noch die Leitung der Regierung, erst am 30. 8. trat er das Kriegsministerium an den Befehlshaber des Wehrkreises Moskau, Generalmajor Alexandr Werchowski, das Marineministerium an den vormaligen Befehlshaber der Baltischen (Ostsee-)Flotte, Konteradmiral Dmitrij Werderewski, ab, ließ sich aber zugleich zum Oberkommandierenden ernennen.

Der Kriegsgegner Deutschland wollte den Zusammenbruch der Ostfront – russische Truppen banden in der »Kerenski-Offensive« 13 deutsche und drei k. u. k.-Divisionen. Die nationale Frage blieb ungelöst – in Kerenskis Proklamation zur Ausrufung der Republik im September 1917 war von einer Föderation, die die Minderheiten erwarteten, keine Rede.

So gingen nach den in Uniform gesteckten Bauern und Arbeitern auch die dienenden Angehörigen der nationalen Minderheiten nach Hause.

Das Reich, durch Zaren und Kosaken, durch entschlossene Generale und begabte Zarengünstlinge in Jahrhunderten zusammengetragen, begann zu zerfallen – mit ihm die kaiserlich-russische Armee.
Die »Demokratisierung«, d. h. die Auflösung der alten Armee, begann am 15. 3. 1917 auf »Befehl Nr. 1« des Petrograder Sowjet mit der Gründung des ersten »Soldatenkomitees aus gewählten Vertretern der unteren Dienstgrade«. Innerhalb von zwei Monaten wurden in der Armee ca. 50 000 solcher Komitees gewählt, denen ca. 300 000 Repräsentanten angehörten. Die Auflösung der kriegführenden Armee Rußlands war im Sommer 1917 in vollem Gange.
Dieser Auflösungsprozeß konnte sich im dynamischen Revolutionsjahr 1917, in dem sich viele Spannungen, die jahrhundertelang gereift waren, innerhalb von einigen Monaten, ja Tagen entluden, nur deshalb mit einer solch atemberaubenden Geschwindigkeit vollziehen, weil ein Teil des Offizierskorps sich mit den Soldaten solidarisierte. Im Gegensatz zu dem preußischen Dienstadel war der russische Adel, aus dem sich das Offizierskorps rekrutierte, seit 1762, dem blutigen Machtantritt der deutschen Prinzessin Sophie von Anhalt-Zerbst, die sich in Rußland Jekaterina II. nannte, an keine Verpflichtungen gegenüber dem Zarenhaus gebunden. Die von der Zarin am 21. 4. 1785 unterschriebene »Verkündigung über die Rechte, Freiheiten und Privilegien des wohlgeborenen russischen Adels« (sogenannte »Gnadenurkunde des Adels«) verlieh diesem Vorrecht – mit dem die Kaiserin ihren Dank für die Ermordung ihres Gatten Pjotrs III. abtrug – die Kraft eines Gesetzesaktes.
So war das zu Beginn der 30er Jahre des 17. Jahrhunderts entstandene russische Offizierskorps, durch Pjotrs I. Rangtabelle vom 24. 1. 1722 in »Oberoffiziere« (vom Leutnant bis zum Hauptmann) und »Stabsoffiziere« (vom Major bis zum Obersten) geteilt, weniger dem Herrscher als seiner eigenen Herkunft aus dem Adel verpflichtet. Umgekehrt: Stieg jemand aus dem Mannschaftsstand zum Offizier auf, so wurde er in den Adelsstand erhoben.
Der adlige russische Offizier (der, soweit er in St. Petersburg stationiert war, schon zwischen 1725 und 1741 vier anderen Damen zum Thron verholfen hatte – und 1801 auch Jekaterinas Enkel Alexandr I.) war mancher Willkür der Selbstherrscher auf dem Zarenthron ausgesetzt – aber auch hier galt die Orwellsche Entdeckung, daß einige Tiere gleicher als andere seien.

Der Adlige war frei geboren und lebte auf seinen Gütern oder (häufiger) in Paris, Wiesbaden oder Baden-Baden. Wollte er dienen, so diente er, hatte er keine Lust mehr dazu, so nahm er seinen Abschied. Sein Französisch war oft besser als sein Russisch; da er viel Zeit hatte und lesen und schreiben konnte, war er den neuen Ideen gegenüber meist aufgeschlossener als die Angehörigen anderer Stände. So war dann auch die erste Erhebung eines nichtbäuerlichen Standes in der Geschichte Rußlands die Meuterei der Offiziere in St. Petersburg 1825, mit dem Ziel einer konstitutionellen Monarchie. Erst 1874 gab Alexandr II. die Offizierslaufbahn für »alle Stände des Reiches« frei. Der Erste Weltkrieg kumulierte vage soziale Vorstellungen und die Unzufriedenheit mit der eigenen Lage mit der Empörung über die Niederlagen, schlechte Kriegführung, mangelhafte Ausrüstung und die Korruption in den Regierungskreisen.

So war es kein Zufall, daß nicht nur die unteren Dienstgrade in die Soldatenkomitees gewählt wurden: An der West- und der Südwestfront kamen auf 130 000 Soldaten in den Komitees über 16 000 Offiziere und Militärbeamte. So mancher Oberst der Zarenarmee begann in jenem stürmischen Sommer 1917 seine Karriere für die Sowjetmacht als gewählter Komitee-Vertreter seiner Einheit.

Lenins wachsende Mitarbeiterzahl leistete diesem Prozeß kräftig Vorschub: Schon am 31. 3. 1917 konstituierte sich in Petrograd eine »Militärische Organisation der Petrograder Garnison«, die im April in eine »Militär-Organisation beim ZK« umgewandelt wurde. Eine »1. Gebietskonferenz« der Partei in Helsinki im September wurde bereits mit den Vertretern von 9000 Armee-Bolschewiken beschickt. Wenn längst nicht alle Offiziere mit Lenins Agitatoren sympathisierten, so ließ man sich doch in jenem Jahr der großen Worte – und Lenins Revolution war eine Revolution des gesprochenen und gedruckten Wortes gewesen, tausendfach in die Hirne der Massen eingehämmert – gerne überreden: Wie etwa jene Radfahrer-Kompanie, die sich in der Nacht der Machtergreifung Lenins und Trozkis überreden ließ, von den Rädern abzusteigen, statt den belagerten Kerenski-Ministern im Winterpalais zu Hilfe zu eilen. Nach einer zündenden Rede des bolschewistischen Agitators kehrten die bewaffneten Radfahrer in ihre Kaserne zurück. Demgemäß verlief auch die Machtergreifung fast unblutig (dies geben sowjetische Quellen auch zu): sechs bis acht Verteidiger kamen ums Leben.

Folgerichtig stehen zu Beginn der Geschichte des Sowjetstaates auch vier hohe Offiziere des Zaren als Paten und Geburtshelfer: Generalmajor Werchowski, Konteradmiral Werderewski, General der Infanterie Tscheremissow und Generalleutnant Bontsch-Brujewitsch. Die ersten drei haben durch die Verweigerung Kerenski gegenüber die Revolution ermöglicht und gerettet, der vierte wurde zum Mitbegründer der Roten Armee.
Kriegsminister Werchowski hatte vorgeschlagen, die Armee zu demobilisieren und Rußlands Austritt aus dem Krieg zu erklären. Wegen der Ablehnung seiner Forderungen trat er drei Tage vor Lenins Machtergreifung zurück; 1919 trat er in die Rote Armee ein.
Werderewski lehnte es schon als Befehlshaber der Baltischen Flotte ab, die Kriegsmarine in die Parteienkämpfe nach dem Sturz des Zaren zu verwickeln und wurde dafür von Kerenski vor Gericht gestellt. Als Marineminister trat er – einen Tag vor der Oktoberrevolution – zurück, kam aber nicht mehr dazu, Kerenski sein Rücktrittsgesuch zu überreichen. Er emigrierte und enthielt sich im Exil jeglicher politischer Tätigkeit.
Tscheremissow, in der Kerenski-Offensive erfolgreich, kommandierte seit September die Nordfront. Während der Oktobertage, als das Schicksal der Regierung Lenin an einem sehr dünnen Faden hing, gab Tscheremissow an seine Truppen den Befehl, den vorrückenden Kerenski nicht zu unterstützen. So war der Versuch des sofortigen Gegenschlages auf Petrograd zum Scheitern verurteilt; Kerenski floh zu den Donkosaken.
Die Beweggründe Tscheremissows für seinen Entschluß, Lenin und den Seinen eine Chance zu geben, sind nicht bekannt. Auch sein weiteres Schicksal bleibt im dunkeln: Nachdem er Lenin gerettet hatte, quittierte er sogleich den Dienst und setzte sich nach Kiew ab. Im darauffolgenden Jahr emigrierte er und verschwand für immer – weder der Zeitpunkt noch der Ort seines Todes sind bekannt geworden. In der UdSSR gibt es kein Denkmal für den Zarengeneral Wladimir Tscheremissow; erst 60 Jahre nach den Ereignissen entschloß sich die »Große Sowjet-Enzyklopädie«, seine Rolle in der Oktoberrevolution mitzuteilen.
Michail Bontsch-Brujewitsch, wie Werchowski und Tscheremissow Absolvent der kaiserlich-russischen Generalstabsakademie, war 1917 Brigadekommandeur der 55. Infanteriedivision im Range eines Gene-

ralmajors[5]. Als Stabschef der Nordfront war Bontsch-Brujewitsch 1915/16 bereits Generalleutnant; der Grund für die Zurückstufung ist unbekannt. Unter den Provisorischen Regierungen war Bontsch-Brujewitsch Vorgänger Tscheremissows als Befehlshaber der Nordfront, während der Oktobertage war er Garnisonschef von Mogiljow, dem Sitz des Großen Feldhauptquartiers.
Von der Sowjetmacht wieder zum Generalleutnant befördert, wurde er 1917/18 der erste sowjetische Chef des »Stabes des Oberkommandierenden«, 1919 Chef des »Feldstabes des Revolutionären Kriegsrates«. 1944 wurde der nunmehr 74jährige, der nie der Partei angehört hatte, zum dritten Mal zum Generalleutnant befördert – diesmal vom Obersten Befehlshaber Stalin.
Michail Bontsch-Brujewitschs jüngerer Bruder Wladimir, der den väterlichen Beruf eines Moskauer Landvermessers ergriffen hatte, war der engste Vertraute Lenins. Seit 1895 in der revolutionären Bewegung, verwaltete er vor der Revolution die Kasse, das Archiv, die Bibliothek und den Verlag von Lenins Partei; 1917/20 erfüllte er als Geschäftsführer der Regierung unzählige vertrauliche Aufträge Lenins. Demnach war unmittelbar nach Lenins Machtübernahme die Leitung des Regierungs- und des Armee-Apparates in der Hand der beiden Brüder. So spaltete sich das militärische Establishment des untergegangenen Zarenreiches in den darauffolgenden vier Jahren des Bürgerkrieges in »weiße« und »rote« Generale. Den Generalen Krasnow, Kaledin, Denikin, Judenitsch, Wrangel, Admiral Koltschak und anderen an der Spitze der »weißen« Armeen standen die Generale Bontsch-Brujewitsch, Rattel, Swetschin, Samoilo, Kostjajew und Lebedew an der Spitze des Stabes der »Arbeiter- und Bauern-Roten Armee« sowie die Admirale Altvater und Nemitz an der Spitze der »Arbeiter- und Bauern-Roten Flotte«. Selbst der in der Revolutionsnacht verhaftete Nachfolger Werchowskis als amtierender Kriegsminister, General der Artillerie Alexej Manikowski, im Weltkrieg Chef der Artillerie der Russischen Armee, blieb in der Roten Armee in der gleichen Funktion, bis er 1920 bei einem Zugunglück ums Leben kam.

2
Auflösung

Nach Lenins Machtübernahme am 7. 11. 1917 und seiner ersten Regierungsbildung in der darauffolgenden Nacht sollte es keine Armee mehr geben – keine Ränge und Dienstgrade, keine Orden, Beförderungen und Degradierungen. Lenin schwebte eine freiwillige proletarische Miliz vor, nur den ausgebeuteten Klassen der russischen Gesellschaft geöffnet. Daß die Armee am radikalsten reformiert werden sollte, zeigte sich schon bei der Regierungsbildung in der Nacht des 8./9. 11.

Die neuen Bezeichnungen für die Minister – die nunmehr »Volkskommissare« heißen – sollten den ersten Schritt zum Bruch mit der alten Verwaltung darstellen; die Rangtabelle Pjotrs I. wurde am 23. 11., die militärischen Ränge am 16. 12. 1917 abgeschafft.

Die Volkskommissare sollten die ihnen von Lenin gestellte widersprüchliche Aufgabe erfüllen: Einerseits sollten sie den alten Apparat zerschlagen (aber die Willigen unter den alten Beamten zunächst weiter beschäftigen), andererseits auf den Grundlagen des alten einen neuen Apparat aufbauen. So standen die neuen bolschewistischen Minister gewissermaßen außerhalb ihres Arbeitsbereichs, den sie zugleich zerschlagen und neu formen sollten. Sie nannten sich dann auch nicht etwa »Volkskommissar für Finanzen«, sondern »Volkskommissar für das Finanzministerium«.

Lenin am 15. 11. 1917:

»Die Sowjetregierung bleibt in Smolny (dem ZK- und Regierungssitz der Bolschewiki in Petrograd). Die Volkskommissare verlegen unter Hinweis auf die Dauer ihrer Präsenz dort ihre Arbeit in die entsprechenden Ministerien. Abends finden sich die Volkskommissare wieder in Smolny ein, um sich zu beraten und um Kontakte zu anderen demokratischen Organisationen zu pflegen«.[1] Die Ministerien sollten von einem »Kollegium« verwaltet werden. Dies war zunächst kaum zu verwirklichen – schon weil nicht genügend geeignete Genossen dafür zu finden waren. Bei der Armee jedoch versuchte man es gleich von Anfang an mit drei Männern, die das »Komitee für Kriegs- und Marine-Angelegenheiten« bildeten: den Ukrainern Nikolai Krylenko, Wladimir Antonow-Owsejenko und Pawel Dybenko. Krylenko war 32,

Antonow-Owsejenko 34, Dybenko 28 Jahre alt. Dieses jugendliche Alter der neugebackenen Minister war im Revolutionsjahr nicht unüblich: Ihr Vorgänger als Kriegsminister, Generalmajor Werchowski, war 30 Jahre alt, Lenins Vorgänger Kerenski mit 36 Jahren elf Jahre jünger als Lenin. Die Kriegstroika rangierte weit unten in der Parteihierarchie der Bolschewiki: Keines ihrer Mitglieder gehörte dem Zentralkomitee der Partei an. Dies war 1917/18 von größter Bedeutung; den ZK-Beschlüssen des ersten Jahres gingen Diskussionen und Kampfabstimmungen voraus, bei denen jede Stimme zählte.
Von den drei Komiteemitgliedern war nur Krylenko ein »Altbolschewik«: Er gehörte der Partei seit 1904 an. Antonow-Owsejenko war zwar der einzige unter Lenins ersten Kabinettsmitgliedern, der in der Zarenzeit zum Tode verurteilt wurde, aber als Menschewik (die Strafe wurde in 20 Jahre Zuchthaushaft umgewandelt); Bolschewik wurde Antonow-Owsejenko erst im März 1917. Seine Aufnahme in die Regierung war eine Konzession Lenins an Trozki: Antonow-Owsejenko, der als Sekretär des »Militärisch-Revolutionären Komitees des Petrograder Sowjet« die Kerenski-Minister im Winterpalais abgesetzt und festgenommen hatte, blieb auch im folgenden Jahrzehnt einer der einflußreichsten Anhänger Trozkis.
Immerhin waren zwei der »Kriegsminister« des Oktober 1917 mit den Zuständen in der Armee vertraut. Krylenko, von Hause aus Jurist (und mit der Juristin Jelena Rosmirowitsch verheiratet), war seit April 1916 bei der Armee des Zaren – als Fähnrich. Dybenko diente seit 1911 in der Baltischen Flotte, zuletzt als Verpflegungs-Unteroffizier auf dem Schlachtschiff »Petropawlowsk«. Seine Ernennung zum Mitglied der Kriegs-Troika (mit der Zuständigkeit für die Marine) war unumgänglich: Dybenko war einer der Organisatoren des »Zentralkomitees der Baltischen Flotte«, im Mai/Juni und im Oktober 1917 sogar sein Vorsitzender. Nun stand er dem »Obersten Marinekollegium« vor.
Die Flotte war aber der radikalste Teil der Streitkräfte, in dem zum Teil sehr intensive anarchistische Vorstellungen herrschten. Die Radikalität ging allerdings auch da nur soweit, als man den Offizieren, die den Vorstellungen des radikalen Teiles der Matrosen von einem »Dienst in einem freiwilligen Vertragsverhältnis« nicht folgten, anzudrohen pflegte, man würde sie degradieren und als Heizer in den Kesselraum stecken. Der hünenhafte, bärtige Dybenko war damals mit Lenins Wohlfahrtsministerin Alexandra Kollontai, Tochter eines

Zarengenerals, liiert (was Stalins unverhohlenen Neid nach sich zog)[2]. Lenins erste Regierung bestand nur eine Woche, ehe sie auseinanderbrach und nach mühsamen Verhandlungen mit den linken Sozialrevolutionären in die einzige Koalitionsregierung der sowjetischen Geschichte einmündete. Die »Kriegstroika« bestand nur einen Tag. Schon am Tage nach der Regierungsbildung wurde der 37jährige Nikolai Podwoiski zum vierten Mitglied des »Kriegs- und Marine-Komitees« bestimmt.

Als Vorsitzender des »Militärisch-Revolutionären Komitees« des Petrograder Sowjet war Podwoiski in jener ersten Woche nach der Machtergreifung der eigentliche Herr Petrograds. Seine faktische Macht überstieg die Macht der »außerhalb ihrer Ämter« fungierenden Minister bei weitem: Neben der im Felde stehenden Armee verfügte er als einziger über Waffen und Bewaffnete. Obwohl seit 1901 in der Partei, gehörte er ebenfalls nicht dem ZK an. Vor der Revolution wurde Podwoiski fünfmal verhaftet, bei der Niederwerfung einer Eisenbahnerdemonstration siebzehnmal durch Kosakenhiebe verwundet. Im Petrograd der Oktobertage wurde er zum ersten militärischen Organisator der Bolschewiki: Der Plan der Erstürmung des Winterpalais stammte von ihm.

Als Vorsitzender des am 29. 10. gegründeten Militärisch-Revolutionären Komitees des Sowjet von Petrograd hatte Podwoiski die legale Möglichkeit, Waffen an Gesinnungsgenossen unter den Arbeitern der Petrograder Betriebe zu verteilen, um die Hauptstadt im Falle eines deutschen Angriffs verteidigen zu können. Das war der offizielle Vorwand für die Gründung der »Roten Garden«, deren Tradition auf die Revolution von 1905 zurückging; in Petrograd gab es im Oktober 1917 über 20 000 Rotgardisten, im ganzen Land etwa 200 000.

Das Komitee war eine Erfindung des 26jährigen Feldschers Pawel Lasimir, eines linken Sozialrevolutionärs. Lasimir war auch der erste Komiteevorsitzende – ehe er vom Bolschewiken Podwoiski abgelöst wurde. Die Machtergreifung der Bolschewiki funktionierte dann auch unter Podwoiskis Leitung reibungslos. Trozki, am 6. 10. zum Vorsitzenden des Petrograder Sowjet gewählt, gehörte dem Komitee als Mitglied an.

Lenin scheint Podwoiski mehr zugetraut zu haben als den anderen »Kriegsministern«: Am Morgen des 9. 11., einige Stunden nach der Regierungsbildung, rief Lenin Podwoiski zu sich und erklärte ihm: »So

wie das Komitee konstruiert ist, werden Antonow-Owsejenko, Dybenko und Krylenko wohl kaum allein zurechtkommen.«
Auch als Kerenskis Truppen auf Petrograd vorrückten, zog Lenin Podwoiski den anderen »Kriegsministern« vor: Der am 8. 11. zum Oberbefehlshaber des Petrograder Wehrkreises ernannte Antonow-Owsejenko wurde drei Tage später durch Podwoiski ersetzt, der sogleich weitere »Rote Garden« aufzustellen begann, indem er noch mehr Arbeiter der Petrograder Betriebe bewaffnete.
Der Befehl Tscheremissows, Kerenski nicht zu unterstützen, entspannte die Lage. Gleichzeitig schlugen Podwoiskis Bewaffnete einen Kadettenaufstand in Petrograd nieder. So retteten ein General des Zaren und ein »magerer, bärtiger Zivilist« (Revolutions-Chronist John Reed über Podwoiski) Lenins Revolution.
Nun konnte das – mit der Ernennung Podwoiskis in einen »Rat der Volkskommissare für Kriegs- und Marine-Angelegenheiten« umbenannte – Kriegskomitee an die Aufgabe gehen, die Armee aufzulösen.
Die Armee war im November 1917 acht Millionen Mann stark. Der am 16. 11. bestellte Oberkommandierende der Feldarmee, Generalleutnant Nikolai Duchonin, bislang Stabschef Kerenskis, weigerte sich jedoch, in sofortige Waffenstillstandsverhandlungen mit den Deutschen und Österreichern einzutreten (daß ohne einen Friedensschluß mit dem Kriegsgegner keine Auflösung der Armee möglich sei, war den Bolschewiken selbstverständlich klar).
Nach einem erregten Telefongespräch mit Duchonin in dessen Hauptquartier Mogiljow, setzte Lenin am 22. 11. den Oberkommandierenden fernmündlich ab und ernannte augenblicklich Krylenko zu dessen Nachfolger. Duchonin selbst sollte nach Petrograd gebracht werden. Als er am 3. 12. in den Zug steigen wollte, wurde er von der Menge der Soldaten und Matrosen am Bahnsteig ermordet.
An demselben 22. 11. 1917, an dem Lenin den Oberkommandierenden abgesetzt hatte, leitete der letzte amtierende Kriegsminister Manikowski eine Versammlung der Angestellten im Kriegsministerium, in Anwesenheit Podwoiskis und Krylenkos.
Hier scheint es den beiden Seiten zum ersten Mal klargeworden zu sein, daß weder Sabotage der Anordnungen der neuen Regierung einerseits noch ein radikales Fallenlassen der Feldarmee andererseits durchführbar waren. Generalleutnant N. M. Potapow, von den Bolschewiki zum Geschäftsführer des Kriegsministeriums ernannt:

»Die überwiegende Mehrheit der Angestellten der Hauptverwaltungen ist sich völlig im klaren, daß, solange eine Streitmacht von zehn Millionen Menschen an der Front steht, von einer Unterbrechung der Versorgung dieser Menschen mit dem Lebensnotwendigen nicht die Rede sein kann.«[3]

Von dieser Versammlung an arbeiteten die alten und die neuen Herren im Kriegsamt »im engsten Kontakt« (Potapow) miteinander – wenn es auch dabei nicht ohne »Mißverständnisse« abging: General Manikowski wurde zehn Tage später – wieder – verhaftet, weil er sich geweigert hatte, die Wählbarkeit der Offiziere im Wehrkreis Moskau einzuführen.

Aber das war damals üblich und dauerte im Falle Manikowskis auch nicht lange: Bald konnte er seinen alten Posten eines Chefs der Hauptverwaltung (HV) Artillerie im Ministerium wieder einnehmen. Der »Rat der Volkskommissare für Kriegs- und Marine-Angelegenheiten« wurde in das »Volkskommissariat für Kriegs-Angelegenheiten« umbenannt, die erste Andeutung auf dem dornigen Weg der Erkenntnis, daß in Militärsachen nur einer bestimmen kann.

Dieser eine Mann sollte zunächst Podwoiski werden, zumal sein Militärisch-Revolutionäres Komitee, das sich immer intensiver mit der Jagd auf Konterrevolutionäre, Saboteure und Spekulanten beschäftigte, am 5. 12. 1917 aufgelöst und durch die Staatspolizei »Tscheka«[4] ersetzt wurde.

Am 28. 12. unterschrieben Lenin, Krylenko und Podwoiski die beiden Dekrete, die die Auflösung der alten Armee besiegeln sollten:

Alle Ränge und Dienstgrade, »vom Gefreiten bis zum General«, sowie alle Orden und Auszeichnungen wurden abgeschafft. Die »Armee der Russischen Republik« sollte fortan aus »freien und gleichen Bürgern« bestehen, die den »Ehrenrang der Soldaten der revolutionären Armee« tragen sollten. Ein Soldatenkomitee sollte die Macht in jeder Einheit übernehmen. Alle Kommandeure sollten wählbar sein; bis zum Regimentskommandeur durch eine Vollversammlung der Einheit, darüber – bis zum Oberkommandierenden – durch einen vom entsprechenden Komitee einzuberufenden Kongreß.

Einen Tag vor diesem Beschluß bestätigte ein Armeekongreß nachträglich die Ernennung Krylenkos zum Oberkommandierenden. Nun strebte das Chaos in der sich auflösenden Armee seinem Höhepunkt zu: Kompetenzstreitigkeiten zwischen den gewählten Kommandeuren

und den Komitees, die jeden Befehl bestätigen sollten, nahmen kein Ende.
Der Versuch, eine Armee aufzulösen, wäre schon in Friedenszeiten in einem Land von der Größe Rußlands reiner Wahnsinn. Im Krieg kam es dem Selbstmord eines Staatswesens gleich.
Denn der Krieg dauerte an, Lenins Aufruf zum Abschluß eines sofortigen Waffenstillstandes und dem Beginn der Friedensverhandlungen verhallte bei den Verbündeten Rußlands unerwidert. Am 22. 12. 1917, acht Tage nach dem Abschluß eines Waffenstillstandes mit den Deutschen in Brest-Litowsk, begann der Außenminister Trozki dortselbst mit den separaten Friedensverhandlungen.
Die ausgemergelte, kampfunwillige Russische Armee war jedoch nicht gewillt zu warten, zumal der Wille der Bolschewiki, alle Dienstgrade wählbar zu machen, die Offiziere endgültig demoralisierte: Sie hielten die fahnenflüchtigen Mannschaften nicht mehr auf. Zwischen dem 1. 10. und dem 16. 12. 1917 wurden 11% der Armee demobilisiert, die Zahl der »Bajonette« (d. h. der Infanteristen) verminderte sich jedoch um 26%.
An dem Tag, an dem Trozki mit den Friedensverhandlungen in Brest-Litowsk begann, meldete der Oberkommandierende Krylenko, die Truppen der Rumänischen Front seien dabei, ihre Stellungen »fast ausnahmslos und unaufhaltsam« zu verlassen.
Eine Sondersitzung des »Kollegiums des Kriegsministeriums« wurde am Abend des gleichen Tages einberufen. Die alten Offiziere des kaiserlichen Generalstabes nahmen daran teil – aber auch Lenin.
In dieser Sitzung mußte der große Revolutionär seinen Traum von der »Volksarmee« begraben. Die Generale des Zaren »überzeugten«[5] ihn, daß eine neue stehende Armee zur Verteidigung des Landes aufgebaut werden mußte. Eiligst begann man in den Wehrkreisen Petrograd und Moskau 300 000 Mann auszuheben, um aus ihnen, bis zur Gründung einer neuen Armee, zehn Armeekorps der »Roten Garde« zu bilden.
»So zwang das Leben die Bolschewiki, eine radikale Wendung in ihrer Militärpolitik zu vollziehen.«[6]
Im Januar 1918 wurde das Kriegsministerium in ein Kriegs- und ein Marineministerium aufgeteilt, mit Podwoiski an der Spitze des einen Ministeriums und Dybenko an der Spitze des anderen. Zugleich begann Podwoiski mit der Aufstellung der Roten Armee als Vorsitzender des »Allrussischen Kollegiums« für ihre »Organisation und Formie-

rung« – womit die Aufgabe der Kriegs-Troika in ihr Gegenteil verkehrt wurde.
Es dauerte nicht mehr lange, bis die Frage gestellt werden sollte, woher man die Offiziere und Kommandeure für die »neue« Armee nehmen sollte. Diese Frage beantwortete der neue Kriegsminister Trozki, indem er sofort mit der Eingliederung des alten Offizierskorps begann.

3
Neubeginn

Trozkis Wandlungen 1917/18 sind erstaunlich. Als Menschewik kommt er im Mai 1917 nach sieben Jahren des Exils in Petrograd an. Als ZK-Mitglied der Bolschewiki führt er die Oktoberrevolution durch. Als erster Außenminister Sowjetrußlands leitet er im Januar 1918 die Friedensverhandlungen in Brest-Litowsk ein. Als Erfinder der unmöglichen Formel »Weder Krieg noch Frieden« erhält er im gleichen Monat im ZK die Mehrheit gegen Lenin und bricht die Verhandlungen im Februar ab. Als Gegner der Friedensbedingungen ermöglicht er Lenin durch seine Stimmenthaltung im gleichen Monat den schändlichen Frieden von Brest-Litowsk und tritt als Außenminister zurück – um im März Kriegsminister zu werden.
Bereits sieben Tage vor seiner Ernennung zum Kriegsminister und Vorsitzendem des Obersten Kriegsrates, am 21. 3. 1918, ruft Trozki die Offiziere des Zaren zum Eintritt in die Rote Armee auf. Auf militärischem Gebiet müsse »ihnen das entscheidende Wort überlassen werden«.
Daß die Bolschewiki, deren wichtigste Figur in jenem Jahr neben Lenin eben der sich ständig wandelnde Trozki war, zu dieser Erkenntnis kamen, war das Verdienst der Deutschen.
Denn die deutschen Armeen marschierten unaufhaltsam vorwärts, während die Russen der Auflösung der »demokratisierten«, demoralisierten und desertierenden Armee nur noch mit weiteren Demobilisierungs-Befehlen und der gleichzeitigen Aushebung von Freiwilligen für die neue Rote Armee zuvorzukommen versuchten. So geschah es, daß Lenin sich am 15. 1. 1918 entschloß, die Rote Armee zu gründen (nicht ohne den Rest seines Traumes als Wechsel auf die Zukunft in das Gründungsdekret einzubringen: » . . . in der nächsten Zukunft wird die stehende Armee durch Bewaffnung des ganzen Volkes ersetzt . . . «), am 16. 1. die Demobilisierung der Einberufungsjahrgänge 1904/1907 anordnete und am 17. 1. die Brester Verhandlungen wiederaufnahm. Die Deutschen indessen rückten weiter vor, bis Pskow, der letzte Eisenbahnknotenpunkt von Petrograd, am 22. 2. in Gefahr geriet – und mit ihm die Hauptstadt selbst.
Die Demobilisierung der alten Armee wurde an jenem 22. 2. 1918

gestoppt – fünf Minuten vor zwölf. Der nächste Tag, der 23. Februar, wird in der Sowjetunion auch heute noch als der »(Gründungs-)Tag der Roten Armee« gefeiert. In Wirklichkeit lief der Gründungsprozeß schon in der vierten Woche – nur daß man jetzt deutlich erkannte: Ohne die alten Kader und mit nur gewählten Kommandeuren ging es nicht.
Jedoch: Als Lenin, Dybenko, Krylenko, Podwoiski und weitere drei Volkskommissare (darunter zwei linke Sozialrevolutionäre als Koalitionspartner) am 15. 1. 1918 das Gründungsdekret der »neuen Armee unter dem Namen ›Arbeiter- und Bauern-Rote Armee‹« unterzeichneten, wurde noch nicht an eine Kaderarmee gedacht.
Die Überraschung, daß Lenin sich entschlossen habe, nun doch eine Armee zu gründen, war ohnehin groß: Selbst Podwoiski, der über alle Projekte dieser Art unterrichtet war, schreibt: »Überraschend für mich, brachte Wladimir Iljitsch (Lenin) den Vorschlag ein, keine allgemeine Debatte mehr zu entfachen, da die Schaffung der Roten Armee eine Tatsache und ... jetzt nur noch eine genaue Formulierung der Anweisungen der Leitung nötig sei.«[1]
Die Formulierung lautete dann auch: »Die Arbeiter- und Bauern-Rote Armee wird ohne Zwang und Gewaltanwendung geschaffen: Sie wird nur aus Freiwilligen aus der Reihe der besonders bewußten und organisierten Elemente der werktätigen Massen bestehen.« Ein Hinweis auf die »Unterstützung der kommenden sozialistischen Revolution in Europa« durfte natürlich nicht fehlen.
Als der Oberkommandierende Krylenko zwei Wochen danach, am 30. 1. 1918, zur Bildung einer »freiwilligen volkssozialistischen Armee« aufgerufen hatte, wurde auch die Kaiserlich-Russische Kriegsmarine zur »Arbeiter- und Bauern-Roten Flotte« auf Freiwilligen-Basis mit Vertragsabschluß erklärt, der Eid durch die Unterzeichnung eines Arbeitskontraktes ersetzt.
Drei Wochen danach zwangen die Deutschen Lenin und Genossen zur Einstellung der Demobilisierung der alten Klassen-Armee. Und als Trozki 25 Tage nach der Unterzeichnung des Brester Friedens, am 28. 3. 1918, zum Nachfolger des »Militärquartetts« ernannt wurde, dauerte es nicht mehr lange, bis er, der große Revolutionär, mit der Billigung des großen Revolutionärs Lenin, die Rückkehr zu den Normalzuständen einzuleiten begann.
In diesen Wochen des Überganges von der alten zur neuen Armee

(teilweise mit den gleichen Offizieren, Unteroffizieren und Mannschaften) verschwanden die ersten Kriegskommissare aus der Regierung Lenin. Antonow-Owsejenko ging in die Ukraine, um gegen die Truppen der ukrainischen »Zentralrada«, einer nationalistischen, von den Deutschen ausgehaltenen Regierung zu kämpfen; im März wurde er zum »Oberkommandierenden der Sowjettruppen im Süden Rußlands« ernannt. Mit der Bildung des Obersten Kriegsrates und der Auflösung des Feldhauptquartiers verlor auch Krylenko den Posten des Oberkommandierenden und ging, von seiner Frau Jelena Rosmirowitsch nachdrücklich dazu ermuntert, in den erlernten Beruf eines Juristen zurück.

Die »Riesengestalt des Matrosen Dybenko, bärtig und gelassen«[2] verstand die Welt nicht mehr: Der Unteroffizier zur See, der in seinen besten (Revolutions-)Tagen von den begeisterten Matrosen zur Beförderung zum Admiral (oder zumindest zum Kapitän I. Ranges/Fregattenkapitän) vorgeschlagen worden war – was er bescheiden ablehnte[3] – mußte machtlos zusehen, wie sein »ZK der Baltischen Flotte«, in dem immer noch über »Dienst auf Vertragsbasis« diskutiert wurde, Anfang März aufgelöst wurde.

Nach dem Brester Frieden trat er aus der Regierung aus und zog auf eigene Faust in den Krieg gegen die Deutschen, mit denen man gerade den Frieden geschlossen hatte.

Lenin ließ ihn aus der Partei ausschließen und verhaften, gewährte aber dem Mitstreiter der ersten Stunde die – damals nicht unübliche – Gnade: Dybenko wurde von seinen »proletarischen Richtern« freigesprochen, und wieder in die Partei und Armee aufgenommen.[4] Schon im Sommer durfte er wieder gegen die Deutschen in der Ukraine im Untergrund kämpfen. Im August 1918 von den Deutschen gefangengenommen und zwei Monate später gegen kriegsgefangene deutsche Offiziere ausgetauscht, kämpfte Dybenko weiter – allerdings nie mehr bei der Flotte.

Podwoiski blieb vorerst in der Spitze des Ministeriums Trozkis »Haupthelfer« (so Stalin ein Jahr nach der Revolution in einem Jubiläumsartikel der »Prawda«), bis er von Efraim Skljanski verdrängt wurde. Der Medizinstudent Skljanski, wie Trozki einer jüdischen Familie in der Ukraine entstammend, war damals 26 Jahre alt. Im April 1916 einberufen, diente er als Soldat, dann als Regimentsarzt. Während der Revolutionstage war Skljanski, Parteimitglied seit 1913, einer

der bolschewistischen Kommissare der Stawka[5] in Mogiljow. Er wurde Trozkis militärischer Schatten, einer jener unentbehrlichen Stellvertreter, ohne die kein echter Chef je auskommen kann.
Schon vor seiner offiziellen Bestallung zum Kriegsminister, am 21. 3. 1918, schaffte Trozki per Befehl das Wahlsystem in der Roten Armee ab (»anscheinend nicht ohne Einverständnis der Regierung«, vermerkt dazu, mit leisen Zweifeln, der sowjetische Chronist dieser Ereignisse im Jahre 1965).[6] Mit diesem Befehl begann er um die »Militärspezialisten« zu werben.
Bis Ende 1918 standen über 22000 alte Offiziere[7] und Generale im Dienst der Roten Armee. Die leitenden Beamten in der am 12. 3. 1918 nach Moskau verlegten Zentrale standen ihnen nicht nach: Im Sommer 1918 waren 12 von 29 leitenden Personen im Kriegsministerium Beamte, die schon vor der Revolution dort tätig gewesen waren. Bei dem Marineministerium (Trozki verwaltete die beiden Ministerien in Personalunion) waren 254 von 397 aller dort tätigen Beamten schon vor 1917 dabei.
Der Leningrader Historiker Michail Iroschnikow, der diese Zahlen – eine in den Archiven schlummernde Enquete aus dem Jahre 1918 – zum ersten Mal 1974 veröffentlichte, vermerkt dazu nicht ohne Ironie, daß »die Armee, das Gericht und die entsprechenden Militär- und Gerichtspolizeilichen Institutionen von der Position der marxistisch-leninistischen Theorie aus in erster Linie hätten sofort liquidiert werden müssen.«[8]
Schon vier Wochen nach der Abschaffung des Wahlsystems war von der Armee auf Freiwilligenbasis keine Rede mehr. Am 22. 4. 1918 begann, zugleich mit der Wiedereinführung des Militäreides als einer »feierlichen Versprechungsformel«, die Wehrerfassung aller Bürger zwischen 18 und 40, weitere fünf Wochen danach, als die Meuterei der »Tschechoslowakischen Legion« an der Wolga den Bürgerkrieg einleitete, wurde die Zwangsmobilisierung für Moskau, Petrograd und die Gebiete am Don und Kuban angeordnet. Eine neugeschaffene »Oberste Militärinspektion« (Chef: Podwoiski) sollte sie überwachen. Konsequent verfügte Trozki am 29. 7. die Einberufung aller ehemaligen Offiziere und Militärbeamten, aller Militärärzte und Feldschere (auch der damals so wichtigen Veterinäre) und aller Heilgehilfen.
Selten klafften Anspruch und Wirklichkeit in Sowjetrußland so auseinander wie in jenen Tagen: Zehn Tage zuvor wurde die »Deklaration

der Rechte des werktätigen und ausgebeuteten Volkes« (von Lenin verfaßt und vom III. Sowjetkongreß am 18. 1. 1918 bestätigt), in der die Entwaffnung der besitzenden Klasse vorgeschrieben wurde, in die erste Sowjetverfassung als Präambel aufgenommen. Im kritischsten Bürgerkriegsjahr 1919 ging Trozki noch weiter. Am 7. 4. 1919 wurden auch diejenigen Offiziere zu den Fahnen der Roten Armee befohlen, die inzwischen Mönche oder Popen geworden waren.
Und so fort: Am 17. 6. 1919 wurden die Offiziere zwangsmobilisiert, die während der beiden Revolutionen zu Soldaten degradiert wurden, unter Wiederherstellung ihrer alten Position; am 2. 7. schließlich kamen die Offiziere dran, die inzwischen einen anderen Beruf ergriffen hatten.
Nun ließ auch die Wiedergeburt des Ordenswesens nicht lange auf sich warten, nachdem Trozki am 3. 8. 1918 die Stiftung einer »Revolutionären Roten Fahne« für den »Massenheroismus« in den Einheiten angeordnet hatte.
Am 16. 9. 1918, zwei Wochen nach der Erklärung des ganzen Territoriums der Russischen Republik zum Kriegslager, stiftete das Sowjetparlament »WZIK« (Allrussisches Exekutivkomitee der Sowjets) den Kriegsorden der Roten Fahne. Seine ersten Träger waren allerdings nicht die den Bolschewiki dienenden Zarenoffiziere, sondern zwei »Feldherren aus dem Volk«, die die andere Hälfte des ersten sowjetischen Militär-Establishments bildeten: Wassilij Blücher und Iona Jakir.

4
Das erste militärische Establishment der Roten Armee

Fünf Jahre nach der Oktoberrevolution, am 15. 11. 1922, nahmen der WZIK-Vorsitzende Michail Kalinin und sein Sekretär Awel Jenukidse »mit Freude« einen Beschluß der Volksversammlung der Fernöstlichen Republik in Tschita zur Kenntnis. Durch diesen Beschluß verfügte das fernöstliche Parlament seine Selbstauflösung. Zugleich verkündete es die Errichtung der Sowjetmacht auf dem Territorium des Fernen Ostens und den Anschluß der Fernöstlichen Republik an die Russische Sowjetrepublik.
Drei Wochen zuvor, am 25. 10. 1922, waren die Truppen der Volksrevolutionären Armee der Fernöstlichen Republik unter dem Kommando des Unterleutnants Ieronim Uborewitsch, der im Bürgerkrieg zum Kriegsminister dieser Republik und zum Oberkommandierenden ihrer Armee aufgestiegen war, in Wladiwostok einmarschiert, nachdem die letzten Interventionstruppen der fremden Mächte, die Japaner, es verlassen hatten. Der Bürgerkrieg, in dem acht Millionen Menschen, darunter eine Million Rotarmisten, ihr Leben ließen, war zu Ende. Die Waffen schwiegen. Das zerstörte Land leckte seine Wunden. Das Territorium des Sowjetstaates stand für die nächsten 17 Jahre fest.
Der weitaus größte Teil des ehemaligen Russischen Reiches wurde von den kommunistischen Regierungen geleitet; draußen blieben nur die äußersten Randgebiete im Westen: Finnland, Baltikum, Teile Russisch-Polens. Ansonsten konnte die Rote Armee das im Laufe der Jahrhunderte zusammengetragene Territorium erfolgreich verteidigen. Nichts kann für das Selbstwertgefühl und das Ansehen einer Armee den Sieg ersetzen. Trozkis »Arbeiter- und Bauern-Rote Armee« hatte gesiegt. Aus den bunt zusammengewürfelten Haufen der ersten Stunde des Bürgerkrieges, die im Januar 1918 gegen den Hetman der Donkosaken, General der Kavallerie Alexej Kaledin kämpften (8600 »Bajonette«, 950 »Säbel«, 58 Geschütze, 40 MGs, vier Panzerzüge, vier gepanzerte Autos und 9000 lokale Rotgardisten in Reserve), war bis Ende 1920 eine Streitmacht von 5,3 Millionen Mann entstanden[1].
Die kaiserlich-russische Armee mit ihren wählbaren Offizieren und desertierenden Mannschaften war bei ihrer Neuformierung in drei Teile zerfallen.

Der eine Teil bildete die Rote Armee, der andere die von 14 ausländischen Mächten unterstützten weißen Armeen, der dritte Teil ging – oder fand sich, wie Boris Pasternaks Dr. Schiwago, durch Gefangennahme – zu den »Grünen«, die im Niemandsland der unermeßlichen russischen Wälder gegen alle kämpften.
Während die »Weißen« am Ende des Bürgerkrieges ins Exil gingen, die »Grünen« vernichtet wurden oder sich am Ende doch den »Roten« anschlossen, entstand aus dem Kommandokorps der siegreichen »Roten« das erste militärische Establishment Sowjetrußlands.
Seine Basis bildeten jene 48409 kaiserlich-russischen Offiziere, die 1918/1920 in die Rote Armee einberufen wurden; dazu kamen 194 Generale und weitere 2942 hohe Offiziere des 1918 ermordeten Zaren, die in der Etappe als Ausbilder dienten. Die Gruppe der »roten Kommandeure«, die ab 1919 von den Militärhochschulen kam, war 1897 Mann stark, die Gruppe jener »Truppenführer aus dem Volk«, die 1918/20 auf schnelle Kommandokurse geschickt wurden (wie der spätere Marschall Schukow), zählte 38017 Mann.
An der Spitze dieses 91459 Mann zählenden Offizierskorps, das in zwei etwa gleiche Teile der alten und der neuen Kommandeure zerfiel, standen 284 Mann – die Befehlshaber und die Stabschefs der 16 »Fronten« (Heeresgruppen) und der 37 Armeen des Bürgerkrieges.
Der ranghöchste Zarenoffizier unter den roten Heerführern war General der Infanterie (höchster Rang vor dem Generalfeldmarschall) Andrej Saiontschkowski, im Ersten Weltkrieg Befehlshaber der Dobrudscha-Armee.
Im Bürgerkrieg war Saiontschkowski u. a. 1919/20 Stabschef der 13. Armee gegen Denikin. Der bekannte Militärhistoriker wertete für die Sowjetmacht die Ergebnisse des Ersten Weltkrieges aus; er starb 1926 in Moskau als Professor der Kriegsakademie. Mit ihm zusammen bewährten sich mindestens acht weitere Generale und an die 50 Obersten und Oberstleutnante an den Fronten des Bürgerkrieges für die Sache Lenins und Trozkis als Befehlshaber oder Stabschefs der Fronten und Armeen. Nur drei von ihnen gingen zum Feind über.
Die anderen dienten, zusammen mit ihren Kollegen in den beiden Stäben, dem »Allrussischen Hauptstab« und dem »Feldstab des Revolutionären Kriegsrates der Republik«, loyal dem Kriegsminister Trozki und seinen beiden Oberkommandierenden, den Zaren-Obersten Ioakim Wazetis und Sergej Kamenew.

Dieses am Bürgerkriegsende hochangesehene, hochdekorierte und kriegserfahrene militärische Establishment bestand von seiner Herkunft, Ausbildung und Laufbahn her aus vier Gruppen:
den alten »Stabs-Offizieren« – nach Pjotrs I. Rangtabelle vom Major bis zum Obersten – und aufwärts;
den alten »Ober-Offizieren«: vom Leutnant bis zum Hauptmann;
den »Parteiarbeitern«, die im Laufe des Bürgerkrieges ihre militärischen Fähigkeiten entdeckten und zu Armee- und Frontchefs wurden, und den
»Heerführern aus dem Volk«, die zunächst wilde Haufen befehligten und am Bürgerkriegsschluß zu Armee-Befehlshabern wurden. Sie hatten meist Kriegserfahrung und eine Unteroffizierslaufbahn hinter sich.
Als Repräsentanten der ersten Gruppe können die Obersten Wazetis und Kamenew, als die der zweiten die Leutnante Tuchatschewski und Uborewitsch, als die der dritten die Nachfolger Trozkis im Kriegsministerium, Frunse und Woroschilow, als die der vierten die späteren Marschälle Budjonny und Blücher sowie der spätere Armeegeneral (»Armeekommandeur I. Ranges«) Jakir angesehen werden. Ihre Namen und Laufbahnen stehen beispielhaft für den Aufstieg, Einfluß und Fall des ersten Militärestablishments der Sowjetgeschichte.
Der zeitlebens parteilose Wazetis, Sohn eines lettischen Knechts, diente seit 1891; als 36jähriger absolvierte er 1909 die Generalstabsakademie, im Weltkrieg wurde er 1915 Oberst.
Als Chef des 5. Lettischen Schützenregiments ging er in der Oktoberrevolution zu den Bolschewiki über. Im Juli 1918 trug seine Lettische Schützendivision die Hauptlast des Angriffs bei der von Podwoiski geleiteten Niederschlagung eines Aufstandes der linken Sozialrevolutionäre in Moskau. Gleich darauf wurde Wazetis anstelle des linken Sozialrevolutionärs Oberstleutnant Michail Murawjow, der sich den Meuterern angeschlossen hatte, Befehlshaber der Ostfront, dann im September Oberkommandierender. Am Ende des Bürgerkrieges lehrte er an der Kriegsakademie.
Sergej Kamenew, 1881 im ukrainischen Kiew als Sohn eines russischen Militäringenieurs geboren, absolvierte 1907 die Generalstabsakademie, sieben Jahre nachdem er die »Alexandrowski«-Militärschule in Moskau beendet hatte. Zu Beginn 1917 Regimentskommandeur und Oberst, wurde Kamenew nach der Oktoberrevolution zum Stabschef des 15. Schützenkorps, dann der 3. Armee gewählt.

1918/19 Nachfolger von Wazetis als Befehlshaber der Ostfront, folgte Kamenew diesem auf dem Posten des Oberkommandierenden.
Michail Tuchatschewski aus dem Gouvernement Smolensk absolvierte das 1. Moskauer Kadettenkorps und dieselbe Militärschule in Moskau wie Kamenew. Als Unterleutnant diente er vom Beginn des Weltkrieges an im »Semjonowski«-Leibgarde-Regiment; 1914/15 wurde er sechsmal ausgezeichnet. 1915 geriet Tuchatschewski in deutsche Gefangenschaft, aus der er mehrmals zu fliehen versuchte. Im August 1917 gelang es ihm, aus der Ingolstädter Festung über die Schweiz zu fliehen.
Im Dezember 1917 wurde Tuchatschewski zum Kompaniechef in seinem alten Regiment gewählt, im April 1918 trat er in die Partei ein, am 26. 6. 1918 wurde der 25jährige Befehlshaber der 1. Armee der Ostfront. Im Verlauf der nächsten vier Jahre kommandierte er die 8. Armee der Südfront, wieder die 5. Armee, dann die Westfront – mit der er fast bis Warschau kam. Mit der neuaufgestellten 7. Armee schlug er 1921 den Aufstand der Kronstädter Matrosen nieder, war dann Chef der Kriegsakademie und beendete den Bürgerkrieg als Befehlshaber der Westfront.
Ieronim Uborewitsch war Sohn eines litauischen Bauern; 1916 absolvierte er eine Artillerieschule, als Unterleutnant trat er im März 1917 der Partei bei und organisierte im November die Roten Garden in Bessarabien. Im Oktober 1919 wurde der 23jährige Uborewitsch Befehlshaber der 14. Armee gegen Denikin, dann der 9. Armee im Nordkaukasus, danach wieder der 14. Armee gegen Polen. Als Kriegsminister der Fernöstlichen Republik beendete er für Sowjetrußland den Bürgerkrieg.
Michail Frunse war der in Kirgisien geborene Sohn eines aus Bessarabien stammenden Militärfeldschers und einer russischen Mutter. Nach dem Abschluß des Gymnasiums in Werny (heute: Alma-Ata) studierte er am Polytechnikum in Petersburg, wo er 1904 Bolschewik wurde. Der Berufsrevolutionär Frunse (dessen Heimatstadt Pischpek nach ihm benannt wurde) agitierte vornehmlich im russischen Textilzentrum Iwanowo-Wosnessensk; im Mai 1905 leitete er dort einen Streik und den örtlichen Sowjet. Frunse wurde zweimal zum Tode verurteilt, 1914 nach Sibirien verbannt. Er floh aus der Verbannung und ging in die Armee.
Im Kriege entdeckte Frunse seine militärischen Fähigkeiten. Mit 34

Jahren übernahm er im Juli 1919 den Befehl über die Ostfront und befreite den Ural, anschließend befehligte er die Turkestaner Front. Frunse ist der sowjetische (Wieder-)Eroberer Turkestans. Als Befehlshaber der Südfront besiegte er den letzten ernsthaften Gegner der Bolschewiki, den Baron Wrangel, auf der Krim. Am Kriegsschluß war Frunse Befehlshaber der Truppen der Ukraine und der Krim. Seit 1921 war er ZK-Mitglied der Partei.
Klimentij Woroschilow entstammte einer russischen Familie aus dem ukrainischen Donezbecken; der 1881 geborene Sohn eines Eisenbahnarbeiters war seit seinem 15. Lebensjahr in einem Metallwerk, dann in einem Lokwerk tätig. Als Parteimitglied seit 1903 gehörte er zu den Bolschewiki der ersten Stunde; in Baku lernte er 1908 den um zwei Jahre älteren Josef Stalin kennen. Auch hier wechselten sich, wie bei Frunse und Stalin, die Verbannungen mit der illegalen Arbeit ab. Nach der Revolution organisierte Woroschilow zusammen mit Felix Dserschinski die Tscheka in Petrograd, wo er während der Oktobertage als Stadtoberhaupt eingesetzt war.
Schon bis dahin war es eine richtige proletarische Bilderbuchkarriere: mit sieben Jahren Kuhhirt (für einen reichen Bauern in der Nachbarschaft), mit 15 Jahren Fabrikarbeiter, mit 22 Jahren Bolschewik, Verbannungen, Untergrundtätigkeit, mit 36 Jahren Kommissar der Stadtverwaltung in der Hauptstadt des untergegangenen Reiches. Und dann entdeckte Woroschilow seine militärischen Interessen, als er im März 1918 eine »sozialistische Einheit« gegen die auf Charkow vorrückenden Deutschen auf die Beine stellte. Im Sommer des gleichen Jahres intrigierte er in Zarizyn (1925/61 Stalingrad, heute Wolgograd) zusammen mit Stalin gegen Trozki und band sein Schicksal und seine Karriere für immer an den Georgier. Am Jahresende 1918 befehligte er die 10. Armee, fand aber seine eigentliche Aufgabe im Bürgerkrieg als »Kriegsrat« (Kommissar) der 1. Reiterarmee Budjonnys, mit dem ihn eine lebenslange Freundschaft verbinden sollte.
Im gleichen März 1921, in dem er zusammen mit Frunse ZK-Mitglied wurde, ging Woroschilow zusammen mit Trozki und Tuchatschewski über das Eis der Newa, um den Aufstand der Matrosen von Kronstadt niederzuringen. Er beendete den Bürgerkrieg als Befehlshaber des Wehrkreises Nordkaukasus und mit drei Rotbannerorden: für den Sieg über Denikin, für Kronstadt und für die Bandenbekämpfung im Kaukasus.

Semjon Budjonny, zwei Jahre jünger als Woroschilow, diente seit 1903; der Sohn eines armen Donkosaken kämpfte schon gegen die Japaner. Als »Ober-Unteroffizier« bekam Budjonny im Ersten Weltkrieg alle vier Stufen des St. Georgskreuzes und noch vier Medaillen dazu. Im Sommer 1917 zum Vorsitzenden des Soldatenkomitees der 5. Schwadron der im belorussischen Minsk stationierten Kaukasischen Reiterdivision gewählt, stieg Budjonny bis zum Jahresende über den Chef des Regimentskomitees zum Vizechef des Divisionskomitees auf. 1918 in die Heimat am Don zurückgekehrt, organisierte Budjonny jene Reitereinheit, die, nach der Vereinigung mit ähnlichen Kriegerhaufen, zur Keimzelle der 1. Reiterarmee wurde. Über den Vize-Regimentschef, Regiments- und Brigadekommandeur, stieg Budjonny zum Stabschef, dann zum Befehlshaber der mit seinem Namen verbundenen Armee auf, die im Juni 1919 als ein Kavalleriekorps aus zwei Reiterdivisionen, am 17. 11. 1919 als 1. Reiterarmee entstanden war; 1919 trat Budjonny auch in die Partei ein.
Auch Wassilij Blücher stammte aus dem Volk, wenn auch nur zur Hälfte: Sein Vater war ein Gutsbesitzer namens Gurow aus dem Gebiet Jaroslawl an der oberen Wolga, seine Mutter eine Bäuerin. Wann er sich den Namen »Blücher« zulegte, ist nicht bekannt – er machte ihm jedenfalls alle Ehre. Als Schlosser arbeitete Blücher in einem Waggonwerk bei Moskau; für einen Streikaufruf saß er 1910/13 in Haft, zu Beginn des Weltkrieges wurde der 24jährige einberufen. Blücher stieg zum Unteroffizier auf und bekam zwei St. Georgskreuze, mußte aber schon im Januar 1915, schwer verwundet, aus der Armee ausscheiden. Er ging in den Schlosserberuf zurück; 1916 trat er den Bolschewiki bei und begann, nach der Februarrevolution 1917 auf Anweisung der Partei wieder Soldat, in Samara (heute: Kuibyschew) mit der Agitation in seiner Einheit. Im Norden 1917 half Blücher als Mitglied des lokalen Militärrevolutionären Komitees, die Sowjetmacht in Samara zu installieren. Ende des Monats ging er als Kommissar einer Einheit der Roten Garde nach Tscheljabinsk am Ural, wo er als Vorsitzender des Revolutionskomitees und im März 1918 als Sowjetvorsitzender wirkte. Anschließend zog Blücher mit seinen Roten Garden weiter nach Orenburg am Rande der Kasachensteppe und vertrieb die feindlich gesinnten Uralkosaken aus der Stadt.
Blücher wurde in Sowjetrußland durch den legendären »Durchbruch der Uraler Armee« im Juli/September 1918 mit einem Schlag be-

rühmt. Durch die Meuterei der Tschechoslowakischen Legion an der Wolga im Mai 1918 von der Roten Armee abgeschnitten und die weiße Armee des aus der Gegend stammenden Generalmajors Alexandr Dutow, des Orenburger Kosakenhetmans, der am 3. 7. 1918 mit 10 000 Mann wieder in Orenburg eingerückt war, im Nacken, entschlossen sich die versprengten Partisaneneinheiten der »Roten« am 16. 7. zum Durchbruch, den Truppen der Ostfront entgegen. Blücher, der den einen Partisanenhaufen anführte, wurde zum Stellvertreter des Kosakenrittmeisters Nikolai Kaschirin gewählt, der die »Uraler Armee« (4700 »Bajonette«, 1400 »Säbel«, 13 Geschütze) aus der Umzingelung herausführen sollte. Der erste Durchbruch scheiterte, Kaschirin wurde verwundet, die bedrängten Partisanen mußten zu ihrem Ausgangspunkt Belorezk umkehren.
Hier schlug Blüchers erste große Stunde – wobei ihm zugute kam, daß Kaschirin ausschied. Er machte sich zu Kaschirins Nachfolger, reorganisierte den wilden Haufen, indem er ihn in Kompanien, Bataillone und Regimenter einteilte und machte sich am 5. 8. 1918, drei Tage nach seiner »Machtergreifung« bei den Partisanen, auf einen anderen Weg. Blücher nahm unterwegs andere Haufen auf, hielt eiserne Disziplin und brach nach 54 kampfreichen Tagen und 1500 Kilometern Marsch mit 10 500 Mann und 18 Geschützen durch. Am 12. 9. erreichten seine Truppen die 3. Armee der Ostfront, am 28. 9. wurde er mit dem »Rotbannerorden Nr. 1« geehrt – von einem bedrängten, nach Heldentaten dieser Art dürstenden Land.
Blüchers Glück blieb ihm treu. Aus seiner »Uraler Armee« ging erst die 4. Uraler Division (später 30. Schützendivision), dann die 51. Division hervor – beide unter seiner Leitung. Mit dieser Division, deren einziger Chef er selbst war – er duldete keine Kommissare neben sich –, erstürmte Blücher 1920 die Landenge von Perekop und besiegelte damit, unter Frunses Oberbefehl, das Schicksal Wrangels. 1921 ging Blücher nach dem Fernen Osten; als Kriegsminister der Fernöstlichen Republik und Oberkommandierender ihrer Volksrevolutionären Armee schlug er dort in den Schneestürmen des Februar 1922 bei Wolotschajewka die letzte erfolgreiche Schlacht des Bürgerkrieges. Der Kampf dauerte vom 5. bis 12. 2.; am 14. 2. fiel Chabarowsk.
Auch Iona Jakir, dem Sohn eines Apothekers aus dem bessarabischen Kischinjow, war seine kometenhafte Laufbahn in der Roten Armee nicht in die Wiege gelegt worden. Eine staatliche höhere Schule war

dem Juden durch den 10%igen Numerus clausus versperrt, so blieb nur der Besuch einer privaten Realschule als Ausweg.
Ein durch einen vermögenden Onkel finanziertes Chemie-Studium in Basel wurde durch den Kriegsausbruch beendet. Jakir, der nicht mehr in die Schweiz zurückkehren konnte, begann ein Studium in Charkow und kam hier in Berührung mit den revolutionären Studenten. 1917 stürzte er sich in die Revolution und trat im April der Partei bei. Jakir wurde zum »Feuerwehrmann« des Bürgerkrieges (im Frühling 1918 kommandierte er sogar ein Bataillon chinesischer Freiwilliger gegen die Deutschen und Österreicher): Festungskommandant von Tiraspol, Agitator in einer Anarchisten-Einheit, die sich weigerte, weiterzukämpfen (Jakir hatte sie in drei Tagen wieder dazu überreden können), Chef der Südgruppe der 12. Armee, Chef der 45. Division – kurzum, er war überall dabei, wo es brannte. Schon am 8. 1. 1919 bekam Jakir den »Rotbannerorden Nr. 2«, am 30. 10. 1919 einen weiteren Rotbannerorden. Als der Bürgerkrieg zu Ende ging, fand Jakir jene Aufgabe, der er sich bis zum Lebensende widmete: Im November 1921 wurde der 25jährige (!) Befehlshaber des Wehrkreises Kiew, unter Frunses Oberbefehl. Er sollte es, mit einer kurzen Unterbrechung 1924/25, bis 1937 bleiben.
Keiner dieser neun Männer, deren Laufbahnen hier für 300 andere stehen, hatte seinen kometenhaften Aufstieg im Bürgerkrieg Stalin zu verdanken – dem kommenden Mann, der am Ende des Krieges in den Kulissen wartete. Darin lag die Tragik der späteren Jahrzehnte. Sie alle waren Selfmademen, die ihre Karriere sich selbst und den Umständen zu verdanken hatten.
Schon eher hatten die neuen Heerführer Rußlands einen Grund, jenem Mann zu danken, der ihre Operationen plante, soweit sie vorgesehen waren – oder in die Planung einmünden ließ, soweit sie spontan waren: dem kaiserlich-russischen Generalmajor Pawel Lebedew, dem »Gehirn der Armee«. Lebedew leitete seit dem 22. 7. 1919 den »Feldstab des Revolutionären Kriegsrates der Republik« und übernahm am 10. 2. 1921, nach der Auflösung des »Allrussischen Hauptstabes« und des Feldstabes, den daraus hervorgegangenen »Stab der Roten Armee«, den Vorgänger des sowjetischen Generalstabs.
Als die Bolschewiki im Herbst 1917 die Macht in Rußland übernahmen, war der russische Edelmann Lebedew 45 Jahre alt; seit 1890 stand er im Militärdienst der Kaiser Alexandr III. und Nikolai II.

Wie später Tuchatschewski und Kamenew, absolvierte er 1892 die Alexandrowski-Militärschule in Moskau und 1900 die Generalstabsakademie in Petersburg; dazwischen lagen die Dienste in einem Korpsstab und im Generalstab. Im Weltkrieg war Lebedew Abteilungsleiter und Generalquartiermeister beim Stab der Westfront, dann Stabschef der 3. Armee; 1915 erfolgte die Beförderung zum Generalmajor. Im April 1918 trat Lebedew in die Rote Armee ein und übernahm im Allrussischen Hauptstab die Verwaltung Mobilmachung. 1919 wurde er Stabschef, dann Befehlshaber der Ostfront, bevor er für den Rest des Krieges und darüber hinaus die Stabsleitung der kämpfenden Armee übernahm. Die Pläne zu den Siegen über die vier Hauptgegner der »Roten«, die »weißen« Heerführer Koltschak, Judenitsch, Denikin und Wrangel, stammten von ihm.

Es war ein Krieg der Kommilitonen: Die kaiserlich-russischen Generalleutnante Anton Denikin und Pjotr Baron Wrangel sowie der General der Infanterie Nikolai Judenitsch, waren natürlich auch Zöglinge der Generalstabsakademie. Denikin absolvierte sie ein Jahr vor Lebedew, Judenitsch kam auch von der Alexandrowski-Militärschule in Moskau.

Lebedew (der 1922/24 in Personalunion auch die Kriegsakademie der Roten Armee leitete) blieb bis zu seinem Tode 1933 im Dienst, die letzten acht Jahre als Stabschef und »Gehilfe« (Assistent) des Befehlshabers des Wehrkreises Ukraine, des um 24 Jahre jüngeren Jakir. Der sagenhafte Ruf und der hervorragende Stellenwert des wichtigsten Wehrkreises im Westen der Sowjetunion, der zum Sprungbrett für vier von elf sowjetischen Kriegsministern – Frunse, Timoschenko, Schukow, Gretschko – wurde, stammt aus jener Zeit Jakirs und Lebedews. Jakir wußte wohl, warum er mit der Neuübernahme des alten Postens in Charkow es sich ausbedungen hatte, Lebedew als seinen zweiten Mann mitnehmen zu können. Der Sowjetstaat dankte dem parteilosen Zarengeneral mit den Orden des Roten Banners und des Roten Arbeitsbanners.

Die Motive der Altbolschewiken Woroschilow und Frunse, die Motive der »jungen Aufsteiger« Tuchatschewski und Uborewitsch, die Motive der »Heerführer aus dem Volk« Blücher, Jakir und Budjonny, in der Roten Armee für den »Sieg des Sozialismus« zu kämpfen, sind einleuchtend.

Was aber bewog Wazetis und Kamenew, was bewog die hochverdien-

ten Zarengenerale wie Saiontschkowski, wie Lebedews Vorgänger, die Generalmajore Swetschin, Rattel, Samoilo und Kostjajew, was bewog Lebedew selbst, einen parteilosen Fachmann für Kriegführung im reifen Mannesalter, im April 1918 in die Rote Armee zu gehen?
Nun, genauso gut könnte man fragen, was Lebedews alten Gegner Denikin 1939 dazu bewogen hatte, von seinem Exil in Ann Arbor, Michigan, aus die weißen Emigranten aufzurufen, das Dritte Reich im Kriegsfall gegen die UdSSR nicht zu unterstützen. Oder was den 1920 exilierten Politiker und Leningegner Miljukow dazu bewogen hatte, im Zweiten Weltkrieg von seinem Exil in den französischen Savoyen aus dieselben Aufrufe an Gesinnungsgenossen in der Emigration zu versenden und die Erfolge der Roten Armee Stalins zu begrüßen. Selbst Kerenski rief damals von New York aus zu Stalins Unterstützung im Kampf gegen Hitler auf.
Es waren stets die gleichen Gründe: Vaterlandsliebe und Sorge um den Bestand des Reiches. Das war bei Lebedew und einem Halbtausend der Zarengenerale im Bürgerkriege 1918/22 nicht anders gewesen, als 1939/45 bei Denikin, Miljukow, Kerenski und Tausenden anderer »weißer« Emigranten, einschließlich jenes Konteradmirals Werderewski, Kerenskis letztem Marineminister, der 1946 wohl aus Freude über Stalins Sieg nach Jahrzehnten im Exil die sowjetische Staatsbürgerschaft angenommen hatte. Alexej Durakow, ein emigrierter Seeoffizier, wurde als Mitglied der Résistance 1943 von der Gestapo in Paris hingerichtet.[2]
Der mit dem Einmarsch der Deutschen in die Ukraine und der Meuterei der Tschechoslowakischen Legion an der Wolga einsetzende Bürgerkrieg nämlich verlieh der innenpolitischen Auseinandersetzung um den weiteren Weg Rußlands eine nationale Note, die fast alle Andersdenkenden umso schneller verdrängen ließ, daß Bolschewismus und Rußland nicht identisch seien, je weniger vom russischen Territorium unbesetzt geblieben war.
In einer Zeit, in der die Deutschen in der Ukraine und im Baltikum, die Franzosen und Griechen am Schwarzen Meer in Odessa, die Briten am Weißen Meer in Archangelsk, die Türken und Briten im Erdölzentrum Baku, die US-Amerikaner in Sibirien und die Japaner in Wladiwostok saßen, betrachtete nun auch ein Großteil der ehemaligen Offiziere des Zaren Lenins Regierung in Moskau als eine russische Regierung in der alten Hauptstadt.

Der Einfall des polnischen »Erbfeindes« in Kiew, die »heilige Mutter Rußlands«, trieb die Anerkennung Lenins als des rechtmäßigen russischen Regierungschefs auf den Höhepunkt:
Am 30. 5. 1920 wandte sich der 66jährige Alexej Brussilow, General der Kavallerie und einer der wenigen erfolgreichen russischen Heerführer des Ersten Weltkrieges in der nach ihm benannten Offensive an der Südostfront mit mehreren anderen Generalen an alle Offiziere des Zaren: »Der Erbfeind ist in Kiew! Das Vaterland ist in Gefahr!«
Noch im Sommer 1917 hatte Generalssohn Brussilow, Zögling des Pagenkorps Alexandrs II., als Oberkommandierender befohlen, in der Feldarmee für die revolutionäre Tätigkeit die Todesstrafe anzuwenden. Aber nun waren die Polen in Kiew – jene Polen, die 1610 einen katholischen Kronprinzen zum Zaren des heiligen, rechtgläubigen Rußlands ausrufen ließen und damit den einzigen echten Volksaufstand der russischen Geschichte provozierten: Denn die Russen lassen schon allerlei mit sich machen, nur zum anderen Glauben bekehren lassen sie sich nicht.
(Für die Deutschen ergab sich aus ihrer »Bürgerkrieg-Initiative« ohnehin eine traurige Konsequenz: Wie 1941 zementierten sie schon 1918 mit der Besetzung der Ukraine die kommunistische Herrschaft in Rußland. Gleichgültig, wer in Moskau regierte: Ohne die Ukraine ist Rußland keine Großmacht – deshalb wird es sie weder auf- noch freigeben).
Während die Unterstützung Lenins durch das »revolutionäre Weltproletariat« sich auf die kurzlebigen Sowjetrepubliken in Budapest und München, sowie auf eine Meuterei der französischen Matrosen am Schwarzen Meer beschränkte (deren Anführer André Marty im letzten Lebensjahr Stalins aus der KPF geschaßt wurde), während die deutsche Revolution 1918 einen sozialdemokratischen Verlauf nahm, konnten sich die »weißen« Leningegner von der ausländischen Hilfe nie freimachen.
Als die Tschechoslowakische Legion am 7. 8. 1918 in Kasan an der Wolga die Goldreserve des Zarenreiches im Wert von 651,5 Millionen Rubel zuzüglich 100 Millionen Rubel in Kreditbriefen erbeutete, »teilte« sie die Beute mit dem weißen Konteradmiral Alexandr Koltschak, dem selbsternannten »Obersten Regenten des Russischen Reiches« und »Oberkommandierenden aller Land- und See-Streitkräfte Rußlands«. Koltschak wiederum bezahlte mit diesem Gold seine Waf-

fenkäufe; so kassierten 1919 Großbritannien, Japan, USA und Frankreich insgesamt über 147,2 Tonnen Gold dafür ein.
In den Augen der Zarengenerale auf der »roten« Seite war es gutes russisches Gold, das von jenen kassiert wurde, die Rußland aufteilen wollten – warum waren sie denn sonst nach Rußland einmarschiert? Mögen die Gründe der erst kriegsgefangenen, dann internierten Tschechoslowaken ehrenwert gewesen sein – schließlich wollten sie nichts anderes als auf dem Umweg über die Besetzung der Transsibirischen Eisenbahn nach Hause zu gelangen, da Lenin keine Transportmittel für die eigene Bevölkerung, geschweige denn für 45 000 fremde Soldaten hatte (sein Eisenbahnwesen war hoffnungslos zusammengebrochen) – in den russischen Augen waren sie die Urheber der US-Intervention und der japanischen Besetzung des Fernen Ostens.
Da alle Interventen obendrein noch ein schlechtes Gewissen hatten, war ihre Unterstützung der »Weißen« ohnehin nicht sehr intensiv – oder eben gegen gutes Gold zu haben. Auch dies spürten die Leute vom Schlage Brussilows und Lebedews.
Der letzte Grund für die Unterstützung Lenins und Trozkis durch die ranghohen Zarenoffiziere war die Gewißheit, daß Rußland siegen würde. Und auf der Seite des Siegers fühlt sich ein Soldat wohler als auf der des Besiegten. Das ergab sich aus einer einfachen Rechnung: Mögen Trozkis Truppen noch so unzureichend ausgerüstet gewesen sein – die Masse machte es. Die Armeen der nacheinander auftretenden Gegner waren nie mehr als eine halbe Million Mann stark gewesen, während allein die Einberufung der Jahrgänge 1879/90 in den Jahren 1918/20 insgesamt 4 449 383 Mann für die Rote Armee einbrachte. Noch 1920 wurde der Jahrgang 1901 einberufen und brachte weitere 678 382 Mann ein.
Außerdem gelang es Lebedew, die Vereinigung der Gegner zu verhindern, während sein Minister Trozki, gleichsam sein eigener Frontbeauftragter, in seinem Panzerzug durch die Fronten raste. Dies war die eigentliche Leistung des Stabschefs in Moskau, dem solche Bravourstücke zu Hilfe kamen wie Blüchers Durchbruch, der die Vereinigung Dutows und Kaledins verhindert hatte.
Die Zarengenerale dienten Rußland – dafür nahmen sie auch die Kommissare in Kauf.

5
Kriegs-Kommissare

Die Institution der politischen Kommissare in den bewaffneten Streitkräften eines Staates, heute in allen sozialistischen Armeen von der Sowjetunion und China bis zur DDR, zu Kuba, Äthiopien und Vietnam obligatorisch, entstammt der Französischen Revolution: Am 15. 12. 1792 führte der Konvent die Kommissare in der Armee des revolutionären Frankreichs ein.[1]

In Rußland bediente sich auch schon die kaiserliche Armee dieser Einrichtung: In der entferntesten Ecke der russischen Expansion, der Mandschurei, wurden die Kommissare am 14. 12. 1900 installiert.

Ein Menschewik namens P. A. Bronstein schlug im März 1917 die Einführung der Kommissare in der Russischen Armee vor, zur Hebung der Truppenmoral im dritten Kriegsjahr. Eine »Politische Verwaltung« im Kriegsministerium sollte die Arbeit der politischen Kommissare anleiten und überwachen. Im Gegensatz dazu kannten die »Roten Garden«, eine der Keimzellen der Roten Armee, keine Kommissare.

Da die »Kriegstroika« in der ersten Lenin-Regierung ihre Aufgabe in der Auflösung der Armee, nicht in ihrer Erhaltung gesehen hatte, war die Politverwaltung in den Augen der Bolschewiki überflüssig. Mitte November 1917 verfügte Podwoiski mit seinem »Befehl Nr. 15« ihre Auflösung und ordnete zugleich an, daß »alle für diese Verwaltung tätigen Soldaten, Offiziere und Militärbeamten unverzüglich zu ihren Einheiten und Einrichtungen zurückkehren« und dort »ihre vorherigen Funktionen wahrnehmen« sollten.

Wie bei fast allen Einrichtungen der Zaren- und Kerenski-Zeit, ließ auch die Wiedererrichtung der Politverwaltung nicht lange auf sich warten.

Neun Tage nach der Gründung der Roten Armee, am 24. 1. 1918, errichtete derselbe Podwoiski eine »Abteilung Organisation und Agitation« in dem von ihm geleiteten »Allrussischen Kollegium für Organisation und Formierung der Roten Armee«, die alsbald in eine »Abteilung Agitation und Bildung« umbenannt wurde. Die der Politverwaltung unterstehenden Männer bekamen, nachdem die im März 1918 eingeführte Bezeichnung »politischer Kommissar« verworfen wurde, im April 1918 den Namen »Kriegskommissar«.

Der in der sowjetischen Verwaltung schon damals übliche Kompetenzwirrwarr brachte es mit sich, daß im Herbst 1918 drei verschiedene Behörden mit der politischen Arbeit in der Roten Armee befaßt waren: die Militärpolitische Verwaltung der Operationsabteilung im Kriegsministerium, die politische Sektion der Obersten Militärinspektion und das am 8. 4. 1918 gegründete »Allrussische Büro der Kriegskommissare bei den Kommissaren des Obersten Kriegsrates«.
Eine Fehde zwischen dem Kriegsminister Trozki und dem Obersten Militärinspekteur Podwoiski, dem Organisator der Roten Armee, zeichnete sich ab. Die Entscheidung fiel im November 1918 zugunsten Trozkis aus: Alle drei politischen Einrichtungen der Militärspitze gingen im »Allrussischen Büro der Kriegskommissare« auf, das dem am 2. 9. 1918 an die Stelle des Obersten Kriegsrates getretenen »Revolutionären Kriegsrat der Republik« (RWS) unterstellt war. Vorsitzender des RWS aber wurde der Kriegs- und Marine-Minister Trozki.
Podwoiski blieb zwar noch als RWS-Mitglied in Moskau, mußte aber schon im Januar 1919 als »Kriegsminister« in die vom Bürgerkrieg heimgesuchte Ukraine gehen, deren damalige Hauptstadt Charkow eben von den Deutschen befreit, alsbald aber von der Armee Denikins besetzt wurde. Im September 1919 schied er aus dem RWS aus und übernahm zwei Monate später die Allgemeine Militärausbildung und die Leitung der Einheiten zur besonderen Verwendung.
Im Ministerium und im RWS, dem auch die beiden Stäbe, der Allrussische Hauptstab und der Stab (seit 2. 10. 1918 Feldstab) des RWS unterstellt wurden, herrschte nunmehr Trozki allein. Das Allrussische Büro der Kriegskommissare wurde dann auch am 18. 4. 1919 in die »Politische Abteilung«, am 15. 5. des gleichen Jahres in die »Politische Verwaltung« des RWS umgewandelt; unter dieser Bezeichnung (abgekürzt: PUR) besteht es auch heute noch. Seit dem 9. 10. 1918 hatte der oberste Politchef der Armee die Rechte eines Mitglieds des RWS inne.
Der persönliche Dissens zwischen Trozki und Podwoiski endete so mit dem vollständigen Sieg Trozkis und dem Herausdrängen Podwoiskis aus der Führung der Streitkräfte. Der Dissens um die Stellung des Kommissars und um seine Beziehungen zu dem Kommandeur entwikkelte sich zu dem folgenschwersten Konflikt der sowjetischen Militärgeschichte.
Es ging um die Einheit des Befehls. Ursprünglich sollten die Kommissare (vom Bataillon aufwärts) und die Politischen Leiter (abgekürzt:

Politruk, die in den Kompanien, Batterien und Schwadronen tätig waren), sich neben reinen Agitationsaufgaben vornehmlich um die Hebung des Niveaus der Truppe kümmern; mancher Rotarmist mußte ja erst das ABC lernen. Als weitere Aufgabe kam die Betreuung der Parteimitglieder in den Einheiten hinzu: Neuaufnahme, Abhalten von Versammlungen, Bildung von Parteizellen etc.. Als im Laufe des Krieges fast 50 000 »Militärspezialisten« aus der ehemals herrschenden Klasse in die Armee einströmten und fast alle Kommandopositionen, vor allem die Positionen in den Stäben besetzten, war der Konflikt vorprogrammiert: Die »Militärspezialisten« waren keine Parteimitglieder; die meisten von ihnen dachten auch nicht daran, in die Russische Sozialdemokratische Arbeiterpartei der Bolschewiki, die sich zwei Monate nach der Gründung der Roten Armee den Namen »Russische Kommunistische Partei (der Bolschewiki)« gab, einzutreten.
Nicht nur der mißtrauische Lenin wünschte die Kontrolle über die ihm dienenden »Klassenfeinde«. Vor allem waren es jene Bolschewiki, die, da in Moskau entbehrlich, an die Front geschickt wurden. Sie wurden dann Kommissare, auf höherer Ebene »Kriegsräte« (der Armee oder der Front) genannt. Jede Armee, jede Front hatte einen oder mehrere, am häufigsten zwei Kriegsräte. Ein Befehl des Kommandeurs ohne die Unterschrift des Kriegsrates war ungültig. Darin lag die Wurzel des Konflikts. Alle drei Parteichefs der sowjetischen Geschichte – Stalin, Chruschtschow, Breschnew – waren als Kriegsräte tätig. Stalin im Bürgerkrieg, Chruschtschow und Breschnew im Zweiten Weltkrieg.
Stalins Erfahrungen in den 15 Monaten als Kriegsrat an den Fronten des Bürgerkrieges wurden Zehntausenden von Sowjet-Offizieren zum Schicksal und Verhängnis.

6
Kommissar Stalin

Bis zum Beginn des Bürgerkrieges war Josef Stalins Karriere in seiner Partei recht gut, ja fast hervorragend verlaufen. Er gehörte den Bolschewiki von Beginn an: Als die Russische Sozialdemokratische Arbeiterpartei sich 1903 in Bolschewiki und Menschewiki spaltete, stellte sich Stalin, der seine Mitgliedschaft von der Parteigründung 1898 an zu datieren pflegte, im Gegensatz zu Trozki, unverzüglich auf die Seite Lenins. Für die illegale Tätigkeit zwischen den Verbannungen wurde er Anfang 1912 ins Russische ZK-Büro in absentia kooptiert, schied aber schon 1913, mit der erneuten Verbannung, wieder aus.[1] Als einer der ersten nach dem Zarensturz in Petrograd eingetroffenen Bolschewiki leitete Stalin im März und April des Revolutionsjahres praktisch die Partei und die Redaktion der »Prawda«. Von Lenin nach dessen Rückkehr am 17. 4. wegen seiner »weichen« Haltung der Provisorischen Regierung gegenüber scharf gerügt, folgte er dann Lenin bedingungslos: Stalin war ein lernfähiger Mann. Im April 1917 wurde er ZK-Mitglied. Trotzdem blieb er auch in den nachfolgenden sechs Monaten das, was er bis dahin immer war: ein unbekannter Parteiarbeiter. Der Grund war einfach: Seine schlechte Diktion hinderte ihn, in den riesigen Massenversammlungen aufzutreten – dieser Weg zum Erfolg blieb ihm für immer versagt. Deshalb wurde er aber auch im Juli 1917 beim ersten Versuch Lenins und Trozkis, durch Massendemonstrationen den Sturz der Provisorischen Regierung zu erzwingen – der Versuch scheiterte und Lenin floh nach Finnland –, im Gegensatz zu Trozki, Sinowjew und anderen großen Demagogen nicht verhaftet. Für kurze Zeit gab er für den Rest der Parteileitung den Ton an – bis Trozki Mitte September freigelassen wurde. Je intensiver Trozki den Aufstand forderte, desto weniger hörte man dann von Stalin.

Trotzdem war Stalin im richtigen Moment zur Stelle: Lenin beauftragte ihn, mit zwei Genossen aus Trozkis Anhang, eine Vorschlagsliste für die Regierung zusammenzustellen. Die vorgeschlagenen 25 Namen sind nicht bekannt, aber Lenin kritisierte sie heftig: »Zu viele zweifelhafte Intellektuelle.«

Er suchte 14 Namen heraus. Stalin, zweifellos kein Intellektueller, gehörte dazu – als »Vorsitzender für Nationalitätenfragen«.

In dem Vierteljahr zwischen November 1917 und März 1918, als Lenins Schicksal als Führer der bolschewistischen Partei und Chef der Sowjetregierung wöchentlich, ja täglich auf Messers Schneide stand, war Stalin einer der ganz wenigen Mitarbeiter Lenins, die den »Alten« bedingungslos unterstützten – den Rüffel vom April hatte er nicht vergessen. Für Lenin wiederum, der auf schwankende Mehrheiten angewiesen war, um an der Macht zu bleiben, wurde Stalin unentbehrlich. Bei allen Abstimmungen im Zentralkomitee der Partei und im Rat der Volkskommissare – und es wurde damals mehrmals täglich über alles mögliche abgestimmt – stimmte Stalin immer so wie Lenin stimmte. Da es in seinem Regierungsamt, dem Nationalitäten-Ministerium, nicht allzuviel zu tun gab, ging er vornehmlich weiterhin Lenin zur Hand, wie er es schon im Sommer 1917 getan hatte.
Die erste Krise, in die Lenin sofort nach der Machtübernahme geriet, war eine Kabinettskrise. Allen Bolschewiki, Lenin nicht ausgenommen, war es klar, daß an die Macht zu gelangen und an der Macht zu bleiben, zweierlei war. Der gelungene, fast unblutige Staatsstreich garantierte Lenins Bolschewiki noch keineswegs das Überleben als Regierungspartei. Die Provisorische Regierung zu stürzen, war nicht schwer; in einem kriegführenden Land, in dem zahllose andere Parteien (in Petrograd gab es zur Wahl der Konstituante am 25. 11. 1917 insgesamt 19 Wahllisten) ihre Ziele verfolgten und das von außen durch das Vorrücken der deutschen Armeen an den Rand der militärischen Niederlage gebracht wurde, die Macht zu behalten, war weit schwieriger gewesen, da die Basis der Regierung zu schmal war.
Um Lenin zu Koalitionsverhandlungen mit den Linkssozialrevolutionären zu zwingen, traten, vom amtierenden WZIK-Vorsitzenden (dem »Staatschef«) Lew Kamenew unterstützt, in den Morgenstunden des 4. 11. 1917 fünf Regierungsmitglieder, darunter Innenminister Alexej Rykow, zurück. Jene drei Minister, die zugleich ZK-Minister waren (darunter Rykow), traten zugleich auch aus dem ZK der Partei aus, mit ihnen, zum zweiten Mal im Jahre 1917, Grigorij Sinowjew und Lew Kamenew, Lenins engste Mitarbeiter des letzten Jahrzehnts.
Aus den dann folgenden langwierigen, zähen und fintenreichen Verhandlungen, die Lenin mit den Linkssozialrevolutionären bis zum Jahresende 1917 führte, ging die einzige Koalitionsregierung der Sowjetgeschichte hervor, in der 17 Bolschewiki (darunter – mit Lenin – neun »alte« Regierungsmitglieder) und sieben Linkssozialrevolutionäre sa-

ßen. Während dieser sechs Wochen standen nur noch ganz wenige seiner Mitstreiter immer zu Lenin – darunter Trozki, Stalin und Jakow Swerdlow, seit 16. 8. 1917 ZK-Sekretär der Partei.
Die Belohnung folgte auf dem Fuße: Swerdlow wurde am 21. 11. 1917, anstelle Lew Kamenews, zum Vorsitzenden des WZIK, Stalin am 19. 2. 1918, zusammen mit Lenin, Trozki und zwei Sozialrevolutionären, in das »Exekutivkomitee« der Regierung gewählt – eine Fünfer-Gruppe, die alle laufenden Geschäfte der Regierung zwischen den Sitzungen erledigte.
Damit war Stalin zum ersten Mal in das Zentrum der Macht vorgedrungen – unmittelbar neben Lenin und Trozki. Da Lenin sich kategorisch weigerte, die zurückgetretenen ZK-Mitglieder wieder in sein ZK aufzunehmen, war Sinowjew, der seinen Rücktritt schon am nächsten Tage wieder rückgängig machte, auf Stalins Unterstützung im ZK angewiesen. Die Profiteure aus dieser Entwicklung waren Stalin und Swerdlow, die Sinowjew immer stärker als Bollwerk gegen den wachsenden Einfluß Trozkis auf den »Alten« und das ZK erschienen.
Die russischen Sozialdemokraten – Bolschewiki und Menschewiki gleichermaßen – waren schon immer außerordentlich debattierfreudig. Jetzt aber gewannen ihre Debatten zum ersten Mal eine praktische Bedeutung. Sie alle waren über Nacht Amtsinhaber geworden. Es ging nicht mehr um theoretische Fragen – es ging um Macht und ihre Erhaltung. In dieser Atmosphäre begann sich Stalins machtpolitisches Genie zum erstenmal voll zu entfalten.
Die nächste Krise, die Stalin und Swerdlow noch näher an Lenin rückte, war die Auseinandersetzung um den Frieden von Brest-Litowsk im März 1918, die zum Zerbrechen der Koalitionsregierung und zum Hervortreten einer neuen, stark an Trozki orientierten Oppositionsgruppe der »linken Kommunisten« in Lenins Partei führte.
In der Frage des Friedens mit Deutschland fällte Lenin die schwerstwiegende Entscheidung seiner siebenjährigen Regierungszeit: Gegen die These des um zwölf Jahre jüngeren Parteitheoretikers Nikolai Bucharin, daß man den vorrückenden Deutschen ruhig auch Moskau überlassen und »in die Wälder gehen« sollte, auf die Kraft der revolutionären Idee bauend, die alsbald eine deutsche und somit eine europäische Revolution herbeiführen werde, stemmte er sich mit aller Beharrlichkeit eines Politikers, der fast zwei Jahrzehnte lang auf die Macht gewartet hatte und jetzt, als er sie besaß, um keinen Preis mehr

bereit war, sie zugunsten eines theoretisch noch so gut fundierten, aber doch unsicheren Konzepts aus der Hand zu geben.
In der entscheidenden ZK-Sitzung am 23. 2. 1918 (dem Geburtstag der Roten Armee), als die Deutschen bei ihrem Vorrücken auf Petrograd gerade noch aufgehalten wurden und ein auf 48 Stunden befristetes Ultimatum stellten, kam es zur Krise. Sechs Genossen um Lenin wollten den Frieden um jeden Preis, sieben andere ZK-Mitglieder, darunter Bucharin, Trozki und der Tscheka-Chef Dserschinski, wollten die Bedingungen des Generals Max Hoffmann ablehnen. Als es zur Abstimmung kam, stimmten sieben Bolschewiki für den Frieden (darunter Lenin, Stalin, Swerdlow und Sinowjew), vier (darunter Bucharin) dagegen. Trozki, Dserschinski und zwei andere Genossen übten Stimmenthaltung und ermöglichten so die Annahme der Friedensbedingungen.
Mit dieser Abstimmung wurden zwei Entscheidungen für immer gefällt:
Das Primat der Macht bricht das Primat der Ideologie und der »Sozialismus in einem Lande« ist wichtiger als die »Weltrevolution«.
Die Idee der »permanenten Revolution« wurde damit, nach Lenins Willen, zugunsten des Bestehens seines Staates zurückgestellt, der Kampf zwischen Stalin und Trozki vorentschieden. Trozki war am 18. 2. 1918 als Außenminister zurückgetreten. Die »linken Kommunisten«, darunter die Wohlfahrtsministerin Kollontai und ihr Lebensgefährte Marineminister Dybenko verließen zwischen dem 23. 2. und dem 16. 3. die Regierung, am 19. 3. gingen die linkssozialrevolutionären Koalitionspartner.
Eine Woche vor dem Ende seiner Koalitionsregierung, am 11. 3. 1918, reiste Lenin im Auto nach Moskau, zog in den Kreml ein, erklärte Moskau (nach 202 Jahren) wieder zur Hauptstadt und forderte die Regierungen aller Staaten auf, ihre Post an ihn nach »Moskau, Kreml« zu adressieren. Dieser Umzug, der angesichts der vorangegangenen ständigen Bedrohung Petrograds durch die Deutschen damals wohl nur eine praktische Maßnahme war, erscheint in der Rückschau ebenfalls eher symbolisch: Die Revolution zog sich ins Innere Rußlands zurück; Westeuropa war keine Hoffnung mehr, sondern Bedrohung; Stalins spätere nationalistisch-russische Machtpolitik hatte ihr Zentrum erhalten – in der russischsten aller Städte Rußlands.
Zunächst aber brachten das Ende der Koalitionsregierung und der

beginnende Bürgerkrieg für Stalin einen empfindlichen Rückschlag – denn der Held des Bürgerkrieges, die neben Lenin alles beherrschende Figur wurde Trozki. Der Taktiker Lenin erkannte, wie nötig er es hatte, die auseinanderstrebenden Bolschewiki zusammenzuhalten und bemühte sich energisch um Trozkis Wiedereintritt in die Regierung.
Nach dem Aderlaß der Ministerrücktritte in der Brester Krise – im Januar und Februar 1918 verließen sechs der 17 Bolschewiki die Regierung – bemühte sich Lenin auch um jene Minister, die im November 1917 seine erste Kabinettskrise ausgelöst hatten. Sein besonderes Augenmerk galt dabei Alexej Rykow, dem kurzlebigen ersten sowjetischen Innenminister. Rykow war ein Sozialdemokrat der ersten Stunde: Er war der Partei in ihrem Gründungsjahr 1898 als 17jähriger beigetreten. Bereits 1905 gehörte er, mit Lenin zusammen, dem ZK an; im August 1917 war Rykow, wiederum neben Lenin, das einzige ZK-Mitglied von 1905, das wieder ins ZK gewählt wurde; trotz seiner Jugend war er damit einer der »dienstältesten« und erfahrensten Bolschewiki. Lenin schätzte ihn sehr, obwohl Rykow, nach dem Zeugnis des ersten Industrieministers Wiktor Nogin,[2] »sich schon seit Jahren weigerte, Lenins kompromißlose Bekämpfung der Menschewiki mitzumachen«. Lenin warf Rykow deshalb Weichheit vor.
Im Februar 1918 übernahm Rykow anstelle eines »linken Kommunisten« die Leitung des »Obersten Volkswirtschaftsrates«. Im Sommer 1919 schlug Rykows eigentliche Stunde im Bürgerkrieg: Am 8. 7. 1919 zum »Außerordentlichen Bevollmächtigten des Rates für Arbeiter- und Bauern-Verteidigung (des Kriegskabinetts) für die Versorgung der Roten Armee und Flotte« ernannt, wurde er zum Organisator und Verwalter der Belieferung der Armee mit dem Lebens- und Kriegswichtigen.
Ohne Rykows unermüdliche Arbeit hinter der Front wäre Trozki ebensowenig ein Held des Bürgerkrieges geworden wie ohne Lebedews Planungsarbeit im Feldstab des RWS. Es ist bezeichnend für Trozkis Ichbezogenheit – und für die »Trozki-Bezogenheit« seines großen Biographen Isaac Deutscher – daß sowohl in Trozkis »Mein Leben« als auch in Deutschers Trozki-Biographie Rykows Leistung im Bürgerkrieg ebensowenig gewürdigt wird wie Lebedews Tätigkeit; Lebedew wird in den beiden Werken überhaupt nicht erwähnt.
Das Rußland des Bürgerkrieges war das Rußland Lenins, Trozkis und Rykows. Stalins Rolle in der Regierung war zusammengeschrumpft –

zumal das Exekutivkomitee, dem er vier Wochen lang angehört hatte, nach dem Ende der Koalitionsregierung nicht mehr bestand. Stalin war an den Rand der Regierungsbank abgedrängt worden, Trozki und Rykow, wohl aber auch Lenin, hinderten Stalin daran, seinen Ehrgeiz im Regierungsapparat zu verwirklichen – zumal sein Nationalitätenministerium angesichts des in Einzelstaaten zerfallenden Rußlands bedeutungslos und er in Moskau entbehrlich wurde.
Alle entbehrlichen Genossen aber gingen an die Front – oder wurden dahin abkommandiert. So suchte Stalin seinen Ehrgeiz zunächst in den Frontaufträgen zu befriedigen. Ein Versuch, sich Anfang Mai 1918 als Unterhändler bei den Waffenstillstandsverhandlungen mit der (von den Bolschewiki nicht anerkannten) Ukrainischen Rada zu betätigen, scheiterte sogleich: Kaum traf Stalin am Verhandlungsort Kursk ein, wurde die Rada durch die deutsche Besatzungsmacht aufgelöst. Stalin kehrte unverrichteter Dinge nach Moskau zurück, erstattete Bericht und ergriff zwei Wochen später gierig die Möglichkeit, sich ein weiteres Betätigungsfeld zu erschließen.
Am 31. 5. 1918 ging er mit Lenins Unterschrift in der Tasche und Sondervollmachten als »Allgemeiner Leiter für die Verpflegungsangelegenheiten im Süden Rußlands« nach Zarizyn. Die Eisenbahnverbindung zwischen der Stadt an der Wolga und Moskau war gefährdet, mit ihr die Lebensmittelversorgung Moskaus. Hier begegnete der spätere Oberste Befehlshaber der Roten Armee zum ersten Mal in seinem Leben dem Krieg – anderthalb Jahre, nachdem ihm die zaristische Musterungskommission, seines verkrüppelten linken Armes wegen, abgelehnt hatte.
Der stets auf die Ausweitung seiner Kompetenzen bedachte Stalin war bei seiner Tätigkeit im Bürgerkrieg geradezu auf den Konflikt mit dem Kriegsminister Trozki vorprogrammiert: Bei Stalin waren an allen Übeln die »Militärspezialisten«, die Zarenoffiziere im Dienst der Roten Armee, schuld, bei Trozki war es der Sonderbevollmächtigte Stalin, der sich noch mehr herausnehmen konnte als die gewöhnlichen Kommissare: Als ZK- und Regierungsmitglied war er Trozki gleichrangig. Obwohl sein Auftrag eigentlich rein ziviler Natur war, mischte sich Stalin sogleich in alles ein. Sofort nach seiner Ankunft (in einem Panzerzug, wie es damals üblich war), ließ er einige Leute verhaften – mit sicherem Blick erkannte er, daß an allem die alten Militärs schuld seien.

So richtete sich der Kampf, den Stalin bei seinem ersten Kriegseinsatz führte, weniger gegen den Generalleutnant Pjotr Krasnow auf der weißen als gegen den Generalmajor Pawel Sytin auf der roten Seite, der sich, im Dezember 1917 von einem Soldatenkongreß zum Kommandeur des 18. Armeekorps gewählt, auf die Seite der Sowjets geschlagen hatte. Im Mai 1918, als Stalin in Zarizyn eingetroffen war, leitete Sytin die Friedensverhandlungen mit den Deutschen in Charkow – jene Verhandlungen, an denen ursprünglich Stalin hätte teilnehmen sollen.
Bevor Stalin und Sytin ihren Strauß in Zarizyn ausgefochten haben, konnte Stalin schon den ersten Erfolg im Kampf gegen die »Spezialisten« vorweisen:
Krasnow ging im Juli mit seiner »Donarmee« gegen die zahlenmäßig unterlegenen roten Einheiten vor; daraufhin wurde am 22. 7. 1918 ein »Revolutionärer Kriegsrat des Wehrkreises Nordkaukasus« gebildet, dessen Vorsitz Stalin fünf Tage später übernahm; Woroschilow, sein alter Bekannter aus Baku, war einer der beiden anderen Kriegsratsmitglieder. Daraufhin räumte Generalleutnant Andrej Snessarew, seit 4. 5. 1918 an der Spitze des neugebildeten Wehrkreises, seinen Posten; Stalin hatte seinen ersten militärischen Sieg errungen.
In der russischen Militärgeschichte war der damals 53jährige Snessarew eine geradezu einmalige Persönlichkeit. Er war einer der begabtesten russischen Generale und einer der bedeutendsten russischen Orientalisten; er beherrschte 14 Sprachen. Snessarews militärgeographische Schriften, die er aufgrund seiner ausgedehnten Reisen nach Indien, Afghanistan und Tibet verfaßt hatte, waren weitbekannt. Im September 1917 wurde Snessarew zum Kommandeur des 9. Armeekorps gewählt. Nach Lenins Machtergreifung ging der – wie Sytin zeitlebens parteilose – Militärgeograph zu den Bolschewiki über.
Sechs Wochen, nachdem Snessarew den Platz geräumt hatte, wandelte Stalin den Wehrkreis in eine »Südfront« um und ernannte sich selbst zum Vorsitzenden des Frontkriegsrates. Moskau schickte am 11. 9. Sytin als Frontchef und bestätigte Stalin sechs Tage später, samt seinem Woroschilow als Kriegsratsmitglied.
Nun entbrannte der Kampf zwischen Kommandeur und Kommissar aufs Neue, nur: Der Troupier Sytin gab es nicht so schnell auf wie der Gelehrte Snessarew.

Unter Berufung auf die ihm verbliebene Kommandogewalt weigerte sich Sytin, den Ratschlägen Stalins zu folgen. Sytin konnte sich umso zuversichtlicher und erfolgreicher Stalin entgegenstellen, als er nicht nur den Kriegsminister Trozki, sondern auch den Oberkommandierenden Wazetis hinter sich wußte.
Der Kampf nahm zuweilen groteske Formen an. So, als Stalin, ständig Lenin, Trozki, den »Staatspräsidenten« Swerdlow und Wazetis in Moskau mit Memoranda bombardierend, mit Sytin um den Standort des Fronthauptquartiers stritt. Aber Sytin gab nicht nach.
An diesem Punkt angelangt, wurde man in Moskau der Querelen leid: Am 3. 10. 1918 gab der Oberkommandierende Wazetis Stalin die persönliche Weisung, er dürfe ohne Sytins Erlaubnis keinerlei Umgruppierungen der Truppe vornehmen; Woroschilow wurde abberufen. 16 Tage danach wurde auch Stalin auf Swerdlows Geheiß nach Moskau zurückberufen. Sytins Sieg war vollständig – Stalins erster Fronteinsatz dagegen ein Fiasko.
Stalin lernte daraus. Er blieb nun in Moskau und leckte die Wunden, die Trozki und Wazetis, Swerdlow und Sytin seinem Stolz und seinem Ehrgeiz zugefügt hatten. Am ersten Jahrestag der Revolution tat er den tiefsten Kniefall – mit jenem »Prawda«-Artikel, in dem er bestätigte, daß die gesamte Leitung, Organisation und Durchführung des Oktober-Aufstandes in den Händen Trozkis, Antonow-Owsejenkos und Podwoiskis gelegen hätten. Aber auch dieses erniedrigende Eingeständnis der eigenen Bedeutungslosigkeit während der historischen Tage erfolgte nicht ohne Berechnung – zwei Wochen später versuchte Stalin, sich bei Antonow-Owsejenko in der Ukraine als Kriegsrat zu etablieren. Der Kniefall war freilich vergeblich: Lenin und Trozki hatten vorerst genug vom Kommissar Stalin.
Immerhin führte Stalins Kniefall dazu, daß er in das am 30. 11. 1918 gebildete Kriegskabinett, in den »Rat für Arbeiter- und Bauern-Verteidigung« aufgenommen wurde, wenn auch nur am Rande. Die neue Behörde, deren Vorsitz sich der Regierungschef Lenin selbst vorbehalten hatte, sollte die Kriegsanstrengungen aller Ressorts koordinieren. Trozki, Rykow und Swerdlow gehörten aufgrund ihrer Positionen als Staatschef, Kriegsminister und Wirtschaftschef (zugleich Armee-Ausrüster) mit ihren Stellvertretern ebenso dazu wie der Verkehrs- und der Ernährungsminister. Stalin war nur als Mitglied des WZIK, des Parlaments, zum Mitglied des Verteidigungsrates bestimmt, ein Stell-

vertreter für ihn, falls er abwesend sein sollte, wurde als für nicht notwendig gehalten.
So liegen zwischen Stalins erstem mißglückten Eingreifen in den Bürgerkrieg in Zarizyn 1918 und seinem längsten Fronteinsatz zwei Episoden, die zeigen, daß ihm damals kurze Strafexpeditionen mehr lagen als langwierige, sorgfältig geplante militärische Operationen: Die Reise nach Wjatka (heute: Kirow) zur Untersuchung der Ursachen der Aufgabe der Stadt Perm und die Reise nach Petrograd zur Abwehr des Generals Judenitsch, der die »Wiege der Revolution« bedrohte.
Statt eines militärischen Kommandos erhielt Stalin zu Beginn des Jahres 1919 den Auftrag, den Verlust von Perm zu untersuchen; Tscheka-Chef Dserschinski begleitete ihn. Die Stadt Perm im Vorfeld des Ural war am 24.12.1918 von den Truppen des weißen Admirals Koltschak und der »Sibirischen Division« der Tschechoslowakischen Legion besetzt worden. Zusammen mit Dserschinski fuhr Stalin am 5. 1. 1919 nach Wjatka in der Nähe von Perm. Die beiden Untersucher kehrten schon am nächsten Tage zurück, und Stalin verfaßte einen Bericht, der einige Spitzen gegen die »Spezialisten« enthielt. Das war alles.
Diese Marginalie wäre nicht erwähnenswert, wenn nicht ihre »Auswertung« durch die Stalinlegende auf dem Höhepunkt seiner Herrschaft so überaus typisch wäre. So wie Stalins Tätigkeit in Zarizyn als *der* Höhepunkt des Bürgerkrieges überhaupt dargestellt wurde (Stalins Hofdichter Graf[3] Alexej Tolstoi schrieb 1937 eigens dafür einen Roman »Brot oder die Verteidigung Zarizyns«, in dem Stalin als Retter Sowjetrußlands vor dem Hungertode auftrat), so wurde die Aufgabe Perms, die kaum militärische Folgen nach sich zog, zur »Permer Katastrophe« hochstilisiert und die zweitägige Stalin/Dserschinski-Mission wiederum als entscheidende Rettungstat hingestellt – was selbst von den heutigen sowjetischen Quellen als »unbegründet« abgetan wird.
Fünf Monate nach Stalins Permer Kurzreise, im Mai 1919, versuchte der »weiße« Generalleutnant Nikolai Judenitsch, vom selbsternannten »Oberkommandierenden« der »Weißen«, Admiral Koltschak, zum »Befehlshaber der Nordwestarmee« ernannt, Petrograd einzunehmen. Judenitschs Hoffnung schien sich zunächst zu erfüllen: Die beiden Forts »Roter Hügel« und »Graues Pferd« vor der – niemals eingenommenen – Festung und Flottenbasis Kronstadt gingen am 13. 6. zu ihm über. Die Stadt war äußerst gefährdet; auch Sinowjew, Lenins alter Mitarbeiter, der die Stadt mit harter Hand regierte, schien mit der

neuen Situation nicht zurechtzukommen. Lenin, um noch rigorosere Maßnahmen nie verlegen, forderte schon zehn Tage vor der kampflosen Übergabe der Forts von Sinowjew Geiselnahmen von Ausländern, die in der Stadt wohnten – und Erschießung der zahlreichen Deserteure.

Stalin war, wieder mit außerordentlichen Vollmachten versehen, bereits am 19. 5. mit einem Panzerzug in der bedrohten Stadt eingetroffen. Es gelang ihm, die beiden Forts zwei Tage nach ihrem Fall wieder in die Hand der bolschewistischen Truppen zu bringen. Ansonsten passierte außer einigen »stabilisierenden Maßnahmen gegen den inneren Feind« nichts: Judenitsch wagte kein offenes Gefecht, Stalin ließ einige »weiße Verschwörer« erschießen. Indessen wurde die Lage im Süden wieder bedrohlicher als im Norden. Ein anderer »Oberkommandierender im Süden Rußlands«, Generalleutnant Anton Denikin, machte am Dnepr rasche Fortschritte: Ende Juni nahm er Jekaterinoslaw (heute: Dnepropetrowsk) ein. Lenin sandte an Stalin am 30. 6. ein Telegramm mit der Bitte, Munition zu sparen, da die »Lage mit den Patronen im Süden verzweifelt« sei; er, Stalin, habe ja drei Millionen Patronen erhalten und müsse sorgsam damit umgehen.

Am 3. 7. kehrte Stalin nach Moskau zurück, um sechs Tage später, zum Kriegsrat der Westfront ernannt, gegen Denikin anzutreten. Begleitet von seiner jungen zweiten Frau Nadeschda Allilujewa (die beiden hatten am 24. 3. in Moskau geheiratet) – was damals nicht unüblich war – reiste er ins Fronthauptquartier nach Smolensk, wo er bis zum 30. 9. blieb. Der vor der russischen Waffenschmiede Tula, 193 Kilometer südlich von Moskau, zum Stehen gebrachte Denikin wandte sich in dieser Zeit nach dem Süden.

Stalin, seit dem 3. 10. 1919 Kriegsrat der Südfront, leitete mit seinem Frontchef Alexandr Jegorow von Serpuchow aus (99 Kilometer südlich von Moskau) die erfolgreiche Gegenoffensive ein, die im Spätherbst zur Befreiung der Ukraine führte. Der Ruhm, Denikin besiegt zu haben, mußte freilich mit dem Befehlshaber der Südostfront, Oberst Wassilij Schorin sowie dessen Kriegsräten Iwar Smilga (einem Trozki-Anhänger) und Walentin Trifonow (dem Vater des Schriftstellers Jurij) geteilt werden.

Trotzdem brachte die erfolgreiche Gegenoffensive der Südfront, an die sich unmittelbar Offensive und die vollständige Zerschlagung der »Freiwilligenarmee« Denikins, des zweifellos wichtigsten Gegners der

Roten Armee im Bürgerkrieg, anschloß, wozu noch die gelungene Abwehr Judenitschs in Petrograd kam (wodurch die Vereinigung der beiden weißen Armeen verhindert wurde), für Stalin einen beträchtlichen Aufwind. Zum ersten Mal hatte er Gelegenheit, an einer erfolgreichen militärischen Operation teilzunehmen, die Frontchef Jegorow und Frontstabschef Nikolai Petin, auch er ein Ex-Oberst, geplant hatten.

Seit März 1919 war Stalin auch in der Partei und Regierung aufgestiegen. An den beiden Operationen gegen Judenitsch und Denikin nahm er bereits als Doppelminister (für Nationalitäten und für Inspektion) und als Mitglied der beiden neuen höchsten Parteigremien, des Politbüros und des Orgbüros, teil. Am 20. 11. 1919 wurde Stalin auf Vorschlag des Lenin-Intimus' Lew Kamenew zusammen mit Trozki mit dem Rotbanner-Orden ausgezeichnet. Der Ordensverleihung im Bolschoi-Theater, die eine Woche später stattfand, blieb Stalin fern; er hat den Orden nie angelegt.

Nach der Zerschlagung Denikins wurde die Südfront am 10. 1. 1920 in Südwestfront umgewandelt, wieder mit Jegorow, Stalin und Petin an der Spitze. Denikins Stelle im Bürgerkrieg nahm ein anderer weißer Generalleutnant, Baron Pjotr Wrangel ein, der sich mit seiner »Russischen Armee« auf der Krim verschanzte.

In Wartestellung gegen Wrangel wurde Stalin am 18. 5. 1920 zum Mitglied des Revolutionären Kriegsrates der Republik ernannt und damit deutlich seinen anderen drei Kollegen im Frontkriegsrat vorgezogen. Seine militärische Karriere schien sich ebenso glänzend zu entwickeln wie seine Partei- und Regierungskarriere, da ritt ihn der Teufel. Genau zehn Jahre danach, am 2. 3. 1930, schrieb Generalsekretär Stalin einen Zeitungsartikel »Von Erfolgen vom Schwindel befallen«. Es ging, auf dem Höhepunkt der Kollektivierung, um übereifrige Funktionäre, denen der Erfolg des rücksichtslosen Hineintreibens der Bauern in die Kolchosen zu Kopf gestiegen war. Stalin pfiff, wie es seine Art des Regierens war, die Übereifrigen zurück, bestrafte einige »Schuldige«, die seine Anweisungen allzu weit, d. h. noch härter als er, ausgelegt hätten und erstrahlte damit im Glanz eines »Retters der Bauern«. Daß ihm selbst zehn Jahre zuvor der Erfolg im Kampf gegen Denikin zu Kopf gestiegen war, ist 1930 zwar vielen Zeitgenossen noch frisch in Erinnerung gewesen – es zu sagen oder gar zu schreiben, wagten sie jedoch nicht mehr.

Vom Erfolg gegen Denikin vom Schwindel befallen, verlangte Stalin Anfang Juni 1920 von Lenin und Trozki die Erlaubnis, die Wrangel-Armee auf der Krim liquidieren zu dürfen. Militärisch war das völliger Unsinn. Wrangel konnte im sicheren Schutz der Landenge von Perekop in Ruhe abwarten, wie sich der »Ostfeldzug« der Polen in der Ukraine entwickeln werde (die Polen saßen seit dem 6. 5. 1920 schon in Kiew). Lenins Notiz an Trozki, direkt unter Stalins Anfrage hingeschrieben, lautete dann auch: »Das ist utopisch. Wieviele Opfer wird es kosten?«
Trotzdem forderten Jegorow und Stalin fünf Tage später ihre Truppen auf, »den Gegner zu liquidieren und die Krim zu erobern«, was nicht möglich war, im Gegenteil: Wrangels Truppen gingen zum Angriff über und besetzten den Nordkaukasus. In den sowjetischen Quellen von heute heißt es dazu lakonisch: »Das Kommando der Südwestfront hatte Wrangels Stärke unterschätzt und war nicht imstande, seinen Angriff zurückzuschlagen.« In der Tat wurden Wrangels Truppen erst im Herbst 1920 durch Frunse und Blücher bezwungen, als Blüchers 51. Division unter großen Verlusten den Perekop erstürmen konnte.
Stalins Polenfeldzug im darauffolgenden Monat, »sein eigener Krieg« (so Trozki), war die genaue Wiederholung des Versuches, den Gegner wider besseres Wissen »zu liquidieren«. Während der Westfrontbefehlshaber Tuchatschewski im Gegenangriff die Polen über die Grenze trieb und fast bis vor Warschau vorstoßen konnte, stand Stalins und Jegorows Front vor Lemberg und blutete aus, im vergeblichen Anrennen gegen die galizische Hauptstadt.
Am 29. 7. 1920 gaben Jegorow und Stalin (um halb zwei Uhr nachts) den Befehl, Lemberg bis zum nächsten Tage einzunehmen.
Vier Tage später, am 2. 8., entschied die entsetzte Parteiführung in Moskau, Stalins Aktivitäten nach dem Süden zu lenken, um ihn von der Polenfront fernzuhalten – seine Front sollte geteilt werden. Stalin weigerte sich indessen, der Frontteilung zuzustimmen (Lenin an Stalin am 3. 8.: »Ich verstehe überhaupt nicht, warum Sie mit der Teilung der Fronten unzufrieden sind«) und beharrte weiterhin darauf, Budjonnys 1. Reiterarmee sollte »entschieden auf Lemberg vorrücken«.
Am 4. 8. telegraphierte er an Lenin: »Lemberg wird genommen, wenn auch mit einer gewissen Verspätung . . . Natürlich ist der Krieg ein Spiel, und alles zu berücksichtigen, ist nicht möglich . . .«
Am nächsten Tage mußte er zugeben, daß mit »der Einnahme Lem-

bergs in den nächsten Tagen nicht zu rechnen ist«. Budjonnys Reiterei sei »zur Verteidigung übergegangen.«
Nun verlor man in Moskau die Geduld. Da Tuchatschewski mit seiner Westfront immer mehr in Bedrängnis geriet und Hilfe brauchte, befahl der Oberkommandierende Sergej Kamenew am 11. 8. 1920, Budjonnys Reiterarmee solle zusammen mit der 12. Armee der Westfront unterstellt werden. Daraufhin weigerte sich Stalin, den Befehl an die beiden Armeen zu unterzeichnen. Ohne seine Unterschrift aber, die Unterschrift des Kommissars, war der Vollzug des Befehls nicht möglich.
Daraufhin wurde Stalin am 17. 8. abgelöst und nach Moskau zurückberufen. Seine militärische Tätigkeit war so ruhmlos zu Ende gegangen, wie sie vor zwei Jahren in Zarizyn begann. Stalins US-Biograph Adam Ulam kommt zu einem ausgewogeneren Urteil über die Frage der Schuld[4] am Scheitern des Polenfeldzuges als die meisten Chronisten: Er meint, daß Stalin nicht ganz falsch handelte, als er sich weigerte, zwei Armeen an Tuchatschewski abzutreten – Wrangels auf der Krim wegen und auch wegen der Gefahr einer rumänischen Intervention (die auch Lenin und Trozki bewußt war, wie es aus den Befehlen hervorgeht, die Rumänen auf keinen Fall zu provozieren).
Für Stalin bedeutete die Rückberufung nach Moskau auf jeden Fall das – vorläufige – Ende seiner militärischen Tätigkeit, was einige unabsehbare Folgen nach sich zog. In der Regierung konnte sich Stalin gegen Leute vom Format Lenins, Trozkis und Rykows nicht durchsetzen. Sein militärischer Einsatz endete nach zwei Jahren mit einem Fiasko, auch wenn die Schuld für die Niederlage bei Warschau nicht nur bei ihm zu suchen war.
So wandte er sich dem Aufbau des Parteiapparates zu und fand dort, nach der Verschmelzung seines Kontrollministeriums mit der Zentralen Kontrollkommission der Partei, seine Erfüllung – auf einem Feld, auf dem er konkurrenzlos war. Der bereitwillige Griff nach einem neuen Betätigungsfeld, dem Aufbau eines bis dahin nicht vorhandenen Parteiapparates, sicherte ihm schließlich die absolute Macht: Von da aus konnte er die Rivalen schlagen und vernichten.
Aus seiner Tätigkeit als Kommissar aber zog Stalin einen doppelten Nutzen: Er lernte die Wirklichkeit des Krieges und einige sehr nützliche Leute kennen.
Zu diesen Leuten zählten neben Woroschilow und Budjonny sein

Frontchef Jegorow, ein ehemaliger Linkssozialrevolutionär, der in der Roten Armee zunächst für die Aufnahme der Zarenoffiziere in den Dienst der neuen Herren verantwortlich war sowie die beiden Ukrainer Jefim Schtschadenko und Grigorij Kulik, die ihn in Zarizyn bedingungslos gegen Sytin unterstützt haben.
Schtschadenko, Parteimitglied seit 1904, wurde am 16. 8. 1918 von Stalin und Woroschilow zum »Kommissar aller Armeen der Zarizyn-Front« ernannt. In Budjonnys Reiterarmee war er, von ihrer Gründung an, mit Woroschilow zusammen, als Kriegsrat dabei. Im Juli 1920 zum Kriegsrat der 2. Reiterarmee ernannt, überwarf sich Schtschadenko mit dem zum Armeebefehlshaber aufgestiegenen Kosaken-Ataman Filipp Mironow, Budjonnys Rivalen, der schon 1904/05 als Anführer einer Kosaken-Hundertschaft gegen die Japaner vier St. Georgskreuze verliehen bekam. Schtschadenko mußte einen Monat nach Mironows Aufstieg zum Armeechef die 2. Reiterarmee verlassen.
Der Streit führte aber dann doch dazu, daß Mironow zwei Wochen nach Schtschadenkos Abberufung »wegen Ungehorsams« vor ein »Revolutionstribunal« gestellt und zum Tode verurteilt wurde. Vom Allrussischen Zentral-Exekutivkomitee der Sowjets begnadigt und vom Politbüro rehabilitiert, nahm Mironow vier Wochen später seinen Dienst als Armeechef wieder auf; Anfang 1921 wurde er, inzwischen auch Parteimitglied, Inspekteur der Roten Kavallerie. Nach einem Vierteljahr wurde er, wieder zu Unrecht, des Ungehorsams bezichtigt und am 2. 4. erschossen. Nun wurde Budjonny Kavallerie-Inspekteur und Schtschadenko sein Kommissar.
Kulik diente seit 1912; er erlernte bei der Armee das Artillerie-Handwerk. 1917 stieg er vom Wahlposten eines Vorsitzenden des Soldatenkomitees einer Batterie bis zum Vorsitzenden des gleichen Komitees der 9. Infanterie-Division auf und trat den Bolschewiki bei. In Zarizyn wurde er Artillerie-Fachmann Woroschilows, dann der 1. Reiterarmee Budjonnys. Damit war sein Aufstieg bis zum Chef der Artillerie der Roten Armee unter dem Kriegsminister Woroschilow vorgezeichnet.
Die vier Kumpels von Zarizyn und der Reiterarmee waren für Stalin in den nachfolgenden Jahrzehnten jedoch nur »nützliche Idioten« auf dem Wege zur Machtübernahme über die Rote Armee: Es hatte immerhin einer Großen Säuberung und eines Zweiten Weltkrieges bedurft, bis Stalin in Personalunion Parteichef, Regierungschef *und* Verteidigungsminister wurde – nach ihm kein anderer Parteichef.

Daraus zog Stalin die beiden für das militärische Establishment der Sowjetunion wichtigsten Schlußfolgerungen: Im Kampf zwischen Kommissar und Kommandeur muß der Kommissar obsiegen und: Zur Machtausübung ist die *militärische* Kommandogewalt unumgänglich. Diese Erkenntnisse sollten Jahrzehnte später für Tausende von Bürgerkriegs-Offizieren vernichtende Folgen haben und dazu führen, daß Stalin im Zweiten Weltkrieg den Oberbefehl über die Streitkräfte übernahm. Daß sich die beiden Einsichten diametral widersprachen, ja gegenseitig ausschlossen, nahm Stalin endgültig erst im Herbst 1942 zur Kenntnis – nach einer ganzen Serie von verheerenden militärischen Niederlagen.

7
Aufbau der Rüstung

»Der Krieg ist Vater aller Dinge, aller Dinge König.« Treffender als mit dem Spruch des »dunklen« Vorsokratikers Heraklit konnte der Zustand Sowjetrußlands am Ende des Bürgerkrieges kaum bezeichnet werden.

Lenins Rußland war aus einem schlecht geführten Krieg geboren; im Bürgerkrieg bestand es seine erste Bewährungsprobe, am vorletzten Tag des letzten Bürgerkriegsjahres 1922 fand es in der Ausrufung des Bundesstaates Sowjetunion seine endgültige Staatsform.

Fast alle sowjetischen Institutionen sind im Bürgerkrieg entstanden – Kinder des Krieges, aus der Not geboren.

Alle bewaffneten Kräfte der Russischen Sowjetrepublik waren dem Kriegs- und Marineminister und Vorsitzenden des Revolutionären Kriegsrates der Republik, Trozki, unterstellt. Seit 19. 8. 1918 befehligte Trozki nicht nur alle Heeres- und Marineverbände, sondern auch die Wachmannschaften aller Verkehrswege (vorher in der Zuständigkeit des Verkehrsministeriums), die Grenzschutztruppen (vorher im Handels- und Industrie-Ministerium), den Schiffsschutz (vorher in der Hauptverwaltung der Wasserstraßen) und die Requirierungsstaffeln für die Verpflegung des Ernährungsministeriums. Da ihm auch die Arbeitseinheiten des Etappensturmes unterstanden, kontrollierte Trozki sämtliche Militär- und Arbeitsreserven der Republik. Die anderen Ministerien hatten nur noch das Recht, »Instruktionen zu erlassen, die den Besonderheiten der von ihnen an das Kriegsministerium abgetretenen Einheiten Rechnung trugen«.

Trozkis Revolutionärer Kriegsrat der Republik (RWS) war laut seiner Satzung vom 30. 9. 1918 das Organ der höchsten Militärgewalt im Staate; er »schluckte« (so wörtlich) alle Rechte der Kollegien der Ministerien für Krieg und Kriegsmarine. Die Mitglieder der Kollegien wurden zugleich Mitglieder des RWS. Dem Revolutionären Kriegsrat unterstanden der Allrussische Hauptstab, die Hauptverwaltung Versorgung, der Rat für militärische Gesetzgebung, die Oberste Militärinspektion und alle militärischen Einrichtungen; Lebedews Feldstab bildete die 6. Abteilung des RWS.

Der dem RWS-Vorsitzenden und Doppelminister Trozki unterstellte Oberkommandierende (seit 10. 7. 1919 Sergej Kamenew) entschied zwar selbständig über alle strategischen und operativen Maßnahmen, mußte aber die entsprechenden Befehle von einem RWS-Mitglied gegenzeichnen lassen.
In allen anderen Fragen hatte der Oberkommandierende die Rechte eines Kollegiums-Mitgliedes des Kriegsministeriums.
Ein zu der kämpfenden Truppe abkommandiertes RWS-Mitglied fungierte dort (beim Front- oder Armeekommando) als ein »Organ der Verbindung, der Beobachtung und der Instruktion«. Er durfte sich zwar nicht unmittelbar in die praktischen Verordnungen des Befehlshabers oder des Kriegsrates einer Armee einmischen, konnte aber in äußersten Fällen, unter der Benachrichtigung des RWS, die Kommandeure und Mitglieder des Armeekriegsrates absetzen und Befehle lokalen Charakters erlassen. War aber ein RWS-Mitglied zugleich Front- oder Armee-Kriegsratsmitglied, so durfte es nur die Rechte des letzteren beanspruchen.
Die Ernennung des Vorsitzenden des RWS mußte vom Allrussischen Zentral-Exekutivkomitee der Sowjets (WZIK), die Ernennung der RWS-Mitglieder und des Oberkommandierenden (der kraft Amtes dem RWS angehörte) vom Ministerrat bestätigt werden. Selbstverständlich konnten die ausgeklügelten Kompetenz-Abgrenzungen Meinungsverschiedenheiten zwischen dem allgewaltigen Trozki und seinen Front- und Armeechefs nicht aus der Welt schaffen. Aber die Organisationsstruktur der sowjetischen Militärmaschine mit den sich überschneidenden Befehlssträngen (Minister – Oberster Kriegsrat – Generalstab – Oberster Befehlshaber) wurde im Bürgerkrieg festgelegt.
War Trozkis Militärmaschine (Kriegs- und Marine-Amt sowie der Revolutionäre Kriegsrat) der eine Schwerpunkt der sowjetischen Administration der Bürgerkriegsjahre, so war Rykows Militär*versorgungs*maschine (Oberster Volkswirtschaftsrat sowie die Außerordentliche Kommission für die Versorgung der Armee) der andere Schwerpunkt; beide, Trozki und Rykow, saßen im Verteidigungsrat des Ministerrates, der vom Premier Lenin geleitet wurde. So hatte Sowjetrußland 1918/22 praktisch drei Diktatoren in seiner Führungsspitze – den Militärdiktator Trozki, den Wirtschaftsdiktator Rykow und den über allen schwebenden Chef Lenin, der als Vorsitzender des Ministerrates und des Verteidigungsrates die Arbeit der beiden koordinierte.

Die Zugehörigkeit zu den höheren Parteigremien spielte in jenen Jahren noch keine wesentliche Rolle, sondern es war der Ministerrat, nicht das Partei-ZK, der damals Sowjetrußland regierte. Zwar war Trozki Mitglied des ZK und von Anfang an, seit März 1919, des Politbüros; Rykow dagegen wurde erst wieder im April 1920 ZK- und am 3. 4. 1922 Politbüro-Mitglied, an jenem Tage, an dem Stalin Generalsekretär des Zentralkomitees wurde – erst dann wurde die Zugehörigkeit zu den höheren Parteigremien interessant.
Seit dem ersten großen Nationalisierungsdekret am 28. 6. 1918 zog Rykows Oberster Volkswirtschaftsrat wie ein riesiger Polyp immer mehr Industriezweige an sich und zeugte dabei ständig neue »Hauptkomitees«, Hauptverwaltungen und Zentralverwaltungen.
Die weitaus meisten Institutionen, die den weiteren Weg der Sowjetunion in den nachfolgenden Jahrzehnten bestimmen und beeinflussen sollten, waren am Jahresende 1918 bereits vorhanden. Zum Beispiel bargen die Abteilungen des 1918 geschaffenen Komitees für Staatsbauwesen im Keime schon fast alle Bauministerien der Stalin-Ära und bestehen so auch heute noch.
So waren fast alle Einrichtungen des Sowjetstaates von heute aus dem Bürgerkrieg hervorgegangen, die meisten von ihnen wurden für die Verhältnisse des Belagerungszustandes, in dem sich Rußland damals befand, geschaffen. Der Krieg förderte die machtvolle Entwicklung aller dieser Komitees und Verwaltungen; ihre Sondervollmachten traten sie nach dem Ende des Bürgerkrieges naturgemäß nur sehr ungerne ab.
Auch die sowjetische Rüstungsindustrie, der entwerfende und der produzierende Teil des militärindustriellen Komplexes, ist im Bürgerkrieg entstanden.
Eine »Außerordentliche Kommission für Herstellung von Ausrüstungsgegenständen« – ein Erbe aus der Kerenski-Zeit – hat im Jahre 1918 bereits bestanden.
Zu ihr gesellte sich am 14. 9. 1918 eine »Zentrale Kommission für Versorgung der Roten Armee mit Verpflegung«. An ihrer Spitze stand (natürlich mit Sondervollmachten ausgerüstet) einer der bekanntesten sowjetischen Wirtschaftsführer, Leonid Krassin, seit 1890 in der Revolutionären Bewegung. Krassin gehörte, zusammen mit Lenin und Rykow, schon dem ZK von 1903 an, arbeitete aber vor der Revolution überwiegend in seinem Beruf als Elektroingenieur; seit 1913 war er

Direktor der russischen »Siemens«-Filiale in St. Petersburg. Während des Bürgerkrieges war Krassin 1918/20 Minister für Handel und Industrie, 1919/20 in Personalunion auch Verkehrsminister. Dem ZK gehörte er damals ebensowenig an wie Rykow.
Die Ausrüstungskommission indes wurde am 2. 11. 1918 in eine »Außerordentliche Kommission für Versorgung der Roten Armee« umgewandelt. Ihr Vorsitzender Rykow wurde am 8. 7. 1919, auf dem Höhepunkt des Bürgerkrieges, zum »Außerordentlichen Bevollmächtigten des Verteidigungsrates für Versorgung der Roten Armee und der Roten Flotte« bestellt. Rykows Amt wurde zur Keimzelle der »Hauptverwaltung (HV) Kriegsindustrie« in seinem Obersten Volkswirtschaftsrat. Auch hier konnte man auf die Tradition des Kaiserreiches und auf seine erfahrenen Waffenmeister zurückgreifen.
Das Zentrum des russischen Geschützbaus war das »Putilow« (heute: »Kirow«)-Werk in St. Petersburg. Gewehre wurden in der traditionsreichen Waffenschmiede Tula und in Sestrorezk, einem Stadtteil St. Petersburgs hergestellt. Schiffe in Nikolajew am Schwarzen Meer und auf den Petersburger Werften gebaut.
Eigenen Flugzeugbau gab es nicht. 15 kleinere Betriebe bauten die im Ausland konstruierten Flugzeuge, sechs kleinere Betriebe die im Ausland konstruierten Flugzeugmotoren zusammen.
Die Waffenmeister, die in den Waffenfabriken von Tula und Sestrorezk Gewehre entwarfen und herstellten, arbeiteten nach der Revolution für die sowjetische Rüstung, da die beiden Waffenfabriken nie von den »Weißen« oder den Interventionsarmeen besetzt worden waren.
Die Arbeiter des Sestrorezker Waffenwerkes belieferten die Revolutionäre des Oktober 1917 in Petrograd mit 7500 Gewehren und 116 000 Patronen.
Das Werk wurde schon seit Februar 1917 durch ein »revolutionäres Kommissariat« geleitet, das überwiegend aus Bolschewiki bestand. Über 1300 Waffen-Arbeiter nahmen an der Oktoberrevolution teil. Arbeiter Nikolai Jemeljanow versteckte Lenin im Juli/August 1917 vor der Verfolgung durch die Provisorische Regierung, die Parteiorganisation des Werks rüstete Lenin mit dem Ausweis auf den Namen des Arbeiters »Iwanow« aus und verhalf ihm zu seiner Flucht nach Finnland. Als das Werk im März teilevakuiert wurde (die Produktion wurde an der Wolga und am Ural fortgesetzt), beschäftigten sich die Daheimgebliebenen mit der Reparatur der Gewehre, wobei der Ausstoß bis zu

11 000 reparierte Gewehre monatlich erreichte. 600 Arbeiter nahmen an der Abwehr Judenitschs 1919 teil.
Die Grundlage der Waffenproduktion blieb aber Tula mit seinem 1712 von Pjotr I. gegründeten staatlichen Waffenwerk (auf dem traditionellen heimatlichen Handwerk fußend), in dem 1917 schon 45 000 Arbeiter damit beschäftigt waren, Gewehre zu bauen. Wassilij Degtjarjow, selbst aus Tula stammend und in den Waffenwerkstätten in Oranienbaum bei Petersburg ausgebildet, wurde (unter Anleitung des Konstrukteurs Wladimir Fjodorow, eines Absolventen der Artillerie-Akademie) zusammen mit dem ebenfalls in Oranienbaum ausgebildeten Donkosaken Fjodor Tokarew, der bekannteste sowjetische Waffenmeister. Der Ausstoß an hergestellten oder reparierten Waffen betrug 1918/20 insgesamt 296 629 Gewehre, 20 729 Maschinengewehre und 2770 Geschütze.
Die 21 Kleinbetriebe der Flugzeugherstellung wurden 1918 verstaatlicht; am 31. 12. 1918 eine »HV der vereinigten Werke der Flugzeugindustrie« gegründet. Eine im Herbst 1919 ins Leben gerufene »Kommission für Schwerluftwaffe« bemühte sich um die Entwicklung des eigenen Flugzeugbaus: 2243 Flugzeuge wurden 1918/20 nach alten Plänen zusammengebaut oder repariert. Der 71jährige russische Flugpionier Professor Nikolai Schukowski gründete im Dezember 1918 das »Zentrale Aerohydrodynamische Institut« (ZAGI), aus dem die nach ihm benannte Luftwaffen-Akademie hervorgegangen ist.
Die kaiserlich-russische Armee besaß 1917 etwa 300 Panzerwagen, aber keine Panzer. So wurde jener in Odessa erbeutete Tank, den die Rotarmisten »Kämpfer für die Freiheit Genosse Lenins« genannt hatten, 1920, repariert und ausgebessert, zum ersten sowjetischen Panzer. Das Werk »Krasnoje Sormowo« in Nischnij Nowgorod (heute: Gorki), sonst mit dem Bau von Wolga-Schiffen beschäftigt, stellte bis 1922 noch 14 Tanks wieder her, die alle so wohlklingende Namen wie »Pariser Kommune«, »Der rote Kämpfer« oder »Ilja Muromez« (eine Legendengestalt aus dem alten Rußland) trugen.
Ein Flottenbauprogramm wurde der Kosten wegen nicht in Angriff genommen, man bemühte sich nur, den vorhandenen Schiffsbestand nach Möglichkeit zu erhalten und die Lücken in der Kriegsmarine zu schließen.
Die ersten Ansätze zum Zusammenspiel zwischen dem entwerfenden, produzierenden und bestellenden Teil des künftigen militärindustriel-

len Komplexes zeigten sich ein Jahrzehnt später, als die Kommandeure und Kommissare des Bürgerkrieges in die Rüstungsindustrie einzusteigen begannen.

8
Trozkis Abgang

Im letzten Jahr des Ersten Weltkrieges befand sich die russische Armee mit ihren desertierenden Soldaten und resignierenden Offizieren auf der Flucht vor dem überlegenen deutschen Gegner. Vier Jahre später, im letzten Bürgerkriegsjahr 1922, stand sie im Zenit des Sieges. Aus den bunt zusammengewürfelten Haufen der ersten Stunde ist eine recht gut gegliederte, halbwegs zufriedenstellend versorgte und nahezu vollständig auf dem Gehorsamsprinzip aufgebaute Armee geworden; am 14. 7. 1920 wurde das Recht, Disziplinarstrafen zu verhängen, auf alle Kommandeure bis zum Kompaniechef herunter ausgedehnt.

Die Rote Armee sonnte sich in der Gunst der Nation. Ihre Generalität aus altgedienten Zarenchargen und »Feldherren aus dem Volk«, aus den im Kampf bewährten Altbolschewiki und jungen Aufsteigern aus dem unteren Offiziersstand zusammengesetzt, wurde zu einer durch gemeinsame Kampferlebnisse verbundenen Clique – im besten Sinne des Wortes. Ein neuer Korpsgeist war entstanden, das Ansehen des roten Kommandeurs richtete sich nach der Zahl der von ihm im Kampf errungenen Rotbannerorden. Vier Offiziere, die viermal mit dem Rotbannerorden geehrt worden waren, wurden zu angesehensten Männern des Landes: Blücher, der Zaren-Unterleutnant und rote Regimentskommandeur Stepan Wostrezow, der Lette Jan Fabrizius, »Ober-Unteroffizier« des Zaren im 1. Lettischen Schützenregiment und roter Brigadekommandeur gegen Denikin und die Polen, und der Ukrainer Iwan Fedko, auch er ein Unterleutnant der alten und Divisionär der neuen Armee.

Seit dem 16. 1. 1919 unterschieden sich die Offiziere und Unteroffiziere auch äußerlich sichtbar von den Mannschaften. Die Unteroffiziere trugen Dreiecke, die Offiziere bis zum Regimentskommandeur Quadrate, die höheren Offiziere Rhomben am Ärmel. Ein Frontchef war durch vier Rhomben zu erkennen. Die Rangabzeichen aus rotem Tuch, mit einem roten Stern darüber, wurden seit 1922 auf besonders angenähten Ärmelklappen getragen. Die Kragenspiegel trugen die Farbe der Waffengattung: himbeerrot die Infanterie, blau die Kavallerie, orange die Artillerie, schwarz die Pioniere, hellblau die Luftwaffe und grün der Grenzschutz.

In dieser geregelten Welt der Zeichen, Farben und Orden gab es am Ende des Bürgerkrieges nur einen Fremdkörper: den Chef. Denn Lew Dawidowitsch Bronstein, der sich Trozki nannte, der einzige Jude in der russischen Geschichte, der es bis zum Kriegsminister gebracht hatte, paßte in keine Schublade. Der genialische und unberechenbare Mann war zeitlebens ein Außenseiter gewesen.
Der Menschewik der ersten und Bolschewik der späten Stunde, der Revolutionsmacher und Sieger des Bürgerkrieges, gehörte nirgendwo hin. Trozki war weder Offizier der alten Armee noch ein Feldherr aus dem Volk, weder ein Altbolschewik mit militärischen Meriten noch ein junger Aufsteiger aus dem Leutnantsstand vom Schlage Tuchatschewskis (Als der Bürgerkrieg zu Ende ging, war Tuchatschewski 29, Trozki bereits 43 Jahre alt).
Im Politbüro, das seit Lenins erstem Schlaganfall am 20. 5. 1922 das Land regierte und über alles kollektiv entschied, besaß Trozki keinerlei Anhang. Da er auf dem VIII. Parteitag im März 1919, auf dem das Politbüro, das Orgbüro[1] und das ZK-Sekretariat ins Leben gerufen wurden, abwesend war – er war wieder einmal mit seinem geliebten Panzerzug unterwegs –, wurde er zwar (und damals selbstverständlich) in absentia, zusammen mit Lenin, Stalin – der es natürlich nicht versäumt hatte, dem Parteitag beizuwohnen – und Lew Kamenew gewählt, Politbüro-Mitglied, aber er konnte keinerlei Einfluß auf die Zusammensetzung des schon zwei Jahre danach so wichtigen Gremiums ausüben.
1921 wurden Sinowjew, 1922 Rykow und Gewerkschaftschef Michail Tomski, 1924 Nikolai Bucharin, der führende Ideologe nach Lenins Tod, Politbüromitglieder.
Keiner dieser Männer war Trozki verbunden. Die meisten hatte der sprunghafte, unbegreifbare Mann, der gleichzeitig Armeen führen und Bücher schreiben konnte, verärgert und verschreckt. Er war ihnen unheimlich, zumal sie alle die Französische Revolution mit ihrem 9. Thermidor und dem 18. Brumaire nur allzugut im Kopf hatten.
So starrten sie alle am Ende des Bürgerkrieges, als die Demobilisierung unumgänglich wurde, auf den Bonaparte an der Spitze einer siegreichen Fünfmillionen-Streitmacht. Er aber empfand nach der mehrfach verschobenen Siegesparade vom 3. 4. 1921 (Trozki: »Wir haben so lange gewartet wie es möglich war«) die große Leere, die einen Menschen befällt, wenn die eine große Aufgabe gelöst ist. Der legendäre,

1919 mit dem Rotbannerorden geehrte Panzerzug des Kriegsministers wanderte ins Museum. Es war jenes Jahr, in dem Trozki (1920 auch Verkehrsminister) dem Wiederaufbau des Transportwesens mehr Zeit widmete als seiner ständig kleiner werdenden Armee.
So unternahm Trozki, anders als sein ziviles Pendant Alexej Rykow, der rechtzeitig Vizepremier (und dann auch Lenins Nachfolger als Regierungschef) wurde, nur einen – halbherzigen – Versuch, seine Hausmacht in die Friedenszeit herüberzuretten. Im Laufe des Jahres 1920 unterstützte er das Projekt der »Arbeitsarmeen«, das von der 3. Armee am Ural angeregt wurde.
Die nach dem Sieg über Koltschak »arbeitslos« gewordene 3. Armee vertrieb ihre Zeit mit Holzfällen in den Wäldern. Am 15. 1. 1920 wandelte sie folgerichtig ihren Namen in die »1. Uraler Revolutionäre Arbeitsarmee« um. Die Idee der Uraler zog den erbittertsten Widerstand fast aller führenden Genossen, die sehr wohl die Kriegsmüdigkeit des Volkes spürten, nach sich. Die Gewerkschaften Tomskis traten geschlossen gegen das von Trozki zur Nachahmung empfohlene Projekt auf, zumal er die Gewerkschaften ohnehin an die Kette legen wollte. Eine drei Tage vor der Gründung der »Uraler Arbeitsarmee« anberaumte Konferenz Lenins und Trozkis mit den Gewerkschaftsbossen endete mit einer vernichtenden Niederlage Trozkis: Von über 60 Teilnehmern stimmten nur zwei für Trozkis Pläne. Selbst Trozkis großer, wohlwollender Biograph Isaac Deutscher, vermerkt dazu: »Er entfachte eine erstaunliche Originalität und viel Erfindungsgeist, aber seine fieberhaft arbeitende Phantasie bewegte sich in einem Vakuum, und seine Ideen hatten keinen Zusammenhang mit der Wirklichkeit.«[2]
Die Idee der »Arbeitsarmeen« – die im ersten Halbjahr 1920 immerhin 2,5 Millionen Mann umfaßten, hielt die beginnende Demobilisierung nicht auf. Am 5.12. 1920 schlug der Oberkommandierende Sergej Kamenew Trozki als dem Vorsitzenden des RWS vor, die Streitkräfte der Republik (Stärke am 1. 11. 1920: 5 317 159 Mann, davon 2 455 990 Mann im Feld) bis zum 15. 1. 1921 um zwei Millionen Mann zu reduzieren.
Die Rotarmisten strebten nach Hause, zur zivilen Arbeit und ohne Aufsicht der Kommandeure in den Arbeitsarmeen. Am 30. 3. 1921 wurden die noch vorhandenen Arbeitsarmeen in die Zuständigkeit des Arbeitsministers Wassilij Schmidt, eines Gewerkschaftsfunktionärs, überstellt, der sie am 30. 12. 1921 auflöste.

Wollte Trozki überhaupt kämpfen? Anscheinend nicht; denn er schlug mehrmals Lenins Angebot ab, sein Stellvertreter im Ministerrat zu werden, angeblich, weil es aussichtslos geworden sei, sich gegen die Bürokraten zu behaupten. Dies ist der eine Schlüssel zu Trozkis seltsamem Verhalten in den Jahren des Interregnums zwischen Lenin und Stalin.

Vielleicht spürte er, daß seine historische Mission, die Revolution zu machen und den ersten Bewährungskampf des Sowjetstaates zu gewinnen, nun erfüllt war. Vielleicht wußte er, daß sein Anhang in der Armee gar nicht so groß war.

Der Kriegsminister, der, wie 1945 Winston Churchill, nach dem Sieg verschwinden mußte, hatte während des Bürgerkriegs zweieinhalb von seinen vier Amtsjahren im Panzerzug verbracht (und 200 000 Kilometer damit zurückgelegt). Die Planungsarbeit in der Moskauer Zentrale erledigte Stabschef Lebedew, die Tagesroutine managte der getreue Skljanski, sein Stellvertreter im RWS.

Auch an der Spitze der Politverwaltung PUR, die für die etwa 300 000 Parteimitglieder (fast die Hälfte aller Parteimitglieder überhaupt) zuständig war, gelang es Trozki in den Jahren des Bürgerkrieges nicht, einen ihm Nahestehenden zu lancieren. Zwar war der erste Chef der PUR Konstantin Jurenew wohl ein Mann Trozkis gewesen: Jurenew, Parteimitglied seit 1905, gehörte seit 1913 Trozkis Gruppe der »Interrayonisten« an, die eine Vereinigung der Bolschewiki und der Menschewiki anstrebte. Die etwa 4000 Mann starke Gruppe wurde im August 1917 in die bolschewistische Partei aufgenommen.

Nach einem Jahr Amtszeit wurde Jurenew im April 1919 abgelöst und an die Front geschickt. Sein Nachfolger, der Lette Iwar Smilga, stand zwar Trozki nahe, aber doch nicht *so* nahe, daß er sich mit ihm vertrug. Smilga schied 1921 aus. Sein Nachfolger Sergej Gussew, bis dahin Kommissar des Feldstabes, war ein erbitterter Gegner des Ministers und später enger Mitarbeiter Stalins im ZK-Apparat. Erst Anfang 1922 gelang es Trozki, seinen Adlatus Antonow-Owsejenko zum Politchef der Streitkräfte zu machen. Ein Vierteljahr danach wurde Stalin Generalsekretär und begann, die führenden PUR-Positionen mit seinen Leuten zu besetzen, mit dem Ziel, die Politverwaltung der Armee zu einer Abteilung des Zentralkomitees der Partei und damit zu seinem verlängerten Arm in Trozkis Ressort zu machen – was 1924, nach Lenins Tod, auch gelang.

Angesichts seiner Vereinsamung in den Jahren des Interregnums 1922/24 scheint es erstaunlich, daß Trozki sich überhaupt noch so lange in seinem Amt gehalten hatte. Trotzdem: Hätte je in der sowjetischen Geschichte eine Chance der Militärs bestanden, zum »18. Brumaire« zu greifen, so hätte sie wohl, trotz allem, dieser erstaunliche Mann gehabt, dessen Name und Tätigkeit aus der sowjetischen Geschichte bis heute fast vollständig getilgt sind (das letzte Photo des ersten Kriegsministers erschien in Moskau 1938 im 1. Band der »Geschichte des Bürgerkrieges in der UdSSR 1917–1922«, die auf fünf Bände angelegt war; der 5. Band konnte erst 1960 erscheinen)[3].
Aber er wollte ja nicht – Trozki war kein »militärischer Mensch« wie es Stalins Mitarbeiter Anastas Mikojan 1922 behauptet hatte. Die Armee war ein Spielzeug und ein Werkzeug des die Weltrevolution anstrebenden Volkstribunen und Literaten Trozki. Er schrieb es einmal selbstentlarvend, persönlich nieder: in seinem »Versuch einer Autobiographie«, abgeschlossen im ersten Exil auf Prinkipo 1929: »Der Krieg war beendet, die Armee von fünf Millionen dreihunderttausend auf sechshunderttausend Mann eingeschränkt.«[4] 600 000 Mann – das war zu wenig. Das Spielzeug hatte seinen Reiz verloren, es war zu klein geworden. Dies ist der zweite Schlüssel zu Trozkis kampfloser Amtsaufgabe.

9
Frunses Reform

Trozkis Schöpfung gedieh, während sein Stern sank. Am 28. 9. 1922 wurde die allgemeine Wehrpflicht ausdrücklich bekräftigt, die Dienstzeit in der Infanterie und Artillerie auf anderthalb Jahre, in der Kavallerie, der berittenen Artillerie und den technischen Truppen auf zweieinhalb Jahre, in der Luftwaffe auf dreieinhalb und in der Kriegsmarine auf viereinhalb Jahre festgesetzt.
Mit dem Inkrafttreten der ersten Unionsverfassung des Bundesstaates UdSSR am 6. 7. 1923 wurden die beiden von Trozki in Personalunion verwalteten Volkskommissariate (Ministerien) für Kriegsangelegenheiten und für Marine-Angelegenheiten zu einem nur auf der Bundesebene bestehenden »Volkskommissariat für Kriegs- und Marine-Angelegenheiten der UdSSR« zusammengelegt. Auch der Revolutionäre Kriegsrat der Republik (RWSR) hieß jetzt: RWS der UdSSR. Der Verteidigungsrat (korrekt: der »Arbeiter- und Bauern-Verteidigungsrat«), Lenins Kriegskabinett, dem Trozki kraft seines Amtes angehörte, wurde schon am 7. 4. 1920 in einen »Rat für Arbeit und Verteidigung« (STO) umbenannt und am 17. 7. 1923 zum Organ der Unionsregierung erhoben, wieder mit Premier Lenin als Vorsitzendem.
Trozkis »Amtsbefreiung« am 26. 1. 1925 ging der Abbau seiner Paladine voraus. Sein Politchef Antonow-Owsejenko wurde im Januar 1924 amtsenthoben und im Juli 1924 Gesandter in Prag. Dort löste er Trozkis ersten Politchef Jurenew ab, der seit März als Gesandter in Rom residierte.
Antonow-Owsejenkos Nachfolger im Amt des Chefs der Politverwaltung der Roten Armee (PURKKA), Andrej Bubnow, der im Oktober 1917 zusammen mit Stalin einer 5-Mann-Kommission angehört hatte, die von den Apologeten des Generalsekretärs zum eigentlichen Motor der Oktoberrevolution hochgejubelt wurde[1], saß seit 1922 als Agitpropchef der Partei in Stalins unmittelbarer Nähe. Auch Bubnow kam direkt vom Kriegsrat der 1. Reiterarmee Budjonnys in den ZK-Apparat hinein.
Acht Wochen nach Antonow-Owsejenkos Abgang mußte auch der treue Skljanski das Amtszimmer des Stellvertretenden Vorsitzenden des RWS räumen. Am 14. 3. 1924 übernahm Frunse, bis dahin Be-

fehlshaber des Wehrkreises Ukraine, Skljanskis Amt, er wurde obendrein zum Vizeminister für Krieg und Marine (was Skljanski nicht war) und am 1. 4. 1924 zum Nachfolger Lebedews als Stabschef der Roten Armee ernannt.
Skljanski mußte in den Apparat des Obersten Volkswirtschaftsrates wechseln. Trozki: »Man versetzte ihn in brutalster Form, das heißt rein stalinistisch, ohne mit ihm vorher gesprochen zu haben.« 16 Monate später, am 17. 8. 1925, ertrank Skljanksi während einer Dienstreise in den USA beim Bootsfahren in einem See.
Am 2. 6. 1924 wurde das Politbüro zum ersten Mal seit Lenins Tod aufgefüllt.
Kandidat Bucharin (nur beratende Stimme) wurde Mitglied (beschließende Stimme), Frunse und der neue Wirtschaftsdiktator Dserschinski, Chef des Obersten Volkswirtschaftsrates und der Staatspolizei OGPU (Vereinigte Staatliche Politische Verwaltung), der Tscheka-Nachfolgerin, wurden in den Kandidatenstand aufgenommen. Nun bestand kein Zweifel mehr, wer Trozkis Nachfolger sein würde: denn nie ist ein Ministerstellvertreter ins Politbüro geholt worden. Ein halbes Jahr später übernahm Frunse Trozkis Ämter, Politchef Bubnow wurde Kandidat des ZK-Sekretariats, die Politverwaltung der Armee bekam den Rang einer ZK-Abteilung.
Der gedemütigte Volkstribun blieb bis zum 23. 10. 1926 Mitglied des Politbüros. Ein Vierteljahr nach seiner Amtsenthebung als Kriegs- und Marineminister bekam er gleich drei neue Ämter zugewiesen: Vorsitzender des Hauptkonzessionskomitees der Regierung (das Konzessionen an ausländische Firmen zu vergeben hatte), Leiter der Elektrotechnischen und der Wissenschaftlich-technischen Abteilung im Obersten Volkswirtschaftsrat. Trozki: »Diese drei Gebiete waren miteinander durch nichts verbunden (was im Falle der letzten beiden allerdings nicht stimmte). Die Auswahl war hinter meinem Rücken erfolgt und wurde von den besonderen Erwägungen bestimmt, mich von der Partei zu isolieren, mit laufender Arbeit zu überhäufen, unter besondere Kontrolle zu stellen – [d. h. unter die Kontrolle des Wirtschaftschefs Dserschinski] und so weiter. Ich machte dennoch gewissenhaft den Versuch, mich auf den neuen Gebieten einzuarbeiten.«
In den beiden Abteilungen des Volkswirtschaftsrates wirkte Trozki bis zur Entlassung aus dem Politbüro, im Konzessionskomitee bis zur endgültigen Verfemung, dem Parteiausschluß. Am 23. 10. 1926 wurde

der Schöpfer der Roten Armee aus dem ZK, am 11. 11. 1927 aus der Partei ausgeschlossen, am 17. 11. 1927 von seinen Amtspflichten als Chef des Hauptkonzessionskomitees entbunden.
Während Trozki unter der wachsamen Aufsicht Dserschinskis und Premiers Rykow in seinen letzten Sowjetämtern arbeitete, führte sein Nachfolger Frunse jene Reform der Roten Armee durch, deren Kerngedanke, die Einbindung der Streitkräfte in den Wehrkreis und die sich daraus ergebende mächtige Stellung des lokalen militärischen Establishments, auch in der Sowjetarmee von heute gültig ist.
Gemessen an der kurzen Zeitspanne von 278 Tagen, in denen Frunse an der Spitze der Roten Armee gestanden hatte, war seine Amtszeit für die Bildung des militärischen Establishments in der UdSSR so bestimmend und so prägend wie keine andere unter den Amtsperioden der elf sowjetischen Kriegsminister (von Trozki an gerechnet).
Die Rote Armee wurde bis auf 562 000 Mann verkleinert. 26 Schützendivisionen, fast die gesamte Kavallerie, die technischen Einheiten und die Kriegsmarine bildeten die stets präsente Kader-Streitkraft. 36 Schützen- und eine Kavalleriedivision, ein Panzerzug-Regiment, drei nationale Regimenter und die Einheiten der Heeres-Artillerie bildeten den territorialen Teil der Roten Armee mit vierjähriger Dienstzeit in Form von höchstens achtwöchigen Übungen pro Jahr; die Territorialsoldaten blieben bis zum 40. Lebensjahr in Reserve.
Das Unionsgesetz über die allgemeine Wehrpflicht vom 18. 9. 1925 bestätigte die Teilung in eine Kader- und eine Territorial(Miliz-)-Armee.
Die Grundlage für Frunses Reform bildete die Einbindung der Armee in den Wehrkreis. Die ersten Wehrkreise wurden in Rußland unter dem Zaren Alexandr II. im Jahre 1862 durch Graf Dmitrij Miljutin, 1861/81 Kriegsminister Alexandrs II., gebildet; ihrer Errichtung folgte 1874 die Ablösung des Rekrutierungssystems für die Streitkräfte durch die allgemeine Dienstverpflichtung »für alle Stände« ab dem 21. Lebensjahr, verbunden mit der Verkürzung der Dienstzeit von 20–25 Jahren auf sechs Jahre beim Heer und sieben Jahre bei der Flotte.
Graf Miljutin, der Vater des russischen Generalstabs, errichtete zunächst die Wehrkreise Wilna, Warschau, Kiew und Odessa – zu Beginn des Ersten Weltkrieges war das Russische Reich ganz mit dem Netz der aus zwölf Wehrkreisen bestehenden lokalen Militärverwaltung überzogen. Die Auflösung der alten Armee führte am 23. 1. 1918 zur Liqui-

dierung der Wehrkreise, die Gründung der Roten Armee am 20. 3. 1918 zur Bildung des Wehrkreises Petrograd, am 4. 5. 1918 zur Bildung von elf weiteren Wehrkreisen – sechs im europäischen, fünf im asiatischen Teil des zerfallenden Imperiums.
Da fast das ganze russische Territorium in den Bürgerkrieg einbezogen wurde, haben von diesen ersten sowjetischen Wehrkreisen nur die in Moskau und in Orel den ganzen Bürgerkrieg bestanden.
Kämpfende Bürgerkriegsarmeen beherrschten das Land, insbesondere in den Randgebieten walteten die Armee-Befehlshaber mit ihren Kriegsräten fast ganz selbständig. Die aus der 11. Armee hervorgegangene Kaukasische Armee regierte im Kaukasus, Frunses Turkestanische Front regierte in Mittelasien. Frunse war es auch, der 1922/24 in der Ukraine als »Befehlshaber der Truppen der Ukraine und der Krim« regierte. In Sibirien waltete der »Gehilfe des Oberkommandierenden für Sibirien« und im Fernen Osten kämpften Blücher und Uborewitsch als »Kriegsminister der Fernostrepublik« und Oberkommandierende ihrer »Volksrevolutionären Armee« gegen die Japaner und die Weißen.
Mit dem Übergang zur Friedensordnung wurden die Armeen und Fronten im Zuge der fortschreitenden Demobilisierung aufgelöst oder in Wehrkreise umgewandelt. In diesen 1921/24 laufenden Prozeß schaltete sich Frunse mit seiner Reform ein.
Sie war sorgfältig durchdacht und vorbereitet. Eine Siebenerkommission unter dem Vorsitz des Ex-Politchefs der Armee, Gussew, nunmehr Stalins Mitarbeiter in der Partei- und Staatskontrolle, gab 1924 ihre Empfehlungen ab. In der Kommission saßen zwar Stalins Kontroll-Mitarbeiter Nikolai Schwernik, sowie Stalins Freund und kaukasischer Parteichef Sergo Ordschonikidse, aber auch die Gewerkschaftsfunktionäre Tomski und Andrej Andrejew. Auch Frunse und Wirtschaftsfachmann Jurij Pjatakow vom Obersten Volkswirtschaftsrat gehörten ihr an. Frunse, Gussew, Pjatakow und Tomski hatten sogar den noch amtierenden Minister Trozki in dessen Urlaubsort Suchum am Schwarzen Meer aufgesucht (Trozki: »Das war die reinste Komödie. Die Erneuerung des Personalbestandes im Kriegskommissariat war hinter meinem Rücken bereits in vollem Gange. Man wollte nur noch den Schein wahren.«)[2]
Aber es ging nicht nur um den Personalbestand im Ministerium. Die erste Milizbrigade wurde schon 1921 in Petrograd gebildet. Am 12. 1.

1923 wurden weitere neun Divisionen auf Milizsystem umgestellt, am 8. 8. 1923 die Umstellung auf ein gemischtes Kader-Milizsystem beschlossen. Dazu sollten die bereits bestehenden und noch zu bildenden Wehrkreise dienen.
Durch Frunses Reform entstanden zunächst acht Wehrkreise, die fast das ganze sowjetische Territorium umfaßten: sechs im europäischen, zwei im asiatischen Teil der UdSSR, wobei der Wehrkreis Sibirien den Fernen Osten mit einschloß. Nur die Kaukasische Armee mit dem »Arbeitsbereich« der »Transkaukasischen Föderation« (Georgien, Armenien und Aserbaidschan) blieb außerhalb dieser Ordnung – der vielen nationalen Einheiten im Vielvölkergebiet des Kaukasus wegen. Die Turkestanische Front wurde erst 1926 in den Wehrkreis Mittelasien umgewandelt, nachdem die nationalen Truppen der »Bündnisrepubliken« Turkestan, Buchara und Choresm in die Rote Armee integriert waren.
Frunse, dessen Persönlichkeit und Leistung selbst von Trozki, wenn auch widerwillig, gewürdigt wird (»Eine ernste Figur«, die »zweifellos Fähigkeiten eines Heerführers bewiesen« hatte – aber »in Fragen der militärischen Verwaltung unvergleichlich schwächer als Skljanski« – was eben nicht stimmte), kam mit dieser Reform den beiden Kräften mit ihren oft entgegengesetzten Wünschen entgegen, zwischen denen ein Moskauer Kriegsminister stets eingekeilt war.
Es kam dem Parteiführer Stalin entgegen, der die Eingliederung der Armee in das Netz der von der Partei kontrollierten lokalen Administration wünschte – und er kam seinen Heerführern entgegen, die nun zu Wehrkreischefs wurden. Umso mehr als Frunse sogar in der wichtigsten Frage der sowjetischen Kommandostruktur, der Frage der Einheit des Befehls, einen Kompromiß aushandeln konnte.
Nach einer ZK-Empfehlung vom 28. 7. 1924, einer eingehenden Beratung unter den Armee-Kommissaren und einer sechs Tage währenden Sitzung des Revolutionären Kriegsrates vom 24. 11./1. 12. 1924 vereinbarten die Politiker und die Militärs, daß derjenige Kommandeur, der bereits Mitglied der Partei war, der alleinige Inhaber der Kommandogewalt in seiner Einheit sein sollte, zwar mit einem »Stellvertreter für politische Angelegenheiten« (»Sampolit«) im Rücken, aber mit dem Recht, alle Befehle allein zu unterzeichnen. Der parteilose Kommandeur mußte sich dagegen die Gegenzeichnung durch den Kommissar gefallen lassen. Diese Vereinbarung wurde am 6. 3.

1925 durch einen ZK-Brief an die Parteimitglieder in der Armee abgesegnet.

Das Ergebnis war fast genau halbe-halbe. Ab 1. 10. 1925 waren 56,4% der Kommandeure auf der Korps-, Divisions-, Brigade- und Regimentsebene Alleininhaber der Kommandogewalt in ihrer Truppe. Damit war jener Streitpunkt zwischen der Partei und der Armee, der unweigerlich zu einer Zerreißprobe geführt hätte (und zwölf Jahre später mit verheerenden Folgen auch dazu geführt hat), zunächst zugunsten eines Kompromisses aufgeschoben.

Die teilweise Wiedereinführung des Einheitskommandos – mit dem Ausblick auf die Zukunft, in der alle Kommandeure Parteimitglieder wären und damit die einheitliche Kommandogewalt 100%ig verwirklicht sein würde (was sowohl für die Partei als auch für die Armee ein Gewinn wäre), war Frunses bedeutendste Leistung. Auch die Abschaffung der Position des Oberkommandierenden am 1. 4. 1924, jenem Tag, an dem Frunse Stabschef der Roten Armee wurde, stärkte sein Offizierskorps (der nächste Oberkommandierende wurde bekanntlich 1941 Josef Stalin selbst).

Die Helden des Bürgerkrieges etablierten sich in den Wehrkreisen – meist zunächst in jenen Gegenden, die sie selbst von den Weißen befreit hatten, eine »verschworene Gemeinschaft« alter Kämpfer in der kleinen russischen »Reichswehr«. Das Trauma des Krieges gegen ein Dutzend »weißer« Heere und gegen »14 Interventionsarmeen« des europäischen, asiatischen und überseeischen Auslandes verlieh ihnen die Aura des einsamen Kriegers, der gegen eine rundum feindliche Umwelt mit Degen und Pistole kämpfte und bestand. In allen Positionen der Roten Armee 1925/37 waren es stets dieselben Männer, was aus den nachstehenden Tabellen hervorgeht.

Tabelle 1

Befehlshaber der Wehrkreise 1921/22–1937:

Wehrkreise	
Moskau:	
Muralow, N. I.	1921–1924
Woroschilow, K. Je.	1924–1925
Basilewitsch, G. D.	1925–1927
Schaposchnikow, B. M.	1927–1928

Uborewitsch, I. P.	1928–1929
Kork, A. I.	1929–1935
Below, I. P.	1935–1937
Petrograd s. 1. 2. 1924 *Leningrad:*	
Jegorow, A. I.	1921
Gittis, W. M.	1921–1925
Schaposchnikow	1925–1927
Kork	1927–1928
Tuchatschewski, M. N.	1928–1931
Below	1931–1935
Schaposchnikow	1935–1937
Kiew, 1922–1935 *Ukraine* (in Charkow), s. 1935 *Kiew:*	
Jegorow	1921
Petin, N. N.	1921
Jakir, I. E.	1921–1922
Frunse, M. W.	1922–1924
Jegorow	1924–1925
Jakir	1925–1937
Charkow (1935–1941)	
Dubowoi, I. N.	1935–1937
West 1924–1926 (in Smolensk), *Belorußland* 1926–1938 (in Minsk):	
Kork	1924–1925
Tuchatschewski	1925
Kork	1925–1927
Jegorow	1927–1931
Uborewitsch	1931–1937
Nordkaukasus s. 1921 (Rostow am Don):	
Basilewitsch	1920
Woroschilow	1921–1924
Muralow	1924–1925
Uborewitsch	1925–1927
Below	1927–1930
Kaschirin, N. D.	1931–1937
Kaukasische Armee 1921–1935, dann Wehrkreis *Transkaukasus* (in Tiflis):	
Gekker, A. I.	1921
Jegorow	1922–1923
Pugatschow, S. A.	1924
Kork	1925
Lewandowski, M. K.	1925–1928
Awxentjewski, K. A.	1928–1931

Fedko, I. F.	1931–1932
Smolin, I. I.	1932
Lewandowski	1932–1937

Wolga (in Samara, s. 1935 Kuibyschew):

Oskin, D. P.	1921–1923
Mratschkowski, S. W.	1923–1924
Sedjakin, A. I.	1924–1927
Basilewitsch	1927–1931
Schaposchnikow	1931–1932
Fedko	1932–1935
Dybenko, P. Je.	1935–1937

Westsibirien 1922–1924, *Sibirien* s. 1924 (in Nowonikolajewsk, s. 1926: Nowosibirsk):

Schorin, W. I.	1920
Laschewitsch, M. M.	1920–1921
Mratschkowski	1922–1923
Petin	1923
Gailit, Ja. P.	1923–1924
Eideman, R. P.	1924–1925
Laschewitsch	1925
Petin	1925–1928
Kuibyschew, N. W.	1928–1929
Lewandowski	1929–1933
Gailit	1933–1937

Ural s. 1935 (in Swerdlowsk):

Garkawy, I. I.	1935–1937

Turkestanische Front, s. 1926 Wehrkreis *Mittelasien* (in Taschkent):

Schorin	1922
Sokolnikow, G. Ja.	1922–1923
Kork	1923
Pugatschow	1923–1924
Lewandowski	1924–1925
Awxentjewski	1925–1927
Dybenko	1928–1932
Welikanow, M. D.	1933–1937

Volksrevolutionäre Armee der Fernöstlichen Republik (in Tschita):

Eiche, G. Ch.	1920–1921
Blücher, W. K.	1921–1922
Awxentjewski	1922
Uborewitsch	1922

Gesonderte *Fernost*-Armee (ODWA) 6. 8. 1929 – 28. 6. 1938, 17. 5. – 2. 6. 1935 Wehrkreis Fernost (in Chabarowsk):

Blücher	1929–1938

Heeresgruppe *Transbaikal* der ODWA, s. 1935 Wehrkreis Transbaikal (in Tschita):

Wostrezow, S. S.	1929+1932
Grjasnow, I. K.	1933–1937

Heeresgruppe *Küste* der ODWA (in Nikolsk-Ussurijski, s. 1935 Woroschilow, heute: Ussurijsk):

Putna, W. K.	1931–1934
Fedko	1935–1937

Tabelle 2

Dieselben Offiziere saßen auch in der Moskauer Zentrale, dem Ministerium für Krieg und Marine:

Minister (Volkskommissar):

Trozki, L. D.	1918–1925
Frunse	1925
Woroschilow	1925–1940

Vize-Minister:

Frunse	1924–1925
Laschewitsch	1925
Unschlicht, I. S.	1925–1930
Kamenew, S. S.	1927–1934
Gamarnik, Ja. B.	1930–1937
Uborewitsch	1930–1931
Tuchatschewski	1934–1937

Stabschef der Roten Armee (bis 10. 2. 1921 Chef des Feldstabes) s. 22. 9. 1935 *Generalstabschef:*

Lebedew, P. P.	1919–1924
Frunse	1924–1925
Kamenew	1925
Tuchatschewski	1925–1928
Schaposchnikow	1928–1931
Jegorow	1931–1937

Oberkommandierender (bis 1. 4. 1924):

Wazetis, I. I.	1918–1919
Kamenew	1919–1924

Inspekteur der *Kavallerie* (s. 1924):

Budjonny, S. M.	1924–1937

Verwaltungen des Kriegsministeriums (HV = Hauptverwaltung):

Politische (PURKKA):

Gussew, S. I.	1921–1922
Antonow-Owsejenko, W. A.	1922–1924
Bubnow, S. A.	1924–1929
Gamarnik	1929–1937

Kommandopersonal, dann Hauptverwaltung der Roten Armee (GURKKA) (*Kader/Personal*verwaltung):

Petin	1924–1925
Kamenew	1926–1927
Kuibyschew	1927–1928
Lewandowski	1928–1929
Feldman, B. M.	1929–1937

Bewaffnung (s. 18. 7. 1929):

Uborewitsch	1930–1931
Tuchatschewski	1931–1934

Kampfbereitschaft 1931–1933? (s. 1936):

Lapin, A. Ja.	1931–1932
Sedjakin	1932–1933
Tuchatschewski	1936–1937

Versorgung (rückwärtige Dienste):

Basilewitsch	1920–1921
Unschlicht	1923–1925
Dybenko	1926–1928
Kork	1928–1929

(aufgelöst bis 1941)

Ingenieurtruppen (HV):

Petin	1932–1937

Nachrichtentruppen:

Chalepski, I. A.	1920–1924
Sinjawski, N. M.	1924–1935
Longwa, R. W.	1935–1937

Militärtechnik, *Panzer* (HV), ZV für Mechanisierung und Motorisierung 1929/34, Autos und Panzer (s. 1934):

Baranow, P. I.	1923
Chalepski	1924–1931
Kalinowski, K. B.	1931

Bokis, G. G.	1931–193?
Chalepski	193?–1937
Artillerie:	
Dybenko	1925–1926
Kulik, G. I.	1926–1930
Rogowski, N. M.	193?–193?
Jefimow, N. A.	193?–1937
Luftwaffe:	
Rosengolz, A. P.	1923–1924
Baranow	1924–1931
Alxsnis, Ja. I.	1931–1937
Luftabwehr (s. 1932):	
Kamenew	1934+1936
Sedjakin	1936–1937

Chef der *Kriegsakademie* (s. 5. 8. 1921, bis dahin Generalstabsakademie, s. 5. 11. 1925 »Frunse«-Kriegsakademie):

Tuchatschewski	1921–1922
Gekker	1922
Lebedew	1922–1924
Frunse	1924–1925
Eideman	1925–1932
Schaposchnikow	1932–1935
Kork	1935–1937

Leiter der HV Erkundung des Stabes (GRU) (Militärspionage):

Bersin, Ja. K.	1924–1935
Urizki, S. P.	1935–1937
Bersin	1937

Chemische Truppen:

Fischman, Ja. M.	1925–1937

Dieselbe Entwicklung der Bildung einer geschlossenen Militärkaste vollzog sich im ersten der fünf Jahre nach dem Bürgerkrieg auch bei der Kriegsmarine, die nach der Filterung des Personalbestandes infolge des Kronstädter Aufstandes und der Demobilisierung von 10 Jahrgängen am Ende des Bürgerkrieges von 180 000 auf 39 859 Mann zusammengeschmolzen war.
In Wirklichkeit besaß Sowjetrußland am Ende des Bürgerkrieges gar keine Flotte mehr – und die Marineführung trug dem auch Rechnung. Das, was für Rußland in der Ostsee, am Schwarzen und dem Asow-

schen Meer, im Pazifik und im Nördlichen Eismeer auf dem Wasser schwamm, trug bis 1935 nicht einmal den Namen »Flotte«.
Es gab die »Marinekräfte« des Baltischen Meeres, des Schwarzmeeres, des Fernen Ostens (bis 1922: des Stillen Ozeans) und des Nordmeers (bis 1920: Nördliche Eismeerflottille), wobei die letzten beiden »Marinekräfte« den Wehrkreisbefehlshabern unterstellt waren, also keine selbständige Leitung besaßen. Aber auch auf dem Schwarzen Meer gab es de facto keine sowjetischen Marinestreitkräfte und selbst die Baltischen Marinekräfte verdienten mit ihren auf Abbruch stehenden Schiffen kaum diesen Namen. Nachdem sich die geschlagene Wrangel-Armee. Mitte November 1920 mit 130 000 Soldaten und Zivilisten von Sewastopol aus nach Jugoslawien eingeschifft hatte, gab es am Schwarzen Meer keine fahrbereiten größeren Schiffe und U-Boote der Russen mehr (die Flotte, darunter zwei Linienschiffe, ein Kreuzer, sechs Zerstörer, drei Torpedoboote und vier U-Boote, wurde von den Franzosen im tunesischen Bizerta interniert).
Erst 1923 konnte der Wiederaufbau der Marinestreitkräfte beginnen, nachdem in den beiden vorangegangenen Jahren 1218 ins zivile Leben übergewechselte Matrosen zurückgerufen wurden. Von ihnen kamen 697 zur Baltischen, 427 zur Schwarzmeerflotte, 84 zu der Kaspi-Flottille, und zehn Mann erhielten die Marinekräfte des Fernen Ostens zugeteilt. Die Jugendorganisation »Komsomol« übernahm am 16. 10. 1922 die Patenschaft über die Kriegsmarine. Als Folge meldeten sich 7766 Komsomolzen als Matrosen zum Dienst bei der Flotte. Im gleichen Jahr traten Dutzende von Parteimitgliedern und Komsomolzen, auch einige Matrosen und Maate, in die Lehrabteilungen und Lehranstalten der Flotte ein. Aus dieser Gruppe ist so mancher Sowjet-Admiral des Zweiten Weltkrieges hervorgegangen.
So konnte 1923 auch die noch am besten erhaltene Baltische Flotte mit einem Linienschiff, einem Schulschiff, neun U-Booten, acht Zerstörern, 20 Minensuchbooten und 17 Wachbooten aufwarten. Drei große Torpedoboote bewachten das Kaspische Meer, sieben Kanonenboote und fünf Monitore bildeten die Amur-Flottille an der Grenze zu China, zwei kleine Torpedoboote schwammen im Nördlichen Eismeer. Die »Marinekräfte des Schwarzen und des Asowschen Meeres« wurden 1923 mit einem Kreuzer, zwei Zerstörern und zwei U-Booten neu gebildet.
Diese 78 Schiffseinheiten stellten 1925 die Rote Flotte dar: von den

562 000 Mann, aus denen die Rote Armee damals bestand, entfielen nur 33 000 auf die Kriegsmarine. So konnte Frunse, der Kriegs- und Marineminister, feststellen: »Wir besitzen keine Flotte mehr.«[3] Entsprechend klein und, naturgemäß, noch mehr verbunden durch das gemeinsame Erlebnis des Krieges oder der Schulzeit in der Marinelehranstalt war das Marine-Establishment der frühen Stalinzeit.

Tabelle 3

Befehlshaber der Flotten 1921/22–1937/38:

Baltische in Petrograd/Leningrad:	
Raskolnikow, F. F.	1920–1921
Koschanow, I. K.	1921
Wiktorow, M. W.	1921–1924
Wekman, A. K.	1924–1926
Wiktorow	1926–1931
Galler, L. M.	1932–1936
Siwkow, A. K.	1937
Schwarzmeer in Sewastopol: (ab Mai 1920):	
Dombrowski, A. W.	1920
Panzerschanski, E. S.	1920–1921
Wekman	1922–1924
Wiktorow	1924
Panzerschanski	1925–1926
Orlow, W. M.	1926–1931
Koschanow	1931–1937
Ferner Osten, ab 1935 *Pazifik*flotte (in Wladiwostok):	
Koschanow	1922–1924
Wiktorow	1932–1937
Kirejew, G. P.	1937
Nordflottille 1932/37, dann *Nordflotte* (in Poljarny):	
Sakupnow, S. A.	1933–1935
Duschenow, K. I.	1935–1938
Chef der Marinekräfte:	
Panzerschanski	1921–1924
Sof, W. I.	1924–1926
Muklewitsch, R. A.	1926–1931
Orlow	1931–1937
Wiktorow	1937–1938

Diese 78 Männer, die in den Jahren 1921–37 abwechselnd auf 37 Führungsposten der Roten Armee saßen, blieben unter sich. Am sichtbarsten wurde dies bei den jährlichen Zurschaustellungen der Führungsspitze am 1. Mai und am 7. November vorgeführt. Oben stand Stalin mit den wechselnden Mitgliedern des Politbüros – im Laufe der Jahre 1924–34 verschwanden Sinowjew und Lew Kamenew, Bucharin, Rykow, Tomski, vier Politbürokandidaten und vier ZK-Sekretäre von der Tribüne über Lenins Kopf.

Auf der unteren Tribüne standen die Militärs. Es waren stets die gleichen uniformierten Gestalten mit dem Rotbannerorden: Woroschilow, Budjonny, Tuchatschewski, Sergej Kamenew, Jegorow, Schaposchnikow, Kork.

Zwölf Jahre lang befehligte Jakir den Ukrainischen Wehrkreis, elf Jahre lang befehligte Blücher die Fernost-Armee, acht Jahre war der aus Minsk nach Moskau versetzte Jan Gamarnik oberster Armee-Kommissar, ein Jahrzehnt lang befehligte Chalepski die Panzertruppen. Im Verborgenen wirkte Jan Bersin elf Jahre lang als Chef der Militärspionage.

Und immer war neben dem bärtigen Gamarnik und dem schnurrbärtigen Budjonny – auch er 13 Jahre lang Chef der Reiterei – die schlanke, schöne Gestalt Tuchatschewskis, des Violine spielenden und französisch parlierenden Feldherrn auf der Tribüne zu sehen, stets in der Nähe des »ewigen« Ministers Woroschilow. Mal als Chef der Kriegsakademie, mal als Stabschef, mal als Chef der Bewaffnung, mal als Chef der Verwaltung Kampfbereitschaft.

Sie alle waren nicht nur miteinander bekannt und zum Teil eng befreundet; einige waren auch miteinander verwandt. So hatten Jakir und sein Stabschef Ilja Garkawy zwei Schwestern geheiratet. Nikolai Kashirins Bruder Iwan beendete den Bürgerkrieg als Kavallerie-Brigadier und arbeitete nach dem Krieg in der OGPU, Nikolai Kuibyschews Bruder Walerian war Politbüromitglied und als Chef des Obersten Volkswirtschaftsrates für die Durchführung des 1. Fünfjahresplanes verantwortlich. Und über allem schwebte das gemeinsame Erlebnis des gewonnenen Krieges.

Sie führten zusammen ihre Manöver durch, drängten auf mehr und bessere Waffen, knüpften Verbindungen zu den Konstrukteuren und Waffenherstellern.

Die Armeeführer besuchten gerne und oft das westliche Ausland. Der

militärindustrielle Komplex war im Entstehen – mit Verbindungen zu den Waffenherstellern in Deutschland, Frankreich und Italien. Ein halbes Dutzend Armeeführer des Bürgerkrieges ging in die Wirtschaft. So wurde Nikolai Rattel, Generalmajor des Zaren und 1918/20 Chef des Allrussischen Hauptstabes der Roten Armee und zeitlebens parteilos, Geschäftsführer der HV Goldindustrie, der parteilose Stabskapitän Genrich Eiche, 1920/21 Oberkommandierender Fernost, war seit 1924 im Außenhandelsministerium tätig.
Das erste sowjetische Militär-Establishment war wahrhaft international. Genau die Hälfte der 74 Armee-Führer, 37 Mann, waren Nichtrussen – zwei Esten, acht Letten, drei Litauer, zehn Polen, sieben Juden, fünf Ukrainer und zwei Deutsche (Lew Galler und Alexander Wekman)[4]. Ihr geschaßter Chef und Schöpfer der Roten Armee, Trozki, war ein ukrainischer Jude, sein Nachfolger Frunse ein Halbrumäne. Sie waren weltoffen und kultiviert. So schrieb der Lette Robert Eideman Romane und Erzählungen, eine Anthologie »Wörter und Jahre« wurde 1934 anläßlich seiner 25jährigen literarischen Tätigkeit in Moskau herausgegeben.
Der Konflikt der selbstbewußten Armeeführer mit dem Generalsekretär der Partei – der sie zwar fast alle angehörten, nicht aber ihrem Führungsgremium, dem ZK – war vorprogrammiert, aber nicht unausweichlich, wie alle Konflikte. Daß er sich an der Frage des Einheitsbefehls (eingeführt 1925 in der Armee, 1927 in der Flotte, die nur 26,5% Parteimitglieder unter ihrem Kommandobestand aufzuweisen hatte) entzünden sollte, war ebenfalls vorauszusehen.
Möglicherweise hätte es der angesehene Minister Frunse, der so gut Kompromisse aushandelte, verhindern können. Aber seine Zeit war abgelaufen, sobald seine Reform in Gang kam.

TEIL II
RESTAURATION

Aufstieg

10
Atempause

Michail Wassiljewitsch Frunse starb in der Nacht zum 31. 10. 1925 im Botkin-Krankenhaus zu Moskau, 30 Stunden nach einer Operation am Zwölffingerdarm. Der operierende Chirurg, Professor Wladimir Rosanow, war ein hochangesehener und erfolgreicher Arzt. Rosanow hatte 1922 die beiden Kugeln aus Lenins Körper entfernt, die beim Attentat von 1918 in den Hals eingedrungen waren. Auch die assistierenden Ärzte, die Professoren Iwan Grekow und Wassilij Martynow, waren in Moskau bekannt und erfolgreich. Im übrigen war die Operation, wie sich herausgestellt hatte, unnötig, da kein Geschwür, sondern nur die vernarbte Spur eines alten Geschwürs am Darm festgestellt wurde. Aber so etwas kommt ja vor. Der Patient war eine Stunde und fünf Minuten in der Chloroform-Narkose, die er schlecht angenommen hatte. So war der Tod des 40jährigen auf die Herzschwäche als Folge der Narkose zurückzuführen.

Der Minister wurde nicht in der Kremlmauer, sondern an einem besonderen Ehrenplatz in der Nähe des Leninmausoleums neben dem Grab des Staatspräsidenten Swerdlow beigesetzt.

Frunses Tod löste Gerüchte aus, die sich im darauffolgenden Jahr in Boris Pilnjaks »Erzählung vom nichtverlöschten Mond« niederschlugen. Schon für die Atmosphäre des Frühstalinismus war die Tatsache der Gerüchte selbst typisch, nicht die Frage ihres Wahrheitsgehalts. Es scheint sicher zu sein, daß Frunse, der wußte, wie es um sein Herz bestellt war, sich gegen den chirurgischen Eingriff sträubte, das Politbüro aber anders entschieden hatte. Pilnjak ahnte schon bei der Niederschrift, daß manche Leute seine Erzählung in die falsche Kehle bekommen würden. Er schrieb deshalb am 26. 1. 1926 im Vorwort zu der, dem Literaturkritiker und Altbolschewiken Alexandr Woronski gewidmeten, Erzählung: »Ich habe Frunse kaum gekannt, habe ihn vielleicht nur zweimal gesehen. Die wirklichen Details seines Todes kenne ich nicht . . .«

Die Erzählung erschien im Maiheft der »Nowy mir«. Woronski ließ im Juniheft einen Leserbrief los, in dem Pilnjaks Werk als eine »böse Verleumdung unserer Partei . . .« dargestellt wurde. Pilnjak dementierte, von einer Auslandsreise zurückgekehrt, am 25. 11. 1926 noch einmal die Absicht, Frunses Tod dargestellt zu haben und nannte sowohl die Niederschrift als auch den Abdruck seiner Erzählung einen »großen Fehler«. »Nowy mir« druckte Pilnjaks Selbstkritik in der ersten Nummer 1927 ab.
Stalin, der all das sorgfältig registrierte, schwieg zunächst. Für ihn kam es damals darauf an, seinen Kandidaten zu Frunses Nachfolger zu machen, was ihm innerhalb einer Woche nach Frunses Tod auch gelang. Vorerst war er damit zufrieden, denn mit den Widersachern konnte er später abrechnen – er hat es dann auch getan. So war Pilnjak schon 1937 in Haft umgekommen; aber auch Woronski starb am 13. 10. 1943 in Haft.
Frunses Tod fand durch Pilnjaks Erzählung einen literarischen Niederschlag, das politische Ringen um den so plötzlich freigewordenen Posten des Kriegsministers und Vorsitzenden des RWS spielte sich, durchaus im Sinne der Pilnjakschen Novelle, auf der höchsten politischen Ebene zwischen den beiden mächtigsten Politbüromitgliedern Stalin und Sinowjew ab. Beide versuchten, *ihren* Anhänger an die Spitze der Roten Armee zu lancieren.
Stalins Kandidat war »Klim« Woroschilow, Befehlshaber des Wehrkreises Moskau und Mitglied des RWS, der Kandidat Sinowjews war Michail Laschewitsch, Frunses Stellvertreter im Ministerium und im RWS. Beide waren Mitte Vierzig, beide standen seit dem Beginn des Jahrhunderts in der revolutionären Bewegung, beide waren während der Oktoberrevolution in Petrograd aktiv, beide waren Mitglieder des Zentralkomitees der Partei, beide aus dem Bürgerkrieg mit zwei (Laschewitsch) bzw. drei (Woroschilow) Rotbannerorden nach Hause gekommen.
Die persönlich bedingten Gegensätze zwischen den beiden überwogen jedoch die Ähnlichkeiten in der bisherigen Laufbahn bei weitem. Man konnte sich kaum einen größeren Unterschied vorstellen als den zwischen dem Russen Woroschilow aus der rußgeschwärzten ukrainischen Industrielandschaft um Lugansk (1935–58 und seit 1970: Woroschilowgrad) und dem Juden Laschewitsch aus der lebendigsten und farbigsten Stadt des Reiches, der ukrainischen Hafen- und Handelsstadt

Odessa (liebevoller Spitzname: »Odessa-Mama«) am Schwarzen Meer.
Odessa (bis 1795: Tatarensiedlung Chadschibej) war unter Armand Emmanuel du Plessis, Herzog de Richelieu, 1803–14 Stadtoberhaupt, zu einer der schönsten Städte des Russischen Reiches ausgestaltet worden. Die prachtvolle Deribasstraße, nach dem Spanier José de Ribas, dem kaiserlich-russischen Admiral und Erbauer des Hafens, genannt, ist heute noch eine der schönsten Avenuen in der Ukraine.
Wie die Herkunft so die Freunde: Woroschilow schloß sich im Bürgerkrieg dem schweigsamen und groben Apparatschik Stalin an, Laschewitsch wurde zum engen Freund des sprunghaften Volkstribunen Sinowjew. Die Abneigung aller dieser Männer gegen Trozki beruhte auf Gegenseitigkeit. So hat Trozki den disziplinlosen Querulanten Woroschilow noch vor Stalin aus Zarizyn entfernt – aber auch den Vorschlag Lenins abgeblockt, Laschewitsch anstelle Sergej Kamenews zum Oberkommandierenden zu ernennen.
Stalins Bataillone waren schon damals stärker als die Sinowjews. Nachdem die beiden Politbüro-Gewaltigen sich zunächst gegenseitig zum Kriegsminister vorschlugen (was natürlich reine Farce war, denn weder wollte Stalin den Posten des Generalsekretärs noch Sinowjew den des Kominternvorsitzenden und Leningrader Parteichefs aufgeben), setzte sich Stalins Kandidat im Politbüro durch.
Woroschilow wurde am 6. 11. 1925 Kriegs- und Kriegsmarineminister und Vorsitzender des RWS. Zu Neujahr 1926 kam er als Mitglied ins Politbüro. Laschewitsch verlor im Juli 1926 alle seine Ämter und die ZK-Mitgliedschaft, im nächsten Jahr auch sein Parteibillett. Kurz darauf nach demütigender Selbstkritik wieder in die Partei aufgenommen, wählte Laschewitsch am 30. 8. 1928 im mandschurischen Charbin, wo er seit zwei Jahren als Vize-Vorstandschef der Ostchinesischen Eisenbahn tätig war, den Freitod.
Im Kampf um die Macht in Moskau nach Lenins Tod war die Ernennung von Kliment Jefremowitsch Woroschilow zum Nachfolger Frunses die wichtigste Entscheidung zugunsten Stalins überhaupt, sein größter Sieg während des ein Jahrfünft dauernden Interregnums. Der eitle, kleine Minister, der sich ein Treppchen unterstellen ließ, wenn er inmitten seiner baumlangen Feldherren photographiert wurde, besiegelte ein Jahrzehnt später mit seinem bedingungslosen Gehorsam gegenüber dem Generalsektretär den fast vollständigen Untergang der

ersten sowjetischen Militärkaste, der Helden des Bürgerkrieges. Woroschilow, der am längsten von allen sowjetischen Kriegsministern im Amt war und 89 Jahre alt werden sollte, zog eben ein langes Leben einem auch nur halbherzigen Eintreten für seine Mitarbeiter vor. Diese gingen fast alle in den Säuberungen unter, während er überlebte.
Nach der Installierung Woroschilows trat zunächst eine Pause im Ringen um die Vorherrschaft in der Armee ein. Stalin gab sich mit der Ernennung seines Paladins zufrieden und ließ die Militärs vorerst in Ruhe. Die 562 000-Mann-Armee stellte in seinen Augen in der Friedenszeit keinen Gefahrenfaktor dar: Schon 1922 zählten die der GPU unterstellten Waffenträger 523 800 Mann[1] – ohne die ebenfalls der Staatspolizei unterstellten Grenzschutztruppen.
Stalin konnte die Generale, für die die Machtfrage nach der Niederlage Trozkis und Sinowjews ebenfalls entschieden war, um so leichter gewähren lassen, als die ersten fünf Jahre seiner Herrschaft in Moskau frei von außenpolitischen Konflikten waren. Eine hysterisch aufgebauschte Kampagne gegen Großbritannien verlief ebenso schnell im Sande wie sie durch den Abbruch der diplomatischen Beziehungen von seiten Londons 1927 entfacht worden war (die Beziehungen wurden 1929 wieder aufgenommen.).
Die Abwendung Tschiang Kai-scheks von Stalin im gleichen Jahr brachte den Rückruf der 130 sowjetischen Militärberater aus China, wobei sich nur ein ernsthaftes Problem ergab, nämlich, wo man ihren Chef, den schon damals legendenumwobenen Blücher (in China: Galen) unterbringen sollte; eine untergeordnete Position im Ministerium in Moskau wollte der selbstbewußte Sieger von Perekop und Wolotschajewka auf keinen Fall annehmen – was Woroschilow durchaus recht war. So wurde Blücher vorerst Gehilfe Jakirs in dessen Ukrainischem Wehrkreis in Charkow, was das Ansehen des Wehrkreises noch steigerte. Jakirs anderer Gehilfe (und Stabschef) nämlich war Lebedew, der Stabschef der Roten Armee im Bürgerkrieg. Aber auch diese Konzentration von eigenwilliger militärischer Potenz an einer Stelle ließ Stalin vorerst scheinbar ungerührt.

11
Die ersten Raketen

Während des ersten Jahrfünfts seiner Herrschaft fielen Stalins Interessen mit denen seiner Armeeführer zusammen. Im Dezember 1927 verfaßte Tuchatschewski, damals Stabschef der Roten Armee, einen Brief an Stalin, in dem er die Modernisierung der Streitkräfte forderte. Einen Monat später lief Stalins erster »Fünfjahresplan der Entwicklung der Volkswirtschaft der UdSSR« an, der die Grundlage für die sowjetische Rüstungsindustrie legen sollte. Am 18. 7. 1929, wurde die Verwaltung Bewaffnung im Kriegsministerium gegründet, an deren Spitze zunächst Uborewitsch, ab 19. 6. 1931 dann Tuchatschewski stand, der gleichzeitig zu Woroschilows Stellvertreter im RWS ernannt worden war. Von da an arbeiteten die Armee und die entstehende Schwerindustrie Hand in Hand.
1930 zog der 29jährige Bergbauingenieur Awraamij Sawenjagin an den Ural und begann nach seinen eigenen Plänen mit Tausenden von begeisterten Komsomolzen, die zu Hunderten bei 60 Grad Kälte und unzureichender Bekleidung erfroren, im Schatten des Magnitberges die Grundlage der sowjetischen Schwerindustrie, das Eisenkombinat von Magnitogorsk samt der dazugehörigen Stadt zu bauen. 1935 zog er weiter hinter den Polarkreis und begann mit dem Bau von Stadt und Werk Norilsk. Tausende von Unglücklichen der GULag-Armee bauten in der ewigen Nacht die nördlichste Stadt Rußlands und das Buntmetallkombinat.
1930 wurde das Traktorenwerk in Stalingrad, 1931 das Traktorenwerk in Charkow, 1933 das Traktorenwerk in Tscheljabinsk am Ural in Betrieb genommen, und damit war die Grundlage für die sowjetische Panzerindustrie gelegt.
Im gleichen Jahr begannen die beiden erfolgreichsten sowjetischen Panzerkonstrukteure, der 22jährige Schosef Kotin und der 32jährige Michail Koschkin, in der Armee »kot i koschka« (Kater und Katze) genannt, mit ihrer technischen Ausbildung. Sie sollten zu den Vätern des berühmten »T«-Panzers und der schweren »KW«-(Klim Woroschilow) und »IS«-(Iossif Stalin)Panzer werden.
Aus den Abteilungen des 1918 vom Luftfahrtpionier Schukowski gegründeten Zentralen Aerohydrodynamischen Instituts (ZAGI), seit

Schukowskis Tod 1921 vom Mechanik-Theoretiker Sergej Tschaplygin geleitet, gingen 1930/32 vier selbständige Forschungsinstitute hervor: Für Luftfahrt-Ausrüstung, für Flugzeugmotoren, für Hydromaschinenbau und für Versuche in Windkanälen. Tschaplygins Stellvertreter Andrej Tupolew leitete das ZAGI-Versuchswerk. Der (zeitlebens parteilos gebliebene) Senior der sowjetischen Flugzeugkonstrukteure gründete schon 1922 sein erstes Versuchs-Konstruktionsbüro und entwarf Mitte der 20er Jahre mit der »ANT-2« und »ANT-3« die ersten sowjetischen Ganzmetallflugzeuge – Einflügler unter Verwendung von Duraluminium.
Der deutsche Erfinder und Privatgelehrte Friedrich Zander aus Riga (ebenfalls parteilos) baute und erprobte 1930/31 das erste Raketentriebwerk mit Luft-Bezintreibstoff. Seine »Arbeitsbrigade« in Moskau wurde in die am 13. 11. 1931 in Leningrad gegründete »Gruppe zum Studium der Raketenbewegung« aufgenommen. Der Leiter dieser Gruppe war der 25jährige Techniker Sergej Koroljow, ein Amateurpilot und Hobby-Segelflugzeugkonstrukteur aus dem ukrainischen Schitomir – jener Mann, der ein Vierteljahrhundert später mit dem ersten Sputnik Rußlands Ausbruch aus der Einkreisung auf der Erde eingeleitet und die irrationale, träumerische Sehnsucht der Russen nach dem Aufbruch in den Kosmos verwirklicht hat.
Stalins Untertanen lebten zu Beginn der 30er Jahre in einem Jammertal. Millionen von Bauern (75% der Bevölkerung im Jahre 1926) wurden entwurzelt in die Kolchosen oder als billige, ungelernte Arbeitskräfte in die Städte getrieben. Mindestens eine Million von ihnen, die sogenannten »Kulaken« (»Großbauern«, die mehr als vier Kühe hatten), fand bei der gewaltsamen Umsiedlung nach Sibirien den Tod, Hunderttausende schmachteten in den Lagern des entstehenden »GULag«-Archipels. Dieses Heer der billigsten, rechtlosesten Arbeitskräfte sollte alsbald zu Millionenstärke anwachsen.
Nur die größeren Städte wurden notdürftig versorgt. Die durch den Krieg gegen die Bauern auf dem Dorfe verursachte Hungersnot raffte die Menschen in der russischen Provinz wie die Fliegen dahin. Die Städte waren übervölkert, niemand wagte auch nur davon zu träumen, einst eine Küche und eine Toilette nicht mit acht weiteren Familien teilen zu müssen. Badehosen gab es nur im Winter, Winterschuhe nur im Sommer. Die Hausfrauen, allesamt berufstätig, verbrachten endlose Stunden ihrer kargen Freizeit mit Schlangestehen. Alles war erfaßt und

nichts funktionierte – außer zwei Dingen: dem Industrieaufbau und dem Schulwesen.
Lenins Dekret über die Abschaffung des Analphabetentums vom 26. 12. 1919 wurde in Stalins Rußland vorbehaltlos verwirklicht. Abends brachten Schulkinder den bärtigen Großvätern das ABC bei. In den Schulen wurde in drei Schichten unterrichtet. Die besten Schüler wurden gefördert und angespornt, insbesondere die naturwissenschaftlich begabten. Universitätsprofessoren kamen einmal wöchentlich in die speziell für die Begabten-Auslese errichteten Studienzirkel in den Jugendheimen (»Jungpionier-Palästen«), dieselben Professoren saßen bei den Abschlußprüfungen ihrer Protegès dabei, um sie sogleich auf die Hochschule zu empfehlen. Ein Bildungstaumel erfaßte das ganze Land. Bildung, genauer gesagt, Ausbildung, war Hoffnung, war der Wechsel zu einem besseren Leben.
Bildung – und der Kosmos. Das Leben auf der Erde war ein Jammertal (bezeichnenderweise war das Parade-Bauwerk der Stalinzeit in Moskau 1935 unter der Erde entstanden: die Metro mit ihren Prunkstationen). Also war die Sehnsucht nach dem Aufbruch in den Himmel (dessen »göttlicher« Teil ebenfalls durch die Parteipropaganda versperrt war) so groß wie in keinem anderen Land der damaligen Welt. Kolportage- und Trivialliteratur war verboten. Es gab keine Boulevardblätter, keine Illustrierten, keine Kriminal-, Frauen-oder Wild-West-Romane für 20 Kopeken. Aber populärwissenschaftliche utopische Literatur war erlaubt. Nirgendwo fand der Franzose Jules Verne mit seiner utopischen Voraussage des Mondfluges so viele und so begeisterte Leser wie im Rußland der frühen Stalinzeit. Das Interesse für Raketen, die imstande sein würden, den Menschen zu den Sternen zu erheben, war ungeheuer.
Der Pole Konstantin Ziolkowski war der populärste Mann in der Sowjetunion zu Beginn der 30er Jahre. Während Vater Eduard dem irdischen Beruf eines Forstmeisters in den Wäldern um Rjasan, dem »Herzen Rußlands«, nachging, träumte der Sohn, der seit seinem 14. Lebensjahr infolge einer Scharlacherkrankung fast völlig taub war, von interplanetarischer Weltraumfahrt. Als Autodidakt schaffte es Ziolkowski bis zur Lehrerprüfung und unterrichtete Physik und Mathematik an einem Gymnasium im Provinzstädtchen Kaluga. Seit dem Ende des vorigen Jahrhunderts beschäftigte er sich in seiner Freizeit mit den Ganzmetall-Luftschiffen, Luftkissenzügen und Interkontinentalrake-

ten. 1921 setzte Lenin dem 64jährigen Weltraumträumer eine lebenslange Rente aus. Ziolkowskis Träume beflügelten die junge Generation der sowjetischen Techniker. Der 1935 verstorbene Flugpionier erlebte noch das Schweben seiner Luftschiffe über Moskau.
Ein anderer Träumer, der Chemie-Ingenieur Nikolai Tichomirow, legte 1912 dem Marineminister Admiral Alexej Biriljow den Entwurf einer Pulverrakete vor, der vier Jahre später vom Luftfahrtpionier Professor Schukowski, dem Vorsitzenden der Abteilung Erfindungen des Komitees für Rüstungsindustrie in Moskau, positiv begutachtet wurde. Am 1. 3. 1921 durfte Tichomirow ein Entwicklungslabor in Trozkis Kriegsministerium gründen, 1925 siedelte der 65jährige mit seiner inzwischen in ein »Gasdynamisches Labor« umbenannten Versuchsstation nach Leningrad über, um näher bei der bis 1934 dort ansässigen Akademie der Wissenschaften zu sein.
Dort begann am 15. 5. 1929 der 21 Jahre junge Physiker Walentin Gluschko in einer eigens für ihn gegründeten Labor-Abteilung an der Entwicklung von Flüssigkeitsraketentriebwerken zu arbeiten. Der aus Odessa stammende Ukrainer Gluschko interessierte sich seit seinem 13. Lebensjahr für Raketen, seit dem 14. Lebensjahr stand er mit Ziolkowski im Briefwechsel. Seine erste populärwissenschaftliche Arbeit über die Probleme der Weltraumfahrt hatte der frühreife Gelehrte bereits mit 16 Jahren 1924 veröffentlicht. Gluschko wurde neben Koroljow zum Vater der sowjetischen Kosmonautik. 1930–33 erprobte er das von ihm entworfene erste elektrothermische Raketentriebwerk.
Während sich Gluschkos 2. Laborabteilung mit Raketen mit Flüssigkeitstreibstoff befaßte, entwickelte der Deutsche Georgij Langemak in der 1. Abteilung die Pulverraketen. Der 33jährige Ingenieur-Artillerist kam über die Ballistikforschung zu dem Labor der Raketenpioniere in Leningrad. Langemak sollte Erfinder der »Katjuscha«, der auch als »Stalinorgel« bekannten sowjetischen Werferwaffe werden. Die 3. Abteilung des Labors befaßte sich mit Pulverraketen im Flugwesen, die 4. Abteilung entwickelte Granatwerfer.
Das Labor bekam 12 Zimmer im 2. Stock des Admiralitätsgebäudes in Leningrad zugewiesen; wohingegen das Johannes-Ravelin (Außenwerk) der Peter-Paul-Festung in Leningrad die Gruppe beherbergte, die sich mit Flüssigkeitsraketen befaßte, ein Artillerie-Schießplatz diente als Übungsfeld.

W. A. Antonow-Owsejenko, erster Wehrminister 1917

N. W. Krylenko, Wehrminister 1917, Oberkommandierender 1917/18

P. Je. Dybenko, Marine-minister 1917/18

L. D. Trozki, Wehr-minister 1918–25

N. I. Podwoiski, Wehr-minister 1917/18

Mitte: W. I. Lenin, Premier 1917–24

Rechts: M. D. Bontsch-Brujewitsch, Stabschef 1917/18 und 1919

Links: P. P. Lebedew, Stabschef 1919–24

E. M. Skljanski, Vizechef des RWS 1918–24

Links: Parade am 7.11.1933 (v. l. n. r.): S. M. Budjonny, R. P. Eideman, Ja. B. Gamarnik, S. S. Kamenew. Auf dem Podest: K. Je. Woroschilow, Wehrminister 1925–40, GKO-Mitglied 1941–1944

RWS-Mitglieder 1930, (v. l. n. r.): I. P. Uborewitsch, Gamarnik, Budjonny, Woroschilow, P. I. Baranow, R. A. Muklewitsch, S. S. Kamenew

M. W. Frunse
Wehrminister 1925

Rechts: Tagung der Kommandeursgattinnen 1935, (v. l. n. r.): Armeekommissar 1. Ranges Gamarnik, Marschall W. K. Blücher, Armeekommissar 2. Ranges G. A. Ossepjan

Auf dem XVII. Parteitag 1934, (v. l. n. r.): Gamarnik, I. N. Dubowoi, Woroschilow, Dybenko, A. I. Kork, I. A. Chalepski, I. E. Jakir

I. I. Wazetis, Oberkommandierender 1918/19, Komandarm 2. Ranges 1935, erschossen am 28.7.1938

M. N. Tuchatschewski an der »Frunse«-Kriegsakademie (1928).

W. M. Primakow, Bürgerkriegsheld, 1935 Komkor, erschossen am 11.6.1937

Die ersten 5 Marschälle 1935 (v. l. n. r., sitzend): A. I. Jegorow, Woroschilow, Tuchatschewski, stehend: Blücher, Budjonny

Michail Tuchatschewski, jener Mann unter den sowjetischen Armeeführern, der von einer modernen Roten Armee träumte, war von der Arbeit der beiden Forschungsgruppen fasziniert und wurde zu ihrem eifrigsten Promotor. Im Gegensatz zu dem verstorbenen Frunse, der, von Woroschilow und dem Kavalleristen Budjonny unterstützt, an eine gemischte Berufs- und Milizarmee von hoher Beweglichkeit dachte und natürlich im Gegensatz zu Trozki mit seiner Idee der Territorialmiliz aus der Arbeiterklasse stand, wollte Tuchatschewski eine offensiv ausgerichtete Berufsarmee. Er wurde darin von den meisten Berufsoffizieren der alten Zarenarmee unterstützt, die ebenfalls an ein reguläres stehendes Heer dachten, das den nächsten Krieg mit den modernsten und besten Waffen, die man haben konnte, führen sollte. Daß der nächste Krieg kommen würde, daran glaubten alle führenden Männer, Politiker wie Militärs gleichermaßen, in Moskau, egal wie verschieden ihre Meinungen über die Methoden seiner Führung auch waren.
So förderte Tuchatschewski die Entwicklung moderner Waffen und die Installierung neuer Waffengattungen nach Kräften – da er und nicht sein Minister Woroschilow die dominierende Gestalt der Roten Armee in jenen Jahren war, konnte er sich damit auch durchsetzen.
Am 2. 8. 1930 wurden die ersten 12 sowjetischen Eigenbau-Fallschirme, die im Forschungslabor des ZAGI entwickelt worden waren, von einem Dutzend Armeeangehöriger erprobt, die aus zwei Flugzeugen absprangen. Ein drittes Flugzeug warf Lastfallschirme mit Hand-MGs, Karabinern und Munition ab. Auch dieser erste »Massenabsprung« war auf Tuchatschewskis Initiative zurückzuführen. Im Januar 1932 wurde im Wehrkreis Leningrad die 1. Luftlandebrigade der Roten Armee ins Leben gerufen.
Am 5. 5. 1928 wurde Tuchatschewski zum Befehlshaber des Wehrkreises Leningrad ernannt. Er räumte den Schreibtisch im Stab der Roten Armee nicht ungern – Tuchatschewski war mehr Troupier als Stabsarbeiter. So nahm er während seiner Leningrader Zeit die Gelegenheit wahr, die beiden Raketenforschungsgruppen kennenzulernen. Fortan galt seine Aufmerksamkeit der neuen Waffe: Regelmäßig besuchte er die Forschungsstätten und nahm an Erprobungen teil.
Die Leningrader Jahre gingen zu Ende, als die Japaner sich 1931 anschickten, mit der Eroberung der Mandschurei die Ausweitung ihrer Herrschaftssphäre an der sowjetischen Fernostgrenze einzuleiten. Tuchatschewski drängte auf die Vergrößerung der Roten Armee und auf

ernsthafte Bemühungen zu ihrer Modernisierung. Da er wußte, daß er selbst mit seinen Vorschlägen bei Stalin nicht durchkommen würde, lancierte er diese über den sehr angesehenen Triandafillow, den Vize-Stabschef der Roten Armee. Amüsiert erzählte er Jahre später, wie Stalin seinen Plan als einen »Stalinplan« ins Leben umsetzte.

Am 19. 6. 1931 wurde Tuchatschewski Woroschilows Stellvertreter im Vorsitz des Revolutionären Kriegsrates und Chef der Verwaltung Bewaffnung im Kriegsministerium. Damit hatte er sich endgültig durchgesetzt. Zwischen Woroschilow und ihm spielte sich eine Art Arbeitsteilung ein. Woroschilow vertrat die Interessen der Militärs im Politbüro, Tuchatschewski kümmerte sich um die neuen Waffen und betrieb militärische Außenpolitik.

Im August 1932 übernahm, wiederum auf Tuchatschewskis Initiative, die Verwaltung Erfindungen im Kriegsministerium die Finanzierung der Raketenforschungsgruppe und des Gasdynamischen Labors. Aus dem halbzivilen, halbmilitärischen Auftrag der beiden zukunftsträchtigen Forschungsgruppen war eine nur auf Armeebestellung tätige Rüstungstruppe entstanden. Die »Exklusivität« und der Geheimhaltungsgrad der einsetzenden militärischen Raketenforschung wurden durch die Übernahme in die Kostenlisten des Kriegsministeriums unterstrichen.

Bis dahin wurde die Raketenforschung aus den Mitteln der paramilitärischen Organisation zur Förderung der Verteidigung, der Luftfahrt und der chemischen Waffen (»Ossoawiachim«) finanziert, die am 23. 1. 1927 aus der Vereinigung der »Gesellschaft zur Förderung der Verteidigung« und der »Gesellschaft der Freunde der Luftfahrt und der chemischen Verteidigung« hervorgegangen war. Diese paramilitärischen Freiwilligenorganisationen auf Massenbasis waren auf die Initiative der 1920 installierten »Militärwissenschaftlichen Gesellschaft« gegründet, die nur den Offizieren offenstand (und heute noch besteht).[1] An die Spitze der Ossoawiachim wurde im April 1932 der Armeeführer und Dichter Eideman gestellt, bis dahin Chef der »Frunse«-Kriegsakademie.

Die Ossoawiachim zählte im Gründungsjahr 1927 schon 2 950 000 Mitglieder, darunter 15,7% Frauen. Bis 1935 war die Gesellschaft auf 13 Millionen Mitglieder angewachsen und unterhielt 140 Luftfahrtklubs, die über 1000 Flugzeuge verfügten. Jährlich durchlief etwa eine Million Männer und Frauen die paramilitärische Ausbildung im Rahmen der Ossoawiachim. 20 000 Mann sprangen allein 1935 mit den Fallschirmen ab, 3000 davon mehr als fünfmal. Die Sprungtürme waren sogar in den »Kultur- und Erholungsparks«, etwa im »Gorki«-Park in Moskau aufgestellt. Sogar Massen-Wandermärsche mit aufgesetzten Gasmasken wurden von der Gesellschaft veranstaltet.

Im Frühherbst 1932 unternahm Tuchatschewski seine spektakuläre vierwöchige Deutschlandreise, mit der die fast ein Jahrzehnt währende Zusammenarbeit der beiden kleinen Armeen Deutschlands und der Sowjetunion gekrönt werden sollte. Gekrönt und abgeschlossen – vier Monate später wurde Adolf Hitler Reichskanzler.

Die Zusammenarbeit zwischen der Reichswehr und der Roten Armee hatte mit dem Eintreffen der ersten deutschen militärischen Delegation in Rußland im Februar 1923 begonnen. Sie gestaltete sich äußerst fruchtbar und gedieh natürlich im Geheimen. Die kleine Reichswehr und die kleine Rote Armee der 20er Jahre dagegen hatten voreinander fast keine Geheimnisse. Flugzeuge für die Reichswehr wurden in Fili bei Moskau, die Munition in der Waffenschmiede Tula unter deutscher Aufsicht hergestellt, deutsche Panzerfahrer in Kasan an der Wolga, deutsche Piloten in der Nähe von Lipezk in Südrußland ausgebildet. Stürzte einer der Flieger ab, so wurden seine Überreste, mitunter als Lebensmittelsendung deklariert, ins Reich gebracht, um ordnungsgemäß bestattet zu werden.

Bei Orenburg am Südural wurde sogar gemeinsam an Giftgasen gearbeitet, unter der Aufsicht des ehemaligen Tscheka-Mitarbeiters Jakow Fischman – ursprünglich ein Sozialrevolutionär –, des Chefs der Chemischen Truppen der Roten Armee. Der ranghöchste Offizier, der die Kurse des Generalstabes in Berlin besucht hatte, war 1927/28 Jakir gewesen.[2] Darüber hinaus nahm man gegenseitig an Manövern teil. Ein Photo des Reichspräsidenten von Hindenburg mit Jakir und Tuchatschewski, von den Offizieren der beiden Armeen umgeben, war um die Welt gegangen.

Tuchatschewski traf am 18. 9. 1932 in Berlin ein. Zwei Tage später nahm er an den Reichswehr-Manövern in Frankfurt/Oder teil. Vom 25. 9. bis zum 7. 10. besuchte er, vom Kaderchef des Kriegsministeriums und seinem engen Freund Boris Feldman begleitet, deutsche Reichswehreinheiten und Betriebe, während Alexandr Sedjakin, Chef der Verwaltung Kampfbereitschaft des Kriegsministeriums, einen Abstecher zu der Dresdner Infanterieschule machte. Am 8. 10. reiste

Tuchatschewski von Berlin aus für drei Tage nach Ostpreußen, bevor er nach Moskau zurückkehrte. Sein wichtigster Gesprächspartner in Berlin war Kurt von Schleicher, Wehrminister in Franz von Papens Kabinett. Mit der Deutschlandreise stellte sich der selbstbewußte Schöpfer der modernen Roten Armee zu Beginn der 30er Jahre als der eigentliche Repräsentant der Streitkräfte Moskaus vor.
Im gleichen Jahr 1932 wurden die Fakultät für Motorisierung und Mechanisierung der Militärtechnischen Akademie und das Moskauer »Lomonossow«-Institut für Auto- und Traktorenbau zu der »Akademie für Mechanisierung und Motorisierung der Roten Armee«[3] zusammengelegt, die Militärtechnische Akademie in die Artillerie-Akademie umgenannt, die Militärtransport-Akademie in Leningrad und die Militärchemische Akademie in Moskau gegründet und außerdem die Akademie für Militäringenieure und Elektrotechniker in zwei Akademien geteilt (aus der Elektrotechnischen Akademie ist 1941 die Kriegsakademie der Nachrichtentruppen hervorgegangen).
Die Zeichen, daß das russische Industriepotential mit dem Abschluß des 1. Fünfjahresplanes gewachsen war, wurden damit sichtbar. In der Tat war das Industriepotential der UdSSR in den verflossenen fünf Jahren so gewachsen (75% aller Kapitalinvestitionen für die Industrie waren 1929–32 der Schwerindustrie zugeflossen), daß sich die Partei- und die Militärführung darin einig waren, daß *eine* Behörde nicht mehr imstande war, die gesamte Industrie zu verwalten – ebensowenig wie man nicht mehr mit *einer* Akademie für Artilleristen und für Panzerfahrer auskommen konnte.
So wurde der Oberste Volkswirtschaftsrat am 3. 1. 1932 aufgelöst. Sein bisheriger Vorsitzender, Stalins Freund und Landsmann Grigorij Ordschonikidse (in Moskau nur mit seinem Parteinamen »Sergo« gerufen), übernahm die Leitung des neuen Ministeriums für Schwerindustrie, die von der »Leicht«- (Konsumgüter-) und der Holzindustrie getrennt wurde.
Der joviale und temperamentvolle Mittvierziger Sergo, der sich auch schon mal handgreiflich mit seinen Widersachern anzulegen pflegte, Feldscher von Beruf und Parteimitglied seit 1903, war mit den Armeeführern eng verbunden, auch er kämpfte im Bürgerkrieg gegen Denikin als Kriegsrat. Die 11. Armee, aus der die Kaukasische Armee hervorgegangen war, verdankte ihm ihre Sonderstellung. 1921 bekam er den Rotbannerorden, 1924 war er, als Leiter des Kaukasischen

Parteibüros, Mitglied des RWS. Als Kontrollminister 1926–30 rigoros gegen Anhänger Trozkis und Sinowjews, schonte er die Armee. Bei einer Parteisäuberung im Jahre 1929 wurden 11,7% der Mitglieder aus der Partei gefeuert, während die Zahl der geschaßten Parteimitglieder, die der Armee angehörten, auf drei bis fünf Prozent geschätzt wird.
Alle Rüstungsbetriebe und -institutionen des Kriegsministeriums wurden 1933 von Sergos Behörde übernommen – auch die beiden Raketeninstitute. Am 21. 9. 1933 erließ Tuchatschewski in seiner Eigenschaft als Vizechef des RWS den Befehl, das Gasdynamische Institut und die Raketenforschungsgruppe zu einem »Wissenschaftlichen Forschungsinstitut für Raketenantrieb« zusammenzulegen, das aber am 31. 10. 1933 Sergos Ministerium für Schwerindustrie unterstellt wurde.
Der 35jährige Iwan Klejmjonow, ein Absolvent der Luftfahrtakademie und Nachfolger des 1930 verstorbenen Tichomirow als Chef des Gasdynamischen Labors, übernahm die Leitung des Instituts, Koroljow wurde sein Stellvertreter, Langemak sein Chefingenieur. Als Koroljow sich im Januar 1934 der Abteilung für Flügelraketen annahm, avancierte Langemak zum Stellvertretenden Institutsleiter.
Selbstverständlich war Stalin über alle Vorhaben der Tuchatschewski-Gruppe genau unterrichtet. Schon am 21. 10. 1932 hat N. A. Jefimow, Tuchatschewskis Stellvertreter in der Verwaltung Bewaffnung, in einem Bericht an Stalin um die Genehmigung zur Gründung eines Instituts für Raketenantrieb gebeten (Jefimow: »Unser kleines Gasdynamisches Labor muß in ein Forschungsinstitut der Roten Armee umgestaltet werden«).[4] Nach einem Jahr Bedenkzeit gab Stalin dazu sein Plazet – aber nun für die Behörde Ordschonikidses.
Der Warnschuß aus dem ZK-Sekretariat wurde von den Militärs überhört, weil sich gerade in dieser Zeit scheinbar nahtlos die Bildung des militärindustriellen Komplexes vollzog.
Luftwaffenchef Baranow übernahm die Leitung der HV Flugzeugindustrie in Sergos Ministerium, Kriegsmarinechef Muklewitsch die HV Schiffsbau. 1934 übernahm der bisherige Verkehrsminister Moissej Ruchimowitsch, 1919/20 zusammen mit Ordschonikidse Kriegsrat in Uborewitschs 14. Armee, die Leitung der HV Rüstungsindustrie in Sergos Ministerium und wurde dessen Stellvertreter. Der ehemalige Chef der Kriegsmarine Wjatscheslaw Sof, schon 1927–29 Chef der Handelsmarine und 1930–31 Ruchimowitschs Stellvertreter in dessen Verkehrsministerium mit Zuständigkeit für die Handelsflotte, wurde

1931 Erster Stellvertretender Minister im neugegründeten Ministerium für Wassertransport. Arkadij (eigentlich: Aaron) Rosengolz, ein weiterer Kriegsrat der 14. Armee, wurde 1930 Außenhandelsminister und damit für Warenkäufe im Ausland zuständig.
Die Waffenhersteller und -verbraucher wurden eins – eine Gruppe mit der gleichen Vergangenheit und dem gemeinsamen Erlebnis des gewonnenen Krieges. Ihr Mittelpunkt blieb der genialische Tuchatschewski. Seine Popularität strebte zu Beginn der 30er Jahre ihrem Höhepunkt zu. Der erfolggewohnte, hochmütige Mann, in Volk und Armee liebevoll »Tuchatsch« genannt, war von Männern verehrt und von Frauen umschwärmt. Es gab kaum eine junge Dame der Gesellschaft in Moskau und Leningrad, die nicht ein Bild des 40jährigen Kriegsherrn, nach Möglichkeit mit einem Autogramm am Eingang eines der von Tuchatschewski intensiv besuchten Konzertsäle ergattert, in der Schublade ihres Nachttisches aufbewahrte. Manche Damen hatten das Photo des Verehrten auch offen auf dem Nachttisch stehen.
Stalin beobachtete die Popularität des »sowjetischen Napoleons« (wie er in den Hauptstädten Westeuropas apostrophiert wurde) mit wachem, schweigsamem Mißtrauen. Obendrein war ihm sein Gegenspieler aus dem Polenfeldzug 1920 auch privat suspekt.
Tuchatschewski war zweimal geschieden. Seine zweite Frau Natalija Saz, Tochter des jüdischen Komponisten Ilja Saz, erfreute sich als Gründerin, Direktorin und künstlerische Leiterin des Moskauer Theaters für Kinder (des ersten Theaters dieser Art in Rußland) einer geradezu schwärmerischen Beliebtheit. Auch Nina, die dritte Frau des Vielgeliebten, war eine Schauspielerin gewesen. Für den prüden Generalsekretär, der seiner Tochter Swetlana noch mit 16 Jahren Pluderhosen an Stelle von Röcken verordnete, war Tuchatschewskis Liebesleben ein weiterer Stein des Anstoßes.

12
Die Warlords

Am 7. 11. 1933 nahm Michail Nikolajewitsch Tuchatschewski die Parade zum 16. Jahrestag der Oktoberrevolution auf dem Roten Platz zu Moskau ab. Es war das erste Mal, daß er, und nicht Minister Woroschilow, damit betraut worden war. Ein Dreivierteljahr zuvor, am 21. 2. 1933, wurde Tuchatschewski zum 15. Jahrestag der Roten Armee mit der höchsten Auszeichnung, dem 1930 gestifteten Leninorden ausgezeichnet.

Tuchatschewski rechnete damit, daß Stalin jetzt bereit gewesen wäre, die traditionelle Sperre für Berufsmilitärs im ZK aufzuheben.

Die Sperre war schon auf dem XVI. Parteitag 1930 durchbrochen worden, als die Befehlshaber der beiden wichtigsten Wehrkreise Ukraine und Belorußland, Jakir und Uborewitsch, als Kandidaten ins ZK gewählt wurden. Bis dahin hatten dem ZK nur Woroschilow und Politchef Jan Gamarnik angehört. Gamarnik war darüberhinaus seit 1930 Orgbüro-, Woroschilow seit Frunses Tod Politbüromitglied. Gamarniks Erster Vize, Anton Bulin, wurde 1930 ZK-Kandidat.

Tuchatschewskis Werk, die modernisierte Rote Armee, gedieh. Die neuen Akademien bildeten die junge Offizierselite aus – die technisch versierte und gut geschulte »Neue Klasse«. Selbst der Reitersmann Budjonny absolvierte 1932 als »Werkstudent« die »Frunse«-Kriegsakademie.

Die Rote Luftwaffe wuchs.

Sowjetische Flugzeugherstellung unter Luftwaffenchef Alxnis: 1931–37

	Gesamt	davon Bomber	davon Jäger
1931	860	100	120
1933	2952	291	336
1935	2529	59	776
1937	4435	1303	2129

Die Flugzeugindustrie, vom Alxnis-Vorgänger Baranow geleitet, zog immer mehr junge Leute mit technischen Talenten in ihren Bann. Der 35jährige Absolvent der »Schukowski«-Luftwaffenakademie Sergej Iljuschin übernahm 1931 die Leitung des Zentralen Konstruktionsbü-

ros der Luftwaffe, der 26jährige Alexandr Jakowlew gründete 1932, ein Jahr nach seinem Akademie-Abschluß, das Konstruktionsbüro für Kurzstreckenflugzeuge.
Und selbst die Rote Flotte, der schwächste Teil der sowjetischen Streitkräfte, spürte den Schwung der Modernisierungskonzeption Tuchatschewskis. Das erste Eigenbau-U-Boot »D-1«/»Dekabrist«, wurde am 12. 11. 1930 in Dienst der Baltischen Flotte gestellt. Am 13. 4. 1932 wurden die »Marinekräfte im Fernen Osten« zum selbständigen Truppenteil erklärt, der parteilose kaiserliche Marineoffizier Michail Wiktorow, bis 1931 Chef der Baltischen Flotte, zu ihrem Kommandeur bestimmt. Die Torpedoboote für die neue Flotte wurden mit der Transsibirischen Eisenbahn nach Wladiwostok transportiert, 8 U-Boote kamen dazu. Zwei Jahre später, am 12. 6. 1933, wurde auf Initiative Tuchatschewskis und des Leningrader Parteichefs Sergej Kirow, der dem Politbüro angehörte, in Murmansk die Nordflottille ins Leben gerufen. Die künftige Nordflotte begann ihren Weg zur stärksten Flotte der UdSSR mit vier Schiffen und drei U-Booten der Baltischen Flotte.
Die Welt Tuchatschewskis, des Chefs der Bewaffnung der Roten Armee, sah, bis auf den privaten Kummer mit seiner Tochter Swetlana, die gesundheitlich so schwach war, daß er sie nicht auf die Schule zu schicken wagte, heil aus. Aber es sah nur so aus, denn es gab auch unübersehbare Zeichen anderer Art. Das erste dieser Zeichen war die Ernennung Schaposchnikows zum Nachfolger Tuchatschewskis als Stabschef der Roten Armee. Mit Boris Michailowitsch Schaposchnikow fand die Rote Armee jenen Mann, der ihren Generalstab im Laufe seines Lebens dreimal leiten sollte, zweimal davon in einer äußerst kritischen Situation. Und Stalin fand in ihm jenen Feldherrn, den er brauchte – einen bedingungslosen Erfüller des Willens des Generalsekretärs der Partei, dessen Konzeptionen Stalin näher waren als die Pläne Tuchatschewskis.
Schaposchnikow, Sohn eines Büroschreibers und einer Lehrerin, diente seit 1901. Auch er durchlief eine Moskauer Militärschule (allerdings nicht die exklusivere Alexandrowski-Anstalt, aus der Tuchatschewski kam) und die Generalstabsakademie des Zaren. Den ganzen Ersten Weltkrieg im Stabsdienst, bekam Schaposchnikow erst Ende September 1917 die Führung des 16. Mingrelischen[1] Grenadierregiments übertragen. Anfang Dezember 1917 zum Chef der Kaukasi-

schen Grenadierdivision gewählt, wurde er noch schnell zum Obersten befördert, bevor die Militärränge abgeschafft wurden. Am 16. 3. 1918 wurde er demobilisiert und unbefristet beurlaubt. Schon am 23. 4. bat der in Kasan ansässige Schaposchnikow in einem Brief an den Stabschef des neugegründeten Wehrkreises Wolga, Generalmajor Nikolai Pnewski, um die Aufnahme in die Rote Armee (»Herr General! ... Als ehemaliger Oberst im Generalstab ... würde ich eine Position im Generalstab vorziehen«).[2] Pnewski brauchte nur drei Tage, um die Bitte positiv zu beantworten.
So wurde Schaposchnikow der erste Leiter der Abteilung Erkundung im Stab des Obersten Kriegsrates. Im Oktober 1919 wurde er Leiter der Operativabteilung des Feldstabes unter Lebedew und zwei Jahre später dessen Erster Gehilfe. Am 14. 10. 1921 bekam Schaposchnikow seinen ersten Rotbannerorden. Nach Lebedews Ablösung durch Frunse wurde Schaposchnikow 1925 Befehlshaber des Wehrkreises Leningrad, 1927 des Wehrkreises Moskau. 1928 löste er Tuchatschewski als Stabschef der Roten Armee ab. Auch dieser Aufstieg vollzog sich, ohne daß Schaposchnikow um die Aufnahme in die Partei nachsuchen mußte.
In jenem Jahr, in dem Schaposchnikow Stabschef der Roten Armee wurde, erschien der erste Teil seines dreibändigen Werkes »Das Gehirn der Armee« (mosg armii). Es war ein Panegyrikum auf den Generalstab. Die Zeit der »Warlords« war vorbei – dies war jene Feststellung Schaposchnikows, die Stalins Interesse geweckt hatte. Die Warlords – das waren jene Sieger des Bürgerkrieges, die jetzt als Wehrkreisbefehlshaber auf ihren alten Pfründen aus der glorreichen Zeit saßen und deren anerkannter Sprecher Tuchatschewski war – Stalins hochmütiger Gegenspieler aus dem Polenfeldzug.
Stalin, der selbst gerne aus dem Hintergrund des Sekretariats seine Fäden zog und die Öffentlichkeit scheute, war Schaposchnikows Konzeption eines anonymen militärischen Apparates – von tüchtigen Planern geführt, deren Willen die an den Fronten stehenden Troupiers nur zu vollstrecken hatten, ohne viel zu fragen – lieber als die Vorstellung, daß an der Spitze der Armee im unweigerlich kommenden Zweiten und letzten Weltkrieg ein genialer Feldherr alles alleine entscheide – ohne die übergeordneten Instanzen, d. h. die Partei, zu fragen.
Auch persönlich sagte ihm Schaposchnikow, der stattliche Mann mit

dem stets korrekt gezogenen Mittelscheitel, mehr zu. Dem bienenfleißigen Stabsarbeiter ging Tuchatschewskis eigenwilliger Einfallsreichtum ganz und gar ab. Er war diensteifrig bis zu Servilität – und sollte fast der einzige werden, der überlebte.

Eine Ironie der Geschichte: Just als Schaposchnikows »Gehirn der Armee« vollständig vorliegt, beginnt der Aufstieg Blüchers zum größten »Warlord« der sowjetischen Geschichte.

Sieben Jahre nach dem Ende des Bürgerkrieges mußte die Rote Armee wieder in den Kampf ziehen – im selben Jahr 1929, in dem die letzten Reste der nationalistischen Freischärler in Turkestan endgültig aufgerieben wurden.

Der Konflikt entzündete sich an einem Relikt aus jener Zeit, als die Truppen Nikolais II. die Mandschurei besetzt hielten; an der Ostchinesischen Eisenbahn, der einzigen Verbindung zwischen China und Rußland. Der Schienenstrang mit europäischer Normalspur, um die Jahrhundertwende von Russen gebaut (Gesamtkosten: 375 Millionen Goldrubel), wurde 1905 von Japanern besetzt. 1924 einigten sich die UdSSR und China auf eine gemeinsame Verwaltung. Fünf Jahre später, nach dem Bruch Tschiang Kai-scheks mit Stalin, entfachte der nordchinesische Warlord Tschang Hsüeh-liang, von den zahlreichen in der Mandschurei lebenden weißen Emigranten unterstützt, einen Nervenkrieg gegen die sowjetischen Bahnbeamten. Moskau rief am 17. 7. 1929 das gesamte Botschaftspersonal aus China ab (der Botschafter befand sich ohnehin seit zwei Jahren nicht am Ort) und brach vier Wochen später, als die Chinesen mit Überfällen auf spärliche russische Grenzdörfer begannen, die diplomatischen Beziehungen ab.

Stalin war entschlossen, den Besitzstand zu wahren. Nach seiner Enttäuschung über Tschiang Kai-schek bestand zu Rücksichten auf den mühsam um die Einheit Chinas ringenden Generalissimus kein Anlaß. Am 6. 8. 1929 ordnete der RWS in Moskau die Ausgliederung des Fernen Ostens samt der Region am Baikalsee aus dem Wehrkreis Sibiriens an. Die beiden dort stationierten Schützenkorps wurden, durch zwei Divisionen aus den europäischen Wehrkreisen verstärkt, zur »Gesonderten Fernostarmee« erklärt.

Was lag näher, als den erfahrenen und ortskundigen Blücher, 1922 Befehlshaber der Armee der kurzlebigen Fernostrepublik und 1925–27 Chefberater Tschiang Kai-scheks, zum Befehlshaber zu ernennen.

In zwei Präventivschlägen im Oktober und November 1929 zeigte Blüchers kleine Streitmacht, daß die Rote Armee auch nach Frunses Reformen nichts von ihrer Kampfkraft eingebüßt hatte.
Am 12. 10. landeten Einheiten der 2. Schützendivision am chinesischen Ufer des Sungariflusses, nachdem die Artillerie der Fernostflottille die Küstenbatterien der Chinesen zum Schweigen gebracht hatte. Flugzeuge der Roten Luftwaffe versenkten fünf chinesische Schiffe; der Rest flüchtete flußaufwärts. Handstreichartig besetzten anschließend Sowjettruppen eine befestigte Stadt jenseits der Grenze, um sich am Abend des gleichen Tages wieder ans eigene Ufer zurückzuziehen. Fünf Wochen später, am 17.–20. 11., schlossen Blüchers Truppen in Stärke von 8000 Mann in der ersten Kesselschlacht nach dem Bürgerkrieg 15 000 Chinesen in der Mandschurei ein. Die zahlenmäßige chinesische Überlegenheit wurde durch die sowjetische Überlegenheit an Material ausgeglichen: Blücher verfügte über neun MS-1[3] Panzer (ein nachgebauter Renault), 32 Flugzeuge, 88 Geschütze, 497 MGs und drei Panzerzüge gegen 25 Geschütze, 34 Bombenwerfer, 26 MGs und zwei Panzerzüge der Chinesen, die weder Flugzeuge noch Panzer besaßen. 8000 Chinesen, darunter 250 Offiziere samt ihrem kommandierenden General, kamen in Gefangenschaft. Auch die beiden chinesischen Panzerzüge wurden erbeutet.
Die Chinesen baten am 1. 12. um Waffenstillstandsverhandlungen, am 22. 12. wurde der Status quo ante an der Grenze wiederhergestellt. Blüchers Truppen verließen daraufhin die Mandschurei.
Blüchers Name war in aller Munde, der Nimbus des roten Feldherrn, dem vier Jahre zuvor schon Tschiang Kai-schek blind vertraute, erstrahlte im neuen Glanz. Ein neuer Kriegsorden, der des Roten Sterns, wurde am 6. 4. 1930 gestiftet – Blücher bekam wieder die Nr. 1. Der Held der Kesselschlacht Sergej Wostrezow, wie Blücher ein vierfacher Rotbannerordensträger des Bürgerkrieges, wurde mit einer »Revolutionären Ehrenwaffe« geehrt. Die Eisenbahn wurde 1935 dann doch für 140 Millionen Yen an die Japaner verkauft.
Schaposchnikows Stern sank. Er trat im Oktober 1930 in die Partei ein, aber das half auch nicht mehr. Im April 1931 wurde er als Stabschef der Roten Armee abgelöst und als Befehlshaber in den unbedeutenden Binnen-Wehrkreis Wolga nach Samara versetzt. Um den Nachfolger entbrannte ein Tauziehen zwischen den Militärs und dem Generalsekretär der Partei. Der Kandidat der Militärs, Wladimir Triandafillow,

ein im türkischen Kars geborener Grieche, Stabskapitän der alten Armee, Parteimitglied seit 1919 und bislang Chef der Operativabteilung des Stabes, ein Anhänger der »neuen Bewaffnung« Tuchatschewskis, wurde im Mai 1931 neuer Stabschef. Am 12. 7. 1931 stürzte er in der Nähe von Moskau bei einem Flugzeugunfall, zusammen mit dem Chef der Panzertruppen, Konstantin Kalinowski, tödlich ab.
Nun konnte Stalin seinen Kandidaten durchsetzen, nämlich Alexandr Jegorow, seinen Frontchef aus dem Bürgerkrieg, zuletzt Befehlshaber des Wehrkreises Belorußland. Jegorow war ein typischer Troupier, der bis dahin nie in den Stäben tätig gewesen war – aber er stand Stalin näher als fast alle anderen Militärs. Schaposchnikow kehrte zwar schon im April 1932 nach Moskau zurück, um die Nachfolge Eidemans als Chef der »Frunse«-Kriegsakademie anzutreten, aber es bedurfte erst der Großen Säuberung, ehe er wieder Generalstabschef wurde.
Dafür setzten sich die Militärs in einem anderen, äußerst wichtigen Fall durch. 1930 zeigte Stalin zum ersten Mal, daß er es auch ganz anders konnte. Snessarew, sein alter Widersacher von Zarizyn, wurde 1930 verhaftet, unter eine fadenscheinige Anklage gestellt und nach dem Hohen Norden verbannt. Der 65jährige Gelehrte, 1919/20 Chef der Generalstabsakademie, war zuletzt Rektor des von ihm gegründeten Orientinstituts und Professor an der Luftwaffen- sowie an der Militärpolitischen Akademie. Zugleich leitete er die Statistische Abteilung des RWS und die Ostfakultät der Kriegsakademie. Mit Snessarew zusammen mußte ein anderer Militärtheoretiker, der 58jährige Alexandr Swetschin, 1918 Chef des Allrussischen Hauptstabes, jetzt Professor an der Kriegsakademie und Hauptleiter aller Akademien für Fragen der Strategie, den Weg in die Verbannung antreten.
Als dritten im Bunde für diesen Versuch, die Probleme mit der Armeeführung auf die ihm eigene Art zu lösen, hatte Stalin einen ohnehin sehr gefährdeten Mann ausersehen, Werchowski, den letzten Kriegsminister Kerenskis, auch er Professor an der Kriegsakademie und Hauptleiter aller Kriegsakademien für Fragen der Taktik. Auf wütenden Protest der anderen Militärs wurden die drei parteilosen Ex-Generalmajore alsbald zurückgeholt, Werchowski bekam sogar die Position des Stabschefs des Wehrkreises Nordkaukasus, Snessarew wurde pensioniert, Swetschin betätigte sich nur noch als Militärhistoriker.
Stalin steckte die Niederlage ein und wartete ab. Drei Jahre nach der Verbannung der Militär-Professoren zeigte er, als er eine Anordnung

Tuchatschewskis innerhalb von vier Wochen rückgängig machen konnte, daß er es keineswegs aufgegeben hatte, um den Einfluß auf die Armee und die Rüstungswirtschaft zu ringen.
Seit Dezember 1930, nämlich der Übernahme der Regierungsgeschäfte durch Molotow anstelle des zum Postministers degradierten Rykow, gehörte Stalin zum ersten Mal seit seiner Installierung zum Generalsekretär des ZK wieder der Regierung an. Er kam durch eine Hintertür hinein.
Molotow, der neue Premier, war zugleich, wie sein Vorgänger Rykow, der Vorsitzende des Rates für Arbeit und Verteidigung (STO) geworden. Der Bestand der STO wurde mit Molotows Amtsübernahme neu festgelegt, mit Stalin als Ratsmitglied. Zum ersten Mal konnte Stalin unmittelbaren Einfluß auf Regierungsbeschlüsse ausüben. Als Tuchatschewski am 21. 9. 1933 die Zusammenlegung der beiden Raketenforschungsgruppen zu einem Forschungsinstitut der Roten Armee anordnete, ließ Stalin, wie erinnerlich, am 31. 10., einen STO-Beschluß herbeiführen, nach dem das Institut dem Ministerium für Schwerindustrie unterstellt und damit aus dem Einflußbereich des ehrgeizigen Chefs der Bewaffnung herausgelöst wurde.
Zugleich verstärkte Stalin seine Bemühungen, einen oder auch zwei bewaffnete Apparate neben der Armee aufzubauen – nach seinen Vorstellungen und mit ihm ergebenen Leuten besetzt. Der seit dem Tode Dserschinskis 1926 an der Spitze der OGPU stehende Wjatscheslaw Menschinski, Pole wie sein Vorgänger (aber ein russifizierter Pole aus St. Petersburg), war durch fortschreitende Multiple Sklerose immer amtsunfähiger – es kam darauf an, einen Stellvertreter zum künftigen Chef der Staatspolizei aufzubauen.
Ein Versuch, Vize-Kontrollminister und Orgbüro-Mitglied Iwan Akulow zu einem solchen V-Mann in der OGPU aufzubauen, schlug fehl. Der Altbolschewik Akulow[4], Parteimitglied seit 1907, zeigte sich, 1931 zum Ersten Stellvertreter Menschinskis ernannt, für Stalins Einflüsterungen unzugänglich und verließ die Staatspolizei schon im darauffolgenden Jahr.
So setzte Stalin weiterhin auf den ehrgeizigen Genrich Jagoda, seit 1920 Stellvertreter des jeweiligen Chefs der Staatspolizei. Der Mann war Stalin zwar von Anfang an unangenehm, ja gefährlich erschienen, weil er ihm charakterlich so ähnelte – aber er hatte keinen anderen Funktionär in der Staatspolizei, der skrupellos genug war, um des

eigenen Ehrgeizes willen auch die nächsten Mitarbeiter zu verraten. Trotzdem baute Stalin in aller Stille neben und hinter dem GPU-Apparat seinen eigenen auf. Sei 1931 leitete Alexandr Poskrjobyschew, Stalins Privatsekretär seit dem Vorjahr, den »Sondersektor« des Zentralkomitees, eine neue Behörde, von der niemand wußte, was in ihr vorging. Poskrjobyschew sollte bis fast bis zum Tode des Georgiers »Stalins Stalin« werden, der Weg zu Stalin führte seither nur über Poskrjobyschews Vorzimmer.

So standen die Dinge zwischen der Armee- und der Parteiführung, als der XVII. »Parteitag der Sieger« (über die Bauern und bei dem Industrie-Aufbau) am 26. 1. 1934 zusammentrat. Es war der einzige Parteitag der sowjetischen Geschichte, auf dem vier Berufsmilitärs das Wort ergreifen durften: Woroschilow, Tuchatschewski, Budjonny und Blücher. Während Woroschilow in seiner anderthalbstündigen Rede am 30. 1. in die ihm eigene Prahlerei verfiel (»Wir werden *jeden* Krieg als Sieger beenden«) und sich fast eine Stunde mit der Pferdezucht beschäftigte (dazwischen auch bekanntgab, daß die Kontrollkommission auch diesmal die Armee geschont hatte, denn bei der Parteisäuberung des Vorjahres ließ Stalins Adlatus Lasar Kaganowitsch 17% der Zivilisten, aber nur 4,3% des Militärs aus der Partei ausschließen), Budjonny sein Kurzreferat – wärmstens von Stalins Zwischenrufen unterstützt – nur der Pferdezucht widmete, waren Tuchatschewskis und Blüchers Auftritte von einem anderen Kaliber.

Tuchatschewskis Rede am 4. 2. enthielt eine so scharfe Kritik an der Rüstungsindustrie (was insbesondere an die Adresse von Michail Kaganowitsch gerichtet war, dem älteren Bruder des Politbüromitgliedes Lasar; Michail Kaganowitsch wurde nach dem Absturz des Chefs der Flugzeugindustrie Baranow 1933 von Stalin zu dessen Nachfolger lanciert), daß sie im stenographischen Protokoll des Parteitages stark gekürzt wurde – um eben jene Passagen. Stalin wurde in Tuchatschewskis Rede nur zweimal beiläufig erwähnt. Tuchatschewski beendete seine Ausführungen auch nicht mit dem obligaten Loblied auf den »großen Strategen«, sondern sprach nur von Stalins »Einfluß« auf Leitung und Organisation der Rüstungsindustrie, was, insbesondere angesichts eines sechs Tage zuvor geschehenen Unglücks, Deutungen zuließ.

An diesem Tag, dem 30. 1., stieg zu Ehren des Parteitages ein Höhen-Luftballon (sogenannter »Stratostat« ›Ossoawiachim-1‹«) in die Stra-

tosphäre auf. Der Militärpilot Pawel Fedossejenko hatte den Auftrag, den Dauer-Flugrekord des Belgiers Auguste Piccard, der 1931 mit seinem Luftballon 16 Stunden in der Luft blieb, zu brechen.
Obwohl der »Stratostat ›UdSSR‹ « am 30. 9. 1933 nach dem Erreichen des Höhenweltrekords von 19 Kilometern nach 8 Stunden und 20 Minuten in der Luft abgestürzt war – wobei auch die dreiköpfige Besatzung umgekommen war –, stieg Fedossejenko, vom Ingenieur Andrej Wassenko und dem Physiker Ilja Ussyskin begleitet, noch höher. Trotz der Proteste der Militärs, die auf die Gefährlichkeit des Unternehmens hinwiesen, befahl Stalins engster Mitarbeiter Georgij Malenkow, auf dem Parteitag zum Kaderchef der Partei bestellt, den Rekord vom Vorjahr zu brechen.
Nach 7 Stunden und 4 Minuten in der Luft, wobei die Rekordhöhe von 22 Kilometern erreicht wurde, stürzte der Flugapparat im Wolgagebiet ab. Die drei Besatzungsmitglieder, die auf Befehl der Partei gestartet waren und nun sterben mußten, wurden an der Kremlmauer beigesetzt und post mortem mit dem Leninorden geehrt. Eben nach diesem Ereignis übte Tuchatschewski seine Kritik an der Flugzeugindustrie, die aus dem Protokoll der Sitzung gestrichen wurde.
War Tuchatschewskis Rede schon selbstbewußt genug, so begann Blücher den zweiten, wesentlichen Teil seiner Rede am 8. 2. mit dem Satz »Genossen, ich repräsentiere hier die Fernost-Region« – nur er allein eben. In der Tat war Blücher seit seinem Sieg über die Chinesen und angesichts des japanischen Vordringens in der Mandschurei der eigentliche Herr des sowjetischen Fernen Ostens. Die Bevölkerung, aber auch die Funktionäre vergötterten ihn und gehorchten ihm. Er war gesellig, aber bestimmt und hatte einfache Umgangsformen.
Die Kollektivierung in seiner Region erfolgte auf seine Art. Blücher gründete – statt der Kolchosen – Wehrdörfer aus entlassenen Rotarmisten, die dann auch »Rotarmistenkolchosen« genannt wurden. Nach seiner Ansicht war damit der Kollektivierung Genüge getan. Abgesehen von 40 solchen Wehrdörfern gab es im Fernen Osten bis 1931 noch keine Kolchosen, so daß die Kollektivierung in Fernost sich verzögerte – wie man in Moskau munkelte, auf eine Forderung Blüchers Stalin gegenüber. Blücher war der einzige Militär der UdSSR, der mehr zu sagen hatte als der örtliche Parteichef, in seinem Fall war der Parteichef der Fernost-Region, der lettische Altbolschewik und ZK-Mitglied Iossif Warejkis, sein Freund.

Der Parteitag endete am 10. 2. mit dem Einzug der führenden Militärs ins Zentralkomitee. Tuchatschewski, Blücher, Budjonny und Stabschef Jegorow wurden ZK-Kandidaten, der Befehlshaber in der Ukraine, Jakir, rückte zum ZK-Mitglied auf, der Befehlshaber in Belorußland, Uborewitsch, wurde als ZK-Kandidat bestätigt. Politchef der Roten Armee Gamarnik blieb Orgbüro-Mitglied, sein Erster Stellvertreter Anton Bulin ZK-Kandidat.
Welche Auswirkungen die Wahl der einflußreichsten Militärs ins ZK hatte, zeigte sich schon ein halbes Jahr später, als die Restauration, die sowohl Stalin als auch die Militärführer, wenn auch aus zum Teil verschiedenen Beweggründen, für wünschenswert und unumgänglich hielten, mit der Auflösung des Revolutionären Kriegsrates der UdSSR ihren ersten Höhepunkt erreicht hatte.

13
Das Schürzen des Knotens

1934 war die Rote Armee fast auf das Doppelte der von Frunse festgesetzten Stärke der »sowjetischen Streitkräfte« angewachsen: Sie zählte jetzt 940 000 Mann in ihren Reihen. Ihre Bedeutung stieg mit ihrer zahlenmäßigen Stärke, ihre zahlenmäßige Stärke wuchs mit dem Anwachsen der Kriegsgefahr im Westen nach Hitlers Machtübernahme und im Fernen Osten nach der Eroberung der Mandschurei durch die Japaner. Für die nächsten zwei Jahre wurde ein weiteres Wachstum vorgesehen – die Millionenmarke sollte schon 1935 überschritten werden.

Stalin, Kaganowitsch und Molotow, die bestimmenden Männer des Politbüros, betrachteten dieses Abrücken von Frunses Prinzipien aufgrund der internationalen Lage für ebenso unumgänglich wie die drei prominentesten Militärs Tuchatschewski, der Verantwortliche für »das Ganze«, Jakir, der maßgebende Wehrkreischef im Westen (neben Uborewitsch in Minsk) und Blücher, der Herr von Russisch-Fern-Ost. Beide Gruppen, die Politiker und die Militärs, waren sich darin einig, daß die Zeit der proletarischen »Arbeiter- und Bauern Rote Armee« (die es ja ohnehin nie gab) vorbei war und daß die sowjetischen Streitkräfte sich in allem den normalen internationalen Maßstäben anzupassen hatten. Orden gab es ja schon – warum nicht auch Ränge und Dienstgrade wie überall, zur Stärkung des Selbstbewußtseins und zur Hebung des Stolzes der heranwachsenden jungen Offiziere mit guten Manieren und der Fähigkeit, sich auf dem internationalen militärischen Parkett zu bewegen, als Gleiche unter Gleichen bei kommenden Paktverhandlungen mit Großbritannien, Frankreich – oder Deutschland?

Weiter als über die Übereinstimmung in den Punkten Modernisierung, Vergrößerung und Hebung des Ansehens der Roten Armee und ihrer Offiziere ging jedoch die Einmütigkeit der Militärs und der Politiker nicht. Die Militärs wollten die Herren auch über eine größere, ja auch über eine sehr große Armee bleiben. Dieses Recht hatten sie sich mit der nun fast zwei Jahrzehnte währenden bedingungslosen Loyalität gegenüber der politischen Führung mühsam erkämpft.

Stalin, der gescheiterte Kommissar des Bürgerkrieges, dachte jedoch weiter. Wie wird es nun werden, wenn der große Krieg eines Tages wirklich ausbricht? Selbstverständlich würde dann Blücher den Oberbefehl über alle Truppen jenseits des Ural übernehmen, Jakir den Oberbefehl über alle Truppen im Westen allenfalls mit Uborewitsch teilen und Tuchatschewski das Ganze mit seinen genialischen Einfällen bereichern, mit den Marionetten Woroschilow und Jegorow als optische Träger der Macht an der Spitze der Streitkräfte und ihres Stabes. Und wo wäre da Platz für den Parteichef – dessen Position im Kriege, in dem die Armee das Schicksal der Nation entscheidet, naturgemäß an Bedeutung verlieren würde? An der Loyalität der Militärs der politischen Führung gegenüber gab es keinerlei Zweifel. Aber: welcher politischen Führung gegenüber? Abgesehen von Tuchatschewski in der Zentrale, der sich auch allein zu behaupten wußte, waren die Militärs in den Wehrkreisen bereits aufs engste mit dem Politikerkern vor Ort verbunden.

Die Verbundenheit Jakirs mit seinen Partei- und Regierungsführern war ein Paradebeispiel für Stalins Befürchtungen, er würde in einem kommenden Krieg überflüssig werden.

Abgesehen von der kurzen Pause 1924/25, als er der Hauptverwaltung der militärischen Lehranstalten vorstand, diente Jakir seit 1921 in der Ukraine: als Befehlshaber des Kiewer Wehrkreises, des befestigten Kiewer Wehrbezirks oder des Ukrainischen Wehrkreises in Charkow. Sein Wehrkreis, der wichtigste aller sowjetischen Wehrkreise überhaupt, war ein Vorzeige-Kreis, am besten ausgerüstet und mit den fähigsten Offizieren.

Mit der politischen Führungsschicht in Charkow war Jakir eng verbunden. Alle kannten sich seit Jahren, alle duzten sich, und alle waren sich ihrer Bedeutung bewußt. Seit 1928 leitete Stanislaw Kossior als ZK-Generalsekretär die ukrainische KP. Der von seinen Freunden »Stassik« gerufene kleine kahlköpfige Pole gehörte dem Moskauer Politbüro als Mitglied an. Der ukrainische Ministerpräsident Wlas Tschubar war seit 1923, der ukrainische »Staatschef« (Vorsitzender des Zentralen Exekutivkomitees der Sowjets). Grigorij Petrowski, einer der fünf bolschewistischen Abgeordneten in der letzten Duma, war gar seit 1919 im Amt.

Die ukrainische Führung war nicht nur eng miteinander verbunden, sie hatte auch für das Fortkommen ihrer Nächsten gut gesorgt. Die beiden Brüder Kossiors waren prominente Wirtschaftsführer. Iossif Kossior,

seit 1927 ZK-Mitglied in Moskau, war Vize-Minister für Schwerindustrie, bevor er 1933 zum Bevollmächtigten der Regierung für Blüchers Fernost-Region ernannt wurde. Auch die beiden Söhne Petrowskis, Pjotr und Leonid, waren reüssiert. Pjotr war im Leningrader Parteikomitee zum Agitpropchef der Stadt und Chefredakteur der »Leningradskaja prawda« aufgestiegen; Leonid, der die Offizierslaufbahn gewählt und 1922 die Kriegsakademie absolviert hatte, brachte es bis zum Korpskommandeur.
Jakirs Frau Saja – deren Schwester, wie schon erwähnt, Jakirs Gehilfen Garkawy geheiratet hatte – betätigte sich als Aktivistin unter den Offiziersfrauen. Für ihre Bemühungen erhielt auch sie den Leninorden. Kurzum, es war eine sehr enge Gemeinschaft, damals in der Ukraine. Ähnlich sah es im belorussischen Minsk aus, wo der hochgeachtete Uborewitsch seit 1931 als Wehrkreischef fungierte – es wurde unter den jüngeren Offizieren als Ehre angesehen, unter ihm gedient zu haben. Durch seine Tätigkeit im Fernen Osten 1921/22 war er mit Blücher verbunden.
Diese Beispiele mögen genügen. Stalin hatte eben Bedenken, daß alle diese Leute, die so eng miteinander befreundet waren, im Kriege eigene Wege gehen würden, wenn es ihm nicht gelänge, schon in Friedenszeiten die Armee einer lückenlosen Parteikontrolle zu unterwerfen. Die Militärs sahen es natürlich anders. Eines Tages würden alle Befehlshaber Parteimitglieder sein und ihre Einheiten in Personalunion als Kommandeure *und* Kommissare leiten. Waren doch 1930 sogar der 42jährige Stabschef Schaposchnikow und der 49jährige Vizekriegsminister Sergej Kamenew, der Oberkommandierende des Bürgerkrieges, der Partei beigetreten. Schaposchnikow leitete dann auch als Kommandeur-Kommissar die Kriegsakademie.
Der Konflikt kam 1934 noch nicht zur Austragung, da Stalin (noch) äußerst vorsichtig taktierte. Zunächst wurde jene Maßnahme in Angriff genommen, über die sich beide Seiten völlig einig waren: Die Rudimente der Revolution mußten weg, der Defensivcharakter der sowjetischen Streitkräfte mußte, zumindest nach außen hin, im kommenden kritischen Jahrzehnt stärker betont werden.
Am 15. 3. 1934 wurde das Volkskommissariat (Ministerium) für Kriegs-und Marine-Angelegenheiten mit Wirkung vom 20. 6. 1934 in ein Volkskommissariat für Verteidigung der UdSSR umbenannt, Woroschilow als Minister bestätigt. Am 20. 6. wurde auch der Revolutio-

näre Kriegsrat der UdSSR abgeschafft, – jene wichtigste militärische Befehlsstelle aus der Bürgerkriegszeit (die Anordnungen des Kriegsministers oder seines Stellvertreters, die die Belange der gesamten Armee betreffen, wurden stets als »Befehle des Revolutionären Kriegsrates« erlassen).
Anstelle des Revolutionären Kriegsrates trat ein achtziggköpfiger »Militärrat« mit Minister Woroschilow an der Spitze. Die Funktion des Militärrates, der schon infolge seiner Kopfzahl kein beschlußfähiges Organ sein konnte, wurde klar als beratend definiert. Am gleichen Tage wurde Tuchatschewski zum stellvertretenden Verteidigungsminister ernannt, während sein Vorgänger in diesem Amt, Sergej Kamenew, die Leitung der neuen Waffengattung Luftabwehr übernahm. Stalin versäumte es allerdings nicht, am gleichen Tage die Ernennung des von Tuchatschewski auf dem Parteitag kritisierten Michail Kaganowitsch zum Vize-Minister für Schwerindustrie bekanntzugeben. Aber auch der Leiter der HV Rüstungsindustrie, Ruchimowitsch, stieg zum Vizeminister auf.
Mit der Liquidierung von Trozkis ureigener Schöpfung verschwand das Wort »Revolution« aus den Bezeichnungen der sowjetischen Institutionen – für immer. Die Abschaffung des RWS war natürlich ein Signal, von nun an sollte die Rote Armee keine revolutionäre, sondern eine staatstragende und staatserhaltende Funktion haben – zum Nutzen der Staatspartei Stalins.
Nachdem Stalin pietätvoll den Tod des OGPU-Chefs Menschinski abgewartet hatte, verlieh er der aus der »Außerordentlichen Kommission« Tscheka hervorgegangenen Staatspolizei OGPU nun auch den Status einer normalen Behörde. Menschinski, dessen Krankheit ins letzte Stadium getreten war, schied auf dem XVII. Parteitag aus dem ZK aus, während sein 1. Stellvertreter Jagoda vom ZK-Kandidaten zum Mitglied befördert wurde. Damit stand Menschinskis Nachfolger fest.
Menschinski starb am 30. 4. 1934. Am 11. 5. wurde Jagoda Chef der OGPU und am 10. 7. wurde dann die OGPU in ein Volkskommissariat für Innere Angelegenheiten umgewandelt, Jagoda als Minister bestätigt. Aber auch die Bezeichnung »NKWD«, die abgekürzt den Namen der in allen Ländern üblichen Innenbehörde wiedergab, sollte alsbald die gleiche schreckliche Bedeutung erlangen wie die Bezeichnung Tscheka und GPU vor ihr.

Die Persönlichkeit Genrich Grigorjewitsch Jagodas, des ersten Innenministers der UdSSR, hat viel zu der neuen Dimension des Schreckens beigetragen, die das NKWD in der nachrevolutionären Friedenszeit der 30er Jahre in der Sowjetunion zu verbreiten begann.
Der neue Herr über die sowjetische Staatspolizei erwies sich schon als Stellvertreter des kranken, weichlichen Menschinski des »eisernen Felix« würdig (wie der Tscheka-Gründer Dserschinski ehrfurchtsvoll genannt wurde). Unter Jagoda erlangte das GULag-Reich, ein Staat im Staate Stalins, seine düstere politische und seine eminente wirtschaftliche Bedeutung. Die erste der großen Kanalbauten der Stalin-Ära, der 227 Kilometer lange Weißmeer-Ostsee-Kanal (»Belomor«) wurde, nach nur zwanzigmonatiger Bauzeit durch GULag-Sträflinge, am 2. 8. 1933 in Betrieb genommen. Jagoda, und nicht sein Chef Menschinski, begleitete Stalin, Woroschilow und Kirow im Juli 1933 bei der Abnahme der Wasserstraße.
Der Drogist aus Wilna, mit aufmerksamen Augen und winzigem Oberlippenschnurrbart im dunklen Gesicht, übte eine seltsame Faszination des Bösen aus. Seine Mitarbeiter waren ihm treu ergeben, man schrieb Lieder auf ihn, die von den Sträflingen in den Lagern gesungen wurden (»Und Jagoda wird uns in den Kampf führen«). Der damals 43jährige, Bolschewik seit dem 16. Lebensjahr, hegte, der Gunst Stalins gewiß, weitergehende ehrgeizige Pläne.
Aber Stalin hatte es immer verstanden, seine jeweiligen Günstlinge in Sicherheit zu wiegen, während er selbst schon einen Schritt weiter war und in der Stille ihre Nachfolger aufbaute. Sein Sekretär Poskrjobyschew und sein Kaderchef Nikolai Jeschow, ein gnomenhafter Mann mit asymmetrisch schönem Gesicht und stechenden Augen, arbeiteten bereits daran, im Sondersektor des ZK einen »Apparat hinter dem Apparat« zu errichten, der das immer mächtiger werdende NKWD in eigener Regie übernehmen sollte.
Die Bedeutung des NKWD wurde 1934 durch die Degradierung der bisher mächtigsten Menschenvernichtungsbehörde des letzten Jahrzehnts, des vereinigten Kontrollamtes des Staates und der Partei noch unterstrichen.
Die Macht der Tscheka in den Bürgerkriegsjahren wurde nämlich allen so unheimlich, daß die Befugnisse ihrer Nachfolgerin GPU/OGPU wesentlich geringer ausfielen.
Es war die allmächtige Kontrollbehörde, 1919–22 Stalins Sprungbrett

zur Macht, sein erstes Standbein, jene Behörde, die in dem Jahrzehnt von 1923 bis 1935 Schrecken verbreitete.
Nach dem XVII. Parteitag wurde ihre aus der Revolutionszeit stammende, von Lenin initiierte Bezeichnung »Volkskommisariat für Arbeiter- und Bauern-Inspektion« (RKI) gelöscht, die in eine »Kommission für Parteikontrolle« (KPK) umgewandelte »Zentrale Kontrollkommission« der Partei (ZKK) von ihr getrennt. An die Spitze der KPK trat, mit Jeschow als Stellvertreter – dessen Stellvertreter Malenkow wiederum Jeschows Nachfolger als Kaderchef der Partei wurde – Stalins skurpellosester Anhänger Lasar Kaganowitsch. Eine neugebildete »Kommission für Sowjetkontrolle« (KSK) beim Ministerrat, aus einer Unterkommission der RKI hervorgegangen, sollte die Aufgaben eines Rechnungshofes übernehmen. Jagodas NKWD war nun konkurrenzlos. Seine Behörde sollte die UdSSR in den nachfolgenden fünf Jahren beherrschen – ab 1936 ohne ihn, mit Jeschow an der Spitze.
Nachdem die Weichen solchermaßen gestellt waren, zeigte Stalin, was er vorhatte: Der politische Kommissar sollte dem Kommandeur übergeordnet werden.
Das Nationale sollte wieder betont werden – überall und insbesondere in der Armee.
Stalin deutete seine beiden Vorhaben – auf das Bestehen im kommenden Krieg mit ihm an der Spitze der Streitkräfte, der Partei und der Regierung ausgerichtet – in der ihm eigenen Art von versteckten Hinweisen, indem er den »Tschapajew«-Film erstellen ließ und neue Richtlinien für Geschichts-Lehrbücher herausgab.
Der im Frühjahr 1934 unter einem bisher nie dagewesenen Werberummel angelaufene Film »Tschapajew« war ein Loblied auf den einfachen »Volks-Heerführer« – und auf seinen Kommissar, der ihn anleitete und betreute, ihn beriet und auf den rechten Weg wies.
Wassilij Tschapajew war der Sohn eines Kleinbauern von der Wolga. Im Ersten Weltkrieg brachte er es zum Unterleutnant und zu drei St. Georgskreuzen, im September 1917 trat er den Bolschewiki bei.
Im Dezember 1917 wurde Tschapajew zum Kommandeur des 138. Reserve-Infanterieregiments gewählt, zwei Monate später zog er, wie Blücher am Ural, mit einem von ihm organisierten Haufen der »Rotgardisten« an der Wolga umher und kämpfte gegen Großbauern und linke Sozialrevolutionäre – die letzteren gehörten damals noch Lenins Regierung als Koalitionspartner an.

Für seine Erfolge gegen die Bauern wurde Tschapajew im Januar 1918 zum »Kommissar für Innere Angelegenheiten« eines Landkreises ernannt. Aus seinem Haufen wurde eine Brigade, dann eine Division; er zog mit ihr nach dem Ural und kämpfte dort gegen weiße Kosaken und die Tschechoslowakische Legion. Kurzum, Tschapajew gehörte zu den »Heerführern aus dem Volk« – halb undisziplinierte Kondottieri, halb widerwillig der Räson der Stäbe gehorchende »rote Kommandeure«. Ein Versuch, den wilden Krieger zu disziplinieren, endete mit einem Fiasko: Tschapajew, im November 1918 zur Generalstabsakademie abkommandiert, bat zwei Monate später um ein Frontkommando. Der kleine vitale blonde Russe mit dem gezwirbelten Schnurrbart war eine der vielen »Eintagsfliegen« des Bürgerkrieges. Nachdem Tschapajew, am 9. 4. 1919 zum Kommandeur der 25. Schützendivision ernannt, sich bravurös gegen den weißen Generalleutnant Wladimir Kappel geschlagen hatte und für die Wiedereroberung der Stadt Uralsk den Rotbannerorden bekommen hatte, sicherte er leichtsinnigerweise seinen Stab in einem Dorf in der Kasachensteppe nicht ausreichend, wurde in der Nacht zum 5. 9. 1919 von den Weißen überfallen, versuchte auf der Flucht den Uralfluß zu durchschwimmen, wurde getroffen und ertrank.
Die Division bekam zwar am 4. 10. 1919 den Namen »25. Tschapajew-Division«, ansonsten aber wäre Tschapajew längst in Vergessenheit geraten wie so viele gefallene rote Kommandeure, wenn nicht einer seiner Kommissare, ein gewisser Dmitrij Furmanow, literarische Ambitionen gehabt hätte. Der Philologiestudent Furmanow, 1918 von den Anarchisten zu den Bolschewiki übergewechselt, war mit Tschapajew am 9. 4. 1919 als Kommissar zu dessen Division gekommen, aber schon am 11. 8 abberufen worden. Tschapajews Ende hatte Furmanow nicht miterlebt.
1923 schrieb Furmanow den halbdokumentarischen Roman »Tschapajew«, in dem er »sich selbst zum Politkommissar Klytschkow fingierte, der den elementaren Volkshelden Tschapajew diszipliniert«[1]. Der Roman hatte zunächst mäßigen Erfolg, bis Stalin auf die Idee verfiel, den Sieg des Kommissars über den Kommandeur zum Angelpunkt eines Films zu machen.
Die beiden Regisseure Georgij und Sergej Wassiljew – Namensvettern, die als »Brüder Wassiljew« firmierten –, die vorher überwiegend Dokumentarfilme kreiert hatten, machten einen sehr sehenswerten

Film. Der für die Darstellung des Tschapajew gewählte populäre Schauspieler Boris Babotschkin vom Leningrader Dramentheater war ein kongenialer Protagonist des wilden Kommandeurs, der nur durch den bedächtigen, pfeiferauchenden Kommissar zu zähmen war – und der unterging, weil der Berater und Betreuer nicht mehr dabei war. Der Film wurde zum größten Erfolg der sowjetischen Kinogeschichte aller Zeiten, die »Brüder Wassiljew« bekamen im ersten Kriegsjahr 1941 den Stalinpreis dafür. Das Buch des schon 1926 verstorbenen Furmanow erlebte daraufhin bis 1964 nicht weniger als 71 Auflagen.
Während die »Tschapajew«-Welle lief, startete Stalin im August 1934 den zweiten Teil seiner Umorientierungskampagne für die Rote Armee. In zwei winzigen Aufsätzen am 8./9. 8. stellten Stalin und seine neuen ZK-Sekretäre, Sergej Kirow und Andrej Schdanow – beide bezeichnenderweise Russen –, die heile Welt des »proletarischen Internationalismus« auf den Kopf, indem sie die russische Geschichte in den Mittelpunkt der sowjetischen Geschichte und die sowjetische Geschichte in den Mittelpunkt der Weltgeschichte rückten.
Zum Glück für ihn war der einzige ernstzunehmende bolschewistische Historiker, der stellvertretende Volksbildungsminister Michail Pokrowski, zu jener Zeit bereits tot. Pokrowskis »Russische Geschichte in kürzestem Abriß«, 1920 veröffentlicht und populärwissenschaftlich geschrieben, war bis zu Beginn der 30er Jahre das Standardwerk, an dem sich die Universitätsjugend und der gebildete Sowjetbürger über die »marxistische« Auffassung der Bolschewiki von der Geschichte Rußlands informierten. Es war eine traurige Geschichte: Alles, was bis zum 7. 11. 1917 passierte, jenem Tage, an dem Lenin zu Trozki »Es schwindelt mir . . .« sagte – womit er das Gefühl aller Bolschewiki wiedergab, die in jener Nacht plötzlich zu Herren über Rußland wurde, war negativ. Rußlands positive Geschichte begann nach Pokrowski mit jener Novembernacht.
Die Aufgabe, das bisherige Selbstverständnis der 2,3 Millionen sowjetischen Kommunisten zum Nonsens zu erklären, war äußerst heikel gewesen, die eingetrichterte Lehre war das Heim, in dem diese Leute sehr bequem lebten. Sie wußten, daß sie in der besten aller Gesellschaften lebten, weil es vorher keine bessere gab.
So wurden die beiden Aufsätze vorerst auch gar nicht veröffentlicht, sondern als »Anmerkungen« der drei Sekretäre zu den Lehrbüchern »Geschichte der UdSSR« und »Neue Geschichte« an die zuständigen

Autoren abgesandt, mit nachdrücklicher Empfehlung zur Überarbeitung. Auf den ersten Blick waren die Aufsätze auch recht unverfänglich, ja fast harmlos, denn zumeist wurde die Form der Lehrbücher, nicht ihr Inhalt, beanstandet.

Ein Satz allerdings sprach Umwerfendes aus: Das Regime des Zaren Nikolai I. (1825–55), den man damals – bei Pokrowski eben – nicht anders als »Nikolai den Schläger« bezeichnete, des unter ihm praktizierten Spießrutenlaufens als Strafe in der Armee wegen, könne nicht »mit einer schablonenhaften Bezeichnung als ›Polizeiterror des Nikolai I.‹ bezeichnet werden«.

Stalin suchte sich also als Beispiel ausgerechnet den Zaren, der Puschkin zensierte und den Aufstand der liberalen Offiziere im Dezember 1825 (»Dekabristen«) mit fünf Todesurteilen durch Erhängen, 121 Verbannungen und über 1000 Bestrafungen durch Spießrutenlaufen ahndete. Wenn man dieses Regime nicht mehr ein Polizeiregime nennen konnte, welches dann? Aber Nikolai I. gehörte doch zu jenen, die von Engländern, Franzosen und Türken im Krimkrieg geprügelt wurden. Hatte er nicht aus Gram über den verlorenen Krieg Gift genommen? Und wurde Sewastopol nicht damals von den zaristischen Soldaten und Matrosen elf Monate lang heldenhaft verteidigt, wobei 102 000 Helden ihr Leben ließen – für den Zaren und für Rußland? Es wäre ja möglich, daß es wieder dazu käme – an welchem Beispiel sollte man sich dann aufrichten, wenn nicht an diesem? Stalin mußte seinen Völkern einbläuen, daß sie die besseren seien, geführt von dem größten und bedeutendsten aller Völker, dem russischen – dessen Armee wiederum von den Russen und nicht von den Fremden geführt werden sollte.

14
Kurzer Triumph

Nachdem die Fingerzeige gegeben worden waren, startete Stalin im darauffolgenden Jahr die ersten beiden ernsthaften Versuche, die Armee in den Griff zu bekommen.

Er scheiterte beide Male. 1935 erlebten die Armeeführer ihren größten Triumph – aber er war kurzlebig.

Bis dahin hatte sich die Atmosphäre im Lande erheblich verschlechtert. Nach der Ermordung Kirows am 1. 12. 1934 durchlief eine Welle der Verhaftungen das Land. Mitte Januar 1935 wurden Stalins alte Verbündete und spätere Oppositionelle Sinowjew und Lew Kamenew in Leningrad verurteilt, Sinowjew zu zehn, Kamenew zu fünf Jahren Haft. Es war das erste Mal, daß ehemalige Politbüromitglieder vor Gericht standen. Unter anderen verurteilten Oppositionellen war Wikentij Kossior, ein Bruder des ukrainischen Parteichefs. Kossior wurde für zehn Jahre verbannt, was eine Warnung war. Auch ein prominenter Name bot von da an keinen Schutz mehr. Im Februar 1935 wurde Andrej Schdanow, Kirows Nachfolger in Leningrad und Stalins neuer Kronprinz, Politbürokandidat. Noch unheilverkündender war die Ernennung Jeschows zum ZK-Sekretär und Chef der Kommission für Parteikontrolle im gleichen Monat.

Drei Monate später, am 17. 5. 1935, begann Stalin mit dem Versuch, die Macht Blüchers und Jakirs, der beiden Warlords im Osten und im Westen seines Reiches, zu beschneiden. Alle an diesem Tage verfügten Maßnahmen wurden mit der Notwendigkeit begründet, angesichts der Einführung der allgemeinen Wehrpflicht in Deutschland die Rote Armee weiter vergrößern zu müssen. Ein weiterer Grund war die Erhebung des von den Japanern eingerichteten Marionettenstaates Mandschukuo zum Kaiserreich im Vorjahre.

In der Tat war das von Frunse auf eine Truppenstärke von 562 000 Mann zugeschnittene Korsett der acht Wehrkreise und einer Armee (der Kaukasischen) für die sowjetischen Streitkräfte längst zu eng geworden. Im Grunde war es schon durch die Gründung der Gesonderten Fernost-Armee Blüchers gesprengt worden.

Der selbstbewußte und populäre Blücher herrschte über riesige Räume, die schon bei der Gründung seiner Armee im Konflikt mit

China durch zwei Kommandos verwaltet werden mußten. Die Blüchers Oberkommando unterstellte Heeresgruppe Transbaikal in Tschita war am Baikalsee, in Westsibirien und Jakutien disloziert. Aber selbst das verbliebene Territorium war zu groß. So wurde 1931 die »Heeresgruppe Küste der Gesonderten Fernost-Armee« installiert, die den Küstenstreifen jenseits des Ussuri überwachen sollte. Die aus der Amurflottille hervorgegangenen »Marinekräfte im Fernen Osten« waren ebenfalls Blücher unterstellt.
An diese »Marinekräfte« ging Stalin zuerst heran. Im Januar 1935 wurden sie zur »Pazifikflotte« erklärt, der Flottenbefehlshaber unterstand nun dem Befehlshaber der Kriegsmarine in Woroschilows Verteidigungsministerium unmittelbar.
Am 17. 5. 1935 wurde die Gesonderte Fernost-Armee in den Wehrkreis Fernost umgewandelt, die Heeresgruppe Transbaikal zum gleichnamigen Wehrkreis befördert und damit Blüchers Zuständigkeit entzogen.
Blücher protestierte gegen die Umwandlung seiner Schöpfung in einen schlichten Wehrkreis so heftig, daß der Beschluß schon nach zwei Wochen rückgängig gemacht werden mußte. Am 2. 6. wurde der Wehrkreis Fernost wieder in die Gesonderte Fernost-Armee umgewandelt. Der Status quo ante wurde allerdings nicht ganz wiederhergestellt: Der Wehrkreis Transbaikal blieb bestehen.
Mit Jakir hatte Stalin ein leichteres Spiel. Nachdem die ukrainische Hauptstadt schon im Vorjahre von Charkow nach Kiew verlegt worden war, zog Jakir nach Kiew um. Der Wehrkreis Ukraine wurde am 17. 5. 1935 in den Wehrkreis Kiew umgewandelt und in Charkow ein neuer Wehrkreis installiert – der nun nicht mehr Jakir unterstand. In den gleichzeitig gegründeten Binnenwehrkreis Ural wurde Jakirs Schwager und Freund Garkawy als Befehlshaber versetzt, der mit dieser Beförderung ins entfernte Swerdlowsk den einflußreichen Posten eines Vize-Befehlshabers im Wehrkreis Leningrad einbüßte.
Am gleichen Tage ging auch die Kaukasische Armee ihrer Sonderstellung verlustig, indem sie in den Wehrkreis Transkaukasus umgewandelt wurde. Die aus der 11. Armee hervorgegangene »Gesonderte Kaukasische Armee«, seit der Auszeichnung mit dem Rotbannerorden 1923 »Kaukasische Rotbannerarmee« genannt (sie war damals, neben Blüchers Fernost-Armee, der einzige so geehrte Großverband), genoß immer eine Sonderstellung innerhalb der sowjetischen Streitkräfte, der

nationalen Einheiten wegen, die mit Rücksicht auf den von vielen Völkern bewohnten Kaukasus bis 1938 zugelassen waren. So gehörten ihr zwei georgische und je eine armenische und aserbaidschanische Schützendivision[1] an.
Der im georgischen Tiflis geborene Pole Michail Lewandowski, ein Stabskapitän der alten Armee, der seit Beginn des Bürgerkrieges ununterbrochen im Kaukasus diente und die Kaukasische Armee nun zum vierten Mal seit ihrer Gründung im Oktober 1918 befehligte, konnte sich ebensowenig wehren wie Jakir. Auch hierbei blieb Blücher eine Ausnahmeerscheinung.
Die Installierung der Pazifikflotte zeigte im übrigen den Trend zur Stärkung der Kriegsmarine an. Auch die Baltische Flotte wurde aus dem Zuständigkeitsbereich des Leningrader Wehrkreises gelöst und bekam einen eigenen Befehlshaber.
Ein Vierteljahr danach versuchte Stalin zum zweiten Mal, den Heerführern seinen Willen aufzuzwingen, indem er ihren Wünschen nach der Restauration mit der Wiedereinführung der Ränge entgegenkam, gleichzeitig aber den Kommisar über alles stellte.
Zu dieser Zeit war das Land bereits in der Hand von Jagodas Staatspolizei (mit dem immer mächtiger werdenden Parteikontrolleur Jeschow im Hintergrund) – mit einer Einschränkung: Eine Durchdringung der Armee mit den Kommissaren war immer noch nicht gelungen. Dies bestärkte Stalin darin, auch das letzte vermeintliche Hindernis auf dem Wege zu jeder denkbaren – und noch undenkbaren – politischen Wendung auszuräumen, nämlich die Armeeführer – und die ihnen inzwischen ergebenen politischen Stellvertreter mit ihnen. Am 22. 9. 1935 wurden die Ränge wieder eingeführt, der »Stab der RKKA« in den »Generalstab der RKKA« umbenannt. Bis auf die Bezeichnung »RKKA«, war wieder alles wie beim Zaren, es fehlten nur die Generale und Admirale (der Rang eines Unterleutnants wurde am 5. 9. 1937, der Rang eines Oberstleutnants erst mit dem Beginn des Zweiten Weltkrieges am 1. 9. 1939 eingeführt).

Tabelle 4

Wiedereinführung der militärischen Ränge (22. 9. 1935):

Armee:	*Kriegsmarine:*
Rotarmist	Rotmatrose
Gruppenkommandeur	Gruppenkommandeur

Unterzugführer	Hauptfeldwebel
Hauptfeldwebel	Leutnant
Leutnant	Oberleutnant
Oberleutnant	Kapitänleutnant
Hauptmann	Kapitän 3., 2., 1. Ranges
Major	Flagman 2., 1. Ranges
Oberst	Flottenflagman 2., 1. Ranges (dem Vizeadmiral und dem Admiral vergleichbar)
Kombrig (Brigadekommandeur)	
Komdiw (Divisionskommandeur)	
Komkor (Korpskommandeur)	
Komandarm 2., 1. Ranges (Armeekommandeur)	
Marschall der Sowjetunion	

Zugleich ließ Stalin auch für die militärpolitischen Kader der Armee und der Marine Ränge einführen (der Rang eines Unterpolitruks kam am 5. 9. 1937, der eines Oberbataillonskommissars am 1. 9. 1939 dazu).

Tabelle 5

Die Ränge der politischen Stellvertreter (22. 9. 1935):

Politruk
Oberpolitruk
Bataillonskommissar
Regimentskommissar
Brigadekommissar
Divisionskommissar
Korpskommissar
Armeekommissar 2., 1. Ranges

Außerdem wurden Ränge für das technische und Ingenieurpersonal, für die Intendanten, Militärärzte und -veterinäre sowie für Militärjuristen eingeführt. Ernannt indessen wurde niemand, weder in diesem noch im darauffolgenden Monat Oktober.
Statt dessen wurden am 7. 10. 1935 die »Spezialbezeichnungen für das Kommandopersonal der Hauptverwaltung Staatssicherheit des Volkskommissariats für Innere Angelegenheiten« (GUGB des NKWD) eingeführt.

Tabelle 6

Spezialbezeichnungen des Kommandobestandes des GUGB:

Sergeant
Unterleutnant
Leutnant
Oberleutnant
Hauptmann
Major
Obermajor
Kommissar 3., 2., 1. Ranges

Die Ränge der Kommissare 3., 2. und 1. Ranges entsprachen den militärischen Rängen Komkor, Komandarm 2., 1. Ranges, d. h. Generalleutnant, Generaloberst, Vollgeneral. Ernannt indessen wurde auch an jenem 7. 10. 1935 niemand.
Am 20. 11. 1935 wurde endlich der Beschluß der Verleihung militärischer Ränge an 24 hohe Chargen dazu an 16 hohe politische Leiter und einen Militärjuristen unterzeichnet und am nächsten Tag in der Presse bekanntgegeben. 67 Kommandeure bekamen den Rang eines Komkors, 199 den Rang eines Komdiw, 397 den Rang eines Kombrig. Mit den 24 höchsten Ranginhabern – Marschällen, Komandarmen und Flottenflagmanen – umfaßte das aus dem Bürgerkrieg hervorgegangene militärische Establishment am Vorabend der Großen Säuberung 687 Mann.

Tabelle 7

Die Marschälle, Komandarme und Flottenflagmane (20. 11. 1935):

B = Befehlshaber, WK = Wehrkreis (s. zum Vergleich Tabelle 1)

Marschälle der Sowjetunion:

1. Woroschilow, K. Je. – Verteidigungsminister, Vorsitzender des Kriegsrates, Politbüromitglied.
2. Tuchatschewski, M. N. – Vize-Verteidigungsminister, ZK-Kandidat
3. Jegorow, A. I. – Generalstabschef, ZK-Kandidat
4. Budjonny, S. M. – Inspekteur der Kavallerie, ZK-Kandidat
5. Blücher, W. K. – B Gesonderte Fernost-Armee, ZK-Kandidat

Komandarme 1. Ranges:

1. Kamenew, S. S. – Chef der Verwaltung Luftabwehr
2. Jakir, I. E. – BWK Kiew, ZK-Mitglied
3. Uborewitsch, I. P. – BWK Belorußland, ZK-Kandidat
4. Below, I. P. – BWK Moskau
5. Schaposchnikow, B. M. – BWK Leningrad

Komandarme 2. Ranges:

1. Dybenko, P. Je. – BWK Wolga
2. Lewandowski, M. K. – BWK Transkaukasus
3. Dubowoi, I. N. – BWK Charkow
4. Fedko, I. F. – B Heeresgruppe Küste der Fernost-Armee
5. Kork, A. I. – Chef der »Frunse«-Kriegsakademie
6. Kaschirin, N. D. – BWK Nordkaukasus
7. Sedjakin, A. I. – Vize-Generalstabschef
8. Alxnis, Ja. I. – B Luftwaffe
9. Chalepski, I. A. – Chef der Verwaltung Autos und Panzer
10. Wazetis, I. I. – Zur Verfügung des Verteidigungsministers

Die Ernennungen wurden in dieser Reihenfolge (nicht alphapetisch) ausgesprochen. Wie man sieht, gehörten zu den neugebackenen Ranginhabern sowohl die beiden Oberkommandierenden des Bürgerkrieges Sergej Kamenew und Wazetis als auch Lenins erster Marineminister Dybenko.

Flottenflagmane 1. Ranges:

1. Orlow, W. M. – Befehlshaber Kriegsmarine
2. Wiktorow, M. W. – Befehlshaber Pazifikflotte

Flottenflagmane 2. Ranges:

1. Galler, L. M. – Befehlshaber Baltische Flotte
2. Koschanow, I. K. – Chef der Marinekräfte Schwarzes und Asowsches Meer

Die Ernennungen zeigten, daß die Parteiführung großzügig verfahren hatte. So gehörte der Befehlshaber des WK Moskau, Iwan Below, 1917 den Linkssozialrevolutionären an, Pazifik-Flottenchef Michail Wiktorow war wie Wazetis parteilos. Auch dieses Establishment des Jahres 1935 war international. Unter den 24 Chargen waren 3 Ukrainer, 2 Letten, 2 Polen, der Litauer Uborewitsch, der Este Kork, der

Jude Jakir und der Deutsche Galler – insgesamt 11 Nichtrussen. Die 5 Marschälle allerdings waren sämtlich Russen.
Nur Woroschilow konnte sich zu den Altbolschewiken zählen, aber auch der Befehlshaber der Kriegsmarine Wladimir Orlow, ein Unterleutnant der alten Flotte, kam aus der politischen Arbeit in der Marine.
Die Zusammensetzung des Offizierskorps vor der Säuberung spiegelt sich am deutlichsten in der Marschallsgruppe wieder: Altbolschewik Woroschilow neben den Offizieren der alten Armee Tuchatschewski und Jegorow und den »Heerführern aus dem Volk« Budjonny und Blücher – die auch noch in der alten Armee gedient hatten.
Da viele der alten Offiziere inzwischen tot oder pensioniert waren, vertraten nur noch Jegorow, Kamenew, Schaposchnikow und Wazetis die ehemals so zahlreichen Obristen der alten Armee. Galler, Chef der Baltischen Flotte, war zuletzt Kapitän 2. Ranges (Korvettenkapitän) der kaiserlichen Marine.
Auch die Gruppe der höchsten Kriegskommissare war international zusammengesetzt. Gamarnik, der einzige Armeekommissar 1. Ranges, war ein Jude, insgesamt waren unter den 15 Armeekommissaren 2. Ranges drei Balten, zwei Juden und ein Armenier.
In dieser, inzwischen eng mit ihren militärischen Chefs verbundenen Gruppe, hielten sich also neun Russen und sieben Nichtrussen fast die Waage.
Schließlich bekam der Vorsitzende des Militärkollegiums des Obersten Gerichts Wassilij Ulrich den Rang eines Armeekriegsjuristen.
Sechs Tage danach, am 26. 11. 1935, wurde der Rang eines »Generalkommissars« eingeführt und dem Innenminister Jagoda verliehen. Sechs seiner Mitarbeiter wurden Kommissare 1. Ranges, 13 Mann Kommissare 2. Ranges. Ihre Namen und ihre Positionen wurden bekanntgegeben. Zum ersten Mal erfuhren alle Untertanen Stalins, daß im NKWD eine »Sonderabteilung«, eine »Operativabteilung« und eine »Geheim-Politische Abteilung« existierten und daß es besondere »Bevollmächtigte Vertreter« des NKWD neben den NKWD-Verwaltungen, so z. B. in Leningrad, gab. Man begann zu begreifen, wer das Land nunmehr eigentlich regierte, 1935 war das Jahr, in dem Stalin seine Völker an die Staatspolizei auslieferte.
Ein »Prawda«-Reporter, der im »Lubjanka«-Gebäude im Herzen Moskaus, dem Dienstsitz Jagodas am Dserschinski-Platz, einige Quods von den neuernannten Kommissaren zu erhalten hoffte, um die bis

dahin völlig Unbekannten der Öffentlichkeit vorstellen zu können, stieß auf eine Mauer des Schweigens.
Nur der Leiter der »Operativabteilung«, der Ungar Karl Pauker, erklärte, daß er 42 Jahre alt sei und seit 1918 in den »Organen« diene. Dann schwieg auch er. Dem Reporter blieb nichts anderes, als zu erklären, daß diese Leute »Tag und Nacht ihren Dienst tun«, woran ohnehin niemand zweifelte – denn sie kamen immer nachts, und auch die Verhöre fanden nachts statt.
Drei Tage danach korrigierte die Staatsmacht plötzlich sich selbst. In die Verordnung vom 26. 11. habe sich eine »Ungenauigkeit« eingeschlichen, die einer »Präzisierung« bedürfe. Die »Ungenauigkeit« betraf die »Kommissar«-Bezeichnungen, es sollte nicht einfach »Generalkommissar«, sondern »Generalkommissar der Staatssicherheit«, nicht »Kommissar des I.« etc. Ranges, sondern »Kommissar der Staatssicherheit des I., II., III. Ranges« heißen.
Was war geschehen? Es gibt in der sowjetischen Geschichte kein zweites Beispiel einer solchen »Präzisierung«. Um das zu verstehen, muß man sich vor Augen halten, was das Wort »Kommissar« im sowjetischen Sprachgebrauch jener Zeit bedeutete. »Kommissar« war die höchste Bezeichnung überhaupt. Die Minister hießen »Volkskommissare«, der höchste politische Rang in der Roten Armee war der eines »Armeekommissars«. Wie erinnerlich, konnte ohne die Unterschrift des Kommissars Stalin im Bürgerkrieg kein Befehl in Kraft treten.
Wenn also ein Mann zum »Generalkommissar« ernannt wurde, war er der Herr des Landes und aller seiner Institutionen inclusive der Streitkräfte – neben dem »Generalsekretär« der wichtigste und mächtigste Mann der UdSSR.
Für die Armee bedeutete das eine ungeheure Diskriminierung. Nun waren also auch die selbstbewußten Helden des Bürgerkrieges, die frischgebackenen Marschälle, die auf ihre goldenen, brillantenbesetzten Marschallsterne, die sie so stolz am Hals trugen (Frau Jegorowa probierte angeblich den Stern ihres Gatten vor dem Spiegel aus)[2], ein Nichts gegenüber den Kommissaren und vor allem gegenüber dem Generalkommissar Jagoda – der nie gedient hatte.
Die Marschälle und Armeekommandeure liefen Sturm. Das ganze sich über zwei Monate hinziehende Tauziehen mit der plötzlichen Erhöhung der Staatspolizei zwischen der Einführung der Ränge und den

Ernennungen empfanden sie ohnehin als höchst unwürdig. Stalin nahm die Verordnung zurück und beschränkte die Befugnisse der Staatspolizei auf ihre eigentliche Domäne, die »Staatssicherheit« – vorerst. Vergessen hat er auch diese Niederlage nicht.

15
In der Vorhölle

Im ersten Viertel des darauffolgenden Jahres 1936 erreichte der 43jährige Marschall Tuchatschewski den Zenit seiner Karriere. Am 15. 1. durfte er vor dem ZIK über die Verteidigung des Landes referieren – wieder unter Übergehen seines Ministers Woroschilow. Eine Woche später wurde er dazu ausersehen, den Außenminister Maxim Litwinow zu den Beisetzungsfeierlichkeiten für König Georg V. nach London zu begleiten. Es wurde eine lange und triumphale Reise.

Während Litwinow am 26. 1. in London eingetroffen war, kam Tuchatschewski erst am nächsten Tage – er hatte einen kurzen Halt in Berlin eingelegt. Dies war der letzte Kontakt zwischen den hohen Offizieren des Dritten Reiches und der Sowjetunion bevor sie sich 1939 bei der Teilung Polens begegneten, und der Schlußpunkt der Zusammenarbeit zwischen der Reichswehr und der Roten Armee. Von seinem Freund Komkor Putna, dem Militärattaché in London, begleitet, führte Tuchatschewski Gespräche mit dem französischen Heeresstabschef General Maurice Gamelin und nahm eine Einladung zu einem Aufenthalt in Frankreich an. Mit Uborewitsch und Putna besuchte der Marschall am 14. 2. den Hafen von Le Havre, dann inspizierte er Flugzeugwerke. Am 19. 2. kehrte Tuchatschewski zurück. Am 9. 4. wurde er zum Vize-Verteidigungsminister ernannt und bekam wieder wie 1931–34 eine eigene Verwaltung im Ministerium, die neugegründete Verwaltung Kampfbereitschaft.

Tuchatschewskis Armee erreichte 1936 die Stärke von 1,3 Millionen Mann. Die Generalstabsakademie wurde wieder gegründet, da man für die Ausbildung einer genügenden Anzahl von Stabsoffizieren für die wachsende Armee einer zweiten hohen Lehranstalt neben der Kriegsakademie bedurfte. Im gleichen Jahr wurden die Marinekräfte des Schwarzen und des Asowschen Meeres in Schwarzmeerflotte umbenannt und einem Befehlshaber unterstellt. Die Rüstungsindustrie war so gewachsen, daß man erwog, sie aus dem Ministerium für Schwerindustrie herauszulösen. Dies geschah am 8. 12. 1936. Zum ersten Rüstungsminister wurde der bewährte Ruchimowitsch bestellt.

Bis dahin aber zogen sich über dem Armeehimmel dunkle Wolken zusammen. Es ging immer noch um die Wiedereinführung der Doppel-

gewalt, um die verstärkte Stellung der Kommissare in der Armee – eine conditio sine qua non für Stalin wie für die Kommandeure, denen ihre Kommissare zumindest nicht widersprachen. Sie waren ja inzwischen alle eine Gemeinschaft geworden.
Im August 1936 wurden Stalins alte Widersacher, Sinowjew und Lew Kamenew, in einem Schauprozeß mit 14 Mitangeklagten vor Gericht gestellt. Da es sich um eine Verhandlung vor dem Militärkollegium des Obersten Gerichts handelte, präsidierte der Armeekriegsjurist Ulrich. Der Staatsanwalt der UdSSR, Andrej Wyschinski, vertrat die Anklage. Zum ersten Mal stand ein ehemaliges Mitglied des militärischen Establishments der 20er Jahre vor den Schranken des Gerichts: Sergej Mratschkowski, wie alle seine Leidensgenossen als ein »Angestellter« bezeichnet, war 1922/23 Befehlshaber des WK Westsibirien, 1923/24 des WK Wolga gewesen. Mratschkowski war ein alter Oppositioneller; 1927 war er aus der Partei ausgeschlossen, zwei Jahre später, nach Selbstkritik, wieder in Gnaden aufgenommen worden.
Alle 16 Angeklagten wurden am 24. 8. 1936 nach fünf Verhandlungstagen zum Tode verurteilt und in den Morgenstunden des nächsten Tages erschossen. Am gleichen Tag, dem 25. 8., starb in Moskau Komandarm 1. Ranges Sergej Kamenew, Oberkommandierender der Roten Armee 1919–24, zur Zeit Chef der Luftabwehr, im 56. Lebensjahr an Herzschlag. Kamenew wurde an der Kremlmauer beigesetzt.[1]
Mratschkowski war das erste militärische Opfer der Großen Säuberung, die nun an Schwung gewann, der auch die Militärs in den Abgrund reißen sollte. Am 5. 7. 1936, fünf Wochen vor dem Prozeßbeginn, ließ Stalin den Komdiw Dmitrij Schmidt, Chef eines Panzerverbandes in Jakirs Kiewer Wehrkreis, verhaften.
Mit Schmidt hatte Stalin ein Hühnchen zu rupfen, denn in der Großen Säuberung sollten – dies war nun mal Stalins eigene Art – nicht nur prinzipielle Auffassungen per Peloton beigelegt, sondern auch private Rechnungen beglichen werden.
Dmitrij Arkadjewitsch Schmidt stammte aus der Südukraine. Der Sohn eines deutschstämmigen Büroschreibers hatte nach der Schule den neuen Beruf eines Kinomechanikers ergriffen. In der Armee des Zaren brachte er es zum Zugführer, 1915 trat der 21jährige den Bolschewiki bei.
Im Bürgerkrieg entwickelte sich Schmidt zu einem »Heerführer aus dem Volk«. 1919 befehligte er eine Kavalleriebrigade der »Roten

Kosaken«. Schmidt blieb in der Roten Armee – ein »echtes Produkt des Bürgerkrieges«.[2]

Dieser Schmidt war, nach einem mehr oder weniger glaubwürdigen Bericht eines prominenten Exilanten, im Dezember 1927 während des XV. Parteitages, auf dem die Opposition endgültig geschlagen wurde, Stalin vor dem Kreml begegnet und hatte ihn zu Tode erschreckt, indem er – die schwarze Burka[3] des Kavalleristen lässig um die Schultern, die Mütze schief auf dem Kopf – dem Generalsekretär mitgeteilt hatte, daß er ihm eines Tages die Ohren mit dem Säbel abhacken würde.

Stalin sagte kein Wort.

Dieser Bericht ist wahrscheinlich eine Erfindung – es ist nicht einmal sicher, ob Schmidt damals in Moskau war, zu den Parteitagsdelegierten gehörte er jedenfalls nicht – aber wenn er erfunden ist, dann ist er gut erfunden. Denn genau das war es, was man unter Militärs (die ebensowenig zimperlich waren wie Parteifunktionäre) über den pockennarbigen Zivilisten an der Parteispitze mit seinem verkrüppelten linken Arm und seiner halbmilitärischen Khaki-Camouflage dachte: Man sollte ihm gelegentlich die Ohren abhacken.

Stalin aber brauchte bedingungslose Ergebenheit. Erst ein Mann, der bereit war, seine Nächsten zu opfern – seinen Bruder, seine Frau, seine Söhne – konnte vor ihm bestehen. Er fand in den nächsten Jahren solche Leute. Von den Militärs, das wußte er, war derartiges nicht zu erwarten. Im Frieden folgten sie ihm noch, auch wenn sie mitunter ans Ohrenabschneiden dachten, im Krieg würden sie ihn unterbuttern. Wenn sie sich jetzt schon beharrlich weigerten, Kommissare als Gegenzeichner wieder einzuführen, wie würde es in einem Weltkrieg aussehen?

Stalin brauchte die absolute Ergebenheit um so mehr, als er sich 1936 dazu entschloß, am Spanischen Bürgerkrieg teilzunehmen, der »Generalprobe« für den Zweiten Weltkrieg. Die neuen Waffen, vor allem die russischen Eigenbau-Panzer (15 000 im Jahre 1937) und die Flugzeuge der Roten Luftwaffe sollten schließlich im Kampf erprobt werden. Und die neuen Militärs, die noch nicht zu dem Establishment gehörten und keine Bürgerkriegshelden waren, sollten gesucht und gefunden werden – Männer, die nur Stalin ergeben waren, weil sie nur ihm ihr Fortkommen zu verdanken hatten.

Zwischen September 1936 und Februar 1939 beteiligte sich die Rote

Armee mit über 3000 »Freiwilligen«, 407 Panzern und Panzerwagen, 1186 Geschützen, 20500 MGs und fast einer halben Million Gewehren am Bürgerkrieg in Spanien. Die Beteiligung von sowjetischen »Militärberatern« an den Bürgerkriegen im Ausland stellte im Falle Spaniens zwar keine neue Qualität dar, denn seit 1923 beteiligten sich Angehörige der Roten Armee am chinesischen Bürgerkrieg und an dem Nachfolgekrieg gegen die Japaner, wobei die Zahl der sowjetischen Militärspezialisten bis Mitte Februar 1939 auf 3665 Mann angewachsen war.[4] Aber das chinesische Engagement zog sich über einen Zeitraum von mehr als einem Vierteljahrhundert hin. Viel Ruhm war dabei nicht zu erwerben. Stalins ständiges Schwanken zwischen Tschiang Kai-schek und Mao Tse-tung erschwerte die Arbeit, und auch das Interesse der Weltöffentlichkeit an den Auseinandersetzungen im Reich der Mitte war mäßig.

Der Spanische Bürgerkrieg dagegen spielte sich im grellen Scheinwerferlicht ab, die daran Beteiligten erfreuten sich einer ungeheuren Publizität. So meldeten sich die meisten der Flieger und Panzerfahrer der Roten Armee tatsächlich freiwillig zum Einsatz, der Rest wurde nach den Gesichtspunkten der kommenden Kaderablösung bei den Streitkräften bestimmt, wobei Stalin mit Hilfe seines Schildknappen Woroschilow Ersatzleute für die militärischen Spitzenpositionen suchte.

Für den langjährigen Chef der Panzertruppen Innokentij Chalepski glaubte er, bereits einen Ersatzmann gefunden zu haben. Zwar war der in Sibirien geborene polnische Schneidersohn ein tüchtiger und erfahrener Mann. Chalepski war von Beginn seiner Bürgerkriegskarriere 1918 an als Nachrichtenmann tätig und stieg im September 1920 zum Chef der Verwaltung Nachrichtenmittel der Roten Armee auf. Seit 1924 leitete er den Aufbau der sowjetischen Panzertruppe, deren zunehmende Wichtigkeit man an dem Wandel in der Bezeichnung von der von Chalepski geleiteten Verwaltung genau ablesen konnte: 1924 Kriegstechnische Verwaltung, 1929 Verwaltung Motorisierung und Mechanisierung, 1934 Auto-und Panzerverwaltung der RKKA. Mit der Einführung der neuen Ränge 1935 bekam der 42jährige den Rang eines Komandarmen 2. Ranges. Der Partei gehörte Chalepski seit 1918 an.

Der vorgesehene Ersatzmann aber war besser ausgebildet und ein Russe. Dmitrij Pawlow, im Ersten Weltkrieg ein Gemeiner, seit 1919 in der Roten Armee und der Partei, brachte es zwar im Bürgerkrieg

nur bis zum Gehilfen eines Regimentskommandeurs, hatte aber 1922 die höhere Kavallerieschule in Omsk, 1928 die »Frunse«-Kriegsakademie und 1931 die akademischen Kurse der Kriegstechnischen Akademie in Leningrad absolivert. Als Regimentskommandeur nahm er mit seinen Panzern 1929 am Kampf um die Ostchinesische Eisenbahn teil.
Im Oktober 1936 wurde Pawlow, seit zwei Jahren Kommandeur-Kommissar einer mechanisierten Brigade (drei Bataillone zu je 32 Panzern), als einer der ersten nach Spanien zu Terrain-Erkundung geschickt. Die Panzer sollten im darauffolgenden Jahr folgen.
Für den Luftwaffenchef hatte Stalin noch keinen Ersatzmann, aber er suchte ihn unter den freiwilligen Fliegeroffizieren, die sich für den Spanieneinsatz meldeten. Die Kaderakte des 34jährigen Kombrigs Jakow Smuschkewitsch, seit fünf Jahren Kommandeur-Kommissar der 201. Luftbrigade, las sich gut.
Smuschkewitsch, der aus einer jüdischen Familie in Litauen stammte, wurde schon als 16jähriger in die Partei aufgenommen. Im Sommer 1920 meldete sich der Student der Belorussischen Staatsuniversität freiwillig zu den Fahnen und bekam als Parteimitglied die politische Laufbahn zugewiesen. Er stieg über den Kompaniepolitruk zum Regimentskommissar auf. Nach dem Ende des Bürgerkrieges 1922 wechselte er zur Fliegerei, und blieb auch dort zunächst Kommissar.
Auf gleiche Weise war der Chef der Roten Luftwaffe, der 39jährige Komandarm 2. Ranges Alxnis, aus der politischen Laufbahn in der Armee zu seinem Posten gekommen. Wie Smuschkewitsch, 1924 Absolvent der Kriegsakademie, hatte sich Alxnis bemüht, das fliegerische Handwerk zu erlernen. 1929, zwei Jahre vor Smuschkewitsch, absolvierte er die Fliegerschule. Aber Alxnis, seit 1926 in den Führungspositionen der Luftwaffe, war für Stalins Geschmack zu stark mit Tuchatschewski liiert. So bekam Smuschkewitsch die spanische Chance: Als »General Douglas, Berater für die Luftwaffe«, ging er nach Madrid, wo die seit September fliegenden drei Sowjetpiloten im November 1936 durch 25 Flugzeugführer samt Maschinen aufgestockt wurden.
Die Befehlshaber der im Februar 1936 gebildeten ersten beiden sowjetischen Fernbomber-Großverbände, der sogenannten »Armeen zur besonderen Verwendung« (je 340–360 Maschinen), die unmittelbar dem Verteidigungsminister in Moskau unterstellt waren und die Rechte eines Wehrkreisbefehlshabers hatten, begleiteten Smuschkewitsch – sie sollten lernen.

Es ist nicht bekannt, ob das militärische Establishment das – bekanntlich ruhmlos geendete – spanische Abenteuer befürwortet hatte. Es ist aber auffällig, daß sich keiner von den zwei Dutzend höchsten militärischen Würdenträgern Moskaus 1936/37 in Madrid sehen ließ.
Ein Zufall?
Noch auffälliger ist, daß Stalins Engagement in Spanien just in dem Monat begann, in dem sein Parteiapparat die Staatspolizei NKWD voll in eigene Regie übernommen hatte.
Am 26. 9. 1936 wurde Jagoda als Innenminister abgelöst. Sein Nachfolger wurde Nikolai Jeschow, bis dahin ZK-Sekretär, Vorsitzender der Kommission für Parteikontrolle und Leiter der Industrie-Abteilung im Zentralkomitee der Partei. Die letzte Position trat Jeschow ab, die anderen beiden behielt er. Es war das einzige Mal in der sowjetischen Geschichte, daß der Chef der Staatspolizei zugleich ZK-Sekretär und Parteikontrolleur war.
Der abgehalfterte Generalkommissar der Staatssicherheit, um dessen Allmacht genau ein Jahr zuvor ein so erbitterter Streit zwischen der politischen und der militärischen Führung ausgetragen wurde, zog ins Postministerium ein. Stalin leistete sich den Scherz, Jagoda anstelle des Expremiers Rykow, gegen den Jagoda noch am 21. 8. 1936 die Anklage einreichte, für eine Galgenfrist auf Rykows Amtssessel zu setzen. Jeschow benötigte drei Monate, um sich einzuarbeiten und seine Mitarbeiter in die Positionen von Jagodas Sicherheitskommissaren zu bugsieren.
Im Januar 1937 engagierte sich Stalin voll in Spanien, indem er Grigorij Stern als Hauptmilitärberater nach Madrid entsandte. Eigentlich war Stern von Stalin als Blüchers Ersatzmann im Fernen Osten vorgesehen. Der damals 36jährige Sohn eines jüdischen Arztes aus der Ukraine war seit seinem 18. Lebensjahr, unmittelbar nach dem Abitur, in der Partei und Armee. Auch Stern schlug die Kommissar-Laufbahn ein, am Ende des Bürgerkrieges war er Divisionskommissar bei Budjonnys Reitern. Er wurde sorgfältig ausgebildet, um Blücher eines Tages zu ersetzen. Nachdem Stern 1929 die Ostfakultät der Kriegsakademie absolviert hatte, saß er in Woroschilows Vorzimmer »zur Verfügung des Ministers« in Wartestellung.
Der Gedanke, Stern nach der Beendigung des spanischen Abenteuers in den Fernen Osten zu entsenden, war keineswegs aufgegeben. Denn zusammen mit ihm reiste auch der langjährige Chef der HV Erkun-

dung (GRU), Jan Bersin, nach Spanien, eben zum Armeekommissar 2. Ranges befördert. Bersin hatte sich nach elf Jahren als Chef der Militärspionage Mitte April 1935 »freiwillig« zum Dienst im Fernen Osten gemeldet. Er wurde Blüchers Gehilfe und Stellvertreter. Nun hatte er Muße, Stern zu instruieren.

In der letzten Januarwoche 1937 lief in Moskau der zweite Schauprozeß ab, wieder mit Ulrich als Gerichtsherrn und Wyschinski als Ankläger. Unter den 17 Angeklagten, deren Liste von Jurij Pjatakow, Ordschonikidses 1. Stellvertreter im Ministerium für Schwerindustrie, angeführt wurde, waren diesmal zwei Angehörige der siegreichen Bürgerkriegsgeneration, die »Angestellten« Grigorij Sokolnikow und Nikolai Muralow, Nummer zwei und sechs der Anklageliste. Muralow war 1921–24 Woroschilows Vorgänger als Befehlshaber des Wehrkreises Moskau und anschließend ein Jahr dessen Nachfolger als Befehlshaber des Wehrkreises Nordkaukasus.

Sokolnikow war 1922/23 Befehlshaber der Turkestanischen Front, dann wechselte er in die Regierung über. In seine Amtszeit als Finanzminister 1923–26 fiel die Stabilisierung der Währung durch die Wiedereinführung des Goldrubels »Tscherwonez« (10 Rubel). Dann ging er in den diplomatischen Dienst, war 1929–32 Botschafter in London und seit Mai 1933 Vize-Außenminister. Muralow wurde am 30. 1. mit zwölf Mitangeklagten zum Tode verurteilt und anschließend erschossen, Sokolnikow kam mit zehn Jahren Gefängnis davon. Zwei Jahre später kam er in der Haft um.[5]

Muralows jüngerer Bruder, Alexandr, Präsident der Landwirtschaftsakademie, wurde am 30. 10. des gleichen Jahres erschossen. Sokolnikows Exfrau, die Schriftstellerin Galina Serebrjakowa – in zweiter Ehe mit dem Angeklagten Leonid Serebrjakow, 1920/21 einer der ersten drei ZK-Sekretäre, verheiratet – kam nach Sibirien, ihr Mann wurde zum Tode verurteilt, sie überlebte; 1956 aus der Verbannung zurückgekehrt, blieb Galina Serebrjakowa im Moskau Chruschtschows und Breschnews trotz allem eine Stalinistin.

19 Tage nach dem Prozeßende, am 18. 2. 1937, beging das Politbüromitglied Ordschonikidse Selbstmord – seine verzweifelten Versuche, das Leben Pjatakows zu retten, hatten bei Stalin keinerlei Echo gefunden. Der Freitod des »Genossen Sergo« wurde vertuscht, der Tote in einem Staatsbegräbnis an der Kremlmauer beigesetzt. Am 23. 2. begann jenes ZK-Plenum, auf dem Stalin den Kopf Rykows und Bucha-

rins forderte. Der Widerstand der Männer, die mit ihm bis dahin den Weg in den Abgrund gegangen waren, machte ihn noch entschlossener. Von 63 ZK-Mitgliedern, die Stalins Forderung nach dem dritten Prozeß entgegennahmen, überlebten nur 17 die nächsten zwei Jahre.
Stalin referierte auf dem längsten ZK-Plenum der Parteigeschichte am 3. 3. erst gegen dessen Ende, zwei Tage danach schloß er es mit einer kürzeren Rede ab. Beide Vorträge Stalins schilderten drastisch die »Mißstände« in der Parteiarbeit. Er schloß mit den Worten: »Es ist an der Zeit, Genossen, es ist längst an der Zeit, mit dieser Ungeheuerlichkeit Schluß zu machen.« (Applaus).
Entgegen sonstigem Brauch wurde Stalins Referat erst am 29. 3., sein Schlußwort am 1. 4. in der »Prawda« veröffentlicht.
Zwei Tage später war es soweit.

Vernichtung

16
Die Auflösung des ersten militärischen Establishments

Genrich Jagoda wurde am 3. 4. 1937 als Postminister amtsenthoben, seine Akte »den Untersuchungsorganen übergeben«, wie es in der vom Staatspräsidenten Kalinin und dem ZIK-(Parlaments)Sekretär Akulow – jenem Mann, der sich 1932 geweigert hatte, Jagodas Stellung einzunehmen – unterzeichneten Verordnung geheißen hatte. Die Karriere des unheimlichen Drogisten war zu Ende. Jagoda, der seit 1920 im obersten Stockwerk der Lubjanka 14 Jahre als Stellvertreter, zwei Jahre als Chef residierte, mußte nun selbst eine Zelle im grauen Gebäude am Dserschinski-Platz beziehen, das vor 1918 sinnigerweise die Verwaltung der Lebensversicherung »Rossija« beherbergt hatte.
Nikolai Jeschow, seit dem 27. 1., drei Tage vor dem Urteil im zweiten Schauprozeß, selbst zum »Generalkommissar der Staatssicherheit« avanciert, begann sogleich mit der Präparierung seines Vorgängers auf den Auftritt im Rykow-Bucharin-Prozeß.
Zum neuen Postminister wurde der Chef der Panzertruppen Chalepski bestimmt. Das Karussell der Versetzungen, das den Zweck verfolgte, die Funktionäre aus ihrer gewohnten Umgebung zu lösen, begann sich zu drehen. Chalepskis Versetzung schien noch einen Sinn zu haben; denn der ehemalige Nachrichtenmann war sogar schon einmal Postminister gewesen – vom März bis Oktober 1919 in der Ukraine.
Chalepskis Posten wurde für Dmitrij Pawlow, Stalins neuen Favoriten für die Leitung der Panzertruppen, freigehalten, der noch in Spanien unabkömmlich war.
Obwohl es deutlich genug war, daß die Auseinandersetzung um die Wiedereinführung des Kommissars als einem gleichberechtigten Gegenzeichner in ihr akutestes Stadium getreten war, glaubten die Militärs, auch diese Krise zu bestehen. Stalin wiegte sie in Sicherheit: Am 27. 1., jenem Tag, an dem Jeschows Beförderung zum Generalkommissar erfolgte, wurden zwei weitere Vizeminister für Verteidigung ernannt, nämlich der Marinechef Orlow und der Luftwaffenchef Alx-

nis. Auch Tuchatschewski wurde wieder dazu ausersehen, nach London zu fahren, seine Nominierung für die Teilnahme an der Krönung Georges VI. am 12. 5. wurde Ende April bekanntgegeben. Am 1. 5. 1937 standen die Militärs wie gewohnt auf der unteren Tribüne des Leninmausoleums: Die Ministerstellvertreter Tuchatschewski, Gamarnik, Orlow und Alxnis, die Marschälle Budjonny und Generalstabschef Jegorow, Sergej Kamenews Nachfolger als Chef der Luftabwehr, Komandarm 2. Ranges Sedjakin, und der Befehlshaber des Wehrkreises Moskau, Komandarm 1. Ranges Iwan Below. Über ihren Köpfen winkte Stalin, von Anastas Mikojan, Lasar Kaganowitsch, Woroschilow, Kalinin, Molotow, dem ZK-Sekretär Andrejew und Jeschow umgeben, wie gewohnt den vorbeimarschierenden Truppen und Demonstranten zu. In Moskau fiel es auf, daß Marschall Woroschilow nicht bei seinen Militärs, sondern, seine Politbürozugehörigkeit betonend, auf der oberen Tribüne stand und daß die »Prawda« am 2. 5. nur die obere Tribüne im Bild vorführte.
Nach der Maifeier zog sich Gamarnik in seine Wohnung zurück. Die Verschärfung des alten Diabetes vorschützend, blieb er zu Hause. Er studierte die Akten, empfing die Sekretäre und suchte ab und zu seine Arbeitsräume im Ministerium auf. Seine Frau Bljuma betreute ihn, zusätzlich wurde eine Krankenschwester engagiert.
Zwei Tage nach der Maifeier leitete das Außenministerium Tuchatschewskis Papiere der britischen Botschaft zu. Am nächsten Tag, dem 4. 5., wurde den Briten mitgeteilt, daß der Marschall »erkrankt« sei und daß nun Marinebefehlshaber Orlow den Außenminister Litwinow zu den Krönungsfeierlichkeiten nach London begleiten würde. Das Linienschiff »Marat«, Flaggschiff der Baltischen Flotte, lief von Leningrad nach London aus.
Hat Tuchatschewski seinen Minister in den nächsten Tagen aufgesucht, um von ihm Aufklärung über die Art seiner »Krankheit« zu erhalten? Hat er bei Woroschilow noch einmal versucht, den Beschluß zur Wiedereinführung der »Doppelherrschaft« in der Armee zu verhindern? (Einen Zugang zu Stalin, zu dem er ohnehin seit jeher schlecht Kontakt finden konnte, hatte Tuchatschewski längst nicht mehr.) Wir werden nie erfahren, ob die Hinweise auf ein Treffen zwischen dem Minister für Verteidigung und seinem 1. Stellvertreter, der in der Einführung des Rechts auf Gegenzeichnen für Kommissare die Schwächung der Kampfbereitschaft der Streitkräfte sah, auch wirklich stimmen. Alle

unmittelbar Beteiligten sind längst tot, die meisten wurden in den nachfolgenden zwei Jahren ermordet.
Völlig sicher ist dagegen, daß keine institutionelle Veränderung in der Geschichte der Sowjetunion so viele personelle Konsequenzen an einem einzigen Tage nach sich zog wie die Wiedereinführung der Kommissare in der Roten Armee – was auf einen hartnäckigen Widerstand seitens der Betroffenen, d. h. der Kommandeure, schließen läßt.
Die Institution der gleichberechtigten Kommissare wurde am 8. 5. 1937 wiedereingeführt. Am nächsten Tag rief Woroschilow in einer Instruktion zu erhöhter Wachsamkeit auf.
Am übernächsten Tag suchte Tuchatschewski Woroschilow auf, möglicherweise zum zweiten Mal seit dem 4. 5. Der erste und der zweite Marschall der Sowjetunion hatten sich nichts mehr zu sagen. Woroschilow teilte Tuchatschewski offiziell mit, daß er amtsenthoben und zum Befehlshaber des Wehrkreises Wolga in Kuibyschew ernannt wurde. Tuchatschewski wußte, was das bedeutete: Im Binnenwehrkreis Wolga war nur ein (aus drei Divisionen und zwei Panzerbataillonen bestehendes) Schützenkorps stationiert. Woroschilow befahl Tuchatschewski, sich unverzüglich zu seinem neuen Kommando zu begeben und dazu die Eisenbahn zu benutzen. Der Versetzungsbefehl war mit dem nächsten Tage, dem 11. 5., datiert.
An jenem 11. 5. 1937 ließ Stalin durch die von seinem ehemaligen Privatsekretär Lew Mechlis geleitete »Prawda« die sowjetische Öffentlichkeit über die Wiedereinführung der Kommissare und den Fall Tuchatschewskis informieren. Wie das geschah, war selbst für die damaligen Moskauer Verhältnisse, die ohnehin ziemlich außerhalb jeglicher Legalität gewesen sind, einmalig:
Zur Wiedereinführung der Kommissare und dem Fall Tuchatschewskis ist niemals eine Verordnung der Regierung, ein Beschluß des Zentralkomitees der Partei oder eine Verordnung des Scheinparlaments ZIK veröffentlicht worden – die, wie sonst in wichtigen Fällen üblich, auf der ersten Seite der »Prawda« publiziert wurden. Unter der unverbindlichen Überschrift »Im Volkskommissariat für Verteidigung« teilte die »Prawda« am 11. 5. auf ihrer letzten Seite mit:
»Es wurde durch eine Verordnung der Regierung als notwendig erkannt, in den Wehrkreisen die Kriegsräte und in den Militäreinheiten, Verwaltungen und den Ämtern der RKKA die Institution der Kriegskommissare zu bilden.«

Außerdem wurde mitgeteilt, daß, ebenfalls durch eine »Verordnung der Regierung«, Marschall Jegorow zum 1. Vizeminister für Verteidigung ernannt wurde und daß Jegorow vom Posten des Generalstabschefs »durch das Volkskommissariat« (nicht durch den Volkskommissar Woroschilow persönlich) »befreit« worden war. Die restlichen drei Sätze der Information aus dem Verteidigungsministerium bezogen sich auf drei Versetzungen, die anscheinend auch durch das Ministerium vorgenommen waren:
Komandarm 1. Ranges Schaposchnikow wurde zum Generalstabschef, Komandarm 1. Ranges Jakir zum Befehlshaber des Wehrkreises Leningrad und (am Schluß) Marschall Tuchatschewski zum Befehlshaber des Wehrkreises Wolga bestellt; von »Befreiung« Tuchatschewskis vom Posten des 1. Vizeministers war nicht die Rede. Die Mitteilung trug keine Unterschrift – eine anonyme Information der Regierung und des zuständigen Ministeriums. Formal gesehen, war der Parteichef Stalin für die »Maßnahme« auch gar nicht verantwortlich, denn der Regierung gehörte er seit 13 Tagen nicht einmal indirekt an:
Der »Rat für Arbeit und Verteidigung« (STO), ein »Organ der Regierung der UdSSR, das die Tätigkeit aller Ämter und Behörden in bezug auf die Wirtschaft und die Verteidigung des Landes leitete und koordinierte«,[1] war am 28. 4. 1937 abgeschafft. Es war jene Behörde, die im Bürgerkrieg unter Lenins Leitung als »Rat für Arbeiter- und Bauernverteidigung« das Land regiert hatte. Stalin gehörte ihrer Nachfolgerin, dem STO, seit Dezember 1930 an. Nun wusch er, vorsichtig wie er war, seine Hände in Unschuld. Wäre etwas bei dem nun eingeleiteten Beginn der Vernichtung des militärischen Establishments schiefgegangen, hätten dafür der Generalsekretär und seine Partei formell nicht einmal verantwortlich gemacht werden können. Aber es ging nichts schief (oder fast nichts), wie sich später zeigen sollte.
Die am 11. 5. 1937 bekanntgegebenen vier Versetzungen waren nur die Spitze des Eisberges. Das Karussell drehte sich jetzt in atemberaubendem Tempo, während der Befehl zur Wiedereinführung der Doppelherrschaft am gleichen Tag in allen Truppenteilen verlesen wurde. Von den 44 Spitzen des militärischen Establishments der UdSSR wurden am 11. 5. 1937 insgesamt 25 versetzt, ausgetauscht oder abgesetzt. Das Revirement betraf die Befehlshaber der 12 von 13 Wehrkreisen und von zwei der drei Flotten sowie 9 der 13 höchsten Amtsinhaber im Verteidigungsministerium nebst 6 der 13 Chefs der Militärakademien.

Es war die größte Versetzungs- und Absetzungsaktion der russischen Militärgeschichte (selbst in den beiden Revolutionen von 1917 verloren nicht so viele Militärs auf einmal ihre Posten), sorgfältig durchdacht und von langer Hand vorbereitet.

Tabelle 8

Die Auflösung des militärischen Establishments (11. 5. 1937)

Die Ränge sind nur bei Personen angegeben, die nicht in der Tabelle 7 aufgeführt worden sind (s. auch Tabellen 1 und 7).

Befehlshaber der Wehrkreise	
vorher:	nachher:
Moskau	
Below, I. P.	Budjonny, S. M.
Leningrad	
Schaposchnikow, B. M.	Jakir, I. E.
Kiew	
Jakir	Fedko, I. F.
Belorußland	
Uborewitsch, I. P.	Below
Nordkaukasus	
Kaschirin, N. D.	Timoschenko, S. K. (Komkor, im Juli; 1940 Marschall)
Transkaukasus	
Lewandowski, M. K.	Kuibyschew, N. W. (Komkor)
Wolga	
Dybenko, P. Je.	Tuchatschewski, M. N.
Sibirien	
Gailit, Ja. P. (Komkor)	Dybenko
Mittelasien	
Welikanow, M. D. (Komandarm 2. Ranges)	Grjasnow, I. K. (Komkor)
Transbaikal	
Grjasnow	Welikanow
Charkow	
Dubowoi, I. N.	Timoschenko (im September)

Heeresgruppe Küste der Fernost-Armee

vorher:	nachher:
Fedko	Lewandowski

Baltische Flotte

Siwkow, Alexandr (Flagman 1. Ranges)	Issakow, I. S. (am 15. 8.) (Kapitän 1. Ranges, 1940 Admiral)

Schwarzmeerflotte

Koschanow, I. K.	Smirnow, P. I. (Flottenflagman 2. Ranges)

Die Spitze des Verteidigungsministeriums

Erster Vize-Minister

Tuchatschewski	
Gamarnik, Ja. B.	Jegorow, A. I.

Generalstabschef

Jegorow	Schaposchnikow (1940 Marschall)

Verwaltung Artillerie

Jefimow, N. A. (Komkor)	Kulik, G. I. (Komkor, 1940 Marschall, HV ab 11. 5.) Chef der Artillerie: Woronow, N. N. (Komkor, 1940 Generaloberst der Artillerie)

Hauptverwaltung (Kader)

Feldman, B. M. (Komkor)	Bulin, A. S. (Armeekommissar 2. Ranges)

Verwaltung Kampfbereitschaft

Tuchatschewski	Kaschirin, N. D. (im Juli)

Chemische Truppen

Fischman, Ja. M. (Korpsingenieur)	Stepanow, M. I. (Komkor)

Ingenieurtruppen (Pioniere)

Petin, N. N. (Komkor)	Michailin, I. P. (Rang unbekannt, 1940 Generalmajor)

Militärakademien:

»Frunse«-Kriegsakademie

Kork, A. I.	Schtschadenko, Je. A. (Korpskommissar, 1940 Armeekommissar 1. Ranges)

Kriegsmarineakademie

Ludri, I. M. (Flagman 1. Ranges)	Stawizki, S. P. (Flagman 2. Ranges, 1940 Vizeadmiral)

»Dserschinski«-Artillerie-Akademie

Trisna, D. D. (Komdiw)	Siwkow, Arkadij (Komdiw, 1940 Generalleutnant der Artillerie)

Militärchemische Akademie

Awinowizki, Ja. L. (Korpskommissar)	Lowjagin, P. Je. (Kombrig, 1940 Generalmajor)

»W. W. Kuibyschew«-Kriegsingenieur-Akademie

Smolin, I. I. (Komkor)	Gundorow, A. S. (Kombrig, 1940 Generalleutnant der Ingenieurtruppen

Kriegswirtschafts-Akademie (Intendanten)

Schifres, A. L. (Armeekommissar 2. Ranges)	?

Taktisches Institut »Der Schuß«
(Fortbildung der höheren Kommandeure)

Inno, A. A. (Rang unbekannt)	i. V. Sossedow, L. B. (Oberst)

Nur 12 der 44 Offiziere, die in dieser Tabelle aufgeführt sind, waren drei Jahre später noch im Dienst, mindestens 21 wurden umgebracht, zwei begingen Selbstmord.

17
Der gescheiterte Schauprozeß

Während die neuen Herren der Roten Armee für kurze Zeit ihre Amtszimmer in Besitz nahmen oder darauf warteten, daß ihre Vorgänger die Sessel räumten (was oft bis zu einem Monat und länger dauerte, einen Befehl, unverzüglich abzureisen, erhielt nur die Schlüsselfigur Tuchatschewski – der sich trotzdem 14 Tage Zeit genommen hatte), liefen die Verhaftungen für den kommenden großen Prozeß an, der die verderbte Verbindung zwischen Blüchers und Tuchatschewskis Bürgerkriegskommandeuren und Gamarniks Bürgerkriegskommissaren durch »Beweise« und erfolterte Geständnisse nachweisen und die Grundlage für eine umfassende, von weiteren Schauprozessen begleitete Säuberung der Partei und der Armee darstellen sollte.

Die beiden bisherigen Schauprozesse mit ihren »positiven Ergebnissen« der erzwungenen Geständnisse waren eine Abrechnung Stalins mit seinen alten Gegnern. Auch der kommende Prozeß gegen Bucharin, Rykow und 19 Mitangeklagte sollte mit der Vergangenheit abrechnen – auch wenn schon einige zweitrangige Funktionäre der Stalin-Ära wie Rosengolz, 1923/24 Chef der Roten Luftwaffe und seit 1930 Außenhandelsminister, dafür vorgesehen waren, um alle Mängel und Mißstände der letzten Jahre mit »Verrat und Sabotage« erklären zu können.

Der Tuchatschewski-Gamarnik-Blücher-Jakir-Prozeß sollte den Weg zu einer Säuberung der gegenwärtigen Armee- und Parteiführung freimachen.

Die Angeklagten für die kommende Abrechnung mit den Kommandeuren und den Parteileuten wurden sorgfältig ausgesucht, Pannen durften nicht passieren. Wie die vorangegangenen Prozesse mußte auch dieser den Schein der Legalität verbreiten (nach dem Urteil im ersten Prozeß konnte man im britischen »Spectator« vom 18. 9. 1936 lesen, daß »die Schuld der Angeklagten vollkommen bewiesen« war.). Die »Organe« Jeschows waren durch eine große »Panne« gewarnt. Der für den Bucharin-Rykow-Prozeß vorgesehene dritte Hauptangeklagte Michail Tomski, von 1917–30 Präsident des Zentralrates der Gewerkschaftsverbände, 1922 zusammen mit Rykow ins Politbüro aufgenommen und 1930 zusammen mit Rykow als »rechter Oppositio-

neller« daraus entfernt, entzog sich den »Organen«, indem er sich am 22. 8. 1936 erhängte, drei Tage vor den 16 Todesurteilen für 16 Angeklagte im ersten Prozeß.
Nach Tomskis »Ausscheiden« aus dem Kreis der sich selbst und ihre Organisationen bezichtigenden Angeklagten war es denn auch nicht möglich, die Gewerkschaften für alle Mißstände der harten Jahre verantwortlich zu machen – einfach, weil keiner der mediokren Gewerkschaftssekretäre Tomskis Format besaß. Die anderen Gewerkschaftsführer von Rang aus der frühen Zeit des Sowjetstaates waren längst in Parteiämter abgewandert.
So verzichtete Stalin schließlich darauf, nun auch den Gewerkschaftsverband zu einer »verbrecherischen Organisation« zu stempeln und zu zerschlagen – wohl auch aus der Überlegung, daß man den Bogen mit der Anklage gegen »Arbeitervertreter«, seien sie auch noch so parteihörig, nicht überspannen sollte. Der Gewerkschaftsverband blieb die einzige Organisation, die in der Säuberung fast ungeschoren davongekommen war (von der liquidierten Gewerkschaftssekretärin Jewgenija Jegorowa, bezeichnenderweise eine Lettin, und wenigen anderen abgesehen) – was auch an dem äußerst geschickten Taktieren des Tomski-Nachfolgers Nikolai Schwernik gelegen hatte.
Eine »Panne« dieser Art, die, wie bei Jagoda im Falle Tomski, als Sabotage ausgelegt werden konnte, durfte nicht mehr passieren. Damals mußte sogar die am 21. 8. 1936 zugestellte Anklage gegen Bucharin, Rykow und Tomski am 10. 9. wieder fallengelassen werden, nachdem Tomski sich am Tage nach der Zustellung erhängte, was zwei Wochen danach zu Jagodas Amtsenthebung als Chef der Staatspolizei und seiner Versetzung ins Postministerium führte.
Für den kommenden Militär-Kommissar-Prozeß beschloß Jeschow, die Festnahmen strikt »von unten nach oben« vorzunehmen. Erst sollten die rangniedrigeren Angeklagten verhaftet und gefoltert werden, die ihrerseits die ranghöheren belasten sollten. Am Schluß – wenn die erpreßten Geständnisse der »minderen« Untersuchungshäftlinge vorlägen – sollten die nun ausreichend belasteten Marschälle Blücher und Tuchatschewski, die Komandarme 1. Ranges (Vollgenerale) Uborewitsch und Jakir drankommen, dann erst Armeekommissar 1. Ranges Gamarnik.
Für die Reihenfolge der Verhaftungen der fünf Hauptangeklagten war natürlich nicht der militärische Rang ausschlaggebend, sondern die

Mitgliedschaft und die Dauer ihrer Zugehörigkeit zum Zentralkomitee der Partei. Tuchatschewski und Blücher waren ZK-Kandidaten seit 1934, Uborewitsch gehörte dem ZK als Kandidat schon seit 1930 an, Jakir war 1930–34 ZK-Kandidat und seitdem ZK-Mitglied.
Jan Gamarnik, der wichtigste der für den Prozeß vorgesehenen ZK-Angehörigen, war nicht nur schon 1925–27 ZK-Kandidat und im 10. Jahr ZK-Mitglied, er war seit 1930 Mitglied des Orgbüros.
Neben dem Politbüro (7 Mitglieder, 5 Kandidaten) und den fünf ZK-Sekretären (von denen nur ein einziger, nämlich Innenminister Jeschow, nicht dem Politbüro angehörte), war das aus sieben Mann bestehende Orgbüro eines der drei Führungsgremien der Partei, Gamarnik somit einer der 17 mächtigsten Männer der UdSSR. Zusammen mit den Politbüromitgliedern und ZK-Sekretären Stalin und Lasar Kaganowitsch (auch Stalin nannte sich seit dem XVII. Parteitag 1934 schlicht »ZK-Sekretär«, er hatte es nicht mehr nötig, sich »Generalsekretär« zu nennen), dem Politbürokandidaten und ZK-Sekretär Schdanow, dem Gewerkschaftschef Schwernik, dem Chef der Jugendorganisation »Komsomol« Alexandr Kossarew und dem Agitprop-Chef der Partei Alexej Stezki, entschied Gamarnik in fast täglich stattfindenden Routinesitzungen im Kreml über alle organisatorischen und damit auch personalpolitischen Fragen in der Partei, der Armee, den Gewerkschaften und der Jugendorganisation – hiermit über alle Bürger der UdSSR außer den Rentnern und den Kleinkindern.
Gamarniks Verhaftung sollte die erste Festnahme eines amtierenden Mitgliedes des dreiteiligen Parteiführungsgremiums überhaupt werden, ein Warnzeichen für die übrigen Polit- und Orgbürokraten (tatsächlich überlebten von diesen 17 Mächtigen nur acht Mann die Große Säuberung).
Jeschows Untersuchungsrichter waren zuversichtlich, daß sie den zukkerkranken Kommissar schnell zum Geständnis »bewegen« würden. Der stämmige polnische Jude aus Schitomir, dessen Vollbart in Rußland ebenso populär war wie Budjonnys Schnurrbart, sollte der »Star« des kommenden Prozesses werden, dessen Aussagen ermöglichen würden, einen weiteren Prozeß gegen seine Mitarbeiter in der Zentrale und den Wehrkreisen zu führen.
Für den Prozeß wurden 17 Angeklagte vorgesehen:

1. Gamarnik
2. Tuchatschewski

3. Blücher
4. Jakir
5. Uborewitsch
6. Komandarm 2. Ranges (Generaloberst) Awgust (August) Kork, Chef der Kriegsakademie;
7. Komkor (Generalleutnant) Boris Feldman, Kaderchef der Roten Armee und Tuchatschewskis Freund, der ihn 1932 auf seiner Deutschlandreise begleitet hatte,
8. Komkor Witowt Putna und
9. Komkor Witalij Primakow, die, zusammen mit Kork, die Verbindung zum »östlichen und westlichen Faschismus-Militarismus« herstellen sollten. Putna war Primakows Vorgänger als Militärattaché in Tokio und Korks Nachfolger als Militärattaché in Berlin, außerdem engster Freund Tuchatschewskis, der den Marschall auf seiner letzten Auslandsreise nach London und Paris als Militärattaché in London betreut hatte.
10. Komkor Anatolij Gekker (Hecker), ein in Tiflis geborener Deutscher, dessen Position für die »Organe« besonders interessant war.
    Der ehemalige Militärattaché in China und der Türkei leitete die Abteilung »Auslandsverbindungen« im Generalstab – Gekker war es, der die Kontakte zu Kollegen in Berlin, London und Paris unterhalten und Tuchatschewskis Auslandsreisen vorbereitet hatte.
11. Komkor Robert Eideman, der Vorsitzende der paramilitärischen Freiwilligengesellschaft »Ossoawiachim«, der Held der vielbesungenen Schlacht von Kachowka. Im Frühherbst 1920 hatten er und Blücher beim Dorfe Kachowka am linken Ufer des Dnepr dem Baron Wrangel die erste große Niederlage beigebracht.
12. Komkor Albert Lapin, Blüchers engster Mitarbeiter im Fernen Osten. Lapin war seit 1921 fast ohne Unterbrechung im Fernen Osten. Als 22jähriger befehligte er 1921 den Amur-, dann den Transbaikal-Wehrkreis. Er war der eigentliche Geburtshelfer der Fernost-Armee: Schon im März 1929, fünf Monate vor ihrer offiziellen Gründung, hatte er den Auftrag bekommen, sie zu organisieren. Für die Kämpfe gegen die Chinesen bekam Lapin seinen vierten Rotbannerorden.
13. Romuald Muklewitsch, das »Gehirn der Marine«, 1926–31 Be-

fehlshaber und 1931–34 Inspekteur der Kriegsmarine, seitdem Chef der Hauptverwaltung Schiffsbau im Ministerium für Schwerindustrie. Muklewitsch war der einzige »Zivilist« unter den für den Prozeß Vorgesehenen. Als Stellvertreter des Rüstungschefs Ruchimowitsch in dessen Ministerium für Rüstungsindustrie sollte er durch seine Aussagen den Untergang des von Tuchatschewski, Uborewitsch (Tuchatschewskis Vorgänger als Rüstungschef der Roten Armee) und Ruchimowitsch (1919/20 Uborewitschs Kriegsrat bei der 14. Armee) aufgebauten militärindustriellen Komplexes einleiten.

14. Komkor Markian Germanowitsch, Leiter der Kriegsakademie für Mechanisierung und Motorisierung der Roten Armee – wie Muklewitsch, de Chef der Panzertruppen Chalepski (und wie Chalepskis Vorgänger Kalinowski) ein Pole, bei dem sich leicht eine Verbindung zu den »faschistischen Erben Pilsudskis« herstellen ließe.
15. Armeekommissar 2. Ranges Lew (eigentlich: Lasar) Aronstam, Politchef der Fernostarmee Blüchers. Als Mitglied der Zentralen Revisionskommission der Partei (einer Art »Wartesaal« für die Kandidatur ins ZK) war Aronstam der prominenteste der Politchefs in den Wehrkreisen. Er sollte sowohl Blücher belasten, als auch Gamarnik, seinen Vorgesetzten in Moskau.
16. Komkor Ilja Garkawy, Jakirs Schwager und Protegé, Befehlshaber des Wehrkreises Ural. Der Ukrainer Garkawy, ein Leutnant der alten Armee, hatte 1917, als Vorsitzender des Soldatenrates in Kischinjow, den Jungbolschewiken Jakir bei den Soldaten der örtlichen Garnison eingeführt und war seitdem im Schatten des um acht Jahre jüngeren Freundes aufgestiegen.
17. Komdiw (Generalmajor) Dmitrij Schmidt, Stalins Intimfeind, von dessen Aussage her »das Komplott« aufgerollt werden sollte: Der seit 5. 7. 1936 einsitzende Schmidt hatte unter Folter bereits so viel ausgesagt, daß sein Name schon am 19. 8. in der Anklageschrift des ersten Schauprozesses auftauchte, mit dem Hinweis, daß »die Ermittlung noch im Gange« sei, auch ein »eigenes Verfahren« wurde angedeutet. (Wie erinnerlich, war auch schon in diesem ersten Schauprozeß der ehemalige Militär Mratschkowski mit Aussagen vertreten.) Zwei Tage später tauchte im Prozeß bereits der Name Putnas auf.

Fast alle der 17 für den Prozeß vorgesehenen Militärs waren berühmte Helden des Bürgerkrieges. Allein sechs von ihnen, Jakir, Uborewitsch, Gekker, Primakow, Putna und Kork waren dreifache Träger des Rotbannerordens. Eideman und Schmidt waren mit zwei Rotbannerorden ausgezeichnet, Lapin mit vier, Blücher mit fünf, Tuchatschewski und Muklewitsch mit einem. Lapin und Tuchatschewski waren außerdem Träger des Leninordens, der zusammen mit dem Orden des Roten Stern am 6. 4. 1930 gestifteten höchsten sowjetischen Auszeichnung. Selbst der »Parteiarbeiter« Gamarnik, vor Antritt des Postens in der Politverwaltung der Armee Parteichef Belorußlands in Minsk, war Träger des Lenin- und des Rotbannerordens. Nur Garkawy, der seine Laufbahn ausschließlich Jakirs Protektion zu verdanken hatte, war ordenslos. Doch dies spielte jetzt keine Rolle mehr, ebensowenig wie die Tatsache, daß sie alle Mitglieder der Kommunistischen Partei waren.

Das Überwiegen des »ausländischen Elements« war selbstverständlich als ein Signal gedacht: Wie schon in dem ersten Schauprozeß, in dem elf von 16 Angeklagten Nichtrussen waren (acht Juden, zwei Deutsche und ein Armenier) demonstriert werden sollte, wie »positiv« die Beseitigung der alten Führung Sowjetrußlands sich auf die Aufstiegsmöglichkeiten der nationalen, russischen Kader auswirken würde (29 der 54 Angeklagten in den drei Schauprozessen 1936–38 waren Nichtrussen, darunter 19 Juden), so sollte auch jetzt den am Beförderungsstau leidenden Kommandeuren in den Garnisonen vorgeführt werden, auf welche Nation sich Stalin künftig zu stützen gedachte. Sein Trinkspruch auf das russische Volk, die »hervorragendste aller Nationen der Sowjetunion«, war schon in dieser Auswahl der Angeklagten für den ersten Militärprozeß der sowjetischen Geschichte vorweggenommen.

Abgesehen von den beiden Marschällen und dem Komkor Primakow, derzeit Vizechef des Wehrkreises Leningrad (und abgesehen davon, daß die Hereinnahme des Ukrainers Garkawy in den Kreis der »Verschwörer« seiner Blutsfreundschaft mit Jakir wegen für unumgänglich gehalten wurde), waren die übrigen 13 präsumptiven Angeklagten allesamt Nichtrussen: 5 Balten, 4 Juden, 2 Polen und 2 Deutsche.

Die Juden Gamarnik, Jakir, Feldman und Aronstam, der Este Kork, die Litauer Uborewitsch und Putna, die Letten Eideman und Lapin, die Deutschen Schmidt und Gekker, die Polen Muklewitsch und Germanowitsch sollten den Beweis dafür erbringen, daß die baltisch-jüdi-

sche Führungsspitze der Roten Armee nun ausgedient hatte. Im Sinne der Wendung zum Nationalen – inzwischen waren die Angriffe Stalins, Kirows und Schdanows auf die »falschen« Geschichtsbücher in der »Prawda« publiziert worden – war es mehr als ein deutlicher Fingerzeig, wem in der Armee Stalins die Zukunft gehören sollte.
Sogleich nach Jeschows Amtsantritt im September 1936 wurden die ersten Festnahmen für den Prozeß vorgenommen, Dmitrij Schmidt sollte Gesellschaft bekommen.

18
Bluternte

Anfang September 1936 wurde Putna aus London abberufen und sogleich nach der Ankunft verhaftet. Dies war eine der letzten Amtshandlungen des drei Wochen später abgesetzten Jagoda. Putnas Frau, die einige Tage später nachreiste, erfuhr beim Zwischenaufenthalt in Warschau von der Festnahme ihres Mannes. Zur gleichen Zeit wie Putna wurde Primakow in Leningrad amtsenthoben und sofort verhaftet. Im Oktober erfolgte die Festnahme Germanowitschs in Moskau, im Dezember die Festnahme Aronstams in Chabarowsk und Muklewitschs in Moskau.

Inzwischen hatte sich Jagodas Nachfolger Jeschow eine eigene Mannschaft zugelegt. Jagodas 1. Stellvertreter Jakow Agranow, Kommissar der Staatssicherheit 1. Ranges, Mitglied der Zentralen Revisionskommission der Partei und 1917 Sekretär der Regierung Lenin, wurde entlassen und wartete zu Hause auf die Verhaftung. Ein weiterer Jagoda-Vize, Kommissar der Staatssicherheit 1. Ranges G. Je. Prokofjew, wurde zum Vizeminister für Wassertransport gemacht.

Die Stelle Agranows nahm der GULag-Chef Matwej Berman, die Stelle Prokofjews Chef der Grenzschutztruppen Michail Frinowski ein. Beide wurden zugleich zu Kommissaren der Staatssicherheit 2. Ranges befördert, beide sollten in den nachfolgenden zwei Jahren noch höher steigen – bis auch sie fielen.

Die Verantwortung für die Voruntersuchung lag in den Händen Frinowskis, der sogleich mit Verhören und Haussuchungen begann.

Aber Festnahmen waren in Stalins Reich an der Tagesordnung. So konnten die hohen Kameraden der Verhafteten hoffen, das »Mißverständnis«, wie im Falle der drei 1930 verhafteten alten Generalmajore, durch eine Demarche bei Woroschilow oder bei Stalin selbst zu klären und die Freilassung zu erwirken.

Ein Paradebeispiel dieser Art war gerade der Fall Primakow – es war nicht die erste Festnahme des Lehrersohnes aus der Südukraine, eines typischen »Mannes der ersten Stunde«.

Primakow hatte sich schon als Gymnasiast revolutionär betätigt, war aber dann für die Verteilung von Antikriegs-Flugblättern unter den Soldaten der Garnison in Tschernigow zu lebenslanger Verbannung in

Ostsibirien verurteilt worden. Nach der Freilassung durch die Provisorische Regierung trat er, Bolschewik seit seinem 16. Lebensjahr, als Gemeiner in ein Reserveregiment ein. Zum Delegierten des 2. Sowjetkongresses gewählt, nahm er an der Erstürmung des Winterpalais in Petrograd teil und organisierte im Januar 1918 eines der ersten Kosakenregimenter der Roten Armee.

Die Kosaken am Don waren die härtesten Feinde Lenins; Primakow, obwohl ein Russe – kein Kosak, kein Ukrainer – brachte es nicht nur fertig, einen Teil von ihnen auf die Seite der Bolschewiki zu ziehen, sondern auch das von ihm etablierte Regiment bis Oktober 1920 zu einem »1. Kavalleriekorps der Roten Kosaken« zu erweitern.

(Der größere Teil der Kosaken blieb – wie Michail Scholochow in seinem »Stillen Don« überzeugend nachweist – bolschewikenfeindlich. In Frunses »Sowjetreichswehr« durften keine Kosaken dienen, das Verbot wurde erst 1935 aufgehoben).

Als Primakow, der inzwischen zum Vize-Befehlshaber des Wehrkreises Nordkaukasus in Rostow am Don, im Herzen des Kosakengebietes, befördert worden war, 1934 unter der üblichen »Spionage«beschuldigung verhaftet wurde, übernahm Jagodas härtester Untersuchungsrichter, Kedrow junior, Sohn des härtesten Untersuchungsrichters unter Dserschinski, Michail Kedrow, das Verhör (beide Kedrows kamen ebenfalls in der Säuberung um, während Kedrows zweiter Sohn Bonifatij, ein Chemiker, überlebte). Kurz bevor Kedrow glaubte, am Ziel zu sein, d. h. ein unterschriebenes Geständnis aus dem gefolterten Heerführer herausholen zu können, beendete eine Fürsprache Woroschilows Primakows Leiden. Ende des Jahres 1934 war er bereits Vize-Inspekteur der Höheren Lehranstalten der Roten Armee.

Doch diesmal halfen die Demarchen der Kameraden bei Woroschilow nicht, alle Festgenommenen blieben in Haft. Putna wurde vom hart gefolterten Dmitrij Schmidt alsbald so belastet, daß sein Name im Verhör des bekannten Publizisten Karl Radek durch den Staatsanwalt Wyschinski im zweiten Schauprozeß im Januar 1937 auftauchte (Radek gestand zwar bereitwillig alles und erkaufte sich damit die Verurteilung zu »nur« 10 Jahren Haft, aber auch er kam schon 1939 um).

Sicher bereitete es Stalin einen besonderen Genuß, Berichte über die Folterungen seines »Ohrabschneiders« Schmidt zu studieren – aber er wollte das »Angenehme mit dem Nützlichen« verbinden: Schmidt sollte Putna belasten und damit den Weg zur Belastung Tuchatschews-

kis freischlagen – seines engsten Freundes, mit dem er zusammen 1921 über das Eis der Newa marschiert war, um den Widerstand der Matrosen von Kronstadt zu brechen. Das Netz der »Geständnisse« begann sich über dem Zweiten Marschall der Sowjetunion zusammenzuziehen. Auch Jakir versuchte noch, nach altem Brauch, die Verhafteten herauszuholen. Es gelang ihm sogar, Schmidt in der Haft zu besuchen und ihn zum Widerruf des Geständnisses zu bewegen. Nachdem Jakir nach Kiew zurückgekehrt war, teilte ihm Woroschilow per Telefon mit, daß Schmidt den Widerruf widerrufen habe.
Zwischen Januar und März 1937 erfolgten keine weiteren Verhaftungen der Militärs – der zweite Schauprozeß im Januar, der Selbstmord Ordschonikidses, der zu vertuschen war und das lange ZK-Plenum im Februar/März nahmen die Aufmerksamkeit Stalins und Jeschows zu sehr in Anspruch. Erst nach der Festnahme Jagodas – (und, zwei Tage später, am 5.4., seiner engsten Mitarbeiter Agranow und Prokofjew) – liefen die Festnahmen wieder an. Im April wurden Gekker in Moskau und Garkawy in Swerdlowsk verhaftet und in die Lubjanka eingeliefert.
Selbstverständlich intervenierte Jakir auch jetzt bei Woroschilow und bei Stalin, die er persönlich aufsuchte, jedoch alle seine Bemühungen waren vergeblich. Selbst die Bitte, für die Familie des verhafteten Schwagers Garkawy sorgen zu dürfen, wurde nicht beantwortet.
Und nun kam der 11. 5. 1937, der Tag des großen Revirements. Ausgerechnet an diesem Tag mußte die Idee, mit einem Schlag »reinen Tisch« zu machen und alle eventuellen Rivalen für den Posten des Oberkommandierenden im kommenden Krieg zu beseitigen, im letzten Moment fallengelassen werden. Abgesehen davon, daß die verhafteten Militärs bei den Verhören sich als äußerst widerstandsfähig erwiesen hatten: An der entscheidenden Stelle im Fernen Osten gab es eine unerwartete »Panne«.
»Programmgemäß« sollten an diesem 11. 5. die »eigentlichen« Festnahmen beginnen – die der erstrangigen Hauptangeklagten, wie üblich an verschiedenen Orten.
Diesmal waren Kork in Moskau und Lapin in Chabarowsk »dran«. Die Festnahme des ehemaligen Oberstleutnants Kork – als ein Komandarm 2. Ranges der nun ranghöchste festgenommene Kommandeur, der zum exklusiven Kreis der 24 höchsten Angehörigen des militärischen Establishments gehörte – verlief reibungslos. Der streng wirken-

de Este mit dem randlosen Kneifer, ein Absolvent der kaiserlich-russischen Generalstabsakademie, ließ sich widerstandslos abführen.
Lapin jedoch, zur Zeit als Blüchers Gehilfe für die Luftwaffe tätig, ließ sich zwar festnehmen und bis zum Abtransport nach Moskau ins Gefängnis von Chabarowsk bringen, beging sofort nach der Einlieferung Selbstmord. Diese »Panne« verhinderte die »Organe«, Material gegen Blücher vorzubereiten – zunächst, denn ein gleichwertiger »Ersatzmann« für Blüchers engsten Mitarbeiter seit den 20er Jahren war nicht so leicht aufzutreiben. Der dann dafür vorgesehene Komandarm 2. Ranges Lewandowski, war noch nicht aus Tiflis eingetroffen, auch mußte Lewandowski sich erst »eingewöhnen«, denn er hatte nie im Fernen Osten gedient. Hier rächte sich Stalins Brauch, die Leute erst aus ihrer gewohnten Umgebung herauszureißen, bevor man sie verhaftete.
So entschied Stalin, der auf baldige Prozeßeröffnung drängte – die Übernahme der Armee durch die Kommissare müsse ohne Verzögerungen erfolgen – den Kreis der Angeklagten auf die Gruppe Tuchatschewski-Jakir-Uborewitsch-Gamarnik zu konzentrieren, auf jene Offiziere, die in der Zentrale und in den westlichen Wehrkreisen für das Prinzip der einheitlichen Kommandogewalt eintraten, unter unabdingbarem Einschluß des mit ihnen befreundeten Politchefs Gamarnik. Blüchers Akte sollte »zur Wiedervorlage« zurückgehalten werden. Die übrigen sechs Verhaftungen sollten bis Ende Mai durchgeführt werden, die letzten vier, die Hauptangeklagten, in der Reihenfolge ihres Parteiranges: Tuchatschewski, Uborewitsch, Jakir, Gamarnik.

Tabelle 9

Die Verhaftungen des Mai 1937

11. 5.	Kork	in Moskau	
	Lapin	in Chabarowsk	
22. 5.	Eideman	in Moskau	
25. 5.	Feldman	in Moskau	
26. 5.	Tuchatschewski	in Kuibyschew	ZK-Kandidat seit 1934
29. 5.	Uborewitsch	in Minsk	ZK-Kandidat seit 1930
30. 5.	Jakir	in Brjansk	ZK-Mitglied
31. 5.	Gamarnik	in Moskau	Orgbüro-Mitglied

Zwischen der Verhaftung Korks und Eidemans passierte eine weitere Panne, es stellte sich heraus, daß Schmidt nun »unbrauchbar« geworden war. Der völlig ergraute Kosakendivisionär war in eine Apathie verfallen, die keine Geständnisse mehr zuließ. Es bestand die Befürchtung, daß er im kommenden Prozeß nicht mehr imstande sein würde, Aussagen zu machen. So wurde Dmitrij Arkadjewitsch Schmidt am 20. 5. 1937 »ohne weitere Umstände«[1] erschossen. Danach beeilte man sich mit den Festnahmen, die nun in immer kleiner werdenden Abständen erfolgten.

Alle Verhaftungen erfolgten überfallartig, gleichsam wie ein Handstreich. So wurde der sehr populäre Robert Eideman, der als Begründer der lettischen Sowjetliteratur dem Vorstand des Schriftstellerverbandes der UdSSR angehörte und seiner lettischen Sektion vorstand, aus dem Präsidium einer Sitzung im Gewerkschaftshaus herausgerufen und festgenommen.

Tuchatschewski traf, in Begleitung seiner Frau Nina, am 25. 5. mit dem Zug in Kuibyschew ein. Bereits am Abend des gleichen Tages nahm der Marschall an einer Parteikonferenz des Wehrkreises teil, zusammen mit seinem Vorgänger Dybenko, von dem er noch die Geschäfte übernehmen sollte, bevor dieser zu seinem neuen Kommando in Nowosibirsk abreisen konnte.

Tuchatschewskis Schläfen waren ergraut, die Augen angeschwollen, der 44jährige war sichtlich gealtert. Am nächsten Morgen saß er wieder am Vorstandstisch der Konferenz, für den Abend wurde eine Rede von ihm angekündigt.

Auf dem Wege zur Abendsitzung wurde Tuchatschewski gebeten, im Gebietsparteikomitee »vorbeizukommen«. Zusammen mit seiner Frau ließ er sich hinfahren. Dybenko war schon dort. Nina Tuchatschewskaja wartete endlos im Vorzimmer – bis Dybenko herauskam und ihr erregt mitteilte, daß der Marschall verhaftet worden sei. Sie fuhr unverzüglich nach Moskau, um, wie alle Frauen von Verhafteten, in einem Büro in der Stoleschnikowgasse auf den Passierschein für den Besuch in der Lubjanka zu warten, und um Eingaben zu schreiben, auf die es keine Antwort gab.

Uborewitsch bekam während einer Sitzung in Minsk am 29. 5. von seinem Adjutanten einen Zettel zugeschoben, mit der Bitte, kurz herauszugehen, um den Zettel in Ruhe zu lesen. Auf dem Zettel stand eine Notiz über ein Telefongespräch des Adjutanten mit Woroschilow

in Moskau: ein Befehl, sich unverzüglich mit dem Zug zu einer Sitzung des Militärrates nach Moskau zu begeben. Uborewitschs Frau Nina und Tochter Mira begleiteten ihn zum Bahnhof – dort wurde er in ihrem Beisein vor dem Besteigen des Zuges verhaftet.
Die Staatspolizei war nervös geworden, denn die internen Dienstleitungen und Verbindungen der hohen Kommandeure funktionierten immer noch völlig reibungslos (schließlich war der Postminister Chalepski einer der ihren). So erfuhr Tuchatschewski in Kuibyschew am Vorabend seiner eigenen Verhaftung telefonisch von der Festnahme seines Freundes Feldman in Moskau, die am gleichen Tag erfolgt war. Auch Jakir bekam am Abend des 28. 5. in seiner Datscha in Swjatoschin bei Kiew den Anruf per Dienstleitung, daß Tuchatschewski zwei Tage zuvor festgenommen worden war. Am späten Nachmittag des 29. 5. rief Woroschilow in der Datscha bei Jakir an (man fuhr im Sommer nach der Arbeit auf die Datscha) und befahl, zu einer eben anberaumten Sitzung des Militärrates sofort nach Moskau zu fahren. Es war dieselbe Sitzung, zu der auch Uborewitsch befohlen wurde. Die Benutzung eines Flugzeuges, um die Jakir den Minister erbat, wurde nicht gestattet, da die »Organe« in ständiger Angst lebten, daß der Prozeß, nach der Panne mit Lapin ohnehin schon etwas geschrumpft, durch Selbstmord oder Flucht der dazu »ausersehenen« Angeklagten platzen würde. Die Möglichkeit einer Flucht ins Ausland mit dem Flugzeug wurde ebenso in Betracht gezogen wie die – vage – Möglichkeit, daß die in die Enge getriebenen Heerführer sich in der Stunde der Not mit einem Aufruf an die ihnen ergebenen Truppen wenden würden.
So reiste Jakir am 30. 5. mit dem Zug ins 858 Kilometer entfernte Moskau.
Der Zug verließ Kiew um 13 Uhr 15. In der Nacht wurde der Salonwagen Jakirs im Eisenbahnknotenpunkt Brjansk, auf dem halben Wege, abgekoppelt. Jakir schlief bereits, die Pistole, wie üblich unter dem Kopfkissen.
Das Abteil wurde in der Nacht gestürmt, die Pistole mit gewohntem Griff unter dem Kopfkissen weggenommen. Jakir wurde zu einem bereitstehenden Auto geleitet und nach Moskau gefahren. Es war die Stunde, in der Jeschows Stellvertreter Frinowski in Jakirs Stadtwohnung gegenüber dem das Kiewer Marienpalais umgebenden Park mit 20 Staatspolizisten die erste Haussuchung vornahm und nach »Valuta«

suchte. Im Unterschied zu Tuchatschewski, dem bei seiner Festnahme die Entlassung aus der Roten Armee mitgeteilt wurde – aber nicht die Aberkennung des Marschallsranges – wurde Jakir nur befohlen, Zivilkleidung anzuziehen. Jakir erkundigte sich als einziger nach dem ZK-Beschluß und bekam die Antwort, er könne ihn in Moskau einsehen. Die plötzliche Eile bei den Verhaftungen – man hatte nicht damit gerechnet, daß die gegenseitige Benachrichtigung über die Festnahmen so reibungslos funktionieren würde – hatte nun bewirkt, daß Jakir sein neues Amt des Befehlshabers im Wehrkreis Leningrad gar nicht angetreten hatte. So wurde am Tage nach Jakirs Verhaftung Dybenko, der noch immer in Kuibyschew saß, um die Geschäfte an seinen nächsten Nachfolger Komkor Michail Jefremow, Kommandeur des örtlichen Schützenkorps, zu übergeben und der auch nicht dazu gekommen war, Befehlshaber im Wehrkreis Sibirien zu werden, (auch dort wurde der örtliche Kommandeur Maxim Antonjuk als Befehlshaber eingesetzt) zum Befehlshaber im WK Leningrad ernannt. Damit schloß sich Dybenkos Lebenskreis. Nach genau 19 Jahren betrat der 49jährige Revolutionsheld wieder die Stadt, in der er als Marineminister gewirkt hatte. Die gefürchtete zweite Panne passierte bei der letzten und wichtigsten Verhaftung.
Natürlich funktionierte das Nachrichtensystem der alten Kameraden auch im Falle Gamarnik. Am 31. 5. morgens – Gamarniks Diabetes hatte sich verschlechtert und er lag, von seiner Frau und der Krankenschwester betreut, im Bett – kamen sein Vize Bulin, seit drei Tagen Feldmans Nachfolger als Kaderchef der Roten Armee, und Marschall Blücher (dies ist nicht absolut sicher, aber sehr wahrscheinlich, da sich Blücher, ebenso zu der Sitzung des Militärrates bestellt wie alle anderen, zu dieser Zeit in Moskau aufhielt). Die beiden berichteten dem Kranken, daß nun auch Uborewitsch und Jakir verhaftet seien, dann gingen sie.
Kurz darauf klingelte es in der Wohnung in der Großen Rschewskigasse 11 zum zweiten Mal.
Während seine Frau zur Tür ging, bat Gamarnik die Krankenschwester, ihm etwas aus dem anderen Zimmer zu holen. Die Schwester verließ das Schlafzimmer. Als Bljuma die Tür öffnete, erschoß sich Jan Borissowitsch Gamarnik. Den hereinstürmenden Staatspolizisten blieb nur noch das Durchschneiden der Telefonschnur und das Versiegeln des Schreibtisches und des Safes. Sie ließen auch die Urne des wenige

Tage später eingeäscherten Kommissars aus dem Krematorium verschwinden, nachdem sie einige Tage in der Urnenhalle herumgestanden hatte.
Die 5-Zeilen-Mitteilung, die am nächsten Tag – dem 1. 6., an dem die Sitzung des Militärrates begann – auf der letzten »Prawda«-Seite mit der Überschrift »Chronik« über der Meldung von der Eröffnung einer neuen Schwimmhalle in Leningrad erschien, spiegelt die ganze Wut Stalins wieder:
»Das ehemalige ZK-Mitglied Ja. B. Gamarnik hat, in seine Bindungen an die antisowjetischen Elemente verstrickt und anscheinend aus Angst vor der Entlarvung, am 31. Mai sein Leben durch Selbstmord beendet.«
An dieser Meldung stimmte nichts außer der Bekanntgabe des Freitodes.
Der Prozeß aber war endgültig geplatzt.
Schon die am Tage nach Gamarniks Selbstmord begonnene Sitzung des stark gelichteten Militärrates im Verteidigungsministerium trug Züge einer mißlungenen Veranstaltung. Woroschilow berichtete weinerlich von der Zerschlagung des »Jakir-Nestes«. Stalin, der die Veranstaltung nun in eigene Regie übernehmen mußte, um zu retten, was zu retten war, gab die Aufdeckung einer »konterrevolutionären militärisch-faschistischen Organisation« bekannt, legte aber kein einziges Beweisstück vor (auch das angebliche »deutsche Dossier« ist niemals vorgelegt und auch in dem folgenden Kurzprozeß nicht verwendet worden) – was Wunder, wenn der Hauptangeklagte fehlte! Statt dessen forderte Stalin in seiner Verwirrung die Erhebung der Anklage gegen Offiziere, die noch gar nicht verhaftet waren, darunter gegen den Luftabwehrchef Sedjakin, eines der Tuchatschweski-Begleiter auf dessen beiden Auslandsreisen. Der im Saal anwesende Sedjakin konnte die Sitzung nach ihrem Ende am 4. 6. als freier Mann verlassen. Im Juli trat er seinen neuen Posten als Chef des neueingerichteten Luftabwehr-Wehrrayons Baku an – wo auch er am Jahresende verhaftet wurde.
So war die Mühe des Spurenlegens durch belastende Zeugenaussagen in den beiden Schauprozessen umsonst gewesen. Das Netz der Beschuldigungen und Gegenbeschuldigungen war zerrissen. Stalin verzichtete auf den Schauprozeß gegen die Militärs. Einen »offenen« (d. h. bekanntgegebenen) Prozeß gegen Armeeangehörige hat es in der UdSSR nie gegeben, wenn man einmal von ganz anders gelagerten

I. P. Below, Komandarm 1. Ranges, erschossen 29.7.1938

Mitte: I. W. Stalin, Wehrminister 1941/47, GKO-Vorsitzender 1941–45

W. K. Putna, Komkor, erschossen 11.6.1937

N. D. Kaschirin (1888–1938)

M. P. Amelin (1896–1937)

Unten (v. l. n. r.): I. I. Garkawy, Komkor, Selbstmord in Haft 1.7.1937, M. Ja. Germanowitsch, Komkor, erschossen 1937, I. K. Grjasnow, Komkor, erschossen 29.7.1938.

(V. l. n. r.) I. F. Fedko, Komandarm 1. Ranges, erschossen 26.2.1939, Ja.W. Smuschkewitsch, Generalleutnant d.L., G.M. Stern, Generaloberst, beide erschossen 28.10.1941

Links: L.S. Mechlis, Politchef der RKKA 1937–40 und 1941/42, Marschall S.K. Timoschenko, Wehrminister 1940/41

Unten: I.I. Fedjuninski am Chalchin-Gol, G.I. Kulik, Marschall 1940–42, N.F. Watutin, Armeegeneral, ermordet 1944.

(V. l. n. r.) F. Ja. Kostenko, Generalleutnant, gefallen 26.5. 1942, M. F. Lukin, Generalleutnant, gefangengenommen 14.10.1941, B. M. Schaposchnikow 1907 als Unterleutnant

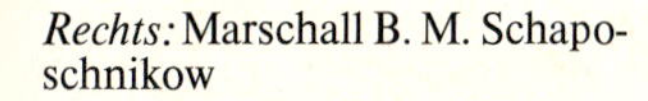

Rechts: Marschall B. M. Schaposchnikow

Unten: Marschall der Mongolei Ch. Tschoibalsan und Komkor G. K. Schukow (links) am Chalchin-Gol 1939.

Oben (v. l. n. r.): S. M. Schtemenko, Generalstabschef 1948–52, W. D. Tschernjachowski, Armeegeneral, gefallen 18.2.1945, A. I. Antonow, Generalstabschef 1945/46,

Mitte: Führung der Südwestfront 1941 (v. l. n. r.) Frontchef Kirponos, Kriegsrat Burmistenko, Stabschef Tupikow,

Unten: (v. l. n. r.) Generalleutnant K. P. Podlas, Selbstmord 25.5.1942, Armeechef W. I. Tschuikow in Stalingrad, Armeechef A. W. Gorbatow.

Verhandlungen gegen den zu den Deutschen übergegangenen Generalleutnant Andrej Wlassow und dem Begleichen alter Bürgerkriegsrechnungen mit einigen im Kriege festgenommenen weißen Generalen 1946/47[2] absieht.
Aber auch auf weitere Schauprozesse wurde von da an verzichtet. Außer dem Prozeß gegen Bucharin, Rykow, Jagoda und 18 Mitangeklagte vom 2.–13. 3. 1938, der sich, wie die beiden vorausgegangenen, vornehmlich mit der »Aufarbeitung« der Vergangenheit und der Abrechnung mit alten Gegnern befaßte, fand in der UdSSR nie mehr ein Schauprozeß statt.
(Der erste Dissidentenprozeß gegen die Schriftsteller Julij Daniel und Andrej Sinjawski drei Jahrzehnte später trug nicht mehr die Merkmale eines Schauprozesses und es wurde auch wie in den nachfolgenden Verhandlungen gegen Oppositionelle, keine Todesstrafe verhängt. Die Spionagefälle des Obersten Oleg Penkowski und des Diplomaten Anatolij Filatow gehören in eine andere strafrechtliche Kategorie).
Auf offene Verhandlungen mit sorgfältig und lange präparierten Angeklagten mußte auch deshalb verzichtet werden, weil Lapins und Gamarniks Beispiel in jenem ersten Jahr des Infernos 1937 Schule machte.
Am 16. 6. nahm sich Gamarniks engster Mitarbeiter aus den Minsker Jahren, Alexandr Tscherwjakow, seit 1924 »Staatspräsident« Belorußlands, in Minsk das Leben. Dieser Selbstmord wurde mit »privaten Problemen« erklärt.
Am 3. 7. erschoß sich Iossif Kossior, der jüngere Bruder des Politbüromitgliedes und ukrainischen Parteichefs Stanislaw Kossior, im fernöstlichen Chabarowsk, wo er als Regierungsbeauftragter in Blüchers Reich fungierte.
Am 29. 8. erschoß der ukrainische Premier Afanassij Ljubtschenko vor der Verhaftung erst seine Frau und jagte sich anschließend selbst die Kugel durch den Kopf.
Die sechs im Mai 1937 verhafteten Führer der Roten Armee mußten nicht lange leiden. Am längsten, genau einen Monat, saß der zuerst verhaftete Awgust Kork in der Untersuchungshaft, während Iona Jakir schon am 13. Hafttag für immer aus der Zelle geführt wurde.
Der Marschall und seine fünf Leidensgenossen wurden anscheinend nicht gefoltert, da man keine Geständnisse mehr benötigte.
Selbst die Verbindungen der Angeklagten zu der Außenwelt blieben

bis zuletzt intakt. So konnte Tuchatschewski am 9. 6., zwei Tage vor der »Verhandlung«, einen Staatspolizisten in seine Wohnung schicken, mit der (handschriftlichen) Bitte an seine Frau, für »Iona (Jakir) und mich einen Apfelpirog« zu backen. Der Kuchen wurde auch prompt am nächsten Tage abgeliefert.

Am Tage des Prozesses jedoch mußten alle Familien der Todeskandidaten ihre Wohnorte verlassen. Stalin war großzügig. Die Frauen der Unglücklichen durften zwischen Akmolinsk (heute: Zelinograd), Aktjubinsk und Astrachan wählen.

Akmolinsk und Aktjubinsk liegen in der kasachischen Steppe, Astrachan an der Wolga-Mündung hatte eine Viertelmillion Einwohner. So entschieden sich alle für Astrachan. Saja Jakir hatte drei Tage Zeit bekommen, um Kiew zu verlassen. Am 8. 6. wurde ihr die Verbannung offiziell mitgeteilt, am 10. mußte sie mit dem Packen fertig sein – sie bekam sogar NKWD-Packer gestellt. Am 11. 6. reiste sie mit dem 12jährigen Pjotr ab. Dies war der Prozeßtag.

Für die eintägige »Verhandlung« gegen die sechs im Mai verhafteten Kommandeure Tuchatschewski, Jakir, Uborewitsch, Kork, Eideman und Feldman, denen die seit Herbst einsitzenden Primakow und Putna »angeschlossen« wurden, erfand Stalin eine besondere Gerichtsform. Während der Vorsitz dem Armeekriegsjuristen Ulrich, der in allen Schauprozessen die Urteile zu sprechen hatte, anvertraut wurde, bestellte Stalin acht Kommandeure als Richter – je einen Richter pro Angeklagten. Dies sollte den Eindruck eines »Ehrengerichts« der Offiziere vermitteln. Die neun »Richter« (Ankläger und Verteidiger gab es nicht, geschweige denn Zuschauer) bildeten eine »Sondergerichtskammer des Obersten Gerichts der UdSSR«, die nur dieses eine Mal in der Sowjetgeschichte in Erscheinung trat.

So mußten der Vizeminister und Luftwaffenchef Alxnis, die Marschälle Budjonny und Blücher, der Generalstabschef Schaposchnikow, die Befehlshaber der Wehrkreise Belorußland, Leningrad und Nordkaukasus Below, Dybenko und Kaschirin sowie der als »Stimme des Volkes« gedachte Komdiw Jelissej Gorjatschow, Kommandeur des 6. Kavalleriekorps der Kosaken, am 11. 6. 1937 den acht Waffenkameraden gegenübersitzen. Was auffiel, war, daß Marschall Jegorow nicht unter den »Richtern« war.

Paradox makaber: Da saßen Blücher, der durch Lapins Selbstmord zunächst dem Schicksal seiner Marschallskollegen entgangen war und

der Gamarnik selbst gewarnt hatte und Below, der auf seinem neuen Kommando in Minsk hilflos zusehen mußte, wie alle Mitarbeiter Uborewitschs verschwanden. Alxnis, der Tuchatschewskis Pläne zur Modernisierung der Luftwaffe eifrig unterstützt hatte. Dybenko, der schon bei Tuchatschewskis Verhaftung in Kuibyschew dabei war, Kaschirin, der 1934 am lautesten gegen die erste Festnahme seines Stellvertreters Primakow protestierte – und schließlich der nichtsahnende Gorjatschow, von dem man alsbald nichts mehr hörte.
Kein Zweifel: Dieser Teil der Anklagebank war austauschbar.
Selbst bei Schaposchnikow, dessen Triumph über die »Warlords« einen schrecklichen Höhepunkt erreicht hatte, konnte man sich kaum vorstellen, daß er nun mit Schadenfreude auf die Angeklagten herabsah. Das trifft auch auf Budjonny zu (der im nächsten Jahr erleben mußte, wie seine schnurrbärtigen Konterfeis in Moskau vorübergehend abgehängt wurden, als seine Frau wegen »Spionageverdachts« in Haft kam), der sich wie sein Freund Marschall Woroschilow, für ein langes Leben entschieden hatte, statt mit den Kameraden in den Tod zu gehen.
Das nationale Prinzip wurde auch bei diesem Rumpfprozeß gewahrt. Auf der Anklagebank saßen die Juden Jakir und Feldman, die Litauer Uborewitsch und Putna, der Este Kork, der Lette Eideman – und zwei Russen.
Die Ankläger waren vertreten durch den Polen Ulrich, den Letten Alxnis, den Ukrainer Dybenko – und sechs Russen.
Über die »Verhandlung« gab es zwei Mitteilungen. Die erste am 11. 6., als das Gericht zusammengetreten war, die zweite am nächsten Tage, als sieben der acht Angeklagten nicht mehr am Leben waren. Aufgrund der ersten Mitteilungen »In der Staatsanwaltschaft der UdSSR« erfuhren Stalins Untertanen offiziell zum ersten Mal, daß »in der Sache der zu verschiedenen Zeiten von den Organen des NKWD verhafteten ... (es folgten die Namen) die Untersuchung abgeschlossen und ans Gericht abgegeben« worden war. Die des »Eidbruches, des Landesverrats, des Verrats an den Völkern der UdSSR, des Verrats an der Arbeiter- und Bauern-Roten Armee« Beschuldigten hätten sich alle »für im Ganzen schuldig« bekannt.
Gamarnik war nicht vergessen: Die Untersuchungsorgane hätten die »Teilnahme der Angeklagten sowie des durch Selbstmord geendeten Ja. B. Gamarnik an den antistaatlichen Verbindungen mit den leiten-

den militärischen Organen eines ausländischen Staates, der eine unfreundliche Politik im Bezug auf die UdSSR betreibt« festgestellt. Als gesetzliche Grundlage für die »geschlossene Gerichtssitzung« wurde das Gesetz vom 1. 12. 1934 angegeben – jene »Lex Kirow«, durch welche die sofortige Vollstreckung der Todesstrafe ohne Berufungsmöglichkeit eingeführt wurde.
In der zweiten Mitteilung aus dem »Obersten Gericht der UdSSR«, anhand derer man den Sitzungssaal des Obersten Gerichts als den Gerichtsort erfuhr, war der Anklagepunkt »Verrat an den Völkern der UdSSR« fallengelassen worden, obwohl alle Angeklagten bei der Verlesung der Anklageschrift durch den Vorsitzenden Ulrich sich wieder »im Ganzen schuldig« bekannt hätten.
Nach der Aberkennung der militärischen Ränge – wobei die Aberkennung des Ranges eines Marschalls der Sowjetunion für Tuchatschewski besonders aufgeführt wurde – erging das Urteil: Tod durch Erschießen. Sieben der Angeklagten wurden noch am gleichen Tag erschossen, Eideman am nächsten Tage. Die Gründe für die Verzögerung sind nicht bekannt. Auch Woroschilows »Ministerbefehl Nr. 96« der am 12. 6. in der Presse publiziert wurde (wobei auch der »feige« Gamarnik nicht vergessen wird) weicht von den Texten der beiden Prozeßmitteilungen ab, was Rückschlüsse auf die Reihenfolge der Liquidierung zuläßt. Nach Tuchatschewski, Jakir, Uborewitsch und Kork wurden Primakow (statt Eideman), dann wie in der Mitteilung Feldman, Putna als vorletzter (statt Primakow) und Eideman als letzter (statt Putna) aufgeführt.
Eine Woche nach dem Prozeß, am 18. 6., publizierte die »Prawda« eine Mitteilung über die angebliche Lossagung Saja Jakirs von ihrem erschossenen Mann, weitere zwei Wochen danach, am 1. 7. brachte Jakirs Schwager Garkawy sich um, indem er sich den Kopf an der Zellenwand einschlug. Lewandowski, der sich anscheinend in seiner Rolle als Lapins Ersatzmann bei der Belastung Blüchers nicht kooperativ genug gezeigt hatte, wurde am 29. 7. liquidiert, Germanowitsch und Aronstam an einem unbekannten Tag im gleichen Jahr.
Für den im Juli 1937 festgenommenen Befehlshaber der Kriegsmarine, Flottenflagman 1. Ranges Wladimir Orlow, wurde der gleichrangige Chef der Pazifikflotte, Michail Wiktorow, bestellt, Nachfolger für den am 4. 8. als Postminister amtsenthobenen Komandarm 2. Ranges Chalepski wurde der GULag-Chef und Jeschows 1. Vize, Kommissar

der Staatssicherheit 2. Ranges Matwej Berman bestellt. Wiktorow hielt sich ein halbes Jahr, Berman ein Jahr – bis auch sie verschwanden.
Der zu Gamarniks Nachfolger ernannte Armeekommissar 2. Ranges Pjotr Alexandrowitsch Smirnow, bis dahin Politchef des Wehrkreises Leningrad, fand sich am Jahresende auf dem Posten des Kriegsmarineministers. Das von den beiden Befehlshabern und drei der vier Flottenchefs gesäuberte Marinekommando wurde am 30. 12. 1937 von Woroschilows Verteidigungsministerium abgetrennt und zu einem selbständigen Ministerium (Volkskommissariat) für Kriegsmarine erhoben, mit dem zum Armeekommissar 1. Ranges beförderten Smirnow als Minister. Lew Galler, der einzige nicht Verhaftete der vier Flottenflagmane, wurde Chef des zum Marinehauptstab erhobenen Stabes der Marine und versuchte zusammen mit dem zum Vizeminister bestellten Issakow zu retten, was noch zu retten war.
Smirnows Nachfolger als Chef der Politverwaltung der Roten Armee wurde Lew Mechlis, Stalin PR-Mann von der »Prawda«. Auch Mechlis bekam – gewissermaßen aus dem Stand – den höchsten Kommissarsrang, nämlich den eines Armeekommissars 1. Ranges. Mit Mechlis' Ernennung erreichte die Armeesäuberung auf der Jahreswende 1937/38 ihren zweiten Höhepunkt. Es war nicht der letzte.
Am Jahresende 1937 wurde Luftwaffenchef Alxnis als der erste der acht »Militärrichter« im Tuchatschewski-Prozeß verhaftet. Im April 1938 folgte ihm der zum Vizeminister für Holzindustrie ins zivile Leben versetzte Dybenko in die Lubjanka. Iwan Below, Uborewitschs Nachfolger in Minsk, wurde Anfang Januar 1938 nach Moskau befohlen und bei der Ankunft am Bahnsteig verhaftet. Am 14. 6. 1938 erschoß sich ein vierter »Richter«, Nikolai Kaschirin (dessen jüngerer Bruder Iwan, ein Mann aus Jagodas NKWD-Apparat, schon 1937 liquidiert worden war), Tuchatschewskis Nachfolger als Chef der Verwaltung Kampfbereitschaft im Verteidigungsministerium.
Am Jahresanfang 1938 »trennte« sich Stalin auch von seinem alten Frontchef Jegorow: Der Marschall der Sowjetunion Nr. 3 wurde zum Befehlshaber des Wehrkreises Transkaukasus nach Tiflis versetzt und dort verhaftet. Jegorows Nachfolger als 1. Vizeminister für Verteidigung, der vierfache Rotbannerordensträger Fedko, blieb, zum Komandarm 1. Ranges befördert, bis Jahresende 1938 im Amt, dann verschwand auch er, durch Budjonny ersetzt.
Die Familien der Vernichteten erlitten das gleiche Schicksal. Die

10jährige Mira Uborewitsch kam in ein Astrachaner Kinderheim, nachdem ihre Mutter am 5. 9. 1937 festgenommen wurde. Erst 1956 hat die Tochter erfahren, daß ihre Mutter 1941 verstorben ist. Jakirs Frau Saja hatte, entgegen anderslautenden Berichten, überlebt und konnte 1963 in einem von ihrem Sohn Pjotr und Ju. A. Geller zusammengestellten Buch über ihren Mann berichten (ihre »Lossagung«, von der die »Prawda« am 18. 6. 1937 berichtete, war natürlich eine Fälschung). Pjotr Jakir, dessen Kindheitserinnerungen auch in der Bundesrepublik erschienen sind, spielte in den 70er Jahren eine wichtige Rolle in Moskauer Dissidentenkreisen. Zusammen mit Wiktor Krassin, einem Neffen des 1925 verstorbenen Altbolschewiken und obersten Armeeversorgers zu Beginn des Bürgerkrieges, Leonid Krassin, wurde er 1973 in einem Prozeß zur Verbannung in der Provinz verurteilt und ist seither von der Moskauer Bühne der Dissidentenprominenz verschwunden.

Am unerbittlichsten verfolgte Stalins konsequent-erbarmungsloser Haß die große Tuchatschewski-Familie. Tuchatschewskis dritte Frau Nina, seine Mutter Mawra, drei seiner Geschwister, Alexandr, Nikolai und Sofja, wurden ausgelöscht. Seine jüngste Tochter Swetlana, die der Marschall kurz vor seiner Verhaftung, ihrer schwachen Gesundheit wegen, von der Schule genommen hatte, um sie zu Hause selbst zu unterrichten, erhängte sich in Astrachan, nachdem ihre Mutter verhaftet worden war. Swetlana Tuchatschewskaja wurde 12 Jahre alt[3].

Die beiden Ex-Frauen des Marschalls wurden, zusammen mit Frau Feldman, in der Sonderabteilung des Potmalagers in Haft gehalten – in einem Lagerbezirk »für Frauen und Mätressen« mit strenger Disziplin, aber erträglichen Lebensbedingungen. Tuchatschewskis zweite Frau, die Regisseurin und Theaterleiterin Natalija Saz, konnte sich nach der Rückkehr aus der Verbannung wieder ihrem Beruf widmen und gründete 1964 das Kindermusiktheater in Moskau. Sie hat inzwischen 1972 den Staatspreis und den Titel einer »Volkskünstlerin der UdSSR« erhalten. Ende der 70er Jahre besuchte sie das Hamburger Kindertheater. Außer ihr scheinen nur eine Tochter sowie drei Schwestern des Marschalls überlebt zu haben. Sie nahmen als einzige Angehörige im Februar 1963 an einer Gedenkversammlung der »Frunse«-Kriegsakademie zu des Marschalls 70. Geburtstag teil (Tuchatschewski war vom 5. 8. 1921 bis 24. 1. 1922 selbst der Chef der Kriegsakademie gewesen).

Die Große Säuberung der Führung der Roten Armee erreichte in der zweiten Hälfte 1938 ihren absoluten Höhepunkt. Bis dahin waren alle 15 Armeekommissare 2. Ranges aus der Zeit Gamarniks verhaftet. Jakirs Politchef Michail Amelin war der erste. Am 19. 6. 1937 wurde er festgenommen, am 8. 9. erschossen. Gamarniks Stellvertreter Gajk Ossepjan, in der Nacht zum 1. 7. festgenommen, wurde im gleichen Jahr liquidiert. Der noch zum Armeekommissar 1. Ranges beförderte Anton Bulin, seit 1930 ZK-Kandidat und Feldmans Nachfolger als Kaderchef der RKKA, wurde im Herbst verhaftet und erschossen.

Auch Bulins Nachfolger, Komkor Wassilij Lewitschew, amtierte nur bis November 1937, nach seiner Festnahme übernahm Budjonnys Kumpel von der Reiterarmee, Korpskommissar Schtschadenko, die Kaderverwaltung – in Personalunion mit dem Posten des Chefs der »Frunse«-Kriegsakademie. Auch Schtschadenko wurde zum Armeekommissar 1. Ranges befördert – es gab einen wahren Run auf Gamarniks Rang, der allerdings nicht lange andauerte:

Nachdem bis Jahresmitte alle Armeekommissare 2. Ranges verhaftet oder bereits erschossen waren (auch der 1936 zum Armeekommissar 2. Ranges beförderte langjährige Chef der militärischen Spionageabwehr Jan Bersin, der zuletzt Militärberater in Madrid war, wurde im Juli 1937 abberufen – und mit seinem Nachfolger, Komkor Semjon Urizki, ein Neffe des 1918 ermordeten Petrograder Tscheka-Chefs Moissej Urizki, im November festgenommen), stürzte im Juli 1938 als letzter auch der Armeekommissar 1. Ranges, Pjotr Alexandrowitsch Smirnow, der erste sowjetische Kriegsmarineminister.

Smirnow wurde noch im gleichen Jahr erschossen. Sein Posten blieb vakant, bis er am 5. 11. 1938 von Jeschows Stellvertreter Frinowski besetzt wurde. Nun übernahm die Staatspolizei die Kriegsmarine in eigene Regie. Frinowski wurde zum Komandarm 1. Ranges befördert. Er war damit der erste Staatspolizist im militärischen Rang eines Vollgenerals. Die Säuberung bei der Marine ging unvermindert weiter.

Schon im Mai 1938 wurde auch der letzte der 1937 noch im Amt befindlichen Flottenchefs, Flagman 1. Ranges Konstantin Duschenow, amtsenthoben und eingeliefert, dessen Nordflottille ausgerechnet am 11. 5. 1937, dem Beginn der Verhaftungen in der Armeespitze, zur Nordflotte erhoben wurde.

Und nun kam der einzige Befehlshaber an die Reihe, der noch die gleiche Position wie 1929 innehatte: Wassilij Blücher, der fünfte Marschall der Sowjetunion.
Um den bis dahin unantastbaren und angesichts der ständig wachsenden japanischen Gefahr an der koreanisch-sowjetischen und der mandschurisch-sowjetischen Grenze unentbehrlichen Befehlshaber der Fernostarmee loszuwerden, griff Stalin auf seinen alten Plan zurück, der ihm 1935 mißlungen war. Blüchers Armee sollte geteilt und er selbst durch Grigorij Stern ersetzt werden.
Stalin war ein schematisch denkender Mann. Im Falle Blücher war er allerdings durch den »Schaden« von 1935 klug geworden und modifizierte sein altes Schema, indem er es doppelt und dreifach absicherte.
Stern wurde im April 1938 aus Madrid zurückberufen. Ende Mai trafen Politchef Mechlis und Jeschows Vize Frinowski in Chabarowsk ein. Mechlis brachte im Flugzeug neue Kommissare, Frinowski im Sonderzug neue Staatspolizisten mit. Gleichzeitig kam auch Stern, der zum Komkor befördert worden war, in Chabarowsk an und übernahm die Leitung des Stabes der Fernostarmee Blüchers (Vorgänger Sangurski – auch er erst seit kurzem im Amt – war natürlich verhaftet).
Blücher sollte also überwacht und durch Stern ersetzt werden, während Mechlis Stern überwachen sollte: Das war die zweite Absicherung.
Die dritte Absicherung bestand darin, daß Stalin schon seit einem Jahr in Chabarowsk einen Mann sitzen hatte, der, lange vor Mechlis und Stern, Blüchers Sturz vorbereitete, nämlich German Ljuschkow, stellvertretender Leiter der »Geheim-Politischen« Abteilung der Hauptverwaltung Staatssicherheit des NKWD. Ljuschkow, ein Kommissar der Staatssicherheit 3. Ranges, wurde Ende Juli 1937 von Stalin und Jeschow genau instruiert, wie er Blücher und seinen Stab bespitzeln sollte. Ljuschkow sollte also Blücher, Mechlis Blücher und Ljuschkow überwachen und Stern Blücher ersetzen. Dieses komplizierte Spiel – unter Stalin »völlig normal« – wurde durch Ljuschkow auf eine ganz neue Weise beendet: Er beachtete die Spielregeln nicht und lief am 13. Juni 1938 mit wertvollen Dokumenten zu den Japanern über, da er (zu Recht) befürchtete, am Ende würde Mechlis auch ihn beseitigen.
Nun waren alle, Stalin und Blücher inclusive (zu Recht) davon überzeugt, daß die Japaner durch Ljuschkow wohlinformiert, bald angreifen würden. Stalin konnte sich zum ersten Mal seit Beginn der Säuberung bestätigt fühlen: Überall waren Spione und Verschwörer[4].

Am 28. 6., zwei Wochen nach Ljuschkows Flucht, wurde die Fernost-Armee in eine gleichnamige Front umgewandelt, mit Blücher als Befehlshaber und Stern als Stabschef. Zugleich wurde die Heeresgruppe Küste der »Front« in die 1. Küsten-Armee, der Rest der Truppen der Fernost-Front in die 2. Armee verwandelt. Damit war Blücher der unmittelbare Befehl über seine Truppen entzogen.
Wie erwartet, griffen die Japaner am 29. 7. 1938 am Chassansee an der sowjetisch-koreanischen Grenze an. Von Ljuschkow über die Säuberungen informiert, waren sie von der sowjetischen Schwäche überzeugt.
Die Japaner konzentrierten an dem Grenzsee drei Infanteriedivisionen, ein Kavallerieregiment, eine mechanisierte Brigade und drei MG-Bataillone. Zur Unterstützung der Bodentruppen standen ihnen etwa 70 Flugzeuge zur Verfügung. An dem Gefecht, das sich Ende Juli aus dem japanischen Übergriff auf sowjetisches Territorium entwickelte, nahmen nur Einheiten der 19. japanischen Infanteriedivision teil.
Am 29. 7. besetzten zwei japanische Kompanien eine Höhe auf dem sowjetischen Gebiet. Um den Besitz dieser Höhe, »Namenlose« mit Namen, ging es schon seit zwei Wochen – seit Mitte Juli stellten die Japaner die Forderung, sowjetische Grenzer sollten die taktisch wichtige Höhe räumen. Auf Blüchers Befehl wurden die japanischen Kompanien durch Einheiten des 40. sowjetischen Schützenkorps wieder vertrieben – dies war des Marschalls letztes Kommando.
Am 31. 7. besetzten die Japaner, diesmal mit zwei Regimentern, die Namenlose wieder und die »Hinterseehöhe« dazu – und hielten sie. Gegen eine in sieben Kampfjahren in China erprobte Kaderarmee schienen Blüchers durch ständige Säuberung demoralisierte Truppen mit ihrem geschwächten Kommandeurskorps nichts auszurichten. Blücher bekam das Kommando über die Kampfhandlungen entzogen.
Dies war Sterns Stunde. Stern übernahm den Befehl über das 40. Schützenkorps und die Leitung der Kampfhandlungen, während Stalin in Moskau die Konjunktur des »überall nistenden Verrats« ausnutzen konnte.
Die Gelegenheit war in der Tat äußerst günstig. Bis dahin waren nämlich alle diplomatischen Vertreter (bis auf die Gesandten in Sofia und Athen), alle zurückberufenen Spanienkämpfer und alle Auslandsagenten (bis auf drei) brav heimgekehrt, um ihre Verhaftung »entgegenzunehmen«. Und nun flüchtete ein hoher Mann der »Organe« zu

den Japanern! Es waren immer noch nicht genug Verräter liquidiert. Stalin befahl jene Aktion, die in die Annalen der Großen Säuberung als das »Juli-Massaker« eingegangen ist.
Am 28. 7. 1938 wurden in den Kellern der Lubjanka sieben Mann erschossen: drei hohe Funktionäre, ein Literat und drei Militärs, darunter Marinechef Orlow und der Oberkommandierende des Bürgerkrieges Wazetis.
Am nächsten Tage – jenem 29. 7., an dem die Japaner am Chassansee angriffen – wurden in Moskau 24 Mann erschossen, von denen zwölf Militärführer waren.
Unter ihnen waren die langjährigen Chefs der Luftwaffe, der Luftabwehr, der Panzertruppen und der militärischen Gegenspionage Alxnis, Sedjakin, Chalepski und Bersin, zwei Mitglieder der ersten »Kriegstroika« des Revolutionsjahres, Komandarm 2. Ranges Dybenko und Justizminister Krylenko sowie Komandarm 1. Ranges Iwan Below.
Von den fünf Komandarmen 1. Ranges lebten nach Belows Hinrichtung nur noch Schaposchnikow und der am 22. 2. 1938 dazu beförderte Fedko, von den elf Komandarmen 2. Ranges nur noch Alxnis' Nachfolger Alexandr Loktionow. Drei Jahre später sollte allein Schaposchnikow noch am Leben sein.
Am 1. 8. mußten weitere vier Personen vors Peloton treten, der Agitpropchef der Partei, Orgbüromitglied Stezki, der erste Politschef der Roten Armee Jurenew, ein Spitzendiplomat, der seit 1921 als Botschafter in Buchara, Riga, Prag, Rom, Teheran, Wien, Tokio und, seit 16. 6. 1937, in Berlin fungierte, der Botschafter in Ungarn, der Armenier Alexandr Beksadjan und Komkor Nikolai Kuibyschew, jüngerer Bruder des 1935 verstorbenen und an der Kremlmauer beigesetzten Politbüromitgliedes Walerian Kuibyschew (nach dem die Stadt Samara benannt wurde). Nikolai Kuibyschew war zwischen Blüchers erstem und zweitem Kommando in China (Oktober 1924–Juli 1925 und Mai 1926–August 1927) dessen Nachfolger und Vorgänger als sowjetischer Hauptmilitärberater bei Tschiang Kai-schek gewesen – zu gleicher Zeit, als der inzwischen auch einsitzende Marschall Jegorow dort als Militärattaché fungiert hatte.
Das Massaker vom 29. 7. 1938 ist die größte bekanntgewordene Massenerschießung des Establishments an einem Tag (nebst dem 30. 10. 1937, an dem 14 Wirtschaftsfunktionäre, darunter acht ZK-Angehörige, erschossen wurden).

Unterdessen hatte Stern im Fernen Osten mit dem Gegenangriff begonnen. Bis zum 5. 8. zog er über 15 000 Mann mit 237 Geschützen, 285 Panzern und 1014 MGs zusammen. Damit befehligte er nunmehr ein »verstärktes Schützenkorps«, bestehend aus zwei Schützendivisionen, einer mechanisierten Brigade und 250 Flugzeugen. Dieser massive militärische Einsatz war auch nötig, denn die 40. Division allein konnte die Japaner nicht von den Höhen vertreiben.
Am Nachmittag des 6. 8. starteten zweimal insgesamt 180 sowjetische Bomber, die von 70 Jagdflugzeugen gedeckt wurden. Nach dem Bombenabwurf und einem dreiviertelstündigen Artilleriebeschuß ging die 32. Schützendivision unter Oberst Nikolai Bersarin[5] zum Angriff über, wobei sie von einem Panzerbataillon unterstützt wurde.
Die Hinterseehöhe wurde am 8. 8., die Namenlose am 9. 8. erstürmt. Nachdem ein japanischer Gegenangriff am 10. 8. verlustreich abgeschlagen wurde, bat der japanische Botschafter in Moskau, der »hinkende Baron« Mamoru Shigemitsu[6], um Verhandlungen. Am 11. 8., um 12 Uhr mittag wurden die Kampfhandlungen eingestellt.
Am 18. 8. wurde Blücher nach Moskau geflogen. Der für solche Flüge abgestellte Pilot Alexandr Golowanow flog den Marschall dem Tode entgegen. Die Fernost-Front wurde von Stern übernommen.
Am 31. 8. 1938 hörte Blüchers Schöpfung auf zu bestehen, die Fernostfront wurde abgeschafft. Die aus der Heeresgruppe Küste der Fernostfront hervorgegangene 1. Küstenarmee wurde am 4.9. in die »1. Gesonderte Armee«, die 2. Armee der Fernostfront in die »2. Gesonderte Armee« umgewandelt, beide Armeen unmittelbar dem Verteidigungsministerium unterstellt. Den Befehl über die 1. Armee in Woroschilow (heute: Ussurijsk) bekam Stern, den Befehl über die 2. Armee in Chabarowsk der aus der Kommissarsarbeit hervorgegangene Komkor Iwan Konew übertragen. Im zweiten Anlauf hatte es Stalin geschafft, den »Volksmarschall« loszuwerden.
Blücher, nunmehr ein Marschall ohne Kommando, lebte noch zwei Monate in Moskau in Freiheit. Am 22. 10. wurde er von vier Männern in Schwarz festgenommen, ins Gefängnis Lefortowo eingeliefert und nach fast dreiwöchigem ergebnislosem Verhör – Blücher unterschrieb nichts – am 9. 11. 1938 erschossen. Mit ihm starb der fünfte Richter des Tuchatschewski-Prozesses. Nur Budjonny und Schaposchnikow überlebten, während Gorjatschows Schicksal unbekannt blieb.
Natürlich wurde auch Blüchers Frau Galina festgenommen, ebenso

sein Bruder, der einen Luftverband in Blüchers Armee kommandierte. Blüchers erste Frau Glafira, in Leningrad ansässig, wurde ebenfalls verhaftet. Sie sowie Blüchers Sohn und Tochter (aus erster Ehe) haben überlebt.
Der 16jährige Sohn des Marschalls kam in ein Isolierlager, wo der Träger des berühmten Namens selbst von den Wachmannschaften des NKWD zuvorkommend behandelt wurde. 1941 freigelassen und zu Kriegsbeginn eingezogen, zeigte sich Wsewolod Blücher seines Vaters würdig und zeichnete sich aus.
Im Gegensatz zu den Prozeß-Angeklagten, deren Namen (speziell die von Tuchatschewski und Gamarnik) auf dem XVIII. Parteitag im März 1939 von Molotow und Mechlis öffentlich geschmäht wurden, ist die Hinrichtung Blüchers zu Stalins Zeiten nie bekanntgegeben worden – ebensowenig wie die von Marschall Jegorow oder irgendeines anderen Militärführers. Sie sind eben alle Unpersonen geworden, die nie gelebt hatten. Im Falle Blücher wurde Stalin sogar einmal von einer Art Unbehagen heimgesucht. Er ließ nämlich 1939 einen »Bericht aus dem Ausland« in der »Prawda« publizieren, in dem es hieß, Blücher sei wieder nach China abkommandiert worden.
Für den nationalchinesischen Politiker Dr. Sun Fo, einen Sohn Sun Jat-sens, der sich zu gleicher Zeit, im Frühjahr 1939, bei Stalin nach Blüchers Schicksal erkundigte, hatte Stalin eine Boulevard-Klamotte parat: Blücher sei liquidiert worden, weil er sich während seiner Zeit im sowjetischen Fernen Osten mit zahlreichen japanischen Mädchen abgegeben habe, die allesamt im Dienst des japanischen Geheimdienstes gestanden hätten[7].
Ebenso wie die Namen der Militärs, verschwanden auch die Namen der im Auftrage Tuchatschewskis tätigen Wissenschaftler und Konstrukteure aus der Öffentlichkeit. Insbesondere die Raketengruppe wurde unerbittlich verfolgt. Sowohl der große Konstrukteur Andrej Tupolew als auch der spätere »Vater des Sputnik« Sergej Koroljow kamen in Haft. Iwan Klejmjonow, Chef des Raketeninstituts, wurde 1938 erschossen. Georgij Langemak, der Konstrukteur der »Katjuscha«, kam im gleichen Jahr in der Haft um, die Arbeit an seiner Waffe wurde auf Betreiben des dumpfen Stalinprotegés Kulik, des neuen Chefs der Hauptverwaltung Artillerie, der 1939 zum Komandarm 1. Ranges befördert wurde, eingestellt. Der erste sowjetische Rüstungsminister, Moissej Ruchimowitsch, wurde am 15. 10. 1937 durch seinen Stellver-

treter, Michail Kaganowitsch, den älteren Bruder des Politbüromitgliedes Lasar Kaganowitsch, ersetzt und am 29. 7. 1938, dem Tage des Juli-Massakers, erschossen.
Schon zu Beginn 1938 war der 80köpfige Militärrat beim Verteidigungsministerium mangels Masse nicht mehr sitzungsfähig (nur fünf seiner Mitglieder hatten die Säuberung überlebt). So ließ Stalin am 13. 3. 1938 an seiner Stelle einen »Hauptkriegsrat beim Verteidigungsminister« installieren, diesmal per Verordnung »Nr. 322« des Ministerrates und des ZK, von Premier Molotow und Stalin selbst unterzeichnet. Das neue höchste beratende Gremium hatte wieder Woroschilow zum Vorsitzenden. Der Rat bestand aus acht Mitgliedern und dem Sekretär Kirill Merezkow, einem ehemaligen Stabschef Blüchers und Spanienkämpfer, der sogleich nach seiner Rückkehr aus Spanien im Mai 1937 zum Vize-Generalstabschef bestellt wurde.
Die acht Ratsmitglieder waren der 1. Vizeminister Fedko, die zu Vizeministern ernannten Chefs der Politverwaltung, der Kader(Personal)-verwaltung und der Artillerie, Mechlis, Schtschadenko und Kulik, weiterhin der Vizeminister und Befehlshaber des Wehrkreises Moskau, Budjonny, Generalstabschef Schaposchnikow, Blücher – und Stalin. Die erste Ratssitzung wurde am 19. 3. 1938 abgehalten.
Im April wurde für die von der Armee getrennte Kriegsmarine der Hauptkriegsmarinerat ins Leben gerufen, mit dem Minister Armeekommissar 1. Ranges Pjotr Alexandrowitsch Smirnow als Vorsitzendem. Zu seinen Mitgliedern gehörten Vizeminister Issakow, der Chef des Marinehauptstabes Galler, der Kaderchef der Kriegsmarine, Korpskommissar S. P. Ignatjew, die neuen Flottenchefs, Flagman 2. Ranges Nikolai Kusnezow (ein Spanienkämpfer) von der Pazifik- und Gordej Lewtschenko von der Baltischen Flotte. Warum der neue Chef der Schwarzmeerflotte, Iwan Jumaschew, und der im Mai verhaftete Chef der Nordflotte, Duschenow, dem Rat nicht angehörten, ist ebensowenig zu ermitteln wie die Namen der anderen Mitglieder – bis auf den Leningrader Parteichef Schdanow, Stalins neuen »Kronprinzen«.
Am 7. 11. 1938 präsentierte sich die Militärspitze als eine Achtergruppe, in der die Säuberer, Kommissare und Staatspolizisten vor den Militärs rangierten.

1. Marschall Woroschilow, Verteidigungsminister und Politbüromitglied, der 90% seiner Mitstreiter in den Tod geschickt hatte und erst 1961 durch Chruschtschow aus dem ZK entfernt wurde

2. Komandarm 1. Ranges Frinowski, der Staatspolizist als Kriegsmarineminister, der nun auch dem Kriegsmarinehauptrat vorstand
3. Armeekommissar 1. Ranges Mechlis, Politchef der Roten Armee, der Blücher auslöschen ließ
4. Armeekommissar 1. Ranges Schatschadenko, Kaderchef der Roten Armee und Chef der Kriegsakademie, der Jakirs Sturz vorbereitet hatte
5. Komandarm 1. Ranges Schaposchnikow, Generalstabschef
6. Marschall Budjonny, Vizeminister, Befehlshaber des Wehrkreises Moskau
7. Komandarm 2. Ranges, Kulik, Chef der HV Artillerie
8. Komandarm 2. Ranges Timoschenko, Befehlshaber des Sonderwehrkreises Kiew.

»Zum erstenmal rangierten die Funktionäre der Säuberung vor den noch lebenden Soldaten«[8]. In der Tat, der Sieg der Staatspolizisten und Kommissare über die Rote Armee war vollkommen – unter der Leitung des neuen Hauptkriegsrates Stalin.

Die rote Armee hatte 433 der 683 (63,4%) ihrer höheren Kommandeure vom Marschall bis zum Brigadier durch Verhaftung eingebüßt. Von den 20 höchsten Ranginhabern wurden 15 erschossen – Marschälle, Vollgenerale und Generalobersten –, Generaloberst Kaschirin endete durch Selbstmord. Auch drei der vier Flottenflagmane (Voll- und Vizeadmirale) wurden erschossen.

Dies war der Preis für das Beharren der Armee- und Flottenführer auf dem Einheitsbefehl und für Stalins Ehrgeiz, im kommenden Krieg als Oberkommandierender fungieren zu wollen.

Es war ein Wunder, daß das russische Volk (das nach der Auslöschung des »ausländischen Elements« allein – nur unter kräftigem Einschuß der Ukrainer – die Generalität zu stellen hatte) im Zweiten Weltkrieg wieder begabte und entschlossene Heerführer hervorgebracht hat. Abgesehen von der überragenden Persönlichkeit Georgij Schukows aber, hat es einen Heerführer vom Format Tuchatschewskis und Blüchers in der Roten Armee nie mehr gegeben. Außer Schukow, der den Vergleich mit den beiden liquidierten Marschällen voll aushält, lassen sich lediglich – dies aber nur annähernd – Sergej Gorschkow, der Schöpfer der sowjetischen Marinemacht, und Nikolai Ogarkow, der gegenwärtige sowjetische Generalstabschef, ein Mann von überragendem technischen Militärwissen, mit Blücher und Tuchatschewski vergleichen.

Tuchatschewski, dessen »eiserner Wille in drei Jahren harter Arbeit die Rote Armee durch und durch verändert«[9], d. h. modernisiert und neu ausgerüstet hatte, war der strahlende junge Held der Bürgerkriegsgeneration, dessen Charme sowohl den großen Komponisten Dmitrij Schostakowitsch als auch den britischen Generalstabschef Sir John Dill[10] zu begeistern vermochte, ein Mann, der den Geigenbogen ebenso gut zu handhaben verstand wie den Degen. Selbst in der Todesstunde erschien er Stalin als eine Gefahr: Der Georgier ließ in Moskau am 11. 6. 1937 das Gerücht ausstreuen, der Marschall habe gerade an diesem Tag den Kreml besetzen und ihn, den Generalsekretär, samt seinem Politbüro (außer den beliebt-harmlosen Staatspräsidenten Kalinin) erschießen wollen.
Im Gegensatz zum genialisch-arroganten Tuchatschewski, Sohn eines Gutsbesitzers und der einfachen Bäuerin Mawra Milochowa, Kadett und Leibgarde-Offizier des Zaren, war Blücher der Typ des Volkshelden, ausgestattet »mit einem gewaltigen militärischen Talent und echter Sehergabe«[11], ein Feldherr, der den Krieg als »vor allem Mathematik, Berechnung« auffaßte, von dem gesagt wird »in der Vorausberechnung sei er ein Meister gewesen«, da er »starke technokratische Züge« besaß. Daher kam das fast blinde Vertrauen der Mitarbeiter, der Untergebenen und des zweifellos kriegserfahrenen Tschiang Kaischek. Daher der legendäre Ruf des bescheidenen, aber ernsthaft und würdevoll auftretenden Kriegsherrn, der, »durch und durch Soldat«, auf korrektes militärisches Betragen Wert legte, keine Flüche in seinem Beisein duldete, von seinen Untergebenen soviel wie von sich selbst, »ohne Rücksicht auf die Uhrzeit«, forderte (Blücher arbeitete häufig nachts – wie Stalin) und, als Autodidakt, der nie eine militärische Schulbank gedrückt hatte (Blücher hatte sein Berufsleben mit 19 Jahren als Schlosser begonnen), empfindlich reagierte, wenn ihm im Gespräch eigene Wissensmängel bewußt wurden. Sein chinesischer Deckname »General Galen« wurde ebenso zur Legende wie der Name des großen Vorbildes, den er trug – und dem er alle Ehre machte.

Tabelle 10

Eine Chronologie der Vernichtung

(Zum Vergleich s. Tabelle 1)

Von den 78 Männern, die 1920–38 das militärische Establishment der UdSSR bildeten, waren bis 1936 acht Mann nicht mehr am Leben:

1. Kriegsminister Frunse, starb 1925
2. Vize-Kriegsminister Laschewitsch erschoß sich 1928; er kann als das erste Opfer Stalins unter den Spitzenführern der Roten Armee angesehen werden.
3. S.S. Wostrezow, Chef der Heeresgruppe Küste 1929–31, starb 1932
4. K.B. Kalinowski, 1931 Chef der Panzertruppen, verunglückte im gleichen Jahr tödlich
5. S. I. Gussew, Politchef der Armee 1921/22, starb 1933
6. P.P. Lebedew, Stabschef der Roten Armee 1919–24, starb 1933
7. P.I. Baranow, 1924 Chef der Panzertruppen und 1924–31 Chef der Roten Luftwaffe, verunglückte 1933 tödlich
8. S.S. Kamenew, Komandarm 1. Ranges, Oberkommandierender 1919/24 und seit 1934 Chef der Luftabwehr, starb 1936

Fjodor Raskolnikow, Chef der Baltischen Flotte 1920/21, kehrte 1938 als Gesandter in Sofia nicht zurück; er starb 1939 im Exil.
G. Ch. Eiche, Befehlshaber der Armee der Fernostrepublik 1920/21, überlebte die Verbannung und starb 1968 in seiner lettischen Heimat.
Alexej Dombrowski, 1920 Chef der Schwarzmeerflotte, starb 1954 in der Verbannung, zwei Jahre vor dem Beginn der Rehabilitierungen.
Sechs Mann überlebten: Woroschilow, Budjonny, Schaposchnikow, Kulik, der Chef der Baltischen Flotte 1924–26 Vizeadmiral Wekman und Admiral Galler, der im Gefängnis (wegen einer anderen Verdächtigung Stalins) 1950 starb.
Folgende Schicksale konnten nicht geklärt werden:
D. P. Oskin, Befehlshaber des Wehrkreises Wolga 1921–23.
I. I. Smolin, Chef der Kriegsing.-Akademie, 1931 der Kaukasischen Armee.
Sachar Sakupnow, Gründer und erster Chef der Nordflotte (damals noch Flottille) 1933–35.
Von den restlichen 55 Militärführern sind fünf noch 1940–43 liquidiert worden.
Unter den Kugeln der NKWD-Pelotone starben:

1936:

25. 8. S. W. Mratschkowski, BWK Sibirien 1922/23, BWK Wolga 1923/24

1937:

30. 1. N. I. Muralow, BWK Moskau 1921–24

11. 5. A. Ja. Lapin, Komkor, Chef der Kampfbereitschaft 1931/32 (Selbstmord)

31. 5. Ja. B. Gamarnik, Politchef der Armee, Armeekommissar 1. Ranges, (Selbstmord)

11. 6. M. N. Tuchatschewski, Marschall, 1. Vizeminister
I. E. Jakir, Komandarm 1. Ranges, BWK Kiew
I. P. Uborewitsch, Komandarm 1. Ranges, BWK Belorußland
A. I. Kork, Komandarm 2. Ranges, Chef der Kriegsakademie
B. M. Feldman, Komkor, Chef der HV Kader
W. M. Primakow, Komkor, Vize-BWK Leningrad
W. K. Putna, Komkor, Militärattaché in London, 1931–34 Chef der Heeresgruppe Küste

12. 6. R. P. Eideman, Komkor, Chef der paramilitärischen Organisation »Ossoawiachim«, 1924/25 Befehlshaber des WK Sibirien

20. 6. W. I. Sof, Chef der Kriegsmarine 1924–26

1. 7. I. I. Garkawy, Komkor, BWK Ural (Selbstmord in Haft)

29. 7. M. K. Lewandowski, Komandarm 2. Ranges, BWK Transkaukasus 1925–28 und 1933–37

26. 9. E. S. Panzerschanski, Flagman 1. Ranges, Befehlshaber der Kriegsmarine 1921–24

7. 10. N. N. Petin, Komkor, Chef der Pioniertruppen, 1923 und 1925–28 BWK Sibirien

im Dezember: S. P. Urizki, Komkor, Chef der GRU im Generalstab 1935/37

Datum unbekannt: G. G. Bokis, Komkor, Chef der Pz-Truppen 1931–?

1938:

9. 2. R. A. Muklewitsch, Befehlshaber der Kriegsmarine 1926–31

14. 6. N. D. Kaschirin, Komandarm 2. Ranges, BWK Nordkaukasus 1931–37, dann Chef der Kampfbereitschaft (Selbstmord)

1. 7. A. I. Gekker, Komkor, Chef der Abteilung Auslandsverbindungen, 1921 Befehlshaber der Kaukasischen Armee, 1922 Chef der Kriegsakademie

27. 7. M. D. Welikanow, Komandarm 2. Ranges, BWK Mittelasien

28. 7. I. I. Wazetis, Komandarm 2. Ranges, Oberkommandierender 1918/19

W. M. Orlow, Flottenflagman 1. Ranges, 1931/37 Befehlshaber der Kriegsmarine, Vizeminister

29. 7. Ja. A. Alxnis, Komandarm 2. Ranges, Vizeminister, Chef der Luftwaffe

I. P. Below, Komandarm 1. Ranges, BWK Moskau, dann Belorußland

Ja. K. Bersin, Armeekommissar 2. Ranges, 1924/35, 1937 Chef der HV Erkundung des Generalstabs

I. A. Chalepski, Komandarm 2. Ranges, Chef der Pztruppen, dann Postminister

I. N. Dubowoi, Komandarm 2. Ranges, BWK Charkow

P. Je. Dybenko, Komandarm 2. Ranges, 1917/18 Marinemininster, 1928/37 BWK Mittelasien, Wolga, Sibirien und Leningrad

Ja. M. Fischman, Korpsingenieur, Chef der Chemischen Truppen

I. K. Grjasnow, Komkor, BWK Transbaikal

G. P. Kirejew, Flagman 1. Ranges, 1937 Befehlshaber Pazifikflotte

N. W. Krylenko, 1917/18 Oberkommandierender, zuletzt Justizminister

A. I. Sedjakin, Komandarm 2. Ranges, Chef der Luftabwehr

I. S. Unschlicht, 1925–30 Vizekriegsminister, zuletzt Sekretär des Unionsrates des ZIK, ZK-Kandidat

1. 8. N. W. Kuibyschew, Komkor, BWK Sibirien

22. 8. W. M. Gittis, Komkor, 1921–25 BWK Leningrad, zuletzt Bevollmächtigter des Militärressorts beim Handelsressort

im August: W. M. Wiktorow, Flottenflagman 1. Ranges, 1932–37 Befehlshaber Pazifikflotte, 1937–38 der Kriegsmarine

9. 11. W. K. Blücher, Marschall, Befehlshaber der Fernostarmee

Datum unbekannt: W. I. Schorin, 1920 BWK Sibirien, s. 1923 i. Reserve

Ja. P. Gailit, Komkor, 1923–24 BWK Sibirien, zuletzt Vize-Personalchef der RKKA[12]

A. K. Siwkow, Flagman 1. Ranges, 1937 Befehlshaber der Baltischen Flotte

1939:

23. 2. A. I. Jegorow, Marschall, 1931–37 Generalstabschef, dann 1. Vizeminister, zuletzt BWK Transkaukasus

26. 2. I. F. Fedko, Komandarm 1. Ranges, 1. Vizeminister, bis dahin BWK Transkaukasus 1931–32, der Heeresgruppe Küste 1935–37, BWK Kiew 1937–38

3. 3. G. D. Basilewitsch, Komkor, 1925/27 BWK Moskau, 1927–31 BWK Wolga, seitdem Sekretär der Kommission, dann des Komitees für Verteidigung des Ministerrates.

Datum unbekannt: G. Ja. Sokolnikow, B Turkestanische Front 1922/23 (in Haft)

W. A. Antonow-Owsejenko, Kriegsminister 1917/18

1940:

12. 1. A. S. Bubnow, Politchef der Roten Armee 1924–29

3. 2. K. A. Duschenow, Flagman 1. Ranges, B Nordflotte

20. 8. L. D. Trozki, Kriegsminister 1918–25

1941:

2. 11. K. A. Awxentjewski, BWK Mittelasien 1925/27, Transkaukasus 1928/31, seitdem i. R.

1943:

23. 3. S. A. Pugatschow, Komkor, B Kaukasische Armee 1924

Todes-Jahr unbekannt:

N. A. Jefimow, Chef der Artillerie 193?–1937, Komkor

R. W. Longwa, Chef der Nachrichtentruppen 1935–37, Komdiw

N. M. Rogowski, Chef der Artillerie 1933?

N. M. Sinjawski, Chef der Nachrichtentruppen 1924/35

Von den 284 Militärs, die im Bürgerkrieg die Fronten und Armeen bzw. deren Stäbe befehligten, waren 1940 nur noch acht Mann im Dienst, nämlich Budjonny, Woroschilow, Generaloberst Oka Gorodowikow, die Generalleutnante Iwan Smorodinow, Alexandr Samoilo, Nikolai Schtscholokow sowie Generalmajore Fjodor Nowizki und Sergej Charlamow. Das ist eine Restquote von 2,9%.[12]

Das erste militärische Establishment der UdSSR hatte aufgehört zu existieren.

Wiedergeburt

19
»Zwischen-Establishment«

In jenem Sommer 1937, in dem die Führer der Roten Armee vor ihre Henker treten mußten, verließ ein spanisches Schiff den Hafen von Sewastopol. Der Laderaum des in »Turkestan« umbenannten »Cabo San Augustín« barg wertvolle Fracht: 50 Panzer für die bedrängte Spanische Republik.

Am 21. 6. 1937 bekamen der Kommandeur der sowjetischen Panzerbrigade in Spanien, Komkor Dmitrij Pawlow, und der »Berater der (spanischen) Luftwaffe«, Kombrig Jakow Smuschkewitsch, den Titel eines Helden der Sowjetunion »für die Erfüllung eines Sonderauftrages der Regierung«.

Komdiw Grigorij Stern, der Hauptmilitärberater der spanischen Regierung, bekam am gleichen Tag den Leninorden, Nikolai Kusnezow, Kapitän 2. Ranges, Chef der sowjetischen Flottenberater und Kriegsmarine-Attaché in Madrid, den Rotbannerorden verliehen.

Pawlow wurde im November des gleichen Jahres Chef der sowjetischen Panzertruppen, Stern im April nächsten Jahres Blüchers Stabschef im Fernen Osten. Zwei Jahre später war Smuschkewitsch Chef der Luftwaffe, Kusnezow Chef der Kriegsmarine. Auf dem XVIII. Parteitag im März 1939 wurden Kusnezow und Stern Mitglieder, Pawlow und Smuschkewitsch Kandidaten des ZK der Partei.

So war die neue Führung der Roten Armee, das »Zwischenestablishment« der letzten Vorkriegsjahre, parallel zu der Vernichtung der alten entstanden. Die Heeresleitung setzte sich aus fünf Gruppen zusammen – und aus einem Mann, der zu keiner dieser Gruppen gehörte.

Die erste Gruppe war die der Überlebenden. Von den 24 höchsten militärischen Würdeträgern haben nur die Marschälle Woroschilow und Budjonny sowie Komandarm 1. Ranges Schaposchnikow und Flottenflagman 2. Ranges Galler die Große Säuberung überlebt.

Schaposchnikow übernahm wieder den Generalstab, – eine Bestätigung seiner Konzeption vom »Gehirn der Armee«, ein Triumph über

die Warlords. Es muß eine große Genugtuung für ihn gewesen sein, als Tuchatschewski zu jenem Wehrkreis Wolga versetzt wurde, den er selbst sechs Jahre zuvor zugewiesen bekommen hatte. Galler wurde Chef des Marinehauptstabes.
Am weitesten kam Budjonny. Seit 11. 5. 1937 Befehlshaber des WK Moskau (Stalin wollte den wichtigen Posten in der Hauptstadt mit einem Vertrauensmann besetzt wissen), wurde er 1939 Woroschilows Stellvertreter. (Es war das einzige Mal in der sowjetischen Militärgeschichte, daß ein Wehrkreisbefehlshaber zugleich als Vizeminister fungierte.) Im August 1940 wurde Budjonny zum 1. Vizeminister für Verteidigung befördert und erreichte damit den Gipfel seiner Laufbahn.
Woroschilow und Budjonny zogen den Artilleriechef der 1. Reiterarmee, Kulik, und drei Divisionäre der Reiterarmee nach, die im Beförderungsstau der Vorjahre steckengeblieben waren: Semjon Timoschenko, Josef Apanassenko und Iwan Tjulenew. Die drei Troupiers hatten es bis 1937 nicht zu Wehrkreisbefehlshabern gebracht, weil die Positionen von den Armeeführern des Bürgerkrieges besetzt waren.
Der hünenhafte, kahlköpfige Timoschenko, Feldwebel einer MG-Schwadron der kaiserlich-russischen Kavallerie und gefürchteter Säbelfechter im Bürgerkrieg (Budjonny über den Mitstreiter: »Er haute so zornig rechts und links um sich, daß es schien, als ob er mit einem Hieb mehrere Weißgardisten niederstreckte«)[1], stieg 1919 zum Divisionär bei Budjonnys Reitern auf. Nach dem Bürgerkrieg befehligte er ein Kavalleriekorps.
Trotz der Absolvierung von drei Kursen an der Militärpolitischen Akademie blieb Timoschenko acht Jahre auf dem gleichen Posten. Erst ab 1933 diente er als Vize-Wehrkreisbefehlshaber in Minsk und Kiew. Eine Aussicht, Jakir und Uborewitsch vor der eigenen Pensionierung abzulösen, bestand nicht, denn Timoschenko war ein Jahr älter als die beiden, die schon mit 25 Jahren Armeen befehligten.
Der Weltkriegsleutnant Apanassenko saß ebenfalls zwölf Jahre lang als Divisionär und Korpskommandeur fest, obwohl er 1932 die Kriegsakademie absolviert hatte, ehe er 1935 Uborewitschs Stellvertreter in Minsk wurde. Apanassenko war sechs Jahre älter als der Wehrkreisbefehlshaber.
Dem mit vier Georgskreuzen ausgezeichneten Weltkriegsunteroffizier Tjulenew war es genauso ergangen. Obwohl auch Tjulenew 1922 die

Kriegsakademie absolviert hatte, kam er nicht weiter als bis zur Stellvertretung des Kavallerie-Inspekteurs Budjonny. Auch Tjulenew war älter als die liquidierten Armeeführer.
Kulik schließlich, schon 1926/30 Artilleriechef der Roten Armee, wurde seitdem nur noch als Divisions- und Korpskommandeur verwendet.
Keiner der vier hatte 1935 den begehrten Komandarm-Rang erhalten. Zwischen 1937 und 1941 aber holten sie alles nach. Timoschenko und Kulik wurden Marschälle und ZK-Mitglieder, Tjulenew und Apanassenko Armeegenerale (Vollgenerale) und ZK-Kandidaten.
Die dritte Gruppe neben den Überlebenden und den Nachgezogenen waren die Spanienkämpfer, die durch den Auslandseinsatz und die Säuberung eine unerwartete Chance bekamen. So saß der hervorragende Artilleriefachmann Nikolai Woronow vor dem Spanieneinsatz als »Kommandeur-Kommissar« der 1. Leningrader Artillerieschule fest. Am 11. 5. 1937 wurde er Artillerie-Chef der Roten Armee. Woronow wurde vorzeitig aus Spanien zurückberufen, weil es zu viele offene Stellen gab; die Hilfe für Spanien mußte auch deshalb eingestellt werden, weil die Rote Armee über keine Kommandeurreserven mehr verfügte.
Auch die Spanienkämpfer hatten in der Säuberung Schwierigkeiten – die Auslandserfahrung machte sie verdächtig. So zögerte der spätere Marschall Malinowski seine Rückkehr hinaus – und wurde dafür als Lehrer an die Kriegsakademie abgeschoben, obwohl es entsetzlich an Truppenführern mangelte. Immerhin sind aus der Gruppe der höheren 29 Chargen des Heeres und der Luftwaffe, die in Spanien gekämpft hatten, zwei Marschälle der Sowjetunion, zwei Hauptmarschälle der Artillerie, vier Armeegenerale, ein Luftmarschall und vier Generalobersten hervorgegangen. Aus der Sechsergruppe der Marineberater brachten es drei Mann zu Admiralen, zwei zu Vizeadmiralen, Kusnezow zum Flottenadmiral der Sowjetunion.
Zwischen dem Ende der Säuberung und der endgültigen Etablierung der neuen Führung der Armee im Zweiten Weltkrieg waren wieder atemberaubende Karrieren möglich – wie die des Luftwaffen-Oberleutnants Pawel Rytschagow, der am 31. 12. 1936 als erster Spanienkämpfer mit dem Titel eines Helden der Sowjetunion geehrt wurde. Im Juni 1940 erfolgte seine Beförderung zum Generalleutnant und im August des gleichen Jahres zum Chef der Luftwaffe.

Die vierte Aufsteigergruppe war die der Spezialisten, Fachleute bestimmter Waffengattungen ohne politische Ambitionen wie der Artillerist Woronow.
Mit diesen Männern betrat ein neuer Typus die sowjetische Militärbühne: der perfekte und parteitreue Fachmann ohne jeden Anflug von politischen Ambitionen – genau der Typus, den Stalin suchte.
Der damals 38jährige Woronow, Sohn eines Petersburger Angestellten, war Artillerist mit Leib und Seele. Für die russische Armee, die, wie die französische, stolz auf ihre Artillerie war (Stalin: »Artillerie ist Gott des Krieges«), stellte der riesige Mann mit den blauen Augen im gutmütigen, grobflächigen Gesicht einen unschätzbaren Gewinn dar. Seit März 1918 als Freiwilliger in der Roten Armee, absolvierte Woronow im gleichen Jahr die Artillerieschule Nr. 2 in Petrograd und ging sogleich an die Front; 1919 trat er in die Partei ein. Woronow absolvierte 1924 die höhere Artillerieschule für Kommandeure, 1930 die »Frunse«-Kriegsakademie. Er wäre wohl bis zum Lebensende Lehrer an der Artillerieschule geblieben, wenn die Säuberung und der Bürgerkrieg in Spanien nicht zusammengefallen wären. Woronow blieb bis 1950 Chef der Artillerie der Sowjetarmee; die letzten acht Jahre bis zum Übergang in die Inspektorengruppe leitete er die Artillerie-Akademie. 1937 war er die erste Schwalbe einer Generation von Heerführern, die dem Parteichef bedingungslos ergeben, in ihrem Handwerk perfekt und im übrigen unpolitisch waren – sie fragten nie »warum?«.
Auch Iwan Issakow aus einem Dorf in Aserbaidschan, eine der farbigsten Gestalten der sowjetischen Militärgeschichte, gehörte zu der Gruppe der überlebenden Fachleute. Der Sohn einer lokalen Standesperson und Großenkel eines Klostervorstehers, vertauschte durch Bestechung eines Amtsschreibers, nach dem Abschluß der Tiflisser Realschule seinen guten armenischen Namen »Owanes Ter-Issakjan« in den schlechten russischen »Iwan Issakow«[2]. An seinem Lebensende fühlte er sich freilich als »armenischer Admiral« und unterschrieb die privaten Briefe stets mit dem alten Vornamen.
Seit 1914 bei der Marine, fiel Issakow zum ersten Mal 1933 auf, als er, damals Lehrer an der Kriegsmarineakademie, sich bereit erklärt hatte, einen Sonderauftrag Stalins und Kirows zu erfüllen: Issakow bewies in praxi, daß es möglich war, Kriegsschiffe von der Ostsee zum Weißen Meer durch den eben fertiggestellten Belomorkanal zu navigieren. Sogleich stieg er zum Stabschef der Baltischen Flotte auf.

Zwei Jahre später saß Issakow wieder als Lehrer auf seinem alten Stuhl, die Ursache des Abstiegs war ein untergegangenes U-Boot seiner Flotte. Die Karriere des parteilosen Offiziers aus gutbürgerlicher Familie war zu Ende.
1937 schlug auch seine Stunde. Im Januar Stabschef, im August Befehlshaber der Baltischen Flotte, im September Flagman 2. Ranges (Fregattenkapitän), im Dezember Abgeordneter des Obersten Sowjet, im Januar des nächsten Jahres Vizeminister Kriegsmarine, im Februar Flagman 1. Ranges (Konteradmiral), im April 1939 1. Vizeminister, Flottenflagman 2. Ranges (Vizeadmiral), im August nun auch Parteimitglied. Im November 1940 wurde Issakow, seit Juni einer der drei ersten Sowjetadmirale, Chef des Marinehauptstabes.
Am 4. 10. 1942 wurde Issakow, bereits ein halbes Jahr zuvor infolge einer Kontusion bei Schlüsselburg (als Woroschilows Stellvertreter bei der Frontgruppe Nordwest) auf dem linken Ohr ertaubt, bei Tuapse am Schwarzen Meer (als Budjonnys Stellvertreter bei der Frontgruppe Nordkaukasus) schwer verletzt. Das linke Bein mußte, der bereits einsetzenden Gangräne wegen, so hoch über dem Knie amputiert werden, daß der Admiral zeitlebens keine Prothese tragen konnte (Issakow 1949: »Die Ärzte schneiden, stechen, schmieren und brennen immer wieder an mir herum«)[3]. Zwei Jahre nach der Verwundung war Issakow, seit 31. 5. 1944 Admiral der Flotte, bereits wieder im Dienst – als Mitglied der Regierungskommission zur Ausarbeitung der Bedingungen für die Kapitulation Deutschlands. Nach dem Krieg wurde er in den Obersten Kriegsrat berufen. 1946 nahm er seinen Dienst als Chef des Marinehauptstabes wieder auf.
Als Vize-OB der Kriegsmarine für Erforschung und Auswertung der Kriegserfahrungen bekam der schwer leidende Issakow 1947 einen »leichteren« Job. Im Februar 1950, während eines weiteren Revirements seiner Waffengattung (Issakow: »Die Arbeit wird immer mehr und der Beinstumpf gibt keine Ruhe«) bat er um Außerdienststellung.
Aber er blieb nicht untätig. Der unter Issakows Chefredaktion 1947–54 hergestellte »Meeresatlas« trug ihm nicht nur den Stalinpreis 1. Stufe ein, sondern Issakow wurde als einziger Sowjetmilitär 1958, ein Jahr nach der Drucklegung des kompletten Werkes (in dessen Redaktion er immer noch saß), zum korrespondierenden Mitglied der Akademie der Wissenschaften gewählt. Daneben war er 1954/55 Vize-

minister für Hochseeschiffahrt und Vorsitzender des technischen Rates in diesem Ministerium.
Verteidigungsminister Schukow reaktivierte den rührigen Pensionär. Am 1. 2. 1956 nahm der 61jährige, zum wissenschaftlichen Konsultanten für die Kriegsmarine beim Minister ernannt, die Arbeit im Sowjet-Pentagon in der Frunsestraße 19 wieder auf.
Er hielt es im Amt noch zwei Jahre aus, ehe er den ruhigeren Posten eines Admiralinspekteurs übernahm. Aber auch dann blieb Issakow nicht untätig – seine schriftstellerische Liebhaberei brachte dem 69jährigen 1963 die Mitgliedschaft im Schriftstellerverband ein. Insgesamt entstammen der Feder Issakows 170 wissenschaftliche und belletristische Werke. Sein Ansehen war so groß, daß die politische Führung pietätvoll wartete, bis der einzige Admiral der Flotte der Sowjetunion am 11. 10. 1967 verstarb. Erst danach – am 28. 10. – bekam der Marine-OB Gorschkow den höchsten Marinerang. Wie der »große Artillerist« Woronow (so de Gaulle 1965)[4], war der Großadmiral Issakow ein perfekter Fachmann: immer fleißig und gehorsam, nie nach den Gründen fragend.
Die unpolitischen Fachleute waren die einzige Gruppe des »Zwischen-Establishments«, die im Zweiten Weltkrieg nicht unterging – es ist bezeichnend, daß weder Woronow noch Issakow dem ZK angehörten. Die Spezialisten hatten nur fachlichen, keinen politischen Ehrgeiz, was von der Parteiführung auch wohlwollend akzeptiert wurde.
Die fünfte Militärgruppe, die 1937–41 emporgekommen war, sind die aus Mangel an fähigen Kommandeuren zu Wehrkreisbefehlshabern aufgestiegenen Divisionäre und Korpskommandeure gewesen, die, von einigen Ausnahmen abgesehen, im Zweiten Weltkrieg versagten – wie die Männer um Woroschilow und Budjonny. Stalin duldete sie, da er die fähigen Kommandeure hatte umbringen lassen, beförderte sie aber nicht. Der gewaltigste Beförderungsschub der sowjetischen Militärgeschichte, die Zeit des Zweiten Weltkrieges, brachte ihnen nichts.

Tabelle 11

Aufsteiger und Versager in den Wehrkreisen (11. 5. 1937 – 22. 6. 1941)

Wehrkreis	Rang 1941	Rang 1945
Moskau:		
Budjonny, S. M.	Marschall	Marschall
Tjulenew, I. W.	Armeegeneral	Armeegeneral

Wehrkreis	Rang 1941	Rang 1945
Leningrad:		
Chosin, M. S.	Generalleutnant	Generaloberst
Merezkow, K. A.	Armeegeneral	Marschall
Timoschenko, S. K.	Marschall	Marschall
Kirponos, M. P.	Generaloberst	gefallen 1941
Popow, M. M.	Generalleutnant	Generaloberst
Kiew		
Timoschenko		
Schukow, G. K.	Armeegeneral	Marschall
Kirponos		
Beloruβland		
Kowaljow, M. P.	Generalleutnant	Generaloberst
Pawlow, D. G.	Armeegeneral	erschossen 1941
Nordkaukasus		
Katschalow, W. Ja.	Generalleutnant	gefallen 1941
Jefremow, M. G.	Generalleutnant	Selbstmord 1942
Kusnezow, F. I.	Generaloberst	Generaloberst
Konew, I. S.	Generalleutnant	Marschall
Transkaukasus		
Tjulenew		
Jefremow		
Koslow, D. T.	Generalleutnant	Generalleutnant
Odessa (ab 1939):		
Boldin, I. W.	Generalleutnant	Generaloberst
Tscherewitschenko, Ja. T.	Generaloberst	Generaloberst
Baltikum (ab 1940)		
Loktionow, A. D.	Generaloberst	erschossen 1941
Kusnezow, F. I.		
Wolga		
Merezkow		
Schewaldin, T. I.	Generalleutnant	Generalleutnant
Gerassimenko, W. F.	Generalleutnant	Generalleutnant

Wehrkreis	Rang 1941	Rang 1945
Sibirien		
Kalinin, S. A.	Generalleutnant	Generalleutnant
Ural		
Sofronow, G. P.	Generalleutnant	Generalleutnant
Jerschakow, F. A.	Generalleutnant	gefangengen. 1941
Mittelasien		
Petrowski, L. G.	Generalleutnant	gefallen 1941
Apanassenko, I. R.	Armeegeneral	gefallen 1943
Trofimenko, S. G.	Generalmajor	Generaloberst
Fernost-Front		
Stern, G. M.	Generaloberst	erschossen 1941
Apanassenko		
1. Armee (Fernost)		
Stern		
Popow, M. M.		
Jerjomenko, A. I.	Generalleutnant	Armeegeneral
2. Armee (Fernost)		
Konew		
Terjochin, M. F.	Generalleutnant (Pz)	Generalleutnant (Pz)
Transbaikal		
Jefremow		
Jakowlew, W. F.	Generalleutnant	Generalleutnant
Remesow, F. N.	Generalleutnant	Generalleutnant
Konew		
Kurotschkin, P. A.	Generalleutnant	Generaloberst
Heeresgruppe *Küste* (Fernost)		
Kurotschkin		
Archangelsk (ab 1940):		
Katschalow		
Charkow		
Jerschakow		

Wehrkreis	Rang 1941	Rang 1945
Smirnow, I. K.	Generalleutnant	Generalleutnant
Kowaljow		
Smirnow, A. K.	Generalleutnant	gefallen 1941
Orel (ab 1938)		
Jefremow		
Remesow		
Kalinin (ab 1938)		
Boldin		
Jakowlew		

Elf von 25 Generalen aus dieser Gruppe (unter Abzug der sieben gefallenen und drei am Kriegsbeginn liquidierten Armeeführer), der höchsten Posteninhaber in den Wehrkreisen während der letzten Vorkriegsjahre, hatten nach dem Zweiten Weltkrieg den gleichen Rang wie vor Kriegsbeginn. Andersherum: Unter den 24 im Zweiten Weltkrieg zu Marschällen der Sowjetunion, Marschällen der Panzertruppen und Armeegeneralen beförderten Kommandeuren waren nur vier Generale aus dieser Gruppe (die Politiker Stalin und Bulganin nicht mitgerechnet), nämlich Schukow, Konew, Merezkow und Jerjomenko. Das militärische Establishment der Sowjetarmee der Nachkriegszeit war mit dem »Zwischen-Establishment« der letzten Vorkriegsjahre nicht identisch, die unmittelbar nach der Säuberung anstelle der Bürgerkriegshelden entstandene Führungsgruppe war erfolglos.
Dies betraf allerdings nur die Armee. Bei der von Nikolai Gerassimowitsch Kusnezow energisch und umsichtig geführten Kriegsmarine reüssierten vier der fünf Flottenchefs zu Admiralen. Kusnezow war auch Manns genug, so manchem zornigen Ausbruch Stalins entgegenzutreten (man muß wohl auch berücksichtigen, daß die Kriegsmarine ein eigenes Ministerium besaß und insofern etwas selbständiger war als das Gros der Stalin als Verteidigungsminister unmittelbar unterstellten Streitkräfte).

Tabelle 12

Flottenchefs des Krieges

Flotte	Rang 1941	Rang 1945
Baltische:		
Lewtschenko, G. I.	Vizeadmiral	Admiral
Tribuz, W. F.	Vizeadmiral	Admiral
Schwarzmeer		
Oktjabrski, F. S.	Konteradmiral	Admiral
Wladimirski, L. A.	Konteradmiral	Vizeadmiral
Pazifik		
Jumaschew, I. S.	Vizeadmiral	Admiral
Nord		
Drosd, W. P.	Konteradmiral	Vizeadmiral gefallen 1943
Golowko, A. G.	Konteradmiral	Admiral

Außerhalb aller dieser Gruppen stand Georgij Konstantinowitsch Schukow. Der erfolgreichste russische Heerführer des Zweiten Weltkrieges kam nicht aus der Reiterarmee Budjonnys, war kein Spanienkämpfer, hatte einen schnellen und fast problemlosen Aufstieg und war nicht auf eine bestimmte Waffengattung festgelegt – ein Sonderfall.

Die aus der Säuberung hervorgegangene Führungsgruppe hing buchstäblich in der Luft und kannte, im Gegensatz zu ihrer Vorgängerin, der Bürgerkriegsgeneration, keinerlei Solidarität untereinander. Eine »Basis« gab es nicht. Fast jeder in dieser Gruppe der Überlebenden besaß einen Intimfeind. Aufgestiegen in der Atmosphäre des künstlich erzeugten Hasses gegen die hingerichteten Vorgänger, mißgönnte ein Mann dem anderen das Weiterkommen. Der Haß und die Mißgunst zwischen Schukow und Konew, den beiden bedeutendsten Heerführern des Krieges, sind weltweit bekannt. Aber auch die beiden Flottenminister Kusnezow und Jumaschew haßten sich bis zum Ende ihres Lebens.

Allen Aufsteigern jener Jahre war nur ein Gefühl gemeinsam und

allgegenwärtig: die Angst. Angst, dort zu landen, wo ihre Vorgänger gelandet waren, in der Lubjanka, Taganka, Butyrka oder in Lefortowo, den vier großen, stets überfüllten Gefängnissen der Hauptstadt von Stalins Schattenreich.
Der Weg aus der Haft führte bestenfalls in die Verbannung des GULag-Archipels, schlimmstenfalls . . .
Die eigentlichen Herren der Sowjetstreitkräfte 1937–40 waren die beiden zu Armeekommissaren 1. Ranges beförderten Stalin-Günstlinge, Politchef Mechlis und Kaderchef Schtschadenko, von denen letzterer Ende Mai 1937 in Personalunion auch die Leitung der Generalstabsakademie übernommen hatte. So wurde die Generalstabsakademie der Roten Armee 1937–39 von einem Mann geleitet, dessen ganze militärische Ausbildung aus zwei 1923 absolvierten Kursen an der Kriegsakademie bestanden hatte!
Die beiden Kommissare errichteten ein wahres Schreckensregiment. Selbst die kleinste militärische Einheit, die Gruppe, hatte ihren Spitzel, der dem Politruk regelmäßig Bericht zu erstatten hatte. Der belastete Rotarmist oder Kommandeur mußte sich vor der »Sonderabteilung« (»OSO«) die nicht der Armee, sondern dem NKWD (heute dem KGB) unterstellt war, rechtfertigen – was meist schiefging.
Die »Satzung des Kriegsrates im Wehrkreis (in der Flotte, in der Armee) der RKKA«, am 16. 5. 1937, elf Tage nach der anonymen Bekanntgabe der Wiedereinführung der Kommissare und Kriegsräte vom Staatspräsidenten Kalinin, Premier Molotow und dem ZIK-Sekretär Akulow unterzeichnet und am gleichen Tage von denselben (!) Personen bestätigt, legte fest, daß an der Spitze eines Wehrkreises, einer Flotte oder einer Armee ein »Kriegsrat aus dem Befehlshaber und zwei Mitgliedern des Kriegsrates« zu stehen habe. Zwar führte der Befehlshaber im Kriegsrat den Vorsitz, zwar wurden die Wehrkreisbefehle im Namen des Befehlshabers (»Ich befehle . . . «) als des obersten Chefs aller Truppen und militärischen Einrichtungen auf dem Territorium des Wehrkreises herausgegeben, jedoch war die Gegenzeichnung durch einen Kriegsrat und den Stabschef erforderlich (es konnte also theoretisch passieren, daß die beiden Militärs den Kommissar überstimmten – ohne dessen Unterschrift aber eben kein Befehl herausgegeben werden konnte – wie bei Stalin 1920; außerdem gab es meistens zwei Kriegsräte, einen höheren und einen rangniedrigeren).
So verschwand auch mancher Aufsteiger. Pjotr Iwanowitsch Smirnow,

unter Blücher als Marineberater »Swetlowski« in China tätig, wurde, zum Flottenflagman 2. Ranges befördert, im Oktober 1937 Chef der Schwarzmeerflotte. Acht Monate später verschwand er. Komkor Leonid Petrowski, ein Sohn des ukrainischen »Staatschefs«, wurde im Dezember 1937 Befehlshaber des Wehrkreises Mittelasien, im März 1938 Budjonnys Stellvertreter im Wehrkreis Moskau, im Mai des gleichen Jahres wurde er festgenommen.

Unter den 1143 Abgeordneten des am 14. 12. 1937 gewählten ersten Obersten Sowjet der UdSSR, der nach der neuen Verfassung vom 5. 12. 1936 (»Stalin«-Verfassung) das Zentrale Exekutivkomitee der Sowjets (ZIK) als Legislative ablöste und infolge des Krieges neun Jahre lang »amtieren« sollte (die Sitzungen des Sowjetparlaments finden freilich nur zweimal im Jahr statt), waren 38 hohe Militärs. Und selbst von ihnen wurden bis zu Kriegsbeginn 13 Mann erschossen, darunter die Marschälle Jegorow und Blücher, der Kriegsmarinechef Flottenflagman 1. Ranges Wiktorow, dessen Nachfolger Kriegsmarineminister Pjotr Alexandrowitsch Smirnow, der am 20. 2. 1938 zum Komandarm 1. Ranges beförderte 1. Vizeverteidigungsminister Fedko und der am gleichen Tage zum 1. Vizekriegsmarineminister bestellte Flottenflagman 2. Ranges Pjotr Iwanowitsch Smirnow. Sieben weitere Truppenführer wurden im Oktober 1941 erschossen, einer stürzte ab, zwei begingen Selbstmord. So haben aus dieser Gruppe auch nur 15 Abgeordnete-Militärs das Jahr 1941 überlebt.

Die vom Dichter und Militär Robert Eideman herausgegebene, auf 12 Bände angesetzte »Militärische Sowjet-Enzyklopädie« kam, 1932 begonnen, nicht über A und B hinaus. Ihr 2. Band, 1933 erschienen, war auch der letzte[5]. Über wen sollte sie auch berichten?

20
Chalchin-Gol

Trotzdem existierte die Rote Armee weiter. Sie konnte sogar erreichen, daß sich der Hauptgegner jener Jahre, die Japaner, nach dem Sieg am Chassansee über ein Jahr lang ruhig verhielt. Zugleich versuchte Stalin, mit der Entwicklung in Europa »Schritt zu halten«, d. h. auch dort Kampfbereitschaft zu zeigen – die westlichen Wehrkreise sollten angesichts der wachsenden deutschen Gefahr nicht vernachlässigt werden.
Die beiden wichtigsten Wehrkreise im Westen, Kiew und Belorußland, wurden am 26. 7. 1938 in »Sonderwehrkreise« umgewandelt, zwei Tage später zwei neue Wehrkreise, Orel und Kalinin, installiert.
Im Herbst 1938 wurde sogar teilmobilisiert, um die Verpflichtungen aus dem seltsamen Dreiecksvertrag mit Prag und Paris erfüllen zu können. Am 22./23. 9. 1938 begannen »Übungen« in den Wehrkreisen Belorußland, Kalinin, Kiew, Moskau und Charkow. Auf Woroschilows Befehl ordnete Generalstabschef Schaposchnikow am 28. 9. 1938 den totalen Entlassungsstop in den Wehrkreisen an. Zugleich meldete Woroschilow an das Politbüro und den Ministerrat[1], daß in den Wehrkreisen Belorußland, Kiew und Charkow 733 Jagd- und Bomberflugzeuge »im Falle der Notwendigkeit der Entsendung in die Tschechoslowakei« innerhalb von zwei Tagen startklar seien. Aus der Reserve der europäischen Wehrkreise inclusive der von Wolga und Ural wurden 330 000 Mann einberufen, die Wehrkreise Belorußland, Kalinin, Kiew, Leningrad, Moskau und Charkow mobilisiert.
Insgesamt marschierten ein Panzerkorps (12 000 Mann, 660 Panzer, 118 Geschütze), 30 Schützen- und 10 Kavalleriedivisionen an der sowjetischen Westgrenze auf. Frankreich jedoch, von dessen Hilfe an die ČSR die sowjetische Hilfe laut Vertrag abhing, unternahm nichts, um 700 000 Sowjetsoldaten den Weg nach Osteuropa freizugeben.
Ein Jahr später, in jener Woche, in der Verteidigungsminister Woroschilow, Generalstabschef Schaposchnikow und Luftwaffenchef Loktionow hinhaltend mit den zweitrangigen Militärs Großbritanniens und Frankreichs verhandelten und Stalin nach der Weigerung Polens, sein Territorium der Roten Armee als Aufmarschgebiet zu überlassen,

den Pakt mit Hitler schloß, befreite Schukow in der fernen Mongolei Stalin und Rußland von der Gefahr eines Zweifrontenkrieges.
Rußlands größter Feldherr im 20. Jahrhundert war (wie Stalin) Sohn eines Dorfschusters. Er wurde am 1. 12. 1896 in einem Dorf im Gouvernement Kaluga, 200 Kilometer südwestlich Moskaus, geboren. Schukow besuchte eine Volksschule und erlernte das Kürschner-Handwerk; mit 16 Jahren war er Kürschnermeister.
Am 7. 8. 1915 wurde Schukow zur Kavallerie eingezogen. Seine erste Auszeichnung, ein St.-Georgs-Kreuz, bekam er als »Vize-Unteroffizier« für die Gefangennahme eines deutschen Offiziers am Dnestr.
Nach der durch die Revolutionen von 1917 erzwungenen Pause trat Schukow im August 1918 als Freiwilliger in das 4. Regiment der 1. Kavalleriedivision des Moskauer Wehrkreises und am 1. 3. 1919 in die Partei ein. Nach schwerer Verwundung im Herbst 1919 bei Zarizyn besuchte er seinen ersten Fortbildungskurs und wurde Zugführer. Schukow beendete den Bürgerkrieg als Kommandeur einer Schwadron.
Das Naturtalent, das sein Leben als 15facher Ordensinhaber und vierfacher Held der Sowjetunion beschloß, hatte nie eine Kriegsakademie besucht. Ein Kavalleriekurs 1920, Fortbildungskurse für das Kommandopersonal der Kavallerie 1925 und Kurse für das höhere Kommandopersonal 1930 waren alles, was sich Schukow an Theorie angeeignet hatte.
Trotzdem verlief seine Laufbahn in der Roten Armee steil nach oben: 1923 war er Regimentskommandeur, 1930 Brigadier, 1931 Gehilfe des Kavallerieinspekteurs Budjonny. Zum Gehilfen war der äußerst selbstbewußte Troupier, der 1929 seiner erstgeborenen Tochter den Vornamen Ära (Ära Schukowa – im russischen Genitiv »die Ära Schukows«) gab, wenig geeignet. 1933 Divisionär, kommandierte Schukow 1937 das 6. Kavalleriekorps der Kosaken. Sein Vorgänger Komdiw Gorjatschow, der 8. Richter im Tuchatschewski-Prozeß, wurde zum Komkor befördert, zum Vizechef des WK Kiew bestellt, in den Obersten Sowjet gewählt – und verschwand dann.
In jenem Jahr der Großen Säuberung hörte Stalin Schukows Namen beiläufig zum ersten Mal. Wie alle Kommandeure, wurde auch Schukow »routinemäßig« denunziert. Schukow schickte Protesttelegramme an Stalin und Woroschilow – Stalin überließ es dem Minister, über den Mann zu entscheiden.

Warum Woroschilow die Anweisung gab, Schukow zu schonen, ist nicht bekannt; der Kelch ging an ihm vorüber. Im Juli 1938 wurde er Vize-Befehlshaber des Sonderwehrkreises Belorußland für Kavallerie. Ein Jahr später schlug seine erste große Stunde.

Diesmal beschlossen die Japaner, die Rote Armee am Flusse Chalchin-Gol zu testen. Der Fluß war die Grenze zwischen der Mongolischen Volksrepublik (»Äußere Mongolei«), in der aufgrund eines »Protokolls über gegenseitige Hilfe« aus dem Jahre 1936 das 57. Sonderkorps der Roten Armee stationiert war, und der von den Japanern besetzten Mandschurei (»Kaiserreich Mandschukuo«).

Am 28. 5. 1939 setzten sich die Japaner mit 2500 Mann am (mongolischen) Westufer des Chalchin-Gol fest, mit Unterstützung durch Artillerie, Panzerwagen und Luftwaffe. Obwohl sie am nächsten Tag zurückgeworfen wurden, war Stalin entschlossen, den Japanern eine endgültige Lektion zu erteilen.

Wie immer, suchte er einen geeigneten Mann für einen Sonderauftrag. Woroschilow wußte niemanden. Timoschenko, in dem Stalin bereits Woroschilows Nachfolger sah, empfahl den »Korpskommandeur Schukow«. Befragt, wo dieser zu finden sei, wußte Timoschenko, der den Nachbarwehrkreis Kiew befehligte, keine Antwort.

Stalin besann sich auf den Namen: »Schukow . . . Da war doch was«. Woroschilow klärte Stalin auf, daß es in diesem Falle im Jahre 1937 »keine Begründung für die Heranziehung zur parteilichen Verantwortung« gab. So befahl Stalin, Schukow ausfindig zu machen.

Schukow, damals im Range eines Komdiw, befand sich am 1. 6. 1939 bei einer Übung im Gelände, als ihm der Befehl überbracht wurde, sofort nach Moskau zu reisen. Die Armeelegende besagt, er habe nur eine Frage gestellt: »Säbel mitnehmen?« Am Morgen des nächsten Tages war er bereits bei Woroschilow in Moskau, nachmittags flog er in den Fernen Osten, wo er drei Tage später eintraf.

Innerhalb eines Tages erkundete er die Lage, traf die Entscheidung zum Gegenschlag im Falle eines neuen japanischen Angriffs und löste seinen Vorgänger Komdiw Nikolai Feklenko ab. Als die Japaner am 2. 7. 1939 mit 38 000 Mann, 310 Geschützen und 225 Flugzeugen, aber mit nur 135 Panzern einen Berg am Westufer des Flusses besetzten, warf er einen Monat später, nach der für seine Arbeitsweise typischen gründlichsten Vorbereitung (Schukow überließ nichts dem Zufall), zum erstenmal in der Kriegsgeschichte 186 Panzer und 266

Panzerwagen mit Unterstützung von 82 Flugzeugen und 109 Geschützen für seine 12 500 Russen und Mongolen in die Schlacht.
Schukow wußte, daß seine Panzer gegen die über 100 Panzerabwehrgeschütze der Japaner schwere Verluste haben würden. Die Hälfte der Panzer brannte vor Schukows Augen aus, auf einem der Kampfabschnitte gingen 24 von 36 Panzern verloren. Aber er gewann die Schlacht. Die Reste der 210 000 Mann starken[2] japanischen Division, die an den Kämpfen teilgenommen hatte, mußten sich nach drei Tagen an das Ostufer des Chalchin-Gol zurückziehen.
Zwei weitere Angriffe zwischen dem 8. und 11. 7. sowie am 24./25. 7. wurden abgeschlagen. Nie wieder wagten sich die Japaner an das Westufer des Chalchin-Gol.
Am 31. 7. 1939 wurde Schukow zum Komkor befördert.
Bis zum 10. 8. zogen die Japaner ihre Truppen, verstärkt durch Teile der Armee ihres chinesischen Marionettenstaates Mandschukuo, zu der 6. Armee des Generals Rippei Ogisu[3] zusammen. Sie verfügten jetzt über 75 000 Mann, 500 Geschütze, 300 Flugzeuge und 182 Panzer. Ihr Angriff wurde bis zum 24. 8. erwartet. Auch Schukow, der genau wie Stalin in Moskau wußte, was auf dem Spiele stand, bekam Verstärkung. Seine Truppen nannten sich jetzt »1. Armeegruppe«. Dem Befehlshaber Schukow standen 57 000 Mann, 542 Geschütze und Granatwerfer, 498 Panzer, 385 Panzerwagen und 515 Flugzeuge zur Verfügung. Ein Jahrzehnt später bestätigte er, daß Stalin selbst im Zweiten Weltkrieg niemals so viele Flugzeuge in eine Schlacht werfen ließ[4].
Am 20. 8. gingen Schukows Truppen zum Angriff über. Die Mongolen unter dem Marschall der Mongolei Chorlogijn Tschoibalsan, warfen die Chinesen zurück – hier siegten die besseren Reiter. Während die Truppen Schukows im Süden bis zu 12 Kilometer weiterkamen, hielt das japanische Feuer den Vormarsch im Norden auf.
Hier bekam Schukow Schwierigkeiten mit dem Komandarm 2. Ranges Stern, Befehlshaber der 1. Armee im Transbaikal und Vorjahressieger über die Japaner, dazu noch ZK-Mitglied. Stern, dessen »1. Armee« für die Dauer der Kampfhandlungen zur »Transbaikalfront« erklärt wurde, sollte Schukows Gruppe unterstellt werden, falls es zu einem richtigen Krieg im Fernen Osten gekommen wäre, ansonsten war er angehalten, Schukows Armeegruppe, die unmittelbar Moskau unterstand, zu versorgen.

Nun erschien Stern bei Schukow und versuchte, ihn zur Einstellung der Offensive zu überreden. Schukow fragte Stern, ob er ihm befehlen oder nur einen Ratschlag erteilen wolle. Für den Befehl brauche er, Schukow, dies zwar schriftlich, Stern könne aber sicher sein, daß er sofort in Moskau protestieren würde, da er mitnichten die Offensive abbrechen wolle. Stern erklärte, daß er nur eine Empfehlung abgäbe, keinen schriftlichen Befehl. Schukow: »Dann bin ich mit nichts einverstanden. Hier befehle ich.« Stern ging, kam nach drei Stunden wieder und nahm seine »Empfehlung« zurück. (Schukow meinte später, Stern hätte sich in dieser Zeit »mit jemandem beraten«.)[5]
Am 23. 8. 1939, dem Tag der Unterzeichnung des Nichtangriffspaktes in Moskau, war die 6. Armee der Japaner in der Mongolei eingekesselt, bis zum Monatsende vernichtet. Die Japaner verloren an Toten, Verwundeten und Gefangenen insgesamt 61 000 Mann, 660 Flugzeuge wurden abgeschossen[6]. Die Rote Armee und die Mongolische Volksrevolutionäre Armee verloren 18 500 Mann an Toten und Verwundeten, außerdem 207 Flugzeuge.
Die Japaner unternahmen noch einen Versuch mit der frischen 2. Infanteriedivision am 4. und 8. 9. und mit Luftangriffen am 2., 4. und 14./15. 9. Dann gaben sie es auf.
Schukow, der sich nicht nur gegen die Japaner, sondern auch gegen Stern und, was noch wichtiger war, gegen den aus Moskau gesandten Vizeminister, Komandarm 1. Ranges Kulik, behaupten konnte – er erreichte sehr schnell Kuliks Rückberufung – blieb bis Ende Oktober an der Grenze, dann überwinterte er mit seinem Stab und der nachgekommenen Familie in der mongolischen Hauptstadt Ulan-Bator. Noch elf Jahre später sagte er: »Bis heute liebe ich diese Operation«[7].

21
Die Waffenmeister

Schukow siegte nicht nur kraft seiner Feldherrnkunst und der Kampfbereitschaft seiner russisch-mongolischen Armeegruppe, er siegte auch kraft seiner überlegenen Waffen. Über die japanischen Panzer bei Chalchin-Gol sagte er: »In Wirklichkeit besaßen die Japaner keine Panzer, die diesen Namen verdienten. In einem einzigen Gefecht hatten wir fast hundert japanische Panzer durch unsere Artillerie außer Gefecht gesetzt. Ohne Schaden ist aus diesem Gefecht nur ein Panzer des Gegners herausgekommen«.[1]

Im Jahre 1939 war die UdSSR zum drittgrößten Stahlproduzenten der Welt (hinter den USA und dem Deutschen Reich) und auf den zweiten Platz des Weltanteils der Industrieproduktion (18,5%) hinter den USA (32,2%) aufgerückt.

1939 wurden 25,6% des sowjetischen Budgets für die Armee und Rüstung aufgewendet, 1940 stiegen die Verteidigungsausgaben auf 32,6%, 1941 auf 43,4% des Gesamtetats – fast jeder zweite Rubel wurde in Moskau schon vor dem Tag des deutschen Überfalls für Waffen und Soldaten ausgegeben.

Das Korsett des einen Rüstungsministeriums war zu eng geworden. Wieder wurde der Krieg – diesmal der kommende Krieg – zum Vater aller Dinge. Die Struktur des großindustriellen Apparates der Weltmacht Sowjetunion von heute entstand am Vorabend des Zweiten Weltkrieges.

Am 11. 1. 1939 wurden die Hauptverwaltungen Flugzeugbau, Schiffsbau und Munitionsherstellung aus dem Ministerium für Verteidigungsindustrie ausgegliedert und zu selbständigen Ministerien erhoben. Der Rest war, in ein Rüstungsministerium umbenannt, für Panzer, Artillerie, Handfeuerwaffen etc. zuständig. Der bisherige Minister für Verteidigungsindustrie, Michail Kaganowitsch, wurde der erste sowjetische Flugzeugbauminister und im März Mitglied des ZK. Auch die Minister für Schiffsbau und Rüstung, Iwan Tewossjan und Boris Wannikow, wurden ZK-Mitglieder, der Munitionsminister I. P. Sergejew ZK-Kandidat.

Die Rüstungsindustrie wurde personell von der Verteidigungsbehörde getrennt. Die Zeiten, in denen Tuchatschewski eigene Raketeninstitute

unterhalten hatte, waren für immer vorbei. Dies war eine der wichtigsten Folgen der Großen Säuberung: Die strikte Trennung der Lieferanten und Produzenten von den Bestellern und Benutzern der Waffen. Militärs, die in die Rüstung gingen, gab es von da an in der UdSSR nie mehr (auch nicht nach der Pensionierung) – ganz anders als in den USA. Das einzige äußere Zeichen der Verbundenheit ist die Verleihung der Generalsränge an Waffenlieferanten.
Die Trennung wurde möglich, weil in der UdSSR am Ende der 30er Jahre eine neue Generation von Rüstungsfachleuten herangewachsen war. So, wie in der Armee der Fachmann vom Schlage des Artilleristen Woronow sich durchzusetzen begann, so nahm in der Rüstungsindustrie der ausgebildete Waffeningenieur den Platz des von der Armee zur Rüstung abgestellten Kommandeurs oder Kommissars ein.
Das Eigengewicht der Waffeningenieure wurde im Laufe der Jahrzehnte so stark, daß am Ende der Breschnew-Ära, im technischen Zeitalter, einer von ihnen, Dmitrij Ustinow, selbst zum Verteidigungsminister avancieren konnte. Am 24. 1. 1939 wurde das Ministerium für Schwerindustrie abgeschafft, ihre Hauptverwaltungen Brennstoffindustrie, Chemische Industrie, Hüttenindustrie, Buntmetallindustrie, Baustoffindustrie sowie Kraftwerke und Elektroindustrie wurden zu selbständigen Ministerien erhoben, das Brennstoffministerium schon am 10. 12. 1939 in ein Kohle- und ein Erdölministerium geteilt, ebenso das Ministerium für Kraftwerke und Elektroindustrie am 17. 4. 1940.
Das aus dem Ministerium für Schwerindustrie am 22. 8. 1937 hervorgegangene Ministerium für Maschinenbau wurde am 5. 2. 1939 ebenfalls dreigeteilt. Es zerfiel in die Ministerien für den Schweren, Mittleren und Allgemeinen Maschinenbau. Hinter den nichtssagenden Bezeichnungen verbargen und verbergen sich (einschließlich des wiedererstandenen Ministeriums für »Maschinenbau«) bis heute Wirtschaftszweige, die engstens mit der Rüstung zusammenhängen. So produzierte der »Schwermaschinenbau«, zu dem auch Transportmaschinenbau gehört, im Kriege Panzer, der »Allgemeine Maschinenbau« Granatwerfer, inklusive der legendären »Katjuscha«. Das Ministerium für »Mittleren Maschinenbau« ist bis heute für die Atomindustrie des militärischen Bedarfs zuständig.

Tabelle 13

Entwicklung der Wirtschaft aus der Rüstung:

Vorläufer:

Außerordentliche Kommission für die Versorgung der Roten Armee im Bürgerkrieg;
HV Rüstung im Obersten Volkswirtschaftsrat, HV Rüstung im Ministerium für Schwerindustrie und andere, 1939 zu Ministerien erhobene Hauptverwaltungen des am 8. 12. 1936 gegründeten Ministeriums für Verteidigungsindustrie.

Waffenhersteller: (ab 1939 Ministerien)

Flugzeugbau
Schiffsbau
Munition 1939–46
Panzer 1941–45
Werferwaffen 1941–46
Produktion der Nachrichtenmittel 1946–53 und seit 1974
Radioindustrie seit 1954
Maschinenbau und Apparatebau 1946–53, 1954–57,
Apparatebau und Automatisierungsmittel 1956/57,
Geräte (Apparate)bau, Automatisierungsmittel und Leitungssysteme seit 1959
Elektronik seit 1961

Militärbauwesen:

Bau von Kriegs- und Kriegsmarinebetrieben 1946–49
Montage- und Spezialbauwesen seit 1965
Transportbauwesen seit 1954

Zulieferer:

(Vorläufer: Ministerium für Schwerindustrie 1932–39, für Maschinenbau 1937–39)
Schwermaschinenbau 1939–53 und 1954–57
Transport- und Schwermaschinenbau 1953–54 und seit 1975
Für Schweren, Energetischen- und Transportmaschinenbau 1963–75
Transportmaschinenbau 1945–53 und 1954–57
Energetischer Maschinenbau seit 1975 (Bau von Kernkraftwerken)
Mittlerer Maschinenbau 1939–46 (anschließend der Bau der Atom- und der Wasserstoffbombe im Rahmen einer Kommission des Ministerrates) und seit 1953
Allgemeiner Maschinenbau 1939–41 (in ein Ministerium für Werferwaffen umgewandelt), 1955–57 und seit 1965

Werkzeug- und Instrumentenmaschinenbau 1941–53, 1954–57 und seit 1965
Maschinenbau 1956–57, 1963–65 und seit 1968
Bau von Bau- und Straßenbaumaschinen (seit 1963 auch Kommunalbaumaschinen) 1946–53, 1954–57 und seit 1963
Autoindustrie 1946–47, 1955–57 und seit 1965
Auto- und Traktorenindustrie 1947–53
Auto-, Traktoren- und Landmaschinenindustrie 1954–55, 1963–65
Traktoren- und Landmaschinenindustrie 1955–57 und seit 1965
Das Ministerium für Landmaschinenbau (Landwirtschaftsmaschinen), aus dem diese Ministerien hervorgingen, ist aus dem Munitionsministerium nach dem Kriege entstanden – so wie das Ministerium für Transportmaschinenbau aus dem Panzerministerium.

Ministerien des Maschinen- und Schwerindustriebauwesens:

Bau von Betrieben des Maschinenbaus 1949–53
Bau von Betrieben der Schwerindustrie 1946–53 und seit 1967
Industriebauwesen seit 1967

Rohstofflieferanten:

(Vorläufer: Hauptverwaltungen im Obersten Volkswirtschaftsrat und im Ministerium für Schwerindustrie)
Hüttenindustrie (Schwarzmetall) 1939–48, 1950–53, 1954–57 und seit 1965
Buntmetallindustrie 1939–48, 1950–53, 1954–57 und seit 1965
Metallurgische Industrie (Schwarz- und Buntmetall zusammen) 1948–50, 1954–57, 1961–65
Chemische Industrie seit 1939 (1963–64 Chemische- und Erdölindustrie), Gummiindustrie 1941–48
Baustoffindustrie 1939–57 und seit 1963
Elektro-, Elektrotechnische Industrie 1939–59 und seit 1962 (1939–40 und 1953–54 inklusive Kraftwerke). Daraus entwickelten sich die Radio- bzw. Radiotechnische Industrie, die Produktion der Nachrichtenmittel und die Elektronische Industrie.
Kohleindustrie 1939–57 und s. 1961 (1945–48 in Kohleindustrie der Ost- und Westgebiete geteilt)
Erdölindustrie 1939–57 und seit 1961 (1961–63 mit Kohle-, 1963–64 mit Chemischer Industrie, 1948–50 in Erdölindustrie der Süd- und West- und die der Ostgebiete geteilt). Dieses Ministerium befaßt sich seit 1964 nur mit Erdölförderung.
Erdölverarbeitende und petrochemische Industrie seit 1964
Chemischer- und Erdölmaschinenbau seit 1963
Gasindustrie seit 1963
Versorgung mit Erdölprodukten seit 1981 (Staatskomitee)

Bauwesen der Rohstoffministerien:

Bau von Betrieben der Brennstoffindustrie 1946–48
Bau von Betrieben der Kohleindustrie 1955–57
Bau von Betrieben der Erdölindustrie 1955–57, von Betrieben der Erdöl- und Gasindustrie seit 1972
Bau von Betrieben der Metallurgischen und Chemischen Industrie 1954–57
Bau von Kraftwerken 1954–57 und 1958–62

Sonderbehörden:

Ministerium für Medizinische Industrie 1946–48 und seit 1967
Ministerium für Bauwesen in Gebieten des Fernen Ostens und Transbaikals seit 1979

Wie teilweise auch im Westen, sind in der UdSSR so zivile Industriezweige wie der seit 1965 von einem Ministerium verwaltete »Maschinenbau für die Leicht-(Konsumgüter) und Nahrungsmittelindustrie sowie für Herstellung von Haushaltsgeräten« aus den »Abfällen« der Rüstung entstanden, ebenso wie das 1955 installierte Staatskomitee für (friedliche) Nutzung der Atomenergie
Der Ausforschung von wissenschaftlichen, technischen und sonstigen Kenntnissen des Auslandes sowie der Zusammentragung von Informationen dient ein besonderes Staatskomitee unter wechselnden Namen:

Für Einführung der neuen Technik in die Volkswirtschaft 1948–51,
Für neue Technik 1955–57,
Wissenschaftlich-technisches Komitee 1957–61,
Für Koordinierung der wissenschaftlichen Forschungsarbeiten 1961–65,
Für Wissenschaft und Technik seit 1965 – dessen Vorsitzender in der Regel ein Vizepremier ist.

Für die Leitung und Verwaltung des gigantischen Apparates, der schon vor dem Krieg mit fast allen seinen Verzweigungen entstanden war, brauchte man gebildete Fachleute. Und diese Menschen waren 1939 schon da.
81,2% der sowjetischen Bevölkerung konnten 1939 lesen und schreiben; 1897 waren es 28,4% gewesen. Jahr um Jahr spuckten die höheren technischen Lehranstalten immer mehr Ingenieure aus, die den Platz der »Amateure« vom Schlage des ersten Rüstungsministers Ruchimowitsch einnahmen.
Gemäß dem Stalin-Wort vor den Hochschulabsolventen der Roten

Armee am 4. 5. 1935: »Kader entscheiden alles . . . Das ist jetzt die Hauptsache«, wurde der ausgebildete Mensch in der Sowjetunion in den Mittelpunkt der Werbung durch Staat und Partei gestellt – paradox in einem Land, in dem das menschliche Leben seinen Wert sehr stark eingebüßt hatte.
Die auf den russischen Hochschulen ausgebildeten russischen Ingenieure, Söhne russischer Arbeiter und Bauern, besetzten alle Führungspositionen in dem 1939–41 entstandenen Hersteller- und Lieferantenteil des militärindustriellen Komplexes. Soweit sie nicht verstorben sind, sitzen sie auch heute noch auf den gleichen Stühlen, die sie nur als Staatspensionäre (»Personalpensionäre«, heißt es offiziell), zumeist aber erst der Biologie gehorchend, verlassen. Sie sind die stabilste Säule der Machtelite Moskaus, für die Nomenklaturvorschriften haben sie nicht einmal ein Lächeln übrig. Sie sind unentbehrlich und unantastbar.
Das waren sie, nach einer »Übergangsphase« 1939–41 auch schon für Stalin.
Mit den ersten Rüstungsbossen der Jahre 1939–41 hatte Stalin noch »experimentiert«. Der erste Schiffsbauminister Tewossjan, ein diplomierter Bauingenieur und (seit der Verhaftung seines Chefs Ruchimowitsch am 15. 10. 1937) 1. Vizeminister für Verteidigungsindustrie, wurde nach einem Jahr auf den ihm gemäßen Posten des Stahllieferanten – eines Ministers für Hüttenindustrie – versetzt, auf dem er 13 Jahre verblieb.
Der erste Flugzeugbauminister Michail Kaganowitsch verschwand, nach einer Abmahnung durch die 18. Parteikonferenz im Februar 1941 spurlos. Nach unbestätigten Gerüchten beging er Selbstmord. Auch der erste Munitionsminister I. P. Sergejew wurde auf der 18. Parteikonferenz abgemahnt; über sein Schicksal ist nichts bekannt. Der erste Rüstungsminister Boris Wannikow schließlich wurde Anfang 1941 nach einem Streit mit Marschall Kulik über die Notwendigkeit der Produktion von Granatwerfern in Haft genommen (Wannikow: »Ich dachte tagelang im Gefängnis darüber nach«[2]); sein Posten blieb unbesetzt. Anfang Juni 1941, unmittelbar vor Kriegsbeginn, wurde Wannikow nach Einspruch seines eben ernannten Nachfolgers Ustinow freigelassen, zu Ustinows Vize bestellt und im Jahr darauf zum Munitionsminister ernannt. Seitdem blieben die Rüstungsbosse unbehelligt. Ihre beiden wichtigsten Repräsentanten besetzten alle führenden Posi-

tionen der Sowjetwirtschaft mit den Männern ihres Anhangs und regierten – einer von ihnen regiert heute noch.
Die beiden bedeutendsten Rüstungsbosse der sowjetischen Geschichte, der Transportingenieur Wjatscheslaw Alexandrowitsch Malyschew und der Artillerieingenieur Dmitrij Fjodorowitsch Ustinow, Fritz Todts und Albert Speers eigentlicher Gegenspieler, seit 1976 der erste Techniker auf dem Posten des Verteidigungsministers in Moskau, erreichten im Laufe ihrer Karriere sowohl die Mitgliedschaft im Politbüro als auch die Position des Leiters der gesamten sowjetischen Wirtschaft.

Tabelle 14

Die Laufbahn Malyschews und Ustinows

W. A. MALYSCHEW (1902–1957), Russe

Lehrersohn, KP-Mitglied seit 1926.
1920–24 Höhere Lehranstalt für Eisenbahner in Welikije Luki
1924–26 Hilfslokführer, Lokführer
1926–27 Einberufung, Dienst in einem Pionierbataillon
1928–30 Diesellokführer
1930–34 Studium am Institut für Maschinenbau und Mechanik in Moskau, Dipl.-Ing.-Mechaniker
1934–38 Aufstieg im Lokwerk Kolomna vom Konstrukteur zum Chefingenieur, i. V. Direktor
1937 Wahl in den Obersten Sowjet der UdSSR
1938–39 Werksdirektor im Lokwerk Kolomna
Minister für Schwermaschinenbau 5. 2. 39 – 17. 4. 40
ZK-Mitglied seit 1939
Vizepremier 17. 4. 40–1944, 20. 12. 47 – 15. 3. 53, 21. 12. 53 – 24. 12. 56
Vorsitzender des Rates für Maschinenbau des Wirtschaftsrates beim Ministerrat seit 17. 4. 1940
Minister für Mittleren Maschinenbau 2. 10. 1940 – 11. 9. 41, 26. 6. 53 – 28. 2. 55
Minister für Panzerindustrie 11. 9. 41 – 14. 10. 45
Generalleutnant des ingenieurtechnischen Dienstes 5. 8. 1944
Generaloberst des ingenieurtechnischen Dienstes 1945
Minister für Transportmaschinenbau 14. 10. 45 – 20. 12. 47
Vorsitzender des Staatskomitees für Einführung der neuen Technik in die Volkswirtschaft 9. 1. 48–1949, für neue Technik 28. 2. 55 – 24. 12. 56
Minister für Schiffsbau 11. 1. 50–1952

ZK-Präsidiums-Mitglied 16. 10. 52 – 6. 3. 53 (Politbüromitglied)
Minister für Schwer- und Transportmaschinenbau 6. 3. – 26. 6. 53
Teilnahme an der Erprobung der ersten Wasserstoffbombe am 12. 8. 53
1. Vizevorsitzender der Staatlichen Wirtschaftskommission im Ministerrang, Leiter der Gesamtwirtschaft, Gruppe »A« (Produktionsindustrie) seit 24. 12. 56
»Held der Sozialistischen Arbeit« (5. 8. 44), 2 Stalinpreise, 4 Leninorden, Suworow-, Kutusow-Orden 1. Stufe. Beigesetzt an der Kremlmauer.

D. F. USTINOW (geb. 1908) Russe

Arbeitersohn, KP-Mitglied seit 1927
1927 Technische Berufsschule beendet
1927–29 Schlosser in einer Papierfabrik
1934 Militärmechanisches Institut Leningrad absolviert.
1934–37 Waffeningenieur, Ingenieur am Forschungsinstitut für Marineartillerie zu Leningrad
1937–38 Ingenieur-Konstrukteur, Leiter des Versuchsbüros, Vize-Chefkonstrukteur im Waffenwerk »Bolschewik«, Leningrad
1938–41 Direktor des Waffenwerkes »Bolschewik«
Rüstungsminister 9. 6. 41 – 14. 12. 1957
Generaloberst des artillerietechnischen Dienstes 1944
ZK-Mitglied seit 1952
Oberster Sowjet 1946–50 und seit 1954
Vizepremier 14. 12. 57 – 13. 3. 63
1. Vizepremier und Vorsitzender des Obersten Volkswirtschaftsrates der UdSSR (Leiter der Gesamtwirtschaft) 13. 3. 63 – 26. 3. 65
ZK-Sekretär der KPdSU (Oberaufsicht Rüstung) 26. 3. 65–1976
Politbürokandidat 1965–76
Politbüromitglied seit 1976
Verteidigungsminister seit 29. 4. 1976, zugleich zum Armeegeneral befördert
Marschall der Sowjetunion 30. 7. 1976
Zweifacher Held der Sozialistischen Arbeit (1942, 1961), Stalinpreis 1953, Held der Sowjetunion zum 70. Geburtstag 27. 10. 1978, 10 Leninorden, Suworow-, Kutusow-Orden 1. Stufe

Wie Malyschew kamen die meisten sowjetischen Rüstungsbosse von der Technischen Hochschule Moskau.
Die Kaderschmiede der technischen Elite Rußlands wurde 1830 als eine Handwerkerschule »zur Vorbereitung der qualifizierten Meister mit theoretischen Kenntnissen«[3] gegründet. 1868 zu einer »Kaiserlichen technischen Lehranstalt« erhoben (mit zunächst zwei Lehrstühlen

und zwar für Chemie und für Mechanik), wurde sie bis zum Ende des 19. Jahrhunderts zur führenden wissenschaftlich-methodischen Lehrstätte der Ingenieurausbildung, deren Merkmale die enge Verbindung des tiefen Eindringens in die Theorie mit den praktischen Übungen und dem selbständigen Experimentieren in den Labors waren. Goldmedaillen auf den Weltausstellungen in Philadelphia 1876 und in Paris 1900 waren der Lohn.

Seit 1917 firmiert die Schule als »Moskauer Technische Höhere Lehranstalt« (MWTU), in Rußland allgemein als »Baumanhochschule« bekannt – die MWTU trägt den Namen von Nikolai Bauman, eines 1905 in Moskau ermordeten Bolschewiken deutscher Herkunft.

Mit 78 Fakultäten, 16 Labors, 1800 Lehrern und 26 700 Studenten ist die MWTU immer noch eine der bedeutendsten Ausbildungsstätten für sowjetische Ingenieure.

Ihre Blüte erlebte die Schule 1930–43, als ihre Fakultas in selbständige Institute umgewandelt wurden. So war Malyschews Alma mater, die Fakultät für Mechanik, in ein »›Bauman‹-Institut für Mechanik und Maschinenbau« umbenannt worden. Aus den Fakultas der MWTU ist unter anderem die Akademie für Chemische Verteidigung der Roten Armee, aus ihren Labors unter anderem das Zentrale Aerohydrodynamische Institut (ZAGI), die Keimzelle der sowjetischen Weltraumfahrt, hervorgegangen. Natürlich ist auch die MWTU mit einem Orden des Roten Arbeitsbanners (1933) und mit dem Leninorden (1955) ausgezeichnet worden.

Viele der Rüstungsbosse kamen vom gleichen Abschlußjahrgang 1931 der TH Moskau. Untereinander tauschte diese Crew die Führungspositionen in den Rüstungsämtern aus. Die meisten der Waffeningenieure Malyschews und Ustinows sind durch das Ministerium für »Mittleren Maschinenbau« gegangen, das Rückgrat der Zulieferung für moderne Waffen.

Tabelle 15

Die Rüstungsmannschaft der UdSSR 1939–75

AKOPOW, S. A. (1899–1958), KP seit 1919, Armenier

TH Moskau 1931 abgeschlossen
Direktor des Uraler Maschinenbauwerkes in Swerdlowsk
Vizeminister Schwermaschinenbau unter Malyschew

Minister für Mittleren Maschinenbau 1941–46, Malyschews Nachfolger
Minister für Autoindustrie
Minister für Auto- und Traktorenindustrie
Vizeminister für Landmaschinenbau
Vizeminister für Maschinenbau
Minister für Maschinenbau
Minister für Auto-, Traktoren- und Landmaschinenbau, 1955 krankheitshalber pensioniert. 3 Leninorden, Kutusow-Orden 1. Stufe, Orden des Roten Sterns, des Roten Arbeitsbanners.

GOREMYKIN, P. I. (1902–1976), KP seit 1925, Russe

Schlosser
TH Moskau 1931 abgeschlossen
Vizeminister Rüstung 1939–41, 1951–55
Minister Munition 1941–42
Vizeminister Munition 1942–46
Minister für Landmaschinenbau
Minister für Allgemeinen Maschinenbau
Leiter des wissenschaftlich-technischen Rates im Ministerium für Werkzeug- und Instrumentenindustrie
Generalmajor des ingenieurtechnischen Dienstes
Leninorden, Orden des Roten Sterns, Kutusow-Orden 1. und 2. Stufe, 2 Orden des Roten Arbeitsbanners, Orden der Oktoberrevolution, Orden »Ehrenzeichen«.
Personalpensionär »der Unionsebene« (höchste Pension).

STEPANOW, S. A. (1903–1976), KP seit 1928, Russe

Arbeitersohn, Hilfsarbeiter
TH Moskau 1931 abgeschlossen
Kriegsmarineakademie Leningrad 1933 abgeschlossen
Im Lok-Werk Kolomna 1933–38 zum Chefkonstrukteur aufgestiegen (mit Malyschew zusammen)
Vizeminister Schwermaschinenbau
Vizeminister Panzerindustrie 1941–45
Vize-, 1. Vizeminister Transportmaschinenbau
Minister Landmaschinenbau
Minister Transportmaschinenbau
Vorsitzender des Volkswirtschaftsrates (SNCh) Swerdlowsk, dann des SNCh Südural
Vizechef des Staatsplanungskomitees (Gosplan) im Ministerrang
ZK-Kandidat 1952–61, ZK-Mitglied 1961–66

Stalinpreis 1951, 3 Leninorden, Kutusow-Orden 1. und 2. Stufe, 2 Orden des Roten Arbeitsbanners, »Ehrenzeichen«, Personalpensionär

GOREGLJAD, A. A. (geb. 1905), KP seit 1930, Belorusse

TH Moskau 1936 abgeschlossen
Vize-, 1. Vizeminister Panzerindustrie 1941–45
Direktor der Traktorenwerke in Stalingrad, Charkow und Kirow
Minister für Schiffsbau 1946–50
Direktor eines Werkes des Transport- und Schwermaschinenbaus
Vizeminister für Fluß- und Seeschiffahrt, für Seeschiffahrt
1. Vizechef des Staatskomitees für Arbeit und Löhne
1. Vizechef des Wissenschaftlich-Wirtschaftlichen Rates
Minister ohne Portefeuille
1. Vizechef des Gosplan
Mitglied der Zentralen Revisionskommission der KPdSU 1966–76
pensioniert 1973

AFANASSJEW, S. A. (geb. 1918), KP seit 1943, Russe

TH Moskau 1941 abgeschlossen
Leiter der Technischen Verwaltung im Rüstungsministerium
Vizeminister Rüstung 1941–55
Vize-, 1. Vizechef des SNCh Leningrad
Vorsitzender des Allrussischen SNCh, Vizepremier der RSFSR
Minister für Allgemeinen Maschinenbau seit 1965
ZK-Mitglied s. 1961

RJABIKOW, W. M. (1907–1974), KP seit 1925, Russe

Textilarbeiter
Kriegsmarineakademie Leningrad 1937 abgeschlossen
Ing.-Konstrukteur, Werksparteisekretär, Vizedirektor des »Bolschewik«-Waffenwerkes in Leningrad unter Ustinow
Vizeminister Rüstung 1939–40, 1946–51, 1. Vize 1940–46
Arbeit in der Kommission für Atomindustrie 1951–53
Vizeminister Mittlerer Maschinenbau 1953–55
Chef der HV Atomindustrie 1955–57, Vizechef 1957/58
Vizepremier der RSFSR
1. Vizechef des Gosplan im Ministerrang
1. Vizechef des Obersten SNCh im Ministerrang und 1. Vizechef des Gosplan seit 1965
Generalleutnant-Ing., Generaloberst-Ing. (1966)
ZK-Kandidat 1952–61, ZK-Mitglied seit 1961

Held der Sozialistischen Arbeit (1945), Stalinpreis 1951, 1953, 9 Leninorden, Rotbannerorden, Orden des Roten Sterns, Suworow-Orden 2. Stufe, Orden der Oktoberrevolution

SCHIGALIN, W. F. (geb. 1907), KP seit 1931, Russe

Sohn eines Angestellten
Mechanisches Institut Leningrad 1931 abgeschlossen
Chefingenieur, Werksdirektor des Werks »Roter Metallist« in Leningrad
Vize-, 1. Vizeminister für Schwermaschinenbau
Vize-, 1. Vizechef des SNCh Moskau-Stadt
1. Vizechef des SNCh der UdSSR
Minister für Schwer- und Transportmaschinenbau seit 1965
ZK-Kandidat 1961–64, seitdem ZK-Mitglied
3 Leninorden

SCHOKIN, A. I. (geb. 1909), KP seit 1936, Russe

Arbeitersohn, Schlosser, TH Moskau 1934 abgeschlossen
Als Ingenieur, Chefingenieur in der Verteidigungs- und Schiffsbauindustrie tätig
Vizeminister für Produktion der Nachrichtenmittel
Vize-, 1. Vizeminister Radiotechnik
1. Vizeminister Radioelektronik
Minister für Elektronik seit 1961
ZK-Kandidat 1961–66, seitdem ZK-Mitglied
Stalinpreis 1952, 1953, 6 Leninorden, 2 andere Orden, Held der Sozialistischen Arbeit (1975)

RUDNEW, K. N. (1911–1980), KP seit 1941, Russe

Lehrersohn, Elektromonteur
Mechanisches Institut Tula 1935 abgeschlossen
In der Verteidigungsindustrie tätig, Chef einer Hauptverwaltung
Vizeminister Rüstung 1952–58
Minister für Verteidigungsindustrie 1958–61
Vizepremier und Chef des Staatskomitees für Koordinierung der wissenschaftlichen Forschungsarbeiten 1961–65
Minister für Gerätebau, Automatisierungsmittel und Leitungssysteme seit 1965
ZK-Mitglied seit 1961
Held der Sozialistischen Arbeit (1961), 6 Leninorden, 2 Orden des Roten Arbeitsbanners, Orden des Vaterländischen Krieges 2. Stufe, Orden der Oktoberrevolution

KALMYKOW, W. D. (1908–1974), KP seit 1942, Russe

Angestelltensohn, Elektromonteur
Industrietechnikum in Rostow am Don in Abendkursen 1929 abgeschlossen, Meister und Abteilungsleiter im Werk »Moskabel« in Moskau, das Energetische Institut dort 1934 in Abendkursen abgeschlossen
Am Forschungsinstitut des Ministeriums für Schiffsbau vom Konstrukteur zum Institutsleiter aufgestiegen
Chef einer HV des Ministeriums für Schiffsbau
Vizechef der Kommission für Atomindustrie 1951–54
Minister für Radioindustrie seit 1954
ZK-Kandidat 1956–61, seitdem ZK-Mitglied
Stalinpreis 1948, 1952, Held der Sozialistischen Arbeit (1961), 7 Leninorden, Orden der Oktoberrevolution

NOSSENKO, I. I. (1902–1956), KP seit 1925, Ukrainer

Landarbeitersohn, Arbeiter am Schiffsbauwerk in Nikolajew
Schiffsbauinstitut in Nikolajew 1928 abgeschlossen
Vom Meister zum Chefkonstrukteur an der Werft in Nikolajew aufgestiegen, Chefingenieur in Leningrad, Werftdirektor
Vizeminister Schiffsbau
Minister Schiffsbau 1940–46, zugleich 1941–45 1. Vizeminister Panzerindustrie
Minister für Transportmaschinenbau
Minister für Schiffsbau 1952/53
1. Vizeminister Transport- und Schwermaschinenbau
Minister für Transport- und Schwermaschinenbau
Minister für Schiffsbau seit 1954
ZK-Kandidat seit 1941
Konteradmiral-Ing.
3 Leninorden, Nachimow-Orden 1. Stufe, Orden des Roten Sterns, 3 Orden des Roten Arbeitsbanners, »Ehrenzeichen«. Beigesetzt an der Kremlmauer

MAXARJOW, Ju. Je. (geb. 1903), KP seit 1921, Russe

Offizierssohn, Monteur, 1920–22 Bürgerkriegsteilnehmer, dann Schiffsheizer
Technologie-Institut in Leningrad 1930 abgeschlossen
Meister, Mechaniker, Vize-Chefingenieur, Direktor des Panzerwerks Charkow, erster Hersteller des »T-34«
1. Vizeminister Transportmaschinenbau
Minister Transportmaschinenbau
Vize- und Vorsitzender des Wissenschaftlich-technischen Komitees

Vorsitzender des Staatskomitees für Erfindungen und Entdeckungen 1961–78, anschließend pensioniert
ZK-Kandidat 1952–61
Held der Sozialistischen Arbeit (1943), Stalinpreis, 7 Leninorden, Orden der Oktoberrevolution, Suworow-Orden 1. Stufe, Kutusow-Orden 2. Stufe, 2 andere Orden.

PETROSJANZ, A. M. (geb. 1906), KP seit 1932, Armenier

Das Uraler Institut für Maschinenbau und Mechanik in Swerdlowsk 1933 abgeschlossen
Im Uraler Maschinenbauwerk zu Swerdlowsk tätig
Kollegiumsmitglied, Vizeminister Schwerindustrie
1. Vizeminister Werkzeugmaschinenbau
Vizeminister Panzerindustrie 1941–45
Im Ministerium für Mittleren Maschinenbau 1945–55
Vizeminister Mittlerer Maschinenbau 1955–62
Vorsitzender des Staatskomitees für (friedliche) Nutzung der Atomenergie seit 1962 (kein Regierungsmitglied)

SLAWSKI, Je. P. (geb. 1898), KP seit 1918, Ukrainer

Bauernsohn, Bergmann, 1918–28 in der Roten Armee, Moskauer Institut für Buntmetalle und Gold 1933 abgeschlossen
Ingenieur, Chefingenieur, Werksdirektor von Zink- und Aluwerken, Vizeminister Buntmetallindustrie
Vizechef der Kommission für Atomindustrie 1946–53
Vize-, 1. Vizeminister Mittlerer Maschinenbau, 1953–57
Minister für Mittleren Maschinenbau seit 1957
ZK-Mitglied seit 1961
Dreifacher Held der Sozialistischen Arbeit (1949, 1954, 1962),
8 Leninorden, Orden der Oktoberrevolution, Orden des Roten Arbeitsbanners, 2 Stalinpreise (1949, 1951)

NOWIKOW, W. N. (geb. 1907), KP seit 1936, Russe

Sohn eines Feldschers
Mechanisches Technikum Nowgorod 1928 abgeschlossen, seitdem bis 1955 in der Rüstungsindustrie tätig
Militärmechanisches Institut in Leningrad 1930/34 abgeschlossen (nach anderen Quellen das gleichnamige Institut in Ischewsk in Abendkursen nicht abgeschlossen)
In Ischewsk bis 1941 über Techniker, Konstrukteur, Laborchef, Technologen, Chefingenieur zum Werksdirektor aufgestiegen
Vizeminister Rüstung 1941–48, zugleich Direktor der Waffenwerke in

Ischewsk 1941–45 und des dortigen Metallwerkes 1942/43
Direktor des wissenschaftlichen Forschungsinstitutes der Rüstungsindustrie 1948–53
Chef einer HV des Ministeriums für Verteidigungsindustrie 1953–54
Vizeminister Verteidigungsindustrie 1954–55
1. Vizeminister Allgemeiner Maschinenbau
Vorsitzender des SNCh Leningrad
1. Vizepremier der RSFSR
Chef des Gosplan und Vizepremier der RSFSR
Chef des Gosplan und Vizepremier der UdSSR
Ständiger Vertreter der UdSSR im Comecon
Vorsitzender der Kommission für außenwirtschaftliche Fragen im Ministerrang des Präsidiums des Ministerrates
ZK-Mitglied 1961–81
Vizepremier 1965–80
Vorsitzender des Obersten Volkswirtschaftsrates 1965 als Nachfolger Ustinows
Sowjetischer Vertreter in der gemischten bundesdeutsch-sowjetischen Wirtschaftskommission
Im Obersten Sowjet 1937–46 und seit 1958, 1980 pensioniert
Held der Sozialistischen Arbeit (1942), 5 Leninorden, 4 andere Orden

Neben diesen 15 Industriekapitänen, deren Senior, der 84jährige Jefim Pawlowitsch Slawski, seit nunmehr 25 Jahren die sowjetische Kernwaffenindustrie leitet, gehörten zu der Crème des militärindustriellen Komplexes in Moskau vier Spezialisten:

BUTOMA, B. Je. (1907–1976), KP seit 1928, Russe

Schlosser, Metalldreher, Schiffsbauinstitut in Leningrad 1936 abgeschlossen, Dr. sc. techn., seitdem ununterbrochen im Schiffsbau tätig
Meister, Vize- und Chefingenieur, Werksdirektor, Leiter einer HV im Ministerium, Vizeminister, Kollegiumsmitglied im Ministerium für Transport- und Schwermaschinenbau. Minister für Schiffsbau seit 1957, ZK-Kandidat 1961–66, seitdem ZK-Mitglied, Held der Sozialistischen Arbeit (1959), Stalinpreis 1949, 5 Leninorden, 2 Orden des Roten Arbeitsbanners.
Butoma hatte vom Oberbefehlshaber der Kriegsmarine, Admiral Gorschkow, den Auftrag bekommen, ein gigantisches Flottenbauprogramm zu verwirklichen. Er und seine Mitarbeiter haben diese Aufgabe in Butomas 19 Amtsjahren hervorragend gelöst.

DEMENTJEW, P. W. (1907–1977), KP seit 1938, Russe

Sohn eines Landlehrers, Arbeiter, Technische Berufsschule, Institut für Mechanik in Moskau 1927–29, von dort auf die Luftwaffenakademie geschickt, nach dem Abschluß 1931 ununterbrochen im Flugzeugbau tätig. Chefingenieur am Forschungsinstitut der Zivilluftfahrt, Werksdirektor, 1. Vizeminister. Minister Flugzeugbau seit 1953, ZK-Kandidat 1952–56, seitdem ZK-Mitglied, Generaloberst-Ing. (1976), zweifacher Held der Sozialistischen Arbeit (1941, 1977), Stalinpreis 1953, 9 Leninorden, Rotbannerorden, Orden des Roten Sterns, Suworow-Orden 2. Stufe, Kutusow-Orden 1. Stufe, 2 Orden des Roten Arbeitsbanners.

SWEREW, S. A. (1912–1978), KP seit 1942, Russe

Arbeitersohn, Arbeiter in einem Werk, Institut für Feinmechanik und Optik in Leningrad 1936–40 abgeschlossen, seitdem ununterbrochen in der Rüstung tätig, Ingenieur-Konstrukteur, Chefingenieur, Vizedirektor eines Werks, Abteilungsleiter, Cheftechnologe, Hauptverwaltungsleiter, Vize- und 1. Vizeminister. Minister Verteidigungsindustrie seit 1963, ZK-Mitglied seit 1966, Held der Sozialistischen Arbeit (1972), Staatspreis 1971, Leninpreis 1976, 6 Leninorden, Orden des Roten Sterns, Orden des Vaterländischen Krieges 1. Stufe, 2 Orden des Roten Arbeitsbanners, »Ehrenzeichen«
Wie Butoma im Schiffsbau und Dementjew im Flugzeugbau, war Sergej Alexejewitsch Swerew für die in der Breschnew-Ära gestellte Aufgabe in der Rüstung verantwortlich, die USA in kürzest möglicher Zeit zu überholen und die UdSSR zur stärksten Militärmacht der Welt aufrücken zu lassen.

SMIRNOW, L. W. (geb. 1916), KP seit 1943, Russe

Arbeitersohn, Elektromonteur, seit 1937 in der Rüstung tätig, Industrie-Institut in Nowotscherkassk 1939 abgeschlossen, Ingenieur, Vize- und Chefenergetiker, Leiter einer Wärmeelektrozentrale, Werksdirektor, Direktor eines Forschungsinstituts, Chef einer Hauptverwaltung, Vizeminister. Minister Verteidigungsindustrie 1961–63, Vizepremier und Leiter der Militärindustriellen Kommission des Ministerrates seit 1963, ZK-Mitglied seit 1961, Held der Sozialistischen Arbeit (1961), Leninpreis 1960, 5 Leninorden, Orden des Roten Sterns, Orden des Roten Arbeitsbanners
Leonid Wassiljewitsch Smirnow ist Ustinows eigentlicher Erbe als Chef der sowjetischen Rüstung. Seine Aufgabe ist es, den militärindustriellen Komplex der Weltmacht Sowjetunion zu koordinieren und die Verbindungen zwischen den Militärs, Konstrukteuren, Wissenschaftlern und den Chefs der Rüstungszweige zu pflegen. In der Öffentlichkeit trat Smirnow nur einmal in Erscheinung: als Richard Nixon und Henry Kissinger 1979 ihre abschließenden Salt-I-Gespräche in Moskau führten. Neben dem Generalstabschef Ogarkow ist Smirnow der wichtigste Mann des militärindustriellen Komplexes.

Vier Mann in der Gruppe der zwei Dutzend Sowjet-Aufrüster fielen durch ihre Laufbahn aus dem Rahmen und bestätigten damit als Ausnahme die Regel. Dazu gehörte auch Boris Lwowitsch Wannikow, der »Vater« der sowjetischen Atombombe.

WANNIKOW, B. L. (1897–1962), KP seit 1919, Russe

Arbeitersohn, freiwilliger Bürgerkriegsteilnehmer, neben der Arbeit in Stalins Kontrollministerium nach der Demobilisierung Studium an der TH Moskau bis 1926, kein Abschluß, Direktor der Waffenwerke in Tula und Perm, Vizeminister Verteidigungsindustrie 1937/39, Rüstungsminister 1939–41, Vize-Rüstungsminister 1941–42, Munitionsminister 1942–46, Leiter des sowjetischen Projekts für den Bau der Atom- und der Wasserstoffbombe, erfolgreiche Zündungen 1949 und 1953, Chef der Kommission für Atomindustrie 1946–53, 1. Vizeminister Mittlerer Maschinenbau 1953–58, aus Gesundheitsgründen a. D., ZK-Mitglied 1939–61, Generaloberst des ingenieurartilleristischen Dienstes (1944), dreifacher Held der Sozialistischen Arbeit (1942, 1949, 1954), 6 Leninorden, Suworow-, Kutusow-Orden 1. Stufe. Beigesetzt an der Kremlmauer

CHRUNITSCHEW, M. W. (1901–1961), KP seit 1921, Russe

Bergmannssohn, Arbeiter, Armee-, dann Miliz(Polizei-)dienst, Arbeit in der Wirtschaft, daneben Studium an der Ukrainischen Industrieakademie und an dem Unionsinstitut für Wirtschaftler, kein Abschluß. Seit 1932 in der Rüstung: Vize- und Werksdirektor, Vizeminister Verteidigungsindustrie 1938–39, Vizeminister Flugzeugbau 1939–42, 1. Vizeminister Munitionsherstellung 1942–46, Minister für Flugzeugbau 1946–53, 1. Vizeminister Mittlerer Maschinenbau 1953–55, Vizepremier 1955–56 und 1961, Vizechef der Staatlichen Wirtschaftskommission, 1. Vizechef des Gosplan im Ministerrang, Vorsitzender des Staatskomitees für Koordinierung der wissenschaftlichen Forschung 1961, ZK-Mitglied seit 1952, Generalleutnant des ingenieurtechnischen Dienstes (1944), 2 Stalinpreise, 7 Leninorden, 2 andere Orden. Beigesetzt an der Kremlmauer

PARSCHIN, P. I. (1899–1970), KP seit 1928, Russe

Sohn eines Eisenbahnarbeiters, Eisenbahnarbeiter, keinerlei Ausbildung, im Werk »Gosmetr« in Leningrad (Herstellung von Waagen und Gewichten) vom Schlosser zum Direktor aufgestiegen, Vize-Minister für Maschinenbau 1938–39, Minister Allgemeiner Maschinenbau 1939–41, Minister für Werferwaffen 1941–46, Minister für Maschinen- und Apparatebau 1946–53, 1954–1957, ZK-Kandidat 1952–56, Generaloberst des ingenieurtechnischen Dienstes (1944), Stalinpreis 1. Stufe, 5 Leninorden, Kutusow-Orden 1. Stufe, Orden des Roten Arbeitsbanners

KASAKOW, N. S. (1900–1970), KP seit 1923, Russe

Arbeitersohn, Freiwilliger des Bürgerkrieges, Parteiarbeit, Institut abgeschlossen (wo und welches, ist unbekannt), Ingenieur, Werksdirektor, Minister für Schwermaschinenbau 1941–53, Vizeminister Schwermaschinenbau, Vorsitzender des SNCh Orenburg, Vizeminister Schwermaschinenbau, Vizechef des wissenschaftlich-technischen Rates des Ministeriums für Schweren, Energetischen und Transportmaschinenbau nach der Pensionierung 1966, Personalpensionär der Unionsebene, ZK-Kandidat 1952–56, 4 Leninorden, Orden des Roten Sterns, Orden des Roten Arbeitsbanners

Ein Mann in dieser Gruppe fiel ebenfalls vollkommen aus dem Rahmen der üblichen Laufbahn: der Ingenieur und Staatspolizist, Städtebauer und Sklavenhalter Sawenjagin.

SAWENJAGIN, A. P. (1901–1956), KP seit 1917, Russe

Lokführersohn, Partei- und Kommissartätigkeit seit 1918, Chef der Politabteilung einer Division im Bürgerkrieg, Bergakademie 1930 absolviert, Direktor des Staatsinstituts für Projektierung von Werken der Hüttenindustrie, Vizechef der HV Metallindustrie des Obersten Volkswirtschaftsrates, Erbauer der Werke von Magnitogorsk (Eisen- und Stahlkombinat) und Norilsk (Buntmetallkombinat), 1. Vizeminister Schwerindustrie 1937, Vizechef der Staatspolizei NKWD 1941–50, in der Kommission für Atomindustrie 1950–53, Vizeminister Mittlerer Maschinenbau 1953/54, Vizepremier und Minister für Mittleren Maschinenbau seit 1955, ZK-Kandidat 1934–39, ZK-Mitglied 1956, im Obersten Sowjet 1937–50, Held der Sozialistischen Arbeit 1949 und 1954. Wie Wannikow, Slawski und der Atombombenentwerfer Igor Kurtschatow, bekam Sawenjagin den am 27. 12. 1938 gestifteten, mit dem Leninorden gekoppelten höchsten Ehrentitel für friedliche Arbeitsleistungen (dessen erster Träger Iossif Wissarionowitsch Stalin selbst war) für die erfolgreiche Zündung der Atom- und der Wasserstoffbombe. 6 Leninorden, Beisetzung an der Kremlmauer

Im Vergleich zu den Laufbahnen der 25 wichtigsten Rüstungsprofis aus den Mannschaften Malyschews und Ustinows, nehmen sich die Karrieren von Ordschonikidse und Ruchimowitsch, des wichtigsten Industriekapitäns und des wichtigsten Rüstungsbosses der Zeit vor der Großen Säuberung, als die Profis noch in der Ausbildung waren oder ihre Ausbildung gerade abschlossen, bunter, aber eben auch dilettantischer aus. Die Große Säuberung bewirkte eine schnellere Ablösung der Amateure der Rüstung durch die Professionals als es sonst möglich gewesen wäre: Weder Ordschonikidse noch Ruchimowitsch waren 1937 pensionsreif. Dies ist das brutale, aber unverkennbare Ergebnis von Stalins blutigster Aktion.

ORDSCHONIKIDSE, G. K. (1886–1937), KP seit 1903, Georgier

Adliger, vier Jahre Ausbildung als Feldscher, Berufsrevolutionär, Emigrant in Persien, Schüler an Lenins Parteischule in Lonjumeau bei Paris, Verbannungen, Fluchtversuche, illegale Parteiarbeit, Teilnehmer der Oktoberrevolution in Petrograd 1917. Nach der Revolution Außerordentlicher Kommissar für die Ukraine, für den Süden Rußlands, Vorsitzender des Verteidigungsrates Nordkaukasus, Kriegsrat der 16., dann der 14. Armee, der Kaukasischen Front. Vorsitzender des Nordkaukasischen Revolutionskomitees und des Büros für die Wiedererrichtung der Sowjetmacht im Nordkaukasus, des Kaukasischen Büros des ZK der Partei, Regionalparteichef Transkaukasus, Nordkaukasus, Mitglied des Revolutionären Kriegsrates der UdSSR, Oberbefehlshaber des Kaukasischen Sonderheeres, Kriegsminister der Transkaukasischen Föderativen Republik, Oberster Partei- und Staatskontrolleur, Vizechef des Rates für Arbeit und Verteidigung (STO), Vizechef des Obersten Volkswirtschaftsrates, Bevollmächtigter des Zentralen Exekutivkomitees für Bevorratung von Getreide, Vizepremier, Mitglied der Preiskommission der Regierung, Vorsitzender des Obersten Volkswirtschaftsrates 1930–32, Minister für Schwerindustrie seit 1932, 1. Vizepremier seit 1935, ZK-Mitglied 1912–17, 1921–27 und seit 1934, Politbürokandidat 1926–30, Politbüromitglied seit 1930. Leninorden (1935), Orden des Roten Arbeitsbanners, ein weiterer Orden, vertuschter Selbstmord am 18. 2. 1937, Beisetzung an der Kremlmauer

RUCHIMOWITSCH, M. L. (1889–1938), KP seit 1913, Jude

Sohn eines Schlossers, seit 1904 in der sozialdemokratischen Bewegung, 1906–09 Emigration, 1911–14 Studium am Technologischen Institut in Charkow, nicht abgeschlossen, 1914–17 Armeedienst, Vorsitzender des Revolutionskomitees und des Stabes der Roten Garde in Charkow, Kommissar der Sowjetrepublik vom Don und Kriwoi Rog, Kriegskommissar der Zentralverwaltung Versorgung der Roten Armee, Mitglied der ukrainischen Regierung, Kriegsrat der Richtung Sumy, der 42. Division, der 14. Armee, Leiter der Kommunalverwaltung des Gouvernements Donez, der Stadtverwaltung von Bachmut, Verwalter des Trusts »Donugol« (Donkohle), Vorsitzender des Ukrainischen Obersten Volkswirtschaftsrates, Vizechef des Obersten Volkswirtschaftsrates der UdSSR, Verkehrsminister, Chef des Trusts »Kusbassugol« (Kusnezkkohle), Vizeminister Schwerindustrie 1934–36, Minister für Verteidigungsindustrie 1936/37, ZK-Mitglied seit 1924, Leninorden, Rotbannerorden, verhaftet 1937 (vermutlich im Oktober), erschossen am 29. 8. 1938

Die Mannschaft Malyschews und Ustinows, die 1937–41 den Platz der liquidierten Mitarbeiter von Ordschonikidse und Ruchimowitsch eingenommen hatte, wurde zur kontinuierlichsten, beharrlichsten Gruppe des sowjetischen Establishments. Partei- und Regierungschefs kamen und gingen, unzählige Parteisekretäre stiegen und fielen – die Rüstungsprofis blieben.

In den 60er Jahren besetzten sie fast alle führenden Wirtschaftspositionen, in den 70er Jahren rückten sie zu der einflußreichsten Pressuregroup in Moskau auf. Ohne sie läuft in der UdSSR nichts mehr, keine politische Entscheidung wird im Politbüro gefällt, bevor man nicht ihre Empfehlung und ihren Rat einholt.

Das infolge des deutschen Überfalls ins überdimensionale gesteigerte Sicherheitsbedürfnis, gepaart mit der im Kriege erworbenen Überzeugung, daß man die besseren Waffen besitze, weil man die besseren Waffenentwerfer und -hersteller habe, sind ihre durchschlagendsten Argumente, die selten ihre Wirkung auf die politische Führung verfehlen.

Erst Nikita Chruschtschow begann Anfang der 60er Jahre mit dem Versuch, die Macht der »Eisenfresser« zu brechen. Seitdem sie selbst den Parteichef 1964 zu stürzen vermochten, sind sie obenauf und mischen kräftig mit. Ihre Argumente sind eben die besseren Waffen – die besseren Waffen Rußlands, wie es der Zweite Weltkrieg bewies.

In der Tat erwies sich Ustinows Kampfmaschine am Ende der Albert Speers überlegen.

Die russischen Waffen waren plumper und häßlicher als die deutschen (außerdem wurden sie nie gereinigt – »Waffenreinigung erst vor der Siegesparade« hieß die Devise), dafür aber – naturgemäß – kältebeständiger und weniger anfällig. Die deutsche MP hatte 32 Schuß und ein gefälliges, handliches Magazin, dafür war sie aber bereits bei 20 Grad Kälte eingefroren. Die russische MP war zwar schwer und hatte eine häßliche Trommel, aber mit 71 Schuß. Sie schoß auch bei 40 Grad Minus.

Dasselbe läßt sich auch vom Granatwerfer sagen, vor allem aber von der unvergleichlichen »Katjuscha«-Werferwaffe, der »Stalinorgel«, die dem deutschen »Nebelwerfer«[4] überlegen war. Für die MP- und Stalinorgel-Produktion war Ustinow, für die Granatwerfer Parschin zuständig.

Am besten aber haben sich die mittleren und schweren Panzer be-

währt. Der »T-34« Koschkins erwies sich als der beste Panzer des Krieges. Aber auch die schweren Panzer »KW« (Klim Woroschilow) und »IS« (Iossif Stalin) Kotins waren den deutschen überlegen. Insgesamt lieferten Malyschews Panzerbauer 90 000 Panzer und Panzerwagen an die Fronttruppen.
Die Flugzeugindustrie hatte weniger Glück.
Luftwaffe und Luftabwehr waren dann auch die Schwachstellen, die Stalins Zorn mit Todesfolgen nach sich zogen, als die Bewährung des großen Krieges kam. In einem Land, in dem die höchste Auszeichnung, jener Ehrentitel »Held der Sowjetunion«, der am 16. 4. 1934 – gekoppelt mit der Verleihung des Leninordens – geschaffen wurde, um 7 Flieger zu ehren, die 101 Schiffbrüchigen samt einem neugeborenen Kind von einer Eisscholle retteten, war die Fliegerei eben etwas besonders Heldenhaftes – um so wütender war Stalin, als die Luftwaffe und Luftabwehr zu Kriegsbeginn versagten.
Die Gründe dafür lagen natürlich bei Stalin selbst. Dies zeigte sich, als die geschwächte Rote Armee mit ihren demoralisierten, von Mechlis' Kommissaren kujonierten Kommandeuren in die Katastrophe des Finnlandkrieges hineinschlitterte.

22
Finnland und die Folgen

Zu Beginn des Jahres 1939 schien sich die Lage der Roten Armee gebessert zu haben. Der Säuberer Jeschow war verschwunden.
Am 8. 4. 1938 in Personalunion zum Minister für Wassertransport ernannt (er sollte die von seinen Sklaven erbauten Kanäle verwalten), mußte Jeschow fortan die Macht im NKWD mit seinem neuen Stellvertreter Lawrentij Berija teilen. Der aus dem georgischen Tbilissi (bis 1936: Tiflis) nach Moskau versetzte Berija wurde am 20. 7. 1938 Jeschows Vize und im November des gleichen Jahres zum »Kommissar der Staatssicherheit 1. Ranges« befördert. Am 8. 12. 1938 löste er Jeschow als Chef der Staatspolizei NKWD ab, auf dem XVIII. Parteitag im März 1939 wurde Berija Politbürokandidat. Jeschow (seit Oktober 1937 Politbürokandidat) wurde »entsprechend seiner Bitte« – eine einmalige Begründung – von seinem blutigen Handwerk befreit. Sein Wassertransportministerium wurde am 9. 4. 1939 zweigeteilt, sein Name gelöscht. Stalins Kommentar gegenüber dem Flugzeugkonstrukteur Jakowlew: »Wir haben ihn erschossen.«
»Der große Polizeireformator«[1] Berija beseitigte den Schrecken nicht – er institutionalisierte ihn. Es ging etwas geregelter, wenn auch nicht gesetzmäßiger zu, einige Tausend Leute wurden sogar unter Schweigeauflage freigelassen.
Jeschows Mitarbeiter, darunter der furchtbare Erinowski, zuletzt Kriegsmarineminister, und der Ex-GULag-Chef Matwej Berman, zuletzt Postminister, verschwanden spurlos (Berman wie üblich samt seinen Brüdern Jakow und Boris, auch Mitarbeitern der »Organe«).
Berijas Mannschaft, die fast ausschließlich aus den von ihm mitgebrachten Georgiern bestand, zog in das Lubjanka-Gebäude ein, an dessen Stirnseite nun nach den Porträts Dserschinskis, Menschinskis, Jagodas und Jeschows das kneiferbewehrte Konterfei des 40jährigen Abchasiers auf den Dserschinski-Platz herabblickte. Am 31. 1. 1941 wurde er »Generalkommissar der Staatssicherheit«.
Die wichtigste Neuerung in der Rüstung, die Berija einführte, war die Errichtung von Gelehrtengefängnissen (»geschlossenen Konstruktionsbüros«), die Alexandr Solschenizyn in seinem »Ersten Kreis der Hölle« (eigentlich: »Im ersten Kreis«) so kongenial verewigte.

Aus allen Teilen des GULag-Reiches wurden Flugzeugbauer, Schiffsbauer, Waffenbauer etc. in Moskau zusammengezogen. So wurde der spätere Konstrukteur der ersten sowjetischen Weltraumschiffe, Sergej Koroljow (dessen Ehe durch die Haft zerbrach), ein Absolvent der TH Moskau von 1930, seit 4. 12. 1935 Vizechef der HV Flugzeugindustrie und Direktor des »Werks Nr. 26« (Tarnbezeichnung für ein Konstruktionsbüro), aus dem sibirischen Kolyma herausgeholt, wo er für Stalin Gold schürfte.
Der »Patriarch« der russischen Flugzeugbauer, der 52jährige Andrej Tupolew, ein Absolvent der TH Moskau von 1918, seit 4. 12. 1935 der 1. Vizechef der HV Flugzeugindustrie (dessen Frau Julija ebenfalls in Haft war), wurde aus dem Butyrka-Gefängnis herausgeholt. Er war dort wegen Vergehens nach § 58 (Landesverrat: Verkauf des Entwurfs über die »TU-2« an Willy Messerschmitt, der daraus angeblich seine »Me-110« kreierte – in Wirklichkeit hatte Tupolew Messerschmitt kopiert) angeklagt. In seiner Einzelzelle Nr. 58 hatte er seinen 58. Entwurf angefertigt. Nach und nach füllte sich seine Crew bis zu einem Bestand von 102 Mann auf.
Auch Wladimir Petljakow, Absolvent der TH Moskau von 1922 und seit 1921 Tupolews engster Mitarbeiter, der den ersten Fernbomber mit vier Motoren und den Sturzbomber »Pe-2« konzipiert hatte, gehörte dazu, ebenso Wladimir Mjassischtschew, Absolvent der TH Moskau von 1926, Tupolews und Petljakows Tragflächenkonstrukteur.
Von den bekannten Konstrukteuren der Roten Luftwaffe waren überhaupt nur Artjom Mikojan frei, der durch seinen Bruder Anastas, einem Politbüromitglied, gedeckt war, außerdem Alexandr Jakowlew, Stalins Referent für den Flugzeugbau und Sergej Iljuschin. Alle drei waren in der Partei – während etwa Koroljow erst 1953, nach Stalins Tod, und Tupolew überhaupt nicht Parteimitglieder wurden. Verschont blieb auch der parteilose Mikojan-Mitstreiter Michail Gurewitsch, einer der wenigen jüdischen Flugzeugbauer, der bei den ersten gemeinsamen »MiG«-Projekten für Mikojan unentbehrlich war (erst die »MiG-19« war Original-Mikojan).
Insgesamt dürften 1938–1941 etwa 400–500 Mann der technischen Elite Rußlands eingesessen haben. Nun ist es ein Irrtum zu glauben, eine Diktatur sei nicht imstande, schöpferische Kräfte freizusetzen – aber eben nur in der relativen Freiheit jenseits der Gitterstäbe. Die vorher hochbezahlten Spezialisten, denen nunmehr neben dem Essen

und Trinken die Haftentlassung als Preis für ihre Mühe winkte, produzierten nicht unbedingt das Beste – sonst wären sie nicht unmittelbar nach Kriegsbeginn freigelassen worden.
Das besondere Interesse Stalins für die Luftwaffe, das von Berija als dem Einrichter der Gelehrtengefängnisse notgedrungen geteilt wurde, schuf einen weiteren Unsicherheitsfaktor. Der am 22. 2. 1938 zum Komandarm 2. Ranges beförderte Komkor Loktionow, Alxnis' Nachfolger – eigentlich kein Mann vom Fach – wurde im September 1939 nach dem verlorenen Krieg in Spanien und den Erfolgen von Hermann Görings Luftwaffe in Polen abgelöst. Im November 1939 wurde Komkor Smuschkewitsch, der sich im spanischen Bürgerkrieg und bei Chalchin-Gol bewährt hatte, sein Nachfolger. Smuschkewitsch blieb nur ein Dreivierteljahr im Amt (bei Loktionow waren es noch 21 Monate gewesen), schon im August 1940 wurde das am 4. 4. 1940 zum Komandarm 2. Ranges, am 5. 6. 1940 zum Generalleutnant d. L. beförderte Fliegerass zum Generalinspekteur der Luftwaffe, im Dezember des gleichen Jahres zum Gehilfen des Generalstabschefs Merezkow für die Luftwaffe bestellt. Smuschkewitschs Nachfolger als Luftwaffenchef und (ab 10. 3. 1941) Vizeminister für Verteidigung wurde Generalleutnant d. L. Rytschagow, der vier Jahre zuvor noch Oberleutnant gewesen war.
Das konnte natürlich nicht gutgehen – Rytschagow wurde schon im April 1941 abgelöst, nach acht Monaten im Amt. Auch sein Nachfolger, Generalleutnant d. L. Pawel Schigarjow, bekleidete diesen Posten nur bis Februar 1942.
Die drei 1936/37 gegründeten Luftarmeen zur besonderen Verwendung, deren Stäbe in Moskau, Woronesch und Rostow am Don stationiert waren, wurden im Juni 1938 aufgelöst. Erst 1940 wurde mit dem Aufbau einer Fernluftwaffe aus den Beständen der z. b. V.-Armeen begonnen.
Die dem Oberkommando unterstellte Fernluftwaffe wurde aufgrund des Mangels an Bombern und Sturmflugzeugen zu Beginn des Krieges überwiegend an der Front eingesetzt.
Auch der Aufbau der Panzerwaffe war großen Schwankungen unterworfen. Pawlow, Nachfolger des liquidierten Chalepski, löste die 1936 gegründeten vier mechanisierten Korps (seit 1938: Panzerkorps) 1939 wieder auf. Damit zog er falsche Schlüsse aus der spanischen Erfahrung, wo wegen Mangels an Panzern nur Panzerregimenter und -briga-

den verwendet worden waren. Auch überschätzten Pawlow und der Artilleriechef Kulik die Möglichkeiten der Panzerabwehrwaffen.
Die Entscheidung, den »T-34« (30,9 t Gewicht, 4 Mann, eine 76-mm-Kanone, zwei 7,62 mm-MG's, 55 km Geschwindigkeit, Motorleistung 368 PS, Panzerung 45–52 mm) in den Dienst zu stellen, fiel am 19. 12. 1939. Aber erst im März 1940 fuhr der schwerkranke Konstrukteur Koschkin einen der beiden ersten Tanks persönlich nach Moskau, wo sie am 17. 3. 1940 am Iwanowplatz im Kreml von Stalin, Malyschew, dem Minister für Mittleren Maschinenbau Iwan Lichatschow, und dem Generalleutnant (Pz) Jakow Fedorenko, Pawlows Nachfolger als Chef der Panzertruppen, abgenommen wurden.
Im Juni 1940 ordnete Stalin die Herstellung von 600 Tanks bis zum Jahresende an, fertig wurden nur 115. Am 26. 9. 1940 starb Koschkin in der Nähe seiner Schöpfung im Werkssanatorium. Unmittelbar darauf, am 2. 10., wurde Minister Lichatschow wieder auf seinen alten Posten als Direktor vom Moskauer Autowerk »SIS« (Stalinwerk, heute »SIL«, Lichatschow-Werk), den er seit 1926 innehatte, versetzt. Malyschew wurde sein Nachfolger.
Die Serienherstellung des neuen Panzers erwies sich als außerordentlich schwierig. Ständige Reibereien mit den Militärs, mit den Arbeitern (denen vorgeworfen wurde, ihre Hände seien für die neue Maschine »nicht feinfühlig« genug«), mit den Schweißern und natürlich mit Stalin, kosteten Malyschew, seinem engsten Mitarbeiter Goregljad und dem Werksdirektor Maxarjow schlaflose Nächte und viele Ängste.
Im ersten Halbjahr 1941 wurden weitere 1100 »T-34« hergestellt.
So standen zu Kriegsbeginn am 22. 6. 1941 von insgesamt 1861 mittleren und schweren Panzern 967 »T-34« und 508 von Kotins schweren (in Finnland bereits erprobten) »KW« in den Grenzkreisen – gegen 5639 Panzer und Sturmgeschütze der Deutschen.
Der Bau der Werferwaffe »Katjuscha« wurde nach dem, wahrscheinlich gewaltsamen, Tod ihres Erfinders Langemak im Jahre 1938 auf Kuliks Anordnung hin ganz eingestellt. So nutzten zunächst die Fachleute an der Spitze der Rüstungsministerien nicht so viel, wie man hätte erwarten können, zumal sie unter entsetzlichem Druck Stalins lebten. Viele von ihnen wurden noch nach Stalins Tod zu seinen Opfern, als der Druck nachließ, starben sie. Der frühe Tod Malyschews (akute Leukämie) mit 54, Tewossjans (Magenkrebs) mit 56, Akopows mit 59, Nossenkos (dessen Name aus den sowjetischen Nachschlagewerken

gestrichen ist, obwohl eine der größten Schiffswerften der UdSSR in Nossenkos Heimatstadt Nikolajew seinen Namen trägt, weil sein Sohn Jurij, ein Offizier des Geheimdienstes, 1964 in der Schweiz die Fronten wechselte) mit 54, Lichatschows mit 60, Sawenjagins mit 55, Chrunitschews mit 59, Wannikows nach vierjähriger Krankheit mit 64, des Tewossjan-Nachfolgers Anatolij Kusmin mit 50 und des Ministers für Werkzeugmaschinenbau Alexandr Jefremow mit 47 Jahren, ist nicht zufällig. Nicht jeder von ihnen hatte Ustinows eiserne Nerven und Durchhaltevermögen, um noch Jahrzehnte nach Stalins Tod zu höchsten Ämtern aufsteigen zu können.
Anschaulich berichtet der deutschstämmige Sowjetschriftsteller Alexander Bek in seinem nur im Westen veröffentlichten Schlüsselroman »Die Ernennung« über das Dilemma des Stahllieferanten Tewossjan, in seinem Amt als Minister für Hüttenindustrie für einen Fachkollegen eintreten zu müssen und dafür bei Stalin Kopf und Kragen zu riskieren oder eben nicht (Tewossjan entschied sich, wie fast alle in jener Zeit, für das letzte). Tewossjan wird dort als »Onissimow«, sein Freund und Landsmann Anastas Mikojan als »Tewossjan« vorgestellt. »Onissimow« des Romans ist nach Stalins Tod ein gebrochener Mann. In der Tat konnte Stalin Tewossjan sogar zwingen, seinen armenischen Namen »Owanes Tewadrossowitsch« als »zu unverständlich für russische Ohren« in »Iwan Fjodorowitsch« zu ändern.
Malyschew, der vom Dezember 1937 an, als das Großphoto des schmächtigen, verlegen dreinblickenden Werksdirektors zum ersten Mal in der »Prawda« erschienen war, bis zu Stalins letztem Lebensmonat fast jeden Tag mit dem Georgier zusammenkommen mußte, war Stalin so ergeben, daß er im Kriege, während einer der endlosen nächtlichen Sitzungen auf Stalins Datscha, um fünf Uhr morgens nach einer stundenlangen Schelte des »Obersten Befehlshabers« zutiefst dankbar war, als Stalin einen Toast aus seiner privaten Weinflasche mit dem trockenen georgischen »Chedistawi« auf ihn ausbrachte. »Man merkte in allem diese wunderbare, etwas strenge, aber unverändert deutliche Aufmerksamkeit. Er erinnerte sich, erschüttert und erfreut, an die guten Worte« – er merkte sogar, daß das Etikett auf der Weinflasche handschriftlich von Stalin selbst »auf einem weißen Zettel« beschriftet war.[2]
Mit all diesen Hypotheken belastet, ging die Rote Armee ins erste Jahr des Zweiten Weltkrieges hinein. Ihre Stärke betrug 1938, zu Beginn

des letzten Friedensjahres in Europa 1 513 000 Mann. Mit dem Gesetz über die allgemeine Wehrpflicht, vom Obersten Sowjet in einer außerordentlichen Sitzung pünktlich zu Kriegsbeginn am 1. 9. 1939 verabschiedet, war die Umstellung auf die Kaderarmee, der Abschied von Frunse, auf immer vollzogen. Das Reservistenalter wurde vom 40. auf das 50. Lebensjahr erhöht, das Wehralter für Abiturienten (Mittelschulabschluß)[3] vom 19. auf das 18. Lebensjahr gesenkt, der Unterricht in der Kriegskunst in den Schulen ab der 5. Klasse (13. Lebensjahr) durch Militärpersonen gesetzlich verankert.
Der erste der »Befreiungsfeldzüge 1939/40« (so der offizielle Terminus), die Besetzung der Westukraine und Westbelorußlands aus der polnischen Beute 17.–27. 9. 1939, war ein Spaziergang. Die am 11. 9. aus den Sonderwehrkreisen Kiew (unter Komandarm 1. Ranges Timoschenko) und Belorußland (unter Komandarm 2. Ranges Michail Kowaljow) gebildeten »Fronten« – die Ukrainische mit 3, die Belorussische mit 4 Armeen, einer gemischten Panzer- und Kavalleriegruppe und einem gesonderten Schützenkorps – besetzten 46% des polnischen Staatsgebietes mit 13 Millionen Menschen, nahmen 217 000 polnische Soldaten und Offiziere gefangen und hatten dabei 737 Tote und 1859 Verwundete. Am 14. 11. wurden die beiden Fronten in Sonderwehrkreise zurückverwandelt.
Zugleich wurden Vorbereitungen zur Wiederangliederung des Baltikums getroffen. Gedeckt durch das geheime Zusatzprotokoll zum deutsch-sowjetischen Nichtangriffspakt, erklärte Molotow am 19. 9., zwei Tage nach dem Beginn des ersten »Befreiungsfeldzuges«, dem estnischen Gesandten, daß die Sowjetunion die Souveränität Estlands über seine Küsten nicht mehr unbeschränkt anerkennen könne und den Schutz des Seeraumes selbst übernehmen werde. Willkommener Anlaß war das im Hafen von Reval internierte polnische U-Boot »Orzel«, das sich am Vortag nach England abgesetzt hatte. Hätte es diesen Anlaß nicht gegeben, so wäre eben eine andere »Provokation« erfunden worden.
Den Esten, danach auch den Letten und Litauern blieb angesichts des deutschen »Desinteresses an der Neuordnung des baltischen Raumes« (so das Zusatzprotokoll zum Nichtangriffspakt vom 22. 8.) nichts anderes übrig, als Beistandspakte mit Moskau abzuschließen. Estland kam am 28. 9., Lettland am 5. 10. dran. Litauen – das vorübergehend Wilna und das Gebiet drumherum mit insgesamt 6665 qkm aus der polni-

schen Beute geschenkt bekam (die Litauer haben die Annektierung ihrer alten Hauptstadt durch Polen am 9. 10. 1920 nie anerkannt) – war am 10. 10. 1939 an der Reihe. Der bisherige Luftwaffenchef Loktionow übernahm den Befehl über die russischen Garnisonen in Stärke von 53 000 Mann. Zum ersten Mal seit dem Höhepunkt des Bürgerkrieges 1919 waren Rotarmisten und Rotmatrosen auf Ösel und Dagö, in Baltischport, Libau (heute: Liepaja) und Windau (heute: Wentspils) stationiert.

Durch diesen Erfolg wieder »vom Schwindel befallen«, ließ Stalin den Befehlshaber des Wehrkreises Leningrad, Komandarm 2. Ranges Merezkow, am 30. 11. 1939 mit 4 Armeen gegen Finnland antreten. Der Feldzugsplan stammte von Merezkow, Verteidigungsminister Woroschilow übernahm die Aufsicht über die Kampfhandlungen.

Die Hauptlast des Angriffs trug die 7. Armee unter Merezkow selbst, den Stalin »in letzter Stunde«[4] damit beauftragte, weil er dem Armeechef Komandarm 2. Ranges Wsewolod Jakowlew nicht traute. Andere Leute waren nicht da.

Von den 18 zum Angriff angetretenen Schützendivisionen gehörten 9 zu Merezkows Armee, die über die Karelische Landenge nach Viipuri (heute: Wyborg) vorstoßen sollten. Auch hatte Merezkow als einziger der Armeeführer Luftwaffenunterstützung sowie ein Panzerkorps und 3 Panzerbrigaden zur Verfügung. Die Nordflotte sollte die im Norden operierenden Armeen unterstützen, Teile der Baltischen Flotte beschossen die Südküste Finnlands.

Bereits nach 10 Tagen rannte sich die Rote Armee fest, bevor sie auch nur das Vorfeld der Mannerheimlinie erreicht hatte. Im Gegenangriff stießen die Finnen bei Kandalakscha auf russisches Gebiet vor. In den beiden Schlachten bei Suomussalmi am 11.–28. 12. 1939 und am 5.–8. 1. 1940, verlor die in der (nördlichen) Kandalakscha-Richtung operierende 9. Armee 2 ihrer 3 Divisionen. Den 27 500 gefallenen und 1300 gefangenen Rotarmisten gegenüber wiesen die Finnen eigene Verluste von 900 Toten und 1770 Verwundeten auf.

Stalin griff zu dem einzigen Mittel, das er damals kannte, zur »Säuberung«. Politchef der Armee Mechlis erschien in Stalins Auftrag Anfang Januar bei dem aus nunmehr einer Division bestehenden Rest der 9. Armee. Da der Kommandeur der 163. Schützendivision Ende Dezember gefallen war, hielt sich Mechlis an dem Chef der 44. Schützendivision, Komdiw A. I. Winogradow, schadlos. Da »dieser Mensch immer zu den äußersten Maßnahmen neigte«[5], empfahl er sogleich die Erschießung des Divisionärs, dessen Einheit eben aufgerieben worden war. Winogradow wurde festgenommen, blieb aber am Leben.

Aus dem vorgesehenen »Befreiungsfeldzug« wurde eine Blamage – so unfaßbar, daß man in Deutschland jahrelang an einen Bluff Stalins geglaubt hat. Die Versorgung der Truppe brach zusammen; daraufhin wurde der gesamte Moskauer Fuhrpark nach Finnland abkommandiert. In Stalins Hauptstadt gab es drei Tage kein Brot zu kaufen. Jetzt rächte sich die Große Säuberung der Roten Armee – die hingerichteten Offiziere fehlten, die überlebenden standen unter dem Druck der unkundigen Politruks, die Soldaten waren nicht bedingungslos kampfbereit.

Zum zweiten Mal erlebte Generalstabschef Schaposchnikow, der in einem Gegenplan zu Merezkows »Blitzkrieg«-Entwurf vor einer Unterschätzung Finnlands gewarnt und einen Feldzug von mehreren Monaten als unabdingbar bezeichnet hatte, einen bitteren Triumph.

In einer Personalnot griff Stalin sogar auf den Professor Grendal zurück, der seit Jahrzehnten keinen Truppendienst mehr getan hatte.

Komkor Wladimir Grendal war ein weißer Rabe des militärischen Establishments der Jahre 1937–40. Der in der Ostseefestung Sveaborg (heute als »Suomenlinau« ein Stadtteil von Helsinki) geborene Sohn eines »armen«[6] schwedischen Offiziers in russischen Diensten und Artillerieobersten des Zaren, war einer der wenigen parteilosen nichtrussischen Kommandeure, die unbehelligt die Große Säuberung überstanden hatten.

Grendal, bis dahin Artillerie-Inspekteur der Roten Armee, unterrichtete während der Säuberung an der Kriegsakademie. Im Jahre 1938 wurde er Kuliks Stellvertreter in der Hauptverwaltung der Artillerie (GAU). Da er zugleich das Artilleriekomitee der GAU leitete, war Grendal der eigentliche Artilleriechef der Roten Armee – hinter Kulik und neben Woronow (dessen Position als »Chef der Artillerie« ständig durch Kulik gefährdet war). 1939 bekam Grendal den Professorentitel.

Als Vertreter der GAU an die finnische Front abkommandiert, mußte Grendal im Dezember 1940 zwei Divisionen übernehmen, die, durch die 1. Artilleriedivision verstärkt, zu der 13. Armee entfaltet wurden. Nach Anfangserfolgen beim ersten Vorstoß durch die Mannerheimlinie, scheiterte auch der am 16. 1. 1940 zum Komandarm 2. Ranges

beförderte Grendal und wurde am 3. 3. durch Komkor Filipp Parussinow abgelöst.
In Finnland scheiterten auch andere Kommandeure, deren Karriere in den letzten Jahren durch die Säuberung und den Spanieneinsatz einen steilen Sprung nach oben gemacht hatte.
Komandarm 2. Ranges Pawlow wurde als Chef der Verwaltung Autos und Panzer durch den Ex-Matrosen Fedorenko, zuletzt Chef der Panzertruppen im Sonderwehrkreis Kiew, ersetzt und zum Befehlshaber des Sonderwehrkreises Belorußland (seit dem 11. 7. 1940 Sonderwehrkreis West) in Minsk bestellt. Der aus dem Fernen Osten geholte Komandarm 2. Ranges Stern übernahm die 8. Armee, dann die aus der 8., 9. und 14. Armee gebildete »Nordfront« in Finnland, scheiterte ebenfalls und wurde nach Fernost zurückgeschickt. Schukow aus Ulan-Bator zu holen, wagte Stalin nicht – wegen des Respekts, den der Sieger von Chalchin-Gol den Japanern einflößte.
Schließlich stürzte auch Verteidigungsminister Woroschilow selbst über das finnische Debakel. Am 7. 1. 1940 wurde dem »Ersten Marschall« der Oberbefehl über die kämpfende Truppe entzogen. Der Absetzung war eine Sondersitzung des Politbüros vorausgegangen, die von Schaposchnikow und dessen kommissarischem Stellvertreter für operative Fragen, Kombrig Alexandr Wassilewski in Vertretung des seit dem Beginn der Kämpfe in Finnland als Stabschef des Wehrkreises Leningrad weilenden 1. Vize-Generalstabschefs, Komandarm 2. Ranges Iwan Smorodinow vorbereitet worden war. Die beiden »Eroberer« Ostpolens Timoschenko und Kowaljow, die im Dezember als »Beobachter und Berater«[7] die finnische Front besichtigt hatten, nahmen an der Sitzung teil.
Timoschenko war es denn auch, der Woroschilow beerbte. Er übernahm den Oberbefehl und die neugebildete »Nordwestfront« mit der 7. Armee Merezkows und der 13. Armee Grendals. Smorodinow wurde sein Stabschef. Marineminister Flottenflagman 2. Ranges Kusnezow übernahm selbst den Befehl über die kämpfende Flotte, während der Chef der Nordflotte, Flottenflagman 2. Ranges Walentin Drosd, abgelöst und zum Chef der Höheren Lehranstalt der Schwarzmeerflotte degradiert wurde.
Die kämpfende Truppe wurde verstärkt. Selbst aus dem Wehrkreis Sibirien wurden frische Einheiten herangeholt und Grendals drei Divisionen auf die Stärke von drei Schützenkorps gebracht. Trotzdem

gelang es den Finnen Ende Februar, eine Division der aus den Resten der 8. Armee neugebildeten 15. Armee zu vernichten. Der Armeechef Kowaljow wurde abgelöst und nach der üblichen »parteilichen Untersuchung« durch Mechlis im Mai zum Befehlshaber des Wehrkreises Charkow bestellt – eines der ersten Anzeichen für Stalins Begreifen, daß er bald gar keine Kommandeure mehr haben würde, wenn er auch noch den Rest vor die Pelotone treiben würde. Kowaljows Nachfolger bei der 15. Armee wurde Komandarm 2. Ranges Wladimir Kurdjumow, bislang Chef der Verwaltung Kampfbereitschaft – ein Posten, den noch vor zweieinhalb Jahren Marschall Tuchatschewski innehatte.
Der Durchbruch durch die Mannerheimlinie gelang erst am 2. 3. 1940 – drei Wochen nach dem Beginn der Offensive, sechs Wochen nach dem Beginn der Vorbereitungen dazu. Durch die – von Merezkow seither so geschätzten – schweren »KW«-Panzer Kotins unterstützt (47,5 t Gewicht, 5 Mann Besatzung, eine 76-mm-Kanone, drei 7,62-mm-MGs, 75–100 mm dicke Panzerung, 442 PS, 35 km Geschwindigkeit), im nahen Leningrader »Kirow«-Werk montiert, schafften Merezkows 7. und Parussinows 13. Armee den Weg nach Wyborg. Am 12. 3. zog Merezkow in die Stadt ein.
Damit war der erste Krieg gegen Finnland nach den – stark reduzierten – sowjetischen Maßstäben gewonnen, der Friede am gleichen Tage in Moskau unterzeichnet, die Kampfhandlungen am nächsten Tag um 12 Uhr Moskauer Zeit eingestellt.
Timoschenko, Merezkow und Kulik wurden am 21. 3. »Helden der Sowjetunion«.
Aber: Es war ein bitterer Sieg. Der Durchbruch wurde mit 21 Divisionen und 6 Panzerbrigaden gegen 6 Divisionen des Gegners erzielt. Die Finnen verloren 68 500 Mann (20% ihrer Streitmacht) an Toten und Verwundeten, aber nur 860 Mann an Gefangenen. Nach Angaben Molotows vor dem Obersten Sowjet am 29. 3. 1940 büßte die Rote Armee 207 608 Mann an Toten und Verwundeten ein – westliche Schätzungen sprechen von 273 000 Gefallenen.
Zum ersten Mal brach Stalin eine der heiligsten Regeln der Kriegsführung: Die 5648 kriegsgefangenen Rotarmisten und roten Kommandeure durften, gegen 860 Finnen ausgetauscht, nicht heimkehren; die sibirischen Lager verschluckten die Unglücklichen. Diese Maßnahme Stalins kostete das Sowjetland nach dem Zweiten Weltkrieg Millionen von jungen Bürgern, die es vorzogen, im befreiten Westeuropa zu

bleiben, statt zehn Jahre in Sibirien auf eine Amnestie für etwas zu warten, das nach den Kriegsregeln kein Verbrechen, sondern ein Unglück war.[8]

Gemessen an dem, was die Rote Armee im Bürgerkrieg hinter sich und im Zweiten Weltkrieg noch vor sich hatte, war der erste Krieg gegen Finnland eine Lappalie. Gemessen an seiner marginalen Bedeutung, war es das folgenschwerste Ereignis der sowjetischen Militärgeschichte, ein heilsamer Schock. Das Erschrecken über die Einbuße der Fähigkeit zu kämpfen und zu siegen, war so groß, daß Stalin sich zu einer radikalen Kehrtwendung und zum Abwerfen des liebgewordenen Ballastes entschloß. Im April 1940, sogleich nach dem Ende des Finnlandfeldzuges, wurde eine Sonderkommission gebildet, die das Verteidigungsministerium durchleuchten und Reformvorschläge einreichen sollte.

Zugleich wurde am 17. 4. der produzierende Teil des militärindustriellen Komplexes organisatorisch gestrafft. Alle Wirtschaftsministerien wurden, in Gruppen zusammengefaßt, den neugeschaffenen »Räten« des »Wirtschaftsrates der Regierung« unterstellt (der Wirtschaftsrat selbst verwaltete seit 23. 11. 1937 den wirtschaftlichen Arbeitsbereich des aufgelösten »Arbeits- und Verteidigungsrates« STO). Den Vorsitz des Wirtschaftsrates hatte wie beim STO Premier Molotow in Personalunion inne. Die 5 »Ratsvorsitzenden« wurden zugleich zu Vizepremiers befördert – soweit sie es nicht schon waren.

Malyschew übernahm den Vorsitz des Rates für Maschinenbau, die Leitung des Rates für Metallurgie und Chemie oblag Nikolai Bulganin. Damit kam der vielseitigste sowjetische Politiker der Jahre 1937–57, damals Vizepremier und Vorstandschef der Staatsbank, im Alter von 44 Jahren zum ersten Mal mit der Kriegswirtschaft in Berührung. Den Vorsitz im Rat für Verteidigungsindustrie übernahm Nikolai Wosnessenski, der neue Fixstern am Sowjethimmel. Wosnessenski, zugleich Vizepremier und Gosplanchef, war auch in der Sonderkommission für die Armeereform federführend.

Der Vorsitz der Kommission lag in den Händen seines Protektors Andrej Schdanow, ZK-Sekretär, Politbüromitglied, Leningrader Parteichef und Agitpropchef der Partei. Dieser hochintelligente und sehr einflußreiche Mann war die Triebkraft des Finnlandkrieges. Die erreichte Verschiebung der sowjetisch-finnischen Grenze von 32 auf 150 Kilometer Entfernung von Leningrad war allerdings nur ein bescheide-

ner Erfolg des um die Sicherheit der »Wiege der Revolution« besorgten Großrussen Schdanow, der als Kriegsrat des Wehrkreises Leningrad und der »Nordwestfront« die unmittelbare Verantwortung für Erfolge und Mißerfolge mitgetragen hatte.
Um so größer war jetzt sein Reformeifer, was die Clique Woroschilow/Mechlis bald zu spüren bekommen sollte.
Die Kommission Schdanow/Wosnessenski empfahl einen radikalen Bruch mit der bisherigen Behandlung der Militärs durch die politische Führung, was von Stalin notgedrungenerweise gebilligt wurde.
Das hieß: Fortsetzung der am 11. 5. 1937 unterbrochenen Restauration – volle Wiederherstellung der alten militärischen Ränge, Abschaffung der Institution der Kommissare, Wiederherstellung der Einheit des Befehls in allen Truppenteilen, Auswechslung der Spitze des Verteidigungsministeriums, stärkere Repräsentation der Militärs im Zentralkomitee der Partei, Auffüllung der zusammengeschrumpften Gruppe der Marschälle und Einführung des Marschallstabes. Von allen diesen Vorschlägen ist nur der letzte nicht voll verwirklicht worden, anstelle des Stabes wurde ein Marschallstern eingeführt.
Die Entscheidung über die Etablierung der neuen sowjetischen Militärkaste wurde in der ersten Maiwoche 1940 gefällt. Sie fiel zugunsten der Fachmilitärs und zum Nachteil der Kommissare und Günstlinge des Diktators aus. Die normative Kraft des Faktischen, das Wissen um den bevorstehenden großen Krieg, zwang Stalin dazu, seine Lieblingsidee von einer durch die Politarbeiter geführten Streitmacht aufzugeben.
Am 1. 5. 1940 stand Woroschilow zum letzten Mal als Verteidigungsminister auf der Tribüne des Leninmausoleums – diesmal nicht, wie üblich, oben im Kreise der Politbüromitglieder um Stalin, sondern unten, inmitten des Restes seiner Kommandeure. Am 7. 5. wurde der »Erste Marschall«, nach 15 Jahren im Amt, durch Timoschenko (der nach dem »Sieg« über Finnland als Wehrkreisbefehlshaber in Leningrad geblieben war) abgelöst. Timoschenko, Kulik und Schaposchnikow wurden anstelle der liquidierten Tuchatschewski, Jegorow und Blücher zu Marschällen der Sowjetunion befördert.
Mit Semjon Konstantinowitsch Timoschenko wurde der einzige Kommandeur der 1. Reiterarmee des Bürgerkrieges zum Verteidigungsminister ernannt, der den Willen und die Charakterstärke besaß, die Spuren der Säuberung zu tilgen. Der Generalstabschef Schaposchnikow war ein brillanter Theoretiker der alten Schule. Die Mühe, den

Betrieb in der Zentrale während der Säuberung in Gang halten zu müssen, hatte den 57jährigen vorzeitig zermürbt; er kränkelte oft. Das Format Tuchatschewskis oder Blüchers aber erreichten die beiden Neumarschälle (Kulik war eine Null, die nicht mitzählte) nicht annähernd.

Stalin versüßte seinem Höfling Woroschilow die bittere Pille, der abgehalfterte Minister wurde zum Vizepremier und zum Vorsitzenden eines »Verteidigungskomitees der Regierung« ernannt, das seit dem 27. 4. 1937 bestand – eine Sinekure. Mit geringfügigen Änderungen wurden die 1917 abgeschafften Generals- und Admiralsränge wieder eingeführt. Der Vollgeneral hieß nicht mehr »General der Infanterie, der Kavallerie« etc., sondern »Armeegeneral«, die Dienstgrade der Waffengattungen endeten beim Generalobersten. Als höchster Admiralsrang wurde ein »Admiral der Flotte« eingeführt, aber zunächst nicht verliehen. Die höheren Ränge von 1935 – Kombrig, Komdiw, Komkor und Komandarm sowie Flagman und Flottenflagman – wurden abgeschafft.

Woroschilow durfte auch den Vorsitz in der Regierungskommission führen, die Personalvorschläge für die neuen Ranginhaber einreichen sollte. Indes war nicht er, sondern ZK-Sekretär Malenkow, Kaderchef der Partei, das wichtigste Kommissionsmitglied. Die Kommission arbeitete vier Wochen. Am 4. 6. 1940 unterzeichnete Premier Molotow die 984 Namen umfassende Liste der ersten Generale und Admirale der Roten Armee, die, mit Photographien aller, neun Tage lang die Spalten der »Prawda« füllte.

Mit dieser Demonstration führte Stalin dem Land und der Welt vor, daß er auch nach der Vernichtung von fast 500 Kommandeuren immer noch fast tausend Spitzenmilitärs besaß, die imstande waren, das Land zu schützen und neues zu erwerben.

In der Tat begann die Besetzung des Baltikums bereits am Tage nach der Veröffentlichung der letzten Namen und Photographien, am 15. 6. 1940. Am 1. 5. 1940 überwogen noch die Kommissare und Höflinge in der Spitzengruppe der Militärs auf der Tribüne. In der Benennung der »Kandidaten für die Verleihung der Generals- und Admiralsränge« waren sie schon in der Minderheit, in der Gruppe der höchsten Ranginhaber am 4. 6. stellten sie nur noch die Hälfte der Armee- und Flottenführung.

Tabelle 16

Die Wiedergeburt der Generale

Fachmilitärs:	Kommissare und Günstlinge:
1. 5. 1940	
B. M. Schaposchnikow, Komandarm 1. Ranges, Generalsstabschef	K. Je. Woroschilow, Marschall der Sowjetunion, Verteidigungsminister
N. G. Kusnezow, Flottenflagman 2. Ranges, Marineminister	S. M. Budjonny, Marschall der Sowjetunion, Vize-Verteidigungsminister
A. D. Loktionow, Komandarm 2. Ranges, bereitete den Einmarsch ins Baltikum vor	G. I. Kulik, Komandarm 1. Ranges, Vize-Verteidigungsminister, zuständig für Bewaffnung
I. I. Proskurow, Komdiw, Chef des militärischen Nachrichtendienstes, Flieger, Spanienkämpfer, Held der Sowjetunion, 1936/38 Befehlshaber der 2. Luft-»Armee z. b. V.«	L. S. Mechlis, Armeekommissar 1. Ranges, Politchef der Armee, Vize-Verteidigungsminister
	Je. A. Schtschadenko, Armeekommissar 1. Ranges, Kaderchef der Armee, Vize-Verteidigungsminister
	A. I. Saporoschez, Armeekommissar 2. Ranges, Politchef des WK Moskau
	S. P. Ignatjew, Korpskommissar, Kaderchef der Kriegsmarine
	G. G. Sokolow, Komdiw, Chef des Grenzschutzes NKWD, 1940 Generalleutnant
7. 5. 1940 (Ernennungskommission)	
S. K. Timoschenko, Marschall der Sowjetunion, Verteidigungsminister, Held der Sowjetunion	Woroschilow, Vorsitzender, Marschall der Sowjetunion
Kusnezow, Flottenflagman 2. Ranges, Marineminister	Budjonny, Marschall der Sowjetunion, Vize-Verteidigungsminister
Ja. W. Smuschkewitsch, Komandarm 2. Ranges, Luftwaffenchef, Held der Sowjetunion	Mechlis, Armeekommissar 1. Ranges, Vize-Verteidigungsminister
N. N. Woronow, Komandarm 2. Ranges, Chef der Artillerie	Kulik, Marschall der Sowjetunion, Vize-Verteidigungsminister, Held der Sowjetunion

Fachmilitärs:	Kommissare und Günstlinge:
D. G. Pawlow, Komandarm 2. Ranges, Chef der Panzertruppen, Held der Sowjetunion	Schtschadenko, Armeekommissar 1. Ranges, Vize-Verteidigungsminister
Schaposchnikow, Marschall der Sowjetunion, Generalstabschef	I. W. Rogow, Armeekommissar 2. Ranges, Vize-Marineminister, Politchef der Kriegsmarine
I. S. Issakow, Flottenflagman 2. Ranges, Vize-Marineminister	G. M. Malenkow, ZK-Sekretär
L. M. Galler, Flottenflagman 2. Ranges, Chef des Marinehauptstabes	

4. 6. 1940 (Verleihung der neuen Ränge)

Timoschenko (1. Reiterarmee)	Woroschilow (1. Reiterarmee)
Schaposchnikow	Budjonny (1. Reiterarmee)
G. K. Schukow (Armeegeneral)	Kulik (1. Reiterarmee)
K. A. Merezkow (Armeegeneral)	I. W. Tjulenew (Armeegeneral, 1. Reiterarmee)
	I. A. Apanassenko (Generaloberst, 1. Reiterarmee)
A. D. Loktionow (Generaloberst)	O. I. Gorodowikow (Generaloberst, 2. Reiterarmee)
G. M. Stern (Generaloberst)	
Kusnezow (Admiral)	
Issakow (Admiral)	
Galler (Admiral)	
Pawlow (Generaloberst der Panzertruppen)	
Woronow (Generaloberst der Artillierie)	
W. D. Grendal (Generaloberst der Artillerie)	

Insgesamt wurden ernannt:

3 Armeegenerale
4 Generalobersten
1 Generaloberst (Pz)
2 Generalobersten der Artillerie
87 Generalleutnante
2 Generalleutnante (Pz)
8 Generalleutnante der Artillerie
13 Generalleutnante d. L.
2 Generalleutnante der Nachrichtentruppen
2 Generalleutnante der Ingenieurtruppen (Pioniere)
1 Generalleutnant der technischen Truppen
1 Generalleutnant des Intendanturdienstes
479 Generalmajore
105 Generalmajore der Artillerie
90 Generalmajore d. L.
44 Generalmajore (Pz)
20 Generalmajore der Nachrichtentruppen
22 Generalmajore der Pioniere
26 Generalmajore der technischen Truppen
36 Generalmajore des Intendanturdienstes
3 Admirale
8 Vizeadmirale
46 Konteradmirale
17 Ing.-Konteradmirale
1 Generalleutnant d. L. der Kriegsmarine
3 Generalleutnante des Küstendienstes
14 Generalmajore d. L. der Kriegsmarine
14 Generalmajore des Küstendienstes
2 Generalmajore des Intendanturdienstes der Kriegsmarine

Das russische Alphabet brachte es mit sich, daß Schukow die Liste anführte, er war der Armeegeneral Nr. 1. Mit ihm zusammen wurden der »Sieger« über die Finnen Merezkow und der Divisionär der 1. Reiterarmee Tjulenew, der im August Budjonnys Moskauer Wehrkreis übernahm, die ersten Armeegenerale der sowjetischen Geschichte.
Die ersten Generalobersten waren Josef Apanassenko, ein weiterer Divisionär der 1. Reiterarmee, Befehlshaber des Wehrkreises Mittel-

asien in Taschkent, der kalmückische Reitersmann Oka Gorodowikow, vom Juli bis September 1920 Befehlshaber der 2. Reiterarmee und nun Kavallerie-Insepkteur, außerdem Loktionow, dessen Truppen sich anschickten, die baltischen Staaten zu »erobern« sowie Grigorij Stern. Alle vier scheiterten, sobald der deutsche Überfall über Rußland hereingebrochen war.

Loktionow und Stern wurden erschossen, Apanassenko, der erst 1943 zum Einsatz kam, fiel sogleich, Gorodowikow, dessen 82 Reiterdivisionen bis 1944, als nicht mehr zeitgemäß, auf 26 zusammengeschmolzen waren, verbrachte den Krieg als Vize des ebenfalls gescheiterten und wieder zum Kavalleriechef abgestellten Budjonny. Tjulenew hatte im Kaukasus keinen Erfolg. Pawlow, der in Finnland versagt hatte, nun der einzige Generaloberst der Panzertruppen, wurde 1941 erschossen, Woronow und der ebenfalls in Finnland gescheiterte Grendal wurden Generalobersten der Artillerie. Andere hohe Chargen waren nicht mehr zu finden, neue noch nicht sichtbar.

So haben sich von 14 höchsten Ranginhabern der Armee (Grendal verstarb am 16. 11. 1940) allein Schukow, Merezkow, Woronow und, bedingt, Timoschenko sowie der im Laufe des Krieges erblindete Schaposchnikow bewährt.

Der Mittelbau der neuen Generalität war indes einigermaßen intakt, weil der Kahlschlag der Großen Säuberung nach unten hin weniger radikal war. Es wurden zwar 3 der 5 Marschälle, 3 der 5 Komandarme 1. Ranges, 9 der 10 Komandarme 2. Ranges (Generalobersten) erschossen sowie 60 der 67 Komkore/Generalleutnante (90%) zumindest festgenommen, jedoch »nur« 136 der 199 Komdiwe/Generalmajore (68,3%), 221 der 397 Kombrigs/Brigadiers (55,6%) und »nur« die Hälfte der Regimentskommandeure.

So stellten 566 Generalleutnante und Generalmajore des neuen Establishments der Armee (57,5%), die sich zu 42,2% aus den überlebenden Regiments- und Divisionschefs zusammensetzten, das eigentliche Rückgrat der ersten sowjetischen Generalität dar. Sie waren die große Begabungsreserve, und mancher von ihnen trug den Marschallstab im Tornister. In der Tat sind aus dieser Gruppe der mittleren Generalität (bis auf Schukow, Merezkow, Woronow und einige kometenhaft aufgestiegene Obersten) alle Marschälle, Armeegenerale, Marschälle der Waffengattungen und Generalobersten des Krieges hervorgegangen.

Besser war die Situation bei der Kriegsmarine. Die ersten sowjetischen

Admirale, Flottenstabschef Galler, Vizeminister Issakow und Minister Kusnezow, überstanden den Krieg mit Anstand, die Rote Flotte erfüllte, umsichtig von diesen drei Männern geführt, ihre subsidiären Aufgaben in einem Krieg zweier Kontinentalmächte mit Bravour und bereitete dem Gegner manche Überraschung. So hielt sich die Hafenstadt Odessa 73 Tage, Sewastopol gar 250 Tage gegen einen überlegenen Gegner. Bei der Armee jedoch war die Situation zu Beginn des letzten Friedensjahres äußerst kritisch, da 70% aller Divisionäre und Regimentschefs erst seit einem Jahr im Amt waren. Ob die Neuen das Kriegführen noch lernen würden, stand in den Sternen.
So war es weniger die Einsicht als vielmehr die akute Personalnot, die Stalin zwang, die Urteile über die einsitzenden Kommandeure überprüfen zu lassen – auch wenn der »Nachschub« aus der Armee für die Straflager noch andauerte. Eine vom Innenminister Berija eingesetzte Rehabilitierungskommission kämmte die Lager durch. Etwa 3000 einsitzende Kommandeure wurden entlassen und nach kurzer Erholung wieder den Einheiten zugeteilt. Die neuen Ränge bekamen sie allerdings noch nicht – so zog der freigelassene Leonid Petrowski, ein Sohn des ehemaligen Politbürokandidaten, 1941 als Komkor in den Krieg. Auch der spätere Marschall Konstantin Rokossowski sowie der spätere Armeegeneral Alexandr Gorbatow, 1945 Stadtkommandant im eroberten Berlin, kamen kurz vor dem Krieg frei.
Gorbatow war der einzige General, der den Mut hatte, seine Haftjahre zu beschreiben. Von ihm wissen wir, daß er als Schukows Stellvertreter im 6. Kavalleriekorps von seinem Kriegsrat Alexandr Fominych denunziert wurde, dem Mann, der auch Schukow denunziert hatte.
Die Rehabilitierungsmühlen mahlten langsamer als die Verhaftungsmühlen. So wurde Gorbatow im März 1940 auf Empfehlung Budjonnys vom Obersten Gericht der UdSSR rehabilitiert, aber erst nach einem Jahr freigelassen.
Bei der Verhaftung, Untersuchung und Verurteilung ging es schneller. Am 21. 10. 1938 sprach der aus der Armee entlassene Gorbatow bei Kaderchef Schtschadenko im Verteidigungsministerium vor. Die Unterhaltung dauerte »zwei oder drei Minuten«.[9] Schtschadenko sagte: »Wir werden Ihren Fall klären«, und erkundigte sich, wo Gorbatow abgestiegen sei. Um zwei Uhr morgens des 23. 10. wurde Gorbatow im Hotel des Zentralhauses der Roten Armee von drei Männern verhaftet, wie immer ohne Haftbefehl (»Sie wissen selbst, wer wir sind!«),

seine Personalpapiere, die Rangabzeichen und Orden wurden konfisziert.
Die Untersuchungshaft dauerte sechseinhalb Monate. Am 8. 5. 1939 wurde Gorbatow in einer Verhandlung, die »vier oder fünf Minuten« dauerte, von drei Männern in schwarzen Uniformen zu 15 Jahren Haft und 5 Jahren Verlust der Bürgerrechte verurteilt. Immerhin hatte er, seiner Position in der Armee entsprechend, einen prominenten »Gerichts«vorsitzenden: Iona Nikittschenko, Kommissar der Staatssicherheit 3. Ranges, der schon 1936 als Divisionskriegsjurist über Sinowjew und Kamenew zu Gericht gesessen hatte und 1946 einer der sowjetischen Richter im Nürnberger Kriegsverbrecherprozeß werden sollte.
Zugleich begann Berija, vom Kommando der Luftwaffe hart bedrängt (er rächte sich dafür nach Kriegsbeginn), die Freilassung der einsitzenden Konstrukteure »großzügiger« zu handhaben. Zu Beginn des Jahres 1941 wurden die Konstrukteure Petljakow und Mjassischtschew samt ihren 14 Mitarbeitern aus dem »geschlossenen Konstruktionsbüro« des »Tupolew-Gelehrtengefängnisses« entlassen. Petljakow bekam im gleichen Jahr den Stalinpreis – für zwei Maschinen, die er 1940/41 in Haft konstruiert hatte: seine »Pe-2« ging Ende 1940 (als er noch einsaß) in Serie.[10]
Parallel zu den Rehabilitierungen und Freilassungen liefen die Vorbereitungen zur Abschaffung der Institution der Kommissare. Gleichzeitig mit der Einführung der Generalsränge wurde die verhaßte Politische Hauptverwaltung im Juni 1940 in die »Hauptverwaltung der politischen Propaganda« umgetauft, das Schwergewicht der Arbeit der Kommissare sollte jetzt bei »Bildung und Aufklärung« statt Denunziationen liegen. Aber noch blieb Mechlis im Amt – die restlichen »Befreiungsfeldzüge« sollten unter seiner bewährten Mitarbeit abgewickelt werden.
Am 15. 6. 1940 begann die Okkupation Litauens. Als Vorwand diente diesmal die angebliche Ermordnung eines Rotarmisten namens »Iwanow« in Litauen (»Iwanow« ist der häufigste russische Familienname – mithin ein echtes Beispiel des makabren Stalinschen Humors).[11]
Die drei Kleinstaaten wurden ohne Widerstand besetzt, der baltische Garnisonschef, Generaloberst Loktionow, wurde der Befehlshaber des am 11. 7. neueingerichteten Wehrkreises Baltikum (seit 17. 8. 1940 Sonderwehrkreis) mit Standort Riga. Zum ersten Mal seit Kronstadt beteiligten sich Rotmatrosen an einer öffentlichen Protestaktion, als

die Besatzung des in Riga stationierten sowjetischen Panzerkreuzers »Marat« an einer Demonstration von 200 freigelassenen politischen Häftlingen teilnahm.
Im estnischen Reval (heute: Tallinn) zogen die »Werktätigen« an der Residenz des sowjetischen Statthalters Schdanow[12] vorbei, der ihnen vom Balkon aus huldvoll zuwinkte. Der Möchtegern-Eroberer Finnlands leitete mit seinen Gehilfen, dem Ex-Prokurator Wyschinski in Riga und dem georgischen Staatspolizisten aus Berijas Stall, Wladimir Dekanosow in Kowno (heute: Kaunas), der zum Vize-Außenminister aufgestiegen war und im Dezember letzter Sowjetbotschafter in Berlin wurde, die Sowjetisierung der in Moskau verächtlich als »Kartoffelrepubliken« apostrophierten Ostseestaaten.
Die Besatzer bewunderten indes den Lebensstandard ihrer Opfer – zum ersten Mal kam die Rote Armee unmittelbar mit dem Westen in Berührung. In Moskau kursierten Witze über Kommandeursgattinnen, die, in ein in Riga erstandenes Nachthemd bekleidet, in Moskau ins Theater gingen – im festen Glauben, ein Abendkleid erworben zu haben. Die Besatzungsarmee wuchs schnell. Bis Februar 1941 standen 250 000, bis zum Kriegsbeginn 650 000 Rotarmisten im Baltikum.[13]
Am 28. 6. »eroberte« Schukow, der Anfang Mai aus Ulan-Bator nach Moskau zurückgekehrt war, mit den Truppen des für diesen Zweck in eine »Südfront« umgewandelten Wehrkreises Odessa ohne Widerstand Bessarabien und Nordbukowina. Mit der Annexion eines Teiles von Rumänien, die, zumindest im Falle Bessarabien, die Antwort auf die von der UdSSR nie anerkannte Annexion Bessarabiens durch Rumänien im Jahre 1920 war, endeten die »Befreiungsfeldzüge 1939/40«.
Unterdessen arbeitete der neue Minister Timoschenko an der Änderung der Dienstvorschriften und der Befreiung der Roten Armee vom proletarischen Ballast. Denn die Rote Armee war, trotz der Vernichtung ihrer Kommandeure, immer noch ein Kind des Bürgerkrieges.
Die Dienstvorschriften spiegelten den Geist des Bürgerkrieges wider, in dem eine proletarische Armee, vom internationalistischen Impetus beseelt, gegen den Kapitalismus kämpfte. Eine Ehrenbezeigung gab es nicht, ebensowenig einen verschärften Arrest. Der Arrestant hatte die Möglichkeit zu lesen und sich ideologisch zu festigen, während das Wachpersonal seine erzwungene Ruhe überwachte. Dies sollte sich nun radikal ändern. Es lag eine makabre Ironie darin, daß ausgerech-

net Timoschenko, der hervorgegangen war aus der proletarischsten aller Bürgerkriegseinheiten, der 1. Reiterarmee Budjonnys, die Angleichung der Dienstvorschriften an das preußische Muster zu vollziehen hatte.

Denn: Nicht nur die hingerichteten Marschälle waren Bürgerkriegshelden – die Überlebenden waren es auch. Nach wie vor war der Reitersmann Budjonny das bewunderte Vorbild. Schukows Frage »Den Säbel mitnehmen?« war typisch – selbst er kam von der Kavallerie, wenn auch nicht von der Budjonnys.

Nur vor diesem Hintergrund ist Schukows kometenhafter Aufstieg zu verstehen – er war der erste, der eine Alternative zu der Reiterei anbot und damit siegte, einen Monat bevor Heinz Guderian in Polen seine niedergeschriebenen (und in Moskau übersetzten)[14] Erkenntnisse über die Verwendung von Panzern zu verwirklichen begann.

Nach seiner Rückkehr aus der Mongolei war Schukow sogleich zu Stalin gerufen worden, der ihn begierig über seine Erfahrungen mit den Japanern ausfragte. Der Eindruck des Tyrannen von seinem neuen Kriegshelden war zwiespältig. Schukow zeigte nicht die geringste Spur der Unterwürfigkeit, schwärzte niemanden an und zollte den besiegten Japanern den ihnen gebührenden Respekt. Der Mann war mit größter Vorsicht zu genießen, da er dem Diktator auch an Härte nicht nachstand.

Im Juni übernahm der neugebackene Armeegeneral den seit Dezember des Vorjahres verwaisten Sonderwehrkreis Kiew Timoschenkos. Von hier erwartete Stalin den Schwerpunkt des deutschen Angriffs.

Timoschenko indes vollendete seine Angleichung an die preußischen Dienstvorschriften, indem er sie überzog: Von 1940 an gab es in der Roten Armee zwei Klassen von Verpflegung. Brot, Zucker und Machorka[15] für Soldaten, Butter, Schokolade und Zigaretten für die Kommandeure. Auf die entsprechende Frage eines Soldaten im Kriege, warum dies so sei, antwortete der Kompaniepolitruk, die Kommandeure hätten für das Vaterland zu sterben.

Im August 1940 löste Armeegeneral Kirill Merezkow Marschall Schaposchnikow als Generalstabschef ab. Stalin erläuterte dem kränklichen Schaposchnikow in einem Gespräch unter vier Augen, daß er trotz seiner Kritik an Merezkows mißlungenem »Blitzkriegsfeldzug« gegen den nördlichen Nachbarn in den Augen des Auslands Mitverantwortung für den blamablen Verlauf der Kampagne zu tragen habe – auch wenn er letzten Endes doch im Recht geblieben sei. Eine Ablösung des Ministers ohne die Ablösung des Generalstabschefs wäre nur eine halbe Sache. Schaposchnikow übernahm als Ministerstellvertreter die Aufsicht über den als vorrangig angesehenen Bau von befestigten Rayonen (UR) an den Westgrenzen der Sowjetunion. So wurden die beiden »Sieger« über Finnland zu den mächtigsten Männern der Roten Armee im letzten Jahr vor dem deutschen Überfall.

Am 12. 8. 1940 wurde die Institution der Kommissare abgeschafft, die Einheit des Befehls wiederhergestellt. Der Kommissar bzw. Politruk wurde wieder politischer Stellvertreter des Kommandeurs auf allen Ebenen unter Beibehaltung seines politischen Ranges (der nicht den neuen Dienstgraden angeglichen wurde) und verlor das Recht auf die Gegenzeichnung der Befehle. Zwei Wochen danach, am 2. 9., erfolgte die Einführung des goldenen, brillantbesetzten »Marschallsterns« (am Hals zu tragen).

Am 6. 9. 1940 wurde der verhaßte und gefürchtete Mechlis auf den Posten eines Kontrollministers abgeschoben. Sein Nachfolger im Amt für Politpropaganda, Armeekommissar 2. Ranges Alexandr Saporoschez, bislang Politchef im Wehrkreis Moskau, war weitaus harmloser – der biedere Ukrainer besaß nicht den gleichen Zugang zu Stalin wie dessen ehemaliger Privatsekretär und PR-Mann der Säuberung Mechlis. Gleichwohl: Auch Saporoschez wurde am 22. 2. 1941 Armeekommissar 1. Ranges.

War alles umsonst? Ja. Es hätte nicht der Ermordung Tausender bedurft, um die Erfahrung zu machen, daß eine Armee ohne die Einheit des Befehls nichts wert sei.

Ein Ziel aber hatte Stalin erreicht: Er war der unumschränkte Befehlshaber der Streitkräfte geworden. Die Scharte der Absetzung bei Zaryzin und Lemberg war ausgewetzt – um diesen Preis. Stalin kümmerte sich nun jetzt um jede Einzelheit. Es gab keine die Armee und Rüstung betreffende Entscheidung von einiger Bedeutung, die nicht von ihm initiiert, beeinflußt und entschieden wurde. Nicht nur der Panzerbauer Malyschew oder der Stahlhersteller Tewossjan wußten ein Lied davon zu singen.

Vom angeborenen, dazu in den Jahren der Verbannung und der Flucht geschärften Mißtrauen getrieben, unterhielt Stalin eigene Referenten für einzelne Rüstungszweige, mit denen er oft neue Vorhaben absprach, ohne den zuständigen Minister heranzuziehen.

So war der Flugzeugkonstrukteur Alexandr Jakowlew von 1939 an bis zum Tode Stalins dessen Referent für den Flugzeugbau, der Schiffsbauer Wladimir Nikitin Referent für den Schiffsbau. Bei Nikitin bestellte Stalin kurz nach dem Beginn des Zweiten Weltkrieges (»Wissen Sie schon, warum ich Sie gerufen habe?«) einen Panzerkreuzer, der stärker als die »Scharnhorst«, die »Gneisenau« und die »Bismarck« sein sollte. Das in der Planung »Kronstadt« genannte Schiff wurde bis zum Kriegsbeginn nicht fertig, seine 350-mm-Kanone (Scharnhorst: 280 mm), die nie montiert wurde, schoß vom Übungsplatz aus auf die Deutschen, seine Panzerung im Gewicht von 12400 Tonnen wurde zum Bau von Artilleriebunkern verwendet.[16]

So wie die Konstrukteure und Minister, wurden auch die Militärs getrennt empfangen, ohne daß Stalin die jeweiligen Gesprächspartner darüber unterrichtete, was er mit den anderen besprach.

Im September 1940, zwei Monate vor Molotows Besuch in Berlin, der die Gewißheit über den Krieg bringen sollte, ordnete Stalin für Dezember ein großes Kriegsspiel an: Deutsche Angreifer gegen russische Verteidiger. Schukow übernahm den »blauen« (deutschen), Pawlow den »roten« (russischen) Part. Beide leiteten die benachbarten Sonderwehrkreise Kiew und West, die die Wucht des deutschen Angriffs abfangen sollten. Schukow siegte mit überlegenen Panzer- und Fliegerkräften, indem er die Front der »Roten« von Ostpreußen aus bis tief nach Belorußland (Pawlows eigentlichen Arbeitsbereich, auf dessen Boden das Kriegsspiel stattgefunden hatte) hinein aufrollte.

Einen Monat später wurde Schukow der letzte Generalstabschef des Vorkrieges – und der erste des Krieges.

Schukow wehrte sich gegen die Ernennung – er wußte, daß es eine Fehlentscheidung war. »Ich war stets ein Troupier«, sagte er zu Stalin. Aber auch Schukows Vorgänger Merezkow hatte den Posten nur unter der Bedingung übernommen, daß er abgelöst würde, sobald sich ein geeigneter Mann fände. Geeignete Männer aber waren knapp. Die Bereitschaft, exponierte Spitzenpositionen zu übernehmen, war nach den Erfahrungen der letzten dreieinhalb Jahre verständlicherweise auf dem Nullpunkt angelangt.

So rang sich Stalin eine Entscheidung ab, die fast noch schwerer wog als die Abschaffung des Gegenzeichnungsrechts für Kommissare. Er öffnete den Militärs den Zugang zum Zentralkomitee der Partei.

Am 20. 3. 1941, dem letzten Tag der 18. Parteikonferenz, wurden 13

Militärs auf einen Schlag ins ZK aufgenommen: sechs als ZK-Kandidaten, sieben als Mitglieder der Zentralen Revisionskommission (ZRK), des »Wartesaales« für die ZK-Anwartschaft. Der verhaßte Kaderchef des Verteidigungsministeriums, Armeekommissar 1. Ranges Schtschadenko, wurde abgesetzt und vom Mitglied zum Kandidaten des ZK degradiert. Schtschadenko mußte das einflußlose und unangenehme Amt des Chefs der HV Wehrersatz übernehmen.

Die Bevorzugung der Militärs bei der Auffüllung des ZK war offensichtlich. Von den 12 neuen ZK-Kandidaten waren 6, von den 15 neuen ZRK-Mitgliedern 7 Generale und Admirale. Die Gruppe der Waffenlieferanten im ZK wurde durch den Schiffsbauminister Nossenko als neuem ZK-Kandidat ergänzt. Schukow wurde ZK-Kandidat; Generaloberst (Pz) Pawlow, ZK-Kandidat seit 1939, und Generaloberst Apanassenko, einer der neuen ZK-Kandidaten, wurden zu Armeegeneralen befördert. Die neuen ZK-Kandidaten, Generalleutnante Michail Kirponos und Jakow Tscherewitschenko, erhielten ihre Ernennungen zu Generalobersten, das neue ZK-Mitglied Konteradmiral Filipp Oktjabrski zum Vizeadmiral. Die spektakuläre Aufnahme von 13 Militärs ins ZK war das erste Signal der Vorbereitung auf den kommenden Krieg – von niemandem im Ausland vermerkt, am wenigsten von dem künftigen Gegner.

Tabelle 17

Der militärindustrielle Komplex in den stalinistischen ZKs 1927–52:

B = Befehlshaber, WK = Wehrkreis, VdR = Vorsitzender des Rates beim Wirtschaftsrat der Regierung:

1927 (71 ZK-Mitglieder, 50 ZK-Kandidaten, 9 ZRK-Mitglieder):

ZK-Mitglieder:

1. K. Je. Woroschilow, Kriegsminister, Politbüromitglied
2. A. S. Bubnow, Politchef der RKKA, Kandidat des ZK-Sekretariats

ZK-Kandidaten:

1. I. S. Unschlicht, Vize-Kriegsminister

ZRK (bis 1939: »Revisionskommission«): 0.

1930: (71 Mitglieder des ZK, 65 Kandidaten, 10 ZRK-Mitglieder):

ZK-Mitglieder:

1. Woroschilow
2. Ja. B. Gamarnik, Politchef der RKKA, Vize-Kriegsminister, Orgbüromitglied

ZK-Kandidaten:

1. Ja. E. Jakir, BWK Ukraine
2. I. P. Uborewitsch, Chef der Verwaltung Bewaffnung der RKKA

ZRK: 0

1934: (71 ZK-Mitglieder, 68 ZK-Kandidaten, 21 ZRK-Mitglieder):

ZK-Mitglieder:

1. Woroschilow, seit 1935 Marschall
2. Gamarnik, seit 1935 Armeekommissar 1. Ranges
3. Jakir, seit 1935 Komandarm 1. Ranges
4. M. L. Ruchimowitsch, Chef der HV Rüstung im Ministerium für Schwerindustrie
5. M. M. Kaganowitsch, Chef der HV Flugzeugbau im o. a. Ministerium, seit 1939 Minister Flugzeugbau

ZK-Kandidaten:

1. Uborewitsch, BWK Belorußland, seit 1935 Komandarm 1. Ranges
2. M. N. Tuchatschewski, Vizeminister Verteidigung, seit 1935 Marschall
3. A. I. Jegorow, Generalstabschef, seit 1935 Marschall
4. S. M. Budjonny, Inspekteur der Kavallerie, seit 1935 Marschall
5. W. K. Blücher, Chef der Fernost-Armee, seit 1935 Marschall

ZRK: 0.

1939: (71 ZK-Mitglieder, 68 ZK-Kandidaten, 50 ZRK-Mitglieder):

ZK-Mitglieder:

1. Woroschilow, seit 1940 Vorsitzender des Verteidigungskomitees
2. L. S. Mechlis, Politchef der RKKA, Vizeminister, Armeekommissar 1. Ranges, Mitglied des Orgbüros, 1940 abgesetzt
3. Budjonny, BWK Moskau, seit 1940 Vizeminister Verteidigung
4. N. G. Kusnezow, Kriegsmarineminister, Flottenflagman 2. Ranges, seit 1940 Admiral
5. G. I. Kulik, Vizeminister, Chef der HV Artillerie, Komandarm 1. Ranges, seit 1940 Marschall
6. S. K. Timoschenko, BWK Kiew, Komandarm 1. Ranges, seit 1940 Verteidigungsminister und Marschall
7. G. M. Stern, Chef der 1. Fernostarmee, Komandarm 1. Ranges, seit 1940 Generaloberst

8. B. L. Wannikow, Rüstungsminister
9. A. I. Jefremow, Minister Werkzeugmaschinenbau
10. I. A. Lichatschow, Minister Mittlerer Maschinenbau, 1941 aus dem ZK ausgeschlossen
11. W. A. Malyschew, Minister Schwerer, dann Mittlerer Maschinenbau, seit 1940 VdR Maschinenbau, Vizepremier
12. F. A. Merkulow, Minister Hüttenindustrie, 1941 ausgeschlossen
13. M. G. Perwuchin, Minister Kraftwerke, seit 1940 VdR Brennstoffe und Elektrowirtschaft, Vizepremier
14. I. K. Sedin, Minister Erdölindustrie
15. I. T. Tewossjan, Minister Schiffsbau, seit 1940 Hüttenindustrie
16. A. I. Schachurin, seit 1941 Minister Flugzeugbau
17. M. M. Kaganowitsch, bis 1941
18. Je. A. Schtschadenko, Kaderchef der RKKA, Armeekommissar 1. Ranges, 1941 zum Kandidaten des ZK degradiert, Chef Wehrersatz-HV
19. N. A. Wosnessenski, Vizepremier, Gosplanchef, seit 1940 VdR Verteidigungsindustrie
20. N. A. Bulganin, Vizepremier, seit 1940 VdR Metallurgie und Chemie
21. I. W. Rogow, Politchef der Kriegsmarine, Armeekommissar 2. Ranges
22. S. P. Ignatjew, Kaderchef der Kriegsmarine, Korpskommissar
23. S. Je. Sacharow, Politchef der Pazifikflotte, Komdiw

Damit stellten die Armee und Rüstung 1941, nach dem Ausschluß Merkulows und Lichatschows, der Degradierung Schtschadenkos, der Absetzung von Mechlis und dem Verschwinden von M. M. Kaganowitsch und S. P. Ignatjew, insgesamt 26% des ZK-Mitgliederbestandes – aber nur drei »Politarbeiter«: Woroschilow und die Marinekommissare Rogow und Sacharow. Der Vormarsch der Militär- und Rüstungsfachleute war nicht aufzuhalten – trotz der Säuberung ihrer Vorgänger.

ZK-Kandidaten:
1. B. M. Schaposchnikow, Generalstabschef, Komandarm 1. Ranges, seit 1940 Marschall, Vizeminister Verteidigung
2. K. A. Merezkow, BWK Leningrad, Komandarm 2. Ranges, seit 1940 Generalstabschef, Armeegeneral
3. A. D. Loktionow, Chef der Luftwaffe, Komandarm 2. Ranges, seit 1940 BWK Baltikum und Generaloberst, im Dez. 40 verhaftet
4. D. G. Pawlow, Chef der Panzertruppen, Komkor, 1940 Generaloberst (Pz), seit 1940 BWK West, 1941 Armeegeneral

5. Ja. W. Smuschkewitsch, Luftwaffenchef, 1940 Luftwaffeninspekteur, Komkor, 4. 4. 40 Komandarm 2. Ranges, 5. 6. 40 Generalleutnant d. L., seit Dezember 1940 Gehilfe des Generalstabschefs für die Luftwaffe
6. I. S. Konew, Chef der 2. Fernostarmee, Komandarm 2. Ranges, 1940 Generalleutnant
7. I. I. Maslennikow, Chef der NKWD-Truppen, Komkor, seit 1940 Generalleutnant
8. A. I. Samochwalow, Minister Buntmetallindustrie, 1941 ausgeschlossen
9. I. P. Sergejew, Munitionsminister

Unter diesen neun Militärs und Rüstungschefs war nur Staatspolizist Maslennikow ein »weißer Rabe«. Aber gerade er bewährte sich im Krieg als Armee- und Frontchef und brachte es als einziger Armeeführer unter den Staatspolizisten zum Armeegeneral, ehe er nach dem Kriege wieder in das alte Metier zurückging.

Neue ZK-Kandidaten 1941:
10. G. K. Schukow, Generalstabschef, Armeegeneral
11. I. W. Tjulenew, BWK Moskau, Armeegeneral
12. I. R. Apanassenko, BWK Mittelasien, Armeegeneral
13. M. P. Kirponos, BWK Kiew, Generaloberst
14. Ja. T. Tscherewitschenko, BWK Odessa, Generaloberst
15. I. S. Jumaschew, B Pazifikflotte, Vizeadmiral
16. I. I. Nossenko, Minister Schiffsbau

Nach der Neuaufnahme von 7 Mann, dem Ausschluß Samochwalows und der Verhaftung Loktionows stellten die Militärs und Waffenhersteller am Vorabend des Krieges 19,4% der ZK-Kandidaten.

ZRK-Mitglieder:
1. F. F. Kusnezow, Vize-Politchef der RKKA. Armeekommissar 2. Ranges

Neuaufnahmen 1941:
2. F. I. Golikow, Chef der HV Erkundung im Generalstab, Generalleutnant
3. I. T. Peressypkin, Postminister, Oberst, seit Juli 1941 Chef, 1944 Marschall der Nachrichtentruppen, 1941–44 Vizeminister Verteidigung
4. M. M. Popow, BWK Leningrad, Generalleutnant
5. W. F. Tribuz, B Baltische Flotte, Vizeadmiral
6. F. S. Oktjabrski, B Schwarzmeerflotte, Vizeadmiral
7. W. S. Molokow, Chef der HV Zivilluftfahrt beim Ministerrat (»Aeroflot«), Generalmajor d. L.

8. I.D. Papanin, Chef der HV des Nördlichen Seeweges beim Ministerrat, 1943 zum Konteradmiral ernannt

Da die beiden letzten Dienststellen sofort nach dem Kriegsbeginn den zuständigen Waffengattungen Luftwaffe und Kriegsmarine operativ unterstellt wurden, waren alle 7 Neuaufnahmen in die ZRK militärischer Art. Der Anteil der Militärs in der ZRK betrug vor Kriegsbeginn 15,3%, der Gesamtanteil der Militärs und Rüstungsfachleute unter den 189 ZK-Angehörigen von 1941 lag bei 21,6%. Jeder fünfte ZK-Angehörige repräsentierte Streitkräfte oder Rüstung.
Für die Regierungszeit Stalins hatte diese Überrepräsentation der »Eisenfresser« in der Parteiführung nur den Charakter einer Aussage dafür, wie hoch schon Stalin seine Militärs und Rüster einschätzen mußte – mehr nicht. Da 28 dieser 42 Männer die Zeit Stalins überlebten und am Ende seiner Herrschaft zum größten Teil an der Spitze des Sowjet-Establishments standen, ist ihr Gewicht bei der Gestaltung der Ereignisse vor und nach Stalins Tod von eminenter Bedeutung.
Nach der 18. Parteikonferenz, der letzten großen Parteiveranstaltung bis zum XIX. Parteitag im Oktober 1952, liefen die Kriegsvorbereitungen auf Hochtouren. Zum letzten Mal versuchte Timoschenko, die Zuständigkeiten in seinem Ministerium neu zu ordnen.
Am 8. 3. 1941 teilten der Minister und seine 7 Stellvertreter ihre Befugnisse so auf, daß die bis dahin bevorzugten Marschälle Kulik und Budjonny weniger, die drei letzten Generalstabschefs Schaposchnikow, Merezkow und Schukow mehr Verantwortung zu tragen hatten. Das Ganze wurde von Stalin und Premier Molotow abgesegnet.
Timoschenko selbst übernahm zusätzlich zu seiner ministeriellen Tagesroutine die unmittelbare Aufsicht über die HV Autos und Panzer, die Geschäftsführung des Ministeriums, die Finanzverwaltung, die Kaderverwaltung und das »Erfindungsbüro«, das in enger Zusammenarbeit mit den Rüstungsministerien neue Waffen entwickelte und testete.
Dem Generalstabschef Schukow unterstanden die Verwaltungen Nachrichtentruppen und Treibstoffversorgung sowie die HV Luftabwehr. Außerdem übte Schukow Aufsicht über die beiden wichtigsten Ausbildungsanstalten für höheres Kommandopersonal, die Generalstabsakademie und die »Frunse«-Kriegsakademie.
Marschall Schaposchnikow beaufsichtigte die HV der Pioniertruppen und die Verwaltung für Verteidigungsbauwesen. Merezkow, Timo-

schenkos Stellvertreter für Kampfbereitschaft, war der Oberste Inspekteur und leitete die Verwaltung Kampfbereitschaft sowie alle übrigen militärischen Lehranstalten.
Dem für die Bewaffnung der Roten Armee verantwortlichen Marschall Kulik verblieben immer noch die HV Artillerie (GAU) samt der Artillerie-Akademie und die Verwaltung Chemische Verteidigung als Tummelfeld für seine obskuren Aktivitäten.
Der Abstieg des 1. Vizeministers Budjonny war unverkennbar. Er bekam die HV Intendantur sowie die Sanitäts- und Veterinärverwaltung der Roten Armee samt der Abteilung Materialreserven zugewiesen.
Der am 22. 2. 41 zum Armeekommissar 1. Ranges beförderte, aber nicht ins ZK aufgenommene Politchef Saporoschez leitete zusätzlich die Verlage und Kulturhäuser der Roten Armee, die »Lenin«-Militärpolitische Akademie, die Akademie für Militärjuristen sowie die militärpolitischen Lehranstalten. Der am 10. 3. 41 zum Vizeminister ernannte Generalleutnant d. L. Rytschagow, der ebenfalls nicht ins ZK aufgenommen wurde, konzentrierte sich ausschließlich auf die Leitung der HV Luftwaffe.
Im darauffolgenden Monat April ordnete Timoschenko an, daß die Schützendivisionen – das Rückgrat der Roten Armee – auf Kriegsstärke zu bringen seien. Dies wurde jedoch nur zum Teil erreicht, da Stalin ständig zwischen Abwarten und neuen Aktivitäten schwankte.
Im gleichen Monat wurde Generaloberst Stern aus dem Fernen Osten nach Moskau zurückberufen, wo ihm die Leitung der Luftabwehr übertragen wurde – angesichts der bekannten deutschen Luftüberlegenheit ein Himmelfahrtskommando. Zugleich wurde der Luftwaffenchef Rytschagow amtsenthoben und durch seinen 1. Vize Schigarjow, einen um 10 Jahre älteren Offizier, der 1937/38 die Gruppe der sowjetischen Flieger-Freiwilligen in China angeführt hatte, ersetzt. Flieger Rytschagow aber begann zu stürzen – »selbst ein der Sache ergebener und unerschrockener Mann vermag sich nicht einzig und allein kraft der Befehle in einem oder zwei Jahren von einem Oberleutnant zum stellvertretenden Volkskommissar für Verteidigung und zum Oberbefehlshaber der Luftstreitkräfte aufzuschwingen, wie das zum Beispiel bei einem so außerordentlich tapferen Piloten wie Rytschagow der Fall war«.[17] Eine der atemberaubendsten Karrieren der Säuberungszeit neigte sich ihrem Ende zu.
Am 6. 5. 1941 übernahm Stalin die Regierungsverantwortung. Dies

war das sichtbarste Signal, daß der Krieg unmittelbar bevorstand. Stalin benötigte noch vier Wochen, um den richtigen Mann für den Posten des Rüstungsministers anstelle des einsitzenden Wannikow zu finden. 13 Tage vor dem deutschen Überfall fand er ihn: Am 9. 6. 1941 wurde der 33jährige Dmitrij Ustinow der jüngste Minister in Stalins Regierung. Ustinows einzige Bedingung für die Amtsübernahme war die Freilassung seines Vorgängers Wannikow.

Stalin war sich anscheinend bewußt, daß er den Bogen, gelinde ausgedrückt, etwas überspannt hatte. Als Konstrukteur Jakowlew bei Stalin um die Freilassung des ebenso einsitzenden stellvertretenden Flugzeugbauministers für Triebwerke, Wassilij Balandin, eingekommen war, sagte Stalin resignierend: »Ja, er sitzt schon 40 Tage, gesteht aber nichts. . . Vielleicht ist da auch nichts . . . Das ist sehr wahrscheinlich . . . So etwas gibt es . . .«

Das Gespräch fand in den ersten Kriegswochen während einer Luftschutzübung im Großen Hauptquartier in der Ulanengasse in Moskau statt. Eine bombensichere Bleibe im Kreml gab es nicht, so residierte Stalin in einem alten Stadthaus neben dem Ministerium für Flugzeugbau. Das Kriegsspiel hinterließ bei allen Beteiligten einen niederschmetternden Eindruck. Stalin jammerte: »Ich weiß es nicht, vielleicht sollte es so kommen . . .«. In seinem Büro setzte er, die Spitzen des Ministeriums kaum beachtend, das Selbstgespräch fort: »Vielleicht mußte es so kommen . . . Wer weiß es schon? . . .« Und weiter, sich ständig wiederholend: »Keine Leute, denen man es (die Luftabwehr) anvertrauen kann . . . Es fehlt an Leuten . . .«

Vizeminister Dementjew und Jakowlew nutzten die Stimmung aus und bettelten um Balandins Freilassung. Jakowlew: »Am nächsten Tage nahm der abgemagerte, kahlgeschorene Wassilij Petrowitsch Balandin sein altes Büro im Ministerium in Besitz und setzte die Arbeit fort, als ob ihm nichts geschehen wäre.«[18]

Zu dieser Zeit war der Luftabwehrchef Generaloberst Stern bereits verhaftet. Am 14. 6., eine Woche vor dem deutschen Überfall, wurden Sterns Befugnisse dem Chef der Artillerie, Woronow, in Personalunion übertragen. Zu gleicher Zeit hörte Stalin auf, Kulik Gehör zu schenken: Er befahl die beschleunigte Reaktivierung der Werferwaffe »BM-13« (»Katjuscha«), deren Serienherstellung allerdings erst nach Kriegsbeginn anlief.

Dem ständigen Drängen Timoschenkos und Schukows, zusätzlich zu

den bereitstehenden 5 373 000 Mann weitere 755 000 einzuberufen, gab Stalin allerdings immer noch nicht nach. Sie sollten erst bis Oktober zu der Truppe stoßen. Zu Churchill sagte er später: »Ich hätte noch ein halbes Jahr Zeit gebraucht . . .«
Am Vorabend des Überfalls, gegen 22 Uhr am 21. 6. 1941, rief Stalin den Moskauer Parteichef Alexandr Schtscherbakow und den Oberbürgermeister Wassilij Pronin zu sich in den Kreml. Er erklärte den beiden: »Nach Angaben der Raswedka und der Überläufer wollten die deutschen Truppen heute nacht unsere Grenzen angreifen. Es sieht so aus, als ob der Krieg beginne.«[19]
Die beiden Moskauer Funktionäre waren Stalins letzte Besucher vor dem Kriegsbeginn. Sie blieben bis kurz vor drei Uhr morgens bei ihm, dann legte sich Stalin schlafen. Er schlief fest, als Schukow ihn kurz vor vier Uhr mit der Kriegsmeldung wecken ließ.
Um 3 Uhr 15 an jenem Sonntag, dem 22. 6. 1941, stellte sich die Rote Armee der größten Prüfung ihrer 23jährigen Geschichte. Die beiden größten Heere Europas hatten bis dahin leichte Siege über schwache Gegner errungen, nun sollten sie für drei lange Jahre, bis zur Eröffnung der »Zweiten Front« am 6. 6. 1944, allein im tödlichen Clinch liegen.
Anders als die Russen in Finnland, hatte das deutsche Heer keinen heilsamen Schock erlebt (wohl aber die Luftwaffe über England), es war kampferprobter und sieggewohnter.
Nur: Adolf Hitler investierte in seinen Angriff 3 050 000 Mann – 75% des Feldheeres. Die 2 900 000 Rotarmisten, die in jener Sonntagsnacht an den Grenzen Rußlands standen, machten lediglich 54% der damaligen Personalstärke der Sowjetstreitkräfte aus. Darin lag möglicherweise der Grund für Stalins tiefen Schlaf.

23
Die Katastrophe

Zwischen dem 22. 6. 1941 und dem 8. 5. 1945 erlebten die Rote Armee und die Deutsche Wehrmacht in umgekehrter Reihenfolge alles, was ein Militärkörper im Krieg erleben kann:
Die tiefste Demütigung und den höchsten Triumph, den Vorstoß bis vor die Tore der Hauptstadt des Überfallenen und die Eroberung der Hauptstadt des Angreifers, die Erhebung des Obersten Befehlshabers der einen Seite zum Marschall und den Selbstmord des Obersten Befehlshabers der anderen Seite in den Trümmern seines Hauptquartiers.
Niemals wurde ein Krieg von zwei so ähnlichen Tyrannen geführt. Gleich in der erheblichen Entwicklung von kriminellen Energien, gleich in der Verachtung für Menschen- und Völkerschicksale, gleich in der Ausrichtung des gesamten politischen und militärischen Geschehens auf die eine Person als Schicksal des eigenen Volkes und des eigenen Staates.
Weder im Ersten Weltkrieg noch in den Napoleonkriegen noch im Dreißigjährigen Krieg gab es *auf beiden Seiten* zwei so dominierende Persönlichkeiten, von deren Lernfähigkeit der Kriegsausgang so entscheidend beeinflußt wurde. Beide Diktatoren machten eine entgegengesetzte Entwicklung durch.
Während Stalins Einsichtsfähigkeit mit dem Fortgang des Krieges zunahm, vollzog sich die Zerstörung der Persönlichkeit Adolf Hitlers bis zum Selbstmord. So taten beide die gleichen Dinge, um zu siegen – aber in umgekehrter Reihenfolge.
Stalin berief seine »Volkswehr« gleich nach dem Kriegsbeginn ein, um die Zeit bis zum Eintreffen der sibirischen Divisionen zu überbrücken. Hitler berief seinen »Volkssturm« am Kriegsende ein, als der Untergang nicht mehr aufzuhalten war.
Hitler bedrängte die Kirche, als ihm die Skrupel der katholischen Bischöfe vom Schlage Kardinals Graf Galen und der Widerstand der Bekennenden Kirche lästig wurde – bevor er, angesichts der Ausweglosigkeit seiner Lage, am Kriegsschluß von der Vorsehung zu faseln begann.
Stalin, der mindestens eine Million Menschen, vorwiegend überzeugte

Kommunisten, in der Großen Säuberung vernichtet hatte, das Kirchenoberhaupt Sergij aber unbehelligt ließ, empfing am 4. 9. 1943 und am 10. 4. 1945 die drei höchsten orthodoxen Kirchenfürsten Rußlands und erlaubte die Neuwahl eines Patriarchen. Sein Politbüromitglied Nikita Chruschtschow durfte im November 1944 an der Beisetzung des ukrainischen Metropoliten Andreas Szeptycki teilnehmen.[1]

Und schließlich war der Oberste Befehlshaber Stalin imstande, sich unter dem Zwang der Umstände zu überwinden und die zu Kriegsbeginn wiedereingeführten Kommissare am 9. 10. 1942 für immer abzuschaffen – während Hitlers Vertrauen zu seinem Offizierskorps im Verlaufe des Krieges schwand und der deutsche Oberste Befehlshaber nach dem Attentat vom 20. 7. 1944 die »Nationalsozialistischen Führungsoffiziere« (NSFO) samt der strikten Pflicht zum Hitlergruß in seiner Wehrmacht eingeführt hatte.

Auch die Fähigkeit der beiden Despoten, sich die richtigen Verbündeten zuzulegen, verlief in umgekehrter Reihenfolge. Die Deutschen haben den Krieg mit Rußland als Verbündetem und den USA als einer neutralen Macht angefangen. Sie beendeten ihn allein mit Ungarn als dem letzten Verbündeten, der, ob gewollt oder ungewollt, auf ihrer Seite ausharren mußte – bis zum bitteren Ende. Stalin mußte allein, ohne einen einzigen Verbündeten, in den Krieg eintreten. Er beendete ihn als Verbündeter der meisten Staaten der damaligen Welt und Mitgründer der UNO. Die Angelsachsen Montgomery und Eisenhower bekamen den sowjetischen Siegesorden.

So zeigte der Kriegsverlauf die beiden merkwürdigen Grundlinien des deutschen und des russischen Völkerschicksals. Bei den Deutschen klappte und funktionierte alles – bis auf den Sieg. Bei den Russen funktionierte nichts – außer der Rüstungsindustrie und der Fähigkeit der Militärs, aus den Niederlagen zu lernen sowie der Fähigkeit Stalins, richtige Verbündete zu wählen – und seiner Einsichtsfähigkeit in die Zuverlässigkeit seiner Kommandeure.

Stalins Lernprozeß im Kriege durchlief drei Phasen: die Phase des wütenden Umsichschlagens vom Kriegsbeginn an bis zu der Schlacht um Moskau und dem Kriegseintritt der USA, die Phase des erleichterten Aufatmens und des darauffolgenden verfrühten Versuchs, zur Offensive überzugehen – im Frühjahr und Sommer 1942 – bis zum deutschen Vorstoß nach Stalingrad, die Phase des resignierenden Verstehens und Eingehens auf die Wünsche der Generalität – vom Herbst

1942 bis zum Kriegsende. Stalin wäre nicht Stalin, wenn er die den anderen gewährten Vergünstigungen nicht auch zu eigenem Ruhme genutzt hätte.
In der ersten Phase versuchte Stalin, mit gewohnten Mitteln »Ordnung zu schaffen«. Die deutsche Einkesselungstaktik brachte es mit sich, daß in der Roten Armee »der Fisch am Kopfe zu stinken begann« – jeder Chef versuchte, mit den Mitteln, die ihm zu Verfügung standen, dem Kessel zu entrinnen: der Armeebefehlshaber mit dem Flugzeug, der Divisionär mit dem Auto, der Regimentskommandeur beritten und der Bataillonschef mit dem Panjewagen oder zu Fuß – während der Kompaniechef mit seinen Leuten fiel oder in Gefangenschaft geriet und darin umkam, – nur 3 von 100 Rotarmisten überlebten die deutsche Gefangenschaft (wie dann jeder 3. Deutsche die russische). Stalin antwortete auf das Chaos so, wie er es gewohnt war. Er führte am 16. 7. 1941 die politischen Kommissare und politischen Leiter (Politruks) wieder ein, nannte die HV Politpropaganda wieder in Polit-HV um und bestellte wieder Mechlis zu ihrem Chef – alles wie gehabt.
Zugleich übernahm Stalin die volle Verantwortung für das militärische Geschehen – wie Hitler, der nach der Niederlage bei Moskau am 19. 12. 1941 sich selbst zum OB Heer und zu Beginn des Desasters bei Stalingrad am 9. 9. 1942 zum OB der Heeresgruppe »A« ernannt hatte.
Ein Oberkommandierender für den Kriegsfall war in Moskau nicht vorgesehen, diese Position war am 1. 3. 1924 abgeschafft worden. So übernahm zunächst Minister Timoschenko den Oberbefehl über die flüchtende Truppe. Demzufolge tragen die ersten Einsatzbefehle des Juni 1941 die Unterschriften Timoschenkos und seines Stabschefs Schukow, nicht die Stalins.
Dessen Bestreben, nichts zu unternehmen, was nach einer Provokation der Deutschen aussehen würde, um vor der Geschichte und den Zeitgenossen als der unumstritten Überfallene festzustehen, hat sich selbstverständlich ausgezahlt – der Aggressor war nun für Jahrzehnte der Nachkriegszeit der Deutsche (was selbst in die UNO-Charta Eingang fand).
Das Maß der Verblendung durch die eigene Propaganda spielte bei Stalin eine geringere Rolle als etwa bei seinen Schildknappen Woroschilow und Budjonny oder gar bei dem der Propaganda schutzlos ausgelieferten Volke. Stalin war ein sehr skeptisch veranlagter Mann –

daß es *so* katastrophal über Rußland hereinbrechen würde, hatte aber wohl auch er, der abgrundtiefe Pessimist, kaum geglaubt.
Aus diesen beiden Gründen, der ungelösten Frage des Oberbefehls und des gewissen Gefangenseins in der eigenen Propaganda, versuchte man in Moskau zunächst, der deutschen Lawine mit dem schlichten Schneefeger Timoschenko begegnen zu können: Katastrophe als Normalfall und der mediokre Reitersmann als Oberkommandierender. So stand Timoschenko, ständig von Stalin gegängelt (»in Wirklichkeit hatten wir damals zwei Oberkommandierende«)[2] und auch deshalb nicht handlungsfähig, von vornherein auf verlorenem Posten.
Timoschenko war auch der erste Vorsitzende der »Stawka«, des Großen Hauptquartiers, das am 23. 6., zunächst als eine »Stawka des Oberkommandierenden«, gebildet wurde, nachdem Stalin sich vom Schrecken der ersten Stunden erholt hatte. Im Gegensatz zum Ersten Weltkrieg des Zaren wurde diesmal nur eine Stawka in Moskau eingerichtet. Ihre ersten Mitglieder waren Stalin, der Außenminister Molotow, die Marschälle Woroschilow und Budjonny, Marineminister Kusnezow und Generalstabschef Schukow. Stalin, der seinen zu »Frontchefs« (Heeresgruppenchefs) gemachten Befehlshabern der überfallenen Grenzkreise Leningrad, Kiew, West, Baltikum und Odessa wohl zu recht nicht die rechte Einstellung zum Feind zutraute, schickte schon am 22. 6. die Marschälle Kulik und Schaposchnikow an die Westfront (vorher Sonderwehrkreis West) nach Minsk. Schukow flog um 14 Uhr 30 an die Südwestfront (vorher Sonderwehrkreis Kiew). Vier Tage später war Schaposchnikow erkrankt, Kulik unauffindbar und Schukow von Stalin nach Moskau zu Beratungen zurückberufen.
Während Timoschenkos Fronten zusammenbrachen, hielt Berijas Polizeistaat stand. Es gab keine Meuterei, keine Spur von Unruhe in den unermeßlichen, schlecht erreichbaren Weiten der Sowjetunion. Bereits zwei Tage nach Kriegsbeginn wurden »Vernichtungsbataillone« zur Abwehr der Spione, Fallschirmagenten und Diversanten mit lokalen »Operativarbeitern der Organe« an der Spitze in den bedrohten Westgebieten eingerichtet.[3]
Bis Ende Juli formierte Berija, vom Kaderchef der Partei, ZK-Sekretär Malenkow unterstützt, der die Politruks für die Bataillone aus den lokalen Parteisekretären rekrutierte, 1755 Bataillone mit insgesamt 328 000 Mann: 957 in den Westgebieten Rußlands, 657 in der

Ukraine, 78 in Belorußland und 63 in der Moldaurepublik, dem ehemaligen Bessarabien.
Stalin, der die je nach dem Ausmaß des Erschreckens und der Fähigkeit, sich sofort auf die tödliche Bedrohung einzustellen, größeren oder minderen Aktivitäten seiner engsten Mitarbeiter genau beobachtete, ließ dann auch in das am 30. 6. 1941 unter seinem Vorsitz gebildete »Staatliche Verteidigungskomitee« (GKO), das fortan als höchstes Organ der Staatsmacht fungierte, nebst Molotow als seinem Stellvertreter und dem unvermeidlichen Woroschilow, nur noch die Politbürokandidaten Berija und Malenkow als Mitglieder ernennen. 6 Politbüromitglieder (von denen allerdings Schdanow in Leningrad und Chruschtschow in Kiew unabkömmlich waren) wurden übergangen.
Am 3. 7. 1941 gab sich Stalin zum ersten Mal eindeutig als der Verantwortliche für das weitere Vorgehen zu erkennen, als er in seiner ersten Rundfunkrede nach Kriegsbeginn (der von Molotow um 12 Uhr mittags am Tage des deutschen Überfalls bekanntgemacht wurde) die Taktik der verbrannten Erde ankündigte.
Eine weitere Woche später war der Generalsekretär am Ziel, am 10. 7. wurde die Stawka umgebildet, mit Stalin als Vorsitzendem.
Warum das Zögern? Nun, weil die Übernahme der unmittelbaren Verantwortung für die Kriegführung durch den Partei- und Regierungschef eine neue Qualität der Sowjetgeschichte darstellte.
Einen Präzedenzfall gab es nicht. Die Oberkommandierenden des Bürgerkrieges waren der »Kriegsminister« der ersten Militärtroika, Krylenko, und die Berufssoldaten Wazetis und Sergej Kamenew, beide kaiserliche Obristen mit Generalstabsausbildung. Weder Lenin noch Trozki hatten das Bedürfnis, das Amt des unmittelbar für taktische Entscheidungen verantwortlichen Berufsoffiziers zu übernehmen. Trozkis »Revolutionärer Kriegsrat« war die militärisch-politische Spitze der Streitkräfte, der der Oberkommandierende angehörte und zugleich unterstellt war.
Stalin war seit 19 Jahren Generalsekretär des Zentralkomitees der Partei, selbst die Übernahme der Regierung anderthalb Monate vor dem Kriegsbeginn rief große Überraschung in der Bevölkerung hervor und wurde als höchstes Alarmsignal aufgefaßt.
Um die Bevölkerung nicht noch weiter zu verängstigen, wurde die Stawka-Bildung und Stalins Übernahme des Oberbefehls erst am 25. 1. 1943, nach dem Sieg von Stalingrad, bekanntgegeben.

In der Tat entschloß sich Stalin, den letzten Schritt in Richtung auf sein altes Ziel zu tun, als die offenkundig katastrophale Lage an den Fronten das Unvermögen der meisten seiner »Feldherren« bloßgelegt hatte. Marschall Kulik tauchte erst nach Tagen des Verschwundenseins ohne Papiere wieder auf. Die seltsame Anhänglichkeit Stalins dem alten Zarizyn-Kumpel gegenüber rettete Kulik das Leben. Fortan wurde er nur noch als Armeebefehlshaber eingesetzt, im März 1942 zum Generalmajor degradiert und ab September 1943 nicht mehr an der Front verwendet. Aber er blieb am Leben und in der Freiheit. Armeegeneral Pawlow, Frontchef West, konnte keine alte Bindung an den Verpflegungskommissar von Zarizyn nachweisen. Am 30. 6. 1941 wies Stalin Schukow an, Pawlow abzulösen und nach Moskau zu beordern. Wie üblich, wurde Pawlows Frontkriegsrat, Korpskommissar Fominych befragt, wer am Zusammenbruch schuldig und vors Kriegsgericht zu bringen sei. Fominych – jener Mann, der in der Säuberung Schukow denunziert hatte – rettete seine Haut, indem er Pawlow, dessen Stabschef Generalmajor Wladimir Klimowskich, den Artilleriechef Nikolai Klitsch (einen in drei Jahren vom Major zum Generalleutnant aufgestiegenen Spanienkämpfer) und den Nachrichtenchef Generalmajor Grigorjew vors Kriegsgericht empfahl. Pawlow und die drei Herren seines Stabes wurden im Juli erschossen.
Die Lage an den anderen Fronten war der an der Westfront ähnlich. Die Koordinierung der Kampfhandlungen klappte überhaupt nicht. So wurden an jenem 10. 7. 1941, als Stalin den Vorsitz in dem in eine »Stawka des Oberbefehlshabers« umbenannten Hauptquartier übernommen hatte, drei Frontgruppen (eigentlich: »Richtungen«) gebildet: Nord, Nordwest und Süd. Woroschilow, Timoschenko und Budjonny wurden mit ihrer Leitung beauftragt, mit dem Ziel, Leningrad, Moskau und Kiew vor dem deutschen Zugriff zu retten.
Damit waren Timoschenkos Tage als Verteidigungsminister gezählt. Am 19. 7. 1941 wurde Stalin sein Nachfolger. Nun saß er als fünfter sowjetischer Wehrminister nach Trozki auf dem Posten des vor 11 Monaten gemeuchelten Todfeindes – und in ähnlich bedrängter Lage wie Trozki anno 1919.
Im Falle Pawlows glaubte Stalin noch, nach altem Säuberungsmuster verfahren zu können, bei Schukow erkannte er seine Grenzen.
Zwischen den beiden gleich harten Charakteren knisterte es schon seit Schukows Rückkehr von der Front. Der Knoten platzte am 29. 7., als

Schukow die Räumung Kiews und einen Gegenstoß an der Moskauer Front vorschlug. Er befürchtete zu recht, daß Stalin wie schon vor Kriegsbeginn die gegnerischen Kräfte in der Mitte unter- und die im Süden überschätzen würde. Stalin brauste auf: »Was für Gegenstöße, was ist das für ein Quatsch?« Woraufhin Schukow »nicht mehr an sich halten konnte« und antwortete: »Wenn Sie meinen, daß der Generalstabschef nur dazu imstande sei, Quatsch zu dreschen, so hat er hier nichts mehr zu tun.« Er bat um ein Frontkommando.
Sollte der Erschießung des Armeegenerals Pawlow die des Armeegenerals Schukow folgen? Oder begriff Stalin, als er Schukow ungestraft an die Front ziehen ließ, daß die Grenze erreicht war, daß er nicht mehr viel »Menschenmaterial« zur Verfügung hatte? Anscheinend ja, denn Stalin schickte Schukow mit der Bemerkung, er solle sich nicht so erhitzen, hinaus. 40 lange Minuten vergingen. Dann teilte Stalin Schukow mit, daß er (nun zum dritten Mal) mit dem kränklichen Schaposchnikow als Generalstabschef schon irgendwie zurechtkommen würde. Politchef Mechlis, der bei dem vorangegangenen Streit kräftig mitgemischt hatte, wagte natürlich keinen Einspruch mehr. Obendrein befahl Stalin dem immer noch »erhitzten« Schukow, eine »Reservefront« zu bilden, die nun doch die Aufgabe haben sollte, den Gegenstoß bei Moskau vorzubereiten. Nach einer schweigsam verlaufenen Teestunde trennten sie sich.
Aber Stalin wäre nicht Stalin, wenn er nicht in der Nähe Schukows (dem er noch ausdrücklich bestätigt hatte, daß er Mitglied der Stawka bleibe) eine »Sicherheit« postiert hätte. Schukows Kriegsrat wurde der Kommissar der Staatssicherheit 3. Ranges Sergej Kruglow.
Eine Woche danach, am 8. 8. 1941, ernannte Stalin sich selbst zum Obersten Befehlshaber, das Hauptquartier wurde zur »Stawka des Obersten Befehlshabers der Bewaffneten Streitkräfte der UdSSR« umbenannt. Bei der dritten Umbenennung der Stawka wurde Admiral Kusnezow durch Marschall Schaposchnikow ersetzt. Dies war aber völlig unerheblich, da die Stawka während des ganzen Krieges nicht ein einziges Mal zusammengetreten war.[4] Alle Entscheidungen wurden von Stalin nach Beratung mit den betroffenen Akteuren des jeweiligen Kriegsschauplatzes selber getroffen.
Stalin hatte sein Ziel erreicht. Das noch 1937 Unfaßbare war vier Jahre später Wirklichkeit geworden: Weder Tuchatschewski noch Blücher befehligten die Rote Armee in der größten Bewährung ihrer kurzen

Geschichte, sondern der gescheiterte Kommissar von Zarizyn und Lemberg. Stalins Kommissare hielten mit ihrem Gegenzeichnungsrecht die ohnehin durch den schier unaufhaltsamen deutschen Vormarsch aufs höchste verunsicherten Kommandeure in ständiger zusätzlicher Bedrohung durch Denunziation und Kriegsgericht.
So stand das militärische Establishment des Jahres 1941/42 zwischen zwei Feuern. Die kämpfenden Kommandeure fielen oder gerieten in die Gefangenschaft. Wer der Gefangenschaft aber entfliehen und sich zur eigenen Truppe durchschlagen konnte, geriet in die Mühle der NKWD-Sonderabteilungen, die die Unglücklichen selbst in der Einkesselung durch die Deutschen nicht freiließen. Auch abgeschossene Flieger, die sich zu eigenen Truppen durchgeschlagen hatten, kamen in die Haft der Sonderabteilungen – auch wenn sie kurz zuvor zu Helden der Sowjetunion ernannt wurden.
Die Zahl der gefallenen, gefangenen und erschossenen roten Generale ist eines der bestgehüteten Geheimnisse des Krieges. So präzise die sowjetischen Quellen mit den Angaben sind, wann welcher General welche Armee befehligt hatte und mit welchen Orden er geehrt wurde, so sparsam sind sie mit den Mitteilungen über den Tod der Armeeführer im Kriege. Zieht man einige Hinweise in der Memoiren- und Sekundärliteratur und die spärlichen Mitteilungen in den amtlichen Werken zusammen, so kommt man auf nicht einmal einhundert im Kriege umgekommener Generale.
Angesichts der sowjetischen Mitteilung von 20 Millionen toten Sowjetbürgern in den Kriegsjahren, ja selbst angesichts der vorwurfsvollen Mitteilung Stalins an Churchill im Februar 1945 in Jalta: »Ich habe fünf Millionen Männer verloren«, ist dies ein Absurdum.
Mit absoluter Sicherheit ist nur der Kriegstod von einem Dutzend Armeeführern belegt, darunter als höchste gefallene Chargen der Tod der Armeegenerale Apanassenko, Watutin und Tschernjachowski. Josef Apanassenko, der Nachfolger des glücklosen Grigorij Stern als Befehlshaber der Fernostfront, wurde zwecks Sammeln von Fronterfahrung am 3. 6. 1943 zum Vize-Befehlshaber der Woroneschfront des Armeegenerals Watutin ernannt. Der 53jährige Ukrainer starb schon am 5. 8. 1943, in der Schlacht bei Belgorod schwer verwundet, ohne sich im großen Orlog bewähren zu können.
Mit Nikolai Watutin und Iwan Tschernjachowski fielen, kurz vor ihrer Beförderung zum Marschall der Sowjetunion, die beiden begabtesten

Oben (v. l. n. r.): W. F. Tribuz, Befehlshaber der Baltischen Flotte 1939–46, der 8. Flotte 1946–55, S. G. Gorschkow, OB Kriegsmarine seit 1956, im Krieg als Konteradmiral, N. G. Kusnezow, OB Kriegsmarine 1939–47 und 1951–56, im Jahre 1942.

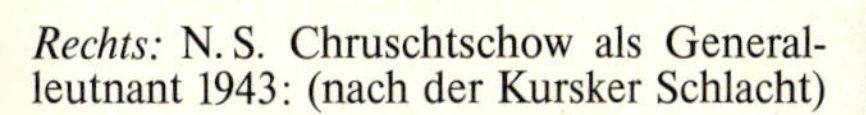

Rechts: N. S. Chruschtschow als Generalleutnant 1943: (nach der Kursker Schlacht)

Unten: in der befreiten Ukraine.

F. S. Oktjabrski, Befehlshaber der Schwarzmeerflotte 1939–43 und 1944–48

I. N. Koschedub, Dreifacher Held der Sowjetunion (62 Abschüsse)

A. I. Pokryschkin, Dreifacher Held der Sowjetunion (59 Abschüsse)

I. Je. Petrow, (l.), Befehlshaber der 4. Ukrainischen Front, 1944 in den Karpaten

A. A. Schdanow, Politbüromitglied und Generaloberst, unterzeichnet 1944 den Waffenstillstand mit Finnland

Marschall F. I. Tolbuchin unterzeichnet 1944 eine Vereinbarung mit der Jugoslawischen Volksbefreiungsarmee. (Links: Marschall Tito, rechts: Generaloberst A. S. Scheltow)

Rechts: Marschall Schukow, Stellv. des Obersten Befehlshabers 1942–45, Wehrminister 1955–57, im Ruhestand.

Vize-Unteroffizier G. K. Schukow 1916.

W. N. Gordow, Generaloberst, Juli–August 1942 Befehlshaber der Stalingradfront, 1945/46 des WK Wolga. Erschossen 12. 12. 1951.

l.: A. A. Nowikow, OB Luftwaffe 1943–46, dann in Haft bis 1953, r.: K. A. Werschinin, OB Luftwaffe 1946–49 und 1957–69.

Marschall W. D. Sokolowski OB Deutschland 1946–49, Generalstabschef 1952–60.

Frontchefs 1945 (v. l. n. r., sitzend): I. S. Konew, A. M. Wassilewski, Schukow, K. K. Rokossowski, K. A. Merezkow, stehend: Tolbuchin, R. Ja. Malinowski, L. A. Goworow, A. I. Jerjomenko, I. Ch. Bagramjan.

sowjetischen Heerführer des Zweiten Weltkrieges. Beide kamen auf eine etwas absurde Weise ums Leben, indem die als Draufgänger bekannten Frontbefehlshaber wieder einmal den strikten Befehl Stalins mißachteten, sich nicht unnötig durch Truppenbesuche zu gefährden.

Watutin, der Sieger der Materialschlacht von Kursk und der Befreier Kiews, war ein ebenso brillanter Generalstäbler wie Truppenführer. Als Chef der Operativabteilung des Generalstabes wurde er schon bei der Bildung der ersten Stawka zu ihrem Mitglied vorgeschlagen – was Stalin ablehnte. Als Stabschef der Nordwestfront und Befehlshaber der operativen Heeresgruppe Nowgorod hatte er sich gegen den Generalfeldmarschall Erich v. Manstein glänzend bewährt. In den Generalstab zurückgerufen und als Stawka-Bevollmächtigter an der Brjansker Front eingesetzt, schaffte es Watutin, wieder an die Front versetzt zu werden. Er übernahm die Woronesch- (später die 1. Ukrainische) Front und marschierte nach dem Sieg bei Kursk am 6. 11. 1943, zusammen mit seinem Kriegsrat Chruschtschow, in das befreite Kiew ein. Bei einer unnötigen Fahrt zur Truppe wurde der 43jährige von antisowjetischen ukrainischen Partisanen am 29. 2. 1944 schwer verwundet. Watutin starb am 15. 4. 1944.

Auch der Ukrainer Tschernjachowski, mit 38 Jahren der jüngste sowjetische Vollgeneral, war am 18. 2. 1945 auf einer überflüssigen Truppenfahrt, in der Nähe des ostpreußischen Städtchens Mehlsack (heute polnisch: Pleniezno) durch den Splitter einer Artilleriegranate, die den Fond seines Wagens durchschlug, tödlich verletzt worden. Er starb am gleichen Tag.[5] Zu Ehren Tschernjachowskis, der als Oberst und Kommandeur der 28. Panzerdivision im Baltikum in den Krieg ging, wurde Insterburg in Ostpreußen 1946 in Tschernjachowsk umbenannt.

Ansonsten? Generaloberst Michail Kirponos geriet mit seiner Südwestfront nach der verspäteten Räumung Kiews in den Kessel. Der 49jährige Ukrainer fiel am 20. 9. 1941 zusammen mit seinem Stabschef Generalmajor Wassilij Tupikow, den letzten Militärattaché in Berlin 1940/41, beim Ausbruchsversuch. Kirponos' Frontkriegsrat, ZK-Mitglied Michail Burmistenko, der 2. ZK-Sekretär der ukrainischen KP, ist verschollen. Burmistenko ist der ranghöchste im Kriege umgekommene Parteifunktionär. Hartnäckige Gerüchte, der 38jährige Ukrainer sei in Gefangenschaft geraten, lassen sich nicht verifizieren.

Eine der häufigsten Todesarten der sowjetischen Generalität in den ersten beiden Kriegsjahren war der Freitod. Der schwerverwundete Befehlshaber der 33. Armee, Generalleutnant Michail Jefremow, wurde, bei Wjasma mit seiner Armee eingeschlossen, tagelang auf einer Bahre durch die Wälder getragen. Am 19. 4. 1942 erschoß er sich in aussichtsloser Lage. Generalleutnant Kusma Podlas, Befehlshaber der 57. Armee, erschoß sich, als seine Armee bei Charkow vernichtet wurde, am 25. 5. 1942.

Was sollten die Armeeführer auch tun – Stalin hatte doch angeblich gesagt, daß er jeden General aus dem Fenster werfen würde, der es wage, ohne seine Armee vor die Augen des »Obersten« zu treten.

Am makabersten erscheint der Fall der Petrowski-Familie: Der im Dezember 1940 nach zweieinhalbjähriger Haft entlassene und sogleich als Kommandeur des 63. Schützenkorps eingesetzte Komkor Leonid Petrowski wurde am 31. 7. 1941 zum Generalleutnant befördert. Am 13. 8. bekam Petrowski im Kessel durch einen Luftkurier den Befehl, die 21. Armee zu übernehmen. Petrowski erbat sich, erst sein Korps (das zu der 21. Armee gehörte) aus dem Kessel zu führen und wurde am 17. 8. beim Ausbruch schwer verwundet und starb. Während Leonid Petrowski post mortem den Orden des Vaterländischen Krieges 1. Stufe verliehen bekam, wurde sein Bruder Pjotr, ein Leningrader Parteifunktionär, am 11. 9. 1941 nach vierjähriger Haft erschossen.

Pjotr Petrowski, durch Stalin zu Tode gebracht, wurde 41, Leonid, durch Hitler umgekommen, 39 Jahre alt; Mutter Dominika starb im gleichen Herbst aus Gram. Von der fünfköpfigen Familie blieben in jenem ersten Herbst des Krieges nur der 63jährige Vater Grigorij und die Tochter Antonina am Leben. Der Vater, bis Ende 1938 ukrainischer Staatschef und Politbürokandidat, blieb in der Freiheit (ehemalige Dumaabgeordnete der Bolschewiki wurden nicht verhaftet – ein seltsames Postulat der Stalinzeit). Nachdem er über ein Jahr arbeitslos war, fand er im Juni 1940 einen Unterschlupf als Vizedirektor des Moskauer Revolutionsmuseums. Er durfte nur den Tod der Ehefrau und des jüngeren Sohnes öffentlich betrauern.[6]

Aber auch der Tod in der Schlacht schützte die Generale nicht immer vor Stalins Schmähungen. Generalleutnant Wassilij Katschalow fiel als Befehlshaber der 28. Armee am 4. 8. 1941 bei Smolensk, Generalmajor (Pz) Alexandr Lisjukow, Befehlshaber der 5. Panzerarmee, dessen beide Brüder ebenfalls im Kriege ums Leben kamen, wurde im Juli

1942 durch einen Volltreffer bei Stalingrad in seinem Panzer getötet. Obwohl ihm das bekannt war, behauptete Stalin von beiden, sie hätten sich gefangennehmen lassen.
Nimmt man die ganz und gar unvollständigen Angaben in der erreichbaren Literatur zusammen, so sind am zweiten Kriegstag der Kommandeur des 6. Kavalleriekorps der Kosaken, Generalmajor Iwan Nikitin, und der Kommandeur des 6. mechanisierten Korps, Generalmajor Michail Chazkilewitsch, gefallen. Im Juli 1941 fielen der Befehlshaber der 13. Armee, Generalleutnant Pjotr Filatow und vier Generalmajore, der verschollene Befehlshaber der 24. Armee, Generalmajor Konstantin Rakutin, wurde für gefallen erklärt; im August Generalleutnant Katschalow und drei Generalmajore, im September Generaloberst Kirponos, außerdem der Ex-Befehlshaber der 42. Armee, Generalleutnant Fjodor Iwanow, und fünf Generalmajore, im Oktober der Befehlshaber der 18. Armee, Generalleutnant Andrej Smirnow, und der Befehlshaber der 50. Armee, Generalmajor Michail Petrow. Am 18. 11. fiel bei Moskau der Kommandeur der 8. Gardeschützendivision, Generalmajor Iwan Panfilow, am 19. 12. der Kommandeur des 2. Gardekavalleriekorps, Generalmajor Lew Dowator, am 28. 12. der Befehlshaber der 3. Armee, Generalleutnant Pjotr Pschennikow.
Am 26. 5. 1942 fiel auch der Vizebefehlshaber der Südwestfront, Generalleutnant Fjodor Kostenko. Da im Kriegshalbjahr 1941 mindestens 23, im ersten Halbjahr 1942 mindestens 9 sowjetische Armeen vernichtet wurden, kann man sich vorstellen, wie unvollständig diese Angaben sind. Noch geiziger als mit den Angaben über gefallene Armeeführer sind die sowjetischen Quellen mit den Hinweisen auf die in Gefangenschaft geratenen. Eigentlich gibt es nur einen »anerkannten« gefangengenommenen roten General: den Festungsbaumeister Generalleutnant-Ing. Dmitrij Karbyschew.
Der 60jährige Doktor der Militärwissenschaften und Professor an der Generalstabsakademie wurde schon Anfang August 1941 schwerverletzt und bewußtlos gefangengenommen. Nach einem den ganzen Krieg hindurch andauernden Leidensweg und der Ablehnung aller Angebote, mit den Deutschen zusammenzuarbeiten, wurde Karbyschew am 18. 2. 1945 im Konzentrationslager Mauthausen zu Tode gefoltert. Die Schergen übergossen den entkleideten Mann im Freien solange mit Wasser, bis er zu einer Eissäule erstarrt war.
Andere »offizielle« gefangene Sowjetgenerale gibt es kaum. Nur etwa

aus der Gegenüberstellung eines Hinweises in Schukows Memoiren mit einer Todesanzeige in der Armeezeitung »Krasnaja swesda« (Roter Stern)[7] läßt sich der Schluß ziehen, daß der am 8. 8. 1941 gefangengenommene Befehlshaber der 6. Armee, Generalleutnant Iwan Musytschenko, die Gefangenschaft und Stalin überlebte.[8]
Hinweise in den amtlichen Werken auf den am gleichen Tage wie Musytschenko gefangenen Befehlshaber der 12. Armee, Generalmajor Pawel Ponedelin, gibt es ebensowenig wie die Erwähnung des weiteren Schicksals der im Oktober 1941 gefangenen Befehlshaber der 20. Armee, Generalleutnant Filipp Jerschakow und der 32. Armee Generalmajor Sergej Wischnewski. Einzig über den Befehlshaber der 19. Armee, Generalleutnant Michail Lukin, heißt es amtlich, daß er, am 14. 10. 1941 schwerverwundet gefangen, sich »mutig und würdig« zeigte. Lukin wurde im Mai 1945 befreit, im November 1946 a. D. gestellt. Er starb am 25. 5. 1970 in Moskau. Nach ebenso völlig unvollständigen Hinweisen wurden Ende Juni/Anfang Juli 1941 mindestens 4, im August 11 und im September 5 Generalmajore der Roten Armee von den Deutschen gefangengenommen.
Namen der Generale, die gemeinsame Sache mit den Deutschen machten, wurden gelöscht, wie etwa der Name des Generalmajors Filenko, Befehlshaber der 32. Armee, die fast ausschließlich aus den unausgebildeten, schlecht ausgerüsteten Volkswehrmännern von 17 bis 70 bestand. Die 17jährigen blieben, da unmündig, unvereidigt, durften aber kämpfen und fallen. Der im Oktober 1941 gefangene Filenko zeigte sich bei den Verhören aussagefreudig und lieferte einige teils amüsante, teils zutreffende Beurteilungen der politischen und militärischen Führung.[9]
Selbstverständlich ist auch der Name des Generalleutnants Andrej Wlassow, im Oktober 1941/März 1942 Befehlshaber der 20. Armee und im April/Juli 1942 der 2. Stoßarmee, zwischendurch Vizebefehlshaber der Wolchowfront, gelöscht worden. Immerhin hielt Wassilewski, der damalige Vize-Generalstabschef, es für nötig, die Bemühungen des Generalstabes und der Stawka zu schildern, Wlassow aus dem Kessel zu retten. Wassilewski gelangte allerdings zu der Schlußfolgerung, daß Wlassow sich gar nicht retten lassen wollte. Wlassow, der am 11. 7. 1942 am Wolchow in die Gefangenschaft kam, arbeitete seit Dezember 1942 mit den Deutschen zusammen. Er wurde, nach seiner Auslieferung, am 30. 7. 1946 mit elf Mitangeklagten in Moskau vor

Gericht gestellt. Das Militärkollegium des Obersten Gerichts verurteilte am 1. 8. 1946 alle zum Tode. Wlassow wurde, zusammen mit vier Generalleutnanten, vier Generalmajoren und zwei Obersten, unmittelbar nach dem Urteil gehenkt.
Da die Sowjetunion nach Molotows angeblichem Spruch keine Gefangenen hatte, die Gefangenschaft andererseits den fast sicheren Tod bedeutete, blieb nur das Fliehen übrig. Den erfolgreich geflüchteten General erwartete oft ein drittes Schicksal. So wurde der aus der Gefangenschaft geflohene Generalmajor Michail Romanow, Kommandeur der 172. Schützendivision, als Partisan von den Deutschen gehenkt – eine Auswirkung des »Kommissar-Befehls«, der die Frage »Hitler oder Stalin« überflüssig gemacht hatte.[10]
Am leichtesten lassen sich erstaunlicherweise die Fälle derjenigen Generale nachweisen, die in der ersten Phase des verzweifelten Umsichschlagens von Stalin erschossen wurden – eine Folge der Entstalinisierung und des erfolgreichen Bemühens um die Rehabilitierung aller in der Stalinzeit gerichteten Offiziere. Im Vergleich zu der Großen Säuberung war jedoch die Zahl der hohen Chargen der Roten Armee, denen Stalin die Schuld an der Katastrophe von 1941 zugeschoben hatte, »gering«. Natürlich wußten alle Beteiligten, »daß keiner der Betroffenen ein Landesverräter war; keiner war schuldig, doch Schuld war da und mußte getragen werden . . . da sie (die Schuld) groß ist, muß sie von vielen getragen werden.«[11]
Nach der Liquidierung des Pawlow-Stabes gab es nur noch eine größere Hinrichtungsaktion in Moskau, nämlich, die Erschießung der Generalobersten Loktionow und Stern sowie von 7 (von insgesamt 13) Generalleutnanten der Luftwaffe (damals die höchsten Ranginhaber dieser Waffengattung) am 28. 10. 1941. Die Aktion war Stalins Rache für die absolute deutsche Luftüberlegenheit in den ersten Kriegsmonaten. Die von Nikolai Polikarpow konstruierte, 1935 in Dienst gestellte Jagdmaschine »I-15« hatte eine Geschwindigkeit von 367 km/h, eine Steigleistung von 9000 m, die Triebwerkleistung von 750 PS und ein MG vom 7,62 mm-Kaliber. Die »Me-109« Willy Messerschmitts, 1938/39 in Dienst gestellt, hatte eine Geschwindigkeit von 540 km/h, eine Steigleistung von 11 700 m, eine Triebwerkleistung von 1050 PS und ein 20-mm-Kaliber-MG.
Die Luftwaffengenerale wußten Bescheid. So antwortete der Luftwaffenchef des Sonderwehrkreises West, Generalmajor d. L. Iwan Kopez,

auf die Frage, was er tun würde, wenn die Deutschen seine Flugzeuge am Boden zerstörten: »Dann erschieße ich mich.«[12] So geschah es denn auch am ersten Kriegstag, als die Deutsche Luftwaffe 738 der Kopez unterstellten Maschinen, vorwiegend am Boden, zerstört hatte. Kopez war »ein ausgezeichneter Pilot, aber unfähig, die Fliegerkräfte eines Wehrkreises zu führen.«[13] Stalins Kommentar dazu lautete: »Der Befehlshaber der Luftstreitkräfte der Westfront, Generalmajor d. L. Kopez, Hauptschuldiger an der Zerstörung der Flugzeuge, hat sich nach Erhalt der noch unvollständigen Angaben über die Verluste, wohl um sich der Verantwortung zu entziehen, noch am Abend des 22. Juni erschossen. Die übrigen Schuldigen erhielten später ihre gerechte Strafe« (aus dem »Kriegstagebuch der Westfront«).
Die Erschießungsformeln für die »übrigen Schuldigen« wiesen geringe Unterschiede auf. Die meisten der gerichteten Generale wurden vor Ort durch die Abgesandten der 7. Abteilung (Sonderabteilung) des Innenministeriums nach Verlesung des Urteils erschossen – so der Befehlshaber der 4. Armee der Westfront, Alexandr Korobkow. »Der Befehlshaber der 4. Armee, Generalmajor Korobkow, wurde auf Grund der Untersuchung des Generalstabs der RKKA des Landesverrats schuldig befunden, mit sofortiger Wirkung degradiert, seines Postens enthoben und zum Tode durch Erschießen verurteilt.
Das Urteil wurde nach Verlesen des Vollstreckungsbefehls durch den Beauftragten der Sonderkommission der 7. Abteilung vollstreckt.« Dies geschah am 26. 7. 1941. Zusammen mit Korobkow wurden 6 weitere Generalmajore im gleichen Monat Juli 1941 erschossen.
Die Formel für den in Moskau erschossenen Pawlow-Stab lautete: ». . . (Aufzählung der Namen und Dienststellungen) Sie haben verbrecherischerweise die Verbindung zu ihren Truppen verloren und haben unterlassen, die Verbindung wieder herzustellen. Sie sind des Landesverrats schuldig befunden und wurden zum Tode durch Erschießen verurteilt. Das Urteil wurde vollstreckt.«
Nach der gleichen Formel wurde am 28. 10. 1941 die Elite der Luftwaffenführung gerichtet. Loktionow, zuletzt Befehlshaber des Sonderwehrkreises Baltikum, war 1937–39 Nachfolger des erschossenen Alxnis, Smuschkewitsch, zuletzt Gehilfe des Generalstabschefs für die Luftwaffe, war 1939/40 Nachfolger Loktionows, Rytschagow, zuletzt Chef der Luftwaffe der Frontgruppe Nordwest, war 1940/41 Nachfolger von Smuschkewitsch. Grigorij Stern, 1938 der Sieger vom Chas-

sansee, war zwischen April und Juni 1941 Chef der Luftabwehr. Proskurow, 1936–38 Befehlshaber der 2. Armee zur besonderen Verwendung, war 1939–41 Chef des militärischen Nachrichtendienstes im Generalstab. Dem Generalleutnant d. L. wurde die »falsche« Information über die Stärke der finnischen Armee zur Last gelegt.[14]
Die Generalleutnante Fjodor Ardschenuchin, Pjotr Pumpur und Jewgenij Ptuchin waren gefeierte Fliegerhelden. Außer Loktionow waren sämtliche Erschossenen Spanienkämpfer und Helden der Sowjetunion, Smuschkewitsch bekam den goldenen Heldenstern zum zweiten Mal für den Sieg am Chalchin-Gol. Mit Stern und Smuschkewitsch starben die ranghöchsten jüdischen Generale der Roten Armee. Die Erschießungen des 28. 10. 1941 markieren eine Grenze im Schicksal des militärischen Establishments der Stalinzeit im Krieg – es waren die letzten Todesurteile für Generale, die bekanntgeworden sind. Stalin begann langsam zu begreifen, daß die Peitsche allein nicht ausreichen würde, um das Ende seines Systems aufzuhalten – Zuckerbrot mußte her.

24
Der Sieg

Die ersten Anzeichen des Begreifens, daß er mit der kalten Flamme der Ideologie und dem gewohnten simplen Terror den Krieg nicht gewinnen könne, wurden schon in der Rede Stalins vom 3. 7. 1941 an die »Brüder und Schwestern . . . meine Freunde!« hörbar. Zwar marschierte »Lenins siegreiches Banner« in dieser Rede mit wie stets, das sensationelle Novum war jedoch die Berufung auf die großen Gestalten der russischen Geschichte: Die Großfürsten Dmitrij Donskoi, den Sieger über die Tataren bei Kulikowo und Alexandr Newski, den Bezwinger der Ordensritter am Peipussee, auf Kusma Minin und den Fürsten Dmitrij Poscharski, die Führer des Volksaufstandes gegen die Polen. Weiterhin auf die großen russischen Feldherren, Generalissimus Alexandr Suworow, und Generalfeldmarschall Michail Kutusow, die Napoleon entgegentraten. Alexandr Newski, Suworow und Kutusow wurden dann auch die Stifter neuer Sowjetorden.
Gleich nach der Übernahme des Vorsitzes in der Stawka versuchte Stalin, Ordnung in die chaotische Verwaltung des Verteidigungsministeriums zu bringen, die Woroschilow seinen Nachfolgern hinterließ. Ende Juli 1941 wurden alle über mehrere Verwaltungen zerstreuten Versorgungsdienste in der heute noch bestehenden HV Rückwärtige Dienste zusammengefaßt. Die Luftlandetruppen bekamen den Rang einer Waffengattung im Rahmen des Heeres, ebenso die Pioniertruppen. Der Chef der Luftwaffe wurde zum Befehlshaber erhoben.
Die Position des Artilleriechefs Woronow gegenüber dem Chef der HV Artillerie wurde nach der Ablösung des unglückseligen Kulik gestärkt, der Dualismus zweier Artilleriechefs beseitigt.
Der Versuch, die Positionen der Chefs der Waffengattungen und der Hauptverwaltungen des Ministeriums zu stärken, indem sie alle zu Ministerstellvertretern wurden, scheiterte alsbald am Einspruch Wassilewskis, der Zentralfigur im Generalstab der Roten Armee während des Krieges. Wassilewski meinte, daß viele Köche den Brei verderben würden. Er setzte daher sogleich durch, daß die unmittelbar nach dem Kriegsbeginn geschaffene Institution der (insgesamt sechs) Berater des Generalstabschefs mit den Rechten seiner Stellvertretung, aber »ohne daß sie die Verantwortung für die Arbeit des Generalstabs, für die

Tätigkeit der Frontkommandos oder für den Zustand der Truppen trügen« (Wassilewski) wieder beseitigt wurde. Stalin ließ sich jedoch nicht nehmen, bei der Stawka eigene »ständige Berater« zu unterhalten. Dazu gehörten unter anderen die Ex-Generalstabschefs Schaposchnikow und Merezkow, der Generalstäbler und Troupier Watutin, der Artilleriechef Woronow und die Politbüromitglieder Mikojan, Wosnessenski und Schdanow.
Die Beratergruppe bei der Stawka sollte ein Gegengewicht zu dem Staatlichen Verteidigungskomitee (GKO) darstellen – Stalin arbeitete gerne mit zwei Eisen im Feuer, die er dann nach Belieben gegeneinander ausspielen konnte. Mikojan und Wosnessenski indessen wurden für die Armeeversorgung so unentbehrlich, daß sie am 3. 2. 1942 selbst zu den Mitgliedern des allmächtigen GKO bestellt wurden. Politbüromitglied Lasar Kaganowitsch kam am 20. 2. 1942 hinzu.
Ebensowenig wie auf Berija oder Malenkow wollte Stalin auf den bewährten Säuberer Kaganowitsch im Kriege verzichten. Obwohl Kaganowitsch, am 24. 6. 1941 zum Chef des Evakuierungsrates bestellt, schon am 16. 7. durch den umsichtigeren Gewerkschaftschef Nikolai Schwernik abgelöst wurde, übertrug Stalin ihm im März 1943 das bis dahin vom Chef der Rückwärtigen Dienste, Generaloberst Alexej Chruljow, in Personalunion mitverwaltete Verkehrsministerium.
Trotz des häufig mit Todesfolge verbundenen Drucks von seiten Stalins und der Kommissare hatten die roten Generale es nicht verlernt, selbständig zu handeln. Alle Intentionen Stalins mißachtend, versetzte Marineminister Kusnezow, der an die Befehle Timoschenkos ohnehin nicht gebunden war, seine Waffengattung am Vorabend des Krieges in volle Gefechtsbereitschaft.[1] Aber auch der sonst in der sowjetischen Militärgeschichte kaum hervorgetretene Befehlshaber des Wehrkreises Odessa, Generaloberst Tscherewitschenko, mißachtete Timoschenkos Anweisungen. Demzufolge hatten die Flotten und die Truppen des Wehrkreises Odessa in den ersten Tagen geringere Ausfälle als etwa die Truppen des sich strikt an die Ministerbefehle haltenden Pawlow. Der Trend zur Exklusivität des Offizierskorps war, trotz allen Drucks, nicht aufzuhalten.
Im gleichen Monat Juli 1941, in dem er einen seiner fünf Armeegenerale erschießen ließ, schuf Stalin zum ersten Mal Abstand zwischen den Stabisten und den Troupiers, als er die Position eines »Offiziers im Generalstab« installierte. Die Gruppe der Offiziere i. G. umfaßte zu

Beginn des zweiten Kriegsjahres 134, an seinem Ende 240 Mann. Die Offiziere i. G. wurden den Stäben von der Division aufwärts beigegeben und arbeiteten selbständig als Informanten des Generalstabes und Kontrolleure der Durchführung der Befehle der Stawka.
Im Juni 1943 wurde aus der Gruppe der Offiziere i. G. ein »Korps der Offiziere – Vertreter des Generalstabes« in Stärke von 126 Mann, das in Offiziere und Oberoffiziere i. G. (bei Frontstäben) geteilt war.
Der nächste Schritt war die Wiedergeburt der Garde. Am 18. 9. 1941 wurde per Stalins Ministerbefehl »Nr. 308« die 100., 127., 153. und die 161. Schützendivision in die 1. bis 4. Gardeschützendivision umbenannt. Die 1. Gardearmee wurde im August, die 2. im Oktober, die 3. am 5. 12. 1942, die 4. bis 8. und die 10. bis 11. am 16. 4. 1943, die 9. im Januar 1945 ins Leben gerufen. Die erste der insgesamt 6 Garde-Panzerarmeen entstand am 22. 2. 1943.
Am Kriegsende gab es neben 17 Gardearmeen und der 1. Kavallerie- und mechanisierten Gardegruppe des kaukasischen Generals Issa Plijew insgesamt 82 Korps, 215 Divisionen, 177 Regimenter und 59 Brigaden der Garde aller Waffengattungen. Auch 18 Kampfschiffe und ein befestigter Rayon wurden mit den Gardeprivilegien bedacht. Die »Garde-(»Katjuscha«)-Werfereinheiten«, die am 14. 7. 1941 bei Orscha in Belorußland zum ersten Mal mit 5 Werfern zum Einsatz kamen, und am Kriegsschluß, in 7 Divisionen gegliedert, 3081 Werfer aufweisen konnten, wurden insgesamt zu Garden erhoben.
Ihre Privilegien wogen beträchtlich. Neben der Gardefahne (bei der Kriegsmarine: Gardeflagge) und einem Brustabzeichen gab es Materielles und Bares. Die Mannschaften bekamen Offiziersverpflegung, die Offiziere anderthalbfachen Sold, der wie üblich noch ein Jahr nach der Demobilisierung bezahlt wurde.
Die Gründung der Garde war der eindeutigste Bruch mit der revolutionären Tradition nach der Wiedereinführung der Generalsränge, im Augenblick der größten Bedrängnis beschlossen. Die drei Veteranen des Bürgerkrieges als Oberbefehlshaber der Frontgruppen konnten das Verhängnis nicht aufhalten. Am stärksten wurden die »Altmarschälle« Woroschilow und Budjonny bedrängt, die die tödliche Gefahr von Leningrad und Kiew nicht abwenden konnten.
Woroschilows Frontgruppe Nordwest wurde am 29. 8. 1941 aufgelöst. Am 5. 9. übernahm der 60jährige Exminister die Leningrader Front. Budjonny wurde am 10. 9. durch Marschall Timoschenko er-

setzt und zum Nachfolger Schukows als Befehlshaber der Reservefront ernannt. Aber auch der umsichtigere Timoschenko konnte Kiews Aufgabe nicht verhindern, am 19. 9. wurde die ukrainische Hauptstadt geräumt. Einen Tag später fiel der Befehlshaber der Südwestfront, Kirponos. Was von dessen Front übrigblieb und aufgefüllt werden sollte, hatte Timoschenko in Personalunion als neuer Frontchef übernommen.

Kiew war gefallen, Leningrad in höchster Bedrängnis und Moskau in Gefahr. In dieser Lage entfaltete sich das rigorose und zugleich sorgfältige Genie Schukows.

Am 11. 9. 1941 löste er den »Ersten Marschall«, der während seiner einzigen Woche als Frontchef den Tod in der Schlacht suchte, ihn aber nicht fand, wortlos ab. Schukow hielt Woroschilow das mit Blaustift beschriebene Blatt »Übergeben Sie den Oberbefehl an Schukow und fliegen Sie umgehend nach Moskau. Stalin« vor die Nase und ließ, nach kurzer Lagebesprechung, nach Moskau durchtickern: »Oberbefehl über die Front übernommen. Schukow.« Das war alles.

Schukows Intuition und Erfahrung retteten Leningrad. Unbeirrbar hielt er an seiner Absicht fest, daß sein Gegenspieler, Generalfeldmarschall Franz Ritter v. Leeb, OB der Heeresgruppe »Nord«, die Stadt über die Höhen von Pulkowo aus dem Süden aufrollen würde. So löste er den Befehlshaber der 42. Armee, Generalleutnant Fjodor Iwanow, der die Übersicht verloren hatte – und am 14. 9. fiel – unverzüglich ab. Dem Iwanow-Nachfolger Generalmajor Iwan Fedjuninski – der als Oberst am Chalchin-Gol drei Stunden zu spät gekommen war, dann aber doch ein Held der Sowjetunion wurde – bläute er ein, die Höhen unter allen Umständen zu halten und während der Angriffe halbstündig Meldung zu erstatten.

Fedjuninski hielt die Höhen zehn Tage lang. Am 23. 9. gab v. Leeb es vorerst auf – die Höhen, 19 km vor der Stadt gelegen, erwiesen sich als uneinnehmbar. Am 5. 10. wurde Schukow von Stalin zurückberufen, um die Verteidigung Moskaus zu übernehmen, Schukow übergab Fedjuninski die Front und flog am nächsten Tag ab.

Fedjuninski, dem Schukow im Juli, als er die Reservefront übernahm, den Befehl über die 32. Armee antrug und ihn im September nach Leningrad mit den Worten: »In Leningrad ist eine kritische Lage entstanden, ich bin zum Befehlshaber ernannt worden. Du kommst mit. Mach dich fertig« als seinen Stellvertreter mitnahm (der neue

Stabschef Generalleutnant Michail Chosin stieg unterwegs dazu), rettete die Stadt im Oktober zum zweiten Mal.
Der spindeldürre, langaufgeschossene Uraler handelte dabei ganz wie Schukow. Zunächst bat er die Stawka, ihn von der kommissarischen Frontleitung zu entbinden und mit einer Armee zu betrauen (»Etwas kommissarisch zu tun, bin ich nicht gewohnt . . .«).[2] Als Fedjuninski daraufhin durch Chosin, zugleich Befehlshaber der 54. Armee, ersetzt wurde und selbst die 54. Armee übernahm, hielt er unbeirrbar daran fest, daß die Deutschen nun versuchen würden, die Stadt von Wolchow her (122 km östlich Leningrads) zu nehmen.
Der 41jährige Generalmajor erreichte es, daß ihm auch der Befehl über die operative Gruppe Wolchow der 4. Armee übertragen wurde. Er richtete seinen Gefechtsstand am Rande Wolchows ein, befahl dem Kommandeur der Ladoga-Flottille, Kapitän 1. Ranges Wiktor Tscherokow, die MGs von den Schiffen abzumontieren und ihm »bis spätestens morgen früh« zu übergeben (»Ich stehe vor dem Frontkriegsrat dafür ein«). Zugleich schwor er dem Kommandeur der 310. Division Oberst Samirowski, einem alten Kameraden vom Dienst am Baikalsee, ein, den Zugang zu der Stadt Wolchow unter allen Umständen zu halten.
Als der Angriff auf Wolchow begann, verlangte Fedjuninski wie sein Vorbild Schukow »Meldung alle halbe Stunde«. Auf Samirowskis Anruf, der Kampf habe schon dessen Gefechsstand erreicht, befahl Fedjuninski: »Weiterkämpfen!« Der riesige Samirowski, dem Fedjuninski angedroht hatte, daß er ihn beim Versagen verprügeln würde, hielt stand und warf den Gegner um einen Kilometer zurück. Fedjuninski: »Wenn du den Feind alle zwei Stunden um einen Kilometer zurückwirfst, hat dein Gefechtsstand bis zum Abend hoffentlich eine angemessene Distanz zur Hauptkampflinie.« Wolchow war nicht gefallen, die »Straße des Lebens« über den Ladogasee, die die Reste der Leningrader vor dem Hungertod retten sollte, war frei. Zu gleicher Zeit war der Befehlshaber der benachbarten 4. Armee, der Ex-Generalstabschef Merezkow, zum Gegenangriff angetreten.
Im gleichen Oktober 1941 verhinderte Schukow – der am 10. 10., als der erste Schnee fiel und acht Sowjet-Armeen im Kessel Wjasma/Brjansk untergingen, den Befehl über Konews zusammengebrochene Westfront übernommen hatte (die unausgebildeten Volkswehr-Divisionen hielten den Ansturm des kampferprobten Gegners vorerst nicht

auf) – den Fall Moskaus. Aber: 673 000 Rotarmisten gerieten in Gefangenschaft.
Trotzdem zögerte Stalin tagelang, sein und seines Landes Schicksal voll in Schukows Hände zu legen.
Seit dem 2. 10. 1941, als der deutsche Vormarsch auf Moskau durch Zufall entdeckt wurde – da Stalin daran bis zuletzt nicht glauben wollte, ließ er den Luftwaffenobersten Nikolai Sbytow, der die Truppenkolonnen des Gegners nach einer Meldung von der Front in Augenschein nehmen konnte, durch Berijas Mitarbeiter Wiktor Abakumov, Chef der Spionageabwehr, hart verhören, aber Sbytow blieb bei seiner Aussage – stand ein Sonderzug für den Obersten Befehlshaber bereit, gepanzert, wie im Bürgerkrieg.
Am 7. 10. traf Schukow an der neuen Front in Moschaisk, 110 Kilometer westlich Moskaus ein, am 10. übernahm er von Konew den Befehl über die – kaum noch vorhandene – Westfront. Für 5 Tage wurde Konew Stellvertreter Schukows. Er hat die Zurücksetzung nie vergessen. Am 17. 10. übernahm er den Befehl über die neugebildete Kalininfront. Dazwischen lagen die entsetzlichsten Tage des Krieges: Niemals war Rußland so dem Untergang nahe wie in den Iden des Oktobers 1941.
Am 12. 10. tagte das GKO. Stalin versuchte krampfhaft, neue Divisionen zusammenzukratzen. Die Moskauer Verteidigungszone wurde errichtet, der Bau einer Befestigungslinie angeordnet. Am 13. 10. rief der Moskauer Parteichef Schtscherbakow im Parteiaktiv zur bedingungslosen Verteidigung auf. Doch konnte dies alles den Gegner nicht aufhalten.
Am 16. 10. war Stalin gezwungen, auf der GKO-Sitzung im Kreml die Evakuierung der Ministerien, des diplomatischen Korps und aller entbehrlichen Behörden nach Kuibyschew bekanntzugeben. Drei Tage später war es soweit: Der gescheiterte Oberste Befehlshaber stand vor der Entscheidung, ob er aufgeben und auch die Stadt verlassen sollte – oder nicht.
In den Morgenstunden des 19. 10. 1941 ließ sich Stalin zu seinem Sonderzug hinausfahren. In Moskau herrschte seit drei Tagen, dem Beginn der allgemeinen Evakuierung, das Chaos. Es gab Plünderungen, Kommunisten warfen ihre Parteibücher weg und flohen. Im Flugzeugmotorenwerk Nr. 22 zerstörten Panzer die Maschinen, damit sie nicht dem Feind in die Hände fielen.

Stalin schlich fast zwei Stunden um den Zug herum. Schließlich entschied er sich, stieg wieder ins Auto ein und ließ sich in den Kreml zurückfahren. Die Würfel waren gefallen: Am selben Tag gab er in einem eigentümlichen Russisch bekannt (»Hiermit wird kundgetan«), daß der Westfrontbefehlshaber Armeegeneral Schukow die Verteidigung der Stadt an der 100–120-Kilometergrenze übertragen bekommen hatte. So lieferte er sich – und die UdSSR – an jenem Tage Schukow aus, aber immer noch mit einer Absicherung: Generalleutnant Artemjew, der Garnisonschef der Hauptstadt, bekam die Verteidigung der Vorstädte übertragen.
Artemjew, seit 1921 bei der Staatspolizei, stellte an den rückwärtigen Stadtausgängen Erschießungskommandos auf: Jedermann, der bei der Flucht angetroffen wurde, war mit der unverzüglichen Hinrichtung bedroht. Die Lage begann sich zu »beruhigen«. Über 240 000 Moskauer wurden zur Verteidigung der Metropole zusammengetrommelt. Die Fronten hielten in letzter Minute stand. Anfang Dezember traten Schukow und Konew zum Gegenangriff an: Konew abends am 5., Schukow morgens am 6. 12. Am Tage danach traten die USA in den Krieg ein.
Die Gegenoffensive der beiden Rivalen war erfolgreich, Moskau war die Wende des Krieges. Im Norden konnten Konews Truppen am 16. 12. das am 17. 10. verlorengegangene Kalinin zurückerobern, im Süden konnte die 50. Armee des Generalleutnants Iwan Boldin die Waffenschmiede Tula erfolgreich gegen die 2. Panzerarmee des Generalobersten Guderian verteidigen und sogar zur Gegenoffensive übergehen.
Die Kälte und das Fehlen der Winterbekleidung schafften ihr übriges, die Treibstoffversorgung der Deutschen stockte, während die aus dem Fernen Osten herangeführte 78. Schützendivision unter dem sibirischen Obersten Beloborodow über schneeweiße Winterkleidung und die 1. Gardeschützendivision des Panzerobersten Leljuschenko, eines der kühnsten Draufgänger der Roten Armee, über die wintererprobten Tanks verfügte. Das 2. Kavalleriekorps des Generalmajors Pawel Below brach tief hinter die deutschen Linien durch, um fünf Monate lang hinter der Front zu operieren. Schibataillone verstärkten den Angriff der Fronten Schukows und Konews. Schon zwei Tage nach dem Beginn der Gegenoffensive befahl Hitler in der »Weisung Nr. 39« den Übergang zur Verteidigung in kräftesparenden Fronten.

Zwischen dem Beginn des »Ostfeldzuges« und dem Beginn von Schukows Gegenoffensive verlor die Deutsche Luftwaffe an der Ostfront (bis zum 1. 12. 1941) 2093 Flugzeuge, beklagten die deutschen Mütter 162 314 tote und 33 334 vermißte Söhne. Insgesamt 571 767 Wehrmachtsangehörige waren verwundet. Mit diesen Gesamtausfällen von 767 415 Mann in fünf Monaten hatte man in Berlin nicht gerechnet. Die deutsche Angriffsmacht im Norden und in der Mitte erlahmte für immer, im Süden blieb sie lebensbedrohend.
Wieder packte Stalin sein alter »Erfolgsschwindel«. Er plante eine allgemeine Offensive für das zweite Kriegsjahr, die dem Gegner endgültig das Genick brechen sollte.
Aber die »harten Prüfungen« (Schukow)[3] waren noch lange nicht zu Ende.
Im Norden hielten Merezkow, Befehlshaber der Wolchowfront, und Generalleutnant der Artillerie, Leonid Goworow, ein verschlossener Offizier alter Schule und Befehlshaber der Leningrader Front, allen Angriffen auf Leningrad stand, ohne den Ring um die Stadt sprengen zu können.
In der Mitte wehrte Schukow während seines längsten Frontkommandos vom Oktober 1941 bis August 1942 als Befehlshaber der Westfront alle Angriffe auf Moskau ab, ohne selbst weiterzukommen.
Im Süden hielten Timoschenko, vom September 1941 bis Mai 1942 OB der Frontgruppe Südwest, den schmalen Rest der Ukraine mit der Hälfte des Donezbeckens – auch ohne weiterzukommen. Als Schukow und Timoschenko zum Angriff übergingen, scheiterten sie.
Am 1. 2. 1942 wurde die Frontgruppe West, mit Schukow als OB, wieder gebildet. In einer von Stalin geforderten Gegenoffensive ging Jefremows 33. Armee unter, Pawel Belows hinter der Front operierendes Kavalleriekorps kam nur mühsam und unter großen Verlusten aus dem Kessel heraus. Die Frontgruppe West wurde am 3. 5. 1942 abgeschafft.
Timoschenko, der im April 1942 wieder den Befehl über die Südwestfront mitübernommen hatte, trat im Mai zum Gegenangriff an. Aber nun scheiterte er als Kriegsherr endgültig – seine 5 Armeen gingen unter. »Das Reich«, die Postille des deutschen Bildungsbürgers im Dritten Reich, erschien mit der Balkenüberschrift: »Wer rettet Timoschenko?« Es war nichts mehr zu retten. Die Frontgruppe Süd wurde am 21. 6. 1942 aufgelöst, im Juli mußte Timoschenko auch ein letztes

Frontkommando niederlegen – seine untergegangene Südwestfront wurde aufgelöst.
Indessen machte die letzte große Offensive der Deutschen solche Fortschritte, daß am 21. 4. 1942 eine »Frontgruppe Nordkaukasus« unter dem Oberbefehl Budjonnys errichtet wurde. Aber auch sie verschwand nach einem Monat. Budjonny leitete sein letztes Frontkommando an der Nordkaukasusfront bis September 1942, dann wurde auch er für immer von der kämpfenden Truppe abgezogen.
Bis zum 25. 7. 1942 waren die Truppen der Süd-, Südwest- und der Brjansker Front um 150–400 Kilometer zurückgewichen, und damit fielen seit dem Beginn der deutschen Offensive am 28. 6. 1942 der Rest der Ukraine und das rechte Donufer in die Hand des Gegners. Sewastopol wurde am 3. 7., Woroschilowgrad und der Rest des Donezbeckens am 19. 7., Rostow am Don am 24. 7., Maikop im Kaukasus, der Endpunkt der Erdölleitung aus Baku, am 9. 8. 1942 von der Roten Armee aufgegeben. Wieder ergriff Panik die Truppe.
Bei Charkow gerieten im Mai 1942, als Timoschenkos Frontgruppe unterging, 239 000 sowjetische Armeeangehörige in Gefangenschaft, nur knapp 22 000 gelang es, aus dem Kessel zu entkommen. Der Marschall selbst wurde, wie schon bei der Räumung Kiews im Vorjahr, herausgeflogen.
Auch die Lieferanten versagten. In den ersten zehn Tagen des Januar 1942 wurden nur 1% der 82-mm-Granaten und 20–30% der Artilleriegranaten, die geplant waren, an die Truppe geliefert. Im ganzen ersten Monat des zweiten Kriegsjahres bekam die Feldarmee 2,7% der zugesagten 50-mm-Granaten, 36% der 120-mm-Granaten, 55% der 82-mm-Granaten und 44% der Artilleriegranaten. In den ersten 10 Tagen des Februar 1942 traf von den zugesagten 316 Waggons mit Munition kein einziger an der Front ein. Da auch die Raketen für die »Katjuschas« nicht geliefert wurden, mußten die gefürchteten Werfer in die Etappe verlegt werden. Munitionsminister Gozemykie wurde am 16. 2. 1942 durch Wannikow ersetzt. Dies war die letzte Umbesetzung unter den Armeelieferanten während des Krieges.
Der Zusammenbruch des Sommers 1942 war noch schlimmer als im Vorjahr. Es fehlte an Soldaten: Schon im April befahl Stalin, Frauen (zunächst zur Nachrichtentruppe, dann allgemein) einzuberufen. Mit den Folgen der Säuberung, dem Überraschungsmoment oder der Kampfunerfahrenheit der Truppe konnte man sich nicht mehr heraus-

reden. Nun stellte sich eindeutig heraus, daß das Hauptproblem woanders lang – in Stalins abgrundtiefem Mißtrauen gegen die Übermacht derjenigen Gruppe, die den Krieg zu führen und zu gewinnen hatte, den militärindustriellen Komplex. Wie im Bürgerkrieg stand die Rote Armee vor der Entscheidung: linientreue, aber unkundige Kommissare oder aber selbständig entscheidende Experten der Kriegführung.
Stalin gab schon im Mai 1942 das erste Zeichen des Begreifens – in seinem berühmten Brief an Mechlis.
Der Oberpolitruk der Roten Armee saß seit März 1942 als Stawka-Beauftragter im Hauptquartier der Krimfront. Am 8. 5., als die Deutschen ihren Angriff auf die Halbinsel Kertsch begannen, der innerhalb zweier Wochen zum Zusammenbruch der Front und in der Folge zur Aufgabe der Krim führte, sandte Mechlis, der als Armeekommissar 1. Ranges um zwei Ränge höher stand als der Frontchef Generalleutnant Dmitrij Koslow, ein Telegramm an Stalin, in dem er Koslow nach alter Sitte denunzierte: Der Frontschef sei unfähig und deshalb abzulösen. Unfähigkeit, als Vorwurf in einer Depesche an Stalin vorgebracht, hätte 1941 Kriegsgericht bedeutet.
Durch wen aber sollte Stalin Koslow ersetzen? Alle seine Generale hatten mal versagt und mal gewonnen. Schukow scheiterte im Frühjahr bei Wjasma, Konew im Herbst des Vorjahres am selben Ort. Der spätere Marschall Malinowski ging mit seiner Südfront bei Charkow unter. Stabschef der Krimfront war von Januar bis März 1942 Generalmajor Fjodor Tolbuchin, der spätere Marschall und Eroberer des Balkans. Auch er kannte 1942 kein Rezept, um die Krim halten zu können.
So lautete schließlich Stalins Antwort an Mechlis: »Sie haben noch nicht verstanden, daß Sie nicht als ein Staatskontrolleur, sondern als ein Verantwortlicher der Stawka an die Krimfront entsandt wurden. Sie fordern, daß wir Koslow durch so eine Art Hindenburg ersetzen sollen. Sie wissen aber, daß wir keine Hindenburgs in Reserve haben.«
Mechlis wurde nie mehr als Beauftragter der Stawka verwendet. Noch zögerte Stalin aber, den entscheidenden Schritt zu tun. Das Eingeständnis, die Wiedereinführung der Kommissare als Mitunterzeichner sei auch diesmal ein Fehler gewesen, fiel ihm nicht leicht.
So versuchte er es zum letzten Mal mit dem gewohnten Mittel der Abschreckung und Einschüchterung.
Am 28. 7. 1942 erließ Stalin seinen berüchtigten Befehl »Nr. 227« –

»Kein Schritt zurück!«, der immer wieder in allen Einheiten bis herunter zur Kompanie verlesen wurde. Aber auch der martialisch-drohende Ton des erst am 11. 9. der Öffentlichkeit bekanntgemachten Befehls nutzte nichts. Am 9. 9. 1942 hatten die Deutschen fast alle Übergänge zum Transkaukasus in ihrer Hand, am 24. 9. erreichten sie die Stadtmitte Stalingrads. Zum zweiten Mal seitdem der Gegner 17 Kilometer vor Moskau gestanden hatte, ertönte der spontane Ruf: »Hinter uns ist kein Land mehr!«

Erst jetzt gab Stalin für immer auf: Am 9. 10. 1942 wurde die Institution der Kriegskommissare abgeschafft, die Einheitlichkeit des Befehls in der Armee und Kriegsmarine wiederhergestellt. Es war das endgültige Eingeständnis, daß man mit der Ideologie und ihrem verlängerten Arm, der Kommunistischen Partei, keinen Krieg führen und vor allem keinen gewinnen kann. Es war die bedingungslose Kapitulation der Partei vor dem militärindustriellen Management – fünf Jahre nach der Vernichtung der selbstbewußten Elite der Roten Armee.

Die Kommissare, Kriegsräte oder Leiter der Politischen Abteilungen (in den Fronten: Verwaltungen), die nunmehr über keine Entscheidungskraft mehr verfügten, sollten in das Rangsystem der Kommandeure integriert werden. Es mußte wieder eine Verleihungskommission ins Leben gerufen werden.

Die Kommission nahm sich acht Wochen Zeit. Am 6. 12. 1942 wurden 144 ehemaligen Kommissaren Generalsränge verliehen. Stalin, der die Verleihungsverordnung als Ministerpräsident selbst unterschrieben hatte, erachtete keinen der vier Armeekommissare 1. Ranges des vergleichbaren Ranges eines Armeegenerals würdig. Sein alter Kumpel Schtschadenko, als Chef des Wehrersatzamtes ohnehin nicht mehr als Kommissar tätig, bekam als einziger den Rang eines Generalobersten. Mechlis, dessen Vorgänger Saporoschez und der neue Politchef Schtscherbakow waren unter den 11 Generalleutnanten zu finden, die restlichen 132 Kommissare mußten sich vorerst mit dem Rang eines Generalmajors begnügen.

Unter Schtscherbakow gewann die Position des Kommissars jene Bedeutung, die sie bis heute hat, nämlich die eines Gehilfen des Kommandeurs für ideologische und propagandistische Fragen, gut zum Austeilen von Parteibüchern und zum Besorgen von richtigem Schuhwerk. Deshalb wurde mancher Politkommissar nach dem Kriegsende mit dem Dienstgrad eines Generals des Intendanturdienstes ins Zivileben entlassen. Der vielbeschäftigte Schtscherbakow, ZK-Sekretär und Politbürokandidat, fettsüchtig und schwer herzkrank, war im Gegensatz zu Mechlis nicht der Mann, der sich eifersüchtig um seine Privilegien sorgte. Der begabte Parteiredner – Schtscherbakow hatte 1934 die sowjetischen Schriftsteller in dem damals begründeten Berufsverband gleichgeschaltet und wurde dessen erster Vorstandssekretär – war in Moskau als Stadt- und Gebietsparteichef unabkömmlich. Wie Stalin fuhr er nie an die Front.

Sechs Wochen nach der Abschaffung der Kommissare, am 22. 11. 1942, kam die endgültige Kriegswende. Die 6. Armee des Generals (Pz) Friedrich Paulus wurde eingeschlossen. Hitler, der sein Hauptquartier schon am 1. 11. vom ukrainischen Winniza nach dem ostpreußischen Rastenburg (»Wolfsschanze«) zurückverlegt hatte, befahl die Einigelung, d. h. den Untergang.

Gerade am Beispiel der Behandlung der Generale vor Stalingrad zeigte Stalin, daß er es endlich gelernt hatte, seine Armeeführer richtig anzufassen. Armeegeneral Schukow, der mit seiner Westfront bei Moskau nicht vorangekommen war, wurde am 28. 8. 1942 der einzige 1. Stellvertreter des Verteidigungsministers Stalin und der einzige Stellvertreter des Obersten Befehlshabers Stalin. Zugleich übernahm Schukow als Bevollmächtigter der Stawka die Aufsicht über die Stalingradfront des Generalobersten Jerjomenko.

Generaloberst Wassilewski, seit Kriegsbeginn als Chef der Operativabteilung im Generalstab der unmittelbar Verantwortliche für alle Fehlschläge und Erfolge, löste am 26. 6. 1942 den kranken Schaposchnikow als Generalstabschef ab. Zugleich wurde Wassilewski, seit Oktober 1942 auch Vize-Verteidigungsminister, der Stawka-Bevollmächtigte für die Donfront des Generalleutnants Rokossowski. Der von Wassilewski hochgeschätzte Generalstäbler Alexej Antonow, dessen kühle und abweisende Art Stalin überhaupt nicht lag, wurde im Dezember 1942 Chef der Operativabteilung des Generalstabes und Wassilewskis 1. Vize. Da Wassilewski 22 der 34 Kriegsmonate an den Fronten als Stawka-Bevollmächtigter verbrachte, war der unangenehme, aber äußerst kenntnisreiche und präzise Antonow der eigentliche Generalstabschef des Krieges.

Auch der vor Charkow gescheiterte Generalleutnant Malinowski bekam seine Chance als Befehlshaber der 66. Armee bei Stalingrad. Im Zustand tiefer Niedergeschlagenheit trat er sein neues Kommando an.

Am deutlichsten zeigte sich Stalins Wandlung am Beispiel des Andrej Jerjomenko. Der prahlerische Ukrainer hatte Stalin schon im Vorjahre versprochen, Guderian zu schlagen. Er hatte als Generalleutnant im August 1941 den Befehl über die Brjansker Front bekommen und war losgestürmt. Da das deutsche Panzerass doch nicht so leicht zu schlagen war, mußte Jerjomenko viele wütende Briefe und Anrufe Stalins erdulden. Als er aber verwundet wurde, besuchte Stalin den selbstbewußten Draufgänger im Krankenhaus.
Wieder erholt, befehligte Jerjomenko, inzwischen zum Generaloberst befördert, die 4. Stoßarmee. Schwer verwundet wurde er in die Ersatzhauptstadt Kuibyschew zur Genesung herausgeflogen. Im August 1942 erschien Jerjomenko, noch mit Krücken, bei Stalin und forderte wieder ein Frontkommando. Stalin gab ihm die am 30. 8. in die Stalingrader Front umbenannte Südostfront.
So wurde Jerjomenko einer der Helden von Stalingrad – aber nicht der entscheidende Held. Jerjomenko operierte nämlich glänzend in der Verteidigung, versagte aber bei den Angriffsoperationen. Stalin, der mittlerweile gelernt hatte, auch solche Dinge zu erfassen, nannte ihn deshalb den »Verteidigungsgeneral«. Im entscheidenden Moment, als Jerjomenko im Dezember die Schlinge um Stalingrad zugezogen hatte, übertrug Stalin dem glänzenden Strategen Rokossowski, der die Donfront befehligte, die Hauptlast des Angriffs.
Jerjomenkos Einspruch bei dem Stawka-Bevollmächtigten Schukow – der Jerjomenko aufgrund seiner Prahlereien wegen ebensowenig mochte wie Wassilewski – nutzte nichts. Jerjomenko mußte 3 Armeen, darunter die 62. des Generalleutnants Wassilij Tschuikow, die die Stadt hielt, an Rokossowski abtreten. Seine Front operierte nun, in Südfront umbenannt, fortan bei Rostow am Don, während Rokossowski mit seiner in Stalingradfront umbenannten Donfront die Früchte des Sieges einstrich. Er wurde Marschall, Jerjomenko aber nur Armeegeneral.
Die Umbesetzung hatte sich gelohnt. Rokossowskis Elan, Schukows und Wassilewskis umsichtige Planung, der Durchhaltewille der 62. Armee Tschuikows und der 64. Armee des Generalleutnants Michail Schumilow, Stalins sorgfältig gehütete, den Deutschen völlig unbekannte strategische Reserven der Stawka[4] – im Juli 1942 16% aller Schützendivisionen der Roten Armee –, die jetzt in die Waagschale des Kriegsglücks geworfen werden konnten, führten die Kriegswende her-

bei. Der Ruhm des Sieges gehörte nun den Generalen allein, ihre Namen, und nicht die Namen der entmachteten Kommissare, gingen in die Geschichte des Krieges ein.
Die Kehrtwendung des Despoten war vollkommen. Siegessicher begann Stalin mit den Belobigungen, zumal sich auch die Verlegung der Industrie ausgezahlt hatte: Vom Juli bis November 1941 waren 1523 Rüstungsbetriebe nach rückwärts evakuiert worden, ein Jahr später die Produktion voll angelaufen: 226 umgesiedelte Betriebe produzierten an der Wolga, 667 am Ural, 322 in Sibirien, 308 in Mittelasien. Auch das Leben in der Ersatzhauptstadt Kuibyschew an der Wolga, wo der 1. Vizepremier und Oberaufseher über die Rüstungsindustrie Wosnessenski als eine Art Kriegspremier fungierte, normalisierte sich so weit, daß die Verwaltungsmaschine wieder funktionsfähig war.
Am 18. 1. 1943 lief nun auch die Auszeichnungs-, Beförderungs- und Belobigungsmaschine an. Von 1941–45 wurden 12 247 700 Personen und 1943–45 10 900 Einheiten mit Kriegsorden ausgezeichnet. 12 neue Orden, die meisten mit bis zu drei Stufen und 10 neue Medaillen (einige davon ebenfalls mit zwei Stufen) wurden gestiftet. Dazu kamen 8 neue Marschallsränge für Generale der Waffengattungen und der nach dem Kriege geschaffene höchste Rang eines Generalissimus der Sowjetunion, der nur an eine Person zu Lebzeiten zu vergeben war.
Der erste im Zweiten Weltkrieg zum Marschall der Sowjetunion beförderte Armeegeneral war selbstverständlich Schukow. Erst nach ihm und Wassilewski ließ Stalin nun auch sich selbst zum Marschall küren – hierin wie bei manch anderer Gelegenheit zeigte der Tyrann ein seltsames Taktgefühl.
Mit Schukow zusammen wurde der Artilleriechef Woronow mit dem Rang eines Marschalls der Artillerie geehrt. Die russische Artillerie hatte sich, dank Ustinows Lieferungen und Woronows Führungsqualitäten, als die wichtigste Waffengattung des Landkriegs bewährt (nebst den überlegenen Panzern wie bei der Schlacht am Kursker Bogen 1943 – der größten Panzerschlacht der beiden Weltkriege überhaupt).
Die Deutschen haben, zum Beispiel in Stalingrad, die Luftwaffe über- und die Artillerie unterschätzt. In der Schlacht um die Stadtteile und Häuser spielte die Luftwaffe eine geringe Rolle.
Sorgsam abgestuft, gaben die Orden der Militärelite ein neues Selbstwertgefühl. Selbst nationale Einheiten wurden nach einer GKO-Entscheidung vom 13. 11. 1941 wieder erlaubt. Es gab dann ein Lettisches

und ein Estnisches Schützenkorps sowie 5 Kavallerie- und 17 Bergschützendivisionen, die fast durchweg aus den Angehörigen der Minderheiten bestanden, darunter zwei Turkestanische und je eine Georgische, Armenische und Aserbaidschanische Bergschützendivision. Am 1. 2. 1944 wurde es den einzelnen Republiken erlaubt (schon im Hinblick auf Stalins Bestreben, mit mehreren Stimmen in der UNO zu sitzen), eigene Verteidigungsministerien einzurichten. Bekanntgewordenen ist nur das ukrainische Militärressort. Da sein Inhaber, Generalleutnant Wassilij Gerassimenko, vom März 1944 bis zum Kriegsende zugleich Befehlshaber des Wehrkreises Kiew war, kann man sich leicht vorstellen, daß diese Einrichtung nur auf dem Papier bestand.
Nach dem 9. 7. 1945, der Versetzung des »Ministers« Gerassimenko als Vizechef des WK Baltikum nach Riga wurde der Posten nicht wieder besetzt. Andere Militärresorts in den Republiken gab es offensichtlich überhaupt nicht. Die nationalen Formationen wurden Mitte der 50er Jahre von Schukow aufgelöst.

Tabelle 18

Die Ehrungen des Krieges

1941:

32 700 Personen mit Orden ausgezeichnet. Keine Beförderungen zum Marschall, Armeegeneral oder Admiral

Juli: Einführung der »Offiziere im Generalstab«
18. 9. Wiedereinführung der Garde

1942:

395 000 Personen mit Orden ausgezeichnet. Keine Beförderungen zum Marschall, Armeegeneral oder Admiral

20. 5. Orden des Vaterländischen Krieges in 2 Stufen gestiftet.
29. 7. Suworow-Orden in 3 Stufen gestiftet: »Für Kriegsherren und Kommandeure, denen es gelingt, im Angriff die überlegenen Kräfte des Gegners zu vernichten«
Kutusow-Orden in 2 Stufen gestiftet: »Für Kriegsherren und Kommandeure, die geschickt Front- und Armeeoperationen geplant und durchgeführt haben oder ihre Truppen erfolgreich unter den Konterschlägen des Gegners zurückziehen und ihrerseits mit Erfolg einen Gegenangriff starten konnten«
Orden des Alexandr Newski gestiftet: »Für Offiziere vom Zugführer bis zum Divisionär für persönliche Kühnheit, Mut, Tapferkeit und geschickte Leitung der Kampfhandlungen mit großen Verlusten für den Gegner«

1943:

2 050 000 Personen mit Orden ausgezeichnet. 3 Marschälle der Sowjetunion, 3 Marschälle der Waffengattungen, 2 Admirale, 13 Armeegenerale ernannt

6. 1. Schulterstücke für Kommandeure der RKKA eingeführt
16. 1. 3 neue Ränge der Marschälle der Waffengattungen: Marschall der Artillerie, Marschall der Panzertruppen, Marschall der Luftwaffe
18. 1. G. K. Schukow Marschall der Sowjetunion, N. N. Woronow Marschall der Artillerie
25. 1. Erster Gratulations- und Dankesbefehl des Obersten Befehlshabers Stalin (an 8 Fronten): insgesamt 373 solcher Befehle bis zum 3. 9. 1945
28. 1. Suworow-Orden 1. Stufe Nr. 1 an Schukow
8. 2. Kutusow-Orden 3. Stufe gestiftet.
15. 2. Schulterstücke für Kommandeure der Kriegsmarine eingeführt
16. 2. A. M. Wassilewski Marschall der Sowjetunion
21. 2. Ja. N. Fedorenko Marschall der Panzertruppen
22. 2. Bildung der 1. Garde-Panzerarmee (aus der 4. Panzerarmee)
27. 2. »Marschallstern« für Marschälle der Artillerie, der Panzertruppen und der Luftwaffe gestiftet
6. 3. I. W. Stalin Marschall der Sowjetunion
17. 3. A. A. Nowikow Marschall der Luftwaffe
16. 4. 7 Armeen zu Gardearmeen umgewandelt
31. 5. W. F. Tribuz, Befehlshaber der Baltischen Flotte, I. S. Jumaschew, Befehlshaber der Pazifikflotte, zu Admiralen befördert
19. 6. Einführung von Ordensbändern und Ordensspangen
24. 7. Wiedereinführung der Offiziere in der RKKA
5. 8. Erster Ehrensalut in Moskau (für die Befreiung der Städte Orel und Belgorod). Beim ersten Ehrensalut wurden 12 Salven aus 24 Geschützen abgefeuert, ab dem zweiten Ehrensalut (am 23. 8. für die Befreiung Charkows) 20 Salven aus 224 Geschützen. Bis zum Kriegsende 353 Ehrensaluts (mit Gratulationsbefehlen verbunden), davon 23 der 1. Kategorie (24 Salven aus 324 Geschützen, 210 der 2. Kategorie (20 Salven aus 224 Geschützen) und 122 der 3. Kategorie (12 Salven aus 124 Geschützen). Am Tag des Sieges, dem 9. 5. 1945, wurde ein Ehrensalut von 30 Salven aus 1000 Geschützen abgefeuert. Mit den Saluts 1. Kategorie wurde die Befreiung von Kiew, Odessa, Sewastopol, Petrosawodsk, Minsk, Wilna, Kischinjow, Bukarest, Tallinn, Riga, Belgrad, Warschau, Budapest, Krakau, Wien und Prag sowie die Eroberung von Königsberg und Berlin gefeiert. Auch das Überschreiten der sowjetischen Grenzen im Süden und Südwesten, die Vereinigung mit den Amerikanern bei Torgau am 27. 4. 1945 und der Sieg über die Kwantung-Armee der Japaner wurden der 1. Kategorie für würdig befunden. Das letzte Mal wurde der Ehrensalut am 3. 9. 1945 für den Sieg über Japan abgefeuert.

10. 8. Wiedereinführung der Offiziere in der Kriegsmarine
21. 8. Wiedereinführung von besonderen Schulen für Kinder der Offiziere (vorwiegend gefallener Offiziere, aber auch der gefallenen Helden der Sowjetunion): Suworowschulen für die Armee, Nachimowschulen[5] für die Kriegsmarine. 1943 elf Suworowschulen und eine Nachimowschule, 1944 sechs Suworowschulen und eine Nachimowschule, 1945 eine Nachimowschule gegründet. Aufnahmealter der Knaben: 10 Jahre, Ausbildungszeit: 7 Jahre
9. 10. Neue Ränge der Marschälle der Waffengattungen: Marschall der Nachrichtentruppen, Marschall der Ingenieurtruppen. Neuer Rang eines Hauptmarschalls der Waffengattung: der Artillerie, der Panzertruppen (im Kriege nicht verliehen), der Luftwaffe, der Nachrichtentruppen (nie verliehen), der Ingenieurtruppen (nie verliehen)
10. 10. Orden des Bogdan Chmelnizki in 3 Stufen gestiftet (Bogdan Chmelnizki war der Hetman, der die Ukraine 1654 an Rußland anschloß); dies war der Partisanenorden.
8. 11. Orden des Sieges gestiftet: »Feldherrenorden an Marschälle und hohe Generale für Operation im Maßstab mindestens einer Front, die die strategische Situation zugunsten der Roten Armee verändert hatten«
Orden des Ruhmes in 3 Stufen gestiftet – für Soldaten, Sergeanten und Hauptfeldwebel sowie für Unterleutnante der Luftwaffe. Träger des Ruhmesordens aller drei Stufen genießen besondere Privilegien.

1944:

4 300 000 Personen mit Orden ausgezeichnet. 6 Marschälle der Sowjetunion, 2 Admirale der Flotte, 2 Hauptmarschälle, 2 Marschälle der Artillerie, 6 Marschälle der Luftwaffe, je 1 Marschall der Panzer-, der Nachrichten- und der Ingenieurtruppen sowie 5 Armeegenerale und 4 Admirale ernannt

20. 2. I. S. Konew Marschall der Sowjetunion
21. 2. Woronow Hauptmarschall der Artillerie, Nowikow Hauptmarschall der Luftwaffe
3. 3. Uschakow-Orden[6] und Nachimow-Orden in je 2 Stufen nur für Marineoffiziere gestiftet
20. 3. »Marschallstern« für Marschälle der Nachrichten- und Ingenieurtruppen gestiftet
10. 4. Siegesorden Nr. 1 an Schukow, Nr. 2 an Wassilewski
Mai I. S. Issakow und N. G. Kusnezow Admirale der Flotte
18. 6. L. A. Goworow Marschall der Sowjetunion
29. 6. K. K. Rokossowski Marschall der Sowjetunion
8. 7. Orden »Mutterruhm« in 3 Stufen für Mütter mit 7 bis 9 Kindern gestiftet
Mutterschaftsmedaille in 2 Stufen für Mütter mit 5 und 6 Kindern gestiftet

16. 7. Marsch der Besiegten: 55 000 deutsche Wehrmachtsangehörige durch Moskau geführt
28. 7. Siegesorden an Stalin
29. 7. Schukow Zweifacher Held der Sowjetunion
18. 8. Orden »Heldin-Mutter« für Mütter mit 10 und mehr Kindern
19. 8. A. Je. Golowanow Hauptmarschall der Luftwaffe
Flieger A. I. Pokryschkin Dreifacher Held der Sowjetunion
10. 9. R. Ja. Malinowski Marschall der Sowjetunion
12. 9. F. I. Tolbuchin Marschall der Sowjetunion
26. 10. K. A. Merezkow Marschall der Sowjetunion

1945:

5 470 000 Personen mit Orden ausgezeichnet. 2 Marschälle der Panzertruppen, 1 Armeegeneral und 1 Admiral ernannt
30. 3. Siegesorden an Konew und Rokossowski, zweiter Siegesorden an Schukow
26. 4. Siegesorden an Malinowski und Tolbuchin
9. 5. »Tag des Sieges«, zum gesetzlichen Feiertag erklärt
31. 5. Siegesorden an Goworow
1. 6. Schukow Dreifacher Held der Sowjetunion
4. 6. Siegesorden an S. K. Timoschenko und Generalstabschef Armeegeneral A. I. Antonow
24. 6. Siegesparade in Moskau. Rokossowski kommandiert die Parade, Schukow nimmt die Parade ab
26. 6. Zweiter Siegesorden an Stalin, Stalin »Held der Sowjetunion«, höchster militärischer Rang »Generalissimus der Sowjetunion« geschaffen
27. 6. Stalin Generalissimus der Sowjetunion
18. 8. Flieger I. N. Koschedub Dreifacher Held der Sowjetunion
8. 9. Siegesorden an Merezkow, zweiter Siegesorden an Wassilewski

Nun war alles wieder beim alten – wie unter dem Zaren.

25
Die Sieger

Zum zweiten Mal in seiner 27jährigen Geschichte feierte Sowjetrußland den Sieg in einem Krieg, den es nicht begonnen hatte, zum zweiten Mal bewies es, daß es sich wehren und gewinnen konnte.
Und wieder siegte es kraft des Gesetzes der großen Zahl. Hatten die Deutschen auf dem Höhepunkt ihres militärischen Engagements im Herbst 1942 mit 6,2 Millionen Mann in Rußland gestanden, so verfügte die Rote Armee am Kriegsende über 11 Millionen Mann unter Waffen.
Am 1. 1. 1945 kämpften an den Fronten des Krieges fast 6,4 Millionen Mann (Kriegsmarine und Luftabwehrtruppen nicht mitgezählt) auf der sowjetischen, über 3,7 Millionen Mann auf der deutschen Seite.

Tabelle 19
Truppenstärken im Krieg

	(Millionen Mann)	
Deutsche Wehrmacht (nur Ostfront)		*Rote Armee*
1941:	3,05	2,9 (Gesamt 4,2)
1942:	6,2	5,5
1943:	5,3 (incl. 0,525 der Verbündeten)	6,4
1945:	3,7	6,4 (nur Heer und Luftwaffe; Gesamtstärke 11,3)

Tabelle 20
Waffen im Krieg[1]

	1941		*1945*	
	Deutsche	*Russen*	*Deutsche*	*Russen*
Panzer:	3712	1861	8000*	11800*
Geschütze und Granatwerfer: (letztere ohne 50 mm)	47260	34695	56000	100400

Flugzeuge:	1280 (einsatzbereit, gesamt: 1 945)	1 540 &	4 100	12 700

(* = incl. Sturmgeschütze, & = nur neue Typen)

So war auch die Rüstungsmaschine letztlich der deutschen überlegen. Im Jahre 1944 produzierten die Waffenmeister um Ustinow, Malyschew, Parschin und Schachurin im Jahresdurchschnitt 21 500 mehr Geschütze, 18 900 mehr Granatwerfer, 10 434 mehr Panzer und Panzerwagen und 7 282 mehr Kampfflugzeuge als Albert Speer – inclusive der Rüstung der mit Deutschland verbündeten und von den Deutschen okkupierten Staaten. Der Anteil der alliierten Lieferungen an die Rote Armee betrug bei Flugzeugen 13%, bei Panzern und bei Flakgeschützen 2%. Die sowjetische Auto-und Zugmaschinenproduktion betrug dagegen mit 205 000 Stück nur 54,6% der deutschen (375 000 Maschinen) und nur 48% der, vorwiegend amerikanischen, Lieferungen von insgesamt 427 000 Fahrzeugen.
Die Sowjetunion des Nachkrieges war in ihrem europäischen Teil bitterarm an Brot und Obdach (während der östlich und südlich der Wolga gelegene unermeßliche Rest des Landes zwar Entbehrungen, aber keinerlei Zerstörungen erlitten hatte), aber reich an Orden und Uniformen. Die Offiziere genossen den Nimbus des Siegers – und das Glücksgefühl, überlebt zu haben.
Die physischen Überlebenschancen verminderten sich, je niedriger der Offiziersrang war, die Chancen als Heerführer zu überleben, verminderten sich, je höher der Rang war.
Bis 1942 wurden der Roten Armee 822 000 Kommandeure zugeführt. Die Lebenserwartung der jungen Leutnante während der Angriffsoperationen lag bei einem bis zwei Tagen.
Andersherum bei den Generalen. Die meisten der Front- und Armeeführer überlebten zwar den Krieg, aber keiner der Frontführer der ersten Kriegswochen führte auch am Kriegsende eine Front. Nur 4 der 35 Wehrkreisbefehlshaber der Jahre 1938–41 haben den Krieg physisch und militärisch überlebt – und sind zum Marschall oder Armeegeneral befördert worden.
Von den 23 Berufsmilitärs, die zu Kriegsbeginn dem Zentralkomitee oder der Zentralen Revisionskommission der Partei (ZRK) angehört

hatten, waren Stern, Loktionow, Pawlow und Smuschkewitsch erschossen worden, Apanassenko und Kirponos gefallen, Marschall Kulik zum Generalmajor degradiert, die Marschälle Woroschilow, Budjonny und Schaposchnikow (der letzte aus Gesundheitsgründen) kaltgestellt, Marschall Timoschenko zwar nicht mehr als Frontchef, aber als Stawka-Beauftragter verwendet, Armeegeneral Tjulenew und Generaloberst Tscherewitschenko nicht befördert worden. ZRK-Mitglied Generalleutnant Markian Popow, zu Kriegsbeginn Befehlshaber des in die Nord- (dann Leningrader-) Front umgewandelten Wehrkreises Leningrad, brachte es zwar im Mai 1943 bis zum Armeegeneral, wurde jedoch seiner Trunksucht wegen (von Wassilewski als Popows »Leiden und Unglück« bezeichnet) am 20. 4. 1944 zum Generalobersten zurückgestuft. Popow beendete den Krieg als Stabschef jener Leningrader Front, an der er 1941 als Befehlshaber in den Krieg gezogen war. Nur 5 von jenen 23 Spitzenmilitärs des Vorkriegs haben den Härtetest des Großen Krieges bestanden, nämlich die Armeegenerale Schukow und Merezekow sowie Generalleutnant Konew (über dessen verzögerte Karriere sich der aus der Haft entlassene Gorbatow schon 1941 Gedanken machte, denn Konews Denunziant Fominych war Generalleutnant und Frontkriegsrat, er selbst aber, »der schon 1935 ein Armeekorps befehligt hatte, war nur Befehlshaber einer Armee« und auch nur Generalleutnant) wurden Marschälle und bekamen den begehrten, insgesamt nur neunzehnmal verliehenen Siegesorden. Generalleutnant Maslennikow, 1939 als Komkor und Chef der NKWD-Truppen zum ZK-Kandidaten gewählt, bewährte sich als Armee- und Frontchef und wurde am 30. 1. 1943 zum Generalobersten, am 28. 7. 1944 zum Armeegeneral befördert. Generalleutnant Golikow, zu Kriegsbeginn Chef des militärischen Nachrichtendienstes, im Krieg Armee- und Frontchef, wurde am 19. 1. 1943 Generaloberst. Allein Nikolai Kusnezows Kriegsmarine bewahrte ihre Sonderstellung. Der Marineminister selbst und Stabschef Issakow wurden Flottenadmirale, alle vier Flottenchefs wurden zu Admiralen befördert; Kusnezows Vize, Admiral Galler, blieb den ganzen Krieg hindurch ebenfalls im Amt.

Die Auslese war hart. Am Kriegsschluß gab es keine Bürgerkriegshelden mehr, keine Zarizyn- und Lembergkumpel Stalins und kaum noch Spanienkämpfer in den führenden Stellungen der Streitkräfte. So wie das militärische Establishment der Jahre nach der Großen Säuberung

mit dem vor der Säuberung nicht identisch war, so hatte die aus dem Kriege hervorgegangene Führungsspitze der Armee mit ihrem Vorgänger, dem »Zwischen-Establishment« der Notjahre 1938–41, fast nicht das geringste zu tun.
Bis 1944 trennte sich Stalin von seiner militärischen Crew, die über die Leichen ihrer Vorgänger zu höchsten Rängen aufgestiegen war.
Marschall Kulik, der als Befehlshaber der 54. Armee im August/September 1941 durch seine Unfähigkeit viel zu der Einschließung Leningrads beigetragen hatte, wurde zunächst »zur Verfügung des Verteidigungsministers« für anderthalb Jahre aus dem Verkehr gezogen. Im März 1942 zum Generalmajor degradiert, wurde er, nachdem er vom April bis September 1943, zum Generalleutnant befördert, als Befehlshaber der 4. Garde-Armee verwendet – die Resultate waren katastrophal (Schukow: »Ich kann nur mit Bitterkeit an diesen Menschen denken«). Kulik wurde wieder zum Generalmajor degradiert und wieder »zur Verfügung«, nämlich der Hauptverwaltung Kader, gestellt. Im Januar 1944 fand er einen Unterschlupf als Vizechef der HV Wehrersatz. Nach dem Krieg kurz als Vizebefehlshaber des Wehrkreises Wolga in Kuibyschew verwendet, wurde Kulik im Juni 1946 außer Dienst gestellt. Er starb 1950 in Kuibyschew. Eine makabre Blüte der Entstalinisierung: 1957 wurde Kulik wieder Marschall der Sowjetunion.
Schtschadenko wurde, im September 1943 als Chef der HV Wehrersatz entlassen, einen Monat als Kriegsrat der Südfront, dann drei Monate als Kriegsrat der 4. Ukrainischen Front verwendet. Im Januar 1944 »zur Verfügung der Hauptpolitverwaltung« kaltgestellt, schied er »aus Gesundheitsgründen« ganz aus. Schtschadenko starb 1951 in Moskau.
Der böse Geist der Armee, Generalleutnant Lew Mechlis, schaffte es, bis zum Kriegsende dabeizubleiben – 1944 wurde er Generaloberst. Ein Jahr nach Kriegsende schied Mechlis endgültig aus der Armee aus und wurde wieder Kontrollminister.
Der Kavallerist Budjonny, als Befehlshaber der Reservefront im Oktober 1941 beinahe in Gefangenschaft geraten (»fast wäre auch ich in die Hände des Feindes gefallen«), erholte sich zunächst 7 Monate von dem Schreck. Vom April bis September 1942 noch einmal als OB der Frontgruppe Nordkaukasus und Befehlshaber der gleichnamigen Front eingesetzt, wurde auch er dann aus dem Verkehr gezogen. Nach einem

weiteren Vierteljahr Erholung übernahm der fast 60jährige dann im Januar 1943 den Befehl über die immer kleiner werdende Kavallerie der Roten Armee. Die Ernennung zum Mitglied des nie zusammengetretenen Hauptkriegsrates des Verteidigungsministeriums versüßte ihm den Abgang. Nach dem Krieg rächte sich Stalin besonders subtil an dem schnurrbärtigen Haudegen, indem er Budjonny zum Vizelandwirtschaftsminister für Pferdezucht machte. Hier konnte der alte Reitersmann etwas Sinnvolles vollbringen: Die nach ihm benannte »Budjonny«-Pferderasse zeichnet sich »durch hohe Arbeitsleistung und Ausdauer aus. In der Sprungfähigkeit übertrifft sie alle Heimatrassen.«[1]

Noch subtiler rächte sich Stalin an seinem ältesten Steigbügelhalter Woroschilow. Der »Erste Marschall«, als Befehlshaber der Leningrader Front nach einer Woche durch Schukow abgelöst, war zunächst ein Jahr arbeitslos. Im November/Dezember 1942 fungierte er als »Oberbefehlshaber der Partisanenbewegung«, im Januar 1943 wurde er kurz als Stawka-Beauftragter bei Leningrad, im Dezember 1943 bei Odessa verwendet. Dann zeigte ihn Stalin einmal vor, und zwar bei der Teheraner Gipfelkonferenz, wo der 62jährige ein »Stalingrad-Schwert« vom US-Präsidenten Franklin D. Roosevelt in Empfang nahm. Im gleichen Jahr wurde er Chef des Beutekomitees beim GKO und der Waffenstillstandskommission beim Außenministerium.[2]

Schließlich wurde Woroschilow am 22. 11. 1944 sogar als Mitglied des Staatlichen Verteidigungskomitees (GKO) durch Bulganin ersetzt und aus Moskau entfernt. Zwischen Juli 1945 und Januar 1947 saß er in Budapest als Vorsitzender der Alliierten Kontrollkommission für Ungarn. Die Militärgewalt in Budapest übte indessen Marschall Konew aus, OB der Zentralen Heeresgruppe und Hoher Kommissar für Österreich. Nach Moskau zurückbeordert, mußte Woroschilow, inzwischen wieder zum Vizepremier avanciert, für vier Jahre die Leitung des »Büros für Kultur beim Ministerrat« übernehmen – wahrscheinlich, weil er sich so gerne vorlesen ließ. Den Siegesorden haben weder er noch Budjonny erhalten. Trotzdem hielt Stalin seinen Kumpeln die Treue – keiner der alten Mitstreiter wurde eingesperrt oder gar erschossen.

Ehrenhaft konnte Timoschenko den Krieg beenden. Nach seiner Niederlage bei Charkow zum Befehlshaber der Stalingrader Front ernannt, wurde der Marschall, kaum im Amt, wieder abgesetzt, weil er

dem Befehlshaber des gleichnamigen Wehrkreises, Generalleutnant Wassilij Gerassimenko, den Befehl erteilt hatte, die Verwaltung des Wehrkreises aus dem gefährdeten Stalingrad nach Astrachan zu verlegen. Stalin, der darin Anzeichen von Defätismus sah, verwendete Timoschenko seit jenem Vorfall im Juli 1942 nicht mehr als Frontchef. Als Stawka-Beauftragter eingesetzt, verdiente sich Timoschenko dennoch den Siegesorden.
In Moskau wollte der »Oberste« seinen Vorgänger jedoch nicht sehen und schob den Marschall in die Provinz ab. Als Befehlshaber der Wehrkreise Baranowitschi, Minsk und gar des Binnenwehrkreises Südural in Tschkalow (heute wieder: Orenburg), wo er drei einsame Jahre verbrachte, spürte auch Timoschenko Stalins Rache für die Niederlage des Anfangs. 1949 durfte er nach Minsk zurückkehren, wo er als Befehlshaber des Wehrkreises Belorußland (auch unter Chruschtschow) bis April 1960 verblieb.
Schaposchnikow, der letzte der Vorkriegsmarschälle, war nach seiner Ablösung durch Wassilewski am 26. 6. 1942 noch 11 Monate als Vizeminister tätig, danach leitete er die Generalstabsakademie. Der völlig erblindete Marschall starb am 26. 3. 1945 in Moskau – sechs Wochen vor dem Sieg.
Acht Marschälle der Sowjetunion hat es in der Roten Armee 1935–43 gegeben. Drei kamen in der Säuberung um, die restlichen fünf konnten die in sie gesetzten Erwartungen insgesamt nicht erfüllen.
Um so selbstbewußter war das Auftreten der neuen Herren der Streitmacht des Siegers.
So wie 1935 das offizielle Photo der ersten Marschälle – Woroschilow, von Tuchatschewski und Jegorow umrahmt, hinter ihnen Budjonny und Blücher – die Presse beherrschte, so war es zehn Jahre später das Gruppenbild der letzten Frontbefehlshaber des Krieges: Schukow (1. Belorussische Front) im Mittelpunkt, von Wassilewski (3. Belorussische Front) und Rokossowski (2. Belorussische Front) umrahmt, Konew (1. Ukrainische Front) neben Wassilewski, Merezkow (Karelische Front) neben Rokossowski. Hinter ihnen Goworow (2. Baltische Front), Malinowski (2. Ukrainische Front) und Tolbuchin (3. Ukrainische Front) sowie die beiden Armeegenerale Jerjomenko (4. Ukrainische Front) und Bagramjan (1. Baltische Front).
Damit stand 1945 die Spitze der Sowjet-Armee für die nächsten 15 Jahre fest: sechs Marschälle und zwei Armeegenerale, dazu der letzte

Generalstabschef des Krieges, Armeegeneral Alexej Antonow, und der wichtigste Politarbeiter der Armee, Nikolai Bulganin (der oberste Politruk, Generaloberst Schtscherbakow, war am 10. 5. 1945, zwei Tage nach dem Kriegsende, verstorben). Sieben dieser zehn – die Marschälle und Armeegeneral Antonow – waren Träger des Siegesordens. Die vier Verteidigungsminister der Jahre 1947–67 – Bulganin, Wassilewski, Schukow und Malinowski – sollten aus dieser Gruppe hervorgehen.
7 weitere Armeegenerale neben Jerjomenko, Bagramjan, Antonow und Bulganin standen 1945 auf der nächsten Stufe der militärischen Hierarchie. Aus dieser Gruppe sollten die beiden Generalstabschefs der nächsten 25 Jahre mit der längsten Amtszeit hervorgehen: Wassilij Sokolowski (1952–60) und Matwej Sacharow (1960–63 und 1964–71).
60 Generalobersten, fast ausnahmslos im Kriege befördert, waren nebst den 8 Marschällen und 10 Armeegeneralen (Kriegsrat Bulganin nicht mitgezählt), die am höchsten beförderten Offiziere der Roten Armee unter den 253 Frontbefehlshabern, Armeebefehlshabern und Frontstabschefs der Jahre 1941–45. Zu dieser Gruppe gehörten solche kraftvolle Persönlichkeiten wie Wassilij Tschuikow, der Stalingrad-Verteidiger, Kirill Moskalenko, heute noch Vize-Verteidigungsminister und Chefinspekteur sowie Andrej Gretschko, Verteidigungsminister 1967–76.
Somit setzte sich das neue militärische Establishment, das bis in die Mitte der 70er Jahre die sowjetische Politik mitbestimmte, zusammen aus den Befehlshabern der 33 (ständig den Namen wechselnden) Fronten und 70 Armeen (dem deutschen Armeekorps vergleichbar, vielfach mehrmals unter der gleichen Nummer aufgestellt), außerdem der 6 Panzerarmeen, der 16 Luftarmeen und der 5 Luftabwehrfronten, wozu noch die Frontstabschefs und ein halbes Hundert Generale in der Zentrale kamen – wie etwa Generaloberst Sergej Schtemenko, seit Mai 1943 Chef der Operativabteilung im Generalstab oder Generalleutnant Leonid Onjanow, der »Reinhard Gehlen« der Roten Armee, dem die Analyse und Auswertung aller Daten über den Gegner oblag.
Bis auf Stalin und Bulganin sind aus dieser Gruppe von ca. 300 Mann alle 8 Marschälle der Sowjetunion, 13 Armeegenerale, 1 Hauptmarschall und 2 Marschälle der Artillerie, 4 Marschälle der Panzertruppen, 2 Hauptmarschälle und 6 Marschälle der Luftwaffe sowie je 1 Mar-

schall der Nachrichten- und der Pioniertruppen, die im Kriege ernannt worden sind, hervorgegangen. Mindestens 10% der Generale aus dieser Gruppe sind im Kriege gefallen, gefangengenommen, erschossen worden oder waren verstorben (so etwas gab es auch). Ihr Aufstieg im Kriege wäre in Friedenszeiten undenkbar und nur mit mancher Laufbahn nach der Säuberung vergleichbar.

Tabelle 21

Kriegskarrieren
(Auswahl; hinter den Namen Alter bei Kriegsbeginn)

I. S. *Konew*, 43, Russe
Komkor
Komandarm 2. Ranges März 1939
Generalleutnant 4. 6. 1940
Generaloberst 11. 9. 1941
Armeegeneral 26. 8. 1942
Marschall der Sowjetunion 20. 2. 1944

A. M. *Wassilewski*, 45, Russe
Kombrig
Oberst 1936 (nach der Einführung der Ränge)
Kombrig August 1938
Komdiw April 1940
Generalmajor 4. 6. 1940
Generalleutnant 28. 10. 1941
Generaloberst 26. 6. 1942
Armeegeneral 18. 1. 1943
Marschall der Sowjetunion 16. 2. 1943

L. A. *Goworow*, 44, Russe
Generalmajor der Artillerie 4. 6. 1940
Generalleutnant der Artillerie 9. 11. 1941
Generaloberst 15. 1. 1943
Armeegeneral 17. 11. 1943
Marschall der Sowjetunion 18. 6. 1944

K. K. *Rokossowski*, 44, Pole
Generalmajor 4. 6. 1940
Generalleutnant 11. 9. 1941
Generaloberst 15. 1. 1943
Armeegeneral 28. 4. 1943
Marschall der Sowjetunion 29. 6. 1944

R. Ja. *Malinowski*, 42, Ukrainer
Generalmajor 4. 6. 1940
Generalleutnant 9. 11. 1941
Generaloberst 12. 2. 1943
Armeegeneral 28. 4. 1943
Marschall der Sowjetunion 10. 9. 1944

F. I. *Tolbuchin*, 47, Russe
Generalmajor 4. 6. 1940
Generalleutnant 19. 1. 1943
Generaloberst 28. 4. 1943
Armeegeneral 21. 9. 1943
Marschall der Sowjetunion 12. 9. 1944

N. F. *Watutin*, 39, Russe
Generalleutnant 4. 6. 1940
Generaloberst 7. 12. 1942
Armeegeneral 12. 2. 1943
Verwundet 9. 2. 1944, gestorben 15. 4. 1944

W. D. *Sokolowski*, 43, Ukrainer
Komdiw
Generalleutnant 4. 6. 1940
Generaloberst 13. 6. 1942
Armeegeneral 27. 8. 1943

K. A. *Werschinin*, 41, Russe
Generalmajor der Luftwaffe 4. 6. 1940
Generalleutnant d. L. 17. 3. 1943
Generaloberst d. L. 24. 10. 1943

Bei der ca. 50 Mann umfassenden Führungsmannschaft der Kriegsmarine, die bis auf den am 29. 1. 1943 bei Kronstadt gefallenen Vizeadmiral Drosd ohne Verluste den Krieg überstanden hatte, flossen die Beförderungen spärlicher. Sechs Vizeadmirale, darunter die Befehlshaber aller 4 Flotten, wurden 1943/44 turnusmäßig zu Admiralen, Kusnezow und Issakow 1944 zu Flottenadmiralen befördert. Eine Ernennung zum Ingenieur-Admiral wurde im Zweiten Weltkrieg nicht ausgesprochen. Der zu Kriegsbeginn 31jährige Sergej Gorschkow, neben Nikolai Kusnezow die dominierende Gestalt der sowjetischen Marinegeschichte, mußte, nachdem er im Oktober 1944 zum Vizeadmiral befördert worden war, fast 9 Jahre auf die Ernennung zum Volladmiral warten. Sie erfolgte erst nach Stalins Tod.

Die Entwicklung bei der Flotte war auch viel beständiger. Von den 4 Flottenbefehlshabern mußte nur Vizeadmiral Filipp Oktjabrski von der Schwarzmeerflotte wegen schwerer Verwundung den Befehl für ein Jahr an Konteradmiral Lew Wladimirski abtreten. Nicht anders war es bei den Chefs der 7 Flottillen, die auch alle am Krieg teilgenommen hatten (die Amurflottille nahm wie die Pazifikflotte im Frühherbst 1945 am Japanfeldzug teil).
Die neuen Herren der Sowjetarmee waren außerordentlich selbstbewußt. Stalin, für den sie den Krieg ebenso gewonnen hatten wie für Rußland, trug dem Rechnung: Sie durften als Militärstatthalter in den eroberten Hauptstädten bleiben.
Schukow residierte in Potsdam. Am 10. 6. 1945 wurde dann die »Heeresgruppe der sowjetischen Okkupation in Deutschland« offiziell eingerichtet, der Eroberer Berlins zu ihrem Oberbefehlshaber und zum Oberkommandierenden der Sowjetischen Militäradministration (SMAD), zugleich Mitglied des Alliierten Kontrollrates für die Verwaltung Deutschlands bestellt. Armeegeneral Sokolowski, sein Stabschef an der Westfront und in der Frontgruppe West, zuletzt sein Vize an der 1. Belorussischen Front, wurde auch in Berlin sein Stellvertreter.
Konew residierte in Wien. Ebenfalls am 10. 6. 1945 wurde der Befreier Prags zum Oberbefehlshaber der »Zentralen Heeresgruppe«, die Österreich und Ungarn überwachte, und zum Hohen Kommissar für Österreich bestellt.
Tolbuchin, der Eroberer des Balkans, der mit seiner 3. Ukrainischen Front in Sofia und Bukarest einmarschiert war und Belgrad mitbefreit hatte, residierte in Sofia, nachdem er im September 1944 zum Vorsitzenden der Alliierten Kontrollkommission in Bulgarien und am 10. 6. 1945 zum Oberbefehlshaber der »Heeresgruppe Süd«, die Bulgarien und Rumänien überwachte, bestellt worden war.
Der im nordrussischen Welikije Luki geborene Pole Rokossowski übernahm die schwierigste Aufgabe: Als OB der am 29. 5. 1945 errichteten »Heeresgruppe Nord« wurde er zu seinen Landsleuten abgestellt, um diese zu überwachen.
Jerjomenko, der Befreier der Slowakei und Mitbefreier Prags, richtete sich, so gut es ging, im vormals rumänischen (bis 1918 k. u. k. österreichisch-ungarischen), jetzt wieder ukrainischen Tschernowzy ein. Als Befehlshaber des am 9. 7. 1945 eingerichteten Wehrkreises Karpaten

überwachte er die ČSR, deren östlichster Zipfel, die Karpato-Ukraine, die 1938 an die Ungarn abgetreten worden war, nicht zurückgegeben, sondern ebenfalls an die Sowjetukraine angegliedert wurde. Zum ersten Mal in ihrer Geschichte grenzte die ČSR, aus der die Rote Armee am Jahresende 1945 abzog, an die UdSSR. Goworow blieb im schwergeprüften Leningrad, das er, zusammen mit Merezkow, gehalten und gerettet hatte. Als Befehlshaber des dortigen Wehrkreises überwachte er den endgültig besiegten deutschen Waffenbruder Finnland. Bagramjan, der Wiedereroberer des Baltikums, residierte im wiedererrichteten gleichnamigen Wehrkreis. Als Wächter über Estland, Lettland, Litauen und den an die Sowjetunion abgetretenen Teil Ostpreußens sollte er 9 Jahre in Riga bleiben.
Wassilewski schließlich, der Eroberer Königsbergs, bereitete seit dem Herbst 1944 den Feldzug gegen Japan vor. Vom 9. 8. bis 2. 9. 1945 leitete er als OB Fernost die Befreiung der Mandschurei, Nordkoreas und Südsachalins sowie die Eroberung der Kurilen-Inseln. Am 30. 7. 1945 wurde Wassilewski zum OB der »Sowjettruppen im Fernen Osten« ernannt. Sein Hauptquartier war Chabarowsk, Blüchers alte Residenz.
Wassilewskis drei Frontchefs blieben ebenfalls im Fernen Osten. Malinowski, der Befreier Wiens, Budapests und (als Befehlshaber der Transbaikalfront) der Mandschurei, residierte ebenfalls in Chabarowsk – als Befehlshaber des am 1. 10. 1945 eingerichteten Wehrkreises Transbaikal-Amur. Zwei Jahre später wurde er selbst OB der »Sowjettruppen des Fernen Ostens« (wie das Kommando seit 1947 offiziell hieß).
Merezkow, der Retter Leningrads, Befreier Kareliens, Nordnorwegens und (als Befehlshaber der 1. Fernostfront) der Ostmandschurei und Nordkoreas, residierte seit 5. 8. 1945 als Befehlshaber des Küstenwehrkreises in Woroschilow, der Nordkorea überwachte. Nach einem Intermezzo 1947–49 als Befehlshaber des Wehrkreises Moskau ging der »Wintermarschall« Merezkow wieder an die finnische Grenze. Seine letzten fünf Jahre als Troupier residierte er als Befehlshaber der Wehrkreise Weißmeer und Norden in Archangelsk.
Armeegeneral Maxim Purkajew, 1939/40 Militärattaché in Berlin, befreite mit seiner 2. Fernostfront Südsachalin und eroberte die Kurilen. Seit 25. 4. 1943 Nachfolger des nach dem Westen versetzten Apanassenko im Wehrkreis Fernost, übernahm er erneut den nach

dem Sieg über die Japaner am 10. 9. 1945 wiedererrichteten Wehrkreis. Purkajews Hauptquartier lag dabei in Juschno-Sachalinsk auf der 1905–45 geteilten Insel.
So wandelte sich die Aufgabe der Roten Armee und ihrer Feldherren im Sommer und Herbst des letzten Kriegsjahres und des ersten Friedensjahres 1945 zum zweiten Mal seit dem Kriegsbeginn. Aus den Verteidigern der Heimat wurden die Sieger über den Faschismus und die Befreier Osteuropas, Österreichs, der Mandschurei und Nordkoreas. Aus den Siegern und Befreiern wurden Eroberer und Statthalter an den Grenzen der zur Großmacht aufgestiegenen Sowjetunion, Niederhalter und Unterdrücker der zuvor befreiten Völker, Wahrnehmer von Polizeiaufgaben.
Die Anzahl der Truppen, die den Heeresgruppen in Europa und den 3 Wehrkreisen im Fernen Osten in den ersten beiden Nachkriegsjahren zur Verfügung standen, ist nicht bekannt. Da die Demobilisierung zwar schon am 5. 7. 1945 angeordnet, aber erst Anfang 1948 abgeschlossen wurde, kann man davon ausgehen, daß in den 15 neu eingerichteten Wehrkreisen das Gros der 11, 3 Millionen Mann der Sowjetstreitkräfte im Jahre 1945 auch noch im nächsten Jahr vorhanden war. Da im Zuge der fortschreitenden Befreiung des heimatlichen Territoriums 10 alte Wehrkreise wiedererrichtet wurden und 10 Wehrkreise in den durch den Krieg nicht berührten Gebieten und Republiken weiterbestanden, hatte die Rote Armee nach dem Kriegsende ein Jahr lang 35 Wehrkreise statt der 20 Vorkriegswehrkreise zur Verfügung, in denen am Vorabend des deutschen Überfalls 4,2 Millionen Soldaten disloziert waren. Man kann also annehmen, daß bis Mitte 1946 noch 7 bis 7,5 Millionen Soldaten zu Überwachungszwecken bereitstanden, die meisten davon in den besetzten Gebieten Europas und des Fernen Ostens (zuzüglich der Truppen in Nordpersien).

Tabelle 22
Wehrkreise 1945–46 (Hauptquartier in Klammern)

---

1. alte Wehrkreise

Moskau
Wolga (Kuibyschew)
Ural (Swerdlowsk)
Mittelasien, am 9. 7. 1945 in WK Turkestan umbenannt (Taschkent)

Sibirien, am 1. 10. 1945 in Westsibirien umbenannt (Nowosibirsk)
Archangelsk, am 15. 12. 1944 in WK Weißmeer umbenannt, im April 1956 dem WK Norden zugeschlagen
Fernostfront (Chabarowsk), seit 10. 9. 1945 gleichnamiger WK (Juschno-Sachalinsk, seit 23. 4. 1945 wieder Chabarowsk). Gegen Japan: 2. Fernostfront
Transbaikal (Tschita), Seit 1. 10. 1945 Transbaikal-Amur (Chabarowsk), seit Mai 1947 wieder Transbaikal (Tschita) – im Japanfeldzug gleichnamige Front
Küste (Woroschilow, 1957 in Ussurijsk umbenannt), im Japanfeldzug: 1. Fernostfront

2. wiedererrichtete Wehrkreise

Orjol, im Juni 1943, am 9. 6. 1945 aufgelöst
Charkow, 25. 9. 1943 bis Juni 1946
Kiew, seit 15. 10. 1943
Nordkaukasus, 2. 7. 1943–9. 7. 1945 und seit 4. 2. 1946
Belorußland, seit Oktober 1943 (Smolensk, seit August 1944 Minsk), im Januar 1945 in WK Belorußland-Litauen, im Juli 1945 in WK Minsk, im Februar 1946 wieder in WK Belorußland umbenannt (Bobruisk, seit Januar 1947 Minsk)
Odessa, seit 23. 3. 1944
Baltikum (Riga), seit 9. 7. 1945
Leningrad, seit 24. 7. 1945
Transkaukasus, seit Mai 1946

3. neue Wehrkreise

Lwow Mai 1944–Mai 1946

Am 9. 7. 1945:
Westsibirien (Irkutsk) – bis Mai 1953
Don (Rostow am Don) – bis 4. 2. 1946
Tauris (Simferopol) – bis April 1956
Karpaten (Tschernowzy, seit Mai 1946 Lwow)
Baranowitschi – bis Februar 1946
Stawropol – bis Mai 1946
Tbilissi – bis Mai 1946
Gorki – bis Mai 1946
Smolensk – bis Juli 1946
Kuban (Krasnodar) – bis Mai 1946
Baku, August 1945–Mai 1946
Kasan, August 1945–Mai 1946
Woronesch, August 1945–August 1946
Norden (Archangelsk), Juli 1951–März 1960

Die Befehlshaber und Oberbefehlshaber an der Spitze der 35 Wehrkreise und 4 Heeresgruppen des ersten Friedensjahres waren alle (mit einer Ausnahme) Armee- und Frontchefs des Krieges im Range vom Generalleutnant bis zum Marschall der Sowjetunion. Wie das Volk und natürlich auch wie Stalin waren sie alle von dem Wunsch des »Nie wieder« beseelt. Niemals wieder sollte es irgendeiner Macht der Welt möglich sein, die Sowjetunion zu überfallen. Das berühmte sowjetische Sicherheitsbedürfnis, in allen Gesprächen der Nachkriegszeit ein entscheidendes Argument der Moskauer Unterhändler, war im Kriege geboren.
Die neue militärische Elite nahm sich vor, sorgsam und immer darüber zu wachen – um so mehr, als es jetzt eine durchweg russische, allenfalls eine slawische Elite war. Der Dank Stalins an das »russische Volk« hätte ebensogut ein Dank an die russischen Militärführer sein können. Zwar waren die 8 Marschälle und 13 Armeegenerale des Krieges allesamt, mit Ausnahme der gefallenen Draufgänger Watutin und Tschernjachowski, wie ihre hingerichteten Vorgänger Tuchatschewski, Jakir, Uborewitsch, Fedko und andere, im letzten Jahrzehnt des vorigen Jahrhunderts geboren. Im Unterschied zu den Vorgängern waren jedoch am Kriegsende unter den 48 Marschällen der Sowjetunion, Marschällen der Waffengattungen, Flottenadmiralen, Armeegeneralen und Admiralen nur 4 Nichtslawen. Dabei handelte es sich um die Armenier Armeegeneral Iwan Bagramjan und Luftmarschall Sergej Chudjakow, Stabschef der Luftwaffe, der eigentlich Armenak Chanferjanz hieß, aber 1918 als 17jähriger den Namen seines gefallenen Kommandeurs angenommen hatte – sowie um den Armeegeneral Purkajew, einen Mordwinen von der Wolga – und den Georgier Stalin, der sich zum russischen Nationalisten gemausert hatte. Der größere Rest der Militärelite waren 8 Ukrainer, der Pole Rokossowski und 39 Russen. Nicht anders sah es bei den Generalobersten aus.
Betrug der Anteil der Nichtrussen bei den Front- und Armeebefehlshabern sowie Stabschefs des Bürgerkrieges 46,4%, so war er im Zweiten Weltkrieg auf 31,1% gesunken – auch dies war eine Spätfolge der Großen Säuberung. Die weitaus meisten der Nichtrussen unter den Armeeführern des Zweiten Weltkrieges waren Ukrainer – immer noch kamen die kriegstüchtigsten Männer der Sowjetunion aus den alten Kosakensiedlungen am Don und Kuban.
Der Anteil der Balten war gleich Null. Die Rote Armee, die im

Bürgerkrieg so hervorragende Armeeführer wie Wazetis, Kork und Eideman hervorgebracht hatte, wies 1941–45 bis auf den litauischen Generalobersten Wassilij Juschkewitsch, keinen einzigen General an der Spitze eines Großverbandes auf, der aus dem Baltikum stammte. Zwei Armeeführer, Generaloberst Max Reiter und Generalleutnant Nikolai Gagen (Hagen), waren deutschstämmig. Im Krieg gegen den Judenvernichter konnte die Rote Armee nur einen einzigen jüdischen General aufweisen, Jakow Kreiser, Kommandeur der 1. Moskauer Schützenmot. Divison, wurde als einer der ersten Obersten am 22. 7. 1941 »Held der Sowjetunion« und am 11. 8. 1941 zum Generalmajor befördert. Kreiser beendete den Krieg als Befehlshaber der 51. Armee und Generalleutnant. Er starb 1969 als Armeegeneral.
Andere Nationalitäten des Vielvölkerstaates, der die größte Bewährungsprobe seiner Geschichte bestanden hatte, spielten in der Armeeführung so gut wie keine Rolle, wenn man von zwei georgischen Generalobersten, Konstantin Lesselidse und Porfirij Tschantschibadse, absieht. Die ossetischen Generale Issa Plijew und Georgij Chetagurow waren die einzigen Vertreter der kaukasischen Völker in den oberen Rängen. Sonderfälle waren der mordwinische Armeegeneral Purkajew und der Karaime Wladimir Kolpaktschi, der es bis zum Generalobersten gebracht hatte.[3]
Einen Vertreter der mittelasiatischen Turkvölker hatte es in der sowjetischen Generalität bis vor kurzen ohnehin nicht gegeben. Ausnahmefälle waren die beiden Vertreter der im Kriege verfemten und verbannten Minderheiten, der kalmückische Reiter-Generaloberst Oka Gorodowikow und der krimtatarische Flieger Sultan Amet-Chan, der aufgrund von 30 Abschüssen zum »Zweifachen Held der Sowjetunion« ernannt worden war.
Der Ausbildungsstand der neuen sowjetischen Militärelite entsprach nur in seltenen Fällen ihrer praktischen Leistung im Kriege. Nur 6 der 20 Marschälle und Armeegenerale des Krieges waren Absolventen der beiden wichtigsten Kriegsakademien, der 1921 in die »Kriegsakademie« (seit 1925: »Frunse«-Kriegsakademie) umgetauften Generalstabsakademie und der 1936 wieder gegründeten »Generalstabsakademie«.

Tabelle 23

Ausbildung der Sieger

	Geb.	KP	RKKA	F.Ak.	Gst.Ak.
A. I. Antonow	1896	1928	1919	1931	1937
I. Ch. Bagramjan	1897	1941	1920	1934	1938
L. A. Goworow	1897	1942	1920	1933	1938
A. I. Jerjomenko	1892	1918	1918	1935	–
I. S. Konew	1897	1918	1918	1934	–
R. Ja. Malinowski	1898	1926	1919	1930	–
I. I. Maslennikow	1900	1924	1917–28 1941–48	1935	–
K. A. Merezkow	1897	1917	1918	1921	–
I. Je. Petrow	1896	1918	1918	–	–
M. M. Popow	1902	1921	1920	1936	–
M. A. Purkajew	1894	1919	1918	1936	–
K. K. Rokossowski	1896	1919	1918	–	–
G. F. Sacharow	1897	1919	1919	1933	1939
M. W. Sacharow	1898	1917	1917	1933	1937
G. K. Schukow	1896	1919	1918	–	–
W. D. Sokolowski	1897	1931	1918	1921	–
F. I. Tolbuchin	1894	1938	1918	1934	–
I. D. Tschernjachowski	1906	1928	1924	1936	(Pz-Akademie)
A. M. Wassilewski	1895	1938	1919	–	1937
N. F. Watutin	1901	1921	1920	1929	1937

Schukow und Rokossowski, die beiden erfolgreichsten Feldherren, hatten also überhaupt keine Kriegsakademie besucht. Wie aus der Tabelle hervorgeht, waren sie dafür alle in der Partei: Die Zeit, in der selbst die Oberkommandierenden und die Chefs der Waffengattungen – wie 1937/38 Marinechef Wiktorow – parteilos sein konnten, war unwiderruflich vorbei. Die »KPdSU (der Bolschewiki)«, wie die Partei bis 1952 hieß, erlebte in der Armee im Krieg einen ungeheuren Zulauf. Die Leiter der Politabteilungen hatten alle Hände voll zu tun, um die Parteibücher an alle Neumitglieder – besonders vor den Gefechten – zu verteilen. 1941–45 wurden etwa 6,2 Millionen Mann (3,8 Millionen Kandidaten und 2,4 Millionen Mitglieder) in die Partei aufgenommen, etwa 1,1 Millionen allerdings wieder ausgeschlossen. 3 Millionen Mitglieder und Kandidaten der Partei waren gefallen. Am Kriegsende

zählte die KPdSU (B) fast 6 Millionen Mitglieder, von denen 53% bei den Streitkräften waren.
Einige Angehörige der neuen Militärspitze waren sehr spät in die Partei eingetreten – das lag an ihrer Herkunft oder an den anderen Leichen im Keller. So war der Priestersohn Wassilewski, obwohl er jeglichen Kontakt zu seinen Eltern abgebrochen hatte – und ihn erst auf Stalins Geheiß wieder aufnahm – erst mit 43 Jahren, 1938 in die Partei aufgenommen worden. Seit 1919 in der Roten Armee, besaß Wassilewski bis 1939 erst einen einzigen Orden, den des Roten Sterns. Auch der spätere Marschall Bagramjan, der, seit 1915 in der Armee, nach der Revolution zunächst bei den nationalsozialistischen Daschnaken in der armenischen Heimat mitgekämpft hatte und erst im Dezember 1920 in die Rote Armee eintrat, wurde erst 1941, mit 43 Jahren, in die Partei aufgenommen. Ähnlich erging es dem Artilleristen Marschall Goworow, der, schon demobilisert, im Oktober 1918 in Tatarien von den Truppen Koltschaks einberufen wurde. Der Unterleutnant des Zaren und Batteriechef bei Koltschak konnte erst nach einem Jahr mit einigen seiner Soldaten nach Tomsk fliehen, wo er sich an einem Aufstand gegen Koltschak beteiligte. Als die Rote Armee im Januar 1920 Tomsk besetzte, trat Goworow ihr freiwillig bei. Auf die Aufnahme in die Partei mußte aber auch er bis zum 45. Lebensjahr – dem Jahre 1942 – warten. In dieser Zeit war er bereits Armeechef.
Auch Marschall Malinowski, der 1916–18 mit dem russischen Expeditionskorps in der Normandie kämpfte, trat zwar gleich nach der Rückkehr 1919 in die Rote Armee ein, mußte aber 7 Jahre warten, bis er als 28jähriger 1926 Parteimitglied werden konnte. Ebenso erging es dem späteren Marschall Sokolowski, vormals in der k. u. k. Armee, der zwar 1918 in die RKKA, aber erst als 34jähriger 1931 in die KP aufgenommen wurde.
Dies alles verlor im Schmelztiegel des Krieges an Bedeutung – da trat schon mancher alte Herr aus reiner Begeisterung auf seine alten Tage in die KP ein, wie der von Kerenski zum Generalmajor beförderte Oberst i. G. Alexandr Samoilo, 1920/21 Chef des Allrussischen Hauptstabes der Roten Armee. Samoilo, Lehrstuhlinhaber und Militärleiter am Hiydrometeorologischen Institut im heimatlichen Moskau, war 1940 unter den ersten 13 Generalleutnanten der Luftwaffe und 1941 einer der 6 Überlebenden. Erst 1944 wurde der 75jährige Parteimitglied.

Am Kriegsschluß zählte die Rote Armee 2,7 Millionen Offiziere. Die Zahl der Generale war seit der Verleihung der ersten Ränge am 4. 6. 1940 von 984 auf 5 597, die der Marschälle der Sowjetunion von 5 auf 12 gestiegen. Dazu kamen 14 Marschälle und 3 Hauptmarschälle der Waffengattungen. Die Zahl der Armeegenerale stieg von 3 auf 12, die der Admirale von 3 auf 8. Zwei der Admirale von 1940 wurden zu Flottenadmiralen befördert. Somit vergrößerte sich die Führungsgruppe der Armee und der Kriegsmarine von 11 auf 51 Personen.

Die neuen Militärführer hatten die Vernichtung ihrer Lehrmeister, unter denen sie alle gedient hatten, nicht vergessen. Das Streben nach der Rehabilitierung der zu Unrecht hingemordeten Heerführer der ersten Generation blieb, schon aus Selbsterhaltungsgründen, aber auch der Offiziersehre wegen, ihr Hauptanliegen.

26
Neue Zähmung

Daß seine neuentstandene Militärkaste eine hohe Selbsteinschätzung besaß, dessen war sich Stalin voll bewußt. So führte er sie, auch wenn er mit den Verhaftungen aufgehört hatte, an der kurzen Leine. Jeder Stawka-Bevollmächtigte hatte sich jeden Tag telefonisch bei dem »Obersten« zu melden und den Stawka-Vertretern war es erlaubt, sich nur an den Fronten zu bewegen, die sie zu überwachen hatten. Für einen Frontbesuch beim Nachbarn mußten sie sich eine Sondergenehmigung einholen.
Ein einziges Mal, am 16. 8. 1943, geriet Wassilewski mit dem Telefonat in Verzug. Ein von Stalin um 3.30 Uhr am nächsten Morgen abgesandtes Telegramm lautete denn auch: ». . . Ich warne Sie zum letzten Mal. Wenn Sie noch ein einziges Mal Ihre Pflicht gegenüber der Stawka vergessen, werden Sie als Generalstabschef abgelöst und von der Front abberufen . . .« Einzig Schukow »durfte Stalin scharf widersprechen – was sonst niemand wagte . . .«[1]
Auch wenn Stalin »anscheinend begriffen hat, daß auch er Fehler machen kann und daß seine Entscheidungen nicht immer die besten sind . . .«[2], so sagte er doch 1944 zu Charles de Gaulle: »Nach dem Krieg braucht kein Mensch die Generale, nicht einmal die Frauen.« So versetzte Stalin, sobald die letzten Siegesfeiern abgeklungen waren, den Marschällen die schallendste Ohrfeige, die man sich vorstellen konnte.
Schon die Verleihung des Siegesordens an König Mihai von Rumänien »für den tapferen Akt der entschlossenen Umstellung der Politik Rumäniens im Sinne des Bruches mit Hitler-Deutschland und des Bündnisses mit den Vereinten Nationen in einem Augenblick, in dem sich die Niederlage Deutschlands noch nicht klar abzeichnete« am 6. 7. 1945 (womit der König nebst Eisenhower, Montgomery, Tito und dem polnischen Oberkommandierenden Michal Rola-Zymierski zu den fünf ausländischen Siegesorden-Trägern gehörte), zeugte von der Verachtung des Tands, der den Militärs so wichtig war. Der König selbst wurde anderthalb Jahre später durch Stalins Abgesandten Wyschinski, nun Vize-Außenminister, davongejagt. Und zehn Tage nachdem Stalin auf Betreiben der letzten Frontbefehlshaber, die einen Brief an das

Präsidium des Obersten Sowjet gerichtet hatten, zum Generalissimus befördert, zum »Helden der Sowjetunion« ernannt und mit dem zweiten Siegesorden geehrt wurde (wobei er den Hauptintendanten, Generaloberst Pawel Dratschow hinauswarf, der ihm eine neue Uniform verpassen wollte, und Dratschows Chef, Armeegeneral Chruljow, ausgiebig beschimpfte), überraschte er seine Marschälle mit der Angleichung der Staatspolizeiränge an die der Armee.
Am 9. 7. 1945 wurde der NKWD-Chef Berija der 18. Marschall der Sowjetunion. Berijas engster Mitarbeiter, Wiktor Abakumow, der Chef der am 14. 4. 1943 im Verteidigungsministerium eingerichteten HV Spionageabwehr »Smersch« (»Tod den Spionen«)[3] und einer der Stellvertreter des Ministers Stalin, wurde Armeegeneral. Der Minister für Staatssicherheit (NKGB), Wsewolod Merkulow, sowie Berijas Erste Stellvertreter Iwan Serow und Kruglow, wurden Generalobersten.
Was Stalin und Jagoda 1935 nicht erreicht hatten, war 10 Jahre später, während des größten militärischen Triumphes der russischen Geschichte, wahr geworden: Die Staatspolizei war der Armee gleichgestellt, ihr Repräsentant im Politbüro hatte den höchsten militärischen Rang inne. Die Erhöhung der Staatspolizisten war das Startsignal zur Demontage des Ansehens der Sieger – fortan sollte es in der Sowjetunion nur noch einen Sieger im großen Krieg geben.
Das Staatliche Verteidigungskomitee (GKO) wurde am 4. 9. 1945, nach dem Ende des Japanfeldzuges, aufgelöst, der Hauptkriegsrat wiedererrichtet.
Mit dem GKO verschwand auch die Stawka, die Stalin am 19. 2. 1945 umbildete. 1. Vizepremier und Außenminister Molotow wurde als Stawka-Mitglied entlassen, die Marschälle Woroschilow, Budjonny, Timoschenko und der erblindete Schaposchnikow, der im Monat darauf starb, gefeuert. Der letzten Stawka gehörten nur noch Stalin, Schukow, Wassilewski, Bulganin, Generalstabschef Antonow und Marineminister Kusnezow an.
Mit dem Anbruch des ersten vollen Friedensjahres 1946 begann Stalin, sich der Symbole und der Mitarbeiter der »heroischen 1418 Tage« des Krieges zu entledigen. Am 25. 2. 1946 wurde das Verteidigungsministerium in »Ministerium der Bewaffneten Streitkräfte« umbenannt, das Marineministerium aufgelöst. Am 15. 3. 1946 wurden die aus der Revolution vertrauten, jetzt rudimentär wirkenden Bezeichnungen

»Rat der Volkskommissare« und »Volkskommissar« durch »Ministerrat« und »Minister« ersetzt. Berija wurde Vizepremier, zu seinem Nachfolger als Innenminister (MWD) wurde Generaloberst Kruglow bestellt. Generaloberst Merkulow blieb Staatssicherheitsminister (MGB), wobei die nach der Auflösung der »Smersch« im Mai 1946 wiedererstandenen »Sonderabteilungen« (OSO), die über die Gesinnung zu wachen hatten, Merkulows Behörde unterstellt wurden.
Zugleich bildete Stalin seine Militärspitze um. Schon im Januar 1946 wurde die Institution der Offiziere i. G. aufgelöst, im Februar der Generalstabschef Armeegeneral Alexej Antonow nach nur 13 Amtsmonaten abgesetzt; Marschall Wassilewski, Antonows Vorgänger, wurde am 25. 3. Antonows Nachfolger, der wiederum zu Wassilewskis 1. Stellvertreter bestellt wurde.
Artilleriechef Woronow, seit 29. 6. 1943 in Personalunion auch Chef der Luftabwehr, wurde von diesem Zusatz-Amt befreit. Der Posten des Befehlshabers der Garde-Werfereinheiten, den Woronow im August 1944 ebenfalls übernommen hatte, war schon im Mai 1945 gestrichen worden.
Zum ersten Mal in der sowjetischen Armeegeschichte wurde am 21. 3. 1946 die Position des Oberbefehlshabers des Heeres (Landstreitkräfte) geschaffen. Die bis dahin selbständigen Hauptverwaltungen Panzer- und mechanisierte Truppen, Ingenieurtruppen und Nachrichtentruppen der Roten Armee wurden dem OB Heer unterstellt. Nur das Heer, die Kriegsmarine, die Luftwaffe, die Artillerie und die Rückwärtigen Dienste behielten den Rang einer selbständigen Waffengattung. Kriegsmarine und Luftwaffe wurden jetzt von Oberbefehlshabern befehligt. Das Heer gliederte sich nun in Landstreitkräfte, Panzertruppen und Luftlandetruppen mit ihren Befehlshabern sowie in die Pionier- und die Nachrichtentruppen mit ihren Chefs. Neben dem Heereschef wurden die Chefs der Kriegsmarine, der Luftwaffe und der Rückwärtigen Dienste Vizeminister, Armeegeneral Bulganin 1. Vizeminister.
Und nun ging Stalin daran, seine wichtigste Rechnung zu begleichen – die mit Schukow. Ihn einfach in der Versenkung verschwinden zu lassen, wagte auch Stalin zunächst nicht. So wurde Schukow im März 1946 aus Berlin abberufen und zum OB Heer ernannt. Zunächst sah das also keineswegs nach einem Abschieben aus. Drei Monate später wurde Schukow durch seinen Rivalen Konew ersetzt, zum Befehlsha-

ber des Wehrkreises nach Odessa versetzt und aus dem ZK entfernt. Schukows Name verschwand aus der Presse, der geplante Besuch in den USA – eine Gegenvisite zu Eisenhowers Besuch in Moskau 1945 – fand nie statt. Selbstverständlich wurde all das nicht bekanntgegeben.
Der Abrechnung mit Schukow folgte die Abrechnung mit dem eigenwilligen Flottenadmiral Kusnezow, der es während des Krieges fertiggebracht hatte, halbwegs selbständig zu bleiben. Der blendend aussehende, hochgewachsene Bauernsohn vom Weißen Meer erlebte während seiner 37jährigen Dienstzeit bei der Kriegsmarine, in die er als 17jähriger 1919 eingetreten war, das ganze Auf und Ab der Flottenpolitik der Landmacht UdSSR. Des Teufels Admiral, Teilnehmer der Konferenzen von Jalta und Potsdam, steuerte sein Schiff geschickt durch die Wirrnisse des Krieges und der Stalinschen Launen.
Kusnezows kleine Streitmacht von 665 Kriegsschiffen, von denen nur die U-Boote zu Kriegsbeginn zahlenmäßig führend in der Welt waren, schlug sich in diesem Landkrieg im Rahmen ihrer Möglichkeiten mit Bravour, was selbstverständlich auch den ausgezeichneten Flottenchefs Wladimir Tribuz (Ostsee), Arsenij Golowko (Nordmeer), Filipp Oktjabrski (Schwarzmeer) und Kusnezows Rivalen Iwan Jumaschew (Pazifik) zu verdanken war. (Letzterer war schon Schiffskommandant am Schwarzen Meer, als der um 7 Jahre jüngere Kusnezow noch auf die Marineschule der gleichen Flotte ging.)

Tabelle 24

Flotten im Zweiten Weltkrieg
(1. 9. 1939; für die UdSSR und Deutschland: 22. 6. 1941

	England	Frankreich	USA	Japan	Italien	Deutschland	UdSSR
Linienschiffe	15	7	15	10	4	5	3
Flugzeugträger	7	1	5	6	–	–	–
Kreuzer	64	19	36	35	22	8	7
Zerstörer	184	70	181	121	128	43	54
U-Boote	56	77	99	56	105	161	212

Kusnezow standen außerdem zu Kriegsbeginn 22 Küstenwachschiffe, 80 Trawler, 287 Torpedoboote, 2581 Flugzeuge und 260 Küstenbatterien mit über tausend Geschützen zur Verfügung.

Der Marineminister und seine engsten Mitarbeiter Issakow und Galler wucherten mit dem Pfund soweit es ging. Obwohl eine halbe Million Matrosen bei den Landtruppen kämpfte, konnten über 100 Landeunternehmen durchgeführt werden. Zwar war die Fertigstellung von 269 Schiffen auf Kiel bis zum Kriegsbeginn nicht möglich, aber das lag weder an Kusnezow noch am Schiffsbauminister Nossenko. Auch hier galt das Wort von der Schuld, die da war und von allen getragen werden mußte.

Die genauen Gründe für Kusnezows erste Degradierung sind nicht bekannt. Er selbst deutet in seinen Memoiren an, daß es vornehmlich um Stalins Konzeption von noch kleineren Marineverbänden ging als sie ohnehin schon waren. Im Februar 1946 wurde die Baltische Flotte, in eine 4. und eine 8. Flotte, zweigeteilt, im Januar 1947 folgte die Teilung der Pazifikflotte in eine 5. und eine 7. Flotte.

Tabelle 25

Admiral Kusnezows Karriere

Kapitän 2. Ranges	im Juni 1937 in Spanien
Flagman 2. Ranges (Fregattenkapitän)	Januar 1938
Flagman der Flotte 2. Ranges (Vizeadmiral)	28. 4. 1939
Admiral	4. 6. 1940
Admiral der Flotte	Mai 1944
Konteradmiral	Februar 1947
Vizeadmiral	Januar 1951
Admiral der Flotte	März 1953
Admiral der Flotte der Sowjetunion	3. 3. 1955
Vizeadmiral, zugleich a. D. gestellt	Februar 1956

So landete der mit dem Titel eines Helden der Sowjetunion, 4 Leninorden, 3 Rotbannerorden, dem Uschakoworden 1. Stufe und dem Orden des Roten Sterns dekorierte Vizeminister für die Streitkräfte und OB der Kriegsmarine 1947, auf dem Posten des Chefs der Verwaltung der Marinelehranstalten. Anderthalb Jahre später schob ihn Stalin nach Chabarowsk ab – zum Stellvertreter des OB Fernost für die Kriegsmarine. Kusnezows Posten übernahm 1947 sein Rivale Jumaschew.

Stalins Vorstellungen über die Rolle der Kriegsmarine nach einem gewonnenen Weltkrieg blieben schwankend und unsicher. Eine klare

Konzeption vom Stellenwert der Flotte in der Militärdoktrin einer Großmacht, die gerne Weltmacht werden wollte, es aber nicht konnte, da ihr die Präsenz auf den Meeren mangels Masse fehlte, besaßen die Moskauer Politiker bis in die Mitte der 50er Jahre nicht. Der einzige Marineoffizier, der eine solche Konzeption – Abkehr von der Konzentration auf den U-Bootbau und Lösung von den Küsten – besaß, Sergej Gorschkow, saß noch als Geschwaderchef auf einem Schiff im Schwarzen Meer fest. Im November 1948 wurde er Stabschef, im August 1951 Befehlshaber der Schwarzmeerflotte. Der einzige Mann unter den Politikern, der im Kriege in enge Berührung mit der Flotte – und mit Gorschkow – gekommen war, Leonid Breschnew, war noch Gebietsparteisekretär in der ukrainischen Provinz.
Bestand die Abrechnung mit Kusnezow nur in der Degradierung, so wurde sein langjähriger Stellvertreter für Schiffsbau und Bewaffnung, Admiral Galler, zu Tode gebracht. 1947 als Vizeminister entlassen, war dieser noch ein Jahr als Chef der 1945–60 von der Kriegsmarineakademie getrennten »Kriegsmarineakademie für Schiffsbau und Bewaffnung« tätig, dann wurde er verhaftet. Lew Michailowitsch Galler, Sohn eines Petersburger Militäringenieurs, Absolvent des Marinekadettenkorps und schon in der kaiserlichen Marine Kapitän 2. Ranges, der als einziger der ersten 4 Flottenflagmane die Große Säuberung überlebt hatte, noch 1938–40 Chef des Marinehauptstabes, der sich, wie Schaposchnikow bei der Armee redlich bemüht hatte, den durch die Säuberung geschwächten Betrieb im Gang zu halten, überlebte Stalins »Aufräumen« nach dem Kriege nicht. Er starb am 12. 7. 1950 im Gefängnis in Kasan.
Seine drei Nachfolger hatten mehr Glück. Flottenadmiral Issakow, Stabschef 1941–43 und 1946/47, wurde nach der erneuten Errichtung des Marineministeriums a. D. gestellt. Der beinamputierte Issakow, dessen erste Sorge nach seiner Verwundung dem Nachruhm galt (»Ich bitte, im Falle meines Ablebens einen der neuen Zerstörer nach mir zu benennen«, telegraphierte er im August 1942 nach der Abnahme des linken Beines aus dem Lazarett in Sotschi an Stalin und Kusnezow), hatte nun genügend Zeit für seinen »Meeresatlas«.
Vizeadmiral Georgij Stepanow, amtierender Marinestabschef 1943/44 und seitdem Chef der Verwaltung der Marinelehranstalten sowie Admiral Wladimir Alafusow, 1944/45 Marinestabschef und anschließend Chef der Marineakademie, wurden verhaftet. Beide überlebten. Alafu-

sow wurde nach der »Dienstunterbrechung«[4], im Mai 1955 Vizechef der Marineakademie, dann fand er in Issakows Meeresatlas-Redaktion ein Betätigungsfeld. Auch Stepanow kam bei Issakow unter.
Die Zurücksetzung Schukows, Kusnezows und Issakows, die Vernichtung Gallers sowie die Verhaftung Alafusows und Stepanows dienten vornehmlich dem Zweck, den allzu selbstbewußt gewordenen Portepeeträgern zu zeigen, daß der »Oberste« (wie Stalin von seinen Generalen im Krieg gerufen wurde) immer noch Herr im Hause war (die üblichen Spionageanschuldigungen gegen die verhafteten Admirale waren, wie immer, so absurd, das sie nicht wiedergegeben zu werden brauchen).
Ansonsten wurde nach dem Krieg im Vergleich zur Großen Säuberung im Heer erstaunlich wenig gesäubert, in der Marine überhaupt nicht. Schukow wurde 1948 noch weiter zurückgesetzt. Als Befehlshaber des Wehrkreises Ural in Swerdlowsk führte er zum ersten Mal in seinem Leben eine Truppenformation an, die nicht an den Grenzen lag.
Auch der OB der Heeresgruppe Süd, Marschall Tolbuchin, Stalins Balkan-Statthalter, wurde im Januar 1947 abgelöst und zum Befehlshaber des Wehrkreises Transkaukasus in Tbilissi degradiert. Der Herr über Bulgarien und Rumänien herrschte nun über die drei Kaukasus-Republiken. Tolbuchin, von dem das hartnäckige Gerücht umging, er sei ein tiefgläubiger Mann und pflege vor jeder Schlacht zu beten, starb am 17. 10. 1949 in Moskau. Der bescheidenste und in der Behandlung der Untergebenen fairste aller Marschälle, der »nicht ohne dringende Notwendigkeit Disziplinarstrafen verhängte«[5] wurde nur 55 Jahre alt.
Im März 1950 wurde auch Konew bei der erneuten Umbildung des Ministeriums als OB des Heeres entlassen, der Posten blieb vakant. Nach einem Übergangsjahr als Generalinspekteur, erhielt er auch als Vizeminister seinen Entlassungsbescheid und übernahm den Wehrkreis Karpaten in Lwow. Überhaupt ist nur noch ein Fall eines Heeres-Generals bekannt, der nach 1945 erschossen wurde: der Fall Gordow.
Wassilij Gordow war jener Generalmajor, der, bis dahin Befehlshaber der 21. Armee, im Juli 1942 von heute auf morgen Marschall Timoschenko als Befehlshaber der Stalingradfront ablösen mußte, da Timoschenko sich nach Stalins Meinung zu defätistisch verhalten hatte. Bis dahin hatte Gordow, einer der »wenigen Grauhaarigen«[6] unter den jungen Generalen der ersten Kriegsjahre, Soldat der ersten Stunde – Rotgardist des Dezember 1917 –, als Troupier im Bürgerkrieg und

Stabschef zwischen den Kriegen gedient. Auch die Säuberung ging an dem 1915 als Gemeiner zu der Zarenarmee Einberufenen, der seit 1918 Parteimitglied war, spurlos vorbei.
Mit der Übernahme der Front wurde Gordow Generalleutnant, am 9. 9. 1943 als Befehlshaber der 3. Gardearmee Generaloberst. Der Held der Sowjetunion kehrte aus dem Krieg an die heimatliche Wolga als Befehlshaber des gleichnamigen Wehrkreises zurück.
Gordows weitere Laufbahn ist unklar. Aus den Aufzeichnungen seines zeitweiligen Mithäftlings, des Prager Altkommunisten Arnošt Kolman, geht hervor, daß er anscheinend als Infanterie-Inspekteur der Sowjet-Armee mit Stalin aneinandergeriet. Gordow war als jähzornig bekannt und bei seinen Untergebenen deshalb unbeliebt. Er blieb auch in Haft unbeugsam »absolut kaltblütig«[7] und wurde am 12. 12. 1951 erschossen.
War die Zurücksetzung Schukows (möglicherweise auch die Vernichtung Gordows) ein Begleichen alter Rechnungen zwischen zwei Männern, die, im Krieg aufeinander angewiesen, sich trotzdem nichts geschenkt hatten (wobei auch die Furcht vor Schukows Popularität eine Rolle spielte –, während die Gründe für die Nachkriegssäuberung der Marinespitze immer noch im dunklen liegen), so hatte die Eliminierung der Führungsspitze der dritten großen Waffengattung, der Luftwaffe, tiefere und prinzipiellere Ursachen. Hier spielte neben den militärpolitischen Überlegungen schon der Kampf um Stalins Erbe mit hinein.
Wie im Dritten Reich, in den USA oder in Großbritannien, war auch in der UdSSR die Luftwaffe – als die jüngste, sich stürmisch entwickelnde Waffengattung – das verhätschelte, aber auch oft gescholtene Kind, für das es allerdings auch mehr Geld gab als für die »erwachsenen« traditionellen Waffengattungen Heer und Kriegsmarine.
Im Bürgerkrieg 1918–22 mit ca. 350 Maschinen fremder, vorwiegend französischer Herkunft vertreten, waren die sowjetischen Luftstreitkräfte am Ende des Zweiten Weltkrieges auf 18 Luftarmeen mit ca. 27 000 Flugzeugen angewachsen.
Im Januar–Juni 1941 wurden in der UdSSR im Monatsdurchschnitt 750 Kampfflugzeuge produziert. Im Juli waren es über 1500, im August 1630, im September 2046. Dann sank die Produktion auf insgesamt 101 Maschinen bis Jahresende, weil die nach dem Ural und Sibirien verlegten Flugzeugwerke (85% der Kapazität) die Arbeit noch nicht aufgenommen hatten.

Tabelle 26a

Sowjetische Flugzeugproduktion im Zweiten Weltkrieg
(Juli 1941 – 10. 5. 1945)

		Monatsdurchschnitt:
1941:	9777	
1942:	25436	2120
1943:	34884	2907
1944:	40241	3355
1945:	15317	3483

Insgesamt wurden über 54000 Jäger, mehr als 35000 Jagdbomber und etwa 16000 Bomber hergestellt. Die Produktion lief zunächst auch nach dem Kriegsende in Europa voll weiter. Zwischen dem 11. 5. und dem 30. 6. 1945 wurden weitere 5583 Maschinen produziert.

Tabelle 26b

Flugzeugproduktion der USA, Deutschlands, Großbritanniens und der UdSSR im Zweiten Weltkrieg

USA	204400
Deutschland	85100
Großbritannien	93500
UdSSR	125655

Alle angeführten Mächte erreichten den Höhepunkt der Produktion im vorletzten Kriegsjahr 1944. So produzierten die Deutschen, die 1939 mit 8300 hergestellten Maschinen den Krieg begannen, 1944 (mit den Industrien okkupierter Staaten) 39800 Kampfflugzeuge. Im gleichen Jahr waren England bei 30000, die USA bei 96000 produzierten Flugzeugen angelangt.

Zwar hatte Rußland gegen Ende des Krieges die Luftherrschaft auf dem Kriegsschauplatz, doch der Weg dorthin war dornenreich. Allein am ersten Kriegstag gingen 1200 Maschinen verloren, der überwiegende Teil am Boden. Armeegeneral Pawlows Frontabschnitt West büßte 738 Flugzeuge ein, Pawlows Luftchef Kopez erschoß sich.

Die Piloten und die Hersteller konnten sich nach Anfangsschwierigkeiten der Umstellung auf den Kampf gegen einen kriegserfahrenen, hochgerüsteten Gegner wieder fangen. Die Konstrukteure Alexandr

Jakowlew, Sergei Iljuschin, Semjon Lawotschkin, der am 12. 1. 1942 bei Kasan abgestürzte Wladimir Petljakow, das Duo Artjom Mikojan/Michail Gurewitsch und die nach dem sibirischen Omsk verlegte und dort im August 1941 freigelassene Hundertschaft des großen Andrej Tupolew produzierten brauchbare Maschinen. Insgesamt wurden im Krieg 25 Flugzeug- und 23 Triebwerkstypen neuentwickelt oder modernisiert und in Serie gegeben.
Sowjetpiloten kämpften in ihren fliegenden Kisten ebenso tollkühn wie ihre Kampfgefährten und Gegner. Der deutschstämmige Moskauer Fliegerhauptmann Nikolai Gastello rammte am 26. 6. 1941 mit seiner brennenden Maschine eine deutsche Kolonne mit Panzern und Benzinbehältern auf ihrem Vormarsch in Belorußland, wobei er mitsamt seiner 3-Mann-Besatzung umkam. Sie waren die ersten sowjetischen Kamikaze-Flieger. Major Alexej Maresjew, im März 1942 abgeschossen und schwer verwundet, flog noch mit 2 Beinprothesen Feindeinsätze und erzielte dabei 7 Abschüsse. Er ist seit 1956 Sekretär des sowjetischen Komitees der Kriegsveteranen.
Die dreifachen Helden der Sowjetunion Iwan Koschedub (heute Generaloberst d. L.) und Alexandr Pokryschkin (heute Luftmarschall) waren, nebst Marschall Schukow, die höchstdekorierten Angehörigen der Roten Armee im Zweiten Weltkrieg. Koschedub schoß 62, Pokryschkin 59 deutsche Flieger ab. An die deutschen Fliegerasse wie Major Erich Hartmann mit seinen 352 Abschüssen, davon 345 Sowjet-Flugzeuge, reichten allerdings die erfolgreichsten Fliegerasse der Alliierten nicht heran.
An der Spitze und im Stab der Luftwaffe sah es indessen schlimm aus. Eine Führungspersönlichkeit vom Schlage Schukows, Kusnezows oder des Artilleristen Woronow hatte die Sowjetluftwaffe nicht hervorgebracht – einen russischen »Hermann Göring« hat es nicht gegeben. Generalleutnant d. L., Pawel Schigarjow, Nachfolger des erschossenen Rytschagows im Amt des Luftwaffenchefs, verlor schon nach einem Jahr Stalins Gnade und Vertrauen. Im April 1942 als Luftwaffenchef der »Fernostfront« nach Chabarowsk abgeschoben, bekam Schigarjow bis auf die Teilnahme am 4-Wochen-Feldzug gegen Japan keine Chance mehr, am Zweiten Weltkrieg teilzunehmen.
So wurde der 42jährige Alexandr Nowikow, 1940 noch Generalmajor d. L., im Februar 1942 Vize-Verteidigungsminister für die Luftwaffe. Der Posten des Befehlshabers der Waffengattung blieb anderthalb

Jahre vakant, bis Stalin sich durchringen konnte, Nowikow dazu zu ernennen.
In dessen Stab rivalisierten die sich ständig ablösenden Luftwaffenstabschefs Grigorij Woroschejkin, Fjodor Falalejew und Sergej Chudjakow – alle drei 1944 zu Luftmarschällen befördert – so heftig um den Posten des 1. Vizechefs der Luftwaffe miteinander, daß Nowikow gezwungen war zu bestimmen, wer von den dreien als sein 1. bzw. 2. Stellvertreter fungieren durfte. Die vom einflußreichen Stalin-Adlatus Malenkow, dem Kontrolleur der Flugzeughersteller, ständig unter Druck gesetzte Flugzeugindustrie des Ministers Alexej Schachurin hatte es obendrein noch schwerer als die von Molotow kontrollierte Panzerindustrie Malyschews oder der Wosnessenski unterstellte Artillerieproduzent Ustinow.
Die Faszination der neuen Waffe aus der Luft zog Günstlinge an. Generalmajor Alexandr Golowanow, jener Mann, der während der Säuberung die zu verhaftenden Funktionäre und Militärs (darunter Blücher) aus den abgelegenen Gegenden des Reiches nach Moskau zu fliegen hatte, entwickelte den Ehrgeiz, als eine hohe Charge aus dem Krieg zurückzukehren.
Stalin selbst hat nie in seinem Leben ein Flugzeug bestiegen, das Risiko war ihm zu groß – wahrscheinlich zu Recht, denn in keinem Land der Welt sind so viele hohe Militärs bei Flugzeugabstürzen umgekommen wie in Rußland. Auch viele der erprobtesten Piloten der sowjetischen Luftwaffe kamen trotz ihres Könnens immer wieder bei Versuchs- oder Sonderauftrags-Flügen ums Leben.

Tabelle 27

Flugzeugabstürze hoher Militärs

24. 8. 1929 (bei Sotschi)	Jan Fabrizius, Gehilfe des Befehlshabers der Kaukasischen Armee, 4facher Rotbannerordensträger des Bürgerkrieges. Nach amtlicher Version opferte Fabrizius »sein Leben, um Mitreisende zu retten«.
12. 7. 1931 (bei Moskau)	Wladimir Triandafillow, amtierender Generalstabschef Konstantin Kalinowski, Chef der Verwaltung, Mechanisierung und Motorisierung der Roten Armee (Panzertruppen)

5. 9. 1933 (bei Moskau)	Pjotr Baranow, Vizeminister Schwerindustrie, Chef der HV Flugzeugindustrie (1924–31 Chef der Luftwaffe) Abram Golzman, Chef der Zivilluftfahrt Andrej Sergejew, Golzmans Stellvertreter (1921/22 Chef der Luftwaffe)
18. 5. 1935 (in Moskau)	Das größte sowjetische Flugzeug, die »Maxim Gorki«, von Tupolew aus den von der Bevölkerung gespendeten 6 Millionen Rubel als Passagier-Variante des Bombers »TB-4« unter dem Namen »ANT-20« gebaut (63 m Flügelbreite, 8 Triebwerke, erster sowjetischer Autopilot) stürzte ab, als es von einem Jäger, der in seiner Nähe Kunstflüge probierte, berührt wurde. Es wurde aufgerufen, für weitere Flugzeuge dieser Art zu sammeln. Es kam so viel Geld zusammen, daß man davon 16 ähnliche Maschinen bauen konnte, was allerdings nie geschah. Der weitere Weg der Geldspende ist nicht bekannt.
13. 8. 1937 (am Nordpol)	Sigismund Lewanewski, Armeeflieger, Held der Sowjetunion Nr. 2, mit 5 Mann verschollen. Lewanewski war einer jener 7 Piloten, die im April 1934 die Belegschaft des havarierten Eisbrechers »Tscheljuskin« von einer Eisscholle herausgeflogen hatten. Am 12. 8. sollte Lewanewski mit seinem Flug über den Nordpol die regelmäßige Postroute nach Vancouver eröffnen, nachdem zwei andere Non-stop-Flüge im Juni und Juli geklappt hatten. Der Kontakt zu der Maschine brach schon am ersten Tage für immer ab.
15. 12. 1938 (bei Moskau)	Walerij Tschkalow, Kombrig, Held der Sowjetunion, bei einem Versuchsflug. Tschkalow hatte im Vorjahr den ersten Non-stop-Flug nach Vancouver via Nordpol bewältigt.
11. 5. 1939 (Ort unbekannt)	Anatolij Serow, Kombrig, Chef der Hauptinspektion Flugwesen der Luftwaffe, Spanienkämpfer, Held der Sowjetunion.
28. 7. 1939 (am Chalchin-Gol)	Der für die Luftkämpfe in Spanien zum Komdiw beförderte Wiktor Cholsunow, in Spanien Kommandeur eines Bombergeschwaders, dafür am

	27. 6. 1937 Held der Sowjetunion und seit November 1937 Befehlshaber einer Armee z. b. V.
16. 9. 1939 (bei Orscha, Belorußland)	Sergej Grizewez, Major, Zweifacher Held der Sowjetunion, Spanienkämpfer, einen Tag vor dem Einmarsch nach Polen

So pflegte Stalin zwar Flugzeuge zu besichtigen, aber nicht zu besteigen. Er machte seinen Günstling Golowanow zum Chef der im Februar 1942 gegründeten Fernluftwaffe und beförderte ihn zum Hauptluftmarschall. Golowanows Spielzeug blieb erfolglos, denn die sowjetische Fernluftwaffe ist im Kriege kaum hervorgetreten. Nur am 7. 8. 1941 tauchten sowjetische Flugzeuge über Berlin auf, um Flugblätter mit der Rede Stalins vom 3. 7. abzuwerfen und Rüstungsbetriebe im Norden Berlins anzugreifen, dann kamen sie am 27. und 30. 8. sowie am 10. 9. 1942 wieder.[8] Die deutschen Städte wurden nicht durch die Rote Fernluftwaffe Golowanows zerstört.

So wurde die Fernluftwaffe am 6. 12. 1944, mit Golowanow als Befehlshaber, in die 18. Luftarmee umgewandelt und an der Front eingesetzt. Stalins Gunst hatte Golowanow aber nicht eingebüßt, als die Fernluftwaffe im April 1946 wiedererstanden war, wurde er erneut ihr Befehlshaber.

Golowanows gab es bei der Luftwaffe im Kriege nicht wenige. Die Luft, die keine Balken hat, zog die Söhne der politischen Prominenz an. Während Stalins erstgeborener Sohn Jakow Dschugaschwili den Namen Stalin nicht tragen durfte noch wollte und bei der Artillerie diente, ging Stalins zweiter Sohn Wassilij, wie die Söhne Mikojans und Chruschtschows, zur Luftwaffe.

Jakow Dschugaschwili geriet am 16. 7. 1941 als Oberleutnant in Belorußland in Gefangenschaft und kam zwei Jahre später, 35jährig, im Lager um. Nachdem Stalin sich geweigert hatte, den vermeintlich prominentesten Gefangenen der Deutschen gegen den Generalfeldmarschall Friedrich Paulus, den prominentesten Gefangenen der Sowjets, auszutauschen, war Jakow für die Deutschen wertlos geworden. Auch für Wladimir Mikojan und Leonid Chruschtschow wurde Stalingrad zum Schicksal. Sie fielen in der Luftschlacht über der Stadt an der Wolga.

Der damals 21jährige Fliegermajor Wassilij Stalin aber mußte sich bei einer Kontrollbesprechung Malenkows mit den Kommandeuren der

8. Luftarmee bei Stalingrad am 14. 9. 1942 vom einflußreichsten Mitarbeiter seines Vaters sagen lassen, daß er »das Kämpfen vergessen« habe: »Beim letzten Kampf hat keiner von den 25 Fliegern Ihres Regiments auch nur einen einzigen Deutschen abgeschossen. Wie sollen wir das verstehen?«[9]
Nun hatte Wassilij Stalin den starken Charakter seines Vaters nicht geerbt – bis auf eine Eigenschaft, die Fähigkeit nämlich, jahrelang auf die Rache für eine einst erlittene Demütigung zu warten.
Die Gelegenheit dazu bot sich im Frühling 1946. Das Verhängnis brach über die Führung der Luftwaffe und ihren Aufseher Malenkow herein, als es um die Entwicklung der neuen Waffe der Jets ging. Ob der Wille der Waffenkonsumenten, sich auf den neuen Flugzeugtyp einzustellen, nach dem Kriege abgeschlafft war oder ob die Piloten, nachdem sie einmal überlebt hatten, keine Lust mehr hatten, ihr Leben bei der Erprobung der noch unausgereiften Raketentriebwerke aufs Spiel zu setzen (immerhin war der Hauptmann Grigorij Bachtschiwandschi, ein erfahrener Testpilot, am 15. 5. 1942 beim ersten Probeflug mit dem Jet »BI-1« abgestürzt) – den Entwerfern war jedenfalls das bisherige Tempo der Umstellung auf den neuen Typ in der Produktion und in der Waffengattung selbst zu langsam.
So trat der entwerfende Teil des militärindustriellen Komplexes im Herbst 1945 mit einem Brief an das ZK der KPdSU – das heißt an Stalin – heran. »Unser Brief«, schreibt Jakowlew, Stalins Referent für das Flugzeugwesen, zugleich Vizeminister Flugzeugindustrie, »wurde im Dezember 1945 mehrmals der Gegenstand einer detaillierten Behandlung durch das Zentralkomitee der Partei und die Regierung.«[10]
Ein entsprechender Beschluß der beiden Gremien erging noch im gleichen Monat.
Am 24. 4. 1946 begannen die Versuchsflüge mit den »Jak-5« und »MiG-9«-Jets (vom letzteren witzelte man in Fachkreisen, man sollte sie lieber »GuM-9«[11] nennen). Die beiden Typen wurden im Februar 1947 durch die Regierungskommission abgenommen, das erste Hundert der neuen Maschinen überflog am 1. 5. 1947 den Roten Platz.

Zu dieser Zeit war Nowikow, der Chef der Luftwaffe mit zwei von seinen drei Kriegs-Stabschefs, Woroschejkin und Chudjakow, sowie dem Flugzeugminister Generaloberst-Ing. Schachurin schon in Haft. Falalejew, der dritte Luftmarschall in Nowikows Kommando, kam mit

einem blauen Auge davon. Er wurde zur Luftwaffenakademie abgeschoben und 1950 »krankheitshalber« a. D. gestellt.
Chudjakow, der wie Nowikow und Schachurin, schon im Juni 1946 verhaftet wurde, bezahlte die Nichtbeachtung der Entwerferwünsche mit dem Tode. Am 18. 4. 1950 wurde der 48jährige Armenier erschossen. Die anderen drei überlebten Stalin und wurden nach Stalins Tod unverzüglich freigelassen, unter Wiederherstellung aller ihrer Privilegien.
Nowikow nahm ironischerweise im Juni 1953 Golowanows alte Position des Chefs der Fernluftwaffe ein. Der Stalingünstling Golowanow aber, der im Mai 1948 seine angestammte Position verlassen hatte, um die Generalstabsakademie zu absolvieren, fand 1950, unter den beginnenden Umständen des Kampfes um das Erbe des Tyrannen, keine rechte Verwendung mehr und wurde im September 1953 zur Reserve überstellt.
Auch der durch die Haft gebrochene Nowikow, 1954 zugleich zum Vize-OB der Luftwaffe bestellt, diente nur noch bis März 1955. Im Jahr darauf wurde er zur Reserve entlassen.
Ähnlich wie Nowikow erging es seinen Leidensgenossen Schachurin und Woroschejkin. Der in der Industrie und bei den Konstrukteuren ohnehin nicht sehr beliebte Schachurin – sonst wäre er von den Konstrukteuren nicht denunziert worden und hätte wohl auch, da er der einzige in der Nachkriegszeit verhaftete Rüstungsboß geblieben ist, einige wirkungsvolle Entlastungsaktionen bei seinen einflußreichen Kollegen ausgelöst – ging zunächst als Vizeminister zu seiner alten Behörde, verließ sie aber alsbald und fand eine Beschäftigung als ein Vizevorsitzender des Staatskomitees für außenwirtschaftliche Fragen. 1959 wurde er ein »Personalpensionär«.
Im Grunde genommen wurde es Schachurin von seinen Kollegen und von den Konstrukteuren nie verziehen, daß er sich, obwohl ein Mann vom Fach und ein Armeeangehöriger, 1938–40 dazu hergegeben hatte, als ein Gebietsparteichef zu fungieren. Das war eine, in den Augen anderer Rüstungsfachleute, unzulässige Abweichung in der einmal eingeschlagenen Laufbahn. Allein der große Rüstungsboß Ustinow konnte es sich Jahrzehnte später leisten, ZK-Sekretär zu werden – aber mit der Oberaufsicht Rüstung.
Woroschejkin schließlich wurde zunächst nicht festgenommen, nur als Befehlshaber zu einer Luftarmee abgeschoben. 1947 wurde auch er,

nach einer hitzigen Debatte mit dem Generalissimus (Stalin: »Nun ist es genug. Denken Sie darüber nach, dazu werden Sie jetzt genügend Zeit haben«)[12] beim Verlassen des Kreml unter dem Vorwand, sein Pkw sei nicht in Ordnung, in ein »Ersatzauto« mit zwei Männern in Schwarz gelockt und geradewegs in die Lubjanka gefahren. Auch die Frau des Luftmarschalls wurde festgenommen. Nach Stalins Tod sofort freigelassen, bekamen die Woroschejkins eine »wahrhaftig eines Marschalls würdige Wohnung[13]« in Moskau. Sie konnten sich nicht lange gemeinsam daran erfreuen. Frau Woroschejkina starb schon 2 Jahre später, er selbst, nun Lehrstuhlinhaber an der Luftwaffenakademie, erkrankte ebenfalls und wurde nach einer schweren Operation 1959 a. D. gestellt.
Spekulationen, Stalins Sohn Wassilij habe den Luftwaffenchef Nowikow bei seinem Vater angeschwärzt, kamen sehr früh nach dem Tode des Diktators auf. Die Übernahme der verwaisten Datscha des verhafteten Marschalls durch eben Wassilij Stalin gab den Gerüchten natürlich weitere Nahrung.
Es gibt jedoch keinerlei Anlaß, diesen Gerüchten Glauben zu schenken. Die Luftwaffenführung wurde eindeutig durch den Brief der Konstrukteure denunziert – es wurden ja schließlich nicht nur Nowikow, sondern auch Minister Schachurin – mit dem Wassilij Stalin nichts zu tun hatte – und die beiden Nowikow-Stellvertreter verhaftet. Außerdem kehrte Wassilij Stalin erst in der zweiten Hälfte des Jahres 1947[14] von seinem Dienst bei den Okkupationstruppen in Deutschland nach Moskau zurück, um die Luftwaffe im Wehrkreis Moskau zu übernehmen, nachdem er zum Generalleutnant d. L. befördert worden war.
Schon eher hatte Wassilij Stalin bei der Zurücksetzung Malenkows mitgemischt – mit ihm hatte er ja noch ein Hühnchen zu rupfen. »Dynastische« Erwägungen kamen hinzu, denn Andrej Schdanow, Malenkows Rivale um die Rolle des »Kronprinzen« an Stalins Hof, weilte seit 1944 wieder in Moskau.
Malenkow konnte eigentlich nur deshalb aufsteigen, weil Schdanow, seit 1934 ZK-Sekretär, durch die Ermordung Kirows und die Blockade Leningrads 10 Jahre lang von Moskau ferngehalten worden war. Im Gegensatz zu Malenkow, der im Krieg nur einmal am 30. 9. 1943, mit dem »friedlichen« Titel eines »Helden der Sozialistischen Arbeit« für »besondere Verdienste bei der Herstellung von Flugzeugen und Motoren unter den schwierigen Bedingungen der Kriegszeit«[15] geehrt

wurde, aber keinen militärischen Rang verliehen bekam, wurde Schdanow am 12. 2. 1943 zum Generalleutnant, am 18. 6. 1944 als der Retter Leningrads zum Generalobersten befördert.
Schdanow hatte seine Hausmacht, die sich ebenfalls in der Blockade bewährt hatte. Alexej Kusnezow, sein Nachfolger in Leningrad, war seit dem 6. 12. 1942 Generalleutnant, Josef Schikin, Politchef der Nord-, der Leningrader- und der Wolchowfront, war seit 1942 Vizechef der Polithauptverwaltung (PUR) der Roten Armee. 1945, als Schdanow den Leningrader Parteiposten an Alexej Kusnezow abgetreten hatte, wurde Schikin zum Generalobersten befördert und im Jahr darauf selbst zum Oberpolitruk der Roten Armee bestellt. Und schließlich stammte Nikolai Wosnessenski, der Aufseher der Rüstungsindustrie, ebenfalls aus Schdanows Stall. Malenkow dagegen hatte als Mann der Zentrale keinerlei Anhang in der Provinz und schon gar nicht in der Armee. Seine vier Ausflüge an die Leningrader-, Wolchow-, Stalingrader- und die Zentralfront 1941–43 verbreiteten unter den Generalen eine Atmosphäre der Unsicherheit, ja der Angst vor dem militärischen Laien.
Als er im August 1943 mit der Wiederherstellung der Wirtschaft in den befreiten Gebieten der UdSSR beauftragt wurde, verlor Malenkow die Bindung zur Armee ganz und gar. Der kometenhafte Aufstieg des Stalinsohnes Wassilij, der dem Vater bedingungslos ergeben war, was den alternden Diktator zunehmend stärker beeindruckte (»Wenn ich dem Waska sage, er soll aus dem Fenster springen, dann tut er das«, sagte Stalin damals vorwurfsvoll zu der Swetlana), weckte in dem »Kronprinzen« Malenkow Befürchtungen, Stalin würde eine Dynastie gründen.
Die Jet-Affäre kam also vielen Leuten gelegen, um dem Aufseher der Flugzeugindustrie etwas am Zeug zu flicken. Am 4. 5. 1946 wurde Malenkow als ZK-Sekretär durch den zweitrangigen Funktionär Nikolai Patolitschew, der bis dahin Gebietsparteichef in Tscheljabinsk gewesen war, abgelöst (Stalin zu Patolitschew – im Beisein des Malenkow-Rivalen Schdanow und dessen Adlatus Alexej Kusnezow: »Na, und wenn wir Sie zum ZK-Sekretär bestimmen würden?«)[16]; die wichtigste Schlüsselstellung in der Nomenklatura, die des Kaderchefs der Partei, ging ihm für immer verloren. Am 18. 10. 1946 wurde Malenkow auf den Posten eines Vizepremiers abgeschoben.
So weitete sich die militärpolitische Frage der Herstellung von Düsen-

flugzeugen zur ersten Nachfolgekrise vor Stalins Tod. Zum ersten Mal seit der Säuberung wirkte der militärindustrielle Komplex als Auslöser politischer Krisen. Dies zeugte von seinem Einfluß. Aber solange Stalin lebte, war jede Bewegung in der Führung von Unwägbarkeiten begleitet. Noch konnte der Einfluß nicht ausgebaut werden. Der neue Luftwaffenchef Alexandr Werschinin, im Juni 1946 zum Luftmarschall befördert, war bezeichnenderweise ein General, der von »draußen« geholt wurde. Werschinin hatte den ganzen Krieg an den Fronten, nicht in der Zentrale verbracht. Aber auch er wurde nach 3 Jahren durch den Generalobersten d. L. Schigarjow, einen seiner Vorgänger, ersetzt und zum Chef eines Luftabwehr-Rayons nach Baku abgeschoben. Sobald jemand unter den Generalen zu stark schien, zeigte ihm der »Oberste« seine Grenze.

27
Die Atombombe

Nachdem Stalin seinen Marschällen beigebracht hatte, daß sie auch nach dem größten Sieg der russischen Geschichte seine Marionetten blieben, kappte er den letzten Strang zur proletarisch-revolutionären Vergangenheit seiner Streitkräfte: Am 25. 2. 1947 wurde der Name »Arbeiter- und Bauern Rote Armee« durch die Bezeichnung »Bewaffnete Streitkräfte der UdSSR« ersetzt. Im gleichen Monat »ersetzte der Terminus Sowjet-Armee die Bezeichnung Rote Armee«[1]. Von nun an gab es weder die RKKA noch die Rote Flotte oder Luftwaffe, sondern nur die »Sowjet-Armee« (für alle Waffengattungen außer der Marine) und die »Kriegsmarine«.

Die 1935 begonnene Restauration war abgeschlossen. So legte der 66jährige Stalin am 25. 3. 1947 das Amt des Streitkräfteministers in die Hände seines 1. Stellvertreters, Nikolai Alexandrowitsch Bulganin. Armeegeneral Bulganin, der 6. Kriegsminister der sowjetischen Geschichte und, nach Trozki und Stalin, der 3. Politiker an der Spitze des Kriegsressorts, war damals 51 Jahre alt. Er war in jeder Hinsicht – sowohl was seine Karriere als auch seine Persönlichkeit betraf – eine Ausnahme-Erscheinung.

Hätte ein Bürger Moskaus 1937 im Kreise seiner Bekannten erzählt, daß der Oberbürgermeister der Metropole eines Tages Marschall und Kriegsminister würde, so hätte er schallendes Gelächter geerntet. Selbst in Stalins Reich war so etwas nicht für möglich gehalten worden – zehn Jahre später war es Wirklichkeit.

Der Angestelltensohn aus Nischnij Nowgorod (seit 1932: Gorki), Realschüler ohne Abschluß und seit 1917 in der Partei, wirkte mit seinem gemütlichen Spitzbart wie der Inbegriff des russischen Kaufmanns alter Schule: jovial und listig, aber ehrbar.

Der äußere Schein täuschte jedoch. Der beredsame Gemütsmensch Bulganin war der vielseitigste Funktionär der sowjetischen Geschichte. Er begann bei der Staatspolizei Tscheka, leitete dann das Moskauer Kraftwerk (und elektrifizierte die Hauptstadt), war Stadtoberhaupt Moskaus, Ministerpräsident der Russischen Föderation und Vorstandschef der Staatsbank. 1940 übernahm Bulganin, seit 2 Jahren Vizepremier, die Leitung des »Rates für Metallurgie und Chemie«, im

Jahr darauf übernahm er wieder die Staatsbank, deren Leitung er den Krieg hindurch beibehalten hatte. In allen diesen Ämtern bewährte er sich glänzend. Er war anpassungsfähig, geschickt und je nach der Notwendigkeit mal kompromißbereit, mal von unbeugsamer Härte.
So schlüpfte der Regierungsfunktionär, der nie ein Parteiamt innehatte, 1941 nahtlos und scheinbar ohne Mühe in die Uniform – die ihm erstaunlicherweise wie angegossen paßte: 1941/44 war er Kriegsrat der West-, der 2. Baltischen und der 1. Belorussischen Front.
Während der Parteifunktionär Schdanow es bis zum Generalobersten, der Parteifunktionär Chruschtschow es nur bis zum Generalleutnant brachte, kam der Manager Bulganin am weitesten von allen Kriegsräten. Seit 6. 12. 1942 Generalleutnant, wurde er im Mai 1944 zum Generalobersten, am 18. 11. des gleichen Jahres zum Armeegeneral befördert. Selbst der Politchef der Armee, Parteifunktionär Schtscherbakow, schaffte es nur bis zum Generaloberst.
So war Bulganin – neben Stalin – der einzige Zivilist, der im Kriege so weit gekommen war. Am 22. 11. 1944 wurde er in das GKO aufgenommen und zum Vizeverteidigungsminister bestellt. Im Februar 1946 wurde Bulganin 1. Vizeminister für Streitkräfte, am 3. 11. 1947 der 20. und letzte unter Stalin ernannte Marschall der Sowjetunion.
Unter Bulganin ging die Demobilisierung trotz des beginnenden Kalten Krieges zügiger vonstatten und wurde mit der Entlassung des 33. Jahrganges 1948 abgeschlossen. 8 491 000 Mann waren entlassen, die Sowjetarmee war nun nur noch 2 874 000 Mann stark.
Die Heeresgruppe Süd war nach dem Abschluß der Friedensverträge mit Bulgarien und Rumänien in Paris Ende 1947 aufgelöst. In Bulgarien übernahm die Bulgarische Volksarmee – mit sowjetischen Beratern versteht sich – die Ordnungsfunktion, in Rumänien verblieben zwei Divisionen.
Mit dem Fortschreiten der Demobilisierung und der »Stabilisierung« Osteuropas durch die Sowjetisierung verringerte sich die Zahl der Wehrkreise von 35 auf 14.
Die Verringerung der Streitkräfte betraf jedoch fast ausschließlich Soldaten und Unteroffiziere. Die Offiziere blieben – bis auf die älteren, die kränklichen und die in der Not des Krieges schnell und schlecht ausgebildeten – im Dienst, die meisten Generale und Admirale natürlich auch. Das Problem der Überalterung des Offizierskorps und des Entstehens der in den Traditionen des nun vergangenen Krieges befan-

genen Veteranenkaste – selbstbewußt bis zur Arroganz, aber nicht für die neuen Waffen ausgebildet – deutete sich erstmals an.
Denn die Sorge der Armeeführung galt jetzt nicht mehr der großen Zahl. Eine neue Waffe war 1945 geboren. Noch besaß sie der neue Gegenspieler, die USA, allein. So galt Bulganins Aufmerksamkeit der Entwicklung der sowjetischen Atombombe – nicht zufällig nennt die sowjetische Geschichtsschreibung die Jahre 1945–49 die Zeit der »atomaren Erpressung«.
Die Voraussetzungen waren günstig. Hitler jagte Albert Einstein aus dem Lande, Stalin hielt den russischen »Atomzar« Pjotr Kapiza fest und baute ihm einen goldenen Käfig, in dem der 88jährige Kronstädter, Sohn eines Militäringenieurs im Generalsrang, heute noch lebt und seine »unkonventionellen« Ansichten über die Freiheit der Wissenschaft unbehelligt verkündet. Auch dieser bedeutendste Atomforscher der Sowjetunion ist zeitlebens parteilos geblieben.
1921, drei Jahre nach dem Abschluß des Petrograder Polytechnikums, konnte der junge Elektroingenieur Kapiza nach England übersiedeln. Dies war noch die Zeit, in der auch Rußland seine Gelehrten vertrieb (heutige sowjetische Quellen sprechen von einer »wissenschaftlichen Dienstreise«). Als »Clerk-Maxwell-Student« in Cambridge (an dem vom englischen Physiker James Clerk Maxwell 1871 gegründeten »Magnetic Research Cavendish Laboratory«) hatte Kapiza seinen Weg als Atomphysiker begonnen, 3 Jahre später wurde er Stellvertretender Direktor des Labors.
1930 bekam Kapiza eine Dozentur an der Universität Cambridge, zugleich übernahm er die Leitung des nach dem deutschstämmigen britischen Chemiker Ludwig Mond aus Kassel genannten »Mond«-Labors. Die Überlastung zwang ihn, zwei Jahre später die Arbeit im Forschungslabor für Magnetismus aufzugeben. Damit waren die Lehrjahre bei Ernest Rutherford, von 1919 bis zu seinem Tode 1937 Labordirektor und Lehrmeister der ersten Generation der Atomphysiker, zu Ende.
Während der 13jährigen Emigration riß Kapizas Kontakt zu der heimischen Wissenschaft nicht ab – weder fachlich noch privat. Der ebenfalls 1921 nach Großbritannien »umgesiedelte« Schiffsbauer und Mathematiker Alexej Krylow, Mitglied der Akademie der Wissenschaften (AdW) und 1919/20 Chef der Kriegsmarineakademie, war mit seiner Tochter Anna oftmals bei Kapizas zu Gast – und vice versa. Nach dem

Marschälle K. K. Rokossowski und B. L. Montgomery.

Stalins Armeeführer 1945. 1. Reihe v. l. n. r.: Konew (halb verdeckt), Wassilewski, Schukow, Stalin, Woroschilow (dahinter: Jerjomenko), N. A. Bulganin (dahinter: M. A. Purkajew). 3. Reihe, 3. v. l. Rokossowski, 5. v. l. Sokolowski, 7. v. l.: K. S. Moskalenko. Letzte Reihe, 2. v. l. Bagramjan.

Links: I. T. Klejmjonow, 1932-37 Chef der Raketenforschung, erschossen 1938.

Rechts: D. D. Sewruk, Koroljows engster Mitarbeiter Schicksal unbekannt.

Links: L. P. Berija, GKO-Mitglied 1941–45, Marschal 1945–53, erschossen 23.12 1953.

Rechts: W. M. Molotow, GKO Vizevorsitzender 1941–45.

Die Waffenlieferanten D. F Ustinow (Kanonen), B. L Wannikow (Munition, Kernwaffen), A. I. Jefremow (Werkzeugmaschinen), Malyschew (Panzer). (v. l. n. r.).

Tode seiner Frau Nadeschda heiratete Pjotr Kapiza 1926 Krylows Tochter. Kapizas beide Söhne, darunter der heute 50jährige Geograph Andrej, Präsident der Fernost-Filiale der AdW, stammen aus dieser Ehe. Schwiegervater Krylow kehrte 1927 nach Leningrad zurück, wo er den 1890 begonnenen Unterricht an der Kriegsmarineakademie wiederaufnahm und nebenbei noch die Leitung des Physikomathematischen Instituts der AdW übernommen hatte.
1929 widerfuhr Kapiza eine ungewöhnliche Ehrung, die ihm zeigte, daß er in der Heimat nicht vergessen war. Die Akademie der Wissenschaften, bis zum heutigen Tag die einzige Einrichtung der UdSSR, in der noch echte Geheimwahlen stattfinden, wählte ihn zum korrespondierenden Mitglied in absentia – ein einmaliger Vorgang in der sowjetischen Akademiegeschichte.
1934 wurde Kapiza von der »Mendelejew«-Chemiegesellschaft zu einem Jubiläumskongreß zum 100. Geburtstag ihres Patrons nach Leningrad eingeladen.
Im August 1934 besuchte Kapiza den Gelehrtenkongreß in Leningrad, eine Rückkehr war ihm dann nicht mehr möglich. Das Wiederausreisevisum wurde annuliert, Anna Kapiza und die beiden in England geborenen Söhne durften später nachkommen. Das sowjetische Außenministerium begründete Kapizas Festhalten mit der Unentbehrlichkeit des Physikers angesichts der heraufziehenden faschistischen Gefahr in Europa.
Es dauerte lange, bis die englischen Behörden bereit waren, auch nur die wissenschaftlichen Papiere Kapizas freizugeben. Dann aber leistete Rutherford ganze Arbeit. Der Lehrmeister der Atomphysiker, zu dessen Schülern sowohl Otto Hahn als auch Niels Bohr und Robert Oppenheimer zählten, konnte den Gedanken nicht ertragen, daß der hochbegabte Russe ohne sein Labor in Moskau saß. Unter der Aufsicht zweier britischer Kollegen wurden Kapizas Apparaturen nach Moskau verfrachtet. Die Arbeit in dem speziell für ihn gegründeten »Institut für Probleme der Physik« begann 1935 auf den Moskauer »Lenin«hügeln.
Dies war die Zeit, in der Stalin mit der Zähmung der Wissenschaften begonnen hatte. Die ehrwürdige Akademie, seit 15. 5. 1917 von ihrem ersten frei gewählten Präsidenten, dem parteilosen Geologen Alexandr Karpinski geführt, wurde 1934 angewiesen, von Leningrad nach Moskau, näher an den Kreml, umzusiedeln, nachdem sie ein Jahr zuvor aus

der Zuständigkeit des Bildungsministeriums herausgelöst und unmittelbar der Regierung unterstellt worden war.
Atomphysiker waren zu jener Zeit in allen Industrieländern am Werk, aber nur zwei Staaten erkannten nicht nur die Bedeutung der Neuen Physik, sondern auch ihre Nützlichkeit für die Weltherrschaft: Amerika und die Sowjetunion. Und nur diese beiden Kolosse von Staaten begriffen, daß man nicht nur große Gelehrte, sondern auch große Gelehrte mit einer immensen Organisationsgabe braucht, um die Neue Physik in eine neue und furchtbare Waffe zu verwandeln und nur diese beiden waren bereit und fähig, den Organisator zu finden und die nötigen Mittel bereitzustellen.
In Igor Kurtschatow, dem Schöpfer der sowjetischen Atombombe, fand der Gelehrte Kapiza diesen Mann.
Der 20jährige Landvermessersohn aus dem Süduraler Gouvernement Ufa absolvierte 1923 den 4-Jahreskurs an der Physikomathematischen Fakultät der Universität Tauris in Simferopol binnen 3 Jahren. Um sich und seine Eltern zu ernähren, schlug er sich während des Studiums als Nachtwächter, Bahnpolizist, Erzieher in einem Waisenhaus und Präparator an einem Physiklabor durch.[2]
Nach einem Jahr als Physikassistent am Aserbaidschanischen Politechnikum in Baku begann Kurtschatow 1925 seine Forschungen am Physikotechnischen Institut der Akademie der Wissenschaften in Leningrad. Wie auf der Krim war auch hier Abram Joffe, der Senior der sowjetischen Physiker, sein Lehrer. Joffe war auch der Lehrer Kapizas – eine ganze Physikergeneration bis zu Anatolij Alexandrow, dem heutigen Präsidenten der AdW, ist aus Joffes Physikerschule in Leningrad hervorgegangen.
Das Vorhandensein von Kapazitäten wie es der ukrainische Jude Abram Fjodorowitsch Joffe war, ist die eine Erklärung für die Fähigkeit der Sowjetunion, die Schwelle des Atomzeitalters vorbereitet betreten zu haben und mit den USA gleichziehen zu können. Während die Masse der Russen 1917 aus Analphabeten bestand, ist die dünne Schicht der Spitzenwissenschaftler ihren westlichen Kollegen absolut ebenbürtig gewesen.
Schon 1904 erhielt der Physiologe Iwan Pawlow den Nobelpreis für Medizin. 1908 wurde dem Biologen Iwan Metschnikow, Stellvertretender Direktor des Pariser Pasteur-Instituts, zusammen mit Paul Ehrlich der Nobelpreis für Medizin verliehen. Der sibirische Chemiker Dmitrij

Mendelejew schuf die periodische Tabelle der chemischen Elemente, der Naturwissenschaftler Iwan Setschenow wurde, nach Laborversuchen in Berlin, Leipzig, Wien und, unter Hermann Helmholtz, in Heidelberg, zum Begründer der russischen Physiologie. Der Pflanzenphysiologe Kliment Timirjasew, der als erster Naturwissenschaftler bedingungslos die Sowjetmacht anerkannt hatte, war ein Mitarbeiter von Helmholtz und Robert Bunsen. Die europäische Gelehrtenrepublik schloß Rußland, dessen Akademie der Wissenschaften am 28. 1. 1724 durch Pjotr den Großen auf Anregung von Gottfried Wilhelm Leibnitz gegründet wurde (das erste eingeborene Mitglied wurde 1742 der russische Universalgelehrte Michail Lomonossow), mit ein.
Auch Abram Joffe, der sowjetische Physikervater, machte in München seinen Dr. phil., nachdem er 1902 das Technologische Institut in Petersburg absolvierte und 1903–06, als Student in München, Assistent bei Wilhelm Conrad Röntgen, dem ersten Physik-Nobelpreisträger war. 1918 gründete Joffe, seit der Rückkehr aus Deutschland Dozent an seiner Alma mater und seit 1913 Professor, eine Physikotechnische Abteilung am Röntgenologischen und Radiologischen Institut in Petersburg, aus dem sein Institut hervorgegangen ist, dem er bis 1951, durch keinerlei politische Bedrängungen eingeengt, vorstand.
1932 gründete Joffe nebenbei noch ein Physikoagronomisches Institut, 1952 ein Halbleiter-Labor, das 3 Jahre später ebenfalls zu einem Institut ausgewachsen war; Joffe leitete die sowjetische Halbleiterforschung bis zu seinem Tode 1960. Auch die Physikotechnischen Institute in Charkow, Dnepropetrowsk, Swerdlowsk und Tomsk sind auf Joffes Initiative gegründet worden.
Joffe war es auch, der als Vizepräsident der AdW durchgesetzt hatte, daß der Cambridger Flüchtling Kapiza auf die Wahlliste der russischen Gelehrtenrepublik gesetzt wurde. Als Kapiza zu der Leningrader Feier eingeladen wurde, begann Joffe sogleich mit den Vorarbeiten zum Bau von Kapizas neuem Institut und von Kapizas Wohnstätte neben der Forschungsstätte (die Wohnstätte wurde, ausnahmsweise, früher fertiggestellt als das Institutsgebäude).
Mit dem eigenen Institut, einer Villa daneben, einer Datscha in Rubljowo bei Moskau und dem sogenannten »Blankoscheck« (den unbegrenzten Mitteln für Privates), dazu mit ausreichenden Mitteln für die Forschung, den nötigen Vollmachten und dem Cambridger Labor ausgerüstet, ging Kapiza an die Arbeit. Nachwuchs gab es genug – es gab

nicht nur den Igor Kurtschatow in der UdSSR am Ende der dreißiger Jahre.
Die Breitenarbeit bei der Ausbildung des wissenschaftlichen Nachwuchses begann sich auszuzahlen. Die Beseitigung des Analphabetentums, die größte und, möglicherweise, die einzige bleibende Leistung der Stalin-Ära, brachte einen Durchbruch der bis dahin im Volke schlummernden Begabungen mit sich, der die kühnsten Erwartungen übertraf. Die pädagogische Begabung der Wissenschaftler der Vorkriegsgeneration vom Schlage Joffes, der sein Physikotechnisches Institut ausdrücklich als einen neuen Lehrstuhltypus zwecks Ausbildung der Ingenieurphysiker gegründet hatte, trug das ihre dazu bei.
Kapiza zog Kurtschatow heran, der sich seit 1933 mit den Problemen der Kernphysik beschäftigte. Beide arbeiteten parallel: Kurtschatow bei Joffe in Leningrad, Kapiza in Moskau. Kapiza fand 1937 in dem 29jährigen Lew Landau einen kongenialen Mitarbeiter. Der Sohn eines jüdischen Erdölingenieurs aus Baku war 1927 sofort nach dem Abschluß der Leningrader Universität ins Ausland geschickt worden. Landau hospitierte in England, der Schweiz und bei Niels Bohr an dessen Institut für theoretische Physik in Kopenhagen.
Kapiza arbeitete eng mit dem Institut für Physik der Akademie der Wissenschaften in Moskau zusammen, wo unter der Leitung von Sergej Wawilow, dem jüngeren Bruder des 1940 verhafteten großen Genetikers Nikolai Wawilow, eines erbitterten Feindes des Scharlatans Trofim Lyssenko, die Blüte der sowjetischen Physik versammelt war. Während Nikolai Wawilow am 26. 1. 1943 an den Folgen der Haft in Saratow verstarb, erblühte das Institut seines Bruders, der 2 Jahre später zum Präsidenten der Akademie gewählt wurde und es bis zu seinem Tode 1951 blieb. Den Kindern eines Moskauer Großkaufmanns waren wie so vielen Geschwistern in Stalins Reich aufgrund ihrer Berufe verschiedene Schicksale beschieden.
An Wawilows Institut – dessen Geschichte bis auf das 1725 in Petersburg errichtete »Physikalische Kabinett« der Akademie zurückreicht und das den Namen des bedeutendsten Physikers des kaiserlichen Rußlands Alexandr Lebedew trägt – waren von seiner Gründung 1934 an Pawel Tscherenkow, Ilja Frank und Igor Tamm tätig.
Tscherenkow fing schon mit 26 Jahren (im Jahr 1930) seine Mitarbeit bei Wawilow an, 2 Jahre nach dem Abschluß der heimatlichen Universität in Woronesch. Er ist heute noch am »Lebedew«-Institut tätig.

Auch der Petersburger Ilja Frank fing 26jährig 1934 bei Wawilow an. Ilja Frank, der 1930 die Moskauer Universität absolvierte, war 36 Jahre lang am »Lebedew«-Institut. Sein älterer Bruder Gleb, ein Schüler Abram Joffes von der Taurischen Universität her, wurde zum Begründer der russischen Biophysik und zum Schöpfer des ersten einheimischen Elektronenmikroskops.
Einzig Igor Tamm aus Wladiwostok, der 1918 die Moskauer Universität absolviert hatte, gehörte der älteren Generation an, Tamm fing mit 39 Jahren bei Wawilow an. 1936 stieß der 29jährige Wladimir Wechsler, ein Jude aus Schitomir und 1931 Absolvent des Moskauer Energetischen Instituts, zu Wawilows Team.
Kurtschatows engster Mitarbeiter wurde 1938, unmittelbar nach dem Abschluß des Leningrader Polytechnikums, der 25jährige Georgij Fljorow aus Rostow am Don. Bis auf Kurtschatow selbst, der mit 46 Jahren 1948 Parteimitglied wurde und den 1946 mit 42 Jahren der Partei beigetretenen Tscherenkow sowie Wechsler, Parteimitglied seit 1937, hatte keiner der Schöpfer der sowjetischen Atombombe Zeit gefunden, in die KPdSU einzutreten – und niemand drängte sie dazu.
Die internationale Anerkennung kam spät. Tscherenkow, Ilja Frank und Tamm erhielten 1958 den Nobelpreis für Physik, Kapizas genialer Mitarbeiter Landau bekam ihn 1962. Kapiza selbst erhielt erst 1978 den Nobelpreis für Physik – 70 Jahre nachdem sein Mentor Rutherford, der Entdecker des Atomkerns, den Nobelpreis für Chemie erhalten hatte. 1942, drei Jahre nach der Fertigstellung seines ersten Zyklotrons in Leningrad, bekam Kurtschatow, der sich im ersten Kriegsjahr mit dem Schutz der Kriegsschiffe vor den Torpedos und der Verbesserung der Panzerung von Tanks beschäftigen mußte, den Auftrag, eine Atombombe zu bauen. Im Jahr darauf wurden mit der Gründung eines eigenen Instituts die Entwicklungsarbeiten aufgenommen.
Die Arbeiten des Kurtschatow-Teams hatten selbstverständlich einen so hohen Geheimhaltungsgrad, daß das wichtigste Forschungsvorhaben der sowjetischen Geschichte bis 1955 nicht einmal einen Namen hatte: Es firmierte als »Labor Nr. 2 der Akademie der Wissenschaften der UdSSR«. Erst 2 Jahre nach Stalins Tod wurde »das Labor« ins »Institut für Atomenergie« umbenannt. Nach Kurtschatows Tod am 7. 2. 1960 bekam es seinen Namen.
So waren die sowjetischen Arbeiten im vollen Gange, als der amerikanische Atompilz am 16. 7. 1945 die neue Ära einleitete. Deshalb

zuckte Stalin nicht einmal mit der Wimper, als Präsident Harry S. Truman ihn am Tage darauf in Potsdam über »die Geburt der Kinder« (Code) informierte. Selbstverständlich waren Stalin die gemeinsamen britisch-amerikanischen Anstrengungen bekannt – nicht zufällig war Staatspolizeichef Berija der Oberaufseher über das entsprechende sowjetische Projekt gewesen. Klaus Fuchs, der Überzeugungstäter, berichtete regelmäßig – zunächst vom britischen Birmingham aus, dann direkt aus den USA.
Kurtschatows Moskauer Zyklotron war 1944 fertiggestellt.
Jetzt, nach dem US-Durchbruch, intensivierte Stalin die sowjetischen Bemühungen, um gleichzuziehen. Unmittelbar nach dem Abwurf der Bomben über Hiroshima und Nagasaki wurde in Moskau ein »Wissenschaftlich-technischer Rat beim Ministerrat zwecks Lösung der Fragen, die mit der Schaffung einer atomaren Waffe zusammenhängen« gegründet. Unter höchster Geheimhaltung nahm der Rat 1946 seine Arbeiten auf. Wieder ließ Berija das GULag-Reich nach geeigneten wissenschaftlichen Hilfskräften durchkämmen. 1946 wurde Kurtschatows erster Atomreaktor fertig.
Zum Vorsitzenden des Rates wurde Generaloberst-Ing. Boris Wannikow, bisher Munitionsminister, bestimmt; Kurtschatow wurde Wannikows Stellvertreter. Bereits nach einem Jahr konnte Wechsler die Fertigstellung des ersten sowjetischen Synchrotrons melden. Kurtschatows jüngster Mitarbeiter, der mit 24 Jahren 1945 ins Team des »Lebedew«-Instituts aufgenommene Moskauer Andrej Sacharow, mit 21 Jahren Absolvent der Moskauer Staatsuniversität, begann, die entscheidenden theoretischen Impulse zu liefern.
Kapiza indessen bekam Skrupel – später als die deutschen Forscher um Otto Hahn, früher als der Amerikaner Oppenheimer oder der Landsmann Sacharow. Der anvisierte Rang eines Generalleutnants für den »Atomzar« wurde nicht verliehen. 1946 mußte er die Leitung seines Instituts an den 43jährigen Anatolij Alexandrow abtreten. Das Institut, ursprünglich für Kapiza gegründet, bekam nun Sergej Wawilows Namen verliehen. Kapiza selbst bekam, nach einem Jahr Karenzzeit (und nachdem sich herausgestellt hatte, daß seine Versuche, mit Kollegen im Ausland in Verbindung zu treten, im Ansatz steckengeblieben waren), eine Professur an Joffes Institut in Moskau.
Um so sorgfältiger war der Projektchef Wannikow, der für die rechtzeitige Fristerfüllung und die Koordinierung aller Arbeiten unmittelbar

Stalin und Berija verantwortlich war, bei der Auswahl der Mitarbeiter. Der Ukrainer Jefim Slawski, Vizeminister für Buntmetallindustrie und heute noch, mit 84 Jahren, der für die Atomindustrie zuständige Minister (»Mittlerer Maschinenbau«), wurde Wannikows Stellvertreter, der Armenier Andronik Petrosjanz, heute Chef der friedlichen Nutzung der Atomenergie und damals Malyschews Vize im Panzerministerium, wurde sein engster Mitarbeiter. Die Polizeiaufsicht war Sache von Berijas Stellvertreter Sawenjagin, dem Erbauer von Magnitogorsk und Norilsk, der Rüstungs-Aspekt oblag Ustinows engstem Mitarbeiter, Generalleutnant-Ing. Wassilij Rjabikow. 1949, im Jahr der ersten sowjetischen Zündung, wurde Kapiza auf dringende Fürsprache von Abram Joffe und des seit dem Kriegsende am »beutedeutschen« Forschungszentrum im kaukasischen Suchumi tätigen Hamburger Nobelpreisträgers, Gustav Hertz, »rehabilitiert« und voll eingesetzt.
Am 23. 9. 1949 war es dann soweit. Die Mühen des großen wissenschaftlichen Organisators Kurtschatow um die richtige Aufgabenstellung und -lösung sowie um die Koordinierung der Gelehrten und Ingenieure der anverwandten Wissenschaftssparten zahlten sich ebenso aus wie die Vorarbeiten Kapizas und Landaus, der Teamgeist Sacharows, Tamms und Ilja Franks und das Vorantreiben des Projekts durch Wannikow.
4 Jahre, 2 Monate und 7 Tage nach dem Blitz von Los Alamos zieht die Sowjetunion mit den USA gleich. Die Jahre der »atomaren Erpressung« sind vorüber. Kurtschatow wird »Held der Sozialistischen Arbeit« und bekommt zum zweiten Mal den Stalinpreis, Wannikow wird zum 2. Mal »Held der Sozialistischen Arbeit«, Landau bekommt zum 2. Mal den Stalinpreis, Flojorow wird »Held der Sozialistischen Arbeit« und bekommt zum 2. Mal den Stalinpreis, Wannikows Vize Slawski wird »Held der Sozialistischen Arbeit« und bekommt seinen ersten Stalinpreis, und selbst der Aufpasser Sawenjagin wird ein »Held der Sozialistischen Arbeit«. Als der italienische Atomforscher Bruno Pontecorvo im nächsten Jahr in die UdSSR »übersiedelt«, um dort als »Bruno Maximowitsch Pontekorwo« zu leben und zu arbeiten, geht Sawenjagin hauptamtlich zu der Atombehörde.
Zur Zeit der Zündung der ersten sowjetischen Atombombe ist Marschall Bulganin nicht mehr Streitkräfteminister. Es beginnt die »Götterdämmerung« der letzten Stalinjahre. Die Herren des militärindustriellen Komplexes fangen an, ihren Einfluß geltend zu machen.

28
Der »Oberste« tritt ab

Jede im Gefolge einer Revolution entstandene neue Elite wird unter Schmerzen geboren. Die um 20 Jahre verzögerte Geburt der postrevolutionären sowjetischen Elite vollzog sich unter besonders schmerzlichen Umständen.

Lenin beseitigte nur die dünne Spitze der sozialen Pyramide des vorrevolutionären Rußlands – von der Ermordung der Zarenfamilie bis zur Vertreibung der 2,5 Millionen politischen Gegner. Alles andere, was freiwillig dablieb, wurde in seinen Staat integriert – bis zu den der Sowjetmacht dienenden Zarengeneralen.

Nicht jeder der »Ehemaligen«, wie sie nun genannt wurden, konnte sich in die neue Gesellschaft einfügen – manche sollten auch nicht eingefügt werden. Nicht jeder konnte noch wollte flüchten und so harrten sie aus. Mit geringen – oder, bei den Popen, gar keinen – Lebensmittelzuteilungen und ohne das in der UdSSR ohnehin nicht sehr wertvolle Wahlrecht.

Das Kartensystem wurde 1935 abgeschafft, die »Stalin«-Verfassung von 1936 hob alle Beschränkungen für die Reste der »Ehemaligen« auf. Immerhin waren ja zwei Jahrzehnte vergangen und viele der alten Besitzenden tot. Selbst die Kosaken, im Bürgerkrieg die erbittertsten Feinde der Sowjets, durften wieder in der Roten Armee dienen. Ex-Popen bekannten sich in Leserbriefen zur Sowjetmacht, woraufhin das Verbot der Ausübung eines lehrenden oder verwaltenden Berufes für sie durch die Verfassung aufgehoben wurde.

Die große Säuberung – während der von Stalin angeordneten »öffentlichen Verfassungsdiskussion« im Sommer 1936 begonnen – traf mit voller Wucht die noch nicht stark differenzierte, aus der Revolution und dem Bürgerkrieg hervorgegangene Machtelite.

So ist die »Große Säuberung« der Jahre 1937/38 in erster Linie eine Vernichtung der bisherigen sowjetischen Elite gewesen – das Volk litt vorher und nachher Unsagbares.

Alexandr Solschenizyn schreibt denn auch zu Beginn seines Epos vom »Archipel GULag«:

»Die Muschiks aber sind ein sprachloses und schriftloses Volk. Sie hatten weder Beschwerden noch Memoiren verfaßt . . . Der Strom des

37er Jahres schwappte sich und spülte an die Archipel-Ufer Menschen mit Stellungen, Menschen mit Vergangenheit in der Partei, Menschen mit Bildung. Um sie herum verblieben viele Verletzte in den Städten, und wieviele davon waren der Schreibfeder mächtig! – Und jetzt schreiben sie, sprechen sie, erinnern sie sich alle zusammen: Das Siebenunddreißigste! . . . Wenn man aber einem Krimtataren, einem Kalmücken oder einem Tschetschenen ›das Siebenunddreißigste‹ sagt – so wird er nur mit den Schultern zucken.«[1]

Durch die Säuberung am Ende der 30er Jahre, die deshalb die »Große« genannt wurde, weil sie die bisherige Oberschicht traf, im Unterschied zu den vielen Säuberungen der kleinen Leute vorher und nachher, hatte Stalin auch in der Spitze seiner Untertanenpyramide die absolute Gleichheit geschaffen: die Gleichheit aller einem Mann – ihm – gegenüber.

So wurde der alte Menschheitstraum durch Stalin verwirklicht – jener Traum, den alle Revolutionäre und Systemveränderer träumen. Ob Minister, Kolchosbauer, Parteisekretär, General, Schriftsteller, Agent im Geheimdienst – jeder konnte jederzeit vernichtet werden. Und jeder wußte es.

Die neue, in den Wehen der Großen Säuberung und des anschließenden Großen Vaterländischen Krieges entstandene postrevolutionäre Machtelite der Sowjetunion war, unterhalb dieser einen Gleichheit dem einen Mann gegenüber, weitaus differenzierter als ihre Vorgängerin, die Machtelite der Revolution und des Bürgerkrieges. Stalin, der die Gleichheit – außer jener einen – haßte, förderte die Differenzierung nach Kräften. Jeder sollte auf dem Platz sein, den er verdiente – ob auf der Kommandobrücke eines Schiffes, am Schreibtisch einer Behörde oder an der Schubkarre in einem Straflager – und jeder sollte das ihm Zugemessene an Privilegien, Rängen oder Strafen bekommen.

Am stärksten war die Differenzierung bei der Armee. Die Generale und Admirale waren scharf von den übrigen Offizieren abgegrenzt, die Offiziere von den Unteroffizieren, die Unteroffiziere von den Mannschaften.

Wenn ein General der Sowjetarmee unterwegs ist, so tritt an jedem Ankunftsort die Ehrenwache an, die Militärkapelle spielt den Begrüßungsmarsch, der Wachoffizier meldet: »Zu Ehren Ihrer Ankunft«. Dasselbe gilt für die Abreise. Pensionierte hohe Generale und Admirale behalten nicht nur ihre Datschas und ihre, von der Regierung verlie-

henen, Grundstücke, sie behalten auch ihre Ordonnanzen und Burschen. Hinter dem Sarg des verstorbenen militärischen Würdenträgers werden auf roten Samtkissen die Orden, Sterne und Medaillen getragen – ein Orden pro Kissen – und eine Ehrensalve wird abgefeuert. Zu Stalins Zeiten gab es, neben den »üblichen« Vorrechten wie der kostenlosen Beförderung mit öffentlichen Verkehrsmitteln, Geld für die Orden. Die Altmarschälle Woroschilow und Budjonny hatten so aufgrund ihrer vielen Auszeichnungen einen schönen Gehaltszuschuß – Gehalt, nicht Pension! Denn ein Marschall ist immer im Dienst – es gibt keine Pensionsgrenze für Marschälle.
Auch ein Begräbnisplatz an der Kremlmauer ist einem Marschall der Sowjetunion fast immer sicher. Woroschilow und Budjonny ruhen sogar seitlich vom Leninmausoleum in der Reihe der 9 »besonderen Ehrengräber«, mit Büsten am Grab. Daneben liegen Swerdlow, Frunse, Dserschinski, Kalinin, Schdanow, Suslow– und Stalin; die beiden Zarizynkumpel umrahmen ihren Protektor rechts und links.
Was Wunder, daß die Kinder, wenn sie die Neigung und die Fähigkeiten dazu haben, die gleiche Laufbahn einschlagen – und es auch zu was bringen! Wladimir, der Sohn des Marschalls Goworow, ist inzwischen selbst ein Armeegeneral, Wladimir, der Sohn des Marschalls Merezkow, ist Generaloberst, Jurij, der Sohn des Marschalls Wassilewski, ist Generalmajor, Swetlana Sawizkaja, die zweite Frau im Weltraum, ist Tochter des Luftmarschalls Jewgenij Sawizki.
Der konsumierende Teil des militärindustriellen Komplexes der Sowjetunion war am Ende der Stalinzeit gut versorgt. Aber auch der entwerfende und der produzierende Teil kam nicht zu kurz. Über die Entwerfer und Hersteller von Waffen, Bomben und, in den 60er Jahren, von Raketen und Weltraumschiffen, ergoß sich ein steter Strom der Orden, Ehrentitel – wie der eines »Helden der Sozialistischen Arbeit« mit einem goldenen »Hammer-und-Sichel«-Stern samt Leninorden – und der mit 100 000, ja gar mit 200 000 Rubel dotierte »Stalinpreis« 1. und 2. Stufe (heute: »Staatspreis«, mit 5000 Rubel dotiert).
Für die Militärs, die Stalin im zweiten Kriegsjahr überzeugen konnten, daß es ohne den Einheitsbefehl keinen Sieg an den Fronten geben könne, war es eine große Genugtuung zu wissen, daß die ihnen in den Rängen angeglichenen Kommissare sich nach dem Krieg in ihrem Glanze sonnten – und nicht umgekehrt. Es gab nur den Ex-Kommissar

Stalin als Ausnahme – noch hießen die 10 wichtigsten Siege über den Gegner 1943–45 die »Zehn Schläge Stalins«. Aber Stalin wurde 4 Jahre nach Kriegsende 70 Jahre alt – und niemals mehr wurde nach dem Tode des Kriegspolitchefs Schtscherbakow ein Politchef der Streitkräfte zum Vize-Verteidigungsminister ernannt. Die Kommandeure waren den Kommissaren über.
Ein Drittel der 48 sowjetischen Ministerien im Jahre 1949 hatte mit Rüstung zu tun, ein weiteres Drittel mit der Versorgung, das übrige Drittel bestand aus den klassischen Ressorts. Für die Militärs kam es am Ende der Stalin-Ära darauf an, im Verbund mit den Wirtschaftsvertretern der »Gruppe A« (Produktion von Industriegütern) – für die es stets mehr Geld im Budget gab als für die »Gruppe B« (Produktion von Verbrauchsgütern) – den politischen Einfluß für die Zeit *danach* zu erlangen. Das hieß: Mitspracherecht neben der wichtigsten Säule der sowjetischen Elite – den Parteisekretären in der Zentrale und auf dem Lande. Diese Gruppe stellte stets den stärksten Teil des sowjetischen Establishments – wobei die Lokalbosse im Nachteil waren. Sie saßen verstreut in der Provinz, während die Rüstungsmanager in Moskau zu Hause waren und mit ihnen die Militärs im Streitkräfteministerium und im Generalstab. Gegenüber diesen beiden Gruppen war der konsumverwaltende Teil der Wirtschaftler, deren wichtigster Vertreter Kossygin im Politbüro saß, immer der schwächere.
Neben den Parteibossen, mit denen man sich arrangieren mußte, gab es allerdings noch einen Machtträger, Berijas verhaßte Staatspolizei, die alle überwachte. Berija selbst war der Oberaufseher der zukunftsträchtigen Atomwaffe und für den Bau der Wasserstoffbombe zuständig.
Aber auch Berija wurde samt seinen Handlangern, dem MGB Armeegeneral Abakumow, dem MWD Generaloberst Kruglow und dem Mechlis-Nachfolger im Ministerium für Staatskontrolle, dem Ex-MGB Generaloberst Merkulow, durch Stalins Sekretär Poskrjobyschew, Chef des »Sondersektors des ZK« und selbst Generalleutnant, zusammen mit Stalins Chef-Leibwächter, Generalleutnant Wlassik, überwacht. Wollten die Militärs für die Zeit nach Stalin ihren Einfluß absichern und ausdehnen, so mußten sie, im Verbund mit den Rüstungsmanagern und den Parteisekretären, den Einfluß der Staatspolizei und des »Sondersektors« der Partei schmälern, diskreditieren, untergraben – mit dem Ziel der Ausschaltung und Vernichtung der verhaßten Berijas, Abakumows und Merkulows.

Ihr zweites Anliegen war die Wiederherstellung der Ehre der Armee – die vollständige und bedingungslose Rehabilitierung der hingerichteten Vorgänger und Waffenkameraden, die sofortige Freilassung der einsitzenden Marschälle, Generale und Admirale, die Porträts der an unbekannten Orten verscharrten Tuchatschewski und Blücher, Kork und Eideman, Gamarnik, Stern und Smuschkewitsch sollten wieder im Revolutionsmuseum hängen, die Hinterbliebenen von Staats wegen versorgt, die aberkannten Ränge und Orden zurückgegeben werden.
Die Gelegenheit zum Ausbauen des Einflusses war 1949 so günstig wie nie zuvor seit dem Kriege. Der weltpolitische Wind hatte sich gedreht, er blies Stalins Großmacht ins Gesicht. Ein Jahr zuvor war durch den jugoslawischen Dissens eine Lücke im Eisernen Vorhang entstanden, der Traum von einem einheitlichen Reich von Korea bis zur Adria mußte begraben werden. Möglicherweise gab es unter den Militärs Stimmen, die für eine Zähmung Marschall Titos plädierten, aber noch war der vorsichtige, risikoscheue Siebziger Stalin der absolute Herrscher der UdSSR. Jugoslawien hatte mit Rußland keine gemeinsame Grenze, mit den erprobten »T-34«-Panzern war in den Bergen nicht viel auszurichten und Stalins Kriegsmarine eignete sich nicht für den Zugriff vom Meer her, das von der US-Navy beherrscht wurde. So rächte sich der Generalissimus wieder einmal an den Wehrlosen – eine Welle von Prozessen gegen »Titoisten« ergoß sich über das Satellitenvorfeld.
Am anderen Ende des sowjetischen Einflußbereiches kämpften die Truppen eines anderen Generalissimus, die des Tschiang Kai-schek, den letzten Kampf gegen Mao Tse-tungs bäuerliche »Volksbefreiungsarmee«. Stalin hatte schon mit dem kleineren Jugoslawien des aus eigener Kraft zur Macht gelangten Kommunisten Josip Broz Tito Schwierigkeiten, nun sollte das größte Volk der Welt, ohne ihn gefragt zu haben, kommunistisch werden. Rußlands Probleme gewannen eine furchterregende Dimension.
Die Blockade Berlins, der Versuch, das deutsche Problem durch Aushungern der ehemaligen Reichshauptstadt zu lösen, scheiterte. Die für den infanteristisch denkenden Stalin – darin ganz wie Hitler ein Mann des XIX. Jahrhunderts – unverständliche Luftbrücke, ein ballistisches Unternehmen von gigantischen Ausmaßen, ließ keine andere Wahl als die des Nachgebens. Die russische Atombombe war noch nicht fertig, als die Blockade abgebrochen wurde. Wieder siegte die »atomare

Erpressung« – wie in Persien, das man 1946 räumen mußte, wie in Griechenland und der Türkei, die 1947 unter den Schutz der »Truman-Doktrin« gestellt wurden, wie ja im Grunde genommen auch in Jugoslawien. Man wußte nicht, wie die USA, im Alleinbesitz der furchtbaren Waffe, unter den Umständen des Kalten Krieges reagieren würden. Europa, der wichtigste Schauplatz, erholte sich langsam. Das war vor allem auf den Schutz durch die Amerikaner und das Startkapital zurückzuführen, der aufgrund des Marschallplanes zur Verfügung gestellt worden war. So entstand am 4. 4. 1949, vorerst mit 10 europäischen und 2 amerikanischen Staaten, die in Washington geborene NATO. Fünf Wochen danach, am 12. 5., wurde die Luftbrücke nach Berlin nach 200 000 Flügen siegreich beendet.
Natürlich konnte sich ein Mann von Stalins grenzenlos mißtrauischem Charakter nicht dazu durchringen, ein östliches Gegenstück zu der NATO in seinem Block ins Leben zu rufen. Er handelte, wie er es zeitlebens gewohnt war, verstärkte den Druck gegen Wehrlose, die ohnehin in seiner Hand waren. Er gab Anzeichen dafür, daß er dem Militärischen wieder mehr Gewicht zumessen würde. Aber wie schon 1941, als er sein ZK mit Militärs auffüllte, interessierte sich niemand für Stalins Zeichen. Zwei Wochen vor der NATO-Gründung in Washington, am 24. 3. 1949, wurde der »Parteimarschall« Bulganin als Streitkräfteminister durch Marschall Wassilewski abgelöst – zum ersten Mal seit Timoschenkos Entlassung im Juli 1941 war wieder ein Berufssoldat an die Spitze der Armee getreten. Wassilewskis Nachfolger im Generalstab wurde Stalins intimster militärischer Mitarbeiter, Armeegeneral Sergej Schtemenko, seit Mai 1943 Chef der Operativverwaltung (seit Juni 1946 HV) des Generalstabs.
Am 5. 11. 1949 zeigte Stalin seinem wichtigsten Satelliten, wie tief er ihm mißtraute: »Auf Bitten der polnischen Regierung« wurde der OB der Heeresgruppe Nord in Warschau, Marschall der Sowjetunion Rokossowski, zum polnischen Verteidigungsminister ernannt und zum Marschall von Polen befördert. Zugleich wurde Rokossowski Mitglied des polnischen Politbüros. Die Grundlage zum Konflikt des polnischen Oktober 1956 war gelegt. Am 25. 2. 1950 ließ Stalin das Streitkräfteministerium in ein »Kriegsministerium« umbenennen – wie zu Bürgerkriegszeiten. Zugleich wurde die Kriegsmarine wieder mit einem eigenen Ministerium unter Admiral Jumaschew bedacht, der am 20. 7. 1951 durch Nikolai Kusnezow abgelöst wurde.

Die demonstrative Umwandlung von Stalins Verteidigungs-Streitmacht in eine Kriegs-Armee täuschte jedoch niemanden und erschreckte auch niemanden, am allerwenigsten den weltpolitischen Gegenspieler USA – Stalin führte keinen Krieg mehr. Der von Mao Tse-tungs Bauernarmee unterstützte Koreakrieg, am 25. 6. 1950 ausgebrochen, rief sogleich die Amerikaner (unter der UNO-Flagge) auf den Plan, ohne daß Jakow Malik, Stalins Vertreter im UNO-Sicherheitsrat der Großmächte, sein Veto einlegen konnte – Malik war, auf Stalins verächtliche Anweisung, seit dem 13. 1. 1950 nicht mehr am Tisch der UNO gesehen worden. Einen Monat danach, am 14. 2., verpflichtete sich Stalin, seine Truppen aus der Mandschurei abzuziehen. Mao Tse-tungs China wurde nach dem Niedergang Japans und der Flucht Tschiang Kai-scheks nach Formosa als der wahre neue Herr des Fernen Ostens von Rußland akzeptiert. Darüber konnte auch die demonstrative Zurschaustellung des OB Fernost, Malinowski, anläßlich der Parade zum Tag der Oktoberrevolution am 7. 11. 1951 nicht hinwegtäuschen, zumal der aus Chabarowsk eingeflogene Marschall versicherte, daß »die Sowjetunion nicht die Absicht habe, die Vereinigten Staaten oder irgendein anderes Land anzugreifen.«
Der Widerhall in den USA auf Malinowskis Auftritt in Moskau war mäßig (zumal Stalin es vorgezogen hatte, der vorletzten Revolutionsparade seiner Herrschaft nicht beizuwohnen, da über den Roten Platz bei schneidender Kälte ein Schneesturm hinwegfegte). Da Rußland, aus welchen Gründen auch immer, sich im Koreakrieg auf die Rolle des grollenden Zuschauers beschränkt hatte, interessierte man sich im Pentagon nicht allzu stark dafür, was ein Sowjetmarschall von sich gab. Die Welt wußte: Das Land, das den großen Krieg bis ins vorletzte Jahr hinein fast ganz auf sich gestellt siegreich bestanden hatte, war nicht imstande, den nächsten großen Krieg zu wagen. Seine Möglichkeiten, ohne Flotte als ein ebenbürtiger Gegenspieler aufzutreten, wurden in den USA trotz der vorhandenen sowjetischen Atombombe sehr gering eingeschätzt. Daran konnte auch die Wiedergründung eines selbständigen Marineressorts nichts ändern.
Vorsichtshalber hatte der Gegenspieler vorgesorgt: Die UdSSR war rundum von US-Stützpunkten umgeben. Das Land lebte in der von Stalin verordneten Isolierung, wozu noch die Isolierung von außen kam, verursacht durch die Stützpunkte der Amerikaner. Das Nachgeben in Persien, in Griechenland, in der Türkei, in Jugoslawien, in

Berlin zeigte, daß dem alten Mann im Kreml auch hierfür das Verständnis fehlte. Stalin ließ den griechischen Bürgerkrieg einschlafen (›Markos‹ Vaphiades, der Kommunistenführer des griechischen Bürgerkrieges, vegetierte als Uhrmacher in der russischen Provinzstadt Pensa), brach ergebnislos die von ihm angefachte Debatte über die Neufassung der Meerengenkonvention von Montreux ab, ließ Jugoslawien in Ruhe und brach auch die Berliner Blockade ab. Rußland igelte sich ein und vereinsamte – ohne Verbündete, ohne Freunde, ohne Sympathien – wie sein alternder Selbstherrscher.
Diejenigen Männer in Moskau aber, die sich als Stalins Erben wähnten, wußten, daß es so nicht weitergehen könnte. Ein Land, das 1953 weniger Kühe besaß als 1913, das aus Angst, man würde die Nacktheit des Königs erkennen, keine Statistiken über seine Wirtschaft veröffentlichte, ein Land, dessen oberster Wasserstoffbombenbauer der Polizeichef war, konnte als Großmacht in einer immer mehr von der Technik abhängigen Welt nicht bestehen. Wohl alle um Stalin im Kreml waren sich darin einig, daß es nach ihm anders werden würde. Es kam nur darauf an, durch welchen von ihnen die Änderungen herbeigeführt werden sollten – und welche Rolle die Männer der Kriegswirtschaft, der Kriegstechnik und der Kriegführung bei der Neuverteilung der knappen Mittel des sozialen Kuchens spielen würden. Denn die Männer des militärindustriellen Komplexes waren in diesem Land die einzigen, deren Maschine funktionierte – und neben Berijas Staatspolizei die einzigen, die über Waffen verfügten.
So bereiteten sich die überlebenden Stalinpaladine unter ständigem Buhlen um die Militärs und die Rüstungsbosse, auf deren Hilfe sie alle hofften, auf die Nachfolge vor. Zugleich aber galten ihre Sorgen dem Überleben im tödlichen Kampf der letzten Jahre des Tyrannen. Die Luft an Stalins Hof war schon immer eisenhaltig und der Tod allgegenwärtig – und jetzt, am Ende der Herrschaftszeit, mehr denn je. Das Land erstarrte in banger Erwartung unter der Decke des eisigen Schweigens, während sich die Diadochen in Moskau auf Leben und Tod bekämpften.
Zunächst hielt Malenkow, seit 1947 wieder ZK-Sekretär, ein Strafgericht unter dem Anhang Andrej Schdanows. Der Mann der Zentrale, der im Laufe des Vierteljahrhunderts der Tyrannenherrschaft unzählige entsetzliche Aufträge Stalins ausgeführt hatte und so verhaßt wurde, daß selbst Stalin es nicht gewagt hatte, ihm einen Generalsrang zu

verleihen – dies wäre eine noch größere Brüskierung der Militärs gewesen als Berijas Marschallstern – erwies sich hierbei als seines Meisters würdig.
Der herzkranke Schdanow war, anderthalb Monate nach dem Scheitern seiner Großreichpolitik durch den Abfall Titos und die US-Antwort auf die Berliner Blockade, am 31. 8. 1948 verstorben. Stalins intelligentester Paladin wurde nur 52 Jahre alt.
Schdanows Leningrader Anhang wurde vernichtet. Sein am weitesten gekommener Mitarbeiter, Nikolai Wosnessenski, Politbüromitglied, Vizepremier und Planchef, 1940 Aufseher über die gesamte Rüstung, im Kriege GKO-Mitglied und verantwortlich für Ustinows Tätigkeitsbereich (Artillerie und »Stalinorgeln«), ging am 4. 3. 1949 aller seiner Regierungsämter verlustig und wurde aus dem ZK ausgeschlossen. Er saß noch monatelang zu Hause herum, arbeitete an seinem Buch über die »Politökonomie des Kommunismus« und versuchte hin und wieder, bei Stalin anzurufen. Er wurde immer nur mit Malenkow verbunden, der ihn schweigend anhörte und dann auflegte.
Als Wosnessenski mit dem 822 Seiten starken Manuskript fertig war, wurde er – irgendwann im Sommer 1949 – verhaftet. Das Buch wurde weggeworfen, nachdem die Blätter bei der Festnahme in der Wohnung verstreut wurden.[2] Der 46jährige Wosnessenski wurde am 30. 9. 1950 erschossen. Alexej Kusnezow, Schdanows Nachfolger in Leningrad und seit 1946 als ZK-Sekretär Schdanows engster Mitarbeiter in der Moskauer Zentrale, wurde am nächsten Tag zusammen mit seinem Nachfolger in Leningrad, Pjotr Popkow, erschossen.
Um die »Verschwörung von Leningrad« zu untermauern, wurde das Gerücht in die Welt gesetzt, Wosnessenski und Kusnezow wollten die Hauptstadt der RSFSR von Moskau nach Leningrad verlegen.
Um die »Anklage« zu verhärten, wurden der »Staatschef« und der Volksbildungsminister der RSFSR, Michail Rodionow und Alexandr Wosnessenski, verhaftet – der letztere war Nikolai Wosnessenskis Bruder. Beide wurden ebenfalls 1950 erschossen. Schdanows 3. Sekretär in Leningrad während des Krieges, Michail Nikitin, wurde am 28. 10. 1950 erschossen. Generaloberst Iossif Schikin, Politchef der Sowjetarmee, hatte »Glück«: Schikin, 1949 zur Militärpolitischen Akademie versetzt, wurde 1950 verhaftet, kam aber 1952 frei.
Im November 1951 zeigte Malenkow dem Marschall Berija, daß er ein ernstzunehmender Konkurrent im Kampf um das Erbe sei. Er erreich-

te die Verhaftung von Berijas engstem Mitarbeiter, dem Staatssicherheitsminister Armeegeneral Abakumow – der zum ersten Mal seit der Versetzung des georgischen Parteichefs Berija zu den »Organen« in Moskau im Jahre 1938 durch einen Parteifunktionär, einen gewissen Semjon Ignatjew, und nicht durch einen Mann aus Berijas Stall ersetzt wurde. Hierbei allerdings hatte Malenkow einen mächtigen neuen Verbündeten – und Konkurrenten – Nikita Sergejewitsch Chruschtschow.

Chruschtschow wurde von Stalin im Anschluß an die Feiern zum 70. Geburtstag des Tyrannen am 21. 12. 1949 in Moskau behalten. Stalin, der am Ende seines Lebens noch mißtrauischer wurde als zuvor – falls das überhaupt noch möglich war – erhoffte sich von dem »frischen« Mann, der seit 1938 sein Statthalter in der Ukraine war, eine größere Ergebenheit als von den alteingesessenen Höflingen. Daß gerade dieser Mann ihn am abgrundtiefsten haßte, konnte selbst Stalin nicht ahnen, so gut verstand es Chruschtschow, sich in der Kunst des Verstellens zu üben.

Nach 11 ereignisreichen Jahren wieder Moskauer Parteichef, machte sich Chruschtschow überraschend schnell mit den Verhältnissen an Stalins Hof vertraut.

Er, Malenkow, Berija und der vielseitige Bulganin schlossen ein Bündnis – auf Zeit, versteht sich. Das Ziel des Bündnisses war die Vorbereitung eines Parteitages, auf dem die neue Klasse der Stalinerben – Parteisekretäre, Manager, Generale und Staatspolizisten – ihre jeweilige Hausmacht – oder was die Vier damals dafür hielten – in das neu zu wählende Zentralkomitee einbringen sollten.

Chruschtschow war für die Auswahl der ZK-Angehörigen unter den Parteifunktionären, Malenkow unter den Regierungsfunktionären verantwortlich. Berija war natürlich für die Staatspolizisten und Marschall Bulganin für die Militärs zuständig.

Zugleich sollte versucht werden, den Raum um den immer mehr vereinsamten Diktator »luftleerer« zu machen, das heißt, die Männer, die ihn seit Jahrzehnten umgaben, zu entfernen. Der Anfang wurde im Juni 1952 gemacht, als Generalstabschef Schtemenko, der Militär, der Stalin am nächsten stand, als Stabschef zu den Okkupationstruppen nach Deutschland versetzt wurde.

Schtemenkos Nachfolger Marschall Sokolowski – jener Mann, der durch seinen Auszug aus dem Alliierten Kontrollrat für Deutschland

am 20. 3. 1948 in die Geschichte eingegangen war, womit auch der letzte Schein der Einheit Deutschlands verschwand) – hatte zu Stalin keinerlei Beziehung, wohl aber zu Bulganin und Schukow. An der Westfront 1941/42 vor Moskau waren die drei fast ein Jahr lang zusammen; Schukow als Befehlshaber, Bulganin als Kriegsrat, Sokolowski als Stabschef.
Der Einzug Sokolowskis – Schukows Stellvertreter während dessen kurzer Tätigkeit als Generalstabschef, sein Stabschef in der Schlacht bei Moskau an der Westfront und Nachfolger an der Westfront, schließlich Schukows Stellvertreter an der 1. Belorussischen Front bei der Schlacht um Berlin und sein Stellvertreter und Nachfolger im besetzten Deutschland und im Juni 1946 zum Marschall der Sowjetunion befördert – in Stalins geheiligten Generalstab, markierte Schukow ante portas. Das Zeichen war unübersehbar.
Es wurde in Moskau ohnehin schon am 12. 3. 1950 aufmerksam registriert, daß der scheinbar vergessene »Volksmarschall« Befehlshaber des Hinterwaldwehrkreises Ural, wieder in den Obersten Sowjet gewählt wurde. Nun war sein engster Mitarbeiter in die Gehirnzentrale der Sowjetarmee eingezogen.
Bezeichnenderweise wurde um die Armeeführung in jenen letzten Monaten vor dem Ende der Stalin-Ära so intensiv geworben, daß sie von den letzten Säuberungen Stalins – die schon eindeutig zu Lasten der 4 Haupterben gingen – völlig verschont geblieben war – so die beiden Leningrader Marschälle Goworow und Merezkow, die mit Schdanow und dessen Anhang während der Blockade am engsten zusammengearbeitet hatten.
Zwar stand der hingerichtete Nikolai Wosnessenski mit der Rüstungsindustrie in Verbindung, jedoch nur von 1940–43, bis er wieder das Amt des Chefs der Plankommission »Gosplan« übernahm. »Räte beim Wirtschaftsrat der Regierung«, in denen Wosnessenski die Leitung der Rüstungsindustrie wahrzunehmen hatte, traten nach dem Krieg kaum in Erscheinung.
Auch der hingerichtete Schdanow-Mitarbeiter Alexej Kusnezow war zwar während des Krieges ein Kriegsrat der Leningrader Front und der Baltischen Flotte im Range eines Generalleutnants, dies waren jedoch politische, nicht fachmilitärische Positionen. Michail Nikitin, der dritte hingerichtete Leningrader Parteifunktionär neben Kusnezow und Popkow, leitete im Krieg den Leningrader Gebietsstab der Partisanenbe-

wegung – eine Einrichtung, die von den Militärs als nicht vollwertig militärisch angesehen wurde – schließlich war sogar der Versager Woroschilow zwei Monate lang der »Oberbefehlshaber der Partisanenbewegung« gewesen – ohne jede Wirkung. Die Position wurde auch nicht weiter besetzt, die Partisanen wurden von dem berüchtigten Malenkow-Mitarbeiter, dem belorussischen Parteichef Pantelejmon Ponomarenko, Chef des »Zentralen Partisanenstabes bei der Stawka«, geleitet. Ponomarenko, 1943 zum Generalleutnant befördert, war inzwischen unter Malenkows Fittichen ZK-Sekretär geworden. Ein Mann der Armee war er längst nicht mehr, obwohl oder gerade weil er 1918, und 1932–36 sogar als Kommandeur, in der Roten Armee gedient hatte.

Es war eben nicht üblich für einen Kommandeur, in die Parteifunktionen zu wechseln. Die einmal eingeschlagene Laufbahn sollte für immer binden – dies war das eiserne Gesetz der beiden außerparteilichen Säulen des sowjetischen Establishments. Nur die Parteifunktionäre wechseln – auf Befehl der Partei, die Manager und die Offiziere bleiben immer in der einmal eingeschlagenen Laufbahn. Es gab nur 4 Ausnahmen im diplomatischen Dienst während der gesamten Geschichte der Roten Armee. Konteradmiral Konstantin Rodionow, 1941 und 1943–45 Militärattaché in Athen, war 1945–47 als Botschafter dortselbst und 1950–57 in Stockholm tätig. Generalleutnant des Intendanturdienstes, Grigorij Sawonenkow, wurde 1944 zum »Gesandten 1. Klasse« gemacht, um Schdanows Vize in der Kontrollkommission für Finnland zu werden. Sawonenkow, in Helsinki übrigens nicht unbeliebt, blieb dort auch nach dem Abschluß des Friedensvertrages im Jahre 1947 bis 1951 in Helsinki als Gesandter. Das war alles, bis auf die beiden Botschafter in China, Generalleutnant Panjuschkin (1939–44), und Generalmajor Nikolai Roschtschin (1948/49 bei Tschiang Kai-schek, anschließend bis 1953 bei Mao Tse-tung). General Iwan Semitschastnow, 1. Vizechef der SMAD in der SBZ, anschließend Handelsrat in Ost-Berlin, wurde Vize-Außenhandelsminister.

Die im letzten Halbjahr der Stalinherrschaft veranstaltete Treibjagd auf prominente jüdische Kulturschaffende und Wissenschaftler ging an der Armee ohnehin spurlos vorbei. Bis auf Armeebefehlshaber, Generalleutnante Jakow Kreiser und Dawid Dragunski, war die Spitze der SA (Abkürzung auf den sowjetischen Schulterstücken für »Sowjetarmee«)[3] »judenrein«.

So konnte der militärindustrielle Komplex am Ende des XIX. Parteitages am 14. 10. 1952 zufrieden sein, immerhin hatte sich die Werbung der Erben Stalins um die Generalität und das Rüstungsmanagement voll ausgezahlt.
Obwohl die Sowjetunion seit 7 Jahren im Frieden lebte und am Krieg in Korea unbeteiligt war, kam jeder fünfte Angehörige des Zentralkomitees der Kommunistischen Partei der Sowjetunion (die den rudimentären Beinamen »Bolschewiki« nun abgelegt hatte) von den Streitkräften oder aus der Rüstung – wie am 20. 2. 1941, als Stalin die 32 Militärs und Waffenmeister in seinem ZK demonstrativ mit weiteren 15 Kameraden auffüllte, um die Bevölkerung zu beruhigen und um dem Ausland seine Kampfbereitschaft zu demonstrieren.
Alle 11 Marschälle der Sowjetunion (den »Polizeimarschall« Berija und den »polnischen Staatsbürger« Rokossowski nicht mitgerechnet), 2 Armeegenerale, 9 Generalobersten sowie je 1 Marschall der Luftwaffe und der Panzertruppen wurden Mitglieder oder Kandidaten des Zentralkomitees, die Kriegsmarine brachte ihren Minister Kusnezow und 4 Admirale unter.
Die restlichen 21 Vertreter des militärindustriellen Komplexes in dem von Chruschtschow, Malenkow, Bulganin und Berija ausgehandelten ZK waren Rüstungsbosse wie Malyschew und Ustinow, die Flugzeugbauminister Chrunitschew samt seinem Stellvertreter Dementjew, Schiffsbauminister Nossenko und Atombombenbauer Wannikow mit seinen nächsten Mitarbeitern Rjabikow und Sawenjagin. Die 52 Rüstungs- und Armeevertreter unter den 236 Mitgliedern und Kandidaten des ZK von 1952 stellten 21,6% des Bestandes – auf die Stelle hinter dem Komma akkurat dieselbe Prozentzahl wie bei den 189 ZK-Angehörigen von 1941.
Das genügte, um Druck auszuüben und den Zweck ihrer Wahl zu verwirklichen, das ständige Wachen nämlich über das Aushandeln der Geldmittel für Militärausgaben sowie über die Bereitstellung des »geplanten Menschenmaterials« für den wissenschaftlichen und technischen Nachwuchs.
Daß sie Druck auszuüben vermochten, zeigten die Militärs schon 2 Wochen nach ihrer Wahl. Aus irgendeinem Grund wurde der Vizekriegsminister und Befehlshaber der Luftabwehr, Goworow, als einziger Marschall nicht ins ZK gewählt, sein Name fehlte auf der am 15. 10. 1952 in der »Prawda« veröffentlichten Liste der neuen Partei-

führung. Am 30. 10. wurde korrigiert: Durch einen »Zählfehler«, hieß es, sei der Name des Marschalls Goworow aus Versehen nicht veröffentlicht worden.
Dieser Vorfall ist in der Parteigeschichte einmalig, denn beim »Zählen« der vorher ausgehandelten und akklamatorisch vom Parteitag angenommenen Namen ihrer Führer hat sich diese Partei noch nie geirrt.
Mit 11% unter den ZK-Mitgliedern war der militärindustrielle Komplex die zweitstärkste Gruppe in der Parteiführung am Ende der Stalinzeit hinter den Parteisekretären, die den Löwenanteil von 70% der ZK-Mitglieder stellten, während die Versorgungsfachleute 10% und »Sonstige« die restlichen 9% der Plätze besetzten.
Die eigentliche Sensation der ZK-Wahl war das Wiederauftauchen Marschall Schukows als ZK-Kandidat. Es ist nicht bekannt, ob er unter den Parteitagsdelegierten war. Der XIX. Parteitag ist der einzige der sowjetischen Geschichte, von dem kein Protokoll und keine Delegiertenliste vorliegt.
Angesichts einer solchen Zusammenballung der militärischen Präsenz im Zentralkomitee war Berijas Spiel um die Macht von vornherein aussichtslos. Der oberste Staatspolizist und Atomaufseher brachte gerade 10 Anhänger mit ins ZK. ZK-Mitglieder neben ihm waren nur noch seine kaukasischen Statthalter, der aserbaidschanische Parteichef Mir Dschafar Bagirow, selbst ein alter Staatspolizist, und der armenische Parteichef Grigorij Arutinow. Berijas intelligentester Mitarbeiter, Dekanosow, letzter Botschafter Moskaus im Dritten Reich, 1941 ZK-Mitglied, wurde überhaupt nicht auf die Liste gesetzt. Auch Berijas Statthalter im Baltikum und Belorußland, Michail Gwischiani (dessen Sohn Dschermen Kossygins Tochter Ljudmila geheiratet hatte – die Ehe ist geschieden) und Lawrentij Zanawa, beide 1939 ZK-Kandidaten, und beide, wie Dekanosow, Stalins und Berijas georgische Landsleute, kamen nicht wieder in die Parteiführung. So konnte Berija unter den ZK-Kandidaten auch nur mit 8 Staatspolizisten aufwarten.
Es war eine gewaltige Niederlage der mächtigen Staatspolizei – die Zeiten, in denen die »Prawda« tagelang seitenlange Listen mit Namen von ausgezeichneten Staatspolizisten druckte, gingen unwiderruflich ihrem Ende entgegen. Was sollten die sowjetischen Spitzenpolitiker auch tun, nachdem in den USA der Sieger des Zweiten Weltkrieges, Dwight D. Eisenhower, Amerikas berühmtester General, drei Wochen

nach Parteitagsende zum Präsidenten gewählt worden war? Nach den vertrackten sowjetischen Vorstellungen von der Außenwelt bedeutete das: Man muß einem siegreichen General des Gegenspielers einen eigenen siegreichen General entgegenstellen. Demnach mußte Schukow ins ZK – zumal Stalin 73 Jahre wurde. Nun stellte man in Moskau wenigstens den Stellvertreter des Obersten Befehlshabers heraus.
Das letzte ZK von 1939–41 hatte keinerlei Bedeutung; es trat ja auch nur noch 1944 zusammen. Solange Stalin lebte, blieb das auch beim ZK von 1952 so. Stalins Erben aber wußten: Sobald der Tyrann die Augen schließt, werden Koalitionen der verschiedenen Interessengruppen und Bündnisse auf Zeit möglich sein. Stalins »Kälber« (»Ihr seid wie Kälber ohne mich«, soll er zu Chruschtschow in den letzten Lebensmonaten gesagt haben) waren »erwachsen«. Sie wußten, daß sie nun regelmäßig zusammenkommen mußten, um die Interessen auszubalancieren und einen neuen Stalin – zu dem das System aufgrund seiner Struktur neigte – verhindern zu können.
Für die Marschälle und Generale der Sowjet-Armee war diese ZK-Wahl eine triumphale Bestätigung ihres Sieges über die Kommissare. Einen Politchef der Armee gab es zu der Zeit überhaupt nicht, der Posten war vakant. Generaloberst Fjodor Kusnezow, der Nachfolger des einsitzenden Schikin, wurde zu unbekannter Zeit abgesetzt. Wie etwa Mechlis, kam er zwar wieder ins ZK, war aber ohne Amt. Sein Nachfolger Generalleutnant Konstantin Krainjukow, wurde zu einem unbekannten Zeitpunkt ebenfalls in die Wüste geschickt.
So waren die Kommissare zum ersten Mal seit der Gründung der Institution der Politverwaltung in den Streitkräften, ohne Vertretung im Zentralkomitee der Partei – obwohl bei eben dieser Gründung 1919 festgelegt wurde, daß der Politchef der Armee obligatorisch ein ZK-Mitglied sein müsse. Aber es gab ja keinen Politchef der Armee. Am wichtigsten Scheidepunkt der sowjetischen Geschichte seit Stalins Installierung 1922 waren die Generale von den Fesseln der Kommissare völlig frei. Nur der Politchef der Kriegsmarine, Generalleutnant des Küstendienstes Semjon Sacharow, kam als Kandidat ins ZK.
Aus den Kulissen trat zum ersten Mal der Mann der großen Armee- und Marinezukunft an die Öffentlichkeit (was freilich damals niemand ahnen konnte). Unter den Mitgliedern des von 5 auf 10 Mann verdoppelten ZK-Sekretariats, dessen Besetzung (von Stalin abgesehen selbstverständlich) zwischen Chruschtschow und Malenkow sorgfältig

austariert wurde, konnte Chruschtschow einen seiner ergebensten Parteigänger unterbringen – den Generalmajor Leonid Iljitsch Breschnew, letzter Chef der Politverwaltung der 4. Ukrainischen Front bei der Befreiung Prags. Unter den ZK-Präsidialen (das Politbüro hieß nunmehr ZK-Präsidium) gab es mehrere solcher hoffnungsvoller junger Leute aus dem Anhang Chruschtschows, Malenkows und Bulganins. Marschall Berija konnte nur einen Staatspolizisten ins Zentrum der Macht einbringen, nämlich sich selbst.

Dann ging alles plötzlich sehr schnell.

Im Dezember 1952 wurde Stalins Chefleibwächter Generalleutnant Wlassik wegen »persönlicher Bereicherung«[4] verhaftet. Wlassik bereicherte sich bei Stalin schon seit 1919 – solange bewachte er den Georgier schon –, aber man merkte es erst jetzt. Zugleich wurde Stalins »Chef«, Generalleutnant Poskrjobyschew, unter der obskuren Beschuldigung des »Beiseiteschaffens von Geheimdokumenten« aus dem Vorzimmer des Diktators entfernt. Das abgelegte alter ego des Tyrannen saß in seiner Villa herum und wartete wie üblich auf die Festnahme (die nicht erfolgte). Poskrjobyschews Schöpfung, der »ZK-Sondersektor«, wurde in eine »Allgemeine Abteilung« umbenannt; der unverfängliche Name bedeutete in Parteichinesisch, daß es doch die wichtigste ZK-Abteilung blieb.

Im Januar 1953 wurde der oberste Wächter über Stalins körperliches Wohlbefinden, Gesundheitsminister Generaloberstarzt Jefim Smirnow, 1939–47 Chefarzt der Roten Armee, entlassen. Und am 13. 1. 1953 wurde in echter 1937er Manier die »vor einiger Zeit von den Staatssicherheitsorganen« erfolgte Verhaftung von 9 Ärzten (in Wirklichkeit waren es 15, darunter eine Frau), unter ihnen der Chefarzt des Kreml, P. I. Jegorow und Stalins Leibarzt Wladimir Winogradow, Professor und Lehrstuhlinhaber für fakultative Therapie am 1. Medizin-Institut in Moskau, bekanntgegeben.

Hierbei machte der etwas ins Abseits geratene Berija den Militärs, jener Gruppe, die nun zum Zünglein an der Waage zwischen den rivalisierenden Apparaten wurde und als einzige neben der Staatspolizei über Waffen verfügte, ein Bündnisangebot. Er tat es in jener vertrackten Art, die für die unbeschreibliche politische Perversität der Stalinherrschaft typisch war. Berija erklärte 5 prominente Militärs – 3 Marschälle der Sowjetunion, einen Armeegeneral und einen Admiral – zu potentiellen »Opfern« der verhafteten Ärzte. Damit machte er

den Kriegsminister Wassilewski, 4 andere Spitzenmilitärs und nicht näher bezeichnete »andere« – was die Schlußfolgerung »andere Militärs« nach sich zog – zu wichtigsten Säulen des Staates.
Die Methode, prominente Funktionäre »auszuzeichnen«, indem man sie zu »Opfern verbrecherischer Anschläge der Volksfeinde« stempelte, stammte aus der Zeit der 3 Schauprozesse von 1936–38. Die Mordbeschuldigungen in den Schauprozessen erstreckten sich immer auf ein paar schon Verstorbene – so wurde Jagoda beschuldigt, seinen Vorgänger Menschinski, den Staatskontrolleur Walerian Kuibyschew, Maxim Gorki und dessen Sohn Alexej Peschkow vergiftet zu haben – und auf ein paar Lebende, die damit einen besonderen Gunstbeweis des Diktators empfingen. So wurde Jagoda 1938 auch beschuldigt, seinen Nachfolger Jeschow vergiften zu wollen.
Die »Erwählung« zum potentiellen Opfer der »Volksfeinde« galt als eine Lebensversicherung. Umgekehrt: Als Molotows Name eines Tages 1936 auf einer Opferliste fehlte, wußte man nun genau, daß Stalins Mitarbeiter seit 1917 in Ungnade gefallen war. Als Molotows Name auf der nächsten »Opferliste« wieder erschien, war klar: Stalin hat seinem »besten Buchhalter« (Lenin über Molotow) verziehen.
Niemals aber wurde ein Militär auf die »Opferliste« gesetzt.
Und nun druckte die »Prawda« am 13. 1. 1953, zum ersten Mal seit anderthalb Jahrzehnten, wieder eine »Opferliste«. Wie gehabt kam nach dem Hinweis auf die schon »umgebrachten« Funktionäre – diesmal waren es der 5 Jahre zuvor verstorbene Schdanow und der vor 8 Jahren verstorbene Politchef der RKKA Schtscherbakow – die Opferliste der Lebenden.
»Die Verbrecher versuchten vor allem, die Gesundheit führender militärischer Persönlichkeiten der Sowjetunion zu untergraben, diese zu beseitigen und damit die Landesverteidigung zu schwächen. Sie waren bestrebt, Marschall A. M. Wassilewski, L. A. Goworow, Marschall I. S. Konew, Armeegeneral S. M. Schtemenko, Admiral G. I. Lewtschenko und andere zu beseitigen. Durch die Verhaftung der Verbrecher wurden ihre heimtückischen Pläne jedoch vereitelt, dadurch gelang es den Verbrechern nicht, ihr Ziel zu erreichen.«
Die, welche es in Moskau und anderswo in Stalins Reich wissen sollten, wußten es nun. Die wichtigsten Leute im Kreml waren nicht die ZK-Präsidialen vom Schlage Chruschtschows, Malenkows und wie alle diese neuen Leute sonst hießen – von den alten »Opfern« Molotow,

Woroschilow und Kaganowitsch ganz zu schweigen. Die wichtigsten Leute waren jetzt Kriegsminister Wassilewski »und andere«, also alle Militärs. Berija hatte die Namen der 5 »Opfer« mit Bedacht ausgewählt, wobei jede Richtung unter den Generalen angesprochen werden sollte. Wassilewski war als amtierender Ressortchef für Kriegswesen der eigentliche Chef der Sowjetarmee. Der 57jährige Popensohn aus dem urrussischen Gebiet Iwanowo war eine imposante Erscheinung. Seit Januar 1915 Berufssoldat, war er 1937 unter den ersten Absolventen der neugegründeten Generalstabsakademie. Wassilewskis zurückhaltende Art wurde akzeptiert. Der große Schweiger zog es vor, im Hintergrund zu wirken. Er mußte im Krieg bei Stalin antichambrieren, aber er war längst nicht so servil wie sein Vorgänger Schaposchnikow. Wassilewskis Eintreten für seinen bei Stalin unbeliebten 1. Stellvertreter Antonow, das eigentliche »Gehirn der Armee«, wurde anerkannt. Er schaffte es zwar nicht, daß auch Antonow Marschall wurde, aber er schaffte es, ihn im Februar 1945 zu seinem Nachfolger als Generalstabschef zu machen. Wassilewski setzte es auch durch, daß Antonow als einziger Nicht-Marschall den Siegesorden bekam.
Im Januar 1953 stand Wassilewski, der 7. Kriegsminister der UdSSR, auf dem Höhepunkt seiner Karriere. Seine Aufgabe, die Armee in der Zeit der großen Wende um Stalins Tod sicher zu leiten, erfüllte er mit Umsicht und Bestimmtheit. Er setzte das erste Zeichen, woher der Wind in der Zukunft wehen werde, als es ihm im Juni 1952 gelang, den Stalingünstling Schtemenko aus dem Generalstab zu entfernen und nach Potsdam abzuschieben. Schtemenkos Nachfolger Sokolowski bereitete Schukows Wiederkehr vor – mit dem Wassilewski in den folgenden 2 Jahren des Übergangs die Macht über die Armee teilen sollte. Das ZK-Mitglied Wassilewski war nun auch in der Parteiführung der Sprecher der Militärs. Mit seinem Namen auf der Liste sprach Berija die traditionell denkenden Generale bei der Truppe und, vor allem, im Generalstab an.
Goworow war der Artillerist alter Schule. Der 56jährige russische Bauernsohn aus dem Vorfeld des Urals diente seit Dezember 1916. Wie Wassilewski hatte er lange am dunklen Fleck in seiner Vergangenheit zu nagen – am kurzen Dienst beim weißen Admiral Koltschak. Wie Wassilewski wurde er deshalb spät in die Partei aufgenommen. Als einer der wenigen Marschälle und Armeegenerale hatte er beide Kriegsakademien absolviert.

Der hagere Berufsoffizier mit dem winzigen Oberlippenbart leitete damals die neue Waffengattung der Luftabwehr. Nun hatte der Artillerist alter Schule mit Raketen zu tun. Mit ihm hoffte Berija, der Atomaufseher, die überlebenden Zarenoffiziere und die Techniker in der Generalität anzusprechen.

Konew, der Befehlshaber des Karpatenwehrkreises in Lwow, war Goworows Jahrgangskamerad und Landsmann. Auch er war ein Bauernsohn, auch er war seit 1916 Soldat. Ansonsten verband sie nichts. Der kahlköpfige, energiegeladene Konew war Kommunist seit 1918. In die Kommandeurslaufbahn kam er aus der Kommissarenlaufbahn – ein seltener Fall. Erst 1931, nach 13 Jahren als Kommissar, wurde Konew ein Troupier. Bis dahin hatte er sowohl gegen Koltschak gekämpft als auch geholfen, die Meuterei der Linkssozialrevolutionäre in Moskau und den Aufstand der Kronstädter Matrosen niederzuschlagen. Er war hart, rücksichtslos und offen bis zur Grobheit.

Konew war neben Schukow und Rokossowski der bedeutendste sowjetische Heerführer des Zweiten Weltkrieges. Daß nicht er, sondern Schukow und Rokossowski die Siegesparade befehligten, hatte er nie vergessen und nie verziehen. So löste der Miteroberer Berlins und Befreier Prags 1946 mit Genugtuung Schukow als OB Heer ab. Inzwischen war aber auch er, der einzige der Marschälle, der dem ZK seit 1939 als Kandidat (und nunmehr als Mitglied) angehörte, in die Provinz abgeschoben worden.

Mit Konew sprach Berija die alten Parteigenossen unter den Generalen an, die in den letzten Jahren ins Hintertreffen geraten waren und das Gefühl hatten, nicht genügend gewürdigt zu werden. Wahrscheinlich hätte Berija lieber Schukow als Konew auf seine »Opferliste« gesetzt, aber das war unmöglich, denn Schukows Haß auf die Polizeiaufpasser war zu bekannt. Beide, Schukow und Konew zusammen, das ging auch nicht, weil niemand geglaubt hätte, daß die beiden Feldherren, die sich seit einem Jahrzehnt gegenseitig die Pest an den Hals wünschten, nun in einem Boot zu sitzen gedachten.

Der schnurrbärtige Kosak Schtemenko, Absolvent der Panzer- und der Generalstabsakademie, war 45 Jahre alt und hatte 25 von 26 Dienstjahren auf den Schulen und in den Stäben verbracht. Der vielseitige Stabist, der sich bei der Flak ebensogut wie bei den Panzern auskannte, war der eingefleischteste Stalinist der Generalität und deshalb unbeliebt, ja gefürchtet. Schtemenko hatte auch mit Berija bei dessen

»Kontrollgang« im Kaukasus 1942 zusammengearbeitet – er stellte dem Staatspolizisten in seinen farbigen Memoiren das allerschlechteste Zeugnis aus. Aber das muß nicht wahr sein. Mit ihm hoffte Berija, die Stalinisten im Generalstab anzusprechen, die sich jetzt schon – noch lebte Stalin ja – gedrückt fühlten.
Mit Bedacht wurde auch Admiral Gordej Lewtschenko, der Chefinspekteur der Kriegsmarine, auf die Liste gesetzt. Die Auswahl unter den Admiralen war, im Gegensatz zu den Marschällen und Armeegeneralen, nicht allzu groß. Es gab nur 15 Admirale, den beinamputierten Flottenadmiral Issakow, der gerade a. D. war, und den Minister Vizeadmiral Kusnezow, der, trotz aller seiner Schwierigkeiten mit dem »Obersten«, doch wieder ZK-Mitglied wurde. Er und sein Rivale Jumaschew konnten nicht berücksichtigt werden, da die »Wahl« des einen den Neid des anderen nach sich gezogen hätte, was sich bei der kleinen Marinecrew verheerend ausgewirkt hätte.
So entschied sich Berija für den unverfänglichen Lewtschenko, der als Marineinspekteur zwar eine hohe, aber nicht exponierte Position bei der schwierigen Waffengattung einnahm. Der 55jährige Ukrainer diente seit 1913 bei der Flotte. Der Miterstürmer des Petrograder Winterpalais, der keine Marineakademie absolviert hatte, stand Kusnezow und Goworow nahe. Im Krieg war er Kusnezows Vertreter an den Fronten und leitete dann die Leningrader und die Kronstädter Marinegarnisonen. Als einziger der 5 gehörte er dem ZK nicht an.
Der Zusatz »und andere« hinter den Namen der »Opfer« war natürlich nicht zufällig – ein Bündnisangebot an alle Offiziere eben.
Berijas Angebot war durchaus konkret gemeint. Der 53jährige Abchasier, seit seinem 18. Lebensjahr in der Partei, der seine Karriere als ein Wohnungs-Inspekteur am Stadtsowjet von Baku begonnen hatte, war zweifellos der intelligenteste unter den überlebenden Apparatschiki der Stalin-Ära. Er rechnete ernsthaft damit, nach einer kurzen Übergangszeit die Regierung in Moskau zu übernehmen. Das Angebot an die Generale lautete im Klartext: Wassilewski und Goworow sollten ihre Positionen behalten, Schtemenko wieder Generalstabschef, Konew wieder OB Heer und Lewtschenko Marineminister werden. Für Wassilewski, der mit Schukow nicht zurechtkam und daher wußte, daß seine Tage als Minister gezählt waren, und gewiß auch für Konew, Schtemenko und Lewtschenko war Berijas Angebot eine Versuchung. Das Angebot – die letzte Chance der Staatspolizei, die letzte Rettungs-

möglichkeit für die Zeit danach – wurde selbstverständlich nicht akzeptiert. Man konnte der Führung der Roten Armee in den wilden Jahren Stalins vieles vorwerfen, so daß sie allzu willig Stalin akzeptiert hatte, daß sie mangelhaft auf den Krieg vorbereitet war, ja, daß sie sich hat widerstandslos hinmetzeln lassen.

Mitschuldig an den Säuberungen waren die Berufsoffiziere nicht. Sie waren »nur« in den Tod gegangen, wobei ihnen durch Gamarniks Selbstmord der Schauprozeß erspart wurde. Sie haben die Säuberung hingenommen.

Daß sie es noch einmal hinnehmen würden, nachdem sie gesiegt hatten und, halbwegs ungerupft, die letzten Jahre des Tyrannen überstanden hatten, war völlig ausgeschlossen.

Die Militärs erwarteten von den Stalinerben in der Partei und Regierung, daß man ihre toten Kameraden rehabilitiere und die Aufsicht über die Waffe der Zukunft aus den Händen der Staatspolizei in die Hände der Waffenmeister übertrage. Vor allem aber wollten sie Rache üben – an eben jenem Berija, der ihnen ein Bündnisangebot unterbreitete.

Außerdem hatte die Generalität keine Bündnisangebote mehr nötig, denn sie war sowohl Herr der Lage als auch das Zünglein an der Waage. 5 Wochen nach der Bekanntgabe der »Ärzteverschwörung«, als die Vorbereitungskampagne für die allerletzte Säuberung voll im Gange war, demonstrierten die Ressortminister Krieg und Marine, Wassilewski und Kusnezow, daß sie Herren der Lage waren: Am 23. 2. 1953, dem Tag der Roten Armee, blickte zwar das Bild des Generalissimus – zum letzten Mal – von der ersten Seite der »Prawda«, aber nicht mehr Stalins Bild allein. Die Großphotos Wassilewskis und Kusnezows beherrschten die Titelseite.

Der Fortschritt seit dem 1. 5. 1937, dem Beginn der Tuchatschewski-Affäre, als gar keine Bilder der Militärs mehr die »Prawda« zierten oder seit dem 1. 5. 1940, als das Häuflein der überlebenden Generale in spe geduckt in einer Ecke der unteren Mausoleumtribüne stand, war augenfällig. Längst standen die Marschälle während der Staatsfeiertage auf der oberen Tribüne, schmuck uniformiert und im vollen Ordens-Ornat, zu rechter Hand der grau in grau und ordenslos aufgereihten Politbüromitglieder.

Im folgenden Halbjahr bis zur Installierung Nikita Chruschtschows zum nächsten Parteichef spielte der Tod Stalins am 5. 3. 1953 nur die

Rolle eines vorhersehbaren, aber nicht mehr sehr wichtigen Intermezzos. Schon zwei Wochen danach verschwand Stalins Name aus der Presse fast völlig. Die Posten waren längst verteilt, die Zukunftspläne fertiggeschmiedet, als »der Oberste« in der Nacht des 1./2. März nach einem Gehirnschlag das Bewußtsein und die Sprache verlor. Chruschtschow, Malenkow, Bulganin und Berija waren die einzigen, die zuerst benachrichtigt wurden, also war es so abgesprochen worden. Dann erst wurden Mikojan, Kaganowitsch und Woroschilow an das Todeslager geholt, Molotow dagegen überhaupt nicht.

Chruschtschow, zum Vorsitzenden der Beisetzungskommission bestimmt, leitete am 9. 3. die Beerdigung. Malenkow, der »Haupterbe«, Stalins Landsmann Berija und Stalins dienstältester Mitarbeiter Molotow hielten die Leichenreden.

Stalins leiblichen Haupterben, den 32jährigen Generalleutnant der Luftwaffe Wassilij Stalin, sah man während der Beisetzung des Generalissimus zum letzten Mal bei einer öffentlichen Veranstaltung.

Der Abstieg des Sohnes hatte schon im Vorjahr, noch zu des Vaters Lebzeiten begonnen. Zur Maiparade 1952 hatte der Wehrkreisbefehlshaber Moskau, Generaloberst Artemjew, ein alter Staatspolizist, der sich um die Sicherheit von Vater Stalin sorgte, dem Stalin junior, Luftwaffenchef des Wehrkreises, aufgrund des starken Windes ein totales Flugverbot erteilt. Wassilij Stalin handelte eigenmächtig. Er ließ seine Piloten am 1. Mai doch aufsteigen, die dann fast die Türme des Historischen Museums an der Südseite des Roten Platzes streiften. Einige der Maschinen gingen bei der Landung zu Bruch. Stalin enthob Wassilij des Befehls und schickte ihn zur Weiterbildung an die Generalstabsakademie.

Schon an Stalins Sterbelager kam Wassilij mit der Überzeugung, der Alte sei vergiftet worden. Da Wassilij Stalin ein stadtbekannter Alkoholiker war, hatte niemand diese Vorwürfe ernstgenommen – oder?

Nachdem Stalins Sohn am 9. 3. 1953 beim Leichenschmaus der durchaus erleichterten Erben – nun waren sie ja endlich die Überlebenden! – sie und die Ärzte der falschen Behandlung des väterlichen Gehirnschlages beschuldigt und den Begräbnis-Ausrichter Chruschtschow mit Vorwürfen überhäuft hatte, der Vater sei »nicht gebührend«[5] bestattet worden, ernannte ihn sein Dienstherr, der wieder als Kriegsminister fungierende Bulganin, zum Luftwaffenchef im Wehrkreis Ostsibirien (weiter weg von Moskau ging es nicht) und befahl den unverzüglichen

Dienstantritt. Auf Wassilijs Weigerung, Moskau zu verlassen, sagte Bulganin: »Dann legen Sie die Schulterstücke ab« und versetzte ihn in den Ruhestand.

Am 28. 4. 1953 wurde Stalins Sohn verhaftet, vors Kriegsgericht gestellt und wegen Unterschlagung, Amtsmißbrauchs und Mißhandlung von Untergebenen zu acht Jahren Haft verurteilt.

Die Rache der Armee hatte begonnen.

TEIL III
EXPANSION

29
Die ersten Schritte in der Freiheit

In den drei Jahrzehnten der Herrschaft Josef Stalins über die Sowjetunion hatte die Generalität dieses Landes der Idee, dem System und dem Mann, der für die leibhaftige Verkörperung des ersten sozialistischen Staates der Welt gehalten wurde, loyal gedient. Sie war treu bis zur Bereitschaft, widerstandslos vors Peloton zu treten und noch im Angesicht des Todes »Es lebe die Partei, es lebe Stalin!« zu rufen.[1]
Die Einmaligkeit jenes 30 Jahre dauernden Vorganges ist ebenso offenkundig wie seine Unwiederholbarkeit, das Unabgesprochene gemeinsame »Nie wieder« der Armeeführer – jener Männer unter den Stalinerben, die mit ihren Waffen das zusammengeraffte Imperium in den nachfolgenden Jahrzehnten vor dem Auseinanderbrechen zu bewahren hatten.
Es ist nicht bekannt, ob die Männer um Marschall Tuchatschewski im Juni 1937 einen Staatsstreich planten, um der Vernichtung zu entgehen. Angesichts ihrer Treue zur Idee, zum System und zu dem Mann, der als Parteichef für die Verkörperung der Idee und des Systems (nach der seltsamen Logik der Bolschewiki) gehalten wurde, ist es auch kaum wahrscheinlich.
Die sowjetischen Militärs der Jahre ab 1953 waren keinesfalls mehr bereit, für die Idee, das System oder gar für einen Mann, der angeblich beides verkörpern sollte, nur weil er an der Spitze der Partei stand, in den Tod zu gehen. Sobald in den nachfolgenden Jahrzehnten Situationen eintraten, in denen die Macht, die Privilegien oder auch nur die Mittel für die Armee in Gefahr gerieten, beschnitten, geschmälert oder gekürzt zu werden, so zeigten sie schnelle Entschlossenheit. Nach Stalins Tod handelten sie unverzüglich, um die Ergreifung der Alleinmacht durch Berija und Co. zu verhindern.
Der erste sowjetische Funktionär, der nach Stalins Tod aus Moskau entfernt wurde, war der Ex-Prokurator der Schauprozesse, Andrej Wyschinski. Der 69jährige Pole, Stalins letzter Außenminister, der sein Leben lang die Jugendsünde seiner menschewistischen Vergangenheit (Wyschinski gehörte den Menschewiki 1903–20 an) durch hündische Ergebenheit kompensierte (wie der am 13. 2. 1953 verstorbene Mechlis, der 1907–10 der jüdischen sozialdemokratischen Partei »Poalej-

Zion« angehört hatte) wurde Vertreter bei der UNO. Dort, im freien New York, starb der Mann aus Odessa, der in den 3 Schauprozessen 47mal »Tod durch Erschießen« gefordert und durchgesetzt hatte, schon am 22. 11. 1954 an einem Herzschlag.
Wyschinski ging – Schukow kam wieder. War der Blutjurist der erste, der entfernt wurde, so war der Volksmarschall der erste, der nach Stalins Tod wieder auftauchte. Schukow wurde zusammen mit Wassilewski zum 1. Stellvertreter des neuen, alten Kriegsministers Bulganin ernannt und vom ZK-Kandidaten zum Mitglied befördert.
Die Entfernung Wyschinskis und die Rückkehr Schukows aus der Uraler Verbannung waren die eigentlichen Sensationen des von den Erben Stalins ausgehandelten Beschlusses über die Umbildung der Führung.
Alles andere war normal. Malenkow, der von Stalin ausgewählte letzte »Kronprinz«, wurde Ministerpräsident und behielt den Posten eines ZK-Sekretärs, was eine Zurücksetzung Chruschtschows darstellte. Man hätte sich ausrechnen können, daß Malenkow nun bald auch Parteichef sein würde.
Aber Chruschtschow gab natürlich nicht auf. Der kleine Russe aus Kalinowka war zäh. Das Amt des Parteichefs war auch *sein* Ziel. Von den drei um die Alleinmacht pokernden Politbürokraten Malenkow, Berija und Chruschtschow hatte nur Chruschtschow beste Beziehungen zu den Militärs.
Während die anderen beiden im Krieg nur sporadisch als »Kontrolleure« der Zentrale die Front aufgesucht und auf ihren Streifzügen durch die Stäbe, stets mit Degradierungen und Drohungen mit Kriegsgericht verbunden zu unbeliebtesten »Frontgästen« geworden waren, verbrachte Chruschtschow – der im Bürgerkrieg bei der 1. Reiterarmee Budjonnys zum Bataillonspolitruk aufgestiegen war (also völlig unbedeutend, aber doch dabei) – die Kriegsjahre 1941–44 an der Front. Erst im August 1944, als die Front den ukrainischen Boden in Richtung Westen verließ, blieb er in Kiew.

Tabelle 28

N. S. Chruschtschows Karriere als Frontkriegsrat

Kriegsratsmitglied des Sonderwehrkreises Kiew 1938–41
Kriegsratsmitglied der Frontgruppe Südwest August 1941–Juni 1942

Frontkriegsrat:	
Südwest	September 1941 – Juli 1942
Stalingrad	12. 7. 1942 – 1. 1. 1943
Süd	1.1. – Februar 1943
Woronesch	März – 20. 10. 1943
1. Ukrainische	20. 10. 1943 – August 1944

Keiner der 9 Kollegen Chruschtschows im ZK-Präsidium außer Marschall Bulganin hatte auch nur annähernd Ähnliches aus dieser Zeit vorzuweisen.
Bulganin jedoch, Chruschtschows alter Mitstreiter der dreißiger Jahre in Moskau, hatte allenfalls Ambitionen, Ministerpräsident zu werden. Der Posten des Parteichefs war für den Marschall, der bis zum Kriege nur Funktionen im Regierungsapparat innehatte, unerreichbar. So weit war die Abgrenzung der 3 Säulen der sowjetischen Gesellschaft – Parteiapparatschiki, Management, Generalität – bereits am Ende der Stalinzeit fortgeschritten.
Im Kriege wurde Chruschtschow zutiefst gedemütigt. Anders als die anderen ZK-Präsidialen, die den Krieg in Moskau verlebt hatten, verlor er im Kriege alles, was er besaß. Zusammen mit Budjonny wurde er am 19. 9. 1941 aus dem aufgegebenen Kiew herausgeflogen. Erst am 6. 11. 1943 konnte er die zerstörte ukrainische Metropole, die schönste Stadt der Sowjetunion und die »heilige Mutter Rußlands« wieder betreten.
Seine Domäne, die Ukraine, in der er, mit Ausnahme der Moskauer Jahre 1929–38, seit 1908 gelebt hatte, ging vollständig an die Deutschen verloren.
Von den Frontchefs, mit denen Chruschtschow im Kriege zusammen war, waren 3 gefallen, sein ältester Sohn Leonid wurde zu Kriegsbeginn schwer verwundet – kaum genesen, ging er wieder an die Front und fiel.

Im Gegensatz zu Belorußland, wo 400 000 Partisanen operierten, galt die Ukraine, deren Bevölkerung der belorussischen ums Vierfache überlegen war, als unzuverlässig. Nicht zufällig wurde der belorussische Parteichef Ponomarenko Chef des »Zentralstabes der Partisanenbewegung«.
Und anders als in Belorußland, das nie ein selbständiger Staat gewesen war, gab es in der Ukraine starke nationalsozialistisch-autonome Tendenzen – und auch entsprechende Partisanen. Selbst der Befreier Kiews, Frontchef Watutin – dessen Denkmal sich über Kiew am Dneprufer erhebt –, wurde von den ukrainischen Nationalisten getötet. Chruschtschow sagte dann auch auf dem XX. Parteitag 1956: »Die Ukrainer entgingen diesem Schicksal (der Deportation) lediglich deshalb, weil sie zu zahlreich sind und kein Raum vorhanden war, wohin man sie hätte deportieren können. Sonst hätte er (Stalin) auch sie deportiert.«
So wurde auch kein Politbüromitglied im Kriege durch Stalin und dessen Adlatus Malenkow so gedemütigt wie Chruschtschow.
Stalin führte den Krieg auf seine eigene, dem Kreml-Apparatschik gemäße Weise. Er besuchte, abgesehen von 2 Stippvisiten am 3. und am 5. 8. 1944, keine Fronten und hat nicht einmal während der Potsdamer Konferenz (anders als der stets showbewußte Churchill) das Interesse für die Höhle des besiegten Löwen, die Trümmer der Reichskanzlei, aufgebracht.
Seine Frontchefs und -kommissare hielt er in Unwissenheit. Sie sollten für ihre Operationsführung nur das Notwendigste erfahren (im Falle Stalingrad hatte sich diese Geheimhaltung übrigens glänzend bewährt). So hatte auch Chruschtschow – ebensowenig wie die deutsche Abwehr – nie begriffen, daß Stalins Stärke in der Hortung von »Stawka-Reserven« lag.
Rief Chruschtschow bei Stalin an, um Gewehre oder Truppen für seine bedrängte Front zu erbetteln, so ging stets nur Malenkow an den Apparat. Der Apparatschik, an dem kein Stalinbesucher vorbeigehen konnte, übermittelte Chruschtschow im Auftrag Stalins stets das Gleiche: Stalin habe keine Waffen und keine Truppen übrig, Chruschtschow möge sich mit seinem »Menschenmaterial« bescheiden und die Waffen vom Gegner erbeuten.
Nach der verlorenen Schlacht von Charkow im Juli 1942 rief Stalin nicht Timoschenko, sondern den Frontkriegsrat Chruschtschow zurück

nach Moskau. Der »Oberste« erinnerte beim Mittagessen an die russische Niederlage in Ostpreußen im August 1914 und drohte mit Kriegsgericht. Tagelang ließ Stalin Chruschtschow, wie so oft andere in Ungnade gefallene Funktionäre, in Moskau schmoren. Dann erteilte er Chruschtschow unvermittelt die Erlaubnis, wieder an die Front zu gehen.

Als Kriegsrat der Stalingradfront erlebte der zutiefst getroffene Chruschtschow die höchste Genugtuung, in der entscheidenden Schlacht des Großen Krieges dabeigewesen zu sein. Ein Dreivierteljahr später marschierte er, zusammen mit Schukow und Watutin, als erster in das wiederbefreite Kiew ein und ließ sich sogleich – the show must go on – mit einem alten Mütterchen im Arm photographieren.

In jenem Glücksjahr 1943 wurde Chruschtschow dreimal ausgezeichnet. Am 12. 2. wurde er Generalleutnant. Am 10. 4. bekam er den Suworoworden 2. Stufe und am 27. 8. den Kutusoworden 1. Stufe. Nach Kriegsende, am 21. 5. 1945, wurde ihm zusätzlich der Suworoworden 1. Stufe verliehen.

Aber er blieb gegenüber seinen Kollegen im Politbüro benachteiligt. Chruschtschow und der in Leningrad eingeschlossene Schdanow waren die einzigen im Kriege aktiven Politbüromitglieder, die nicht ins Staatliche Verteidigungskomitee GKO aufgenommen wurden.

Und anders als der 1944 zum Generalobersten beförderte Schdanow, anders als Bulganin, blieb Chruschtschow Generalleutnant. Es war sein erster und letzter militärischer Rang.

So trat, nachdem der Druck des »Obersten« gewichen war, jener Mechanismus in Kraft, der die sowjetische Militärpolitik bis in die Mitte der 70er Jahre zutiefst beeinflußt hat. Jetzt kamen die Benachteiligten und die Zukurzgekommenen ans Ruder, die aufgestauten Energien der bis dahin zweitrangigen Funktionäre und Generale, die sich selbstverständlich als ebenso erstklassig einschätzten (und es auch wohl waren) wie ihre von Stalin oder den Umständen vorgezogenen Kollegen, wurden freigesetzt.

Der Krieg wurde in Rußland in 3 Richtungen geführt. Im Norden, der Mitte (Westen) und im Süden – Leningrad, Moskau, Kiew. Dementsprechend gab es Marschälle und Generale des Nordens, der Mitte und des Südens, die mit ihren Kommissaren bis Kriegsende fast ausnahmslos in der gleichen Richtung tätig waren.

Die Generale des Nordens hatten nur eine Aufgabe, nämlich die Verteidigung Leningrads, der »Wiege der Revolution«, das im Gegensatz zu Kiew und Moskau, nie vom Feind eingenommen worden ist. Diese Aufgabe wurde gelöst und Goworow und Merezkow, die schließlich die Blockade brechen konnten, bekamen den Marschallstern und den Siegesorden.

Aber die Marschälle und Generale des Nordens blieben ohne Einfluß. Weder Merezkow, 1940/41 Schaposchnikows Nachfolger und Schukows Vorgänger als Generalstabschef, unter dessen Ägide die Wiederherstellung der Einheitsgewalt vollzogen wurde, noch der schon am 19. 3. 1955 verstorbene Goworow, spielten in den Jahren nach Stalin in der sowjetischen Politik eine Rolle.

Auch Goworows und Merezkows Waffenkameraden aus der 900 Tage dauernden Schlacht um Leningrad kamen, außer dem 1955 zum Armeegeneral beförderten alten Schukow-Mitstreiter Fedjuninski, nicht weiter. Fedjuninski war in der Tat der einzige »General des Nordens« unter den 9 in der Ära Chruschtschow zu Marschällen der Sowjetunion und den 29 zu Armeegeneralen beförderten Offizieren.

Die Aufgabe, Leningrad zu schützen, war eben rein defensiv, die am Kriegsschluß erfolgte Besetzung Finnlands und Befreiung Nordnorwegens durch Merezkows Truppen reichten für den Nachruhm und den damit verbundenen Einfluß in einem Land, in dem alles, was in den nachfolgenden 30 Jahren geschah, an der Leistung im Krieg gemessen wurde, nicht aus.

Goworow, dessen Leningrader Front nach dem Ende der Belagerung arbeitslos war, befehligte noch im Februar/März 1945 die 2. Baltische Front, wo er sich bei der schwierigen Belagerung der deutschen Heeresgruppe Kurland festbiß und nicht weiterkam.

Ein weiterer, nicht minder wichtiger Grund für die völlige Einflußlosigkeit der Generale des Nordens war die vollständige Vernichtung ihrer Kommissare nach dem Tod Schdanows 1948. Da in der UdSSR die Vergangenheit ständig umgeschrieben wird und alle 1949 auf Betreiben des Schdanow-Rivalen Malenkow verhafteten und im darauffolgenden Jahr erschossenen Funktionäre rehabilitiert sind, ist zwar »alles in Ordnung«, aber eine Protektion durch ihre Kriegsräte (zumal vom Format eines Schdanow) konnten die Leningrader Verteidiger nicht erhoffen – es lebte ja von diesen Kriegsräten keiner mehr. So spielte die Gruppe der Leningrader Militärs in den nachfolgenden Jahrzehnten überhaupt keine Rolle.

Um so größer war die Rolle der »Generale der Mitte«, der erfolgreichen Verteidiger Moskaus, der Eroberer Berlins – die Magie der beiden Metropolen war für immer mit ihren Namen verbunden. Hier waren die größten Potenzen der Roten Armee im Kriege tätig, die Stalin im Laufe der letzten Kriegsjahre mit Orden und Ehrungen überschüttet hatte: Schukow, Wassilewski (diese beiden werden auch heute noch bei der offiziellen Aufzählung der 18 erfolgreichsten Feldherren des Krieges, ohne Rücksicht auf das ABC allen anderen vorangestellt), Konew, Rokossowski, Sokolowski (dessen Leistung als Stabschef und Theoretiker heute allerdings geringer eingeschätzt wird).
Und hier war auch der erfolgreichste Kriegsrat Bulganin tätig, der 1941–44 vom ungedienten Zivilisten zum Armeegeneral aufsteigen konnte und nach dem Kriege Streitkräfteminister und Marschall wurde.
Auch nach Schukows Kaltstellung blieben Generale der Mitte, durch die ungeschmälert einflußreichen Marschälle Bulganin und Wassilewski gefördert, tonangebend.
Demgegenüber fühlte sich die gleich große Gruppe der »Generale des Südens« benachteiligt und eindeutig zurückgesetzt. Die Armeegenerale Jerjomenko und Bagramjan waren die einzigen unter den letzten 10 Frontchefs des Krieges, die bei der Verteilung der Marschallsränge und der Siegesorden leer ausgingen, obwohl Jerjomenko zusammen mit Malinowski und Konew Prag befreit hatte. Jerjomenkos 4. Ukrainische Front allerdings traf nach dem Vormarsch durch die Slowakei und Mähren, am 9. 5. 1946 gegen 18 Uhr in Prag ein. Konews von Berlin aus marschierende 1. Ukrainische Front dagegen war schon seit 8 Stunden in der Stadt, »Prag war voll besetzt und von den gegnerischen Truppen gesäubert« (Konew[2]) – auch schon, als die 2. Ukrainische Front Marschall Malinowskis, des Befreiers von Budapest und Wien, um 13 Uhr eintraf.
Wie auch gegenüber Chruschtschow war Stalin im Falle Bagramjans, dem es 1945 gelungen war, die von Goworow vergeblich berannte »Festung Kurland« zu nehmen, äußerst nachtragend – die Räumung Kiews hat er ihm zeitlebens nicht verziehen. Bagramjan war Chef der Operativabteilung im Stab des unglücklichen zusammen mit Bagramjans Vorgesetztem, Stabschef Tupikow, beim Rückzug aus Kiew gefallenen Frontchefs Kirponos. Bagramjan konnte dem Kessel entkommen, aber selbst dies war in Stalins Augen schon ein Fehler. Die

Schlappe, bei der die Deutschen 665 000 Gefangene gemacht hatten (der größte Verband, der aus dem Kessel durchbrach, zählte 4000 Mann), blieb unvergessen, eine Gedenkmedaille für die Verteidigung Kiews wurde nicht gestiftet.
So blieben die Generale des Südens Pechvögel und im Nachteil. Selbst der bekannteste Armeechef des Stalingradsieges, Generalleutnant Wassilij Tschuikow, der mit seiner in die 8. Gardearmee umgewandelten 62. Armee bis nach Berlin kam, brachte es nur bis zum Generalobersten. Der rauhe Troupier, zweifacher Rotbannerordensträger des Bürgerkrieges, 1927 Militärberater in China, im Finnlandfeldzug Befehlshaber der 9. Armee, hatte die Katastrophenzeit der Roten Armee zu Kriegsbeginn nicht miterlebt, weil er vom Dezember 1940 bis März 1942 als Militärattaché in China weilte. Vielleicht deshalb war Tschuikows Selbstbewußtsein ungebrochen geblieben.
Ein weiteres Handicap für die Generale des Südens war, daß sie keine Lobby in Moskau hatten. Ihre beiden am weitesten gekommenen Repräsentanten, die Marschälle Malinowski und Tolbuchin, dienten weit außerhalb. Tolbuchin, der Eroberer des Balkans, in Sofia, Malinowski im Fernen Osten. Als Tolbuchin 1947 zurückberufen und nach Tiflis versetzt wurde, war er schon ein kranker Mann, er starb 1949, ohne daß er Zeit gehabt hatte, Einfluß zu erlangen. Malinowski blieb bis 1956 in Chabarowsk.
Und Chruschtschow, als Politbüromitglied des Südens wichtigster Kriegsrat, saß selbst bis Dezember 1949 im weitab vom Moskauer Kreml entfernten Kiew. Nun, seit 3 Jahren in Moskau und in der Woche nach Stalins Tod in einige Bedrängnis geraten, wußte er, wie er weiterkommen sollte.
Er benutzte, zum ersten Mal seit den Kämpfen Stalins gegen die Opposition Trozkis und Sinowjews 1927, das Zentralkomitee, das bislang völlig einflußlose »Parteiparlament«, gegen ein Mitglied des Politbüros. Er stützte sich dabei auf die Generale des Südens und auf Parteifunktionäre vom Schlage Breschnews. Das war eine solide Ausgangsbasis, denn solange Chruschtschow diese beiden Gruppen hinter sich wußte, konnte ihm vieles gelingen.
Das ZK der KPdSU wurde zum ersten Mal nach Stalins Tod für den 14. 3. 1953 einberufen, die für diesen Tag vorgesehene Sitzung des Obersten Sowjet ohne Angabe von Gründen um einen Tag verschoben. Erst am 20. 3. erfuhren die Sowjetbürger, daß überhaupt eine

ZK-Sitzung stattgefunden hatte und was dort beschlossen worden war. Die Parteifunktionäre und die Armee versagten Chruschtschow nicht den Dienst. Bei dieser ersten ZK-Sitzung nach Stalin – wo es nicht mehr um einsame Beschlüsse, sondern um Abwägung und Abgrenzung der Interessen ging – kam ein Kompromiß zustande, dessen wichtigster Bestandteil Malenkows Verzicht »auf eigenen Wunsch« auf die Mitgliedschaft im ZK-Sekretariat war. Der Wille aller war einleuchtend: Niemand wünschte einen zweiten Stalin, niemand wünschte mehr die Personalunion von Partei- und Regierungschef.
Die Armeeführung und die Rüstungschefs haben sich voll durchgesetzt. So schluckte Ustinows Rüstungsministerium, in ein Ministerium für Verteidigungsindustrie umbenannt, nun auch Malenkows alte Domäne Flugzeugbau. Der einzige Schönheitsfleck in der Rechnung des militärindustriellen Komplexes war das Festhalten Berijas an der Leitung der Atomkommission, die mit Nachdruck der Zündung der ersten sowjetischen Wasserstoffbombe zustrebte. So wurde der erste Staatsstreich der Generale durch die Frage der Verfügungsgewalt über die Waffe der Zukunft ausgelöst.

30
Der Sieg über die Staatspolizei

Die von Lenin etablierte Herrschaftsstruktur der monolithischen Kaderpartei begünstigte das Aufkommen eines Mannes an die Parteispitze. Stalins Wolfsgesetz von der Selbstbehauptung des Siegreichen unter den Führern mit allen Mitteln, einschließlich des Mordes an den Mitstreitern, setzte Maßstäbe für den Machtkampf der Erben des Generalissimus.

So benutzten die Erben Stalins schon die Gelegenheit einer Leichenrede, um ihr Programm kundzutun und ihr Verhalten mit Seitenblick auf die Machtsäulen des Staats festzulegen. Molotow, der älteste und der politisch schwächste der 3 Grabredner, sprach mit tränenreicher Stimme vom »toten Kameraden Stalin« und riet von Änderungen ab. Die Laufbahn des 63jährigen Bürokraten und Diplomaten neigte sich ihrem Ende zu – das war offensichtlich, da er nur als letzter auftreten durfte.

Berija, der zweite Grabredner, zeigte, daß er die Situation wie immer, voll erfaßt hatte. Der Staatspolizist wußte, daß er im Lande der mächtigste, im ZK-Präsidium aber der schwächste Mann war. Allein gegen alle stand er mit dem Rücken zur Wand. So sprach er bei Stalins Beisetzung als erster von »kollektiver Führung«, d. h. er bot »to whom may concern« wieder sein Bündnis an.

Malenkow wußte, wie die anderen ZK-Präsidialen, daß Berija sich beim Versuch, die Alleinmacht zu erringen, auf seine Hausmacht, die Funktionäre in den transkaukasischen Republiken Georgien, Aserbaidschan und Armenien stützen würde. So stellte er als höchste Priorität unter den Aufgaben der neuen Führung die Erhaltung der »Einheit und Freundschaft der Völker des Sowjetlandes, die Festigung des sowjetischen Nationalitätenstaates« hin, dann »schrecken uns keine Feinde – weder innere noch äußere«, wobei die inneren Feinde bemerkenswerterweise zuerst genannt wurden.

Die nächsten Prioritäten waren die »heilige Pflicht zur Stärkung der mächtigen sowjetischen Streitkräfte« – und zwar »in jeder Weise«. Dazu benötigte man natürlich die Stärkung und Entwicklung der »sozialistischen Industrie, des Bollwerks der Macht und der Stärke unseres Landes« – wiederum als heilige Pflicht und in jeder Weise.

Und dann kamen erst weitere »Hauptaufgaben« – keine heiligen Pflichten mehr –: Aufschwung der Landwirtschaft »in jeder Weise«, Hebung des Wohlstandes und »die Pflicht« zur Sorge um die »maximale Befriedigung der materiellen und kulturellen Bedürfnisse des Volkes.«

Keiner der 10 Hauptakteure von damals, der ZK-Präsidialen von 1953, ist heute noch im Amt, die meisten sind tot. Ob Malenkow, Jahrgang 1902, noch lebt, ist nicht bekannt. Die von ihm am 9. 3. 1953 aufgestellte Reihenfolge der Prioritäten in der UdSSR – Erhaltung des multinationalen Staates (heute des »sozialistischen Lagers«), die dazu notwendige Stärkung der Streitkräfte, die wiederum dazu notwendige Stärkung der Industrie, dann erst die Hebung der Landwirtschaft, des Wohlstandes und Pflege und Förderung der Kultur – ist heute noch gültig, ohne Abstriche. Wer sich gegen diese Reihenfolge, die »heilige Pflicht« des Führers, verstößt, wird abgelöst.

Malenkow wiederholte diese Festlegung der Prioritäten wörtlich in seiner Rede vor dem Obersten Sowjet am 15. 3. Zugleich bot nun auch er die »kollektive Zusammenarbeit der Führung« an. Der militärindustrielle Komplex verstand den Wink. Gedeckt durch Chruschtschow, der zum de-facto-Parteichef aufgerückt war und unter Zustimmung Malenkows, begannen die Militärs und Manager zu handeln.

Zuerst wurden die einsitzenden Waffenkameraden in den Lagern aufgestöbert und freigelassen. Chruschtschow, der zwar 1936/37 an der Großen Säuberung in Moskau beteiligt war, seit Januar 1938 aber in Kiew saß und nur über die Säuberung in der Ukraine, die er selbst durchführte, einen Überblick besaß, unterstützte die Suche nach Kräften, ja, er ließ selbst suchen – nach S. S. Korytny, einem Ukrainer, der sein engster Mitarbeiter in Moskau gewesen war und nach Chruschtschows Versetzung in die Ukraine verschwand.

Korytny war tot, seine Familie lebte in der Verbannung; Chruschtschow ließ sie nach Moskau zurückholen. Die überlebenden Mitglieder der umfangreichen Familie Kossior – einer der hingerichteten Brüder Kossior, Stanislaw, war Chruschtschows Vorgänger in Kiew – und die Familie des Komsomolchefs Alexandr Kossarew (am 23. 2. 1939 zusammen mit Marschall Jegorow erschossen), wurden ebenfalls gefunden und zurückgeholt.

Die Freigelassenen bezogen wieder Positionen. Andere, in den letzten Jahren verschwundene Militärs, tauchten plötzlich wieder auf, so Ge-

neraloberst Fjodor Fedotowitsch Kusnezow etwa. Im Februar 1949 zum Politchef der Armee bestellt und zu unbekanntem Zeitpunkt abgelöst, bekam er im April 1953 die Schlüsselposition des Chefs der HV Kader im Verteidigungsministerium. Sein Vorgänger in der Personalverwaltung, Generaloberst Alexej Scheltow, der nach dem Krieg engster Mitarbeiter Marschall Konews in Wien gewesen war, besetzte im gleichen Monat den vakanten Posten des Politchefs der Streitkräfte. Im April 1953 tauchte auch der im Januar entfernte Gesundheitsminister Generaloberstarzt Jefim Smirnow in Leningrad auf – als Chef der Militärmedizinischen Akademie. Smirnows Nachfolger Andrej Tretjakow, der für die Ausstellung des Stalinschen Totenscheines verantwortlich war, verschwand ein Jahr später. Sein Schicksal ist unbekannt. Zugleich begann man die unter Stalin degradierten Militärs zu befördern und die Günstlinge herabzustufen: Vizeadmiral Kusnezow wurde wieder Flottenadmiral. Stalins liebster Generalstäbler, der in die DDR versetzte Armeegeneral Schtemenko, wurde zum Generalleutnant degradiert. Generale des Südens bezogen Schlüsselpositionen. Luftmarschall Werschinin wurde Befehlshaber der Luftabwehr. Der sowjetische Himmel sollte beim kommenden Staatsstreich durch einen Vertrauensmann des Südens überwacht werden.
Armeegeneral Matwej Sacharow, Stabschef Malinowskis an der 2. Ukrainischen Front und im Japanfeldzug, übernahm den Befehl über den WK Leningrad. Armeegeneral Tschuikow, OB Deutschland, Chruschtschows Kampfgenosse in Stalingrad, und Generaloberst Gretschko, bisher in Kiew, tauschten am 26. 5. die Plätze. Zwar war auch Gretschko ein General des Südens, stand aber Chruschtschow nicht so nahe.
Zugleich wurde, wie immer in schwierigen innenpolitischen Situationen, die Friedensbereitschaft nach außen signalisiert. Malenkow sagte unter »stürmischem Beifall« am 15. 3. vor dem Obersten Sowjet: »Es gibt zur Zeit kein strittiges oder ungelöstes Problem, das nicht auf friedlichem Wege durch gegenseitige Vereinbarung der interessierten Länder gelöst werden könnte. Das trifft auf unsere Beziehungen mit allen Staaten zu, einschließlich der Vereinigten Staaten von Amerika.« Daß sich dies auf den Koreakrieg bezog, machte der neue, alte Außenminister Molotow 3 Wochen später, am 2. 4., deutlich, als er mitteilte, daß die Sowjetunion bereit sei, einen Friedensschluß in Korea zu befürworten.

Den Worten folgten Taten. Um die sowjetische Entspannungsbereitschaft im Fernen Osten zu demonstrieren, wurde das Oberkommando der Sowjettruppen des Fernen Ostens, der Küstenwehrkreis und die dazugehörige »7.« Flotte in Sowjetskaja Gawan (zu deutsch: Sowjethafen) am 25. 4. aufgelöst. Der Wehrkreis Küste und die 7. Flotte waren auch für Nordkorea und die Sowjetgarnisonen in der Mandschurei zuständig. Mit ihrer Auflösung wurde bekundet, daß Stalins Erben es mit der Beschleunigung des 1949/50 zwischen Stalin und Mao ausgehandelten völligen Abzuges der Sowjettruppen aus China ernst meinten. Zugleich wurde der bis zur Beringstraße reichende Wehrkreis Ostsibirien aufgelöst. Das Verschwinden von 2 Wehrkreisen im Fernen Osten und dem angrenzenden Teil Sibiriens bedeutete Truppenverminderung der Sowjet-Armee in Asien, den USA und China gegenüber.

Berija war alarmiert. Zum ersten Mal spürte der erfahrene Staatspolizist, daß er nur solange der mächtigste Mann im Staat war, solange ihm ein noch mächtigerer Rückendeckung bot. Jetzt war er mit seinem Apparat allein. So trat Berija die Flucht nach vorne an.

Am 4. 4. 1953 präsentierte er sich den erstaunten Sowjetbürgern als ein Hüter der »sowjetischen sozialistischen Gesetzlichkeit«.

Die verhafteten Ärzte wurden plötzlich freigelassen. Zum ersten Mal bekam die sowjetische Öffentlichkeit die amtliche Bestätigung dessen, was viele wußten, aber nicht weiterzugeben wagten: Das Staatssicherheitsministerium MGB wendete »vom Gesetz verbotene Untersuchungsmethoden« an, um Geständnisse zu erzwingen. Die »Organe« haben sich augenscheinlich selbst bei den Angaben über die Zahl der verhafteten Ärzte geirrt. Im Januar waren es 9 (darunter 6 jüdische) Mediziner, jetzt waren es 15 (darunter eine Frau); Unter den 6 nachträglich bekanntgegebenen Opfern waren keine Juden. Von den 15 Verhafteten konnten nur 13 in die Freiheit gesetzt werden, weil zwei (jüdische) Ärzte in der Haft verstorben waren. Ein Irrtum war auch die Verleihung des Leninordens an die Denunziantin der »Ärzte-Verschwörung«, die ukrainische Röntgenologin Lidija Timaschtschuk – der Orden wurde dann auch aberkannt (sie bekam aber ein Jahr darauf, nach wie vor in der 4. Abteilung des Gesundheitsministeriums tätig, einen anderen Orden).

Ein »Prawda«-Artikel unter der Überschrift »Die sowjetische sozialistische Gesetzlichkeit ist unantastbar«, enthüllte dann am übernächsten Tag die Namen der Schuldigen. Es waren Ex-MGB Ignatjew (nun ZK-Sekretär) und sein damaliger Stellvertreter Michail Rjumin, Leiter der »Untersuchungsabteilung für besonders wichtige Fälle« im Ministerium. Tags darauf wurde Ignatjew als ZK-Sekretär amtsenthoben (um ein Jahr später dort zu landen, wo er schon 1944–46 tätig war: auf dem Posten des Gebietsparteichefs von Baschkirien; der Parteiapparat schützte den ins MGB eingeschleusten Apparatschik), Rjumin wurde verhaftet – der erste Mann aus Berijas Stall, dessen sich der bedrängte Marschall Berija selbst entledigte.

Nun versuchte Berija, durch die Auffüllung seiner Hausmächte, des MWD-Apparates und der georgischen Partei- und Staatsführung, seine Haut zu retten.

Am 15. 4. wurde die Partei- und Staatsführung Georgiens in Tbilissi umgebildet. Wladimir Dekanosow, der »kleine Napoleon«[1], letzter Sowjetbotschafter im Dritten Reich, wurde georgischer Innenminister. Von dieser Position aus startete Berija 1924 unter Stalins Schutz seine Karriere nach dem Tode Lenins.

Aber die Zeiten hatten sich geändert – in Moskau und im Kaukasus, wo Wassilewskis engster Mitarbeiter, Armeegeneral Antonow, den für die drei kaukasischen Republiken zuständigen Wehrkreis Transkaukasus (Sitz: Tbilissi) befehligte.

Als am 27. 4. der von Stalin verstoßene ehemalige ukrainische Staatschef Grigorij Petrowski zu seinem 75. Geburtstag mit dem Orden des Roten Arbeitsbanners geehrt wurde, wußte Berija, woher der Wind wehte. Die Altbolschewiki sollten rehabilitiert werden und mit ihnen die verfemten Armeeführer. Petrowskis 75. Geburtstag war zwar schon am 23. 1. – aber da lebte Stalin noch.

Der Entschluß zum ersten Militärputsch der sowjetischen Geschichte fiel Ende Mai/Anfang Juni 1953 – genau 16 Jahre nach der Verhaftung Tuchatschewskis, Uborewitschs und Jakirs. Bis dahin saß der Mann, der Berijas Verhaftung vornehmen sollte, auf dem richtigen Platz des Befehlshabers im Wehrkreis Moskau.

Dieser Mann war Generaloberst Kirill Semjonowitsch Moskalenko.

Der 51jährige Ukrainer war – wie konnte es anders sein – ein General des Südens. Der schlanke, dunkle Artillerist, seit 1920 im Dienst, hatte am Bürgerkrieg als Gemeiner teilgenommen. Im Finnlandfeldzug befehligte Moskalenko die Artillerie der 51. »Perekop«-Schützendivision, die ehemals Blücher angeführt hatte.

Im März–Juli 1942 und vom Oktober 1943 bis zum Kriegsende hatte Moskalenko das Kommando über die 38. Armee, dazwischen, als seine Armee im Juli 1942 bei Stalingrad aufgerieben wurde, über die 1. Panzer-, die 1. Garde- und die 40. Armee.
Moskalenko kämpfte bei Kursk, bei Kiew und bei Mährisch-Ostrau. Der Artillerist, der keine Kriegsakademie absolviert hatte, wurde am 19. 9. 1943 Generaloberst, am 23. 10. des gleichen Jahres ein Held der Sowjetunion. Seit 1948 befehligte er den Luftabwehrrayon Moskau.
Die Wahl Moskalenkos für die Lösung der wichtigsten innenpolitischen Aufgabe nach Stalins Tod, der reibungslosen Verhaftung des Polizeimarschalls und der Entmachtung seines weitverzweigten Apparates, war nicht zufällig.
Seit 1951, der Installierung des Parteifunktionärs Ignatjew an der Spitze des MGB, besaß die Armeeführung einen Horchposten in der mächtigen Staatspolizei: den Generalmajor Alexej Jepischew in der Position eines Vizeministers für Staatssicherheit. Der Arbeitersohn aus Astrachan war seit 1930 in der Roten Armee; 1938 absolvierte er die Panzerakademie. Jepischew kam in vielen Sätteln zurecht. Ohne aus der Armee auszuscheiden, war er im Juni 1938 als ZK-Parteiorganisator (Partorg) an das Panzerwerk in Charkow abkommandiert worden und zum Charkower Parteichef aufgestiegen. Im Krieg war Jepischew als Vizeminister für Mittleren Maschinenbau mit der Atomindustrie in Berührung gekommen.
Dieser vielseitige Funktionär war Moskalenkos Kriegsrat bei der 40., dann bei der 38. Armee. Photos von den drei Generalen Chruschtschow, Moskalenko und Jepischew im trauten Gespräch kursierten in der Chruschtschowzeit durch die Sowjetpresse. 1946–49 war Jepischew Chruschtschows ZK-Sekretär für Kader in Kiew, dann Gebietsparteichef in Odessa.
Als Vize-MGB stand Jepischew mit Moskalenko, dem Chef der Moskauer Luftabwehr, in engster Verbindung. Ein weiterer Aktivposten der Verschwörer war der Parteifunktionär Wladimir Stepakow, 1952 als Vizechef in die MGB-Verwaltung für das Gebiet Moskau lanciert.
Das Losschlagen wurde im Juni 1953 spruchreif, da die Vorarbeiten zur Zündung der ersten Wasserstoffbombe abgeschlossen waren – und sie sollte nicht mehr durch Berija, sondern durch den zuständigen Rüstungsfachmann Malyschew vorgenommen werden. So wurde Malyschews Kompetenz zum Auslöser des Berija-Endes.

Der langjährige Befehlshaber des Moskauer WK, Generaloberst Artemjew, wurde abgelöst und als Vize-Befehlshaber des Wehrkreises Ural nach Swerdlowsk abgeschoben. Moskalenko wurde sein Nachfolger. Artemjew war ein alter Staatspolizist. Seit 1921 bei den »Organen«, befehligte er 1941 die Operativtruppen des NKWD, als Stalin ihm nach Kriegsbeginn den Posten in Moskau anvertraute. Der Verteidiger Moskaus befehligte den Wehrkreis 1941–47 und seit 1949. Wo er zwischendurch war, als der Wehrkreis von Marschall Merezkow geführt wurde, ist nicht bekannt. Mit Artemjew zusammen wurden der Kommandant der Moskauer Garnison und der Kommandant des Kreml abgelöst.[2]
Am 10. 6. 1953 wurde Berijas Name zum letzten Mal positiv in der »Prawda« erwähnt. Eine Woche später besiegelte der erste Aufstand gegen die Sowjetherrschaft an der empfindlichsten Nahtstelle des Imperiums zu der freien Welt das Schicksal des stalinschen Polizeiapparates.
Zum ersten Mal seit der Besetzung der Südkurilen am 1. 9. 1945 trat die Sowjetarmee wieder in Aktion – diesmal als ein »Gendarm Europas«, ganz in der Tradition von Nikolai I.
Für den angeblich allwissenden Geheimdienst Berijas war der Aufstand des 17. Juni eine zweifache Blamage: Berijas Innenministerium hatte die Geduld der Ost-Berliner Bauarbeiter unterschätzt, war über das Ausmaß des Zornes in der DDR überrascht – und mußte die Niederschlagung der Revolte der Armee überlassen.
Der Aufstand hatte Berijas Untergang beschleunigt. Es waren die Truppen des Generalobersten Gretschko – der 10 Tage zuvor sein Amt als OB der Heeresgruppe Deutschland angetreten hatte –, die den Aufstand niederwalzten, nicht die MWD-Verfügungstruppen Berijas. Und als Gretschkos Panzer bei der Verfolgung der Aufständischen ein paar Meter in den französischen Sektor eindrangen und den aufgefahrenen Panzern des Ex-Alliierten gegenüberstanden, war es nicht Innenminister Marschall Berija, sondern der Verteidigungsminister Marschall Bulganin, der den Befehl zum Abdrehen gab.
Nicht die Staatspolizei, die Sowjetarmee war es, die über Krieg und Frieden im Juni 1953 entschied. Der Staatspolizeiapparat geriet, kaum daß sein oberster Dienstherr tot war, aus dem Tritt. Berijas Spiel war verloren.
Am 25. 6. trat das ZK-Präsidium im Kreml zusammen. Malenkow,

noch im Vorjahre zu Stalins Lebzeiten, Berijas Verbündeter, führte den Vorsitz. Berija sollte die Verfügungsgewalt über die Atomindustrie entzogen und einem wieder zu bildenden Ministerium für Mittleren Maschinenbau unter Malyschews Leitung übertragen werden.
Berija war kein Feigling (Professor Alexej Jakuschew, der im Dezember für einen Tag dem Prozeß über Berija beiwohnen durfte, bescheinigt dem Gestürzten Mut und Stärke)[3] –, er wußte natürlich, was ihn erwartete. Es gab, wie bei seinen unzähligen Opfern, kein Entrinnen.
Die Festnahme des Marschalls Berija wurde durch Marschall Schukow geleitet. Zum 5. Mal in seinem Leben, nach Chalchin-Gol, Leningrad, Moskau, Stalingrad und Berlin, entschied Rußlands größter Soldat eine Schlacht – diesmal gegen einen inneren Feind.
Die traditionsreiche »Kantemir«-Garde-Panzerdivision rollte in die Stadt – zum ersten Mal seit der Revolution übernahm die Armee, nicht die Leibgarde des jeweiligen Führers die Sicherheit Moskaus. Die Verhaftung wurde durch den Wehrkreisbefehlshaber Moskalenko persönlich vorgenommen. Das Zusammenspiel Moskalenkos mit Jepischew klappte vorzüglich – die Staatspolizeitruppen traten nicht in Erscheinung.
Berija wurde nicht in der Lubjanka untergebracht, das wäre zu riskant gewesen – denn noch waren alle seine Helfershelfer in ihren Ämtern. Er blieb in Moskalenkos Obhut. Das gestürzte Mitglied des höchsten Parteigremiums wurde in den Kellern des Stabsquartiers[4] des Moskauer Wehrkreises gefangengehalten. Seine Frau Nina und sein einziger Sohn Sergej wurden am gleichen Tag in Berijas Datscha (früher vom hingerichteten Politbüromitglied Tschubar bewohnt), verhaftet und in den Ural verbannt.
Am nächsten Tag wurde das Ministerium für Mittleren Maschinenbau gebildet, mit Malyschew an der Spitze. Es war der Tag, an dem im Bolschoi-Theater die Oper »Dekabristen« über die – mißlungene – Erhebung der Offiziere gegen den Zaren im Jahre 1825 gegeben wurde.
Malenkow, Molotow, Chruschtschow und Bulganin saßen in der Zarenloge, Berija fehlte. Ein englischer Journalist witzelte, als ein paar Tage später – Berija blieb unsichtbar – Spekulationen aufkamen: »Vielleicht mag Mr. Berija keine Opern.« Aber er irrte sich. *Diese* Erhebung der Offiziere war gelungen.
Berijas Festnahme wurde am 10. 7. bekanntgegeben, die Bildung des

Ministeriums für Mittleren Maschinenbau samt Malyschews Ernennung eine Woche später. Zu dieser Zeit waren die prominentesten Staatspolizisten aus Berijas kaukasischer Heimat bereits hinter Gittern. Die Bekanntgabe ihrer Festnahmen erfolgte in Abständen, häufig nur in Form einer Mitteilung über Umbesetzungen, zuweilen, wie am 15. 7. im Falle Dekanosows und dessen Vize Stepan Mamulow in Form einer Mitteilung über Amtsenthebung und Parteiausschluß. Am gleichen Tag wurde auch der von Berija eingesetzte ukrainische Innenminister P. J. Meschik verhaftet. Berijas prominentester Parteigänger, Politbürokandidat Bagirow, wurde am 18. 7. in Baku verhaftet, er sollte fast 3 Jahre in Haft bleiben, ehe auch er hingerichtet wurde.
Die Festnahmen erfolgten überfallartig. Generalmajor Pawel Sudoplatow, einer der verdientesten und erfahrensten Männer Berijas, dessen 9. Abteilung die Beseitigung der Regimegegner im Ausland leitete, wurde durch 3 Männer, die aus der 7. »Sonderabteilung« kamen, im September 1953 in seinem Büro überfallen. Vorsichtshalber wurden weitere zwei Mann im Zimmer von Sudoplatows Sekretär, zwei an der Tür zu Sudoplatows Büro postiert.[5]
Ein Mann mit einem Paket in der Hand erklärte, daß er »einen Brief für General Sudoplatow« habe. Als Sudoplatow die Hand ausstreckte, packten ihn die Männer am Handgelenk und drehten ihm im Polizeigriff den Arm auf den Rücken. Dann stießen sie ihn ins Nebenzimmer, durchsuchten ihn und führten ihn ab.
Auch Generalmajor Leonid Eitingon, der die Jagd auf Trozki organisiert hatte, wurde festgenommen. Im Gegensatz zu Sudoplatow, der erschossen wurde, überlebte Eitingon. Er wurde freigelassen und bekam eine zivile Stellung: Vor dem Erleger des edlen Wildes hatten auch Stalins Erben Respekt.
Zu dieser Zeit wurde die erste sowjetische Wasserstoffbombe bereits Wirklichkeit. Am 12. 8. 1953 gab Malyschew die Zündung frei, Malenkow durfte sie am 20. 8. bekanntgeben. Der Vorsprung der Amerikaner war sichtlich geschrumpft. Zwischen der Zündung der ersten US- und der ersten UdSSR-Atombombe waren noch mehr als 4 Jahre vergangen, jetzt lagen nur noch 10 Monate dazwischen. Im Jahr darauf wurden die Bombenhersteller Kurtschatow und Wannikow zum 3. Mal zu »Helden der Sozialistischen Arbeit« ernannt. Andrej Sacharow, der »Vater der Wasserstoffbombe«, bekam den Titel unmittelbar nach der Zündung zum ersten Mal.

Eine Woche vor der Zündung der Bombe, am 5. 8., wurde die Reihenfolge der ZK-Präsidialen bei ihrer Aufzählung in der »Prawda« geändert, wobei Chruschtschow hinter Malenkow und Molotow an die 3. Stelle der Rangfolge aufrückte. Einen Monat später wurde Chruschtschow offiziell zum 1. ZK-Sekretär, zum eigentlichen Stalinerben gewählt. Am 13. 9. 1953 wurde die Wahl bekanntgegeben. Der Kriegsrat des Südens hatte es mit Hilfe seiner Generale geschafft.
Er belohnte sie schon vorher, um ihrer Zustimmung für seine Wahl zum Parteichef sicher zu sein. Vier Generalobersten, darunter Gretschko, der Niederschläger des ostdeutschen Aufstandes, wurden am 3. 8. zu Armeegeneralen befördert, dies waren die ersten nach Stalins Tod ausgesprochenen Beförderungen der Sowjetgeneralität. Drei der Beförderten waren Generale des Südens. Moskalenkos Beförderung zum Armeegeneral erfolgte im Oktober.
Auch die übrigen Waffengattungen wurden nicht vergessen. Vier Vizeadmirale, darunter Gorschkow, wurden zu Admiralen befördert, der Befehlshaber der Luftwaffe, Schigarjow, zum Luftmarschall, der Befehlshaber der Luftabwehr, Werschinin, zum Hauptluftmarschall. Schließlich wurde auch Generaloberst der Artillerie, Mitrofan Nedelin, im Krieg Artilleriechef der Süd-, Südwest-, der Nordkaukasus- und der 3. Ukrainischen Front, bislang Vize-Verteidigungsminister für Rüstung, im April 1953 zum Befehlshaber der Artillerie der Sowjet-Armee ernannt und am 3. 8. zum Marschall der Artillerie befördert.
Der 50jährige Nedelin, seit 1920 im Dienst, Bürgerkriegsteilnehmer und Spanienkämpfer, hielt als Vizeminister für Rüstung seit Januar 1952 die Verbindung zu den Waffenherstellern und Lieferanten. Der blonde, hochgewachsene Russe, der keine Akademie absolviert hatte, sollte in den nachfolgenden 7 Jahren die Schlüsselfigur im Wettbewerb mit den USA um die Herrschafft über die Raketenwaffen werden. Bis dahin waren alle Staatspolizisten, die als besonders »berijaverdächtig« galten, bereits in Haft. Die Ablösung des Kontrollministers, Generaloberst Merkulow, Berijas wichtigstem Mann in der Zentrale, wurde sehr spät, erst am 6. 12., bekanntgegeben. Zu dieser Zeit war Merkulow längst in Haft: Die Untersuchung der Staatsanwaltschaft wurde 10 Tage danach abgeschlossen. In der ersten Dezemberwoche wurde auch der armenische Parteichef Arutinow, Berijas letzter amtierender Parteigänger im Kaukasus, samt den beiden anderen ZK-Sekretären in Jerewan (bis 1936: Eriwan) abgelöst.

Berijas Nachfolger im Innenministerium MWD wurde wieder Generaloberst Sergej Kruglow. Der Ritter des Britischen Commonwealth und Mitglied der »American Legion« (beide Auszeichnungen wurden ihm als dem Verantwortlichen für die Sicherheit der »Großen Drei« in Teheran, Jalta und Potsdam zuteil) war einer der wenigen Russen an der Spitze der »Organe« und damit kein unmittelbarer Gefolgsmann Berijas.
Im Kaukasus dagegen übernahm die Armee selbst die Macht. In Stalins und Berijas georgischer Heimat wurde der einheimische Generalleutnant Wassilij Mschawanadse zum neuen Parteichef »gewählt«. Seit 1924 im Dienst, ging Mschawanadse 1937 nach dem Abschluß der Militärpolitischen Akademie in die Politarbeit der Armee. Im Kriege brachte er es bis zum Armeekriegsrat, nach dem Krieg zum Wehrkreiskriegsrat. Mschawanadse sollte 19 Jahre im Amt bleiben, bis er, durch eine Korruptionsaffäre belastet, pensioniert wurde.
Auch der Nachfolger des verhafteten Dekanosow im georgischen Innenministerium kam aus der Armee. Der georgische Generalleutnant Alexej Inauri war seit 1927 Berufssoldat. Während des Krieges Regimentschef und Divisionär, stieg er nach dem Absolvieren der Generalstabsakademie 1948 zum Korpskommandeur auf.
Im benachbarten Armenien übernahm Oberst Pjotr Piskunow, ebenfalls ein Berufssoldat, das Innenministerium. 1. Vize-Innenminister in Moskau wurde ein Vertrauensmann Chruschtschows, nämlich: Konstantin Lunjow, der zuvor Abteilungsleiter im Stadtparteikomitee der Hauptstadt war. Auch der neue 1. Vize-MWD in Kiew, Michail Slon, kam aus der Parteiarbeit – Slon war zuvor Gebietsparteichef im ehemals polnischen Stanislaw (heute: Iwano-Frankowsk).
Im estnischen Tallin (Reval) übernahm der einheimische Berufsmilitär Johann Lombak, schon 1952 in die Organe eingeschleust, unter Berija abgelöst, wieder das Innenministerium. Im litauischen Vilnius (Wilna) wurde Generalmajor Kazimir Ljaudis Innenminister. Ljaudis, bis dahin Gebietsparteichef in Klaipeda (bis 1923 Memel), besaß das Vertrauen sowohl der Partei als auch der Armee: Die Gegend war noch zu unsicher, um den Parteiposten einem Zivilisten anvertrauen zu können.
Zum wichtigsten Vertrauensmann der Armee und der Partei in den »Organen« wurde 1953 der Berufssoldat, Parteifunktionär und Diplomat, Generalleutnant Alexandr Semjonowitsch Panjuschkin.

Der großgewachsene, hagere Arbeitersohn aus Samara mit gebeugter Haltung und bleichem, fast grauem durchfurchtem Gesicht, war seit seinem 15. Lebensjahr Soldat.
Bereits 1920 trat Panjuschkin als Freiwilliger in die Rote Armee ein, nach dem Bürgerkrieg diente er beim Grenzschutz. 1939, ein Jahr nach der Absolvierung der »Frunse«-Kriegsakademie, wurde Panjuschkin Diplomat. Er vertrat die UdSSR als Botschafter 1939–44 im China Tschiang Kai-scheks, 1947–52 in den USA und 1952/53 im China Mao Tse-tungs. Dazwischen war der zweifache Träger des Rotbannerordens Vizechef der ZK-Abteilung Auslandskader und Information, der alle Auslands-Agenten überwachte. Unmittelbar nach Stalins Tod übernahm er die Abteilung als Chef – für 20 Jahre, bis tief in die Ära Breschnew. Panjuschkin war der wichtigste Hintergrundfunktionär der ersten 2 Jahrzehnte nach Stalins Tod. Der unauffällig wirkende Mann im dunkelgrauen Anzug trat nie in Erscheinung. Die meisten Sowjetbürger haben seine Existenz nie wahrgenommen und wohl erst als er am 12. 11. 1974 starb, zum ersten Mal erfahren, daß er 20 Jahre lang ein ZK-Abteilungsleiter war.
Seit 1927 in der Partei, wurde Panjuschkin 1941 auf der 18. Parteikonferenz in die Zentrale Revisionskommission aufgenommen, 1952 wurde er ZK-Kandidat. Im Halbjahr nach Berijas Sturz übernahm er auch die Leitung der 2. Hauptabteilung des MWD (Auslands-Spionage).
Panjuschkins Aufgabe nach Berijas Sturz war es, den Apparat der Organe mit branchenfremden Leuten zu durchsetzen. So wurde etwa der Diplomat und Militär, Oberst Michail Gribanow, vorher Gesandtschaftsrat in Bern, Stellvertretender Politberater der SMAD und Leiter der 3. Europa-Abteilung des Außenministeriums (Deutschland, DDR, Österreich), erst Vizechef, dann Chef der 1. Hauptabteilung des MWD (Gegenspionage). Gribanow war nicht der einzige von Panjuschkin eingeschleuste branchenfremde Funktionär. Er blieb 2 Jahre bei den »Organen«, ehe er, seit 1941 im diplomatischen Dienst, wieder dahin zurückkehrte.
Unter Panjuschkins Aufsicht wurde die berüchtigte und gefürchtete 7. »Sonderabteilung« des MWD, die selbständig die Verhaftungen vornahm, im September 1953 abgeschafft. Die Abteilung war so mächtig, daß selbst bei der durch die Armee vorgenommenen Festnahme Berijas der Abteilungschef, Generalmajor Nikolski, vorher im ZK von der Berechtigung dieser Maßnahme »überzeugt« werden mußte.

Von Berijas engen Mitarbeitern blieben nach Panjuschkins Säuberung der Säuberer nur 3 Mann im Amt – bezeichnenderweise alles Russen. Es waren der 1. Vizeminister, Generaloberst Iwan Serow, Chruschtschows alter Bekannter aus der Ukraine, Vizeminister Armeegeneral Iwan Maslennikow, der einzige Funktionär der Staatspolizei, der es im Krieg zum Frontbefehlshaber brachte, sowie Generalleutnant Wassilij Rjasnoi, MGB-Chef für das Gebiet Moskau. Rjasnoi arbeitete mitsamt seinem Stellvertreter Wladimir Stepakow, einem ZK-Funktionär, während der Vorbereitung und Durchführung der Aktion gegen Berija, eng mit Jepischew und Moskalenko zusammen. Die 3 übriggebliebenen Spitzenpolizisten waren nunmehr nebst Minister Kruglow, die einzigen MWD-Vertreter im ZK: Kruglow als Mitglied, Serow, Maslennikow und Rjasnoi als Kandidaten.
Der Prozeß gegen Berija und 6 Mitangeklagte wurde am 18. 12. 1953 in Moskau eröffnet und dauerte 5 Tage. Er wurde in demselben Oktobersaal des Gewerkschaftshauses geführt, in dem 1936–38 die 3 Schauprozesse stattfanden. Der klassizistische Bau, am Ende des XVIII. Jahrhunderts für den Fürsten Dolgorukow-Krymski errichtet, beherbergt 2 Säle. Die Aufbahrung prominenter Verstorbener erfolgte, begonnen am 23.–27. 1. 1924 mit Lenin, im Kolonnensaal, die Todesurteile für die gefallenen Lebenden wurden im Oktobersaal gesprochen.
In den ca. 500 Plätze umfassenden Saal wurden am ersten Prozeßtag etwa 150 ausgewählte Leute hereingelassen, nachdem sie mehrmals kontrolliert worden waren. Es war wieder eine Sondersession des Militärkollegiums des Obersten Gerichts der UdSSR gebildet worden – wie 1937 gegen die Tuchatschewski-Gruppe. Wieder saßen Militärs zu Gericht – nur diesmal über die Staatspolizisten.
Den Gerichtsvorsitz führte Marschall Konew, Befehlshaber des Wehrkreises Karpaten. Schukow, den die Parteiführung lieber gesehen hätte, hielt sich zurück. Er liebte es nicht, sich die Hände schmutzig zu machen – und seine Ambitionen lagen höher. Schukow hatte lediglich auf einer Versammlung im Verteidigungsministerium am 16. 7., in der Minister Bulganin über den Fall Berija referierte, eine Rede gehalten.
Natürlich gehörte Armeegeneral Moskalenko dem Sondertribunal an; indessen waren weder er noch Konew die wichtigsten Männer auf der Richterbank, sondern der Gewerkschaftsvorsitzende Nikolai Schwernik, der die peinliche Aufgabe zugeteilt bekam, Stalins Listen und Karteien zu durchforsten, um Rehabilitierungen der Opfer der Großen Säuberung

vorzubereiten. ZK-Präsidiumskandidat Schwernik, vormals Statschef und schon 1930–44 Leiter des Zentralrates der sowjetischen Gewerkschaftsverbände, war der von der Großen Säuberung mit seiner Organisation am wenigsten betroffene und deshalb auch der am wenigsten belastete Funktionär in Moskau. Deshalb fiel das unangenehme Amt dem 65jährigen Altbolschewiken zu. Als der – de facto schon aus dem Amt entfernte – Chef der Parteikontrollkommission, Matwej Schkirjatow, Stalins dienstältester Säuberer, am 18. 1. 1954 verstarb, übernahm Schwernik den Vorsitz der Parteikontrolle auch offiziell.
Die beiden übrigen der 5 Richter waren der neue 1. Vize-MWD Lunjow als Vertreter der »betroffenen« Staatspolizei, und der Moskauer Stadtparteichef Nikolai Michailow (selbst ein alter Denunziant), der die »Moskauer Öffentlichkeit« repräsentieren sollte. Die Anklageschrift wurde verlesen durch den am 30. 6., 5 Tage nach Berijas Festnahme ernannten neuen Generalstaatsanwalt der UdSSR, Roman Rudenko, der vorher Staatsanwalt in Chruschtschows Ukraine und, sinnigerweise, 1945/46, sowjetischer Hauptankläger im Nürnberger Hauptkriegsverbrecherprozeß gewesen war.
Drei von Berijas 6 Mitangeklagten waren Georgier, nämlich Dekanosow, Generalleutnant Bogdan Kobulow, letzter Resident des Geheimdienstes und Botschaftsrat im Dritten Reich, sowie Sergej Goglidse, Dekanosows Vorgänger im georgischen MWD und zuletzt, wie Kobulow, Hauptabteilungsleiter des Innenministeriums.
Generaloberst Wsewolod Merkulow, Berijas wichtigster Mitangeklagter und, wie Goglidse, ein ZK-Kandidat, war zuletzt Minister für Staatskontrolle. Merkulow, schon im April/Juni 1941 und 1943–46 Chef der Staatssicherheit NKGB/MGB, war das beste Pferd in Berijas Stall. Die anderen beiden Mitangeklagten waren der Ukrainer Pawel Meschik (von Berija als MWD in Kiew erst im April eingesetzt) und der Pole Lew Wlodziemirski, Nachfolger des verhafteten Rjumin als Leiter der Untersuchungsabteilung für besonders wichtige Fälle.
Daß 5 Industriemanager Vizepremiers wurden – darunter der neue Atomchef Malyschew und der Stahlhersteller Tewossjan – damit zeigte der militärindustrielle Komplex am vorletzten Prozeßtag, dem 22. 12., daß auch das nächste Ziel zur Wiederherstellung der Machtverhältnisse vor Berijas Griff nach der Herrschaft erreicht wurde. Am 24. 8. entstand wieder das selbständige Ministerium für Flugzeugbau, mit dem vormaligen 1. Vizeminister, Generalleutnant-Ing. Pjotr Dementjew, an der

Spitze. Er sollte bis zu seinem Tode 1977 im Amt bleiben, 24 Jahre lang. Das Schiffsbauministerium, unter Leitung des bewährten Konteradmiral-Ing. Nossenko, sollte im nächsten Jahr wiedererstehen.
Die Todesurteile für alle 7 Angeklagten wurden am 23. 12. ausgesprochen. Berija, der – nach dem Zeugnis von Professor Jakuschew vom ersten Verhandlungstag – in einem grauen Anzug mit Krawatte vors Gericht gebracht wurde und einen »ruhigen, sehr beherrschten Eindruck« gemacht hatte – und die anderen 6 wurden sofort in den Keller des Stabsquartiers von Moskalenkos Moskauer Wehrkreis gebracht und unverzüglich erschossen.
Da allen Angeklagten sämtliche Ränge und Orden aberkannt wurden – Berija also auch der Rang eines Marschalls der Sowjetunion und der 1943 verliehene Titel eines »Helden der Sozialistischen Arbeit« (für die »Forcierung der Rüstungsproduktion unter schweren Bedingungen der Kriegszeit«) – ist die »Sowjetische Militär-Enzyklopädie« auch heute noch nicht imstande, alle Marschälle der Sowjetunion aufzuzählen. Sie muß sich mit der summarischen Feststellung begnügen, daß 1935–78 insgesamt 33 »hervorragende sowjetische Militärs diesen Rang verliehen bekamen«. Da es bis dahin aber insgesamt 36 Marschälle gegeben hatte, bleiben in der Darstellung des wichtigsten militärischen Nachschlagewerks der UdSSR Berija, Bulganin und Kulik unberücksichtigt – obwohl beim Stichwort »Bulganin« sein Rang 1947–58 durchaus erwähnt wird, ebenso wie Kuliks posthume Wiederverleihung des Ranges 1957.[6] Einzig Berijas Name bleibt für immer gelöscht.
Die Politik kennt keine Dankbarkeit, dies ist in Ost und West gleich. Im Falle der Beseitigung Berijas und der Zerschlagung seines übermächtigen Apparates aber war die Dankbarkeit der Politiker an die Hauptakteure der in der Sowjetgeschichte einmaligen Aktion so groß, daß sie bis heute angehalten hat.
Generalstaatsanwalt Rudenko, »Wirklicher Staatsrat der Justiz«, starb 1981 als 73jähriger, nach 27 Jahren im Amt; Marschall Moskalenko, nunmehr 80, ist als einziger der Militärs aus jener Zeit immer noch im Dienst und zwar als Vize-Minister für Verteidigung und Chefinspekteur der Sowjet-Armee.
Und der 73jährige Armeegeneral Jepischew – der 1953, nach Beendigung seiner Aufgabe bei der Staatspolizei, wieder als Gebietsparteichef nach Odessa zurückkehrte – ist seit 20 Jahren Politchef der Sowjet-Armee und -Flotte. Von Jepischews 14 Vorgängern im Amt des höchsten

Kommissars hat es nur der unglückliche Jan Gamarnik auf 8 Amtsjahre gebracht. Es ist auch in Moskau gut, eine Leiche im Keller zu haben. So hat die sowjetische Armee am Ende des Stalinschen Todesjahres 1953 wieder jene dominierende Stellung im Staate erlangt, die sie 1935 unter Tuchatschewski besessen hatte. Sie hat diese Position seitdem eisern ausgebaut.

Damals begann sie unverzüglich, sich zu vermehren. Waren nach dem Abschluß der Demobilisierung 1948 in der UdSSR noch 2 874 000 Mann unter Waffen, so waren es am Ende des ersten vollen Jahres nach Stalins Tod, 1954, schon 5 763 000, das sind 49,8% mehr.

So wies Moskau zu Beginn des 10. Friedensjahres 1955 um 27% mehr Soldaten auf als zu Beginn des ersten Kriegsjahres 1941.

31
Schukow am Ziel

Bis 1956 wurden in der Sowjetunion noch 4 politische Prozesse durchgeführt. Generalstaatsanwalt Rudenko reiste nach Leningrad, Tbilissi und Baku, um die dort einsitzenden Mittäter der Stalinherrschaft anzuklagen. Von den 20 Angeklagten wurden 14 zum Tode durch Erschießen verurteilt, 4 Angeklagte bekamen 25, einer 15 und einer 10 Jahre Haft zudiktiert.

Alle 27 vor Gericht gestellte Verwalter und Vollstrecker der Verbrechen Stalins waren Staatspolizisten. Von ihnen stammten 7 aus Georgien, 3 aus Armenien, einer – Bagirow – aus Aserbaidschan. Stalins vorletzter Sicherheitsminister Wiktor Abakumow wurde am 19. 12. 1954 in Leningrad, der letzte Untersuchungsrichter für besonders wichtige Fälle Michail Rjumin – der einzige Staatspolizist, der allein, getrennt von allen anderen in einem 5-Tage-Prozeß abgeurteilt wurde – am 8. 7. 1955 in Moskau, der aserbaidschanische Parteichef und Politbürokrat Bagirow am 26. 4. 1956 in Baku hingerichtet.

Die Militärführer indessen, wieder im Vollbesitz ihres Einflusses und von der Angst befreit, wendeten sich dem Ausbau der sowjetischen Nachkriegs-Streitmacht zu, mit dem Ziel des Ausbruchs aus der amerikanischen Umklammerung.

Zunächst wurde die Luftabwehr zu einer selbständigen Waffengattung ausgebaut.

Wie alle Luftabwehrtruppen, hat sich auch diese Waffengattung der Sowjetstreitkräfte aus der Flakartillerie entwickelt. Im Oktober 1914 wurde in der Russischen Armee die erste Batterie der 75-mm-Marinekanonen formiert, die zum Schutz gegen Flugzeuge umfunktioniert wurden. Im Jahr darauf schufen die Waffenmeister des Putilow-Werks in Petrograd die erste russische 76-mm-Flakkanone.

Im April 1918, kurz nach ihrer Gründung, besaß die Rote Armee etwa 200 Flakbatterien und 72 Jagdflugzeuge zur Luftabwehr. Die 16 Flakbatterien und 19 Flugzeuge, die Petrograd von den Angriffen aus der Luft schützen sollten, können als das erste sowjetische Luftabwehrsystem zur Verteidigung einer Stadt angesehen werden. Die erste Militärschule für Flakkommandeure wurde 1918 in Nischnij-Nowgorod gegründet.

Eine einheitliche Struktur der Luftabwehr gab es erst am Ende der 20er Jahre. Das 1. Flakregiment wurde 1924 in Leningrad ins Leben gerufen, 1927 war es zu der 1. Flakbrigade gewachsen. Ein Postennetz für Luftraumbeobachtung, Benachrichtigung und Nachrichtenübermittlung (WNOS) entstand in den Grenzkreisen und um die Großstädte. Mit der Bildung der 1. Flakbrigade wurde im Stab der Roten Armee eine Abteilung für Luftabwehrprobleme eingerichtet, die schon 1930 zu einer Verwaltung ausgewachsen war.
1932 wurde diese Verwaltung unmittelbar dem Ministerium unterstellt, im Juni 1934 Sergej Kamenew, der Oberkommandierende des Bürgerkrieges, zum ersten sowjetischen Luftabwehrchef ernannt. Der Nachfolger des zwei Jahre später verstorbenen Kamenew, Sedjakin, kam in der Säuberung um.
Mit zunehmender Kriegsgefahr wurde der Ausbau der Luftabwehr forciert. 1937 wurde ein Luftabwehrkorps zum Schutz der Großstädte eingerichtet. 1940/41 wurden die ersten größeren Strukturen sichtbar – Luftabwehrrayone in den Wehrkreisen, in Luftabwehrzonen zusammengefaßt. Im Dezember 1940 wurde die Verwaltung der wachsenden Luftabwehr in eine Hauptverwaltung umgewandelt, der Zustand der neuen Waffengattung blieb aber bis zum Kriegsbeginn desolat.
Zu Beginn des Krieges zählten die Luftabwehrtruppen der Roten Armee 182 000 Mann, 3659 Geschütze, 650 MGs, 1500 Scheinwerfer, 850 Sperrballons und etwa 45 Radiostationen, im letzten Friedensjahr eingerichtet (Marschall Merezkow berichtet in seinen Memoiren, daß er im Finnlandfeldzug als Armeechef zum ersten Mal ein Funkgerät zur Verfügung hatte). Die Luftwaffe stellte an die Luftabwehr etwa 1500 Jagdmaschinen ab.
Die Leistung blieb auch im Kriege mäßig. Zwei Drittel der vernichteten deutschen Flugzeuge gingen, auf den Flugplätzen oder im Luftkampf zerstört, auf das Konto der Roten Luftwaffe. Der Anteil der Heeresflak – die nicht dem am 9. 11. 1941 gebildeten Kommando der Luftabwehr des Landes unterstellt war – betrug ein Viertel, der Anteil der Luftwaffe der Luftabwehr etwa 5% und der Anteil der Luftabwehrflak nur 3%. Der unzufriedene Stalin ließ schon den Generalobersten Stern, Chef der Luftabwehr vom April bis 14. 6. 1941, erschießen und den ersten Befehlshaber der Luftabwehr, Generalleutnant Michail Gromadin, nach anderthalb Jahren ablösen. Im April 1942 verlor die neue Waffengattung ihre Selbständigkeit und wurde der Artillerie un-

terstellt, deren Befehlshaber Woronow 1943–46 in Personalunion als Chef der Luftabwehr fungierte (wie schon vom 14. 6. bis 19. 7. 1941, dann war der Posten vier Monate vakant).
Trotzdem hat die Rote Armee im Krieg Erfahrungen gesammelt, die für den Aufbau der Luftabwehr in der Nachkriegszeit unschätzbar waren und fortan die Struktur der Waffengattung bestimmt haben. Der Personalbestand verdoppelte sich in den Kriegsjahren. Im Januar 1942 wurde die gesamte Jagdluftwaffe der Luftabwehr unterstellt, und Woronow leitete die Luftabwehroperationen über zwei neuinstallierte Zentralstäbe – den der Luftabwehr und den der Jagdluftwaffe der Luftabwehr.
Zu Kriegsbeginn war der sowjetische Lufraum in 13 Luftabwehrzonen gegliedert, von denen 10 im europäischen Teil lagen. Da sich diese Aufteilung nicht bewährte, wurden die Zonen mit der Bildung des Luftabwehrkommandos am 9. 11. 1941, mit Ausnahme der in transkaukasischen und asiatischen Gebieten stationierten, durch 15 Luftabwehrrayons (Divisionsstärke) ersetzt.
Mit der Bildung der Luftabwehrfront Moskau am 5. 4. 1942, fand die neue Waffengattung im Kriege ihre endgültige Struktur. Am Kriegsschluß gab es in der Roten Armee 4 Luftabwehrfronten (West, Südwest, Zentrum und Transkaukaus), dazu die der Westfront unterstellte Moskauer Sonderarmee der Luftabwehr sowie die Luftabwehrarmeen Leningrad und Baku. Im Japanfeldzug wurden im Fernen Osten weitere 3 Luftabwehrarmeen installiert. Die »Militärische Sowjet-Enzyklopädie« behauptet, daß »die bewaffneten Streitkräfte anderer Staaten keine Erfahrung in der Einrichtung und Verwendung von Luftabwehr-Fronten besitzen«.[1]
Moskau jedenfalls wurde zu Beginn des Sommers 1942 durch 1920 Flakgeschütze, 600 Jagdflugzeuge, 350 Flak-MGs, 600 Scheinwerfer und 124 Sperrballons so erfolgreich verteidigt, daß ab Juli 1942 keine massierten Luftangriffe auf die Hauptstadt mehr stattfanden.
Die bewährte Struktur wurde nach dem Kriege beibehalten. Nach einer Pause 1946/48, während der die Luftabwehrarmeen und -fronten aufgelöst wurden und der Personalbestand drastisch reduziert wurde, begann die Luftabwehr wieder zu wachsen. Der europäische Luftraum wurde in zwei Luftabwehrrayons, Moskau und Baku, aufgeteilt, der Artillerist Moskalenko zum Chef des einen, der bisherige Luftwaffenbefehlshaber Werschinin zum Chef des anderen Rayons bestellt, die

Selbständigkeit der Waffengattung wiederhergestellt, Marschall Goworow zum Befehlshaber ernannt.
Nun, im Mai 1954, wurde die Luftabwehr dem Heer, der Luftwaffe und der Kriegsmarine gleichgestellt, Goworow in den Rang eines Oberbefehlshabers erhoben, was automatisch die Position des Vize-Verteidigungsministers beinhaltete. Die beiden Luftabwehrrayons wurden in entsprechende Wehrkreise umgewandelt. Zum Befehlshaber des Luftabwehr-Wehrkreises Moskaus wurde im August 1954 Generaloberst Pawel Batizki bestellt. Der 44jährige Ukrainer, seit dem 14. (!) Lebensjahr im Dienst, Absolvent der »Frunse«-Kriegsakademie und der Generalstabsakademie, sollte die Entwicklung der Luftabwehr des Ostblocks für die nächsten 23 Jahre entscheidend beeinflussen.
Batizki gehörte schon zu der nächsten Generation der sowjetischen Heerführer. Der halbwüchsige Charkower Arbeitersohn, 1924 vom »Hammer-und-Sichel«-Werk in der Heimatstadt auf die Ukrainische Militärvorschule abkommandiert, war zu Kriegsbeginn als Oberstleutnant i. G. Stabschef einer mot. Divission. Im September zum Obersten befördert, wurde Batizki im November Divisionär. Bis dahin hatte er sich schon als Offizier für Sonderaufträge im Generalstab sowie als Brigade- und Divisionsstabchef hervorragend bewährt. Als Chef der 128. Schützendivision beendete der im September 1943 zum Generalmajor beförderte Batizki den Zweiten Weltkrieg mit dem Sturm auf Berlin und der Befreiung Prags. Mit Batizki kam zum ersten Mal ein Divisionär des Krieges an die Spitze eines Wehrkreises.
Die neue Waffengattung stand vor großen Aufgaben. Die Umrüstung von Kanonen auf Raketen setzte 1954 ein.
1956 setzte Schukow, bereits der Ressortinhaber Verteidigung, die Bildung einer zweiten Hochschule der Luftabwehr durch. Eine höhere Luftabwehr-Militärschule bestand bereits seit Mai 1941 in Charkow. 1946 wurde sie in den Rang einer Kriegsakademie für artilleristische Funktechnik erhoben, 1948 in die Radiotechnische Artillerieakademie umbenannt. Nach dem frühen Tod des ersten OB der Luftabwehr, Goworow, bekam sie 1955 dessen Namen. Die Akademie bildet Kriegsingenieure für die Luftabwehr aus, 11 höhere militärische Lehranstalten der Luftabwehr liefern weiteren Nachwuchs. Nun kam am 14. 11. 1956 die Luftabwehrakademie für Kommandopersonal mit dem Sitz in Kalinin an der Wolga hinzu. Nach Schukows Tod 1974 bekam sie seinen Namen verliehen.

Ein Dreivierteljahr nachdem er die Erhebung der neuen Waffe in den Rang eines den klassischen Waffengattungen gleichberechtigten Oberkommandos endgültig durchgesetzt hatte, war Schukow am Ziel. Am 8. 2. 1955 trat der weit abgeschlagene Ministerpräsident Georgij Malenkow »freiwillig« zurück und wurde Vizepremier und Minister für Kraftwerke. Der Student der Bauman-TH in Moskau, der nach 4 Universitätsjahren sein Studium abgebrochen hatte und 1925 in die Parteiarbeit übergegangen war, sollte seine alten Kenntnisse der Elektrotechnik wieder hervorkramen, seine Frau Golubzowa, Direktorin des Moskauer Elektrotechnischen Instituts, ihm ja dabei helfen. Der 53jährige erste Stalinerbe, dessen Karriere sich nun ihrem Ende zu neigte, blieb aber – vorerst – im ZK-Präsidium.

Marschall Bulganin, Malenkows Nachfolger, zog die Uniform für immer aus. Mit ihm verließ, nach Trozki und Stalin, der letzte Politiker das Verteidigungsministerium. Mit Georgij Schukow hatte am 9. 2. 1955 für 21 Jahre die Ära der Fachmilitärs im Kriegsressort der UdSSR begonnen.

Der 8. Verteidigungsminister der UdSSR setzte die Entscheidung über die nominelle Vergrößerung seiner fast 6 Millionen Mann zählenden Streitmacht innerhalb von 3 Monaten nach seinem Amtsantritt durch. Am 11. 5. 1955 versammelten sich die Spitzenführer von 8 Staaten des sozialistischen Lagers in Warschau, China entsandte Verteidigungsminister Marschall Peng Teh-huai als Beobachter. Am 14. 5. schlossen Albanien, Bulgarien, Ungarn, die DDR, Polen, Rumänien, die UdSSR und die ČSR den »Vertrag über Freundschaft, Zusammenarbeit und gegenseitige Hilfe« mit dem Ziel der »Verteidigung der sozialistischen Errungenschaften sowie der Garantie des Friedens und der Sicherheit in Europa«, vorerst auf 20 Jahre. Dies geschah 6 Jahre nach der Gründung der NATO, ein Jahr nach der Unterzeichnung der Pariser Verträge und nach der Ablehnung des Moskauer Wunsches, selbst der NATO beizutreten.

Im Schlußparagraphen 11 des am 5. 6. 1955 ratifizierten (in Deutsch, Polnisch, Russisch und Tschechisch abgefaßten) und in Warschau hinterlegten Vertrages steht auch der Satz: »Dieser Vertrag verliert seine Gültigkeit, wenn ein System der kollektiven Sicherheit in Europa geschaffen ist« – nicht unbedingt nur ein perfider Wunsch, sondern der Rest der Sehnsucht nach dem Frieden unter den vielgeplagten Osteuropäern, möglicherweise auch ein Wunsch des Träumers Nikita

Chruschtschow. Rußland, der erst gedemütigte und überfallene, dann der siegreiche und befreiende, schließlich der gefürchtete und unterdrückende Staat Osteuropas hatte 10 Jahre gebraucht, um so viel Vertrauen in seine Satelliten zu fassen, daß es bereit war, ihre Armeen an Bündnispartner anzuerkennen. Gleichwohl: Der Sitz des Paktstabes ist Moskau.

Bei der Gründung des Warschauer Pakts mußte sich Schukow zu einer großen Konzession bequemen. Der erste Oberbefehlshaber der »Vereinigten Streitkräfte der Teilnehmerstaaten des Warschauer Vertrages« wurde sein größter Rivale Marschall Konew. Da für Konew kaum noch die Aussicht bestand, selbst Verteidigungsminister in Moskau zu werden, nachdem Schukow den Posten besetzte, war es eine angemessene Wiedergutmachung für den Mann, der sich 2 Jahre zuvor dazu hergegeben hatte, den Richter zu spielen.

Um den Satelliten zu zeigen wie das Ganze gemeint war, bekam der aus dem Wehrkreis Karpaten nach Moskau zurückgeholte Konew noch die seit seinem Abgang nach Lwow 1950 vakante Position des Oberbefehlshabers des Sowjetheeres und des 1. Vize-Verteidigungsministers in Moskau dazu. Deutlicher konnte wohl kaum gezeigt werden, daß nur einer der 8 Paktteilnehmer alles zu sagen hatte. (Schließlich blieb auch der Beschluß des Obersten Sowjet vom 8. 2. 1955 – als Schukow und sein Kriegsrat die Macht in Moskau übernahmen – die Unionsrepubliken dürften eigene Verteidigungsministerien bilden, ohne Folgen.)

Als Trostpflästerchen wurde ein »Politisches Konsultativkomitee« gegründet, das ständig mit einem »Sekretär« besetzt war. Die Bezeichnung, die Erinnerungen an Stalins gleichlautenden Titel weckte, verdeckte die Bedeutungslosigkeit des ebenfalls in Moskau ansässigen Ausschusses. Stabschef des Pakts wurde Rußland bedeutendster Generalstäbler, Armeegeneral Alexej Antonow. So ist es nicht verwunderlich, daß die Chinesen nur Beobachter spielten, zumal der Pakt sich ausdrücklich auf »einen bewaffneten Überfall in Europa« bezieht.

Zwei Monate nach der Paktkündigung fiel die zweite und mit Sicherheit wichtigere Entscheidung der Schukow-Ära im Sowjet-Pentagon: Das ZK-Präsidium schloß den Marine-OB Kusnezow aus dem ZK aus und billigte die Ernennung des bisherigen Befehlshabers der Schwarzmeerflotte, Admiral Sergej Gorschkow, zum 1. Vize-OB der Kriegsmarine.

Damit war die Entscheidung zugunsten Gorschkows Konzeption einer kostspieligen Marinestreitmacht von Weltgeltung gefallen – auch wenn 7 Jahre vergehen mußten, ehe sich Moskau nach der Lehre der Kubakrise dazu entschließen konnte, riesige Summen für das ehrgeizige Projekt bereitzustellen.

Der letzte Niedergang Kusnezows erfolgte 4 Monate nachdem »des Teufels Admiral« den Gipfel seiner Karriere erklommen hatte. Am 3. 3. 1955 wurde, unter Abschaffung des (einem Armeegeneral beziehungsweise Marschall der Waffengattung vergleichbaren) höchsten Marineranges »Admiral der Flotte«, der einem Marschall der Sowjetunion vergleichbare neue höchste Marinerang »Admiral der Flotte der Sowjetunion« gestiftet.

Die beiden bisherigen Flottenadmirale Issakow und Kusnezow bekamen den neuen Rang und den dazugehörigen Marschallstern. Im Juli aber wurde Kusnezow aus dem ZK ausgeschlossen. Er arbeitete noch bis Januar 1956, um die Geschäfte an Gorschkow zu übergeben, dann wurde er im Februar 1956, noch vor dem Beginn des XX. Parteitages (an dem weder er noch Issakow, wohl aber Gorschkow teilnehmen durften), zum 2. Mal in 8 Jahren, diesmal um »nur« 2 Ränge zum Vizeadmiral degradiert und 53jährig a. D. gestellt. Paradoxerweise wurde kurz vor seiner Entlassung eine seiner ständigen Forderungen erfüllt: Die sogenannte »8. Flotte«, bei Stalins letzter Marinesäuberung 1946 von der Baltischen Flotte getrennt, wurde ihr wieder angegliedert.

Was war geschehen? Chruschtschow berichtete im 2. Teil seiner Erinnerungen, daß er mit seinen ZK-Präsidialen »in den 50er Jahren« gemeinsam einen Urlaub auf der Krim verbrachte, »um darüber zu diskutieren, was für Kriegsschiffe und Marinewaffen wir bauen sollten. Wir hatten bewußt unseren Urlaub zu gleicher Zeit genommen. Der Zustand unserer Marine, die hauptsächlich aus Überwasserschiffen bestand, die mit veralteter Artillerie bestückt waren, machte uns zunehmend besorgt. Wir trafen uns in Sewastopol, um uns mit den Marinekadern vertraut zu machen und die Schwarzmeerflotte zu inspizieren.«[2]

Bei dieser Gelegenheit also, einer ZK-Präsidiumssitzung als Lokaltermin bei Gorschkows Schwarzmeerflotte, hatte der Parteichef die Gelegenheit gehabt, Gorschkows Argumente über den Neubeginn bei der Kriegsmarine anzuhören und von Kusnezows veraltetem Konzept der

Küstenverteidigung abzurücken – während Gorschkow, der Flottenchef in Sewastopol, die Gelegenheit ergriff, den Zustand seiner Flotte ohne die der Luftwaffe und der Luftabwehr zugestandenen Raketen samt entsprechenden Unter- und Überwasserträgern in schwärzesten Farben zu schildern. Dem 1954 in den USA von Stapel gelaufenen »Nautilus«, dem ersten Atom-U-Boot der Welt, hatte die Sowjetunion nichts Vergleichbares entgegenzustellen. Chruschtschow begriff: »Wenn dies ein echter Krieg wäre, lägen (unsere) Schiffe jetzt schon längst auf dem Meeresboden.«
So wurde Admiral Gorschkow die Chance geboten, in den Wettlauf mit den USA zu treten. Er ergriff sie sofort – während Kusnezows Karriere beendet wurde.
Der Parteichef, der nach eigenem Zugeständnis bei der Vorführung der neuen Technik samt seinen Präsidialen »wie Tölpel, wie eine Herde Schafe, die zum ersten Mal vor einer neuen Pforte stehen«, dasaß, fühlte sich den fachkundigen technischen Offizieren der neuen Generation wie Gorschkow und Batizki ausgeliefert. Er wußte, daß er für das, was er vorhatte, die Unterstützung der Militärs brauchte, der einzigen Gruppe, die nach der Vernichtung der Staatspolizei Waffen besaß und die ihm bei eben dieser Vernichtung ausgeholfen hatte.
Nun war zwar am 13. 3. 1954 schon wieder ein »Organ« gebildet worden, das »Komitee für Staatsicherheit (KGB) beim Ministerrat« – so ganz ohne die Staatspolizei kam auch Chruschtschow nicht aus. Aber es war keine selbständige Behörde mehr, es war eben dem Ministerrat unterstellt und mit einem Mann seines Vertrauens, Generaloberst Iwan Serow, der zu Chruschtschows Zeiten Innenminister in Kiew gewesen war, besetzt worden. Auch Serow war selbstverständlich ein Bluthund, der unter anderem die Deportation von 6 Völkern im Krieg durchgeführt hatte, aber es war eben ein Bluthund Nikita Chruschtschows, der nicht die Macht eines Berija – und schon gar nicht über die Armee – besaß.
So war Chruschtschow bereit, an die Generale um der Unterstützung seiner Pläne für ein besseres Leben willen ihren Preis zu zahlen – den Preis weiterer Beförderungen und den Preis der vollen Rehabilitierung der hingerichteten Offiziere – zumal in diesem Punkt seine Intentionen mit denen der Militärs zusammenfielen. Noch hatten er und sie gemeinsame Interessen.
Der Weg zum Ausbruch aus der amerikanischen Umklammerung war

dornig, lang und mit Zugeständnissen in der Außenpolitik verbunden. Der Tag, an dem ein sowjetischer Militärattaché in Kairo zu seinen westlichen Kollegen sagen konnte: »Was heißt hier militärische Einrichtungen? Mit so etwas geben wir uns nicht ab. Wir haben richtige Stützpunkte«[3], lag in weiter Ferne der beginnenden 80er Jahre. In der Mitte der 50er Jahre hieß es: Zugeständnisse, Versprechungen, Öffnung nach Draußen, Lockerung nach Innen.
In rascher Folge erfolgten 1954/55 atemberaubende, noch 2 Jahre zuvor undenkbare Dinge. Auf einer im Januar/Februar 1954 abgehaltenen Viererkonferenz über die deutsche Frage in Berlin machte ausgerechnet Stalins Molotow am 1. 2. 1954 den historischen Vorschlag einer umfassenden gesamteuropäischen Sicherheitskonferenz, damals noch ohne Teilnahme Nordamerikas. Der erste Schritt zur schriftlichen Fixierung des eroberten Terrains im alten Erdteil war getan. Im Mai des gleichen Jahres wurde auf der Genfer Ostasienkonferenz, zum ersten Mal unter der Teilnahme Chinas (wobei der US-Staatssekretär John Forster Dulles sich weigerte, seinem chinesischen Kollegen Tschou En-lai die Hand zu geben, aber immerhin bereit war, mit ihm zu verhandeln und sich zu einigen), eine »Lösung« für das unglückliche Indochina der Franzosen gefunden. Vietnam wurde geteilt.
Im Jahr darauf wurden hinderlich gewordene Außenposten geräumt. Einen Tag nach der Gründung des Warschauer Pakts unterzeichnete Molotow im Verbund mit seinen Westkollegen den Österreichischen Staatsvertrag, 9 Tage nach der Bereitschaftserklärung zur Räumung Österreichs vollzog sich die Räumung Port-Arthurs, des letzten sowjetischen Außenpostens in China, 2 Tage nach dem Abzug aus Port-Arthur (heute: Lüschun) begaben sich Chruschtschow und Bulganin nach Belgrad, um sich mit Marschall Tito zu versöhnen (wobei die Schuld für das Zerwürfnis natürlich Berija zugeschoben wurde – er war ja tot und konnte sich nicht mehr wehren). Chruschtschow fällte, selig-betrunken, in Belgrad den denkwürdigen Satz: »Kommt zu uns, wir sind keine Teufel«, der bis heute am prägnantesten die sowjetische Außenpolitik nach Stalin wiedergibt.
Am 19. 9. 1955 konnte der militärische »Nachlaßverwalter« der UdSSR in Österreich, General Boikow, melden, daß der letzte russische Soldat das nunmehr neutrale Land bis 20 Uhr verlassen würde. Die »Zentrale Heeresgruppe« der Sowjet-Armee wurde aufgelöst, ihr in Wien ansässiger letzter OB, Generaloberst Alexej Schadow, wurde

Konews Vize-Heereschef in Moskau. Die Präsenz der ohne Stationierungsvertrag in Ungarn verbliebenen Einheiten sollte im Jahr danach die schwerste Krise des Ostblocks auslösen.
Chruschtschow zahlte für das Einverständnis der Generale mit der Räumung der Außenposten in barer Münze. Am 11. 3. 1955 gab es, zum ersten Mal seit der Beförderung Bulganins vor 8 Jahren, neue Marschälle der Sowjetunion. Sechs Armeegenerale – Bagramjan, Birjusow, Gretschko, Jerjomenko, Moskalenko und Tschuikow – wurden zu Marschällen der Sowjetunion befördert. Es war die größte Massenbeförderung in den Marschallrang in der sowjetischen Geschichte. Selbst im Krieg wurden die Marschälle nur einzeln ernannt. Alle beförderten Militärs waren Generale des Südens, auch der Wiedereroberer und langjährige Statthalter des Baltikums Iwan Bagramjan, nunmehr Chefinspekteur, hatte seine Kriegskarriere als Oberst in Schukows Sonderwehrkreis Kiew begonnen.
Die neuen Marschälle sollten die Militärs im ZK verstärken. Drei von ihnen, Bagramjan, Gretschko und Tschuikow, waren bereits ZK-Kandidaten, Birjusow und Jerjomenko sollten es im nächsten Jahr werden. Moskalenko wurde besonders ausgezeichnet. Unter Überspringung des Kandidaten-Ranges wurde er 1956 sogleich ZK-Mitglied – er ist es heute noch. Zugleich gab es 2 neue Marschälle der Artillerie, 2 neue Luftmarschälle und am 8. 8. insgesamt 9 neue Armeegenerale, darunter als einziger »Teertropfen im Honigfaß« (russisches Sprichwort) der KGB-Chef Iwan Serow. Der OB der Luftwaffe, Luftmarschall Schigarjow, wurde am 11. 3. 1955 zum Hauptluftmarschall befördert (seitdem nannte er sich »Schigarew« – wie Breschnjow sich Breschnew nannte). Am 8. 8. 1955 schließlich wurde Vizeadmiral Fjodor Sosulja, Vize-Generalstabschef für die Kriegsmarine, zum Admiral befördert – als einziger Marineoffizier unter 20 beförderten Offizieren anderer Waffengattungen – noch war der Durchbruch der Marine nicht erfolgt, noch war Gorschkow nicht Marinechef.
Mit dieser Massenbeförderung stand die hohe Generalität der Chruschtschow-Ära fest. In den ihm verbleibenden neun Jahren beförderte Chruschtschow, der wohl um diese Zeit den Vorsitz im Hauptkriegsrat okkupiert hatte, nur noch drei Armeegenerale zu Marschällen der Sowjetunion: Matwej Sacharow am 8. 5. 1959, Filipp Golikow am 6. 5. 1961 und Nikolai Krylow (Tschuikows Stabschef in Stalingrad) am 28. 4. 1962.

Tabelle 29

Die Marschälle der Chruschtschow-Ära

	Geb.	KP	RKKA	F.AK	Gst.Ak.
I. Ch. Bagramjan	1897	1941	1920	1934	1938
S. S. Birjusow	1904	1926	1921	1937	
F. I. Golikow	1900	1918	1918	1933[1]	
A. A. Gretschko	1903	1928	1919	1936	1941
A. I. Jerjomenko	1892	1918	1918	1935	
N. I. Krylow	1903	1927	1919		
K. S. Moskalenko	1902	1926	1920		
M. W. Sacharow	1898	1917	1918	1928/33[2]	1937
W. I. Tschuikow	1900	1919	1918	1925[3]	

Anm.: [1] im Fernunterricht, [2] 1928 Versorgungs-, 1933 Operativ-Fakultät, [3] Tschuikow hatte außerdem 1927 die Ostfakultät der »Frunse«-Kriegsakademie absolviert.

So bestand die »neue« Führung der Sowjetarmee 10 Jahre nach dem Ende des Zweiten Weltkrieges immer noch aus den Kombattanten des Bürgerkrieges. Chruschtschows künftiger Generalstabschef Matwej Sacharow hatte noch am Sturm auf das Winterpalais in der Nacht der Oktoberrevolution 1917 teilgenommen.
3 der 9 neuen Marschälle waren im vorigen Jahrhundert geboren. Der jüngste der Beförderten, Birjusow, war 50, der älteste, Jerjomenko, 62 Jahre alt. Nur 3 der 9 hatten beide Akademien absolviert. Gretschko und Sacharow brachten es bezeichnenderweise am weitesten – bis zum Minister und Generalstabschef. Die nationale Zusammensetzung war – wie in der Sowjetarmee von heute – »normal«, die Ukrainer Gretschko, Jerjomenko und Moskalenko, der Armenier Bagramjan als Ausnahmefall – unter 5 Russen.
Dies war das Jahr 1955, in dem der »Atomzar« Pjotr Kapiza nach 9jähriger Pause wieder die Leitung seines »Instituts für Probleme der Physik« übernehmen durfte. Der entwerfende Teil des militärindustriellen Komplexes hatte in jenem Jahr mit der Flugerprobung des Flüssigkeitsrakententriebwerks für die 1. Stufe der Prototyps der Trägerraketen für die »Kosmos«- und »Interkosmos«-Nachrichten-Satelliten begonnen. Die Gruppe um den großen Konstrukteur Sergej Koroljow stand vor dem Druchbruch zum Bau des ersten Sputnik. Ein

Jahr darauf konnte Premier Bulganin eine Drohung mit Interkontinentalraketen gegen London aussprechen.
Im Moskauer Pentagon waren aber Marschälle im Dienst, die in ihrer Jugend kühne Attacken ritten und an der Parteispitze stand ein Generalleutnant, der sich »wie ein Tölpel« beim Anblick der neuen Technik vorkam. Die Problematik, die in den nächsten 2 Jahrzehnten die sowjetische Militärpolitik überschattete – die Überalterung der Generalität – wurde 1955 zum ersten Mal deutlich sichtbar. Selbstverständlich dachte keiner der alten Herren daran, in den Ruhestand zu treten, sie waren schließlich lange genug die Zurückgesetzten und Zukurzgekommenen gewesen.

Mit dieser Militärmannschaft im Rücken ging Chruschtschow auf dem XX. Parteitag im Februar 1956 daran, Stalin zu demontieren –, was seine eigene Aufwertung als der »Sieger von Stalingrad und Befreier Kiews« nach sich zog – und die Forderung der Marschälle nach der Rehabilitierung der hingerichteten Kameraden zu erfüllen. Hier wiederum zahlten die Militärs ihren Preis – den der Reduzierung der Armee.
Chruschtschow benötigte die freiwerdenden Mittel und Kapazitäten für seinen »Gulaschkommunismus«, seine Völker dursteten nach der Hebung des Lebensstandards. Im Parteichef selbst setzte sich die Idee fest, die schließlich zu seinem Untergang führte, daß nämlich im Zeitalter der Raketen die konventionellen Streitkräfte, selbst die Panzer, fast überflüssig werden würden.
Vorerst arbeiteten die Marschälle, allen voran Minister Schukow, und der 1. Sekretär Hand in Hand. Schukow sprach in der Sitzung des Parteitags, unmittelbar nach Stalins letztem Staatssicherheitsminister Semjon Ignatjew, der nunmehr Parteichef Baschkiriens in Ufa war. Schon diese Reihenfolge offenbarte den ganzen Zwiespalt der anstehenden Entstalinisierung, die Vergangenheit, die zu bereinigen sich die Führung anschickte, war allgegenwärtig. Man konnte sie nicht mit dem Federstrich einer Resolution aus der Welt schaffen.
Der Marschall war sich seiner Bedeutung bewußt. Ein halbes Jahr zuvor, vom 17.–23. 7. 1955, war er bei einer Viererkonferenz im Genfer Uno-Palast mit dem Waffenkameraden Dwight D. Eisenhower, zu mehreren Gesprächen zusammengekommen. Die beiden sahen sich seit dem Kurzbesuch Eisenhowers in Moskau im August

1945 zum ersten Mal. Der um 6 Jahre ältere US-General war zum 34. Präsidenten der USA aufgestiegen und war zuversichtlich, daß er die Wiederwahl 1956 gewinnen würde.
Der 58jährige Schukow, nun Verteidigungsminister der anderen Weltmacht, war seit der Tuchatschewski-Reise nach Berlin vor 19 Jahren der erste Sowjetmarschall, der ins Ausland reisen durfte. Nun rechnete er sich die Chance aus, als erster Berufsmilitär der sowjetischen Geschichte ins Politbüro einzuziehen. Der Preis war hoch. Im Rechenschaftsbericht seines Ressorts gab Schukow auf dem Parteitag bekannt, daß der Regierungsbeschluß vom August 1955 (dem Monat der Massenbeförderung der Generale), die Streitkräfte um 640 000 auf 5 123 000 Mann zu reduzieren, fristgemäß verwirklicht worden sei, und damit fast 10 Milliarden Rubel eingespart wurden. Die Popularität des Marschalls war ungebrochen. Während des einzigen kurzen Parteitagsauftritts seiner Karriere erntete Schukow siebzehnmal Applaus – fast nach jedem Satz.
Eine Woche später, am 25. 2., ließ Chruschtschow in seiner »Geheimrede« vor 1436 Delegierten den stalinistischen Himmel einstürzen – der Weg zur Rehabilitierung der Opfer der Großen Säuberung war frei. Bis dahin waren seit 1954 nur 7679 Menschen, die meisten post mortem, rehabilitiert worden. Der Gewerkschaftsvorsitzende Schwernik arbeitete mit seinen Leuten rund um die Uhr an den Akten. Schwernik hatte Übung in der Aufdeckung der Verbrechen. Während des Krieges leitete er die »Außerordentliche Kommission zur Feststellung und Verfolgung von Untaten der deutsch-faschistischen Okkupanten«. Nun war er dabei, Stalins Untaten aufzuklären. Die bearbeiteten Akten wurden mit der Rehabilitierungsempfehlung an das Militärkollegium des Obersten Gerichts weitergereicht.
Der Bescheid des Militärkollegiums war stereotyp: »Bescheinigung. Die Sache in der Anklage von . . ., verhaftet am . . ., wurde durch das Militärkollegium des Obersten Gerichts am . . . überprüft. Das Urteil des Militärkollegiums vom . . . bezüglich von . . . ist, da neue Tatsachen entdeckt wurden, für ungültig zu erklären und die Sache wegen des Fehlens von verbrecherischen Tatbeständen einzustellen . . . ist in dieser Sache post mortem rehabilitiert. Sekretariatchef des Militärkollegiums des Obersten Gerichts der UdSSR, Justizoberst . . .
Moskau, Worowskistr. 15«, Datum, Aktenzeichen, Unterschrift, Stempel.[4]

Noch lapidarer waren die als Vordrucke auf Antrag von den Standesämtern verschickten Totenscheine der Hingerichteten, mit der immer gleichen Eintragung in die Rubrik »Todesursache«: »Der Name der Krankheit ist unbekannt.«

Chruschtschow rehabilitierte in seiner »Geheimrede« ein Dutzend Parteifunktionäre, darunter die Politbüromitglieder Stanislaw Kossior und Wlas Tschubar (seine ukrainischen Vorgänger, an deren Tod er selbst mitschuldig war) sowie den Politbürokandidaten Robert Eiche, einen lettischen Altbolschewiken, zuletzt Landwirtschaftsminister in Moskau. Von den liquidierten Militärs wurde keiner namentlich erwähnt.

Immerhin fanden Uborewitsch, Eideman und Jakir Eingang in den letzten Band der 2. Ausgabe der »Großen Sowjet-Enzyklopädie«, die die Buchstaben »U« bis »Ja« (letzte Buchstaben im Russischen) behandelte. Für Tuchatschewski hatte es noch nicht gereicht.

So vergingen immer noch 7 Jahre, bis 4 überlebende Angehörige Tuchatschewskis – eine Tochter und 3 Schwestern – an der Gedenkfeier zum 60. Geburtstag des Zweitem Marschalls der Sowjetunion im Februar 1963 in der »Frunse«-Militärakademie teilnehmen durften.

Im Gegensatz zu der Erwähnung von einem Dutzend Namen der umgekommenen Parteiapparatschiki, nannte Chruschtschow in seiner Rede nur 3 *überlebende* Militärs beim Namen: den Marschall Rokossowski (»welcher – wie Sie wissen – verhaftet wurde und im Gefängnis einsaß«), und die im Saale anwesenden Armeegeneral Gorbatow und Marschall Merezkow. Das war alles.

Hier offenbarte sich Chruschtschows Dilemma, kaum daß er zweieinhalb Jahre als Parteichef amtierte. Ohne die Hilfe der Armee wäre die für seine Installierung als 1. ZK-Sekretär unumgängliche Beseitigung Berijas nicht möglich gewesen. Machte er an die Militärs weitere Konzessionen, so konnte er seine hochfliegenden Pläne zur Verbesserung der, wie man heute sagen würde, Lebensqualität der Sowjetbürger ebenso begraben wie sein revolutionärstes Vorhaben, die Reduzierung des kostspieligen und schwerfälligen Behörden-Wasserkopfes in Moskau.

So bemühte sich Chruschtschow, die Abhängigkeit von den Marschällen und Rüstungsbossen nicht zu stark werden zu lassen. Die Rehabilitierung der Militärs lief zögernder an als die der ihm ohnehin näherstehenden Parteifunktionäre.

Und er legte Fallen. Der kleine, listige, bauernschlaue Mann aus Kalinowka machte es sehr geschickt – gerade in jener Rede, dem Meisterstück seiner demagogischen Begabung. So setzte er denjenigen Mann herab, der Berijas Beseitigung geleitet hatte und dem er im Jahr nach dem Parteitag seine eigene Rettung als Parteichef verdanken sollte, nämlich Schukow.

»Stalin hatte sich sehr dafür interessiert, wie man Schukow als Militärführer einschätzt. Er fragte mich oft nach meiner Meinung über Schukow. Ich sagte ihm damals: ›Ich kenne Schukow schon lange. Er ist ein guter General und ein guter Truppenführer.‹ Nach dem Krieg begann Stalin, über Schukow jeglichen Quatsch zu verbreiten. Unter anderem auch folgendes: Sie lobten Schukow, aber er verdient es nicht. Man sagt, daß Schukow vor jeder operativen Entscheidung an einer Handvoll Erde zu riechen pflegte und dann verkündete: ›Wir können angreifen‹ – oder eben umgekehrt: ›Die beschlossene Operation kann nicht durchgeführt werden.‹ Ich habe ihm damals geantwortet: ›Genosse Stalin, ich weiß nicht, wer sich so etwas ausgedacht hat, es ist nicht wahr.‹ Es ist möglich, daß Stalin solche Dinge selbst ausdachte, um die Rolle und die militärischen Fähigkeiten Marschall Schukows zu verkleinern«.[5]

Etwas Dreck bleibt immer hängen. Nicht alle im Saal hielten Stalin für einen Dummkopf, der, laut Chruschtschow, »die militärischen Operationen anhand eines Globus« auszuarbeiten pflegte. »Ja, Genossen, normalerweise nahm er einen Globus zu Hand und verfolgte darauf die Frontlinien.«

Das vom XIX. Parteitag des Jahres 1952 keine Delegiertenliste vorliegt, wissen wir nicht, wieviele seiner 1359 Teilnehmer unter den 1436 Teilnehmern des XX. Parteitages waren. Aber man kann wohl annehmen, daß einige der Deligierten Stalins Worten noch Glauben schenkten. Schließlich brach für viele Kommunisten die Welt zusammen, als sie von Stalins Verbrechen erfuhren (selbst als Berija verhaftet wurde, hatte es einen italienischen Kommunisten gegeben, der sein Parteibuch zurückgab, weil »Genosse Berija verhaftet« wurde).[6] Wenn also Stalin solche Dinge über Schukow zu sagen pflegte – vielleicht war es so? Unter den 758 Delegierten mit Hochschulbildung (52,7% der Kongreßteilnehmer) schmunzelte mancher nachsichtig über den Kriegsherrn ohne akademische Bildung, der nach Wallensteins Art über seine Schlachten zu befinden pflegte. Der Keim des Zerwürfnisses zwischen dem Marschall und dem Sekretär war gesät, das Mißtrauen nistete sich ein. Gleichwohl: Chruschtschow war auf Schukows Hilfe angewiesen, Schukow wurde Kandidat des ZK-Präsidiums, der Feldherr stand im Vorzimmer der Macht.

Wie 1939 und 1952 stellte der militärindustrielle Komplex 21,5% des um 19 Mann (8 Mitglieder, 11 Kandidaten) auf 255 Personen aufgestockten ZK. Trotzdem hatte der Einfluß der Militärs und Rüstungsbosse zugenommen. Die 25 Marschälle, Generale und Rüstungsexperten (darunter die beiden Atomchefs Sawenjagin – nunmehr Vizepremier und Minister für »Mittleren Maschinenbau« – und Wannikow, nun Sawenjagins 1. Vize) stellten 18,7% der ZK-Mitglieder gegenüber den 14 Mann (11,2%) im ZK von 1952.

Der Anteil der führenden Gruppe, der Parteiapparatschiki, war von 70 bis 67%, der Anteil der »Sonstigen« von 9 auf 7%, der Anteil der Versorgungsfachleute von 10 auf 7% zurückgegangen. Die einzige Gruppe unter den ZK-Mitgliedern, deren Einfluß gewachsen war, sind 1956 die Produzenten und Konsumenten von Waffen gewesen. Schukows Aufnahme in die Parteiführung war dann auch der sichtbare Ausdruck des zunehmenden Einflusses der »Eisenfresser«, wie sie alsbald im Westen genannt wurden. Verteidigungsminister Schukow legte die Struktur des Oberkommandos der Waffengattungen endgültig fest. Mit ganz geringen Veränderungen blieb die Organisation der Ministeriumspitze bis heute so, wie sie Schukow 1956 bestimmt hatte.

Der Posten des OB Heer wurde im März 1956 vom Oberbefehl des Warschauer Pakts getrennt. Konew blieb OB des Warschauer Pakts, der aus dem Fernen Osten zurückgeholte Marschall Malinowski wurde OB Heer und zugleich wie Konew 1. Vizeminister. Schon vor dem Parteitag, am 5. 1. 1956, übernahm Admiral Gorschkow den Oberbefehl über die Kriegsmarine – wie es scheint für immer, bis zum natürlichen Ende. Auf dem Parteitag wurde Gorschkow – wie der Vorgänger Kusnezow 1. Vizeminister für Verteidigung – allerdings nur zum ZK-Kandidaten gewählt. Sieht man von dem schon am 2. 8. 1956 verstorbenen ZK-Kandidaten Schiffsbaumeister Nossenko ab, blieb Gorschkow der einzige Vertreter der Flotte im Zentralkomitee. Die mächtige Position des heutigen Großadmirals lag noch in weiter Ferne.

Am 1. 12. 1956 feierte Marschall Schukow seinen 60. Geburtstag. Dem großen Soldaten wurde eine einmalige Ehrung zuteil: Schukow bekam zum 4. Mal den Titel eines Helden der Sowjetunion verliehen –

als einziger Sowjetbürger in der Geschichte der UdSSR bis auf Breschnew 1981. Aber: Die Sowjetunion steckte in ihrer schwersten Krise seit dem Kriegsbeginn. Die Ungarn waren aufgestanden, zum zweiten Mal mußte die Sowjetarmee Polizeiaufgaben wahrnehmen – diesmal mit 12 Divisionen. Der Marschall, der zum 60. Geburtstag zum ersten Mal einen Orden für langes Leben, nicht für den Sieg in der Schlacht bekam, mußte sich nun auch als Polizist betätigen, eine Aufgabe, die er ebenfalls noch nie wahrgenommen hatte.

32
Gendarm Osteuropas

Bis zum Überfall auf Afghanistan am Jahresende 1979 stellt die Niederschlagung der Ungarischen Revolution – nach sowjetischer Sprachregelung »Konterrevolutionäre Meuterei in Ungarn v. 23. 10. – 4. 11. 1956« – die größte militärische Aktion der Sowjetarmee nach dem Ende des Zweiten Weltkrieges dar. Während der Aufstand des 17. Juni 1953 in Ost-Berlin innerhalb von ein paar Tagen niedergeschlagen werden konnte, der Überfall auf die ČSSR sich fast unblutig vollzog, mußten die 12 sowjetischen Divisionen in Ungarn einen echten Krieg führen. Erst im Januar 1957 war das Land soweit »befriedet«, daß 3 Divisionen abgezogen werden konnten.

Ein Stationierungsvertrag für die sich »zeitweilig auf dem Territorium der Ungarischen Volkrepublik befindlichen Truppen der Sowjetstreitkräfte« konnte erst am 28. 5. 1957 unterzeichnet werden, obwohl die Bildung der neuen »Heeresgruppe Süd« (gegenwärtig: 4 Divisionen) unter Armeegeneral Michail Kasakow schon im Dezember 1956 erfolgte.

Wie bei den vorangegangen Unruhen in Polen, die zur Wiederberufung des unter Stalin eingesperrten Parteichefs Wladyslaw Gomulka führten, entzündete sich der Zorn der Ungarn an der Anwesenheit der Sowjettruppen, die auch nach der Auflösung des Österreichischen Staatvertrages 1955 »zeitweilig auf der Grundlage des Warschauer Vertrages« im Land verblieben waren.

Eigentlich war die sowjetische Präsenz in Polen weitgehend direkter und augenfälliger. Der Sowjetmarschall Rokossowski war Marschall von Polen und Verteidigungsminister in Warschau, als Mitglied des polnischen Politbüros saß er im höchsten Führungsgremium Polens – ein einmaliger Vorgang. Der aus der Südukraine stammende Pole Stanislaw Poplawski, seit 1923 in der Roten Armee und seit 1928 Mitglied der KPdSU, 1938 Absolvent der »Frunse«-Kriegsakademie, war Rokossowskis engster Mitarbeiter. Seit 1944 stand der nachmalige Held der Sowjetunion – der den höchsten sowjetischen Ehrentitel am 29. 5. 1945 für die Kämpfe um Berlin verliehen bekam – »auf Ersuchen der polnischen Regierung«[1] in Diensten des polnischen Heeres. Poplawski befehligte im Krieg die 1., dann die 2. polnische Armee,

nach dem Krieg einen Wehrkreis in Polen, dann die Landstreitkräfte. Im Jahre 1956 war er Rokossowskis Stellvertreter im Ministerium für Nationale Verteidigung in Warschau.
Die »Heeresgruppe Nord« (gegenwärtig: 2 Divisionen) der »zeitweilig auf dem Territorium Polens stationierten Streitkräfte der Roten Armee«, war am 29. 5. 1945 aus den Truppen von Rokossowskis 2. Belorussischen Front »auf der Grundlage des Moskauer Vertrages über Freundschaft, gegenseitige Hilfe und Nachkriegszusammenarbeit zwischen der UdSSR und der Republik Polen« vom 21. 4. 1945 gebildet worden. Ihr Oberbefehlshaber war seit 1955 Kusma Galizki, aus Taganrog, – polnischer Herkunft. Generaloberst Galizki, 1945/46 Befehlsinhaber des sogenannten »Sonderwehrkreises« (Ostpreußen) in Königsberg (heute: Kaliningrad), wurde kurz nach seiner Ernennung zum OB Polen zusammen mit Poplawski zum Armeegeneral befördert (dies, obwohl Poplawski eigentlich polnischer Staatsbürger war). Rokossowski, Poplawski und Galizki, die 3 ranghöchsten Polen in russischen Diensten, waren natürlich nur die Spitze des Eisberges. So wurde auch die polnische Kriegsmarine von Sowjetoffizieren beraten, 1950–53 in erster Linie durch Konteradmiral (seit 1951 Vizeadmiral) Wiktor Tscherokow, einem temperamentvollen Kaukasier. Der Grund, warum die Moskauer Führung 1956 – wie 1980/82 – zögerte, Polen zur Räson zu bringen, war das Polnische Heer, schon aufgrund der Bevölkerungszahl traditionell die stärkste Streitmacht des Ostblocks nach der Sowjet-Armee. Mit 296 000 Mann stellt es schon eine eigene Potenz dar. Überdies – und das Optische sollte gerade im sozialistischen Lager nicht unterschätzt werden – heißt das östliche Nato-Gegenstück eben »Warschauer« Pakt. Es war Moskau schon peinlich genug, die Kominformzentrale nach dem Hinauswurf Jugoslawiens nach Bukarest zu verlegen. Inzwischen ist das, was vom Kominform übriggeblieben ist, nach den rumänischen Eigenmächtigkeiten weitergezogen nach Prag. Aber auch dort konnte es sich 1968 nur mit »brüderlicher Hilfe« der Sowjet-Armee halten.
Die Zusicherungen Gomulkas (die er selbst bis zur Waffenanwendung gegen streikende Arbeiter 1970 getreulich erfüllte, bis er hinweggefegt wurde) er würde die sozialistische Ordnung erhalten, kamen hinzu. Der in Warschau am 19. 10. 1956 mit dem Großteil seiner Präsidialen gelandete Chruschtschow bezwang seinen Zorn, der Kelch ging an den Polen – und an den Sowjets – vorüber.

Rokossowski wurde im November abberufen, Poplawski verließ Warschau im Dezember. Der Rang eines Oberbefehlshabers der Sowjettruppen (ansonsten nur noch in der DDR, aufgrund der Masse der 9 Divisionen gerechtfertigt) wurde auf den für die Wehrkreise normalen Rang des Befehlshabers heruntergesetzt.
Rokossowski wurde Schukows Stellvertreter im Ministerium, dazu im Juli 1957 Chefinspekteur. Im Oktober 1957, während einer Nahostkrise, übernahm er für ein Vierteljahr den Wehrkreis Transkaukasus, dann wurde er wieder Vizeminister und Chefinspekteur. Auch in dieser Position war Poplawski bis April 1958 sein 1. Stellvertreter. Galizki, nach Rokossowski (1945–49) und Generalleutnant Alexej Radsijewski aus Uman bei Kiew (1950–52), der dritte polnischstämmige Chef der Heeresgruppe Nord, wurde am Jahresende 1957 abberufen, um Rokossowskis Nachfolge im Transkaukasus anzutreten. Einen Polen in russischen Diensten hatte die Sowjet-Armee seither nie mehr als Garnisonschef in Polen verwendet. Überdies wurde am 17. 12. 1956, noch während der »Befriedung« Ungarns, ein neuer Stationierungsvertrag mit Warschau abgeschlossen.
In Ungarn nun wagten die Moskauer Militärplaner den Gegenschlag – nachdem sie die Truppen aus Budapest abgezogen und damit die ungarische Forderung zunächst erfüllt hatten. In ihrem ersten Kampf gegen eine Bruderarmee machte die Sowjet-Armee keine gute Figur. Davon abgesehen, daß allein in Budapest nach einer vorsichtigen Uno-Schätzung 2000 Ungarn fielen (die sowjetischen Verluste sind Staatsgeheimnis) konnte die ungarische Armee nur mit List bezwungen werden. Der ungarische Befehlshaber fiel nicht im Kampf. Der vom Premier Imre Nagy am 1. 11. 1956 zum Verteidigungsminister ernannte und zum Generalmajor beförderte Oberst Pál Maléter wurde unter dem Vorwand der Waffenstillstandsverhandlungen ins sowjetische Hauptquartier gelockt und dort vom KGB-Chef Armeegeneral Serow verhaftet, am 15. 6. 1958, zusammen mit Nagy und einem weiteren »Konterrevolutionär«, in Budapest gehenkt. Der sowjetischen Militärhistoriographie ist heute nicht wohl dabei. Die sonst bei Schlachtbeschreibungen so redselige »Militärische Sowjet-Enzyklopädie« in 8 Bänden besitzt kein Stichwort für den Aufstand in Ungarn.
Der Name der sowjetischen Befehlshaber der Aktion bleibt im dunkeln. Weder die Biographie des Armeegenerals Pawel Batow, dessen Wehrkreis Karpaten auf Schukows und Konews (des unmittelbar

verantwortlichen Warschauerpakt-OB) Befehl am 24. 10. in Ungarn einrückte und am 1. 11. wieder abzog noch die des Armeegenerals Michail Malinin, damals 1. Vize-Generalstabschef und am Kriegsschluß Schukows Stabschef bei der 1. Belorussischen Front, der den zweiten Einmarsch am 4. 11. leitete, erinnern an ihre Tätigkeit in Budapest. Der Chef des Grenzschutzkreises Südwest, Generalleutnant Kusma Grebennik, Stadtkommandant von Budapest bei der Niederschlagung des Aufstandes, wurde nach dem Einsatz a. D. gestellt. Auch der Vizebefehlshaber des Wehrkreises Odessa, Generalleutnant Wladimir Swiridow, 1949–53 OB der Zentralen Heeresgruppe (Österreich/Ungarn) und daher ortskundig, 1956 ebenfalls in Budapest anwesent, wurde schon im März 1957 a. D. gestellt. Malinin starb 1960, Batow, dessen Truppen in Ungarn Schiffbruch erlitten, war 1960–62 Befehlshaber der Heeresgruppe Süd in Budapest, anschließend 3 Jahre Stabschef des Warschauer Paktes. 1970–81 war er Vorsitzender des sowjetischen Veteranenkomitees.
Der Befehlshaber der neugegründeten Heeresgruppe Süd in Budapest, Armeegeneral Michail Kasakow legte jedenfalls Wert darauf zu betonen, daß er erst im Dezember 1956, als der Kampf im wesentlichen zu Ende war, seine Position in Budapest eingenommen hatte.[2] Möglicherweise hatte schon damals ein Mann in Ungarn mitgemischt, der nach Stalins Tod in der Versenkung verschwunden war: Stalins Leib-Generalstäbler Schtemenko, der im Juni 1956, zum Generalobersten befördert, wieder in Moskau auftauchte. Es war ein schlechtes Zeichen.
Chruschtschow zog aus dem ungarischen Debakel Konsequenzen. 1958 räumten seine Truppen Rumänien – womit ein Jahrzehnt später der Weg für Ceauşescus eigenen Kurs in dem einzigen rundum von »Brüdern« umgebenen Land des Ostblocks frei wurde. Sowjettruppen gab es fortan nur noch in der DDR, Ungarn und Polen. Bulgarien, Rumänien[3] und die ČSR (ab 1960: ČSSR) blieben sowjettruppenfrei – bis 1968 die Wiederholung kam.
Während der weltpolitischen Doppelkrise in Ungarn und am Suez zeigten sich die sowjetischen Streitkräfte zwiegesichtig. In praxi hatten Marschall Schukows Truppen bei der Befriedung des 10-Millionen-Volkes der Magyaren erhebliche Schwierigkeiten mit den von Maléter geführten Honveds, in der Theorie war Premier Marschall Bulganin zum ersten Mal in der sowjetischen Geschichte imstande, der ehemali-

gen Weltmacht und dem Ex-Alliierten Großbritannien mit Raketenbeschuß zu drohen. Am 5. 11. 1956 richtete Bulganin an seinen britischen Kollegen Anthony Eden jene historische Botschaft, die Rußlands Anspruch auf die Weltmachtstellung zum ersten Mal mit einem nachdrücklichen Hinweis auf die militärische Überlegenheit der Sowjetunion England *und* Frankreich gegenüber verband:
»Wie wäre die Lage Englands, wenn es selbst von stärkeren Staaten überfallen würde, die über sämtliche Arten moderner Vernichtungswaffen verfügen? Solchen Ländern wäre es heutzutage möglich, von der Entsendung von See- oder Luftstreitkräften zur Küste Englands abzusehen und andere Mittel, zum Beispiel die Raketentechnik, einzusetzen. Würden Raketenwaffen gegen England oder Frankreich eingesetzt, so würden Sie das sicher als ein barbarisches Vorgehen bezeichnen! Wodurch unterscheidet sich aber hiervon der von den Streitkräften Englands und Frankreichs unternommene unmenschliche Überfall auf das fast wehrlose Ägypten?«
Und weiter: »Wir sind fest entschlossen, durch Einsatz von Gewalt die Aggressoren zurückzuschlagen . . . wir hoffen, daß Sie in diesem kritischen Moment die gebührende Einsicht an den Tag legen . . .«[4]
Dies war nicht mehr Josef Stalins vorsichtige Sprache, nicht mehr Molotows begrenztes Kriegsziel im Moment der tiefsten Verzweiflung nach dem deutschen Überfall am 22. 6. 1941 (»Wir werden den Feind von unserem Boden vertreiben«). Dies war die Sprache einer Weltmacht, der nur noch ein Land der Erde ebenbürtig war, die USA.
Dem geschlagenen, politisch endgültig gescheiterten Sir Anthony blieb nur die Erinnerung an seine erste Begegnung mit Stalin. So bezeugte Eden in seinem Memoiren, daß Stalin schon 1935 bei der Betrachtung der Weltkarte, sicher nicht zum ersten Mal, in Erstaunen verfiel, »daß von einer einzigen kleinen Insel so viel abhängen soll«.[5]
Nun war die Macht der Insel zusammengeschrumpft, ihr Weltreich in Auflösung. Das Erwachen der Farbigen kündigte sich an – Moskau war bereit und imstande, kräftig mitzumischen.
Denn im Kreml saß nicht mehr der blutrünstige Tyrann, der um die Grenzen seiner Macht sehr genau Bescheid wußte und nie darüber hinausgriff. Die ungelernten, in den Säuberungen durch Denunziationen hochgekommenen Apparatschiki begannen zu verschwinden, von Technokraten und Wissenschaftlern, von Raketenbauern und den auf den Militärakademien ausgebildeten Kriegsingenieuren verdrängt.

Chruschtschow gedachte durch seine große Verwaltungsreform, die Zerschlagung des bürokratischen Apparates in Moskau, diese Entwicklung zu beschleunigen. Aber je länger er regierte, um so ungeduldiger und selbstherrlicher wurde er. Wie so oft in der zweiten Hälfte seiner Amtszeit, schüttete er mit dieser Reform das Kind mit dem Bade aus. In seinem Bestreben, die Verwaltung zu vereinfachen und die Unfähigen und Ungelernten zu pensionieren, um das Geld für sein Wohlstandsprogramm zu bekommen, tangierte der 1. Sekretär die Interessen derer, die mit ihrer »Sperrminorität« von 20% im Zentralkomitee saßen – die Männer des militärindustriellen Komplexes, dazu die aufgescheuchten Altstalinisten wie Molotow und Lasar Kaganowitsch, die ihr Lebenswerk, eben jenen bürokratischen Wasserkopf der Moskauer Zentrale dahinschwinden sahen. Immerhin hatte Molotow, der von 1930–41 sowjetischer Premier gewesen war, diesen Verwaltungsapparat unter Kaganowitschs intensiver Hilfe errichtet.
Was sich nun (Ende 1956 bis zum Sturz Chruschtschows) in Moskau abspielte, trug tragikomische Züge. Jedesmal, wenn der Parteichef die Axt an den Stamm der Bürokratie ansetzte, kam im Ergebnis der »Reform« ein Rüstungsfachmann an die Spitze – der die Investitionen selbstverständlich zunächst für seine Branche, die Rüstung, abzweigte. Unbeirrbar, mitten in der »Bereinigung« der Ungarn-Krise, führte Chruschtschow am 24. 12. 1956 den ersten Teil seiner Reform durch. Der Vorsitzende der Staatlichen Wirtschaftskommission Maxim Saburow, ehemaliger Gosplanchef und Maschinenbauminister, wurde durch einen anderen Rüstungsfachmann, Michail Perwuchin, 1943–50 Minister für Chemische Industrie, ersetzt.
Dem Wirtschaftsdiktator Perwuchin standen zwei Erste Stellvertreter zur Seite. Generaloberst Malyschew, ehemaliger Panzer-, Schiffsbau- und Atomminister, übernahm die Leitung der Industrie, Gruppe »A« (Produktionsgüter). Die Leitung der Gruppe »B« (Verbrauchsgüter) wurde natürlich Kossygin übertragen.
Sechs Vizepremiers verloren ihre Posten. Aber 2 davon waren eben Malyschew und Kossygin, die sich dafür jetzt weitaus mehr Befugnisse eingehandelt hatten als vorher. Von den anderen 4 Vizepremiers wurde der ehemalige Flugzeugbauminister Generalleutnant Michail Chrunitschew Oberaufseher über die gesamte Rüstungsindustrie, der Rüstungsbauingenieur Wladimir Kutscherenko, ehemaliger Minister für »Bau von Maschinenbaubetrieben« (für Atomindustrie zuständig)

wurde Oberaufseher über das gesamte Bauwesen. Es war wie beim Hasen und Igel – der erste Reformteil brachte wider Erwarten und gegen die Absicht des Initiators Chruschtschows größere Machtbefugnisse für die »Eisenfresser«.
Unverdrossen nahm Chruschtschow 6 Wochen später einen neuen Anlauf. Auf einem ZK-Plenum am 13./14. 2. 1957 wurde der nächste Reformschritt beschlossen, diesmal mit größerer Aussicht auf Erfolg. Im Gegensatz zum Dezemberplenum des ZK, auf dem er nicht einmal auftreten durfte, so daß die Rüstungsbosse seine Pläne in ihr Gegenteil verkehren konnten, referierte er jetzt »über die Vervollkommnung der Organisation der Industrie und des Bauwesens«.
Trotzdem konnte Chruschtschow sich jetzt auch noch nicht voll durchsetzen – die Manager waren stärker als er. Einen Tag vor dem ZK-Plenum war eine ungewöhnlich lange Sitzung des Obersten Sowjet zu Ende gegangen. Die Session vom 5.–12. 2. 1957 war vom Grundsatzreferat Perwuchins beherrscht; der professoral aussehende Generalleutnant des ingenieurtechnischen Dienstes mit dunklem Anzug und dunkler Hornbrille war sachkundig und wortgewandt.
Chruschtschow konnte auf dem ZK-Plenum wenigstens erreichen, daß seine Vorschläge durch die Präsidialen und die Minister geprüft und im Entwurf der nächsten Session des Obersten Sowjet vorgelegt werden sollten. Weder sein Referat noch dieser ZK-Beschluß wurden zunächst veröffentlicht. Anderthalb Monate danach, am 30. 3., trat Chruschtschow die Flucht nach vorn an. Er ließ seine Rede publizieren, erklärte sie zur »Diskussionsgrundlage« und gab den Weg zur Veröffentlichung von insgesamt 70 000 Meinungsäußerungen zu Detailfragen seiner Reform frei. Der »kleine Pinja« war wieder einmal unterschätzt worden. Nachdem es schon soviele Äußerungen zu den Einzelheiten in der Parteipresse gab, wagte nun niemand mehr, an der Notwendigkeit der »Vervollkommnung der Organisation« zu zweifeln.
Hinzu kam, daß zwei der einflußreichsten Reformgegner verstorben waren. Der für die Atomindustrie zuständige Minister für Mittleren Maschinenbau, Generalleutnant Sawenjagin, starb am 31. 12. 1956, der oberste Rüstungschef Malyschew am 20. 2. 1957. Die beiden Begründer der sowjetischen Rüstungsindustrie wurden an der Kremlmauer beigesetzt.
Derweil versprach Chruschtschow mehr Butter und mehr Fleisch, rehabilitierte die im Kriege verbannten Völker, empfing Gomulka wie

einen lieben Freund im Kreml, ließ die in der UdSSR lebenden Polen, soweit sie es wollten, ausreisen, schickte Anastas Mikojan nach Wien, um die Fäden zum Westen nach dem Ungarndebakel wiederaufzunehmen und verhandelte sogar mit großer Geduld mit den schwierigen Chinesen Mao Tse-tungs, die ihm zwar davon abgeraten hatten, in Polen militärisch zu intervenieren, ihm aber bei der Niederschlagung der Ungarn – wie immer nur verbal – voll zur Seite standen.
Bereits am 30. 4. 1957, noch vor der Session des Obersten Sowjet, auf dem seine Reform verabschiedet werden sollte, holte Chruschtschow zum entscheidenden Schlag aus: Perwuchins allmächtige Wirtschaftskommission wurde aufgelöst. Perwuchin selbst wurde allerdings Sawenjagins Nachfolger als Minister für Mittleren Maschinenbau – wieder war der Hase vor dem Igel da.
Am 7. 5. 1957 trat der Oberste Sowjet zusammen, Chruschtschows Reform wurde 3 Tage später abgesegnet. Insgesamt wurden 25 Ministerien aufgelöst, die Minister mußten als Chefs der neugegründeten »Volkswirtschaftsräte« vor Ort aufs Land, in die Provinz ziehen.
Aber wieder war es ein Pyrrhus-Sieg des Parteichefs. Zwanzig, höchstens 25 Volkswirtschaftsräte hatte er geplant, 92 wurden ihm abgerungen, am Ende waren es 105. So konnten alle übers Land zerstreuten Manager unterkommen. Und das wichtigste Vorhaben war mißlungen: Perwuchins Ministerium für Mittleren Maschinenbau, Ustinows Ministerium für Verteidigungsindustrie, Malenkows Ministerium für Kraftwerke blieben bestehen, mit ihnen die Ministerien für Flugzeugbau, Schiffsbau, Transportbauwesen und Chemische Industrie.
Obwohl ca. 81% aller Minister und Vizeminister aus Moskau verschwinden mußten, blieben die Rüstungsbosse unangetastet. Allein Stalins alter Stahllieferant, der erste Schiffsbauminister Tewossjan, der als Botschafter nach Tokio abgeschoben worden war, kehrte 1958 nur noch todkrank nach Moskau zurück.
Die Rüstungsbosse konnten ihre Positionen nur behaupten, Kossygin, der Verbrauchsgüterspezialist, konnte in dieser Zeit hingegen seine zweite Laufbahn beginnen. Zunächst wurde er 1. Vizechef des wiedererstarkten Gosplan, an dessen Spitze Chruschtschow, den Managern zum Trotz, einen subalternen Funktionär aus dem ZK-Apparat namens Iossif Kusmin gestellt hatte.
Obwohl die Rüstungsbosse die Auflösung ihrer Ministerien verhindern konnten, wußten sie, daß der beharrliche Parteichef immer wieder

versuchen würde, sein Ziel, die Verminderung auch ihrer Befugnisse, zu erreichen. So verbanden sie sich mit den Altstalinisten im ZK-Präsidium. Am 18. 6. 1957 verlangten Malenkow und Molotow die Einberufung des ZK-Präsidiums. Bulganin führte den Vorsitz, Malenkow klagte Chruschtschow an. Nach 4 Tagen Dauerdebatte (Chruschtschow schlief in dieser Zeit – wie 5 Jahre später während der Kubakrise – auf der Couch in seinem Arbeitszimmer) war Chruschtschow verloren. Die, wie er sie später nannte, »arithmetische Mehrheit« der Altstalinisten Malenkow, Molotow, Kaganowitsch, Woroschilow, verbunden mit den Sprechern des Management Bulganin, Perwuchin und Saburow, hatte gesiegt. Nur Mikojan und Suslow standen zum Parteichef.
Chruschtschow wurde abgesetzt. Damit schickten die Politbürokraten zum ersten Mal in der Geschichte der KPdSU den 1. ZK-Sekretär in die Wüste. Molotow sollte Parteichef, Malenkow wieder Ministerpräsident werden. Hämisch bot Molotow dem Geschaßten das Landwirtschaftsministerium an. Jeder andere hätte wohl aufgegeben. Nicht Chruschtschow. Nach der verlorenen Schlacht im ZK-Präsidium leitete er jenen Rückzug ein, der 7 Jahre später Breschnews Machtergreifung ermöglichte.
Chruschtschow besann sich auf die Parteisatzung. Wie jede andere Partei hat auch die KPdSU ein Parteistatut. Selbstverständlich steht in diesem Statut nicht, daß der Parteichef 70% seiner Mitarbeiter den Hinrichtungspelotons übergeben darf, wenn ihm die Leute nicht mehr passen. Stalin scherte sich um kein Statut, er ließ eben liquidieren.
Chruschtschow konnte niemanden liquidieren, er war selbst ein Gefangener im Kreml. In seiner Not besann er sich auf das Statut: »Ich bin ein vom Zentralkomitee gewählter Sekretär, ich kann nur vom Zentralkomitee abgewählt werden.« Hier trat Marschall Schukow auf den Plan. Bis dahin hatte sich die Führung der Sowjet-Armee im Streit des Parteichefs mit den Managern und Altstalinisten neutral verhalten. Ein Eingreifen schien auch nicht notwendig, denn die Rüstungsministerien bleiben ja unangetastet. Mit den Stalinknappen vom Schlage Malenkows, Molotows, Kaganowitschs und Woroschilows aber hatte die Armee nichts im Sinn. Dies gab dann auch den Ausschlag für Schukows Eingreifen. Stalins alte Bluthunde, die jede der 383 Proskriptionslisten der Säuberung mit abgezeichnet hatten, an der Spitze der Partei und des Staates zu wissen, hieße die Hoffnung auf die vollständige Wiederherstellung der Ehre der Roten Armee für immer begraben zu wissen.

Selbstverständlich wußte Schukow um das Risiko, das er mit seinem Eintreten für Chruschtschow einging. Jedermann konnte sich leicht ausrechnen, daß der zähe Parteichef, im Amt belassen, seine Reform konsequent weiterführen würde. Aber Schukow wußte auch um die Belohnung, die ihm winkte – den Sitz eines Vollmitgliedes im ZK-Präsidium. Als ZK-Präsidialer mit beschließender Stimme würde er, der Sieggewohnte, imstande sein, den von ihm geretteten ZK-Sekretär von der Verminderung des Einflusses der Waffenlieferanten abzuhalten. Als Kandidat des ZK-Präsidiums hatte Schukow nur eine beratende Stimme. Er und die anderen 5 Kandidaten, darunter Breschnew, standen im Gegensatz zu der Mehrheit der Vollmitglieder voll und ganz hinter dem Parteichef, konnten aber keine Beschlüsse herbeiführen, weil die nicht abstimmungsberechtigt waren.
Spätere Gerüchte besagten, daß Schukow Jets zur Verfügung stellte, um das ZK nach Moskau einzufliegen. Generalmajor Pjotr Grigorenko, der einzige, inzwischen ausgewanderte und ausgebürgerte, General-Dissident, weist in seinen Memoiren darauf hin, daß es für Schukow völlig ausreichte, mit dem Eingreifen der Armee bei Nichtzustandekommen einer ZK-Sitzung zu drohen.
Dies ist die zweifellos wahrscheinlichere Version. Eine zweite bewaffnete Autorität neben der Armee hat es in Moskau zu jener Zeit nicht gegeben. Nach der Rehabilitierung der verbannten Völker war der KGB-Chef Serow diskreditiert und wurde anderthalb Jahre später abgeschoben, degradiert und letztendlich aus der Partei ausgeschlossen. Auch der Innenminister (MWD), Generaloberst Kruglow, war am 31. 1. 1956 durch einen Parteifunktionär namens Nikolai Dudorow, bis dahin Leiter der ZK-Abteilung für Bauwesen, ersetzt worden.
So genügte das Machtwort des »Volksmarschalls«. Die ZK-Präsidiumssitzung ging in eine ZK-Sitzung über. Es war eine echte Vollsitzung, mit den ZK-Kandidaten und den Mitgliedern der Zentralen Revisionskommission. Von 313 Teilnehmern meldeten sich 60 zu Wort, 155 gaben ihre Meinung schriftlich kund.
Die Schlechten ins Kröpfchen, die Guten ins Töpfchen – Lohn und Strafe wurden am 29. 6. 1957 verteilt.
Malenkow, Kaganowitsch und Molotow wurden (in dieser Reihenfolge) nicht nur aus dem ZK-Präsidium, sondern auch aus dem Zentralkomitee selbst ausgeschlossen. Malenkow nach 18, Kaganowitsch nach 33, Molotow nach 36 Mitgliedsjahren. Zugleich verloren sie ihre Äm-

ter im Ministerrat: Kaganowitsch und Molotow als 1. Vizepremiers, Malenkow als Vizepremier und Kraftwerkminister. Molotow, der mitten in der Ungarnkrise, am 20. 11. 1956, noch das Amt des Kontrollministers ergattert hatte, wurde von diesem Amt gar nicht mehr befreit. Das ehemals so gefürchtete Kontrollministerium, Stalins Sprungbrett zur Macht, wurde am 23. 8. 1957 in eine »Kommission für Sowjetkontrolle« umgewandelt, ohne daß Molotow in diesem neuen Amt bestätigt wurde. Kaganowitschs letztes Ministeramt für Baustoffe war bereits im Zuge der Chruschtschow-Reform am 10. 5. aufgelöst worden.

Die Manager Perwuchin und Saburow kamen, von gewichtigen gleichgesinnten Reformgegnern im ZK gedeckt, weitaus besser weg (im Grunde war es doch eine Abrechnung mit den Altstalinisten, nicht ein Eintreten für Chruschtschows Pläne gewesen). Saburow mußte das ZK-Präsidium verlassen, nicht aber das Zentralkomitee selbst. Perwuchin wurde nur zum ZK-Präsidiumskandidaten zurückgestuft.

Mit einem Abstand von einer Woche gingen die beiden am 5. 7. 1957 ihrer Position als 1. Vizepremiers verlustig. Am 24. 7. wurde Perwuchin vom Amt des Ministers für Mittleren Maschinenbau entbunden und zum Vorsitzenden des Staatskomitees für außenwirtschaftliche Beziehungen ernannt – mit Saburow als Stellvertreter.

Die Bestrafung Bulganins und Woroschilows, der beiden Marschälle unter den »Parteifeinden«, wurde vorerst zurückgestellt – zumal die beiden im Laufe der ZK-Sitzung zu den nunmehr stärkeren Bataillonen überliefen –, sonst wäre der Kahlschlag in der Parteispitze schon vom Optischen her zu augenfällig gewesen. Aber die Zeit des ersten und des letzten Stalin-Marschalls war abgelaufen. Zwar amtierte Bulganin noch ein Dreivierteljahr als Premier, doch am 27. 4. 1958 übernahm Chruschtschow – wie Stalin – in Personalunion, selbst die Regierungsspitze. Der zum Generalobersten degradierte Bulganin durfte noch viereinhalb Monate in dem ihm so vertrauten Amt des Vorstandschefs der Staatsbank verbringen, dann wurde er als Vorsitzender des Volkswirtschaftsrates der Region Stawropol an den Kuban abgeschoben, am 5. 9. 1958 aus dem ZK-Präsidium entfernt, im Februar 1960 pensioniert (nicht als ein »Personalpensionär«). Als der 79jährige am 24. 2. 1975 starb, meldete es die Regierungszeitung »Iswestija« in 8 Zeilen.

Woroschilow wurde am 4. 5. 1960 als Staatspräsident durch Breschnew

abgelöst, am 10. 7. aus dem ZK-Präsidium entfernt, im darauffolgenden Jahr, nach 40jähriger Mitgliedschaft, nicht mehr ins ZK gewählt. Zu seinem 100. Geburtstag am 4. 2. 1981 machte der inzwischen selbst 79jährige Marschall Moskalenko in der »Prawda« den Versuch, sogar das achttägige Kommando des Versagers an der Leningrader Front in einen Erfolg umzumünzen – aber die Armeezeitung »Roter Stern« zog da ebensowenig mit wie das Regierungsorgan »Iswestija«.
Die durch Schukows Eingreifen zu Chruschtschows Gunsten entschiedene Krise der Parteispitze im Juni 1957 beendete 4 Jahre nach dem Tode des »Obersten« die schmerzhafte Befreiung von Stalin. Die Abnabelung war vollzogen. Von den 10 Stalinerben des 5. 3. 1953 waren 4 Jahre danach nur noch Chruschtschow und Mikojan übriggeblieben (wenn auch Bulganin, Woroschilow und Perwuchin noch nominell im ZK-Präsidium saßen, so doch ohne jeden Einfluß auf die Geschäfte). Die Abrechnung mit der Vergangenheit wurde damit im ZK als abgeschlossen betrachtet. Die am meisten belasteten Staatspolizisten waren erschossen, die blutigsten Säuberer Schkirjatow und Wyschinski, Ulrich und Mechlis, Kulik und Schtschadenko verstorben. Hier wurde umgekehrt verfahren als sonst. Die Großen wurden bestraft, die Kleinen ließ man laufen – was manchmal recht peinlich war.
Im Frühjahr 1962 trat »im Kreise von Offizieren und Generalen« ein Generalleutnant auf den Armeegeneral Gorbatow zu und sagte: »Ich merke, daß Sie mich nicht wiedererkennen, Genosse Gorbatow, ich bin Fominych, ehemals Kommissar des 6. Kavalleriekorps, jetzt schon lange im Ruhestand. Ich wohne jetzt in Leningrad.« Der 71jährige Gorbatow, selbst seit 4 Jahren nicht mehr aktiv, aber als ein Armeegeneral wie bei diesem Rang üblich der Gruppe der Generalinspekteure des Verteidigungsministeriums als »Militärinspekteur-Berater« zugehörig, antwortete: »Es stimmt, Genosse Fominych, ich habe Sie zuerst nicht erkannt, aber es schien mir gleich, daß ich Sie schon irgendwo gesehen habe. Jetzt erinnere ich mich. Besonders daran, wie Sie als Kommissar des Korps aus Moskau ein Telegramm schickten, in dem Sie empfahlen, mir keine Uniform auszuhändigen. Wenige Tage darauf wurde ich aus der Armee entlassen, und was nachher geschah wissen Sie.« Gorbatow schließt die Szene mit der trockenen Bemerkung: »Fominych wurde der erneuerten Bekanntschaft nicht recht froh.«[6]
Solche Begegnungen gab es in den 60er Jahren nicht wenige – bis die Henker und die Opfer auszusterben begannen. So starb Stalins »Chef«

Poskrjobyschew 1965 völlig unbehelligt nach schwerer Krankheit. Der 74jährige soll sogar Memoiren hinterlassen haben. Wer jetzt allzu laut in der Vergangenheit bohrte, begegnete dem Unmut derer, die aus schlechtem Gewissen, dem Ekel vor der Erinnerung oder aus schlichter Trägheit des Herzens die Vergangenheit ruhen lassen wollten.
Dies sollten sowohl Schukow als auch Chruschtschow alsbald erfahren – jene beiden Politiker in Moskau, die an weiteren Abrechnungen, wenn auch aus zum Teil verschiedenen Gründen, interessiert waren.
Vorerst, in dem Vierteljahr zwischen Juli und Oktober 1957, war Schukow wieder einmal Held des Tages. Zusammen mit Breschnew und 5 weiteren Chruschtschow-Anhängern aus dem Parteiapparat zog er anstelle der 6 »Parteifeinde« als Mitglied ins ZK-Präsidium ein. Der 60jährige Marschall war am Ziel – zum ersten Mal in der sowjetischen Geschichte saß ein Berufsmilitär mit am Tisch der Macht, genau 20 Jahre nach der Liquidierung Tuchatschewskis, Uborewitschs und Jakirs.
Vierzig Jahre hatte die sowjetische Generalität gebraucht, um in die Schaltzentrale der zweiten Weltmacht zu kommen, 20 Jahre, um den blutigen Schlag gegen die Armee zu überwinden. Jetzt war sie mit ihrem größten Soldaten im Politbüro vertreten.
Von nun an gab es ein Vierteljahr lang 2 Herren in Moskau: den Marschall und den Sekretär. Der Sekretär war äußerst reiselustig; der Marschall, im Februar 1957 zum ersten Mal seit Tuchatschewskis Zeiten alleine auf einer ausgedehnten Indienreise, wo er gebührend bestaunt und gefeiert wurde, bereitete sich auf eine triumphale USA-Reise vor. Die Einladung des Waffenkameraden aus dem Weißen Haus sollte endlich in einen Staatsbesuch umgemünzt werden. Wieder begann sich das alte Bild abzuzeichnen: Zwei Herren zugleich kann die Struktur der UdSSR nicht vertragen, einer muß weichen.
Zumal sofort nach dem Hinauswurf der Reformgegner sachliche Gegensätze aufbrachen. Chruschtschow wollte nun auch die Rüstungsressorts beschneiden, Schukow aber fühlte sich mit seinen Argumenten stark wie nie zuvor. Denn eben in jenem Sommer 1957 überholte die Sowjet-Armee die US-Army zum ersten Mal.
Am 12. 6. 1957 wurde in den USA die erste Interkontinentalrakete »Atlas« erprobt – ohne Erfolg. Am 26. 8. 1957 glückte den sowjetischen Gegenspielern zum ersten Mal der Start einer Interkontinentalrakete. Nicht nur Schukow war am Ziel – der Ausbruch aus der

Einkreisung durch die US-Stützpunkte zeichnete sich am Himmel ab. Koroljow, der Konstrukteur der gebündelten sowjetischen Raketen, stand kurz vor dem Aufbruch in den Weltraum.
Parteichef Chruschtschow war sich darüber im Klaren, daß nur noch ein Schritt, der Schritt in den Weltraum eben fehlte – und er kann seine Pläne zur Wohlstandshebung seiner Bürger begraben. Daß für verstärkte Rüstung *und* für verstärkte Konsumgüterversorgung, bei den unberechenbaren russischen Ernteergebnissen zumal, nicht genug Mittel vorhanden sind und nie sein werden, das wußte er mittlerweile.
Zwar konnte Chruschtschow bei der Umbildung der Parteispitze einen wichtigen Sieg verbuchen. Alexej Kossygin, der einzige Konsumgüterfachmann von Gewicht neben dem wendigen Anastas Mikojan (dessen Bruder Artjom 2 Jahre zuvor die »MiG-19« und 2 Jahre danach die »MiG-21« ablieferte), wurde am 29. 6. wieder Kandidat des ZK-Präsidiums und am 5. 7., zugleich mit dem Ausscheiden der Reformgegner aus der Regierung, wieder Vizepremier.
Aber gegen die Phalanx der durch die Raketenerfolge beflügelten, kurz vor dem Beginn des Weltraumzeitalters stehenden Männer um Schukow und den Rüstungschef Ustinow konnten Chruschtschow und Kossygin nicht bestehen, da waren ihre Bataillone zu schwach.
So inszenierte Chruschtschow, um den selbstbewußten Marschall endgültig loszuwerden, einen »umgekehrten Staatstreich« – er setzte den Verteidigungsminister während einer Auslandsreise ab. So etwas hatte es in der sowjetischen Geschichte niemals gegeben, der Vorgang blieb einmalig.
Was Chruschtschow dabei zupaß kam, war Schukows Unbeliebtheit bei seinen Marschallskollegen. Der »Volksmarschall« war charakterlich seinem »Obersten« Stalin gar nicht unähnlich. Schukow war jähzornig, mitleidlos und voller Verachtung den Unfähigen gegenüber. Und unfähig waren in seinen Augen nur allzuviele der alten Kriegskameraden. Der Haß zwischen ihm und Konew war bekannt, aber auch die anderen Marschälle waren nicht gerade Schukows Freunde. Kurzum, Schukow besaß Bewunderer im Volk und im Ausland, aber ausreichend Neider und Mißgünstige in der Armeespitze. So rührte die Armee keinen Finger, als Chruschtschow im Oktober 1957 zum Schlag gegen den Verteidigungsminister ausholte. Schließlich sollten einige der Kameraden von seinem Sturz auch profitieren – und mit Chruschtschows Reformplänen gedachten sie auch ohne Schukow fertigzuwerden.

Am 4. 10. 1957 verließ Schukow in Begleitung seines Politchefs Generaloberst Scheltow (gegenwärtig immer noch im Dienst als Chef des Veteranenkomitees) Moskau, um sich auf einer ausgedehnten Reise durch Jugoslawien und Albanien von Marschall Tito und Generaloberst Enver Hodscha ausgiebig feiern zu lassen. Niemand von den ZK-Präsidialen begleitete ihn zum Flugzeug – nur sein Intimfeind Konew und einige Beamte des Außenministeriums.
Schukow flog nach Sewastopol, um sich dort auf dem Kreuzer »Kubyschew« einzuschiffen.
Bis zum 25. 10. berichtete die Parteipresse regelmäßig, aber nicht übertrieben groß aufgemacht, über die Reise. Als Schukow am 26. 10. wieder in Moskau einflog, war der Ukas über seine Ablösung bereits ausgefertigt und vom Staatschef Marschall Woroschilow, einem seiner Todfeinde, unterschrieben. Schukows Nachfolger Marschall Malinowski führte ihn geradewegs vom Flugplatz zum ZK-Gebäude am Alten Platz.
Der Kriegsmann, der sich auf einem Schimmel über die Schlachtfelder reitend malen ließ, übte eine sehr mäßige Selbstkritik; er war doch noch gefügiger als Molotow, der bei der Abstimmung über seine eigene Absetzung im Juni Stimmenthaltung geübt hatte. Am 3. 11. 1957 wurde Schukow aus dem ZK ausgeschlossen, im März 1958 in den Ruhestand versetzt – der einzige Sowjetmarschall, der nicht bis zum Tode im Dienst geblieben war.
Ausgerechnet Schukow, der Retter Moskaus und Eroberer Berlins, in dessen kurze, nur 2¾ Jahre währende Amtszeit als Verteidigungsminister so wichtige militärpolitische Entscheidungen fielen wie die Gründung des Warschauer Pakts, die Räumung österreichischer und chinesischer Außenposten – und der erfolgreiche Start der ersten Interkontinentalrakete.
Daß er nichts von seinem Selbstbewußtsein eingebüßt hatte, zeigt der Titel seiner glänzend geschriebenen Memoiren: »Erinnerungen und Gedanken«. Die Politik reichte ihm für immer. Unter Hinweis auf seinen Reitstall, der seine volle Aufmerksamkeit beanspruchte, lehnte er angeblich 1961 ab, den Oberbefehl in der DDR während der Berliner Mauer-Krise zu übernehmen, um die Deutschen und ihre Verbündeten zu schrecken. Die Rolle wurde natürlich von Konew übernommen.
Konew schrieb im Oktober 1957 ein paar Hetzartikel gegen den ge-

schaßten Rivalen, dann wurde die Kampagne gegen Moskaus berühmtesten lebenden Soldaten angesichts der 40. Jahresfeier der Oktoberrevolution abgebrochen.
Es fehlte ihm ohnehin an nichts. Schukow war bei vollen Bezügen samt allen ihm zustehenden Bediensteten wie Adjutant, Chauffeur, Gärtner etc. in den Ruhestand geschickt worden. Seine 3 Töchter Ära, Ella und die der zweiten Ehe entstammende Marija umsorgten ihn. Erst als seine (zweite) Frau Galina, eine Militärärztin im Range eines Oberstleutnants d. R., im November 1973 verstarb, ging es bergab – zumal Schukow schon 1972 einen leichten Schlaganfall erlitten hatte. Dem am 18. 6. 1974 mit 77 Jahren verstorbenen Marschall war ein Platz an der Kremlmauer sicher: Schon 1965, zum 20. Tag des Sieges, stand er auf der Tribüne über dem Mausoleum – während der Rivale Konew zu Feiern nach Berlin geschickt wurde.
Ein Vierteljahr nach Schukows Sturz hatte es Chruschtschow nun geschafft. Die Rüstungsministerien wurden zu Staatskomitees des Ministerrates »für Verteidigungstechnik«, »Radioelektronik«, »Flugzeugtechnik« und Schiffsbau umgewandelt.
Aber wieder war der Hase schneller. Generaloberst Ustinow, bislang Minister für Verteidigungsindustrie, wurde am gleichen Tage, dem 14. 12. 1957, Vizepremier mit der Oberaufsicht Rüstung.
Im übrigen war das Timing der Schukow-Absetzung geradezu superb. Seine Abreise nach Jugoslawien am 4. 10. 1957 ging im unbeschreiblichen Jubel über den Start des ersten »Sputnik« unter, seine Rückkehr und Absetzung wurden vom Freudentaumel über den Start des ersten »Lunik«, der Mondrakete, am 3. 11. 1957 überdeckt.
Das Weltall war der Sowjetunion offen – vor den USA. Dreieinhalb Jahre später, am 12. 4. 1961, stieg der 27jährige Russe Jurij Alexejewitsch Gagarin als erster Mensch in den Weltraum.
Gagarin war ein Oberleutnant der Sowjetarmee.

33
Ausbruch von der Erde

Kein Ereignis in den 65 Jahren der Sowjetmacht, nicht einmal der Sieg von 1945, hat die Russen so aufgewühlt wie der Start des ersten »Sputnik« (russisch: Begleiter) am 4. 10. 1957.
Nach Demütigungen und Rückschlägen, nach Verheerungen durch äußere Feinde und Vernichtungen durch eigene Herren erfaßte die Nation eine nie dagewesene Euphorie:
Zum ersten Mal in ihrer 1100jährigen Geschichte waren die Russen oben – buchstäblich höher als alle anderen Völker der Welt. Der erste Schritt ins Weltall gelang weder den fortschrittlichen Amerikanern noch den geschäftstüchtigen Briten noch den geistreichen Franzosen noch den tüchtigen Deutschen. Ausgerechnet jene Nation Europas, die von den anderen ihrer Rückständigkeit wegen mitleidig belächelt wurde, schaffte den Ausstieg von der Erde.
Dreieinhalb Jahre später, am 12. 4. 1961, steigerte sich die Euphorie zum frenetischen Jubel. Der erste Mensch im Weltraum war ein Russe! Nun gab es keinen Zweifel mehr: Die Überlegenheit des russischen Menschen und des Sowjetsystems war bewiesen.
Der kleine schlanke Oberleutnant, der während seines anderthalbstündigen Fluges zum Major befördert wurde, erlebte nach seiner Rückkehr den triumphalsten Empfang, den Moskau je einem seiner Söhne bereitet hatte. Ein neuer Ehrentitel eines »Flieger-Kosmonauten des UdSSR« wurde für Gagarin und die, die ihm folgen sollten, gestiftet, obligatorisch mit dem Stern eines »Helden der Sowjetunion« und dem Leninorden verbunden.
Gagarin wurde mit Bedacht ausgewählt. Ein größerer Russe hätte nicht in das Geschoß gepaßt, das ihn in den Weltraum trug. Major German Titow, Kosmonaut Nr. 2, war fülliger. Außerdem trug Titow einen deutschen, Gagarin aber einen urrussischen Namen. Ausschlaggebend aber war neben der schlanken Statur der Familienname – urrussisch, das heißt tatarischer Herkunft – ein berühmtes russisches Fürstengeschlecht trug diesen Namen.
Während sich die Massen im In- und Ausland für den zierlichen Passagier in der Kapsel des »Wostok« (Osten)-Raumschiffes begeisterten, feierten die wenigen Eingeweihten einen untersetzten, zu Fettleibigkeit

neigenden, herzkranken Mitfünfziger mit Adlerprofil und energischem Kinn im runden Gesicht. Der Name dieses Mannes war zu seinen Lebzeiten Moskaus bestgehütetes Staatsgeheimnis. Die menschliche Fracht im Weltraum sollte jeder kennen, der Name des Lenkers der Last und des Schöpfers des Flugkörpers sollte geheim bleiben. Auch heute noch, nach 91 bemannten sowjetischen Weltraumstarts in 21 Jahren, ist der Name von Sergej Pawlowitsch Koroljow weitgehend unbekannter als der des Gegenspielers Wernher v. Braun.

Teils liegt es natürlich daran, daß Koroljows »Name zu seinen Lebzeiten nirgendwo genannt wurde und er für Millionen Menschen der geheimnisvolle Chefkonstrukteur blieb«[1]. Erst nachdem Koroljow am 14. 1. 1966 verstarb, erfuhr die Öffentlichkeit, daß der Mann, der da an der Kremlmauer beigesetzt werden sollte, der Schöpfer der Weltraumschiffe »Wostok« (Osten) und »Woßchod« (Sonnenaufgang) gewesen war.

Koroljows Probleme, Schwierigkeiten und Triumphe waren denen v. Brauns nicht unähnlich. Auch er mußte mit dem Unglauben, der Unwissenheit und Ignoranz bis in die höchsten Stellen kämpfen, auch er siegte, weil er nicht nur ein genialer Konstrukteur, sondern auch ein überzeugender Träumer und ein geradezu perfekter Organisator war. Koroljows Durchsetzungsvermögen und Überredungsgabe – schließlich ging es in Rußland wie in Amerika um Unsummen Geld für eine phantastische Sache – überwanden alle Hindernisse. Wie v. Braun fand er die richtigen Gönner und die kongenialen Mitarbeiter.

Koroljow schaffte es aber als erster, weil in Rußland der geistige Boden für die Weltraumfahrt vorbereitet war, weil dort junge Menschen davon träumten, die Pläne der ersten Generation der Weltraumfahrtdenker vom Schlage Ziolkowskis zu verwirklichen, während in den USA erst der »Sputnik-Schock« John F. Kennedy dazu inspirierte, das Ziel der Eroberung des Mondes zu setzen.

Daß Koroljow nach der Zerschlagung und teilweisen Vernichtung der Tuchatschewski nahestehenden »Gruppe zur Erforschung der Rückstoßbewegung« erst als Goldwäscher des GULag am Kolymafluß, dann in einem der »Gelehrtengefängnisse« Berijas gelandet war, spielte für sein Fortkommen ebensowenig eine Rolle wie die Hinrichtung der Auftraggeber v. Brauns im Nürnberger Kriegsverbrecherprozeß. Im Gegenteil – es gehörte doch für einen Mann von Format in Stalins Reich dazu, mindestens einmal gesessen zu haben.

Nach der Freilassung zu Kriegsbeginn war Koroljow sofort wieder dabei. Da er sich schon in dem Gelehrtengefängnis wieder einarbeiten konnte, fiel ihm das auch nicht schwer.
Im ersten Kriegsjahr 1941 wurde die »Entwicklungsgruppe für elektrische- und Flüssigkeitsraketentriebwerke und Raketen«, seit ihrer Gründung am 15. 5. 1929 vom Triebwerksbauer Walentin Gluschko geleitet, in ein »Versuchs-Konstruktionsbüro« (OKB) umgewandelt. Die Gruppe, deren Basis 1940/41 das Flugzeugmotorenwerk Nr. 22 in Moskau, dann das Flugzeugmotorenwerk in Kasan an der Wolga war, hatte bis dahin große Fortschritte gemacht. Schon 1936/38 war Gluschkos Triebwerk »ORM–65« mit dem Raketenflugzeug »RP–318–I« und der von Koroljow konstruierten Rakete »212« erfolgreich. Das Flugzeug war ein Holzeindecker, die Rakete aus Ganzmetall; das Flugzeug wurde vom Boden durch Schleppen gestartet.
Bei den Luftkämpfen an Schukows Chalchin-Gol im September 1939 bewährten sich die Raketen zum ersten Mal als Waffe, als 5 mit Raketengeschossen »RS–82« ausgerüstete Jäger »I–16« 13 japanische Maschinen abschossen.
Nun, nach Koroljows Freilassung, holte Gluschko den Raketenbauer an sein OKB nach Kasan, dort, wo er von 1942–1946 als Vize-Chefkonstrukteur für Flugerprobungen gearbeitet hatte.
Ab 1944 ging Gluschkos Triebwerk mit der Prüfstandnummer »RD–1« nach einem Jahr der offiziellen Stand- und Flugerprobungen in 2 Varianten in Serie. Es gab insgesamt rund 400 Starts mit Jakowlews »Jak–3«, Pawel Suchois »Su–6/7«, Lawotschkins »La–7R« und Petljakows »Pe–2R«. Die beiden Triebwerksvarianten »RD–1X3« und »RD–2« absolvierten staatliche Prüfungen. Stalin selbst bestätigte in seiner Eigenschaften als GKO-Vorsitzender die Prüfungsberichte. Unmittelbar nach Kriegsende bekamen Gluschko und sein engster Mitarbeiter. Dominik Sewruk, den Rotbannerorden. Koroljow wurde zusammen mit 4 anderen Kollegen mit den niedrigsten Sowjetorden, dem »Ehrenzeichen«, gewürdigt.
Nachdem es ihm klar wurde, daß der Weg zur russischen Atombombe noch weit und dornig sein würde, entschloß sich Stalin ein Jahr danach, einen Parallelversuch mit Raketen zu unternehmen. Die Erfahrungen mit der von Koroljow mitkonstruierten »Katjuscha« des in der Säuberung umgekommenen Georgij Langemak bestärkten den Generalissimus in der Meinung, daß es der richtige Weg sei – wenn er nur den

richtigen Mann dazu fände. Am 9. 8. 1946 wurde Koroljow zum Chefkonstrukteur der »Entwicklungsabteilung für zweckgebundene Raketen« ernannt und sogleich auf eine 6-monatige Deutschlandreise geschickt. Über die deutsche »V2« sagte er, daß die »Bekanntschaft damit keine Offenbarungen« gebracht hätte. Trotzdem stellte er nach ausgiebigen Gesprächen mit den dann Betroffenen eine Liste der deutschen Experten zusammen, die in der Nacht vom 22./23. 10. 1946 nach Rußland abtransportiert wurden und dort bis 1950/54 bleiben mußten.[2]

Der – 1953 aus Rußland zurückgekehrte – Helmut Gröttrup, Leiter der Gruppe der »V2«-Spezialisten, hat stets betont, daß die Deutschen nicht an der Entwicklung der sowjetischen Trägerrakete gearbeitet, sondern lediglich ihr Fachwissen weitergegeben hätten.

Während der Auslandsreise Koroljows stellte der ihm zugeteilte Generalleutnant der Artillerie Wassilij Wosnjuk das »große Forschungskollektiv« zusammen. Wieder wurden Lager nach Spezialisten durchkämmt.

Der 49jährige Ukrainer Wosnjuk, seit 1925 im Dienst, seit 1930 Parteimitglied, hatte im Krieg eine kometenhafte Karriere gemacht. Zu Kriegsbeginn war der möglicherweise in der Säuberung degradierte Artillerist Zugführer in einem Artillerieregiment, bis September 1941 war er bereits zum Major aufgestiegen und mit dem Rotbannerorden ausgezeichnet.

Am 13. 9. 1941 wurde Wosnjuk für drei Minuten von Stalin empfangen, da er am nächsten Tage seine neue Stellung als Stabschef der »Minenwerfergruppe« (»Katjuschas«) antreten sollte. Stalin verdonnerte Wosnjuk zur absoluten Geheimhaltung über die der Stawka unterstellten neuen Waffen und ihren jeweiligen Standort.[3] Ein Jahr darauf war Wosnjuk Generalmajor der Artillerie. Er beendete den Krieg als Generalleutnant und Vizebefehlshaber der Artillerie der 3. Ukrainischen Front. Sein Chef war Mitrofan Nedelin, der spätere erste OB der Raketentruppen.

Wosnjuk begann unter primitivsten Bedingungen. Der Stab, die Werkstätten, die Wohnstätten, die Speiseräume, kurzum alles, hauste in Erdhöhlen und Zelten in der Steppe Kasachstans. Die Gelehrten, die Techniker, die Arbeiter, die Militärs, die Wachmannschaften der Staatspolizei, alle die am Projekt beteiligt waren, wuschen sich aus dem Eimer. Im Winter mußte man morgens erst das Eis im Eimer zerkleinern, im Frühling kamen die Sandstürme. Der Sand war überall: in den Stiefeln, im Brot, in den Schlafsäcken. Während der Schlammperioden im Herbst und Frühling stand der Schmutz bis zum Knie – selbst die robusten russischen Autos kamen zuweilen nicht durch.

Koroljow kehrte im Februar 1947 aus dem Ausland zurück. Er wurde von Stalin empfangen, der »äußerlich zurückhaltend«, wie immer die Pfeife im Mund, zuhörte und dann unzählige Fragen stellte. Stalins besonderes Interesse galt der Zielgenauigkeit von Koroljows künftiger Rakete. Dann flog Koroljow in die Steppe zu seinem »Montagekorps« – einem riesigen Zelt, in dem die Konstrukteure und Ingenieure arbeiteten. Die Metallkonstruktion des Prüfstandes erhob sich 45 Meter hoch über einer Erdmulde gen Himmel.

Außer dem Forschungsteam konnte sich niemand von der Mannschaft einen Reim auf Koroljows Schöpfung machen. Die meisten glaubten, es sei eine Weiterentwicklung der im Kriege so erfolgreichen »Katjuschas«. Ein Neuling suchte nach Schienen für den Start.

Die »Generalprobe« vor der Abnahme des ersten Starts durch die staatliche Kommission fand an einem Abend im Oktober 1947 statt. Es funktionierte alles. Rüstungschef Ustinow wurde benachrichtigt, der den übernächsten Tag, den 16. 10., zum Abnahmetermin bestimmte. Am 18. 10. 1947 erhob sich Koroljows erste Vorläuferin der Interkontinentalraketen in den Himmel über der Steppe. Die Menschen liefen nach dem Verschwinden des Feuerschweifs aus den Erdhöhlen und aus den in den Bodenvertiefungen versteckten Autos heraus. Ustinow gratulierte allen. Koroljow stand in seiner abgetragenen Lederjacke abseits, seine Augen waren voller Tränen. Wosnjuk gratulierte ihm zum »Geburtstag« der neuen Ära. Bis Ende November folgten 10 weitere Testflüge der »R-1«.

Koroljow, seit 1945 Dozent am neugegründeten, von Gluschko geleiteten Lehrstuhl für Raketentriebwerke an der Hochschule für Flugwesen in Kasan, wurde korrespondierendes Mitglieder der Akademie der Artilleriewissenschaften. Die Akademie, am 10. 6. 1946 beim Streitkräfte-Ministerium gegründet, sollte sich mit der Weiterentwicklung der Artillerie befassen. Ihr Präsident war Generalleutnant d. A. Alexandr Blagonrawow, Mitglied der AdW und einer der bedeutendsten sowjetischen Ballistiker. Von 1963 bis zu seinem Tode 1975 leitete Blagonrawow die Kommission für Erforschung und Nutzung des Weltraumes bei der AdW.

Die Akademie, seit 1950 unter Leitung des Hauptmarschalls Woronow, hatte sich nicht bewährt. Die stürmische Entwicklung der Atomraketen »forderte einen anderen Zugang zu der Organisation der Forschungsarbeit«; mit anderen Worten, der Einfluß der alten Artilleristen vom Schlage des Kriegshelden Woronow ging zurück. Nach Stalins Tod wurde die Akademie im April 1953 aufgelöst.

Ein Jahr nach dem ersten erfolgreichen Start in der Steppe, im Oktober 1948, gelang Koroljow ein weiterer Durchbruch. Die erste ballistische Flüssigkeitsrakete stieg in den Himmel. Dann verschwand der Konstrukteur wieder in einem Gelehrtengefängnis – warum und wohin, ist bis heute nicht bekannt. Drei Jahre vergingen, bevor Koroljow – nun wieder in Freiheit – seine zweite Frau Nina in die Arme schließen konnte.

1952 aus dem Gefängnis entlassen, nahm Koroljow nach Berijas Verhaftung in Malyschews Ministerium für Mittleren Maschinenbau (wobei Rüstungsminister Ustinow als Verbindungsmann zwischen den Konstrukteuren und den Politikern fungierte) die Arbeit an einer »Superrakete« auf, die »jeden Ort der Erde erreichen und bei entsprechender Modifizierung in den Weltraum vorstoßen konnte«.[4]

Aber es gab immer noch Widerstand, insbesondere von Koroljows gefährlichstem Rivalen Wladimir Tschelomej aus dem polnischen Siedlce, 1937 Absolvent des Kiewer Luftinstituts, Parteimitglied seit 1941 und seit 1944 Chefkonstrukteur. Tschelomej, ein ehrgeiziger Opportunist, war seit 1941 am Zentralen Flugzeugmotoreninstitut tätig, wo er bereits im Jahr darauf das erste sowjetische Luft-Raketentriebwerk schuf. In Lawotschkins »La–11« installiert, nahm die Maschine im August 1947 an der traditionellen Luftparade in Tuschino teil. Koroljows und Gluschkos Sterne sanken, Koroljow wurde verhaftet, Gluschkos Institut Tschelomej unterstellt. Koroljows Ideen konnten erst verwirklicht werden, als ihm Hilfe von Rußlands bedeutendstem Vibrationsexperten Mstislaw Keldysch zuteil wurde.

Dieser entstammte wie so viele russische Gelehrte einer Familie mit mannigfaltigen Talenten. Keldyschs Vater Wsewolod, Professor an der Akademie für Militäringenieure, Generalmajor des ingenieurtechnischen Dienstes, hatte sowohl die Moskauer Metro als auch den Moskwa-Wolga-Kanal mitprojektiert, Keldyschs Bruder Jurij ist einer der bedeutendsten sowjetischen Musikwissenschaftler.

Mstislaw Keldysch absolvierte die Moskauer Universität mit 20 Jahren

Oben: (V. l. n. r.) D. F. Ustinow, Rüstungsminister 1941–57, Wehrminister seit 1976, Anastas Mikojan, GKO-Mitglied 1942–45, R. Ja. Malinowski, Wehrminister 1957–67.

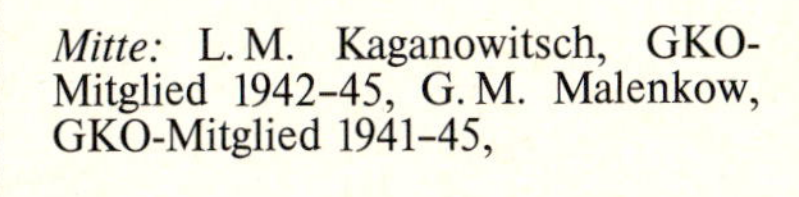

Mitte: L. M. Kaganowitsch, GKO-Mitglied 1942–45, G. M. Malenkow, GKO-Mitglied 1941–45,

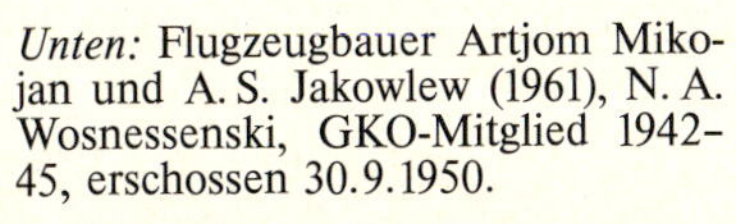

Unten: Flugzeugbauer Artjom Mikojan und A. S. Jakowlew (1961), N. A. Wosnessenski, GKO-Mitglied 1942–45, erschossen 30. 9. 1950.

N. N. Woronow, Hauptmarschall d. Art., Chef der Artillerie 1937–40 und 1941–50.

N. A. Bulganin, Marschall 1947–58, GKO-Mitglied 1944–45, Wehrminister 1947–49 und 1953–55.

S. L. Sokolow, Marschall, 1. Vize-Wehrminister seit 12.4. 1967, ZK-Mitglied seit 10.4. 1968.

A. M. Wassilewski, Generalstabschef 1942–45 und 1946–48, Wehrminister 1949–53.

M. M. Saizew, 59, Armeegeneral, seit 4.12.1980 OB Deutschland, ZK-Mitglied.

und trat anschließend in das Zentrale Aerohydrodynamische Institut (ZAGI) ein. 1937 wurde er Professor an der Moskauer Uni. Der Mitarbeiter des Mathematikinstituts der AdW befaßte sich mit den vielfältigen Vibrationsproblemen, Arbeiten über »Vibrationen der Flugzeuge« (1942) und »Das ›Tanzen‹ des Vorderrades am 3-Rad-Chassis« (1945) waren bahnbrechend. 1942 erhielt Keldysch seinen ersten Stalinpreis, 1943 wurde er korrespondierendes Mitglied der AdW, 1946 folgte der zweite Stalinpreis und die Wahl zum Vollmitglied der Akademie. Am 29. 11. 1946, ein knappes halbes Jahr nach der Betrauung Koroljows mit der Leitung der Entwicklungsabteilung für Raketen am Raketenforschungsinstitut, wurde Keldysch zum Direktor des Instituts ernannt, und von da an, ein Jahr darauf, Tschelomejs Aufsicht unterstellt. Seit Koroljows Freilassung und Tschelomejs Abschieben als Professor zu der TH Moskau 1952, arbeiteten der große Konstrukteur Sergej Koroljow und der große Raumfahrttheoretiker Mstislaw Keldysch engstens zusammen. Unter Keldysch wurde das Raketenforschungsinstitut zur Hauptanstalt für den Bau von Raketentriebwerken.
Wie sein Vater, der 1945 als 67jähriger der Partei beitrat, und wie sein Bruder, der 1947 mit 40 Jahren Parteimitglied wurde, war auch Mstislaw Keldysch anpassungsfähig genug – 1949 wurde der 38jährige Mathematiker Parteimitglied.
Nach Stalins Tod ging es noch rascher aufwärts: 1953 wurde Keldysch Präsidiumsmitglied der Akademie, was zur unmittelbaren Folge hatte, daß Koroljow, der mit der Auflösung der Artillerie-Akademie seiner korrespondierenden Mitgliedschaft dort verlustig ging, als korrespondierendes Mitglied in die AdW gewählt wurde. Nun trat auch Koroljow 1953, mit 46 Jahren, der Partei bei.
Im gleichen Jahr wurde Keldysch Gründungsdirektor des Instituts für angewandte Mathematik der AdW. Die aus dem Mathematik-Institut hervorgegangene Anstalt befaßt sich mit Weltraumflugberechnungen. Der hagere, dunkelgesichtige Keldysch mit dem unbändigen, früh ergrauten Haarschopf, der füllige Koroljow und der schmale Igor Kurtschatow mit dem schütteren Bart, der Schöpfer der Bombe, wurden die berühmten »Drei K« des neuen Zeitalters, der »mächtige Haufe«, wie man sie in der Akademie nannte.
1954 begann der geniale Mitarbeiter des Triebwerkbauers Gluschko, Semjon Kosberg, mit der Entwicklung von Flüssigkeitsraketentrieb-

werken, die mit Einheitstreibstoff (Isopropylnitrat) arbeiteten. Der damals 51jährige belorussische Jude aus Sluzk, seit 1929 in der Partei, seit 1941 selbst Chefkonstrukteur, entwickelte 1958–65 die Triebwerke für die letzte Trägerstufe der Weltraumschiffe und Erdsatelliten.
Acht Jahre nach Koroljows erstem Start in der Steppe war es dann soweit: Am 30. 1. 1956, mitten in den Vorbereitungen zum XX. Parteitag, der von aller Welt als das herausragendste Ereignis des Jahres in der UdSSR abgefeiert wurde, 3 Wochen nach der Installierung des Raketenanhängers Admiral Gorschkow an der Marinespitze, wurde in Moskau auf Antrag Koroljows und Keldyschs der vorläufige Beschluß gefaßt, 1957 oder 1958 den ersten künstlichen Erdsatelliten, eben den »Sputnik–1«, bauen zu lassen.
Keldysch wurde Leiter der Sonderkommission für künstliche Erdsatelliten. Die Arbeiten schritten so zügig voran, daß Koroljow und Keldysch schon im Sommer 1957 den endgültigen Startbeschluß für den Herbst herbeiführten.
Koroljows Rakete und Gluschkos Triebwerk bestanden ihre Bewährungsprobe. Der nächste Schritt war die Entsendung eines Menschen in den Weltraum.
Chruschtschow, der einzige Politiker, der (wenigstens in seinen Memoiren) seine völlige Inkompetenz in der neuen Technik zugegeben hat (»Wir fühlten uns wie Bauern . . . man könnte sagen, daß wir auf dem Gebiet der Technologie Ignoranten waren«), gab auch dazu sein Plazet und beauftragte den für Verteidigungsfragen zuständigen ZK-Sekretär mit der Aufsicht über das Projekt. Dieser ZK-Zuständige war seit dem 27. 2. 1956 Leonid Breschnew, der schon in seiner vorherigen Position eines Parteichefs von Kasachstan mit der seit Juni 1955 vorangetriebenen Entwicklung von Koroljows erster Interkontinentalrakete »R-7«, in Kasachstan erprobt, von Amts wegen zu tun hatte.
Die Auswahl der ersten Kandidaten für den Flug in den Kosmos oblag Generalleutnant d. L. Nikolai Kamanin. Der 52jährige Vizechef des Luftwaffenhauptstabes war einer jener legendären 7 Flieger, die 1934 für ihre Rettungsaktion in der Arktis die ersten Helden der Sowjetunion wurden. Insgesamt sind die Namen und das Aufnahmejahr von 71 Männern und einer Frau bekannt, die 1960–80 als Kosmonauten ausgebildet wurden.
20 davon wären Ausländer (je 2 Tschechoslowaken, Bulgaren, Polen, Ungarn, Deutsche, Kubaner, Vietnamesen, Mongolen, Rumänen und

Franzosen – für 1982 waren 2 Inder vorgesehen). Von einem weiteren Dutzend Sowjet-Kosmonauten (darunter 3 Frauen), die nie zum Zuge kamen, sind nur die Vornamen oder Decknamen bekannt.

Tabelle 30

In die sowjetische Kosmonauten-Mannschaft aufgenommene Personen von 1960–1980 (soweit bekanntgeworden)

1960:	12	
1962:	1	(Unterleutnant Walentina Tereschkowa)
1963:	7	
1964:	3	
1965:	6	
1966:	6	
1967:	5	
1969:	1	
1970:	6	
1972:	1	
1973:	3	
1976:	6	(Ausländer: je 2 Polen, Tschechoslowaken, Deutsche)
1978:	12	(10 Ausländer: je 2 Bulgaren, Ungarn, Kubaner, Mongolen, Rumänen)
1979:	2	Vietnamesen
1980:	2	Franzosen, 2 Inder

30 der 51 Sowjet-Kosmonauten (darunter 2 Frauen) waren Angehörige der Sowjet-Armee, auch von 8 der 20 Ausländer ist bekannt, daß sie Armeeangehörige sind.

59 der 74 bekanntgewordenen Kosmonautenanwärter stiegen mit insgesamt 52 Schiffen in den Weltraum. Von den Raumschiffen waren 6 vom ersten Koroljow-Typ »Wostok«, 2 vom Typ »Woßchod«, 38 vom Typ »Sojus« (Union), von Koroljows Nachfolger Michail Jangel nach Koroljows Tod 1966 und von Jangels unbekanntem Nachfolger nach Jangels Tod 1971 weiterentwickelt, 6 vom komfortableren Typ »Sojus T«.

Tabelle 31

Sowjetische Weltraumstarts 1961–82

1961:	2	(Gagarin mit »Wostok« am 12. 4., Titow mit »Wostok-2« am 6./7.8.)
1962:	2	(Wostok 3,4)
1963:	2	(Wostok 5,6)
1964:	1	(»Woßchod«)
1965:	1	(Woßchod-2)
1967:	1	(»Sojus-1«), verunglückt
1968:	1	(Sojus-2)
1969:	5	(Sojus 4 bis 8)
1970:	1	(Sojus-9)
1971:	2	(Sojus 10/11) Sojus-11 verunglückt
1973:	2	(Sojus 12/13)
1974:	3	(Sojus 14 bis 16)
1975:	4	(Sojus 17, Sojus ohne Ziffer – ein mißglückter, sogleich abgebrochener Flug, Sojus-18, Sojus-19 mit den Amerikanern/»Sojus-Apollo«)
1976:	3	(Sojus 21 bis 23)
1977:	2	(Sojus 24/25)
1978:	6	(Sojus 26 bis 31)
1979:	3	(Sojus 32/33, Sojus 34 ohne Mannschaft) Sojus-33 notgelandet
1980:	6	(Sojus 35 bis 38, Sojus T-2, T-3)
1981:	3	(Sojus T-4, Sojus 39-40)
1982:	3	(Sojus T-5, T-6, T-7)

Die Verlustquote war für ein Unternehmen von dieser Novität wie bei den Amerikanern bislang erstaunlich gering. Nur 4 Kosmonauten wurden die ersten Opfer des Raumfahrtzeitalters. (Gagarin, inzwischen Oberst und mit Ehrungen überhäuft, stürzte am 27. 3. 1968 bei einem Trainingsflug mit einem normalen Flugzeug im Gebiet Wladimir ab. Den Grund durfte die Illustrierte »Ogonjok« im April 1981 erstmals enthüllen: Gagarin war der Treibstoff ausgegangen. Da auch sein Kopilot Obersting. Wladimir Serjogin ein Held der Sowjetunion und erfahrener »Versuchsflieger 1. Klasse« war, sind die Umstände des Unglücks heute noch rätselhaft.)
Die deutlichste Zäsur in der sowjetischen Weltraumfahrt trat ein, als Koroljow am 14. 1. 1966 verstarb. Nichts ging mehr und so fanden

1966 keine Weltraumstarts statt. Als Koroljows Nachfolger Jangel nach 23 Monaten Pause am 23. 4. 1967 den Start mit dem neuen Schiffstyp »Sojus-1« wagte, kam es zur ersten sowjetischen Weltraumkatastrophe. Obersting. Wladimir Michailowitsch Komarow, ein erfahrener Mann, der schon am 12./13. 10. 1964 Kommandeur der 3-Mann-Crew des »Woßchod« war, stürzte am Tag nach dem Start ab. Es vergingen wieder anderthalb Jahre, bis Jangel die »Sojus-2« am 26.10.1968 auf einen 4-Tage-Flug zu schicken wagte, wieder mit einem Mann besetzt. Für diese Aufgabe, die das ganze Unternehmen rehabilitieren sollte, wurde ein äußerst erfahrener, älterer Mann herausgesucht, nämlich Oberst Georgij Beregowoi, ein alter Kriegs- und Versuchsflieger, 1944 Held der Sowjetunion. Beregowoi – sein Bruder Michail war Chef der Radiotechnischen Truppen der Luftabwehr im Range eines Generalleutnants – war 13 Jahre älter als Gagarin und 16 Jahre älter als der verunglückte Komarow. Der unverzüglich nach seinem Flug zum Generalmajor d. L. beförderte Ukrainer, war 47 Jahre alt, als er in den Weltraum stieg.

Die zweite Katastrophe trat am 30. 6. 1971 ein, als 3 Kosmonauten nach einem 24tägigen Flug (dem bis dahin längsten Weltraumaufenthalt) mit der »Sojus-11« bei der Landung erstickten. Vier Monate später, am 25. 10. 1971, starb Jangel an seinem 60. Geburtstag in Moskau. Im Gegensatz zu Koroljow, Gagarin und den 4 verunglückten Kosmonauten wurde der zweite Chefkonstrukteur des Programms nicht an der Kremlmauer beigesetzt.

Es gab in jenem Sommer 1971 auffallend viele Todesfälle unter den Mitarbeitern am Weltraumprogramm. Darunter war auch Jangels engster Mitarbeiter, Georgij Babakin, ein Autodidakt, der erst nach 27 Jahren Praxis ein Ferninstitut absolviert hatte. Der promovierte Radiotechniker der auch korrespondierendes Mitglied der AdW war, wurde nur 56 Jahre alt. Auch der 4 Jahre zuvor zum Generalobersten d. L. beförderte Kamanin, seit Juni 1966 nun auch offiziell Leiter der Kosmonautenvorbereitung auf die Flüge, wurde im August 1971 zur Reserve versetzt; Kosmonaut Beregowoi wurde sein Nachfolger. Danach gab es nur noch 2 Pannen. Am 5.4.1975 mußten 2 erfahrene Kosmonauten, Oberstleutnant Wassilij Lasarew und Ingenieur Oleg Makarow, 1973 bereits mit der »Sojus-12« für 2 Tage oben, den Flug nach 45 Minuten abbrechen. Das Unternehmen wurde aus allen Beschreibungen gestrichen, das Schiff »Sojus« erhielt keine laufende Nummer

zugeteilt, die beiden Helden der Sowjetunion bekamen den Titel nicht zum 2. Mal, sondern nur den Leninorden. Makarow durfte im Januar 1976 mit der »Sojus-22« noch für 6 Tage ins Weltall, Kommandant Lasarew nicht mehr.
Die Notlandung der »Sojus-33« mit dem erfahrenen Kosmonauten Rukawischnikow und dem Bulgaren Iwanoff verlief am 12. 4. 1979, nach dem Abbruch des 2tägigen Fluges, glimpflich.
Die Konzentration aller verfügbaren Mittel (18 Milliarden Dollar p. a. in den 80iger Jahren), Menschen und Kompetenzen auf das spektulärste Projekt der russischen Wissenschaftsgeschichte, die Annahme der Herausforderung des Kosmos, brachte die totale Ausrichtung der Akademie der Wissenschaften auf die Atomindustrie und Kosmonautik.
1960 wurde Mstislaw Keldysch einer der Vizepräsidenten der AdW, 1961, nach Gagarins Flug, ihr Präsident – ein Posten auf Lebenszeit. Nach dem Physiker Sergej Wawilow, der in der Zeit der Arbeiten an der Atombombe 1945–51 die Akademie geleitet hatte, war Keldysch, der 5. Akademiepräsident der Sowjet-Ära, der zweite mit der Rüstung verbundene Akademiepräsident. Die anderen Präsidenten der Jahre 1917–45 und 1951–61 waren der parteilose Geologe Alexandr Karpinski, der parteilose Botaniker Wladimir Leontjewitsch Komarow, und der Chemiker Alexandr Nesmejanow.
Nesmejanow wurde, als erster Akademiepräsident zu Lebzeiten, durch Keldysch ersetzt. In seinen 14 Amtsjahren verwandelte der Chef des Weltraumprogramms die Akademie der Wissenschaften in die Akademie der Rüstung, die Geisteswissenschaften verkümmerten.
Dies zeigen am deutlichsten die ausgewählten Zahlen der Bewerber und der Neuaufnahmen aus den letzten 11 Jahren.

Tabelle 32

Bewerbungen und Neuaufnahmen in die Akademie der Wissenschaften der UdSSR 1970–81 (Voll- und korrespondierene Mitglieder)

	Natur und Technik/Rüstung	Geisteswissenschaften
1970:	602 Bewerbungen, davon 87 Neuaufnahmen	107 Bewerbungen, davon 13 Neuaufnahmen
1972:	40 Neuaufnahmen	11 Neuaufnahmen
1974:	570 Bewerbungen, davon 47 Neuaufnahmen	135 Bewerbungen, davon 13 Neuaufnahmen

1976:	753 Bewerbungen, davon 78 Neuaufnahmen	178 Bewerbungen, davon 14 Neuaufnahmen
1981:	93 Neuaufnahmen	13 Neuaufnahmen

Die letzten, noch mehr in Richtung Technik tendierenden Zahlen, gehen schon auf den Einfluß von Keldysch-Nachfolger Anatolij Alexandrow zurück, den führenden Atomphysiker der UdSSR. Er war von 1946–55 Kapizas Nachfolger am Institut für Physikalische Probleme, und seit 1960 Direktor des »Kurtschatow«-Instituts für Atomenergie, als Nachfolger des am 7. 2. 1960 verstorbenen und an der Kremlmauer beigesetzten Igor Kurtschatow. Alexandrow, der Erbe Kapizas, Kurtschatows und Keldyschs, Parteimitglied seit 1962, ist der linientreueste Akademiepräsident seit 1917.

Nun erfolgte Keldyschs spektakulärer Rücktritt vom Amt des Akademiepräsidenten am 19. 5. 1975 nicht, weil Keldysch mit Andrej Sacharow, dem einzigen russischen Friedensnobelpreisträger (der Preis wurde am Jahresende 1975 verliehen), den die Partei aus der Akademie entfernen wollte, sympathisiert hatte – davon kann keine Rede sein.

Keldysch, der nach seinem Rücktritt Präsidiumsmitglied der Akademie und Direktor des Instituts für angewandte Mathematik geblieben war, wurde 1976 sogar – zum 4. Mal – wieder als Vollmitglied ins ZK der KPdSU gewählt, was nicht gerade für ein Zerwürfnis mit den Staatsspitzen spricht. Als Keldysch am 24. 6. 1978 starb, gab es eine der pompösesten Beisetzungen am Roten Platz in der Ära Breschnew.

Mstislaw Keldysch trat zurück, weil er um die Unabhängigkeit seiner geheiligten Institution besorgt war: – Andrej Sacharow war eben ein Vollmitglied der Akademie, und ein Vollmitglied kann durch niemanden, auch nicht durch die Partei, entfernt werden. Die Ehre der Akademie stand auf dem Spiel. Die Partei hatte schon die Feiern zum 250. Geburtstag der Akademie 1974 um ein Jahr verschoben, damit Sacharow nicht daran teilnähme. Sie bewirkte damit aber gerade das Gegenteil. Die Jubiläumsfeier mußte am 9. 10. 1975 unter der Leitung des kommissarischen Präsidenten Wladimir Kotelnikow (auch er ein mit der Kosmonautik verbundener Radiotechniker) unter Sacharows Teilnahme abgehalten werden. Alexandrow wurde erst in der Vollversammlung am 27. 11. 1975 in der üblichen Geheimabstimmung gewählt.

Die Partei hatte den Wink durchaus verstanden. Selbst als Andrej Sacharow am 22. 1. 1980 nach Gorki verbannt und ihm seine sämtlichen Auszeichnungen, darunter der 3 mal verliehene Ehrentitel »Held der Sozialistischen Arbeit« (ansonsten nur an ein Dutzend Männer verliehen, darunter Keldysch, Alexandrow, Andrej Tupolew, und Atomminister Slawski) aberkannt wurden, blieb der Dissident Akademiemitglied.
Daraus jedoch zu schließen, die Akademie sei voll von Sacharows, wäre der größte Irrtum, Wie Robert Oppenheimer bleibt Andrej Sacharow eine einmalige Erscheinung ohne Sympathien unter den Rüstungsgelehrten, die ebenso wie der Rüstungsminister und die Marschälle, die durch ihre Arbeit errungene Weltmachtposition ihres Vaterlandes freudig akzeptieren. Ein paar ausreiselustige Wissenschaftler jüdischer Herkunft sind gerade die Ausnahme, die die Regel der Linientreue auch dieser Nationalitätengruppe unter den Akademikern nur bestätigt. Ein einziger Atomforscher von Rang, Sergej Polikanow, wechselte (ein Jahr zuvor als einziger von 4 Vorgeschlagenen in die AdW gewählt) in der Breschnew-Ära (1978) in Genf die Fronten.
Die Akademie steht voll hinter den weltpolitischen Ambitionen der Sowjetunion. Wenn, wie bei der Verbannung Sacharows, der Vorsitzende des Staatskomitees für Wissenschaft und Technik, Vizepremier und ZK-Mitglied Wladimir Kirillin, ein bekannter Wärmephysiker und selbst Vollmitglied der Akademie, zurücktritt, so wird Kirillin (der sogar 8 Jahre lang ZK-Abteilungsleiter für Wissenschaft und Hochschulen war) eben durch einen anderen Akademiker, den Mathematiker und EDV-Fachmann Gurij Martschuk, ersetzt. Auch der Fall Kirillin bleibt eine Ausnahme.
Längst – seit 1961 – haben die Rüstungsgelehrten den Eingang in das ehemals nur den Parteifunktionären vorbehaltene ZK der KPdSU gefunden. Keldysch und Alexandrow wurden schon unter Chruschtschow ZK-Mitglieder, ebenso wie das Akademiemitglied Pjotr Gruschin, seit 1953 Leiter eines Flugzeugbaubetriebes, dessen Name und Gegenstand nie bekanntgegeben worden sind. Gruschin ist Spezialist für Flugtechnik. Auch Gurij Martschuk, seit 1971 ZK-Kandidat, ist auf dem XXVI. Parteitag am 5. 3. 1981 zum ZK-Mitglied gewählt worden.
Koroljows Nachfolger Michail Jangel, Absolvent des Moskauer Luftfahrtinstituts 1937 und der Flugzeugbau-Akademie 1950, nach Koro-

ljows Tod in die Akademie der Wissenschaften gewählt, war seit 1966 bis zu seinem Tode ZK-Kandidat, der große Triebwerkbauer Gluschko ist seit 1976 ZK-Mitglied.
Nach vorsichtiger, an den Bewerbungs- und Neuaufnahmezahlen der letzten 20 Jahre orientierter Berechnung, arbeiteten am 1. 1. 1980 mindestens 75% der 245 Voll- und 508 korrespondierenden Mitglieder der Akademie der Wissenschaften der UdSSR für die Rüstung. Es sind eher mehr als weniger. Die Ehe zwischen den Waffenentwerfern und -konsumenten ist perfekt.

34
Auf dem Wege zur Weltmacht

Während sich Amerika noch im Glanz seiner Überlegenheit unter dem General-Präsidenten Eisenhower sonnte, wurde es auf dem bis dahin zum Science-Fiction-Reich zählenden Gebiet von Rußland überholt. Die Einkreisung auf der Erde war im Himmel durchbrochen; es fehlten nur noch die eigenen Stützpunktketten.

Von da an leben die beiden Weltmächte mit dem Dilemma: Die Notwendigkeit, dem anderen überlegen zu sein, muß stets mit der Notwendigkeit des Dialogs einhergehen – ein schier auswegloses Vorhaben.

Der Dialog begann in der Tat, sobald sich das sowjetische Gleichziehen abzeichnete, mit dem gemeinsamen Vorgehen gegen die Ex-Alliierten im Weltsicherheitsrat während der Suezkrise am 31. 10. 1956. Bulganins Drohung an London und Paris folgte 5 Tage später.

Fast auf den Tag genau 11 Monate danach unterstrich der erste Sputnik Rußlands Anspruch auf Gleichberechtigung als Weltmacht – 38 Tage nach dem ersten erfolgreichen Start einer Interkoninentalrakete. Damit war der Weg zu Etablierung einer neuen Waffengattung frei. Rußland, 40 Jahre zuvor unfähig, Granatwerfer zu produzieren, richtete im Dezember 1959 in seinen Streitkräften ein Oberkommando der Strategischen Raketenwaffen ein – und erhob es zugleich zur wichtigsten Waffengattung.

Das Heer, die herkömmliche Infanterie, wurde durch die neue Waffe vom traditionellen ersten Platz verdrängt. Der OB Strategische Raketentruppen, wie alle Chefs der Waffengattungen zugleich Vize-Verteidigungsminister, rangiert bis heute vor dem OB der Landstreitkräfte. Den 3. Platz nimmt der OB der Luftabwehr ein. Ihm folgt der OB der Luftwaffe, dann erst, an letzter Stelle, der OB der Kriegsmarine.

Der 57jährige Mitrofan Iwanowitsch Nedelin, seit 8. 5. 1959 Hauptmarschall der Artillerie und Verbindungsmann der Generalität zu den Waffenherstellern, wurde der erste OB der Strategischen Raketentruppen der Sowjetarmee. Als Nedelin am 24. 10. 1960 bei einer der damals so häufigen Katastrophen bei der Erprobung neuer Raketen (Chruschtschow: »Die Raketen explodierten entweder auf der Start-

rampe oder während der Starts«[1]) ums Leben kam, wurde Marschall Moskalenko – auch er ein Artillerist – sein Nachfolger.[2]
Zur Ausbildungsstätte für die höhere Laufbahn in der neuen Waffengattung wurde 1960 die Artillerie-Kriegsakademie in Leningrad (mit einer Filiale in Kiew) bestimmt.
Im März des gleichen Jahres 1960 fand, nach der Eingliederung des Wehrkreises Norden in den Wehrkreis Leningrad, die Territorialstruktur der Sowjetarmee im Frieden ihre (mit einer Ausnahme) bis heute gültige Ausprägung.

Tabelle 33
Wehrkreis-Struktur seit 1960

Moskau (Stadt Moskau und 18 Gebiete der RSFSR)
Leningrad (ASSR[3] Karelien, 6 Gebiete der RSFSR)
Kiew (10 Gebiete der Ukraine)
Belorußland (Minsk)
Nordkaukasus (Rostow am Don; 2 Regionen, 5 ASSR, 3 Gebiete der RSFSR)
Transkaukasus (Tbilissi; Georgien, Aserbaidschan, Armenien)
Odessa (Moldaurepublik, 6 Gebiete der Ukraine)
Karpaten (Lwow; 9 Gebiete der Ukraine)
Baltikum (Riga; Estland, Lettland, Litauen)
Wolga (Kuibyschew; 5 ASSR, 5 Gebiete der RSFSR)
Ural (Swerdlowsk; 2 ASSR, 5 Gebiete der RSFSR)
Turkestan (Taschkent; Usbekistan, Turkmenistan, Tadschikistan, Kasachstan und Kirgisien)
Sibirien (Nowosibirsk; 2 Regionen, 5 Gebiete der RSFSR, seit 1. 10. 1961 ASSR Tuwa)
Fernost (Chabarowsk; 2 Regionen, 4 Gebiete der RSFSR)
Transbaikal (Tschita; 2 ASSR, 2 Gebiete der RSFSR)

In jenem Jahr 1960 zeigten die Militärs und ihre Belieferer in den Ministerämtern dem Parteichef, wie weit sie ihn auch nach Schukows Abgang in der Hand hatten. Die ersten Jahre nach dem Ausbruch in den Weltraum schwankte Chruschtschow zwischen Kraftmeierei und Verhandlungsbereitschaft.
Am 31. 3. 1958 erklärte er, daß er zur Einstellung der Atombombenversuche bereit sei. Am 3. 10., genau ein Jahr nach dem »Sputnik-

Schock« in den USA, ließ Chruschtschow die Atombombenversuche wieder aufnehmen und versuchte es nun mit der Kraftmeierei. Aber sein am 27. 11. verkündetes, auf ein halbes Jahr angesetztes Berlin-»Ultimatum« (»Freie Stadt« West-Berlin oder einseitiges sowjetisches Handeln) verstrich ohne Folgen. Am Ablauftag des Ultimatums im April 1959 besichtigte Chruschtschow albanische Maisfelder – und zog im gleichen Jahr 41 000 Soldaten aus der DDR ab. Im September 1959 reiste Chruschtschow für 2 Wochen in die USA. Die Begegnung des »Kapitulanten« (wie Chruschtschow nach dem Verstreichen seines Berlin-Ultimatums hinter vorgehaltener Hand in Moskau genannt wurde) mit Eisenhower in Camp David am 27. 9. 1959 setzte für 20 Jahre den Bummelzug der Entspannung in Bewegung. Chruschtschow drängte nun auf Wiederholung des Genfer Vierergipfels von 1954, auf dem Bulganin und Schukow, nicht er, die Hauptrollen gespielt hatten. Da dies auch den Intentionen de Gaulles entsprach – der große General, die »männliche Jeanne d'Arc« (Roosevelt über de Gaulle) war seit dem Vorjahr wieder Herr im Elyseé-Palast – wurde der Gipfel für Mai 1960 in Paris geplant. Nun schlugen die Generale zu.
Am 1. 5. 1960 um 8 Uhr 55, als sich das ganze Land zur Maifeier fertigmachte, wurde eine bis über den Ural vorgedrungene US-Aufklärungsmaschine in 20 Kilometer Höhe abgeschossen, der Pilot gefangengenommen.
Die Tatsache der Aufklärungsflüge über dem sowjetischen »Schlafzimmer« (Chruschtschow) war der Moskauer Führung natürlich bekannt. Schon 1956 war ein US-Flugzeug über Kiew gesichtet worden, doch damals konnte die Rote Luftabwehr noch nichts unternehmen. Später war Chruschtschows Einsicht in die Notwendigkeit des Dialogs mit dem Präsidenten größer als der Ärger über die unbewaffneten Aufklärer.
Nun erteilte Verteidigungsminister Malinowski die Abschuß-Erlaubnis. Damit rückte der 61jährige 9. Verteidigungsminister der UdSSR, der Befreier Budapests und Wiens, ins Rampenlicht des Weltinteresses.
Das »Malinowski-Jahrzehnt« 1957–67 der sowjetischen Militärgeschichte zeichnet sich durch ein stetiges unauffälliges Wachsen des Einflusses der Herren über Waffen und Bewaffnete in Moskau aus. Zweimal kommt es zu einer Machtprobe mit dem US-Rivalen. Das erste Mal, 1961 bei der Berliner Mauerkrise, gewinnt Malinowski. Das

erprobte Spiel der Wahrung der Einflußsphären bewährt sich zum wiederholten Mal seit 1946.
Das zweite Mal, 1962 in der Kubakrise, verliert Malinowski – als seine raketenbestückte Streitmacht eben jene Regel mißachtet und verletzt. Noch hat Rußland keine Flotte, das Tüpfelchen auf dem i der Weltmacht fehlt.
In beiden Fällen ist John F. Kennedy der Gegenspieler, und jedesmal hängt Chruschtschows Ansehen von Malinowskis Handeln und Kennedys Reaktion ab.
Abgesehen von diesen außerordentlich spektakulären Weltauftritten der Sowjet-Streitkräfte, verlief die Amtszeit Rodion Jakowlewitsch Malinowskis nach außen hin ereignislos. Es war eine Zeit des Sammelns und Konsolidierens, eine Zeit der Vorbereitung auf die endgültige Einnahme des Platzes einer den USA ebenbürtigen Weltmacht. Selbst der Sturz Chruschtschows und die Inthronisierung Breschnews trugen den Stempel sorgfältigster Vorbereitung und stillster Durchführung.
Im Mai 1960, zweieinhalb Jahre nach seiner Amtsübernahme, trat Malinowski zum ersten Mal sichtbar in Aktion – als der schweigende »steinerne Gast« bei Chruschtschows Gipfel-Absage in Paris.
Selbstverständlich tobte und bramarbasierte Chruschtschow wie eh und je. Von den Marschällen düpiert und vor vollendete Tatsachen gestellt, wurde er 3 Tage später auch noch von seinen ZK-Präsidialen im Stich gelassen.
Chruschtschow wußte, daß der »U-2«-Abschuß – dessen Folge die Übernahme der Verantwortung für die Aufklärungsflüge durch den US-Präsidenten persönlich war, womit der Pariser Gipfel hinfällig wurde – die erste, nicht die letzte Antwort der Generale auf eins der wichtigsten Vorhaben seiner Regierung, die stetige Reduzierung der Armee, war.
Nach der durch Schukow auf dem 20. Parteitag verkündeten Reduzierung der Streitkräfte um 640 000 Mann hatte die Sowjetarmee 1957–59 weitere anderthalb Millionen Mann durch Reduzierung eingebüßt. Damit betrug ihre Stärke zu Jahresbeginn 1960 nur noch 3 623 000 Mann gegenüber den stolzen 5 763 000 Mann fünf Jahre zuvor.
Nun hatte der Partei- und Regierungschef am 14. 1. 1960 vor dem Obersten Sowjet die Entlassung von weiteren 1,2 Millionen Militärper-

sonen angekündigt. Das entsprechende Gesetz wurde tags darauf angenommen, mit 2 423 000 Mann Gesamtbestand gingen die Sowjetstreitkräfte in die 60er Jahre.
Chruschtschow, der offen zugab, daß er nichts von den neuen Waffen verstehe, setzte auf sie. Die wachsende Zahl der Raketen sollte ihm ermöglichen, andere Waffengattungen zu reduzieren, das Personal zu vermindern, das Material einzumotten (am Ende seiner Amtszeit dachte er sogar ans Verschrotten), um endlich Geld für seinen »Gulaschkommunismus« freizukriegen. Der Zeitgeist, dem konventionelle Kriege im Raketenzeitalter anachronistisch vorkamen (der Höhepunkt des Vietnamkrieges lag noch in der Ferne), kam ihm entgegen. Kaum jemand konnte sich noch einen Krieg vorstellen – es sei denn, die beiden Weltmächte ließen auf den Knopf drücken.
Nun stellte sich sogar ein Teil seiner engsten Mitarbeiter auf die Seite der Marschälle. Chruschtschows Reaktion bestand darin, daß er am 4. 5. 1960 die Hälfte seiner 10 ZK-Sekretäre entließ.
Damit brach die Gruppe, die ihn 1957 so beharrlich gegen die »Parteifeinde« unterstützt hatte, auseinander.
Drei Präsidiumskandidaten rückten anstelle von zwei ausgeschiedenen Vollmitgliedern auf, nämlich Alexej Kossygin, Nikolai Podgorny und Dmitrij Poljanski. Dies war ein Programm, mit dem der Parteichef gedachte, an seinem konsumfreundlichen Kurs festzuhalten. Der Konsumgüterfachmann Kossygin wurde in der Regierung neben Anastas Mikojan 1. Chruschtschow-Stellvertreter.
Der ukrainische Parteichef Podgorny kam ebenfalls aus dieser Ecke. Der Absolvent des technologischen Instituts der Nahrungsmittelindustrie in Kiew war nach Jahren der Tätigkeit als Chefingenieur in den ukrainischen Zuckerfabriken 1939 Vize-Nahrungsmittelminister der Ukraine geworden, am 27. 4. 1940 Vize-Nahrungsmittelminister der UdSSR (für Kader zuständig). Im Kriege leitete Podgorny das Moskauer Nahrungsmittelinstitut, nach der Befreiung der Ukraine nahm er seine Vorkriegsposition im Kiewer Ministerium wieder ein. Nach vierjähriger Tätigkeit als Ständiger Vertreter der ukrainischen Regierung bei der Bundesregierung in Moskau, wechselte Podgorny mit erst 47 Jahren, 1950 in die Parteiarbeit über und machte schnell Karriere.
Auch der erst 42jährige Poljanksi, Podgornys ukrainischer Landsmann, Premier der Russischen Föderation, hatte in seiner Laufbahn nie etwas mit der Rüstung zu tun gehabt. Die beiden Ukrainer sollten,

im Verbund mit Kossygin und Mikojan, das Gegengewicht zu den »Eisenfressern« stellen.
Die Rüstungslobby hatte nur einen Zugewinn zu verzeichnen, den neuen ZK-Sekretär Frol Koslow. Von Hause aus Metallurgie-Ingenieur, war er im Kriege mit der Rüstungsproduktion eng verbunden.
Zugleich buhlte Chruschtschow um die Gunst der Nachwuchsgeneralität. Als Regierungschef hatte er das Recht, Beförderungen bis einschließlich zum Generalobersten auszusprechen, Beförderungen ab Armeegeneral bzw. Admiral und Marschall der Waffengattungen sind dem Staatschef vorbehalten. Zum 15. »Tag des Sieges« am 9. 5. 1960 erfolgte die größte bekanntgegebene Massenbeförderung der Generalität seit dem Kriegsende.
Insgesamt wurden 291 Obristen, Generalmajore, Generalleutnante, Kapitäne 1. Ranges und Konteradmirale weiter befördert. Es gab 19 neue Generalobersten, 47 neue Generalleutnante, 205 neue Generalmajore, 5 neue Vizeadmirale und 15 neue Konteradmirale. Unter den Beförderten waren 6 künftige Armeegenerale, 3 Luftmarschälle, 3 Admirale und ein Flottenadmiral der Breschnew-Ära. Das Gesicht der Roten Armee hatte sich gewandelt, 14,1% der neuen Generalmajore gehörten dem ingenieurtechnischen Dienst an, 20 Jahre zuvor waren es 3,05% gewesen.
Eine Woche nach der letzten publizierten Massenbeförderung der Generalität in der Nachkriegszeit ließ Chruschtschow das anvisierte »Welttreffen« platzen. Mit Marschall Malinowski neben sich, tobte sich der zu Hause in Schwierigkeiten geratene Parteichef wutschäumend aus (»Wir haben auch schon die Amerikaner aus Sibirien davongejagt!« – gemeint waren damit wohl einige Bataillone im Bürgerkrieg, die im übrigen von selbst gingen). Es war ein gespenstisches Bild.
Im Vordergrunde bramarbasierte der große Zampano der Weltpolitik der 60er Jahre, daneben thronte schweigend, drohend, unheilverkündend, die massive, ordensübersäte Gewalt des Verteidigungsministers. Der ehemals so wohlgestaltete Ukrainer aus dem weltoffenen Odessa, von dem in der französischen Fremdenlegion heute noch berichtet wird, er habe zusammen mit dem Amerikaner Cole Porter, dem späteren Komponisten, beim »3. Fremdenregiment« der Legion im Ersten Weltkrieg vor Verdun gekämpft[4], war schwer in die Breite gegangen. Sein finsteres Gesicht, von kleinen schwarzen Augen unter den buschigen Augenbrauen beherrscht, verhieß nichts Gutes.

Nach dieser makabren Szene, die in so krassem Widerspruch zu dem erst ein halbes Jahr alten »Geist von Camp David« stand, fuhr Chruschtschow nach Hause – um weiter Gericht über seine Widersacher zu halten. Dem Verlangen der Militärs und Waffenlieferanten war ja genüge getan.
Der seit 4 Jahren für Verteidigungsfragen zuständige ZK-Sekretär Breschnew mußte am 10. 7. 1960 das Zentrum der Macht verlassen. Breschnew wurde zum höchsten, aber einflußlosen Amt der UdSSR – dem des Staatschefs – anstelle des nun endgültig geschaßten »Ersten Marschalls« Woroschilow bestimmt, blieb aber ZK-Präsidialer. Auf dem daraufhin folgenden ZK-Plenum vom 13.–16. 7. 1960 wurden alle von Chruschtschow durchgeführten Veränderungen gutgeheißen. Ein folgenschwerer Beschluß richtete sich gegen China: Angesichts der ersten chinesischen Rakete zog Moskau seine 1390 technischen und militärischen Berater aus Peking ab, die letzten in Maos Diensten tätigen Chefmilitärberater, Generaloberst der Artillerie Nikolai Chlebnikow und Generaloberst Nikolai Trufanow, wurden a. D. gestellt. Niemand unter den Führenden des militärindustriellen Komplexes in Moskau war gewillt, die Geheimnisse der neuen Waffen mit dem unberechenbaren Nachbarn in Asien zu teilen.
Der Kahlschlag Chruschtschows unter den Kriegsmarschällen, der mit Schukow begonnen hatte, ging unterdessen weiter.
Schon 1958, als Schukow a. D. gestellt wurde, war Marschall Wassilewski – nach dem XX. Parteitag vom 1. zum einfachen Vizeminister »für Fragen der Kriegswissenschaft« degradiert und zum Vorsitzenden des im September 1956 gegründeten »Sowjetischen Komitees der Kriegsveteranen« abgeschoben – »krankheitshalber« von allen Ämtern entbunden worden. (Wassilewski lebte noch 20 Jahre). Im Januar 1959 wurde der 63jährige »Generalstabschef des Krieges« zum »Generalinspekteur der Gruppe der Generalinspekteure des Verteidigungsministeriums« – wie schon im Vorjahr der Artillerist Woronow.
In dieser Gruppe fanden sich bald fast alle unter Stalin ernannten Marschälle der Sowjetunion. Stalins letzter Generalstabschef, der 1. Vizeminister Sokolowski, wurde im April 1960 durch den im Vorjahre zum Marschall beförderten OB Deutschland, Matwej Sacharow ersetzt und ebenfalls zu der »Gruppe der Generalinspekteure« abgeschoben. Auch Altmarschall Timoschenko, Wassilewskis Altersgenosse, verlor im April 1960 sein letztes Wehrkreiskommando in Minsk

und wurde »Generalinspekteur«. 1961 übernahm der Exminister von Marschall Merezkow das Amt des Chefs der Kriegsveteranen.
Schließlich mußte im Juni 1960 auch Marschall Konew, nach Schukows Abgang der angesehenste der Kriegsmarschalle, die Inspektorengruppe als letzte Zuflucht wählen. Konews Nachfolger als OB des Warschauer Pakts wurde am 24. 7. 1960 Marschall Gretschko, der schon im April das Amt des OB Heer an Marschall Tschuikow abgetreten hatte.
Von Stalins Marschällen waren nach diesem Revirement nur noch Rokossowski als Vizeminister/Chefinspekteur und Merezkow als »Ministergehilfe für höhere Militärlehranstalten« im aktiven Dienst.
Nun ist es wohl – und gerade in der auf eine Einmannführung zugeschnittenen Sowjetunion – das Vorrecht eines jeden Chefs, sich der engsten Mitarbeiter des Vorgängers zu entledigen. Chruschtschows Kurs jedoch wollten auch die von ihm geförderten Armeespitzen nicht mitmachen, weil dieser Kurs ihrer Überzeugung widersprach.
Auf dem XXII. Parteitag in der zweiten Oktoberhälfte 1961 zeigte Chruschtschow, wohin es mit den Streitkräften langgehen sollte. Der Partei- und Regierungschef setzte nur noch auf Raketen – und so wurden die konventionellen Generale und Marschälle, die als Wehrkreisbefehlshaber die Armee im ZK der KPdSU vertraten, zugunsten der Luftmarschälle zurückgedrängt.
Gehörten dem ZK von 1956 noch insgesamt (ZK-Mitglieder und Kandidaten sowie ZRK-Mitglieder) 18 aktive Marschälle und Armeegenerale, darunter 7 Wehrkreisbefehlshaber, an, während die Luftwaffe überhaupt nicht und die Kriegsmarine nur mit ihrem OB Gorschkow als ZK-Kandidaten vertreten war, so hatte sich 5 Jahre später das Bild der militärischen Vertretung in den ZK-Gremien völlig gewandelt.
Unter den 25 Marschällen und Armeegeneralen (Ränge darunter gehörten den ZKs der Chruschtschow-Ära nicht an) waren zwar wieder 7 Wehrkreischefs – denen aber der OB Luftwaffe, Werschinin, der Befehlshaber der nun auch mit Raketen bestückten Artillerie, Hauptmarschall der Artillerie Warenzow, und 5 Luftmarschälle gegenüberstanden. Die Kriegsmarine war nun mit 3 Admiralen vertreten.
Dies war eine Demonstration. Niemals zuvor (und nie danach) saß die Luftwaffe mit 6 Mann im ZK.
Diesen Kurs mitzumachen, waren auch die »Chruschtschow-Marschälle« nicht gewillt. Die Armee sollte groß und stark bleiben, die Möglich-

keit, einen konventionellen Krieg führen zu können, nie aus dem Bereich des Möglichen verschwinden. Das Heer sollte, bei all der notwendigen Motorisierung und Mechanisierung, nicht gegenüber den neuen Waffen zurückstehen. So schalteten auch die Neumarschälle, nun im Verbund mit den alten, auf Konfrontationskurs.
Sie konnten es um so besser, weil die Gesamtvertretung des militärindustriellen Komplexes im ZK konstant blieb – bei 19,2% (gegenüber 19,4% im Jahre 1956). Die militärindustrielle Lobby unter den Vollmitgliedern des ZK wies 1961 sogar volle 20% auf, gegenüber 18,7% auf dem letzten Parteitag.
Während der Anteil der Parteifunktionäre unter den ZK-Mitgliedern um weitere 2% auf 65% zurückgegangen war, die »Sonstigen« weiterhin 7% aufwiesen, war der Anteil der Verbrauchsgütervertreter ebenfalls bei 8% eingefroren – trotz des Einflusses von Mikojan und Kossygin, Podgorny und Poljanski. Die einzige Gruppe, die im letzten Zentralkomitee Chruschtschows einen Zuwachs unter den Vollmitgliedern verzeichnen konnte, war die Gruppe der Waffenhersteller und -konsumenten. Unter den ZK-Mitgliedern hatte sich die Vertretung der Streitkräfte selbst seit 1952 verdoppelt – von 4 auf 8%.
Von dieser soliden Basis aus konnten die Militärs und Manager also durchaus gegen den Parteichef antreten, der sein Verbleiben an der Macht 1957 dem Votum des ZK und ihrem Machtwort verdankte – und somit ein Stück seiner traditionellen Macht an das Gremium des Zentralkomitees, des Parteiparlaments, zurückgegeben hatte. Die Militärs konnten den Kampf um so eher aufnehmen, als auch die Manager durch Chruschtschow arg bedrängt waren.
Chruschtschows große Verwaltungsreform, die Dezentralisierung der Wirtschaftsverwaltung, ließ die bis dahin in Moskau ansässigen Manager der Industrie zu 81% in alle Provinzwinde zerstreuen. Die ständigen Zusammenlegungen und Entflechtungen von immer neuen Behörden und Ämtern brachten eine seit den Säuberungen nicht dagewesene Unruhe in die Reihen der sowjetischen Beamtenschaft.
Diese Unruhe führte in einigen sehr prominenten Fällen sogar zum vorzeitigen Tod der Spitzenwirtschaftsführer. Nun waren es nicht die Stalinschen Säuberungen, die ihre Gesundheit, ja ihr Leben bedrohten, sondern die »verrückte« Arbeitsweise des ständig herumreisenden und herumreformierenden Premiers.
»Wenn der Vertreter einer bestimmten Gesellschaftsklasse zu drasti-

schen finanziellen Einschränkungen gezwungen ist, läßt er zunächst seine Familie im Stich, geht dann nackt und gibt zuletzt seinen Club auf.«[5] Die sowjetischen Wehrwirtschaftler starben, sobald sie aus dem »Club«, aus ihren angestammten Ämtern in Moskau, vertrieben wurden.

So sind 1962/63, im Jahr der hektischen Reformtätigkeit Chruschtschows, 4 sowjetische Spitzenmanager im besten Alter hinweggestorben, nachdem der Premier sie hin- und hergeschoben hatte: Dawid Raiser, Nikolai Dygai, Alexandr Sassjadko und Wladimir Kutscherenko.

Raiser war 1936–50 in den Ministerien der Schwer-, Rüstungs- und Schiffsbauindustrie tätig. Anschließend war er 3 Jahre Minister für Bau von Betrieben der Schwerindustrie, ein Jahr 1. Vizeminister Bauwesen und 3 Jahre Minister für Bau von Betrieben der Metallurgischen und Chemischen Industrie. 1952 wurde Raiser ZK-Kandidat.

Chruschtschow löste Raisers Ministerium 1957 auf, schickte ihn als Bauminister ins kasachische Alma-Ata und entfernte ihn 1961 aus dem ZK. Ein Jahr darauf starb der vierfache Leninordensträger 58jährig in seinem »Verbannungsort« in der Provinz.

Wie der Jude Raiser war auch der Rumäne Dygai ein Baufachmann. Der Absolvent der Kriegsingenieur-Akademie war bis zu den Chruschtschowschen Reformen 1 Jahr Vize-, 2 Jahre Minister für Bau von Kriegs- und Kriegsmarinebetrieben, 4 Jahre Minister für Bau von Maschinenbaubetrieben und 4 Jahre Minister für Bauwesen. 1952 wurde Dygai Kandidat, 1961 Mitglied des ZK.

Auch Dygais Leidensweg begann mit der Auflösung seines Ministeriums am 10. 5. 1957. Danach wurde der verdiente Wehrtechniker von einem Amt ins andere geschoben: ein Jahr Minister für Bauwesen der Russischen Föderation, anderthalb Jahre Vizepremier, ein halbes Jahr Planchef dortselbst. Zwei Jahre saß Dygai dann als sowjetischer Minister ohne Geschäftsbereich herum (eine Position, die es nur in jenen »Reformjahren« gab), war dann 6 Monate 1. Vizeminister für Transportbauwesen und seit September 1961 Oberbürgermeister Moskaus – das sechste Amt in 4 Jahren. Ein halbes Jahr später war Dygai 54jährig verstorben.

Auch der Ukrainer Kutscherenko war ein Baufachmann. Der Absolvent des Charkower Bauinstituts (dessen Bruder Nikolai zu den ersten sowjetischen Panzerherstellern gehörte) wurde nach einer Karriere, die ihn auf den Posten eines Vizeministers für Bau von Maschinenbaubetrieben geführt hatte, 1955 Vizepremier und Vorsitzender des Staatskomitees für Bauwesen, 1956 ZK-Mitglied. Zu Beginn der Reformen Ende 1956 wurde er Vizechef der Wirtschaftskommission Perwuchins im Ministerrang, im Mai 1957 verlor er diese Position, 4 Jahre später auch seinen »Stammplatz« des Chefs vom Baukomitee. Zum Präsidenten der Akademie für Bauwesen und Architektur abgeschoben, wurde Kutscherenko 2 Jahre später zum Vizechef seines alten Baukomitees im Ministerrang degradiert. Ein Vierteljahr später starb er wie Dygai mit 54 Jahren und wurde wie dieser an der Kremlmauer beigesetzt.

Dem ukrainischen Kohlefachmann Sassjadko, Absolvent des Bergbauinstituts in Stalino (heute: Donezk), erging es am schlimmsten.

Nach fünfjähriger Tätigkeit als Vizeminister für Kohleindustrie, für Bau von Brennstoffbetrieben und als Minister für Kohleindustrie der Westgebiete, war Sassjadko 7 Jahre als sowjetischer Minister für Kohleindustrie in Moskau beschäftigt. Mit der Reform kam die Ablösung vom angestammten Platz: ein Jahr Minister für Kohleindustrie in Kiew, ein Jahr Gosplan-Abteilungsleiter im Ministerrang, 4 Jahre Vizepremier der UdSSR, die letzten 2 Jahre davon zugleich Vorsitzender des »Wirtschaftswissenschaftlichen Staatsrates«, einer von Chruschtschow erfundenen, für die »Perspektivplanung« zuständigen Behörde. Nach seiner Ablösung vom 9. 11. 1962 blieb Sassjadko arbeitslos, 10 Monate danach starb das ZK-Mitglied, das mit fünf Leninorden ausgezeichnet worden war, an seinem 53. Geburtstag.

Unter den Moskauer Spitzenmanagern breitete sich nach den immer dichter folgenden Todesfällen (Raiser starb am 24. 12. 1962, Dygai am 6. 3., Sassjadko am 5. 9., Kutscherenko am 26. 11. 1963) eine panikartige Stimmung aus. Zum ersten Mal seit den 30er Jahren empfanden sie Lebensangst. Was nutzte es, wenn der verdiente Pjotr Lomako, 1940–57 Minister für Buntmetallurgie – nach der Reform als Vorsitzender eines »Volkswirtschaftsrates« ins sibirische Krasnojarsk verbannt, 1961 plötzlich wieder zurückgeholt – von Chruschtschow zu seinem Vize im »ZK-Büro für die RSFSR« und dann zum Nachfolger Sassjadkos gemacht wurde? Wer garantierte, daß ZK-Mitglied Lomako morgen nicht ebenfalls arbeitslos würde?

Wollten die Manager im »Club« der höchstbezahlten Rüstungsfachleute bleiben, ja, wollten sie physisch überleben, mußten sie sich gegen die

Reformen wehren. So drehten sie den Spieß um, sie verwandelten die Reform der Wirtschaftsverwaltung in eine Farce und trieben in den nachfolgenden 7 Jahren mit Chruschtschow ein wahres Katz-und-Maus-Spiel – bis sie ihn in Pension schickten.
Zunächst besetzten sie die Spitzenpositionen in den neugeschaffenen Volkswirtschaftsräten (VWR). Vize-Rüstungsminister Wladimir Nowikow wurde VWR-Chef in Leningrad. Als Nowikow weiter befördert und schließlich Kossygins Nachfolger als Vizepremier und Chef des Gosplan der UdSSR wurde, übernahm Sergej Afanasjew, Chef der technischen Verwaltung des Rüstungsministeriums, seinen Leningrader Posten.
Wladimir Schigalin, 1945–57 Vizeminister für Schwermaschinenbau, wurde VWR-Chef Moskaus. Konstantin Gerassimow, ein anderer Abteilungsleiter im Rüstungsministerium, VWR-Chef in Gorki, Rüstungsminister Ustinow selbst ein Vizepremier. Ustinow setzte sogleich durch, daß die 4 Rüstungsministerien nicht abgeschafft, sondern in Staatskomitees umgewandelt wurden, deren Vorsitzende im Ministerrang blieben.
Diese Vorsitzenden waren natürlich dieselben Männer, die vorher den Rüstungsministerien vorstanden. Nur die Namen der Behörden wechselten, das Personal blieb.

Tabelle 34

Wechsel der Organisationsformen – Kontinuität der Amtsinhaber in den Reformjahren 1957–65

Organisationsform: bis 1957 Ministerium, 1957–65 Staatskomitee beim Ministerrat bzw. beim Gosplan bzw. beim VWR der UdSSR bzw. beim Obersten VWR der UdSSR, ab 1965 wieder Ministerium

Branche	*Amtsinhaber*		
	bis 1957	1957–65	ab 1965
Flugzeugbau	Dementjew	Dementjew	Dementjew
Schiffsbau	Redkin	Butoma	Butoma
Radiotechnik	Kalmykow	Kalmykow	Kalmykow
Mittlerer Maschinenbau	Slawski	Slawski	Slawski
Werkzeugmaschinenbau	Kostoussow	Kostoussow	Kostoussow
Transportbauwesen	Koschewnikow	Koschewnikow	Koschewnikow

Branche	*Amtsinhaber*		
	bis 1957	1957–65	ab 1965
Energetik und Elektrifizierung	Neporoschny	Neporoschny	Neporoschny
Chemie	W. S. Fjodorow	W. S. Fjodorow	W. S. Fjodorow
Bau von Straßenbaumaschinen	Nowossjolow	Nowossjolow	Nowossjolow
Elektronentechnik	—	Schokin	Schokin
Kapitalbauwesen	—	F. Jakubowski	F. Jakubowski
Buntmetalle	Lomako	Boiko	Lomako
Gasindustrie	Kortunow	Kortunow	Kortunow

Die Beharrlichkeit der Amtsinhaber wurde durch das ständige Drängen auf die Schaffung neuer Behörden ergänzt. Zwar wurde 1958 ein weiteres Ministerium in ein Staatskomitee umgewandelt (mit dem ehemaligen Minister als Vorsitzenden im Ministerrang, versteht sich), aber auch ein im Vorjahr abgeschafftes Ministerium als Staatskomitee wiederhergestellt (mit dem Ex-Minister als Vorsitzendem im Ministerrang, versteht sich). 1959 geschah dasselbe, 1961 wiederholte sich dieser Vorgang schon dreimal, dazu wurden zwei völlig neue Bundesbehörden, wieder mit Vorsitzenden im Ministerrang, errichtet.
1962 gab es schon 5 neue Staatskomitees mit Minister-Vorsitzenden an der Spitze, und als am 13. 3. 1963 auf einen Schlag 18 neue Staatskomitees als Nachfolger der 6 Jahre zuvor liquidierten Ministerien errichtet und zum Teil mit gleichen Amtsinhabern besetzt wurden wie vor 1957, war es offensichtlich, daß sich die Verwaltungsreform in ihr Gegenteil verkehrt hatte. Aus der Dezentralisierung war eine Rezentralisierung geworden, mit gleichen Leuten wie vorher. Die Minister saßen alle wieder in Moskau, und ihre Familien freuten sich.
Und nun konnte auch der Ruf nach einem zentralen VWR laut werden. Dies geschah schon alsbald nach dem Beginn der Reform und 1960 wurde der Allrussische VWR dann auch gegründet. Ihr Chef wurde der langjährige Vize-Rüstungsminister Generalleutnant-Ing. Wassilij Rjabikow. Als Rjabikow im Jahr darauf zum Vizechef des Gosplan aufgestiegen war (Vorsitzender: Rüstungsexperte Wladimir Nowikow), wurde Rüstungsexperte Afanasjew der Nachfolger Rjabikows. Dem Allrussischen VWR folgte natürlich ein Allukrainischer VWR und so fort.

Nachdem nun jede Unionsrepublik einen eigenen VWR besaß, erschien der nächste Schritt geradezu zwingend notwendig. Jetzt mußte ein Oberster Volkswirtschaftsrat der Union als Krönung des Ganzen her. Dieser wurde am 13. 3. 1963 errichtet und mit weitestgehenden Vollmachten ausgestattet. Der Oberste Volkswirtschaftsrat der UdSSR sollte die gesamte Wirtschaft leiten – wie weiland Perwuchins kurzlebige Wirtschaftskommission.
Zum Chef dieser neuen Wirtschaftsbehörde mit umfassendsten Kompetenzen wurde, zugleich mit der Beförderung zum 1. Vizepremier, der Chef aller Rüstungsbosse, Dmitrij Ustinow, ernannt. Damit war dem Premier Chruschtschow die Aufsicht über die sowjetische Wirtschaft schon anderthalb Jahre vor seiner Pensionierung entzogen.
Zu dieser Zeit war Nikita Sergejewitsch Chruschtschow, der verhinderte Reformer, auch außenpolitisch restlos unglaubwürdig geworden. Konnte er 1961 in der Berliner Mauerkrise dank des Stillhaltens von Kennedy noch als Sieger erscheinen, so gab ihm das Scheitern in der Kubakrise am 25. Oktober 1962 den Rest.
Nachdem die Einkreisung auf dem Umweg über den Himmel 1957 durchbrochen war, bot sich die Antillen-Insel vor Amerikas Tür als erster überseeischer Stützpunkt der Sowjetunion geradezu an. Castros Machtergreifung, die zur Jahreswende 1958/59 erfolgte, geschah zu einem für Moskau äußerst günstigen Zeitpunkt. Die Theorie vom unaufhaltsamen Vormarsch der »progressiven Kräfte« schien aufs eindrucksvollste bestätigt.
Als militärischer Verbindungsmann zu dem neuen Verbündeten wurde der schon bekannte Alexandr Gorbatow ausgewählt. Der nun als »Inspekteur-Berater der Gruppe der Generalinspekteure« im halben Ruhestand lebende 69jährige Armeegeneral hatte 1950–54 die Luftlandetruppen der Sowjetarmee befehligt. Gorbatow betätigte sich auf der Insel als Chefberater und Ausbilder; bei Castro-Besuchen in Moskau gehörte er stets zur Begleitung der »Máximo Líder«.
Nun ließ Chruschtschow gegen den verbissenen Widerstand seines Raketenchefs Moskalenko Raketen auf der Insel installieren. Moskalenko wurde im April 1962 als OB der Strategischen Raketentruppen, ein Vierteljahr später auch als Vize-Verteidigungsminister abgesetzt und reihte sich in die Gruppe der Generalinspekteure ein. Im April 1962 stieß auch der als Vizeminister und Chefinspekteur abgesetzte Rokossowski zu dem Altherrenclub. Auch Konew, im April 1962 aus

der DDR abberufen – seine Aufgabe dort war ja erfüllt –, wurde wieder »Generalinspekteur«.
Der letzte Marschall der Sowjetunion, der im Vorfeld der Kubakrise im Sommer 1962 abgeschoben wurde, war Filipp Golikow, Politchef der Sowjetarmee und -flotte. Chruschtschow hob Golikow im November 1957 in die Position des Oberpolitruks anstelle des Schukowschen Politchefs Generaloberst Scheltow. Am 6. 5. 1961 wurde Golikow, der einzige Berufssoldat in der Position des Chefs der Polithauptverwaltung der Roten Armee, den es je gab, zum Marschall der Sowjetunion befördert – auch dies war eine einmalige Ehrung für einen Politchef. Nun holte sich Chruschtschow als neuen ZK-Abteilungsleiter anstelle Golikows (die Polithauptverwaltung der Sowjetarmee ist zugleich eine Abteilung des ZK der KPdSU, ihr Chef untersteht dem jeweiligen Parteichef in dessen Eigenschaft als Leiter des ZK-Sekretariats) ein echtes Kuckucksei ins Nest:
Der infolge des ständigen Verschleißes unter Personalmangel leidende Partei- und Regierungschef ließ Golikow am 22. 5. 1962 zur Gruppe der Generalinspekteure abschieben und berief den zu jener Zeit als Botschafter in Belgrad tätigen Generalmajor Alexej Jepischew, Moskalenkos alten Kriegsrat von der 38. Armee, zu dessen Nachfolger. Zugleich wurde Jepischew, mit Rückwirkung vom 11. 5. 1962, zum Armeegeneral befördert. Zweieinhalb Jahre später, bei der Aktion der Amtsenthebung Chruschtschows, war Jepischew so aktiv, daß er zur Belohnung außerplanmäßig vom Kandidaten zum Mitglied des ZK befördert wurde.
Nach dem Revirement vom April/Juli 1962 waren von den 15 Marschällen der Sowjetunion nur noch 6 aktiv: Verteidigungsminister Malinowski, OB Heer Tschuikow, Befehlshaber der Rückwärtigen Dienste Bagramjan, Generalstabschef Sacharow, der als »Ministergehilfe« tätige Merezkow und der neue OB Raketentruppen Sergej Birjusow – der einzige Marschall, der noch Chruschtschows Vertrauen besaß.
Der 58jährige Birjusow gehörte schon jener Generation der Sowjetmilitärs an, die nicht aus dem Bürgerkrieg hervorgegangen war. Birjusow diente seit 1922. Zu Beginn des deutsch-russischen Krieges Generalmajor, war er Stabschef des früh verstorbenen Marschalls Tolbuchin an dessen Süd- und der 3. Ukrainischen Front.
Als Befehlshaber der 37. Armee wurde Birjusow im Oktober 1944

zum Chefmilitärberater der bulgarischen Armee ernannt. Als Vizevorsitzender der Alliierten Kommission für Bulgarien, zugleich Vize-OB der »Heeresgruppe Süd« (Bulgarien/Rumänien) war er unmittelbar nach Kriegsende neben Tolbuchin der mächtigste Mann auf dem Balkan.

Der Mitbefreier Belgrads war sich seiner Macht in Sofia voll bewußt. Der große Kriegsberichterstatter Konstantin Simonow berichtet mit Bitterkeit, wie Birjusow ihn aus der bulgarischen Hauptstadt hinausgeworfen hatte, weil er Indiskretionen über die delikate Aufgabe der Roten Armee auf dem Balkan befürchtete.

Nach dem Krieg befehligte Birjusow den Wehrkreis Küste, dessen »Arbeitsbereich« sich auf Nordkorea und die Mandschurei erstreckte, dann die »Heeresgruppe Zentrum« in Wien (Österreich/Ungarn). Am 30. 8. 1943 Generalleutnant, seit dem 17. 5. 1944 Generaloberst, wurde Birjusow im August 1953 zum Armeegeneral befördert.

Nach einem Jahr als 1. Vizechef der Luftabwehr war er seit 1955 Vize-Verteidigungsminister und OB Luftabwehr. Zusammen mit Moskalenko, Bagramjan, Gretschko, Jerjomenko und Tschuikow wurde er am 11. 3. 1955 zum Marschall der Sowjetunion befördert. Parteimitglied seit 1926, gehörte der kleine Russe mit der Adlernase im rundlichen Gesicht, dem ZK seit 1952 als Kandidat, seit 1961 als Mitglied an.

Auch als Chruschtschow in der Kubakrise seine bitterste Niederlage erlebte, blieb Birjusow sein Lieblingsmarschall. Im April 1963 ersetzte er den zur Generalstabsakademie abgeschobenen Marschall Sacharow als 1. Vizeminister und Generalstabschef, am 17. 4. 1964 brachte er Chruschtschow in Paradeuniform mit vollem Ordensschmuck, die Glückwunschadresse der Militärs zu dessen 70. Geburtstag entgegen. Zu dieser Zeit war Marschall Merezkow bereits »Generalinspekteur«, im darauffolgenden Monat wurde auch Marschall Tschuikow, Chruschtschows alter Mitstreiter in Stalingrad, als OB Heer und Vizeminister abgesetzt. Tschuikow blieb nur noch Chef des im Juli 1961 ins Leben gerufenen Zivilschutzes.

Der Zwang, in der Kubakrise vor den USA zu kapitulieren, löste wie nach dem Finnlandfeldzug einen heilsamen Schock aus. Noch am 28. 4. 1962 wurde, im Bewußtsein der eigenen Flottenstärke, der Rang eines Admirals der Flotte wieder eingeführt, der Oberbefehlshaber Kriegs-

marine Gorschkow als einziger dazu befördert. Noch während der Krise ging der stolze Spruch eines sowjetischen Kapitäns um: »Meine Männer werden fahren (durch die Blockade nach Kuba) und wenn sie sterben müssen.«
Aber die Männer fuhren nicht, sie drehten ab. Der Bär konnte immer noch nicht schwimmen. Flottenadmiral Gorschkows Position wurde verkleinert, indem er vom 1. zum einfachen Vize-Verteidigungsminister zurückgestuft wurde. Dabei blieb es bis heute.
Nach Chruschtschows Sturz wurde Gorschkow recht gegeben; Breschnew gab grünes Licht für die Schaffung einer Großflotte. Zwar waren die entsprechenden Beschlüsse älteren Datums, aber Gorschkow selbst betont, daß »kein Land imstande ist, unbegrenzte Mittel in die Rüstung zu investieren. Die ökonomischen Begrenzungen führen dazu, daß aus der großen Zahl von Aufgaben, die durch die neuen wissenschaftlich-technischen Errungenschaften gestellt werden, die wichtigsten ausgewählt werden müssen.«[6]
Unter Chruschtschow waren die Prioritäten eben anders, d. h. er setzte zwar auf Raketen und gedachte Panzer zu verschrotten (»Peng, peng, ist der Panzer weg, und das Geld und all die netten Jungs darin auch«), aber mit der kostspieligen Armada hatte er nichts im Sinn.
Das Umdenken hatte schon im Zuge der Aufarbeitung der Kubakrise begonnen. Damals sagte der russische Unterhändler, der 1. Vize-Außenminister Wassilij Kusnezow, ursprünglich selbst ein Mann der Rüstungsindustrie (Chefingenieur der HV Spezialstähle, im Krieg Stellvertretendes GKO-Mitglied, heute Politbürokandidat und Breschnews 1. Stellvertreter in dessen Eigenschaft als Staatschef) zum US-Staatssekretär Dean Rusk: »*Das* machen Sie mit uns nicht noch einmal.«
»*Das*« – das war die Demütigung.
Die sowjetische Militärhierarchie hatte Chruschtschow die Demütigung nie verziehen. Die Sehnsucht nach dem starken Mann, der heimliche Wunsch nach einem neuen Stalin (natürlich ohne dessen Erbarmungslosigkeit, aber mit der Fähigkeit »hart durchzugreifen«) nistete sich ein. Manchmal ist man bei der Betrachtung der Kubakrise versucht anzunehmen, die Militärs, die um die Schwäche Rußlands auf See wußten, hätten Chruschtschow absichtlich ins offene Messer laufen lassen, um ihn vollends unglaubwürdig zu machen. Zumal Chruschtschow sich in dem parallel zu dem Kubakonflikt laufenden Grenzkrieg zwischen China und Indien wand und drehte, um es mit keiner

der Großmächte Südostasiens zu verderben. Er sprach von »indischen Freunden« und von »chinesischen Brüdern« – in Moskau witzelte man, daß die Verwandten leider nicht ausgesucht werden können, Freunde aber wohl.

Nun wurde der glücklose Parteichef für alles verantwortlich gemacht. Selbst die Schuld für die in der sowjetischen Militärgeschichte einmalige Spionageaffäre Penkowski lastete man in Militärkreisen Chruschtschow an. Die Demoralisierung der Streitkräfte sei so weit fortgeschritten, daß selbst ein Offizier im Range eines Obersten i. G., Großneffe eines Armeegenerals und Freund eines Hauptmarschalls, zum Spion und Verräter von höchsten Staatsgeheimnissen wurde, um der anderen Weltmacht Chruschtschows Raketenbluff auf Kuba zu entlarven.

Möglicherweise hatte so mancher Moskauer Militär insgeheim Verständnis für Penkowskis Handeln. Immerhin trug die Penkowski-Affäre entscheidend zum Prestigeverlust Chruschtschows im Ausland und im eingeweihten Inland sowie schließlich auch zu seinem Sturz bei; 17 Monate nach dem Todesurteil über Penkowski vor dem Militärkollegium des Obersten Gerichts am 11. 5. 1963 verschwand Chruschtschow von der politischen Bühne.

Als Oleg Penkowski vor seinen Richtern stand, war er 44 Jahre alt. Seit 1937 diente er, seit 1940 war er Mitglied der KPdSU. Zu Beginn seiner Dienstzeit Absolvent der Kiewer Artillerieschule, absolvierte er nach dem Krieg die »Frunse«-Kriegsakademie, die Militärdiplomatische Akademie und einen Führungskurs für moderne Waffentechnik an der »Dserschinski«-Kriegsakademie in Leningrad, der ersten Ausbildungsstätte für die Offiziere der Raketenwaffe.

Zum Obersten i. G. wurde Penkowski bereits im Februar 1950 befördert. Sein 1952 verstorbener Schwiegervater Dmitrij Gapanowitsch war Politoffizier im Range eines Generalmajors, sein Großonkel (ein Bruder seines Großvaters) Walentin Penkowski war Armeegeneral, Wehrkreisbefehlshaber im heimatlichen Belorußland und ZK-Kandidat.

Oberst Penkowski selbst war seit 1961 Vizechef der Auslandsabteilung in der Verwaltung Auslandsverbindungen des Staatskomitees für Koordinierung der wissenschaftlich-technischen Arbeiten. Das unmittelbar dem Ministerrat unterstellte Staatskomitee, dessen Vorsitzender seit 1961 kraft Amtes ein Vizepremier und ZK-Mitglied ist, existierte

unter wechselnden Namen (seit 1965: Staatskomitee für Wissenschaft und Technik) 1948–51 und seit 1955 zumeist mit führenden Rüstungsbossen an der Spitze. So leitete Stalins Panzer- und Maschinenbaufachmann Malyschew das Komitee 1948/49 und 1955/56. Der am 8. 4. 1961 zum Vorsitzenden bestellte ehemalige Flugzeugbauminister Generalleutnant-Ing. Chrunitschew starb schon am 2. 6. 1961. Die Position war so wichtig, daß der bisherige Rüstungschef Konstantin Rudnew zum neuen Vorsitzenden ernannt wurde. Rudnew war seit 1935 in der Rüstung tätig; 1952–58 war er Vize-Rüstungsminister. Am 12. 4. 1961 gab er vor Ort dem Chefkonstrukteur Koroljow die Starterlaubnis für Gagarins Weltraumflug. Bei der Massenauszeichnung der 7000 Weltraumtechniker am 17. 6. 1961 wurde er, zusammen mit Koroljow, einer der 7 mit dem höchsten Ehrentitel des Helden der Sozialistischen Arbeit geehrten Organisatoren des Unternehmens. Sein Komitee sollte nun die wissenschaftlichen und technischen Geheimnisse des Westens ausspähen und für die UdSSR nutzbar auswerten.
Wichtiger jedoch als Penkowskis Verwandtschaft mit einem leibhaftigen sowjetischen Armeegeneral, wichtiger sogar als Penkowskis Tätigkeit in der Zentrale der sowjetischen Industriespionage, war für seinen Agentenführer, den britischen »Geschäftsmann« Greville Wynne (der nach seiner Verurteilung und Haft im Gefängnis zu Wladimir am 22. 4. 1964 am Berliner Checkpoint Heerstraße gegen den sowjetischen Meisterspion Oberst Konon Molody alias Gordon Lonsdale ausgetauscht wurde) Oleg Penkowskis engste Freundschaft mit Sergej Sergejewitsch Warenzow.
Den um 18 Jahre älteren Warenzow lernte Penkowski 1943 an der Front kennen. Penkowski war Bataillonschef des 27. Panzerabwehrregiments der 1. Ukrainischen Front, Generalleutnant Warenzow war der Artilleriechef derselben Front. 1944 wurde Penkowski Warenzows Adjutant. Eine lebenslange Freundschaft entstand.
Der Artillerist Warenzow diente seit 1919 und trat erst ziemlich spät, 1941, in die Partei ein. Seine große Karriere machte der kräftig gebaute Russe mit dem dichten, früh ergrauten Haar, erst nach Stalins Tod. Nachdem der Generaloberst der Artillerie 1952 zum Chef der HV Artillerie[7] (GAU) ernannt worden war, die sich mit den Neuentwicklungen der alten Waffengattung befaßte, wurde Warenzow am 11. 3. 1955 zum Marschall der Artillerie befördert und im Mai des gleichen Jahres zum Nachfolger Nedelinns als Befehlshaber der Artillerie der

Sowjet-Armee bestellt. Am 6. 5. 1961 wurde Warenzow Hauptmarschall der Artillerie, am 30. 10. 1961 ZK-Kandidat. Im Zuge der Raketenentwicklung und der Bestückung der Artillerie mit der neuen Waffe, wurde Warenzows Kommando am 14. 11. 1961 in die »Raketentruppen und Artillerie des Heeres« umbenannt. Neben dem OB Strategische Raketentruppen war Warenzow der am umfassendsten über die Raketenwaffe unterrichtete Militär der Sowjetunion.
So konnte Oberst Oleg Penkowski in den 16 Monaten vom Juni 1961 bis zu seiner Verhaftung am 22. 10. 1962, mitten in der Kubakrise, fast sämtliche sowjetische Geheimnisse über diese neue Waffe verraten. In dieser Zeit waren ». . . die politischen Führer der Vereinigten Staaten in der Lage eines Pokerspielers, der seinem Mitspieler ständig in die Karten schauen kann, ohne daß dieser es ahnt.«[8] Kennedys sicheres Auftreten in der Kubakrise war ausgezeichnet fundiert. Daß Chruschtschow »das Risiko eingegangen war, das sowjetische Verteidigungssystem zu entblößen, um in Kuba eine sowjetische Propagandavorstellung zu geben«, überzeugte die Militärs in Moskau vollends davon, daß der risikofreudige Partei- und Regierungschef selbst zu einem Sicherheitsrisiko geworden war.
Außer dem Generalstabschef Birjusow gab es unter den Generalen kaum noch jemanden, der zum nominellen Chef des Hauptkriegsrates stand – von den Admiralen ganz zu schweigen, schließlich war seit 1955 niemand mehr zum Admiral befördert worden. Erst 4 Tage vor seinem 70. Geburtstag, am 13. 4. 1964, genehmigte Chruschtschow die Beförderung von 4 Vizeadmiralen zu Admiralen. Am gleichen Tage ließ er 3 ukrainische Generalobersten, die bis dahin kaum hervorgetreten waren, zu Armeegeneralen befördern. Dies waren die letzten Beförderungen der Chruschtschow-Ära.
Auf den Tag genau ein halbes Jahr danach erfolgte der Staatsstreich gegen den Partei- und Regierungschef, der es sich mit allen verdorben hatte: mit den Parteifunktionären, deren Befugnisse er beschnitt, indem er die Parteikomitees in der Provinz zweiteilte – in ein Parteikomitee für die Industrie und eins für die Landwirtschaft; mit den Managern der Industrie durch seine Dezentralisierung; mit den Staats- und Kommunalfunktionären, deren Befugnisse er auf die gleiche Weise durch die Zweiteilung der Verwaltung beschnitt und obendrein noch die 3000 Landkreise (Rayons) auflöste; mit dem Staatschef Breschnew, dem er am 13. 3. 1963 das Recht entzog, Bundesbehörden zu

bilden und aufzulösen – ein verfassungsrechtlich selbst in der Sowjetunion unerhörter Vorgang, denn nun konnte der Regierungschef Chruschtschow nach Belieben Staatskomitees bilden und liquidieren; und schließlich mit den Militärs, deren Mittel, Gehälter und Pensionen er kürzte und deren Glauben an die Macht der Panzer er untergrub. So standen bei der Absetzung Chruschtschows am 14. 10. 1964 zwei Schlüsselfiguren des militärindustriellen Komplexes Pate, nämlich Marschall Konew und Rüstungschef Ustinow.
Wie Schukow, befand sich auch Chruschtschow während des Komplottschmiedens gegen ihn nicht in Moskau, sondern war auf Urlaub im kaukasischen Sotschi. Das Ganze war wieder glänzend terminiert: Chruschtschows (zweite) Frau Nina, deren Intelligenz und Umsicht er ein Gutteil seiner Entwicklung verdankte, war in Karlsbad zur Kur, der »Prawda«-Chefredakteur auf Dienstreise in Paris, der Chef des Rundfunk- und Fernsehkomitees auf Dienstreise in Oslo.
So konnte der Artikel Marschall Konews, der Chruschtschows Absetzung in der »Prawda« am 14. 10. vorwegnahm, ungehindert erscheinen. In dem Gedenkartikel zum 20. Jahrestag der Befreiung der Ukraine war der Name des Kriegsrates Chruschtschow, der 1943 in Kiew als erster die befreite »Mutter Rußlands« begrüßte und sich wirkungsvoll photographieren ließ, weggelassen. Nun wußten alle Bescheid.
Der 1. Vizeminister Ustinow, der allmächtige Wirtschaftschef, holte Chruschtschow persönlich am 12. 10. in Sotschi ab. Als Chruschtschow und Ustinow am 13. 10. morgens in Moskau eintrafen, war die Entscheidung im ZK-Präsidium bereits gefallen und Konews Gedenkartikel in Vorbereitung.
In der am 14. 10. einberufenen ZK-Sitzung war eine solide Mehrheit von ca. 100 der 175 ZK-Mitglieder für die Pensionierung des Partei- und Regierungschefs. Er gab auf, als er sah, daß sich der Geist, den er 1957 gerufen hatte – das gestärkte Zentralkomitee – nun gegen ihn gekehrt hatte.
Der Mann, dem die Militärs und Rüstungsmanager 11 Jahre zuvor durch die Beseitigung Berijas den Weg freigemacht hatten, war durch die Militärs und Manager mitgestürzt worden.
Was hatte die Chruschtschow-Ära den Militärs gebracht? Unter Stalin wurden sie gedemütigt und vernichtet, in der Kriegszeit waren sie zu höchstem Ruhm gelangt, in der Nachkriegszeit zu Statthaltern halb

Europas geworden. Aber sie lebten stets in Unsicherheit und Furcht vor der Haft oder dem gewaltsamen Tod. Unter Chruschtschow lebten die Militärs in persönlicher Sicherheit. Niemand von ihnen wurde mehr ins Gefängnis geworfen, geschweige denn liquidiert. Dies war das größte Verdienst des Menschen und Politikers Chruschtschow. Selbst Warenzow, der väterliche Freund des Landesverräters Penkowski, wurde mit einer, gemessen an der Vergangenheit, unvorstellbaren Milde bestraft.
Penkowski wurde am 16. 5. 1963 erschossen, der zu 8 Jahren Haft verurteilte Wynne nach 11 Monaten Haft – noch unter Chruschtschow – ausgetauscht, Warenzow am 21. 6. 1963 »wegen des Verlustes von politischer Wachsamkeit und des Begehens unwürdiger Taten« aus dem ZK ausgeschlossen. Die Bestrafung auf der Parteilinie war geringer als die eines Republik-Parteichefs, der am 12. 4. 1961 als korrupt aus der Partei ausgeschlossen wurde.
Im September 1963 verlor Warenzow auch das Mandat des Abgeordneten im Obersten Sowjet. Schon im Herbst 1962, unmittelbar nach Penkowskis Verhaftung, war er zum Generalmajor degradiert und a. D. gestellt worden, Orden und Generalspension waren ihm erhalten geblieben.
Als Warenzow 1971 starb, erschien in der Armeezeitung »Roter Stern« folgende Todesanzeige: »Kampffreunde und Genossen teilen voller Schmerz den Tod des aktiven Teilnehmers an Bürgerkrieg und Großem Vaterländischen Krieg, des KPdSU-Mitgliedes Generalmajors der Artillerie a. D. Warenzow Sergej Sergejewitsch mit und sprechen den Verwandten und den Nächsten des Verstorbenen ihre Anteilnahme aus.«[9]
Zwar wurde Warenzows Waffengattung im Herbst 1962 der Befehl über die Raketentruppen des Heeres entzogen und dem OB Strategische Raketentruppen, Marschall Krylow, überstellt – aber nur auf ein Jahr. Nach einer eingehenden Untersuchung bekam Warenzows 1963 bestellter Nachfolger, Marschall der Artillerie Konstantin Kasakow, die Verfügungsgewalt über die Artillerieraketen des Heeres wieder.
Die Armee, durch das Fegefeuer der Stalinzeit gegangen, schützt sogar die Gefallenen – und, dies ist das wichtigste Ergebnis der Chruschtschow-Ära, sie ist auch dazu imstande. Sippenhaft gibt es nicht mehr. Oleg Penkowskis Großonkel Walentin, der gewiß nichts mit dem Verrat des Neffen zu tun hatte (aber was für eine Rolle hätte dies bei

Stalin gespielt?), wurde im Juli 1964 sogar zum Vize-Verteidigungsminister für Kampfbereitschaft befördert. Und als Pjotr Jakir, der Sohn des Komandarmen Iona, des ersten durch Chruschtschow persönlich auf dem XXI. Parteitag 1959 rehabilitierten Stalin-Opfers des 37er Jahres als Dissident vor Gericht gestellt und verurteilt wurde, blieb das Andenken des legendären Vaters ungeschmäht. Ein zu Stalins Zeiten undenkbarer Vorgang.

So kann man die – von den Armeeführern, mit Schukow angefangen, kräftig vorangetriebene – 100%ige Rehabilitierung aller hingerichteten und eingesperrten Kameraden als eigentliche Kardinalstat Chruschtschows für die Armee bezeichnen. Wenn man im ZK immer noch um die Wiederherstellung der Ehre Nikolai Bucharins diskutiert und sich immer noch nicht dazu entschließen kann, den neben Lenin bedeutendsten Parteitheoretiker post mortem zum Ehrenmann zu erklären, so gibt es unter den umgekommenen Militärs keinen einzigen, dessen Ehre nicht wiederhergestellt worden wäre – außer Trozki.[10]

Dies haben die Erben Tuchatschewskis, Jakirs, Uborewitschs und Blüchers unter Chruschtschows Zustimmung zustande gebracht.

Am Schluß seiner Amtszeit zeigten sie, daß sie noch mehr erreicht hatten:

Ohne Zustimmung und das Einverständnis der unter Chruschtschow so rüde hin- und hergeschobenen Rüstungsbosse kann sich kein Chef mehr in Moskau halten.

Die Völker der Sowjetunion hatten am 14. 10. 1964 einen neuen Herrn, Leonid Iljitsch Breschnew. Er wußte, durch Chruschtschows Sturz gewarnt, daß ohne den militärindustriellen Komplex im Rücken nichts geht.

Aber Breschnew brauchte eigentlich diese Warnung nicht, denn er war der Mann der Militärs und der Manager.

35
Kommissar Breschnew

Als der 57jährige ZK-Sekretär Breschnew zum dritten Parteichef der KPdSU gewählt wurde, hatte der Russe aus dem ukrainischen Kamenskoje (heute: Dneprodserschinsk), Metallarbeiter in dritter Generation, Landvermesser, Agronomie-Student und Wärmekraft-Ingenieur, 43 harte Arbeitsjahre hinter sich.
13 Jahre davon hatte Breschnew in der Armee oder in engster Verbindung mit dem militärindustriellen Komplex verbracht. Eine so innige und dauerhafte Bindung an Generale und Rüstungsmanager hatte keines der 9 ZK-Präsidialen aufzuweisen, die am 14. 10. 1964 mit Breschnew zusammen Chruschtschows Nachfolge antraten. Dies war der Grund, warum gerade Breschnews Kandidatur für den Posten des 1. ZK-Sekretärs so intensiv durch die Marschälle und Manager im Zentralkomitee unterstützt wurde: Er war ihr Mann.
Brechnew erlebte die Oktoberrevolution als Kind, den Bürgerkrieg als Heranwachsender. So kam er mit der Armee erst im Alter von 28 Jahren in Berührung, als er 1935/36 seinen Wehrdienst im Wehrkreis Transbaikal ableistete.
Breschnew konnte ein Ingenieur-Diplom mit Auszeichnung vorweisen, nach dem Besuch einer Panzerschule brachte er es zum Zugführer, dann zum Chef einer Panzerkompanie. Reminiszenzen an die Zeit, als der Parteichef den »T-26« selbst steuerte, tauchten Jahrzehnte später in der Presse auf. Der Wechsel in die Politarbeit bot sich dem Parteimitglied seit 1931, das schon als Student die Funktion eines Parteikomitee-Sekretärs an seinem Metallurgie-Institut wahrgenommen hatte, fast automatisch an. Breschnew schloß seine Dienstzeit im Herbst 1936 ab, aus dem Kompaniechef wurde ein Kompanie-Politruk.
1939 wurden bei allen Parteikomitees Militärabteilungen errichtet, in denen der Abteilungsleiter die Planstelle eines Parteisekretärs besetzte. Die Militärabteilungen bestanden bis zum 25. 10. 1948. Breschnew wurde Militärsekretär am Gebietsparteikomitee in Dnepropetrowsk im Range eines Regimentskommissars. Ein als »Vertraulich« abgestempeltes Eiltelegramm Breschnews an den Flugzeugbauminister Schachurin ist in der Abschrift erhalten geblieben. Darin rügt Breschnew, daß Schachurins Amt die Entsendung von Spezialwerkbänken an einen

Waffenbetrieb in Dnepropetrowsk verzögere. Das Telegramm ist mit dem 7. 5. 1941 datiert. Die Nacht des Kriegsbeginns verbrachte Breschnew in seinem Büro, wo er zusammen mit dem Generalmajor Iwan Samerzew an einem Bericht über den Bau eines neuen Flugplatzes arbeitete; in den frühen Morgenstunden fuhr er zur Baustelle. Am 14. 7. 1941 einberufen, befaßte er sich mit der Umstellung der Werke auf die Rüstung. Die Lokomotivfabrik baute nun Motoren für Militärfahrzeuge, die »Artjom«-Werke stellten Konstruktionsteile für Flugzeugmontagebetriebe her, die »Komintern«-Werke bauten Granatwerfer, die Metallwerke fertigten Kochgeschirre an und reparierten MGs, die Hüttenwerke in Dneprodserschinsk – durch eine elektrische Vorortbahn in einer Stunde erreichbar – nahmen ein Aggregat für den Guß von Geschoßmänteln in Betrieb, und die Textilfabriken schneiderten Uniformen.
Breschnew schlief auf dem Klappbett in seinem Büro zwischen Helmen und Gasmasken (die Behauptung, die Deutschen hätten Gas eingesetzt, machte Mitte Juli 1941 die Runde), denn es wurde auch bei Verdunkelung gearbeitet. Der Schein der Hoch- und Martinöfen zog die deutsche Luftwaffe an.
Als sich die Front der Stadt näherte, wurden die Betriebe samt Arbeitern, Werkmeistern, Ingenieuren und deren Familien mit den Nachtzügen an die Wolga und den Ural evakuiert, jüngere und entbehrliche Männer einberufen. Für die 150 000 Mann, die innerhalb eines Monats Soldaten wurden, gab es nur Gewehre und leichte Geschütze, Panzer und schwere Artillerie dagegen standen nicht zur Verfügung. Samerzew, dessen neuaufgestellte 255. Division Dnepropetrowsk verteidigen sollte, bekam wenigstens ein Flaschendepot der lokalen Wodka-Fabrik zur Herstellung von Brandflaschen für die »Molotow-Cocktails« zugeteilt. Samerzew besteht in seinen Memoiren darauf, daß der Flascheninhalt in die Kanalisation gekippt worden sei.
Im August leitete Breschnew den Bau von Panzerabwehrstellungen vor Ort, wo die Gräben von den Frauen ausgehoben wurden. Bevor die Stadt am 25. 8. 1941 aufgegeben werden mußte, wurden die Betriebe gesprengt, die Bevölkerung, soweit es ging, evakuiert. Im September wurde Breschnew der »Gruppe zur besonderen Verwendung« beim Kriegsrat der Südfront zugeteilt und befaßte sich nunmehr mit der Aushebung der Parteimitglieder für die Armee. Einen Monat danach wurde Breschnew Vizechef der Politverwaltung der Südfront.

Zu tun gab es genug. Der Zulauf zu der Partei war groß. Politische Schulungen, Gespräche mit den Soldaten an der Front, Politarbeit mit der Zivilbevölkerung, Prüfung der Anträge von Militärangehörigen auf Parteiaufnahme, Überreichung der neuen Mitgliedsbücher, Rechenschafts- und Erfolgsberichte nach oben waren die Routine der Kommissare. Allein die, wenn auch recht oberflächliche, Überprüfung der neuen Parteimitglieder erforderte Zeit.
Breschnew wurde zum Brigadekommissar befördert und bekam am 27. 3. 1942 die erste hohe Auszeichnung seines Lebens, den begehrten Rotbannerorden. In der Vorschlagsliste hieß es: »Genosse Breschnew ist ein furchtloser, kampfbewährter Politarbeiter.«[1] Unmittelbar danach trat Breschnew seinen Dienst bei der 18. Armee an. Es war eine schwierige und recht glücklose Armee, die im Laufe des Krieges 11 Befehlshaber verschlissen hat. Zum Exklusiv-Status einer Garde-Armee hat es die 18. nicht gebracht.
Zu Kriegsbeginn aus den Truppenteilen der Wehrkreise Charkow und Kiew gebildet, setzte sich die 18. ursprünglich aus einem Schützenkorps (2 Bergschützen- und 1 Schützendivision), einem mechanisierten Korps (2 Pz- und 1 mot. Division) sowie einer Luft- und einer gemischten Luftdivision zusammen: Ihr erster Befehlshaber war Generalleutnant Andrej Smirnow, zuvor Befehlshaber des Wehrkreises Charkow, ein erfahrener Bürgerkriegskämpfer, der es in der Großen Säuberung zum General-Inspekteur der Infanterie gebracht hatte.
Smirnows Armee, die zusammen mit der 9. Armee die Südfront Tjulenews bildete, war vom 24. 6. 1941 an in schwerste Kämpfe verwickelt. Im August wurde sie in der Kesselschlacht von Uman am 8. 8. zum Teil vernichtet. Smirnow führte die Reste seiner Truppe nach dem Südosten, bis Nikopol. Nachdem der Ort am 22. 8. fiel, bildeten die Deutschen bei Saporoschje einen Brückenkopf am Dnepr.
Die 18. Armee, ca. 100 Kilometer südwestlich davon in Stellung, wich bis an das Asowsche Meer zurück. Am 24. 9. 1941 gelang Smirnow ein Gegenstoß bei Melitopol, wo er mit der 9. Armee die Deutschen und Rumänen zurückdrängen konnte. Am 5. 10. wurde die Armee vom Gegner gestellt und in der »5-Tage-Schlacht am Asowschen Meer« bei Tschernigowka fast völlig vernichtet. Armeechef Smirnow fiel am 6. 10. beim Dorf Popowka (heute: Smirnowo), ein Divisionär, Generalmajor Kolpaktschi, übernahm den Befehl über den Rest. Über 100 000 Armee-Angehörige kamen in Gefangenschaft. Nachdem sie

wieder neu angefüllt war, nahm die Armee unter Kolpaktschi am erfolgreichen Gegenstoß bei Rostow teil.

Bei diesem geschlagenen Haufen wurde Breschnew im April 1942 Leiter der Politabteilung. Ein anderer hoher Funktionär der Breschnew-Ära, der seit November 1941 Kriegsrat der 18. Armee war, hatte im gleichen Monat mehr Glück: Der Flugzeugkonstrukteur Andrej Kirilenko, seit 1938, als der ukrainische Parteichef Chruschtschow – um die Personalnot zu beheben – kurzerhand 1600 Parteimitglieder zu Parteisekretären machte, wie Breschnew in der Parteiarbeit, wurde als Bevollmächtigter des Staatlichen Verteidigungskomitees GKO in ein Flugzeugwerk nach Moskau versetzt.

Kaum hatte sich Breschnew mit den Verhältnissen vertraut gemacht, begann die erwartete deutsche Offensive im Süden. Die Lage im Kaukasus wurde so gefährlich wie im Herbst 1941 bei Leningrad und Moskau. Die 18. Armee wurde der aus den Resten der aufgelösten Krimfront gebildeten Nordkaukasusfront zugeschlagen, die unter der Leitung Budjonnys stand, bei dem sich im Juli der ZK-Sekretär Lasar Kaganowitsch als Frontkriegsrat einnistete.

Die Frontlage war katastrophal; eine Entlastung gab es nicht. Die 45. Armee des Generalleutnants Fjodor Remesow war an der türkischen Grenze gebunden, der Generalstab äußerst beunruhigt, da die Türken 26 Divisionen an der Grenze konzentrierten. Nach 11 verlustreichen Kriegen gegen die Türken in den vergangenen Jahrhunderten wußten die Russen, was passieren könnte, wenn nun auch die neutrale Türkei die Notlage ausnutzen würde. Remesow hatte schon im November des Vorjahres mit der 56. Armee Rostow aufgeben müssen.

Am 21. 8. tauchte Berija, von seinen engsten Mitarbeitern Kobulow, Mamulow und Zanawa begleitet, in Tbilissi auf. Um ganz sicher zu gehen, hatte er den Umweg über Mittelasien fliegen lassen. Die vier georgischen Staatspolizisten errichteten im Kaukasus ein Schreckensregiment.

Am 24. 8. verhängte Berija in seiner Eigenschaft als GKO-Mitglied im Transkaukasus das Kriegsrecht. Von den 11 Befehlshabern der im Kaukasus operierenden Armeen wurden 6 ausgewechselt, der Befehl über die 46. Armee, die den Übergang über das Kaukasus-Gebirge decken sollte, am 28. 8. dem georgischen Artilleristen Generalmajor Lesselidse übertragen.

Brigadekommissar Breschnew bewährte sich auch in dieser kritischen

Zeit. Was ihm zugute kam, war die Erleichterung seiner Arbeit durch den in jenem Sommer durchgeführten Umbau des Agitprop-Apparats in den Politorganen der Armee. Die schwerfällige Position eines »Propaganda-Instrukteurs« in den Divisionen und Regimentern wurde in die beweglichere eines »Agitators« verwandelt, es wurden Agitationsgruppen gebildet, die an die Front führen. All das fiel in Breschnews Zuständigkeit. Außerdem hatte die 18. Glück: Ihr Befehlshaber Generalleutnant Fjodor Kamkow überstand Berijas »Besuch« ungeschoren.
In dieser Zeit der äußersten Anspannung und der Not lernte Breschnew, der in den Vorkriegsjahren durch den ukrainischen Parteichef Chruschtschow protegiert worden war, seinen wichtigsten Protektor zum ersten Mal kennen: Michail Andrejewitsch Suslow, Regionalparteichef von Stawropol (1935–43: Woroschilowsk) im Nordkaukasus, seit Mai 1942 Chef des regionalen Partisanenstabes und Kriegsrat der Heeresgruppe Nord an der Transkaukasischen Front. Der hagere russische Bauernsohn von der Wolga war 4 Jahre älter als Breschnew, aber ein Jahrzehnt länger in der Partei. Der Hüter des theoretischen Parteigutes (soweit es dieses noch gibt), der im Unterschied zu seinen jüngeren Mitarbeitern nie nötig hatte, sich einen Professorentitel zuzulegen oder sich in die Akademie der Wissenschaften wählen zu lassen (obwohl beides bei Suslows Einfluß für ihn ein Leichtes gewesen wäre), war auch ein glänzender Organisator. Noch den XXVI. Parteitag im Februar/März 1981 managte der 78jährige mit der lässigen Eleganz eines Profis, wobei er ständig Zettel schrieb und an livrierte Diener austeilte, die in alle Himmelsrichtungen enteilten. Was Wunder: Es war der siebte Parteitag in ununterbrochener Folge seit 1956, bei dem Suslow im Hintergrund seine Fäden zog.
Damals, 1942–43, fiel Suslow die Aufgabe zu, in Zusammenarbeit mit den Politorganen der beiden Fronten und der 11 Armeen im Kaukasus die Bevölkerung bei der Stange und in Schach zu halten; außerdem mußte er eine Partisanenbewegung in einer Gegend organisieren, welche die russische Herrschaft nur mit einem mühsam unterdrückten Haß ertragen hatte.
Im Nord- und Transkaukasus leben über 50 Völker mit eigenen Sprachen und Sitten – allein die 1,6 Millionen Einwohner der Autonomen Republik Daghestan (»Bergland«) gehören 32 Völkerschaften an.
Nach Daghestan kamen die Deutschen nicht, aber 6 der 9 Völker, deren Gebiete durch die Deutschen besetzt wurden, sind nach der

»Befreiung« 1943/44, wie schon 1941 die Wolgadeutschen, wegen der »Kollaboration mit dem Feind« nach Sibirien verbannt worden. Erst am 9. 1. 1957 übte Chruschtschow die späte »Wiedergutmachung«, indem die Autonomen Republiken und Gebiete der Kalmücken, Tschetschenen, Inguschen, Balkaren und Karatschajer wieder hergestellt wurden (nicht aber die der Wolgadeutschen und Krimtataren).
Selbstverständlich waren nicht alle Kaukasier Kollaborateure. Marschall Gretschko beruft sich in seinen Memoiren sogar auf den westlichen Zeugen Alexander Werth (»Rußland im Krieg)«, um den Beweis zu erhärten, daß die deutsche Propaganda unter den kaukasischen Moslems keinen Anklang fand – was ja auch, angesichts des deutschen Benehmens, plausibel ist. Von den buddhistischen Kalmücken berichtet Gretschko nicht. Trotzdem war der Kaukasus jene Gegend, in der es die Partei im Gegensatz zu den rein russischen Gebieten oder gar zu der Partisanenhochburg Belorußland, während des Krieges schwer hatte. Stalin schickte nicht umsonst Berija und Kaganowitsch in den Kaukasus, der zweite Prozeß gegen Kollaborateure wurde 1944 in Krasnodar abgehalten[2].
Suslow hatte es nicht leicht mit seiner Bevölkerung. Aber er hatte für seine Arbeit unter den Zivilisten uniformierte Helfer – die Politabteilungen der im Kaukasus operierenden Armeen. So arbeitete auch Breschnew damals mit Suslow eng zusammen.
Mit den Deportationen hatte Breschnew nichts zu tun. Diese wurden unter Hilfe der Armee-Sonderabteilungen (OSO), die ebenfalls dem NKWD unterstellt waren, durch den Vize-NKWD Serow mit seinen Truppen durchgeführt. Außerdem war Breschnew nicht in der Kalmückensteppe (ebensowenig wie Gretschko), und zur Zeit der Umsiedlung der Krimtataren auch nicht auf der Krim. Als die Karatschajer, Balkaren, Tschetschenen und Inguschen deportiert wurden, kämpfte seine Armee schon am Dnepr.
Die Kaukasusschlacht wurde letzten Endes bei Stalingrad entschieden. Solange die Deutschen in der Kalmückensteppe und an der Wolga vorankamen, waren die roten Armeen im Kaukasus erfolglos. Als der Gegner am 9. 8. Maikop am Ende der Erdölleitung nach Baku, besetzte, mobilisierten die Kommissare die letzten Reserven. 6000 Parteimitglieder wurden samt 1400 Kommunisten aus der Etappe geradewegs aus ihren Büros an die Front geschickt. 200 Politruks kamen zu der kämpfenden Truppe. Um besonders gefährdete Frontabschnitte zu

verstärken, bildete Breschnew mit 3 Kommissarskollegen 4 Stoßstaffeln à 500 Mann.
Schon als Malinowskis Südfront am 28. 7. zerschlagen wurde, waren von ihren 4 Armeen nur noch etwas mehr als 100 000 Mann übrig, die Budjonnys Nordkaukasusfront zugeschlagen wurden. Drei Armeen, darunter die 18., sollten die Regionalhauptstadt Krasnodar am Kuban, vormals Sitz des Fronthauptquartiers, halten. Dies mißlang. Krasnodar fiel am 11. 8., die 18. Armee floh in völliger Unordnung.
Am 3. 9. 1942 wurde die Nordkaukasusfront aufgelöst, Budjonny endgültig aus dem Verkehr gezogen. Kaganowitsch verschwand am 20. 10. – und tauchte im November als Kriegsrat der Transkaukasischen Front bei dem geplagten Tjulenew wieder auf. Die Reste der 6 Armeen Budjonnys wurden am 4. 9. als »Heeresgruppe Schwarzmeer« Tjulenews Transkaukasusfront unterstellt. Als der Befehlshaber der Heeresgruppe, Generaloberst Tscherewitschenko, sich wieder nicht bewährte, wurde er am 11. 10. durch den Generalmajor Iwan Petrow von der 44. Armee ersetzt.
All diese Umbesetzungen und hilflosen Umgruppierungen konnten den Gegner nicht aufhalten. Am 20. 10. standen die Deutschen vor Tuapse am Schwarzen Meer, der letzten Hürde vor der Küste.
An diesem 20. 10. 1942 hatte Generalmajor Andrej Gretschko den Befehl über die 18. Armee übernommen – als fünfter Chef in 16 Monaten des Krieges. Der künftige Parteichef und sein Verteidigungsminister, die ein Vierteljahrhundert später ein gigantisches Rüstungsprogramm starteten, damit Rußland, selbst wenn es gegen die ganze Welt antreten müßte, nie wieder in eine ähnliche Bedrängnis käme wie im Herbst 1942, arbeiteten damals zum ersten Mal für 3 Monate Hand in Hand.
Der baumlange Troupier hatte Ortskenntnisse. Der gerade 39 Jahre alt gewordene Gretschko entstammte einer Bauernfamilie mit 11 Kindern aus der Umgebung Taganrogs am Asowschen Meer.
Wie es sich gehörte, begann auch Gretschko seine Karriere bei Budjonnys Reiterei – mit 16 Jahren. Im Jahre 1928 wurde Zugführer Gretschko Parteimitglied, 1936 absolvierte er die »Frunse«-Kriegsakademie. Nach dem Abschluß der Generalstabsakademie unmittelbar vor Kriegsbeginn sollte Gretschko im Generalstab bleiben. Wie fast alle Troupiers im Generalstab wollte er an die Front – keiner schaffte es zunächst, bis auf ihn. Gretschko formierte seine 34. Gesonderte

Kavalleriedivision selbst und zog mit ihr, nach nur 2 Wochen im Generalstab und mit Schukows Segen, in den Krieg. Auch er wurde ein »General des Südens«.
Vor der Ernennung zum Chef der 18. befehligte Gretschko die 47. Armee, die Noworossijsk, die Hafenstadt mit den größten Zementfabriken der Sowjetunion, an einer geschützten, ganzjährig eisfreien Bucht des Schwarzen Meeres gelegen, zu verteidigen hatte. Da es den Deutschen nicht gelungen war, die Stadt ganz einzunehmen, verschanzten sie sich in ihren Südwestbezirken.
Ein »Verteidigungsrayon Noworossijsk« wurde am 17. 8. gebildet; am 8. 9. übernahm Gretschko auch darüber das Kommando. Sein Stellvertreter für die Kriegsmarine bei der 47. Armee und im Verteidigungsrayon war Konteradmiral Gorschkow, bisher Chef der Asow-Flottille. Als Gretschko die 18. Armee übernahm, wurde Gorschkow sein Nachfolger bei der 47. Armee (Gretschko: »So geschah es, daß in einer schwierigen Situation ein Flottenführer die Landtruppen befehligen mußte«). So war auch Breschnews künftiger Marine-OB in jenem Herbst 1942 mit dabei.
Gretschko fuhr, kaum daß er beim Armeestab eingetroffen war, zusammen mit Petrow und dem Heeresgruppenkriegsrat Generalmajor Semjon Kolonin, von Stabsoffizieren begleitet, zu der Truppe. Zugleich wurden besonders erfahrene Politarbeiter der Heeresgruppe und der 18. Armee zu den Kommunisten in den Fronteinheiten entsandt. Breschnew durchkämmte die Zivildienststellen in Tuapse nach den »zufällig« in der Stadt gebliebenen Kommunisten und Komsomolzen. Gretschko: »Alle Partei- und Komsomolmitglieder in Tuapse wurden mobilisiert.« Der Durchbruch nach Tuapse, dem Bahnknotenpunkt auf der Strecke Moskau-Sotschi, konnte verhindert werden, das Tor zum Transkaukasus blieb verschlossen.
Breschnew, seit dem 9. 12. 1942 – der Angleichung der politischen Ränge an die militärischen – ein Oberst und Gretschko blieben bis zum 5. 1. 1943 zusammen. Bis dahin hatte sich die Lage der bedrängten kaukasischen Armeen grundsätzlich gewandelt. Seitdem Rokossowskis Ring um die in Stalingrad eingeschlossenen Deutschen am 19. 11. 1942 in eine Gegenoffensive einmündete, spürten Tjulenews Truppen den Aufwind. Bis Dezember kam der deutsche Vormarsch im Kaukasus für immer zum Erliegen.
Im Januar 1943 gingen auch die Truppen Tjulenews und Petrows zum

Gegenangriff über und warfen den Gegner bis zu 600 Kilometer zurück. Nachdem sich die Lage bei der 18. Armee stabilisiert hatte, zog Gretschko weiter und wechselte zu der benachbarten 56. Armee, um sie in Schwung zu bringen. Generalmajor Alexandr Ryschow von der 56. übernahm dafür Gretschkos 18. Armee. Daß es Gretschko gelang, die Armee auf Vordermann zu bringen, zeigte sich an dem Ordensregen, der vom 1. 12. 1942 bis zum 10. 1. 1943 über die Parteimitglieder und -kandidaten in der 18. niedergegangen war: 356 Mann bekamen Orden und Medaillen.
Am 24. 1. 1943 wurde Maslennikows »Heeresgruppe Nord« der Transkaukasusfront zur Nordkaukasusfront umgebildet, Maslennikow am 30. 1. zum Generalobersten befördert. Am 5. 2. wurde auch Petrows »Heeresgruppe Schwarzmeer« der neuerstandenen Nordkaukasusfront unterstellt. Damit war Tjulenews Transkaukasus aus dem Schneider, der Reiterdivisionär des Bürgerkrieges, 1941 mit Schukow und Merezkow einer der 3 ersten Armeegenerale, brauchte nie mehr Krieg zu führen.
Zum ersten Mal in den anderthalb Jahren des Krieges erlebte Breschnew den Vormarsch. Seine Armee, am 18. 2. zur »Landungsarmee« befördert, wurde um eine Garde-Pz-Brigade, ein Pz-Abwehr- und ein Artillerieregiment sowie um ein »Katjuscha«-Regiment verstärkt.
Durch ihre Dislozierung am Schwarzen Meer war die 18. Armee auf enge Zusammenarbeit mit der Flotte angewiesen. So wurde Breschnew zum ersten sowjetischen Parteichef, der die Kampftätigkeit der Kriegsmarine unmittelbar kennenlernte und in ihre Probleme eingeweiht war, sein Interesse für den Ausbau der Flotte kam nicht von ungefähr.
Die erste Landung in der Noworossijsker Bucht mißlang. Nur der winzige Brückenkopf »Kleine Erde« (1978 in Breschnews gleichnamigem Buch beschrieben) auf der Halbinsel Myßchak hielt sich 225 Tage. Breschnews Vize, Oberst Andrej Ryschow, bekam mit 20 anderen Kriegern den Titel eines Helden der Sowjetunion für das Halten der »Kleinen Erde« verliehen. Breschnew selbst wäre im Herbst 1943 bei einem Besuch auf dem Brückenkopf fast ertrunken, als das kleine Boot kippte und er ins Wasser fiel. Daß er von seinen Matrosen gerettet wurde, zeugt davon, daß er ein beliebter Vorgesetzter war.
Der Sommer 1943 verging, nachdem der russische Vormarsch Mitte März zunächst gestoppt war, unter härtesten Kämpfen um die Befestigungen des Gegners vor dem Taman-Brückenkopf, der sogenannten

»Blauen Linie«. Petrows »Heeresgruppe Schwarzmeer« wurde Mitte März aufgelöst, Petrow selbst wurde Maslennikows Stabschef an der Nordkaukasischen Front. Am 13. 5., nach einer Inspektion der Front durch Marschall Schukow, Marineminister Kusnezow und Luftwaffen-OB Nowikow, wurde Petrow Maslennikows Nachfolger. Am 30. 8. führte er, unter Aufsicht des Stawka-Beauftragten Timoschenko, seine Front zum Angriff auf Noworossijsk, der letzten Hürde vor dem deutschen Brückenkopf auf der Taman-Halbinsel. Die 18. Armee, seit dem 20. 3. 1942 von Generalleutnant Lesselidse geleitet, trat am 9. 9. 1942, in drei Landungs- und zwei Landgruppen geteilt, zum Angriff an.
Breschnew gab ein Merkblatt für die Landungstruppen heraus. Zusätzlich fuhr er am Vorabend des Angriffs hinaus zu den Marines und ließ die erfahrenen Matrosen, Kämpfer von Odessa und Sewastopol, zu den Infanteristen sprechen. Tatkräftig von der wiedererrichteten Asow-Flottille Gorschkows unterstützt, durchbrachen die Armeen Gretschkos und Lesselidses die »Blaue Linie« der Deutschen. Die Ruinen von Noworossijsk wurden am 16. 9. vom Gegner aufgegeben.
Es war das einzige Mal, daß die 18. Armee in einem Tagesbefehl Stalins (am 9. 10. 1943) lobend erwähnt wurde. Zugleich wurde der (alsbald erkrankte und am 21. 2. 1944 in Moskau verstorbene) Armeechef Lesselidse zum Generalobersten befördert.
Auch Gretschko, seit dem 28. 4. 1943 Generalleutnant, wurde Generaloberst. Am meisten jedoch wurde der eigentliche Sieger gefeiert, Frontchef Petrow, der die Gesamtoperation persönlich geleitet hatte. Der am 14. 10. 1942 zum Generalleutnant, am 27. 8. 1943 zum Generalobersten beförderte Troupier ohne Akademie-Ausbildung, eine der größten – und verkanntesten – Begabungen der Roten Armee, wurde Armeegeneral. Oberst Breschnew, der schon im März mit dem Orden des Roten Sterns ausgezeichnet wurde, bekam den zweiten Rotbannerorden.
Die 18. Armee marschierte weiter, nach Taman, von der Südküste her drang sie auf die Halbinsel ein. Mit der Befreiung Tamans am 9. 10. 1943 war die Schlacht am Kaukasus zu Ende, Stalin ließ in Moskau um 22 Uhr des gleichen Tages 20 Salutschüsse aus 224 Geschützen abfeuern, alle 583 045 Teilnehmer der Schlacht wurden mit der am 1. 5. 1944 gestifteten Medaille »Für die Verteidigung des Kaukasus« geehrt.
Die Befreiung von Noworossijsk war Breschnews größtes und erfolg-

reichstes Kriegserlebnis. Anderthalb Jahre nach seiner »Machtergreifung« in Moskau, am 7. 5. 1966, ließ er die Zement- und Hafenstadt mit dem Orden des Vaterländischen Krieges 1. Stufe auszeichnen. Sieben Jahre später – und fester im Sattel – verlieh er Noworossijsk am 14. 9. 1973 zum 30. Jubiläum der Befreiung den seltenen Titel einer »Heldenstadt« samt dem obligaten »Goldenen Stern«. Auch seinen Armeechef von damals hatte Breschnew nicht vergessen. Anläßlich eines Besuches in Tiflis verlieh Parteichef Breschnew dem georgischen Generaloberst am 13. 5. 1971 den Titel des Helden der Sowjetunion – 27 Jahre nach Lesselidses Tod.
Vielleicht hing Breschnew gerade deshalb mit ganzem Herzen an der Schlacht um Noworossijsk, weil die Operation letzten Endes nicht restlos erfolgreich war. Am 16. 9. konnten die Deutschen die Stadt bis 10 Uhr morgens ziemlich geordnet verlassen und auf die Krim entkommen. So mischten sich in Breschnews Erinnerung an den Oktober 1943, seinen erfolgreichsten Kriegsmonat, Freude und Bitterkeit. Am 25. 10. konnte sein alter Frontchef Süd, Armeegeneral Malinowski, bei einem Überraschungsangriff seiner 3. Ukrainischen Front Dnepropetrowsk einnehmen, nach 25 Monaten war Breschnews Heimat wieder frei. Am 1. 11. führte Petrow auf Anweisung der mit der Operation – trotz der Ehrensalven – unzufriedenen Stawka Teile der 56. Armee unter Gretschkos Nachfolger Generalleutnant Kondrat Melnik und Teile der 18. Armee auf die Halbinsel Kertsch, den Westteil der Krim, um die Deutschen endgültig vom Schwarzen Meer zu vertreiben.
Ein Erfolg war nötig, denn Ende Oktober war der gefürchtete Berija von neuem im Kaukasus aufgetaucht. Wieder wurden 4 Armeebefehlshaber abgelöst.
Von den ungeduldigen Ermahnungen der Stawka, d. h. Stalins, angetrieben, landeten Teile der 18. Armee mit Unterstützung von Gorschkows Asow-Flottille südlich von Kertsch bei Eltigen. Die »Landungsoperation Kertsch-Eltigen« dauerte bis zum 11. 11. Den Truppen Petrows gelang es lediglich, einen Brückenkopf über den Siwaschsee im Osten der Krim zu bilden, dann erlahmte die Kraft des russischen Angriffs. Als die Nordkaukasische Front am 20. 11. aufgelöst wurde, blieb Frontchef Petrow als Befehlshaber der 56. Armee des abgelösten Melnik auf der Krim. Die 56. Armee erhielt die neue Bezeichnung »Gesonderte Küstenarmee« und wurde unmittelbar der strengen Aufsicht der Stawka unterstellt.

Die 18. Armee wurde zusammen mit der 1. Gardearmee Gretschkos und der 3. Garde-Schützendivision »Taman« (die heute Paraden auf dem Roten Platz anführt) der 1. Ukrainischen Front Watutins zugeschlagen. Bei dieser Front vollbrachte Breschnew seine eigentliche Kriegstat, indem sich der künftige Parteichef als MG-Schütze bewährte, als die Deutschen im Dezember in einem Gegenstoß versuchten, Kiew zurückzuerobern. Im Dorf Kolonschtschina (etwa 40 Kilometer vor Kiew), wehrte er am 12. 12. 1943 anstatt des neben ihm gefallenen MG-Schützen den Angriff des bis auf 30 Meter herangekommenen Gegners ab. Hauptmann Iwan Krawtschuk berichtete, wie ruhig Oberst Breschnew sich dabei verhalten hatte: Nachdem die »Katjuschas« und schwere Artillerie den deutschen Angriff zum Stehen gebracht hatten, ließ sich Breschnew, dessen helle Lammfelljacke mit dem Blut des gefallenen MG-Schützen bespritzt war, von Krawtschuk eine Zigarette drehen.
Zwei Wochen später befreiten die Armeen Lesselidses und Gretschkos Schitomir und Berditschew, die beiden ukrainischen Städte mit dem größten Anteil der jüdischen Bevölkerung in der UdSSR. Schitomir wurde am 31. 12. 1943, Berditschew nach einer vom nunmehr sieggewohnten Stalin mühsam ertragenen Verzögerung am 5. 1. 1944 befreit. Es war Breschnews dritter Frontwinter – diesmal ein Siegeswinter. In Berditschew war er bei der Erstürmung einer Kaserne, die MP in der Hand, mit dabei. Der Chef der 117. Division, Oberst Wolkowitsch, fragte ihn, was er als Politarbeiter hier wolle: »Eigenlich haben Sie hier nichts zu suchen.« Breschnews Antwort: »Mein Platz ist hier.«
Seine Politabteilung gab die Zeitung »Banner der Heimat« heraus, er kümmerte sich um Fleisch, Fett, Brot, sogar um Munition für seine Soldaten, er besorgte Filzstiefel für sie und, als es am 25. 12. plötzlich taute, auch Lederstiefel.
Kreisparteichef D. Gubarez, der mit den Truppen zurückgekehrt war, bekam von Breschnew 20 Lkw und 8 Pkw aus den Beutebeständen, um die wenigen Überlebenden versorgen zu können. Die Juden waren alle tot, aber ein paar Russen und Ukrainer lebten noch. Breschnew organisierte die Verteilung von Graupe an die Einwohner, eiste sogar Panzerteile für 10 Traktoren los und schickte »Lektoren« (Zeitungsvorleser) in Berditschews Stadtteile – man hatte seit zweieinhalb Jahren keine sowjetische Zeitung zu sehen bekommen. Als Anerkennung für die Kämpfe erhielt er den »Bogdan-Chmelnizki«-Orden 2. Stufe.

Im Gegensatz zu Breschnew war sein Oberster Befehlshaber mit der Operation am Jahreswechsel unzufrieden – es dauerte ihm alles viel zu lange.
Für Schitomirs Befreiung wurde zwar am Neujahr 1944 in Moskau Salut geschossen (wozu der Jahreswechsel ohnehin Anlaß bot), für Berditschew dagegen überhaupt nicht. Watutins Front wurde in Stalins Tagesbefehl nicht erwähnt. Nach dessen tödlicher Verwundung übernahm Marschall Schukow am 1. 3. die Front und begann sogleich die Frühjahrsoffensive. Die Deutschen wehrten sich eine Woche lang »so hart wie nie seit der Schlacht am Kursker Bogen« (Schukow). Der Durchbruch gelang am 13. 3., bis Monatsende erreichte die 18. Armee den Dnestr. Nachdem die Truppen 350 Kilometer weit gekommen waren, stellte die Stawka die Offensive Mitte April ein. Schukow bekam den Siegesorden Nr. 1 und ging im Mai auf die Krim, wo der im Februar zum Generalobersten degradierte Armeechef Petrow immer noch nicht weitergekommen war.
Die 1. Ukrainische Front wurde von Marschall Konew übernommen. Nachdem die Kämpfe zum Stillstand gekommen waren, begann erst am 13. 7. 1944 Konews Sommeroffensive, die »Lwow-Sandomir-Operation«. Wieder war Gretschkos 1. Gardearmee die Nachbarin der 18. und befreite am 27. 7. Stanislaw (heute: Iwano-Frankowsk). Am gleichen Tage marschierte die 38. Armee des Generalobersten Moskalenko, die wie bei den Kämpfen um Schitomir und Berditschew die andere Nachbarin der 18. gewesen war, in Lemberg ein.
Am 30. 7. 1944 errichtete die Stawka die 4. Ukrainische Front[3] mit dem Ziel der Eroberung der Karpaten.
Die Front bestand zunächst aus der 18. und der 1. Garde-Armee Gretschkos; am 30. 11. kamen die 60. und Moskalenkos 38. hinzu. Die 8. Luftarmee und die Donauflottille des (im Dezember abgelösten) Gorschkow sollten die Kampftätigkeit der Front unterstützen. Den Frontbefehl bekam auch ein alter Bekannter Breschnews, der am 26. 10. wieder zum Armeegeneral beförderte Iwan Petrow. Frontkriegsrat wurde der bestgehaßte Mann der Roten Armee: Generaloberst Mechlis, Stalins alter PR-Mann, Politchef der RKKA in der Säuberung und zu Kriegsbeginn.
Bis dahin hatte Breschnew alle aus Moskau gesandten Kriegsräte – die seine unmittelbaren Chefs waren – und »Besucher« vom Schlage Berijas und Kaganowitschs gut überstanden. Zuweilen waren es gefallene

Größen wie der Armeekommissar 1. Ranges Saporoschez, Mechlis' kurzzeitiger Nachfolger als Politchef der Roten Armee und Breschnews Chef an der Südfront. In anderen Fällen gefährliche Denunzianten vom Schlage des Generalmajor Fominych, Kriegsrat der Heeresgruppe Nord an der Nordkaukasusfront. Mit dem Kriegsrat der 1. Ukrainischen Front hatte Breschnew großes Glück, es handelte sich um Nikita Chruschtschow selbst, seinen Förderer in der Vorkriegszeit. Mit Chruschtschows 2. Kriegsrat, Generalleutnant Krainjukow, verstand sich Breschnew glänzend. Nicht von ungefähr wurde Krainjukow, letzter Politchef der Roten Armee in der Stalin-Ära, 1965 einer der ersten unter Breschnew beförderten Generale. Aber keiner der Frontkriegsräte Breschnews hatte den kampfbewährten, mit 4 Orden ausgezeichneten Obersten zur Beförderung vorgeschlagen.
Und nun hatte er Mechlis zum Chef.
Der von Stalin abgekanzelte und zunächst zum Generalleutnant zurückgestufte ehemalige Armeekommissar 1. Ranges war immer noch ein gefährlicher Mann. Obwohl er seit der Einführung der einheitlichen Kommandogewalt nicht mehr das Recht besaß, die Entscheidungen des Frontchefs aufzuhalten, wußte jedermann, daß ein Handeln wider die Meinung von Mechlis böse Folgen in Form eines vertraulichen Briefes an die Stawka nach sich ziehen konnte. Immer noch lieh Stalin dem Vorbereiter und Vollstrecker der Großen Säuberung sein Ohr.
So geschah es dann auch, als die Front im Februar 1945 in der ČSR auf den verbissenen Widerstand der Deutschen stieß und der Angriff bis Mitte März völlig zum Erliegen kam[4], worauf die Offensive am 17. 3. 1945 eingestellt wurde.
Neun Tage danach, am 26. 3. 1945, wurde Petrow durch Armeegeneral Jerjomenko abgelöst. Der prahlerische Draufgänger Jerjomenko, der stets jedes Risiko eingegangen war und alles auf eine Karte zu setzen pflegte, ersetzte Petrow – einen Mann von »rauhem Wohlwollen und Schlichtheit, gepaart mit Takt und Höflichkeit, und dabei ausgesprochen geradlinig«[5] – schon einmal im Januar des Vorjahres auf der Krim, unter der Assistenz des Stawka-Beauftragten Woroschilow und des »Iwan der Schreckliche« genannten Generalleutnants des Küstendienstes Iwan Rogow, des Politchefs der Kriegsmarine, damals zugleich Kriegsrat der Schwarzmeerflotte.
Petrow wurde damals zum Generalobersten degradiert und mußte im März die 33. Armee übernehmen. Sein Ruf war jedoch, gepaart mit

seinen Qualitäten, so untadelig, daß er schon im April zum Befehlshaber der 2. Belorussischen Front bestellt wurde.
Und nun wurde er auf eine geradezu brüskierende Weise wieder von Jerjomenko abgelöst. Jerjomenko, der bis dahin als Befehlshaber der 2. Baltischen Front in Lettland beschäftigt war, schickte ein Telegramm: »Trete die Stelle des Befehlshabers der 4. Ukrainischen Front an. Jerjomenko.«
Petrows Karriere war zu Ende – durch Mechlis. Es war ein Nachtrag zu dem in der Säuberung so blutig ausgetragenen, im Kriege zugunsten der Kommandeure entschiedenen Streit über das Einheitskommando. »Petrow wünschte nicht, daß sich Mechlis auch nur im entferntesten in operative Angelegenheiten einmische. Er unterstrich das, indem er sich in solchen Fragen so gut wie nie an Mechlis um Rat wandte . . .«[5]
Vor Beginn der mißglückten Offensive am 10. 3. gerieten Petrow und Mechlis in Streit darüber, ob sie zur Offensive bereit waren oder nicht. Der sonst eher zögernde Petrow wollte angreifen, Mechlis dagegen den Angriff verschieben. Der Kriegsrat war bereit, bei der Stawka auf eigene Verantwortung um Verschiebung der Offensive nachzusuchen, was einem Eingriff in die so mühsam und verlustreich erkämpfte Einheits-Kommandogewalt des Frontchefs bedeutet hätte. Petrow begann die Offensive – nun gerade jetzt. Nach dem Fehlschlag meldete Mechlis nach alter Gewohnheit Stalin seine vorausgegangenen Bedenken, unter entsprechendem Hinweis auf Petrows Aversion gegen die Ratschläge des Kommissars. Damit war Petrow amtsenthoben. Er fuhr mit dem Zug nach Moskau – ein abgesetzter Frontchef hat Zeit. Von Mechlis verabschiedete er sich nicht.
Im April wurde Petrow Stabschef Marschall Konews an dessen 1. Ukrainischer Front. Glanzvoll wie immer bereitete er die Berlin- und die Prag-Kampagne Konews vor. Am 29. 5. wurde er Held der Sowjetunion, dann schob Stalin ihn nach Taschkent ab, wo er im Juli 1945 Befehlshaber des Turkestanischen Wehrkreises wurde. Seine größte Leistung dort war der Einsatz seiner Truppen beim großen Erdbeben von Aschchabad in der Nacht des 5./6. 10. 1948; dabei verlor Petrow seinen Sohn, der die Rettungsmaßnahmen leitete.[6] Bei den Einwohnern der turkmenischen Hauptstadt ist Armeegeneral Petrow unvergessen.
Erst am Ende der Stalinzeit, als in Moskau bereits die Erben des »Obersten« das Sagen hatten, begann die Wiedergutmachung. Im Juli

1952 wurde Petrow 1. Vize-Chefinspekteur der Sowjetarmee, einen Monat nach Stalins Tod Chef der HV Kampfbereitschaft und Wehrertüchtigung. Als Konew im März 1955 OB Heer wurde, holte er seinen alten Stabschef als 1. Stellvertreter zu sich – als Konew, zugleich OB Warschauer Pakt, den Oberbefehl über das Heer im Januar 1956 abgeben mußte, wurde Petrow wieder 1. Vize-Chefinspekteur.
Seit Juni 1957 als »wissenschaftlicher Hauptberater« beim Vize-Verteidigungsminister tätig, starb Iwan Jefimowitsch Petrow 61jährig am 7. 4. 1958 in Moskau.
Petrow, der nie den Führungsgremien der Partei angehört hatte, obwohl er ihr seit 1918 angehörte, war das letzte Opfer des Menschen- und Karrierevernichters Mechlis während dessen siebenjähriger Tätigkeit in der Roten Armee 1937–40 und 1941–45.
Ausgerechnet diesem Mann, an dessen Händen ebensoviel Offiziersblut klebte wie an den Händen der NKWD-Henker, verdankte Breschnew die wichtigste Beförderung seiner militärischen Laufbahn. Auf Mechlis' Empfehlung wurde Breschnew, seit 25 Monaten – im Kriege viel zu lange – Oberst, am 2. 11. 1944 zum Generalmajor befördert. Ohne diese Beförderung und die ebenfalls auf Mechlis' Veranlassung im April 1945 erfolgte Ernennung zum Chef der Politverwaltung der 4. Ukrainischen Front wäre weder Breschnews Teilnahme an prominenter Stelle bei der Siegesparade noch seine weitere Militärkarriere möglich gewesen.
Mit anderen Worten: Es wäre sehr schwierig gewesen, Breschnews weitere Nachkriegsbeförderungen zum Armeegeneral, ja gar zum Marschall der Sowjetunion zu begründen, wenn er nicht schon den Krieg als Angehöriger des Exclusivclubs der Generalität beendet hätte.
Die Sache mit der Beförderung durch Mechlis wirkte während der Entstalinisierung ausgesprochen peinlich, da eine wahre Lawine von Memoiren Mechlis' verhängnisvolles Wirken im Kriege enthüllte. So zitierte Moskalenko 1973 eine von Stalin und Generalstabschef Antonow unterzeichnete, an Petrow gerichtete »letzte Warnung« vom 17. 3. 1945 (dem Tag, an dem die Offensive eingestellt wurde). Marschall Moskalenko nannte den Brief von Mechlis an das »ZK der KPdSU«, also an Stalin, ausdrücklich als Ursache der »Warnung«.
Die »Große Sowjet-Enzyklopädie« versuchte zunächst, das Datum schlicht zu »korrigieren«. Im 4. Band ihrer 1971 erschienenen Ausgabe heißt es über Breschnew: »1943 bekam er den Rang eines General-

majors.« Breschnews Verteidungsminister Marschall Greschko jedoch, der mit dem Parteichef durchaus nicht immer einer Meinung war, streute schon in seinem am 13. 4. 1970 zum Druck freigegebenen Memoirenband »Durch die Karpaten« freundliche Bemerkungen über die segensreiche Tätigkeit des »Obersten Breschnew« im Jahre 1944 ein.

Erst am 14. 12. 1976 – da war Breschnew schon Marschall und Mechlis seit 26 Jahren tot – entschloß sich die »Prawda« nach einem vorangegangenen versteckten Hinweis in der weniger gelesenen und nicht als offiziell geltenden »Literaturzeitung« zur Korrektur der »Großen Sowjet-Enzyklopädie«, indem das Parteiorgan Breschnews Beförderungsdatum veröffentlichte.

In seinem letzten Feldzug, der ihm die Beförderung und einen höheren Posten einbrachte, überschritt Breschnew die Karpaten, sah ein Stück Ungarns, marschierte durch die Karpato-Ukraine, die Slowakei und nach Mähren und Böhmen ein. Da er nicht mehr so viel Zeit mit dem Ausgeben von Parteibilletts zu verbringen brauchte (die Aufnahme wurde – ein Vorzeichen der Nachkriegszeit – im September 1944 erschwert), hielt er, nun ganz Befreier, Ansprachen an Slowaken und Tschechen.

Wie im Kaukasus bereitete der erfahrene Kommissar seine Armee auf den Kampf in den Bergen vor. Schon eine der ersten Besprechungen mit Petrow und Mechlis am 16. 9. 1944 machte deutlich, daß auch dieser Feldzug allein von der Natur her kein Spaziergang sein würde. Breschnew führte, assistiert von seinem Vize Sergej Pachomow (dem späteren Lobliedverfasser auf Breschnews Tätigkeit in den Karpaten), zehn mehrtägige Seminare mit insgesamt 430 Teilnehmern durch, bildete Parteiorganisatoren (Partorgs) samt ihren Stellvertretern in den Kompanien aus und gründete wieder, wie im Kaukasus, ein Agitkollektiv von 20 Mann. Er erinnerte an den großen Suworow, der 1799 mit seinen Truppen die Alpen überquert hatte.

Bis Ende Oktober 1944 erreichte die 18. Armee nach schweren Kämpfen die ungarische Ebene. Am 27. 10. war Uschgorod, das Zentrum der Karpato-Ukraine, frei. Zusammen mit dem 1. ČSR-Armeekorps unter Ludvik Svoboda und unter kräftiger Hilfe der slowakischen Aufständischen begann der Vormarsch nach Bratislava. Im November wurde Generalmajor Anton Gastilowitsch, ein Pole aus der Gegend von Grodno, der bislang Chef des 17. Gardeschützenkorps an dersel-

ben Front gewesen war, Breschnews letzter Armeebefehlshaber. Mit ihm zusammen zog Breschnew im Winter über die Westkarpaten. Während Gretschkos und Moskalenkos Armeen in Polen blieben, zog die 18. weiter durch die ČSR. Erst in den 60er Jahren sollten sich die Wege Gretschkos, Moskalenkos und dessen Kriegsrats Jepischew wieder mit dem Weg Breschnews kreuzen – diesmal für immer. Dafür hatte Breschnew zu Beginn des Feldzuges einen alten Bekannten in seiner Nähe, nämlich eines der beiden Schützenkorps der 18. kommandierte bis zum 15. 9. Generalmajor Samerzew, mit dem Breschnew den Kriegsbeginn erlebt hatte.
Bratislava, die slowakische Hauptstadt, fiel nach langer Belagerung am 4. 4. 1945. Am 15. 4. führte Jerjomenko seine Front zur letzten Offensive, die den Weg nach Mährisch-Ostrau und Prag freischlagen sollte. Generalmajor Breschnew, zum Chef der Politverwaltung der Front aufgestiegen, marschierte nun mit dem Hauptquartier – die 3 Jahre bei der schwierigen Armee, die härtesten seines Lebens, waren vorüber.
Am 30. 4. zogen Jerjomenko, Mechlis und Breschnew in Mährisch-Ostrau, am 9. 5. – der Friede war einen Tag alt – in Prag ein. Sechs Wochen später, am 24. 6. 1945, führte Breschnew (in neuer Paradeuniform) hinter Jerjomenko das Sammelregiment der 4. Ukrainischen Front über den Roten Platz. Das Paradephoto – mit gezogenem Degen vor der Frontfahne – zierte eine Ecke im Arbeitszimmer des Parteichefs Breschnew. Gerne erging er sich auch vor Besuchern wie Bundeskanzler Helmut Schmidt, die er eigens zur »Erinnerungsecke« zu führen pflegte, in Kriegserinnerungen.[7]

36
Militärsekretär Breschnew

Die Erlebnisse und Erfahrungen, die Breschnew bei der Armee sammelte, waren härter als die seiner Vorgänger Stalin und Chruschtschow. Die Schlußfolgerungen, die er aus seiner Dienstzeit gezogen hatte, waren für die Entwicklung des militärischen Potentials der Sowjet-Armee und -Flotte und damit für die angestrebte und erreichte Position der UdSSR in der Welt von heute weitaus folgenschwerer als die Stalins (Chruschtschow hatte zu wenig Zeit gehabt, um sich voll zu entfalten – ein Jahrzehnt als Chef des schwerfälligen Moskauer Parteiapparates ist zu kurz, um sich durchsetzen zu können).
Stalin liebte die Armee nicht, ja, er verachtete sie. Sein 1944 auf dem Höhepunkt der russischen Siege beiläufig hingeworfener Satz an de Gaulle über die Generale, die im Frieden von niemandem, nicht einmal von Frauen, benötigt werden, verrät mehr über seine Einstellung zur Armee als Hunderte von Tagesbefehlen des Obersten Befehlshabers. Außerdem fürchtete Stalin die Armee, weil sie Waffen besaß. Seine Todfeinde waren in seinen Augen nicht die unterwürfigen Funktionäre, sondern die genialisch arroganten Armeeschöpfer Trozki und Tuchatschewski.
Die Armee gehorchte Gesetzen, die Stalin fremd waren. Der unbedingte Gehorsam dem Kommandeur gegenüber wurde von ihm, der nur einen Kommandeur anerkannte – sich selbst – blutigst bekämpft. Er gab erst nach, als die Niederlagen sich zur Katastrophe verdichteten. Am fremdesten war ihm der Ehrenkodex der Armee. Für ihn, der keine Ehre kannte, waren es Kinkerlitzchen. Er hatte den Ehrenkodex wieder eingeführt, weil die Generale ihn scheinbar für ihr Wohlwollen – und für ihre Siege – als Belohnung benötigten, aber er mißachtete ihn, wann und wie es ihm paßte. Die Verhaftung des Luftmarschalls Woroschejkin nach einer Kremlbesprechung und seine erniedrigende »Behandlung« durch die Schergen der Lubjanka mögen eines der unzähligen Beispiele dafür sein.
Verächtlich und belustigt empfand der stets im gleichen Mantel einherschreitende Diktator (seine Tochter behauptet, es sei 1939 derselbe Mantel gewesen wie 1919 – was wohl nicht stimmen kann) den Prunk der Uniformen, der Orden und der »Goldenen Sterne«, mit denen sich

seine Marschälle zu behängen pflegten. Er selbst ließ sich nach dem Krieg mit den Orden malen, getragen hatte er sie nie. Und so viele waren es ja auch nicht – Stalin besaß 12 Orden, sein Generalstabschef Wassilewski 24. Als Stalins alte Kumpels Woroschilow und Budjonny 1967 zur 50. Jahresfeier der Oktoberrevolution erschienen, mußten sich die beiden fast 90jährigen Marschälle gegenseitig abstützen, sonst wären sie unter der Ordenslast zusammengebrochen.

Die Armee war für Stalin ein Mittel zum Zweck, sie sollte im Frieden nicht zu groß und nicht zu stark sein. Stalin war kein Weltpolitiker, es genügte ihm, wenn seine »Heeresgruppen« im Vorfeld der UdSSR die eroberten Völker in Schach hielten und die übrigen Nachbarn, vor allem die Deutschen und die Japaner, seine Gegner aus dem Vorkrieg und Krieg, eben abschreckten. Das Hinausgreifen über die Meere war Stalin fremd. Er besaß wie weiland Frunse keine Flotte und hatte dafür auch keinerlei Sinn. Im Grunde war er ein Mann des XIX. Jahrhunderts, auch wenn er sich für Panzer und Flugzeuge interessierte und den Bau einer Atombombe (wohl unter des gescheiten Berijas kräftigen Einflüsterungen) zuließ. Zu Churchill sagte er: »Je mehr Truppen in den Kampf geworfen werden, um so besser – so lernen die jungen Leute den Krieg am besten kennen.«

Chruschtschow wollte die Armee verkleinern, um Gelder für seinen Gulaschkommunismus freizukriegen. Deshalb das prahlerische Versprechen im Parteiprogramm vom 31. 10. 1961, die UdSSR würde in 20 Jahren Amerika in der Fleischproduktion pro Kopf überholen – der »Wohlstandkommunist« Chruschtschow hoffte, dies auf Armee- und Rüstungskosten zu erreichen. Die Raketen mochten genügen, um Gegner abzuschrecken, Panzer konnten verschrottet werden, die Generale sollten als Staatsgutsdirektoren dienen und ihre Orden in der Schublade aufbewahren.

Chruschtschow war natürlich Realist genug, um seinen Vorschlag in der UNO am 18. 9. 1959 (»Vollabrüstung aller bis 1963«) selbst nicht ernstzunehmen, aber als er auf dem Neujahrsempfang 1960 im Kreml erklärte, daß »unsere Militärs den Beschluß der jederzeitigen Auflösung der Armee begrüßen werden«, glaubte er möglicherweise daran, daß es ihm gelingen würde, die Generale zur Kürzung der Mittel für konventionelle Waffen und zur Reduzierung der Kopfzahl der Soldaten – und der Generale – zu bewegen.

Ein einziges Mal während seiner Herrschaft zog Chruschtschow die

Uniform eines Generalleutnants an, anläßlich des 45. Jahrestages der RKKA 1963. Er ließ sich zwar als einer der Sieger von Stalingrad feiern, aber nicht nachträglich zum Marschall, nicht einmal zum Generaloberst befördern, auch wenn er es zuließ, daß Malinowski ihn als den »Obersten Befehlshaber« titulierte. Zu seinen ehrlich im Kriege erworbenen 4 Orden von mittlerem Rang ließ er sich keine weiteren dazuverleihen – dafür aber dreimal den »Arbeits«-Ehrentitel eines »Helden der Sozialistischen Arbeit«. Erst zu seinem 70. Geburtstag ließ er sich den »Kriegs«titel eines Helden der Sowjetunion verleihen – es wurde seine letzte Auszeichnung.
Nie hatte sich Chruschtschow, wie Schukow auf einem Schimmel über die Schlachtfelder reitend malen lassen, dazu war er, mit seiner Vorliebe für buntgestickte ukrainische Hemden, zu sehr Zivilist. Und im Grunde war sein Kampf gegen Schukow eben die Fehde eines Zivilisten gegen einen zu übermächtig werdenden Militär.
Wie anders war das alles bei Breschnew! Im Unterschied zu dem Melancholiker Lenin, dem Phlegmatiker Stalin und zu dem Choleriker Chruschtschow liebte der Sanguiniker Breschnew den Prunk und den Tand über alles. ›Hofmaler‹ Iwan Pensow malte ihn am Schreibtisch im vollen Ordensornat (das bunte Bild erschien 1976 im »Ogonjok«, der einzigen sowjetischen Illustrierten), die dem 3. Chef der KPdSU verliehenen Orden sind kaum noch zu zählen.
Viermal ließ sich Breschnew den Titel des Helden der Sowjetunion verleihen: zum 60., dann zum 70. Geburtstag, 1978 ohne Anlaß und 1981 zum 75. Geburtstag. Breschnew besitzt alle höchsten Kriegsorden des Ostblocks, einschließlich des kubanischen »José-Martí«-Ordens, dazu den »Freiheitsorden«, die höchste Auszeichnung Jugoslawiens. Er ist Held der Mongolei, Bulgariens, der DDR und der ČSSR.
So war Leonid Breschnews liebstes Kind nicht der Aufbau der Apparate wie bei Stalin, nicht die Vereinfachung und »Vervollkommnung«, d. h. die Brechung der Apparate wie bei Chruschtschow, sondern die Armee, ihre Zulieferer, ihre Macht und Größe – und der damit verbundene, von den mächtigen Streitkräften abgestützte, Kontinente übergreifende politische Einfluß eines Landes, das sich – endlich – imstande fühlt, gegen die ganze Welt (wenn es sein muß) antreten zu können, der anderen Weltmacht ebenbürtig und, zuweilen, auch schon überlegen.
Fleißig erntete Breschnew die Früchte der militärischen Vorarbeit

seiner Vorgänger. Unter Lenin waren es die ersten reparierten Beutepanzer, unter Stalin die ersten Raketenwerfer, unter Chruschtschow die ersten Interkontinentalraketen. Unter Breschnew wurden es »Strategische Offensivwaffen« (SOW), »U-Bootgestützte Ballistische Raketen« (SLBM), »Interkontinentale Ballistische Raketen« (ICBM), »Wiedereintritts-Lenkungskörper«/»Mehrfachgefechtsköpfe« (MIRV), »Ballistische Luft-Boden-Raketen« (ASBM), »Ballistische Raketenabwehrsysteme« (ABM), »Schwere Bomber« (SB) vom Typ »Tu-95« (immer noch von Tupolew, aber diesmal vom Sohn Alexej) und »Mjassischtschew«. Waffen, um deren Begrenzung die beiden Weltmächte seit der Mitte der 60er Jahre, seit Breschnews Amtsantritt, mühsam ringen und deren Zahlen ebenso wie die US-SB »B-52« und »B-1« im SALT-II-Abkommen festgelegt sind.
Der Mann, dem das Gedeihen der Armee, der Flotte und der Rüstung solcherart am Herzen lag, kam nicht von ungefähr dazu. Anders als seine US-Gegenspieler, die 5 US-Präsidenten in Breschnews 18 Herrschaftsjahren in Moskau, anders sogar als die Briten, deren Städte zwar zerbombt, deren Land aber bis auf 2 vorgelagerte Inseln seit 1066 keine Besetzung erlitten hatte[1], war Breschnew vom ersten bis zum letzten Kriegstag Zeuge der Zerstörung Rußlands und der Ukraine, seiner Heimat. Als einziges aller Politbüromitglieder der Nachkriegszeit (bis auf die Militärs Schukow und Gretschko, versteht sich) war er den ganzen Krieg hindurch an der Front. Einen zweiten MG-Schützen aus Not hatte es jedenfalls im Politbüro außer ihm nie gegeben.
Und so glaubte er, immer neue Waffen bauen zu müssen, um eine Wiederholung der Zerstörung abzuwenden – und zugleich über die Begrenzung dieser Waffen verhandeln zu müssen, aus dem gleichen Grund. Seinen Gegenspielern in Washington erging es ebenso – nur daß sie die Zerstörung ihrer Heimat (noch?) nicht erlebt hatten. Das war das Dilemma der Supermächte zu Beginn der 80er Jahre, ein geradezu perverses Dilemma. Denn daß jede politische Macht im Besitz solcher Waffen, ständig von den Entwerfern, Herstellern und Abnehmern dieser Waffen zu immer weiteren Neuentwicklungen gedrängt, eines Tages in die Abhängigkeit von dem Entwerfer-Hersteller-Abnehmer-Komplex der MIRVs, der ICBMs etc. geraten kann, ist leider nicht auszuschließen. Bekanntlich entfalten Apparate eigene Trägheitsgesetze.
Leonid Breschnew begann dieses Wandeln am Abgrund im April

1966, anderthalb Jahre nach seiner (nicht einstimmig erfolgten) Installierung als Parteichef in Moskau, als er den Generalleutnant Ogarkow, die Triebfeder der sowjetischen Expansion und Entwerfer der Konzeption der Ebenbürtigkeit bis an die Grenze der Überlegenheit, in sein ZK aufnahm. Genau 10 Jahre später krönte er Ogarkows Entwurf der modernen Sowjet-Armee, die mit Waffen und Technikern fast gesättigt war, als er den »Boß aller Rüstungsbosse« Ustinow zum Verteidigungsminister machte.

Während sich alle anderen Gebietsparteisekretäre der KPdSU sogleich nach Kriegsende demobilisieren ließen und ihren in Trümmer verwandelten Arbeitsstätten des Vorkrieges zustrebten, blieb der 38jährige Generalmajor Breschnew noch ein Jahr über den Krieg hinaus bei der Armee. Ein Zufall kann es kaum gewesen sein, ein Muß scheint ausgeschlossen, denn es gab keinen Parteisekretär auf der Ebene Breschnews – und darüber hinaus nach oben – der nach dem Krieg noch in der Armee blieb. Daß die Parteiführung nur diesen einen Mann unter Hunderten für so wichtig für das Fortbestehen der Sowjet-Armee erachtet hatte, ist ein abwegiger Gedanke – Breschnew war ja nicht einmal ein Kriegsrat.

Sein Vorgesetzter Mechlis wurde sogleich wieder Kontrollminister, sein alter Chef Chruschtschow mühte sich um seine darniederliegende Ukraine.

Breschnew aber zog, nachdem die 4. Ukrainische Front am 10. 5. 1945 aufgelöst wurde, um am 9. 7. als Wehrkreis Karpaten wiederaufzuerstehen, mit seinem Frontchef Jerjomenko in ein rumänisches Städtchen namens Tschernowzy (bis 1944: Tschernowizy) am Pruth, dem Wehrkreishauptquartier und Zentrum des gleichnamigen ukrainischen Gebietes. Jerjomenko wurde Wehrkreisbefehlshaber, Breschnew Chef der Politverwaltung, in Fortsetzung der im April begonnenen Tätigkeit im Fronthauptquartier.

Es war auch fast wie an der Front. Von den 6 Gebieten, die der Wehrkreis in Schach hielt, gehörte nur das Gebiet Winniza schon vor dem Krieg zur Sowjetukraine. Andere Gebiete waren bis 1939/40 polnisch oder rumänisch. Die am 22. 1. 1946 in die Sowjetukraine als Gebiet Transkarpatien eingegliederte Karpato-Ukraine war bis 1939 tschechoslowakisch, dann ungarisch. Nun trat es die ČSR als Dank für die Befreiung an die UdSSR ab – und schuf damit die 1968 so verhängnisvolle Nachbarschaft des Karpatenwehrkreises.

In den Wäldern wimmelte es von Partisanen – ukrainischen Nationalisten, versprengten Soldaten der besiegten Armeen Rumäniens und Ungarns, polnischen Freiheitskämpfern. Noch 4 Jahre später, am 24. 10. 1949, wurde der ukrainische Schriftsteller Jaroslaw Galan, im benachbarten Lwow[2] am Schreibtisch mit einer Axt erschlagen. Jerjomenko und Breschnew waren Statthalter der Karpaten, aus den Befreiern wurden Unterdrücker.
Breschnew blieb elf Monate in Tschernowzy. Als der Wehrkreis im Mai 1946 nach Lwow verlegt wurde, stieg er aus. Die Zeichen für die Armee standen nicht mehr so gut – Stalin brauchte die Generale nicht mehr, es war Frieden. Schon war Schukow nach Moskau zurückberufen worden. Breschnew ließ sich einen Jahressold auszahlen (wäre seine 18. eine Garde-Armee geworden, hätte es einen anderthalbfachen Jahressold gegeben), hängte die Uniform an den Nagel und ging, da der Posten des Gebietsparteichefs in Dnepropetrowsk besetzt war – was für ihn eine angemessene Position nach dem Krieg gewesen wäre –, als Gebietsparteichef ins benachbarte Saporoschje.
Nach 6 Jahren enger Bindung an die Rüstung und Armee kehrte Breschnew für 6 Jahre in die Parteiarbeit zurück. Aber auch während der Jahre in Saporoschje und ab November 1947 im heimatlichen Dnepropetrowsk, wurden die Verbindungen zur Verteidigungsindustrie gepflegt. In Saporoschje führte ihn der Rüstungsexperte Kirilenko, seit zwei Jahren 2. Parteisekretär des Gebietes, in die Arbeit ein. Die Rüstungsbetriebe in den beiden Industriestädten mußten wieder aufgebaut werden, so wurde in Saporoschje ein Aluminiumwerk errichtet. Breschnews und Kirilenkos besonderes Augenmerk galt dem Wiederaufbau von »Saporoschstal«.
1947 ging Kirilenko als Gebietsparteichef nach Nikolajew, um den Wiederaufbau der größten Schiffswerft des Landes zu überwachen. Als Breschnew im Juli 1950 Dnepropetrowsk verließ, wurde Kirilenko dort sein Nachfolger. Leonid Smirnow, ein Bekannter aus dieser Zeit, leitet seit 1961 die sowjetische Rüstungsindustrie. Damals war Smirnow, die Schlüsselfigur der SALT-Verhandlungen des letzten Jahrzehnts, Direktor eines Rüstungswerks am Dnepr. 1949 übernahm der 43jährige Waffeningenieur dortselbst die Leitung eines Forschungsinstituts.
Nur die 26 Monate als Parteichef der Moldaurepublik (ehemals Bessarabien) in Kischinjow, in der auch heute noch die Hälfte der Bevölke-

rung in der Landwirtschaft tätig ist, weisen keine Verbindung mit der Rüstung auf. Diese Jahre werden in den amtlichen Biographien Breschnew mit wenigen Sätzen abgetan. Breschnew selbst hat, obwohl er auch dort erfolgreich war (so gelang es ihm, nachdem er die Strafen für »Müßiggang« und Eigentumsdelikte sogleich nach seinem Amtsantritt erheblich verschärfen ließ, die Zahl der Kolchosbauern in dem bis 1940 rumänischen Bessarabien innerhalb eines halben Jahres von 70 auf 95,6% zu erhöhen) über die Zeit an der Moldau, im Gegensatz zu der Kampfzeit im Kaukasus (»Kleine Erde«), der Wiederaufbauzeit in der Heimat (»Wiedergeburt«), der Zeit der Neulandgewinnung in Kasachstan (»Neuland«) und der Jugend-»Erinnerungen« kein Buch verfaßt.
Als Breschnew im Oktober 1952 nach Moskau zurückkehrte, war er ein »gemachter Mann«. Auf dem XIX. Parteitag zum ZK-Präsidiumskandidaten und ZK-Sekretär »gewählt«, übernahm Breschnew, da er als einziger der neuen ZK-Sekretäre einschlägige Erfahrungen vorweisen konnte, die Aufsicht über die Rüstungsindustrie.
Nun hatten die Funktionäre der Moskauer Zentrale in der Zeit der »Götterdämmerung« um Stalins Tod gewiß mehr Zeit mit »Weichenstellungen« und Intrigen für die Zeit *danach* verbracht als mit Arbeit. Aber auch diesmal gelang es Breschnew, den rechten Kurs einzuschlagen.
Während viele der zweitrangigen Apparatschiki nach Stalins Tod in der Provinz landeten, blieb Breschnew, die Zusage in der Tasche, Politchef des Kriegsmarineministeriums zu werden, in Moskau.
Als dies nicht klappte – Kusnezows Kriegsmarineministerium wurde auf Bulganins und Schukows Betreiben ins Verteidigungsministerium eingegliedert – wurde Breschnew, der im März seine hohen Ämter los wurde, Vizechef der Polithauptverwaltung der Sowjet-Armee und -Flotte, mit Zuständigkeit für die Kriegsmarine. Wieder trug er die Generalsuniform in einer Position, die schon fast an die des verstorbenen Mechlis zu Kriegsbeginn heranreichte. Die Beförderung zum Generalleutnant erfolgte wahrscheinlich im April 1953.
Nach 11 Monaten im Moskauer »Pentagon« zog Breschnew die Uniform endgültig aus. Im Februar 1954 ging er als 2. ZK-Sekretär Kasachstans nach Alma-Ata, um Chruschtschows Programm der Neulandgewinnung in der Steppe zu verwirklichen.
Sein Vorgesetzter war auch ein Generalleutnant, nämlich ZK-Präsidi-

umskandidat Ponomarenko, im Krieg Chef des Zentralen Partisanenstabes. Aber Ponomarenko war ein Mann Malenkows, sein Stern war im Sinken. Nach 13 Monaten in Alma-Ata wurde Ponomarenko als Botschafter nach Warschau abgeschoben. In Moskau »dachte man über den Nachfolger nach«, wie es im Funktionärsjargon heißt. Nach 5 Monaten des Nachdenkens wurde Breschnew im August 1955 zum Parteichef Kasachstans bestellt.

Als Breschnew nach einem halben Jahr nach Moskau zurückkehrte und dem XX. Parteitag melden konnte, daß »faktisch 18 Millionen Hektar Neuland unter Pflug genommen worden sind, das sind 2,7 Millionen Hektar mehr als geplant«, waren seine Provinzjahre zu Ende. Am 27. 2. wieder zum ZK-Präsidiums-Kandidaten und ZK-Sekretär bestallt, befaßte er sich von nun an dreieinhalb Jahre wieder mit der Schwerindustrie, Armee und Rüstung, diesmal aber eindeutig als höchste Autorität, so war er 1956/57 für Schwerindustrie, Bauwesen und Investitionen, 1959–60 für Rüstungsindustrie und Weltraumfahrtprogramm zuständig, vom Januar bis November 1958 fungierte er als Chruschtschows Stellvertreter im ZK-Büro für die RSFSR, als Aufseher über den gesamten militärindustriellen Komplex in Rußland.

So war Breschnew zur Zeit, als die ersten Sputniks und Interkontinentalraketen gestartet wurden, die letzte Entscheidungsinstanz über das Aufrüstungsprogramm nach dem Parteichef. Als ZK-Sekretär war er befugt, den Verteidigungsministern Schukow und Malinowski sowie dem Rüstungschef Ustinow Weisungen zu erteilen – auch als dieser Ende 1957 Vizepremier mit der Aufsicht Rüstung wurde.

Breschnew war es auch, der 1960 als letzte Instanz über die Bildung der ersten Kosmonautenstaffel entschied; Gagarin und Titow, die ersten Menschen im Weltraum, sowie mindestens 10 weitere Kosmonauten-Anwärter – sind von ihm für ihre Flüge ausgewählt worden.

Nach und nach lernte Breschnew in den Jahren 1957–60 alle wichtigen Mitglieder des militärindustriellen Komplexes kennen: die Gelehrten Kapiza, Kurtschatow und Keldysch, die Konstrukteure Koroljow, Gluschko, Jangel und Kosberg, die Rüstungsmanager Rudnew, Dementjew und Butoma, den erfahrenen Atomminister Slawski.

Nach der U-2-Affäre im Mai 1960 als der entscheidende Befürworter des Zurückschießens aus der Armee- und Rüstungsaufsicht ausgebootet, verabschiedete sich Breschnew am 13. 5. 1960 von seinen Generalen. Noch war er, obwohl seit 9 Tagen schon Staatschef, der »ZK-Beauftragte für das Wehrwesen«, wie ihn die US-Presse titulierte.[3] Breschnew sprach in einer von Chruschtschow einberufenen Konferenz der Spitze des militärindustriellen Komplexes, die vom 10. bis 13. 5. in Moskau abgehalten wurde, mit der Partei-, Staats- und Regierungsspitze. Chruschtschow und Suslow vertraten das ZK-Präsidium, Breschnew und Marschall Malinowski die Armee und Rüstung, der ZK-Präsidiale Nikolai Ignatow die neue Armee- und Rüstungsaufsicht. Ignatow, 5 Jahre älter als Breschnew, war 1924 unter dem sogenannten »Lenin-Aufgebot« Stalins – der neue Parteimitglieder in seinem Kampf um das Erbe Lenins benötigte – also unter den 241 600, die in die Partei eingetreten waren und auf Stalin gesetzt hatten. Dieser Mann war ein alter Säuberer.

1917 ein Freiwilliger der Roten Garde, 1918 der Roten Armee, wechselte der Tischlerlehrling Ignatow, Arbeitersohn aus einem Kosakendorf, 1921 zu der Staatspolizei Tscheka/OGPU zwecks »Bandenbekämpfung« der Nationalisten in Mittelasien. Nach 11 Jahren bei den »Organen« ging Ignatow in die Parteiarbeit, seine weitere Laufbahn wurde »so bunt wie ein Bucharateppich«.[4] 1939 ZK-Kandidat, wurde er 1941 aus dem ZK ausgeschlossen, weil er »die Erfüllung seiner Pflichten nicht gewährleistet hatte«, 1941–43 bewährte er sich als Partisan im Gebiet Orel, 1952 wurde er, wie Breschnew, ZK-Sekretär und -Präsidiumskandidat, 1953 flog er wieder heraus, 1957 wurde er wieder ZK-Sekretär und Mitglied des ZK-Präsidiums.

Die Abschiedsrede Breschnews auf dieser Konferenz, auf der er, der bewährte Mann der Armee und der Rüstung in der Parteiführung, seine Dienstgeschäfte an einen Säuberer übergeben mußte, ist nie publiziert worden. Da seine mehrbändigen Werke »Auf Lenins Kurs« erst mit seiner Installierung zum Parteichef 1964 beginnen, werden wir wohl auch nie erfahren, was er über die Wachablösung gesagt hat.

Natürlich wurde Ignatow von den Militärs und Managern, den Gelehrten, Konstrukteuren und künftigen Kosmonauten nicht angenommen. Die Vorstellung, daß der Ex-Tschekist, dessen ganze Ausbildung aus einem zweijährigen Kurs für »Marxismus-Leninismus« beim ZK 1932–34 bestand, ihnen Weisungen erteilen könnte, war eine Absurdität. Nach einem Dreivierteljahr des vergeblichen Mühens um einen Konsensus mit den arroganten, größtenteils parteilosen Akademikern und den selbstbewußten Marschällen, warf der ungediente Ignatow das

Handtuch. Am 25. 2. 1961 wurde er Vorsitzender des Staatskomitees für Getreidebeschaffung, ein Amt, das er schon 1952/53 in der Zeit um Stalins Tod innehatte, 8 Monate danach wurde Ignatow als ZK-Präsidialer geschaßt.

So endete der Versuch Chruschtschows, anstelle des erfahrenen Breschnew ein in der Großen Säuberung nach oben geschwemmtes Treibgut der wilden Vergangenheit zum Aufseher über den komplizierten Mechanismus der Rüstungsindustrie einer Weltmacht zu installieren. Im Kompetenzdschungel der letzten Jahre der Chruschtschow-Ära war es für den eigentlichen Rüstungsaufseher Ustinow auch ein Leichtes, Ignatow ein Bein zu stellen.

Auf der »Parteischiene« war ZK-Mitglied Ustinow zwar dem ZK-Präsidiumsmitglied Ignatow unterstellt, auf der »Regierungsschiene« jedoch waren sie als Vizepremiers gleichberechtigt. Chruschtschow war Chef der beiden Apparate und Ignatow und Ustinow konnten sich, wie auch alle anderen Funktionäre, beim Chef Chruschtschow nur durch das Gewicht der hinter ihnen stehenden Apparate durchsetzen (die Zeit, in der ein Machtwort Stalins alles entschied, war ja vorbei). Ustinow hatte seit 1941 einen solchen Apparat hinter sich, Ignatow hatte überhaupt nichts an Anhang vorzuweisen. So ging er unter.

Der Mann, der Ignatow in der Rüstungsaufsicht nun folgte, war von einem anderen Kaliber. Frol Koslow, 2 Jahre jünger als Breschnew, aber 5 Jahre länger in der Partei, war wie Breschnew ein in die Parteiarbeit gewechselter Metallingenieur. Der Sohn eines armen Bauern aus dem Gebiet Rjasan war während des Krieges als Stadtparteisekretär in Ischewsk uk-gestellt. Der vormalige Schichtmeister am lokalen Metallwerk war unabkömmlich.

Die Stadt zwischen der Wolga und dem Ural im fernen Hinterland der Front strotzte im Kriege von Rüstungswerken. Die örtliche Motorradfabrik stellte natürlich Panzer her, das Metallwerk arbeitete für die Rüstung etc. Die Ischewsker Rüstungsindustrie war so wichtig, daß der Vize-Rüstungsminister Wladimir Nowikow, einer der engsten Mitarbeiter Ustinows, 1941–45 zugleich Direktor der Ischewsker Waffenwerke und 1942/43 auch Direktor des Metallwerkes in Ischewsk war. Nowikow, der zwischen Moskau und Ischewsk hin und her flog, und Koslow arbeiteten eng zusammen.

Koslow, 1949 für kurze Zeit ZK-Partorg in den Leningrader »Kirow«-Werken, der wichtigsten Rüstungsschmiede Rußlands, war also schon

der richtige Mann. Es gab nur einen Schönheitsfehler: Koslow hatte nie gedient.
Unter der Aufsicht Koslows stieg 1961 Gagarin in den Weltraum auf. Nach diesem von ihm vorbereiteten Erfolgsunternehmen wußte Breschnew, daß hier ein ernsthafter Konkurrent um das Erbe des nun bald 70jährigen Chruschtschow herangewachsen war. Zwei Monate nach Gagarins Flug, am 17. 6. 1961, wurden 6994 Teilnehmer des Weltraumprogramms mit Orden geehrt. Allein 758 Techniker, Konstrukteure und Wissenschaftler erhielten den Leninorden.
Sieben Mann wurden Helden der Sozialistischen Arbeit – »für die Vorbereitung und Durchführung der Entsendung des ersten Menschen in den Weltraum«: natürlich Chruschtschow (nun zum 3. Mal), Breschnew, Koslow, Ustinow (zum 2. Mal), der bisherige Rüstungschef Rudnew, Minister Kalmykow, Vorsitzender des Staatskomitees für Radioelektronik, und Chefkonstrukteur Koroljow, der wichtigste Mann des Unternehmens. Weder Koroljows Name noch sein Photo wurden in der Presse veröffentlicht. Natürlich ging Ignatow leer aus.
Für Breschnew war dies die bislang höchste Auszeichnung. Daß er sie, obwohl von den Pflichten eines Rüstungsaufsehers entbunden, als einziger ZK-Präsidiale neben Chruschtschow und Koslow bekam, zeugt davon, wie wichtig sein Anteil an dem Unternehmen eingeschätzt wurde.
Damals war es nur ein Trostpflaster, eine Ehrung für vergangene Tage. Breschnews Karrierelok stand auf einem Abstellgleis. Am 16. 7. 1960, 2 Monate nach seinem Abschied von Rüstung und Armee auf der Konferenz in Moskau, wurde Staatschef Breschnew von den Pflichten eines ZK-Sekretärs entbunden. Sein Nachfolger Koslow aber wurde am Ende des XXII. Parteitages am 31. 10. 1961 zum 2. ZK-Sekretär der KPdSU, dem offiziellen »Kronprinzen« bestellt.
Aber auch Koslow hatte seine Probleme mit den Managern und Militärs. Im Grunde war auch er nicht einer von ihnen – weniger als Breschnew, der aktiv gedient hatte. Als offizieller Kronprinz hatte er auch andere Aufgaben, die über den Rahmen der Rüstungsaufsicht hinausgingen. Um den Platz des Parteichefs einnehmen zu können, mußte er sich mit vielen Dingen vertraut machen, mit denen er bislang nichts zu tun gehabt hatte, mit der Außenpolitik etwa. So besuchte er die USA, wo er keine gute Presse hatte. Derweil nutzte Breschnew seine repräsentative Stellung, indem er eben diese Erfahrungen zu

sammeln begann. So besuchte er 1961 Marokko, Guinea, Ghana, Indien, den Sudan, Finnland, Ungarn und die ČSSR, 1962 Jugoslawien, die ČSSR und Polen.
Wie erinnerlich, setzten sich die Manager im letzten vollen Herrschaftsjahr Chruschtschows voll durch. Am 13. 3. 1963 wurde Ustinow 1. Vizepremier und Chef des Obersten Volkswirtschaftsrates. Zu Ustinows Nachfolger als Vizepremier und Rüstungsaufseher wurde nun ein Insider bestellt, der bisherige Rüstungsminister Leonid Smirnow, Breschnews alter Bekannter vom Dnepr. Vier Wochen danach, am 10. 4. 1963, warf ein Schlaganfall Koslow für immer aus dem Rennen. Nun mußte er Platz für Breschnew machen, obwohl sich sein Zustand im Juli 1963 leicht gebessert hatte. (Koslow starb am 30. 1. 1965 und wurde an der Kremlmauer beigesetzt.)
Nun, nach dem Ausscheiden des gefährlichen Rivalen, schlug Breschnews Stunde. Am 21. 6. 1963 wurde er zum dritten Mal in seiner Laufbahn ZK-Sekretär. Als er am 14. 7. 1964 dem 68jährigen Altbolschewiken Anastas Mikojan den Posten des Staatschefs überließ, um sich voll auf die Machtübernahme zu konzentrieren, war er bereits unbestrittener Kronprinz.
Nach dem Revolutionär und Ideologen Lenin, dem Apparatschik und Menschenvernichter Stalin, dem »Landwirtschaftsexperten« und Reformer Chruschtschow, stand Breschnew, der Mann der Armee und der Rüstung, ante portas. Am 14. 10. 1964 durchschritt er das Tor zur Macht.

37
Machtentfaltung

In rascher Folge wurden nach Breschnews Machtantritt die Chruschtschowschen Reformen beseitigt. Schon am 16. 11. 1964 wurde die Zweiteilung der Parteikomitees aufgehoben.

Nachdem diese Bedingung der Parteifunktionäre für ihr Mitmachen bei Chruschtschows Sturz erfüllt war, begann der Vormarsch der Rüstungslobby. Am 26. 3. 1965 wurde Ustinow ZK-Sekretär und Kandidat des ZK-Präsidiums. Zum ersten Mal in der Geschichte der UdSSR gehörte ein Waffenmeister, der nie ein Parteiamt ausgeübt hatte, beiden Führungsgremien der Staatspartei an.

Ustinows Nachfolge als Vizepremier und Chef des Obersten Volkswirtschaftsrates der UdSSR trat sein langjähriger Stellvertreter Wladimir Nowikow an. Die einzige Konzession, die der neue Ministerpräsident Kossygin, Repräsentant der Konsumgüterindustrie, der Rüstungslobby abringen konnte, bestand darin, daß Nowikow kein 1. Vizepremier wurde.

Am 2. 10. 1965 wurde Chruschtschows großes Reformwerk, die »Vereinfachung und Vervollkommnung der Industrieverwaltung« aufgelöst. Alle Volkswirtschaftsräte wurden abgeschafft, alle 27 zu Beginn der Reform aufgelösten oder zu Staatskomitees degradierten Ministerien entstanden wieder mit alten Amtsinhabern, deren Ministerzeit zum Teil bis ins Jahr 1939 zurückreichte. Auch diesmal konnte Kossygin den Rüstungsmanagern nur eine Konzession abringen, es wurde zum ersten Mal ein Ministerium »für Maschinenbau der Leicht- und Nahrungsmittelindustrie und für Herstellung von Haushaltsgeräten«, zu deutsch ein Kühlschrank- und Staubsaugerministerium, errichtet.

So hatte es der sehr angesehene Kossygin, der, am 15. 10. 1964, einen Tag nach dem Parteichef, einstimmig zum Regierungschef gewählt wurde, von Beginn an schwer, sich gegen den Repräsentanten der Schwerindustrie, der Rüstung und der Armee zu behaupten. In Ahnung kommender Dinge und aus der Erfahrung der 40 Herrschaftsjahre Stalins und Chruschtschows, die es beide geschafft hatten, Partei- und Regierungschef in Personalunion zu werden (Lenin war nie nomineller Parteichef, er beherrschte die Partei kraft seiner Autorität), war Kossygin das Bündnis mit Breschnew und denen, die ihn auf den Schild

hoben, nur unter der Bedingung eingegangen, daß Breschnew nie diese Personalunion anstreben würde.
So mußte Breschnew bei seinem Amtsantritt einen entsprechenden Revers unterschreiben. In der gegenwärtig sprachregelnden Parteigeschichte liest sich das so: »Das ZK-Plenum (am 14. 10. 1964, als Chruschtschow durch Breschnew abgelöst wurde) erkannte die Personalunion des 1. ZK-Sekretärs mit dem Amt des Vorsitzenden des Ministerrates als unzweckmäßig.«[1]
Kossygin mußte sich um so mehr vorsehen, als seine wichtigsten Verbündeten aus der Konsumgüterbranche, Staatschef Mikojan und ZK-Sekretär Podgorny, alsbald durch Breschnew abgedrängt wurden.
Der sonst so wendige Mikojan, Politbüromitglied seit 30 Jahren, ging diesmal als erster über Bord. Am 9. 12. 1965 wurde der 70jährige als Staatschef durch Podgorny ersetzt. Als der listenreiche Armenier 13 Jahre später verstarb, fand sich für ihn kein Platz an der Kremlmauer.
Podgorny verlor auf Breschnews erstem Parteitag im April 1966 das Amt des ZK-Sekretärs und blieb bis zu seiner Knall und Fall erfolgten Pensionierung 11 Jahre später im repräsentativen Amt des Staatschefs. Alle seine Versuche, das erste Amt im Staate einflußreicher zu gestalten, wurden durch Breschnew abgeblockt – bis Breschnew selbst Podgornys Erbe antrat: *Diese* Personalunion wurde 1964 nicht verboten.
Den dritten eventuellen Rivalen im ZK-Präsidium konnte sich Breschnew am leichtesten vom Halse schaffen. Alexandr Schelepin, ZK-Sekretär, Vizepremier und Partei/Staatskontrolleur, hatte nur bei der einflußlosen Jugendorganisation Komsomol, in der er 18 Jahre tätig war, einen gewissen Anhang. Der kleine, kettenrauchende Junggeselle (in Moskau, wo alle Chefs in »festen Händen« sind, etwas völlig außergewöhnliches), war nur insofern gefährlich, als Schelepin 12 Jahre jünger war als Breschnew, der 46jährige hatte einfach mehr Zeit. Außerdem war Schelepin äußerst wendig. Vom Komsomol ging er wie üblich zwar 1958 in die Parteiarbeit über, wurde aber schon im gleichen Jahr Chef der Staatspolizei KGB anstelle des Säuberers und Deportierers Serow. In den 3 Amtsjahren als Staatspolizist durchsetzte Schelepin das KGB so intensiv mit seinen Komsomol-Mitarbeitern, daß er später, als er 1961 ZK-Sekretär wurde, das Polizeiamt dem Komsomolfunktionär Wladimir Semitschastny vererbte. Ein Jahr darauf übernahm er das mächtige Amt des Oberkontrolleurs aller Partei-, Staats- und Regierungsämter. Er sorgte dafür, daß der Apparat bei

W. I. Petrow, 65, Armeegeneral, OB Heer seit Dezember 1980, ZK-Mitglied

S. F. Achromejew, 59, Armeegeneral, 1. Vize-Generalstabschef seit 1979, ZK-Kandidat

W. F. Tolubko, 68, Armeegeneral, OB Raketentruppen seit 1972, ZK-Mitglied

Breschnews Armeeführer, (1. Reihe v. l. n. r.): Sokolow (halb verdeckt), Moskalenko, Breschnew, Ustinow, A. A. Jepischew, Kulikow, Ogarkow.

P. S. Kutachow, 68, Hauptluftmarschall, OB Luftwaffe seit 1969, ZK-Mitglied

W. L. Goworow, 58, Armeegeneral, OB Fernost seit Dezember 1980, ZK-Mitglied

A. I. Koldunow, 59, Luftmarschall, OB Luftabwehr seit 1978, ZK-Mitglied

Rechts: P.G. Luschew, 60, Armeegeneral, BWK Moskau, seit Dezember 1980, ZK-Mitglied

Rechts außen: W.I. Warennikow, 59, Armeegeneral, 1. Vize-Generalstabschef seit 1979.

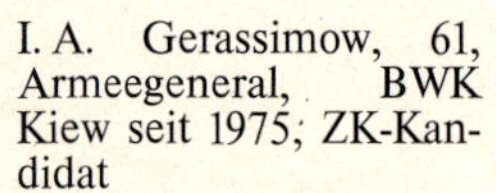

I.A. Gerassimow, 61, Armeegeneral, BWK Kiew seit 1975; ZK-Kandidat

I.M. Tretjak, 59, Armeegeneral, BWK Fernost seit 1976, ZK-Mitglied

Marschall L. I. Breschnew 1976 (Gemälde von I. Pensow).

Chruschtschows Absetzung stillhielt und wurde dafür mit der Mitgliedschaft im ZK-Präsidium belohnt.
Aber Breschnews Bataillone waren stärker. Am 6. 12. 1965 wurden die Partei- und Staatskontrolle getrennt, 3 Tage später verlor Schelepin alle seine Ämter, bis auf das des ZK-Sekretärs. Am 26. 9. 1967 schied er auch aus diesem Amt aus und wurde Vorsitzender des Zentralrates der Gewerkschaftsverbände, der bedeutungslosesten aller hohen Positionen in Moskau. Schelepins Karriere war zu Ende, bevor er den Kampf auch nur begonnen hatte.
Gleichwohl blieben alle diese Funktionäre ZK-Präsidialen. Das Gleichgewicht der Macht zwischen den rivalisierenden Apparaten in der UdSSR mit ihrem Einparteiensystem ohne offizielle Opposition mußte nach dem Wegfall der blutigen Autorität Stalins stets aufs sorgfältigste ausbalanciert werden. Bei Meinungsverschiedenheiten im Politbüro, das normalerweise an 47 von 52 Donnerstagen im Jahr zu konferieren pflegt, geht es nicht nur um Außen- und Innenpolitik, sondern auch um die Erhaltung dieser Machtbalance. Zwölfmal ist das Politbüro in den 18 Jahren der Breschnew-Ära durch Zuwahl oder Abwahl der Mitglieder umgebildet worden und jedesmal ging es dabei um beides: um prinzipielle Meinungsverschiedenheiten über den tagespolitischen Kurs und um die Einhaltung der Machtbalance zwischen den Apparaten, deren Repräsentanten die jeweiligen Politbürokraten sind. Da der Beschluß nach außen als einstimmig gefaßt zu gelten hat – dies ist eine conditio sine qua non – muß der andersdenkende Unterlegene ausscheiden. Warum, wird nie bekanntgegeben, und es weiß ja auch niemand unter den Außenstehenden. Man kann nur vermuten, die volle Wahrheit wird man nie erfahren.
Schlägt sich ein Politbüromitglied in der zweifellos heftigen Debatte auf die Seite der stärkeren Bataillone, so kann er durchaus jahrelang im Politbüro bleiben – es ist eben, wie ein scharfsinniger Beobachter treffend vermerkte, »leichter ins Politbüro hinein- als herauszukommen[2].«
So kann man leicht überzogen sagen, daß die eigentliche Macht wohl in den Apparaten hinter den jeweiligen Politbüromitgliedern liegt, der einzelne Politbürokrat aber auch dann jahrelang im obersten Gremium bleiben kann, wenn er sich von seinem Apparat löst – man wechselt nicht gerne aus.
Breschnews Bataillone waren von Anfang an die stärkeren. Trotzdem

war er zunächst ein schwacher Herrscher. Das Ansehen Mikojans und Kossygins, die starke Stellung des Kontrolleurs Schelepin, das Fehlen der direkten Repräsentanten der Armee und der Rüstung im ZK-Präsidium selbst waren einige der Gründe. Nach dem Ausscheiden Schukows wurde sein Nachfolger Malinowski nicht ins ZK-Präsidium aufgenommen. Er blieb neben Timoschenko und Wassilewski der einzige der 11 Wehrminister seit Trozki, der nicht im höchsten Machtgremium in Moskau saß (Frunse war ein Kandidat des Politbüros, d. h. er durfte nicht mit abstimmen).

So konnte Breschnew seine Position erst ausbauen, als es ihm 1965 gelungen war, den Rüstungsboß Ustinow ins ZK-Sekretariat zu lancieren. Zur vollen Entfaltung kam aber Breschnews Politik erst, als er 1973 die Repräsentanten der Staatspolizei und der Armee, Andropow und Gretschko, ins Politbüro aufnehmen durfte.

Die mutmaßlichen Widersacher der Politik der Stärke – oder bloße Rivalen ohne Prinzipien wie Schelepin – schieden dagegen im Laufe der Breschnew-Ära aus. Mikojan wurde schon 1966 pensioniert, Schelepin 1975 mit der in der Geschichte des Politbüros einmaligen Begründung »auf eigenen Wunsch« entlassen. Der studierte Agronom Poljanski, zuletzt Landwirtschaftsminister, wurde 1976 als Botschafter nach Tokio abgeschoben, Podgorny 1977 pensioniert. Der todkranke Kossygin warf erst am 23. 10. 1980, als nach Afghanistan nichts mehr zu retten war, das Handtuch.

Breschnew hatte also in den 18 Jahren einen schweren Weg zurückgelegt, um seine – und die seines militärindustriellen Komplexes – Vorstellung von der allen überlegenen Sowjetunion zu verwirklichen. Er begann diesen Weg auf dem XXIII. Parteitag im März/April 1966.

Schon ein knappes Jahr zuvor zeigte Breschnew, wohin der Weg nun gehen sollte. Auf der Feier zum 20. Tag des Sieges am 8. 5. 1965 erwähnte er den Namen Stalins zum ersten Mal. Der »Oberste«, am 31. 10. 1961 auf Chruschtschows letztem Parteitag wegen »Machtmißbrauchs sowie Massenrepressalien gegen ehrliche Sowjetmenschen« aus dem Mausoleum entfernt und in der Reihe der »besonderen Ehrengräber« neben Schdanows Grab beigesetzt (bis 1970 ohne Büste an der Grabplatte), war wieder da und Schukow stand wieder auf der Tribüne.

Jetzt, auf dem XXIII. Parteitag, ließ Breschnew verkünden, daß er sich nunmehr so zu titulieren gedenke wie Stalin 1922–34, nämlich als

Generalsekretär. Auch das ZK-Präsidium werde wieder in Politbüro zurückbenannt. Dem Parteitag war der erste Schriftstellerprozeß der sowjetischen Geschichte vorangegangen (Stalin ließ ca. 200 Schriftsteller erschießen oder in den Lagern umkommen, jedoch ohne offene Schauverhandlungen). Zum ersten Mal seit dem Ende der Stalin-Ära wurden Dichter zu Haftstrafen verurteilt. Eine Ahnung, daß es bald wieder das von Chruschtschow abgeschaffte MWD (Innenministerium) auf Bundesebene geben werde, beschlich die ehrlichen Sowjetbürger. Sie sollte bald wahr werden.
An dem am 8. 4. 1966 gewählten ZK war der Anteil des militärindustriellen Komplexes unter den ZK-Mitgliedern von 20% auf 25,6% gestiegen – das war der höchste Anteil der Militärs und Rüstungsbosse seit den Vorkriegsjahren 1939–41. Im ZK saßen jetzt 20 Mitglieder mehr als 1961. Davon waren 15 Militärs und ihre Zulieferer, wobei die Rüstungsfachleute Ustinows die Gewinner waren. Der Anteil der Militärs war um 1% auf 7,2% zurückgegangen. Der Anteil der Parteifunktionäre fiel um weitere 5% auf 60% zurück. Da der Anteil der »Sonstigen« um 3% auf 10% kletterte, blieben die Verbrauchsfunktionäre mit den kümmerlichen 5% hinter allen anderen Gruppen zurück.

Tabelle 35

Der Anteil des militärindustriellen Komplexes im ZK der KPdSU 1956–81 (in %)

ZK = ZK-Kandidaten, ZRK = Zentrale Revisionskommission)

Parteitag	ZK	KZK	ZK & KZK	ZRK	Gesamt
XX. (1956)	15,7	26,2	20,7	12,6	19,1
XXII.[3] (1961)	20	21,9	20,9	10,7	19,2
XXIII. (1966)	25,6	20,6	23,3	12,6	17,9
XXIV. (1971)	24,9	24,9	23,4	7,4	20,7
XXV. (1976)	23,6	23	23,4	24,6	23,6
XXVI. (1981)	26	25,1	25,5	17,3	22,8

Chruschtschows Programm der Verminderung der konventionellen Truppen zugunsten moderner Waffen wurde gestrichen, da der in seine heiße Phase eintretende Krieg in Vietnam zeigte, daß die Zeit der konventionellen Kriege nicht vorbei war.

Alle 5 Luftmarschälle flogen wieder aus den ZK-Gremien heraus, die Vertretung der Luftwaffe wurde wieder auf ihren langjährigen OB Werschinin, im Krieg Befehlshaber der 4. Luftarmee im Kaukasus, beschränkt. Zum ersten Mal seit 1952 wurden neben dem Politchef der Sowjet-Armee und -Flotte, Armeegeneral Jepischew, zwei Lokalkommissare in die ZK-Gremien aufgenommen, das waren der 54jährige Politchef der Strategischen Raketenwaffen, Generalleutnant Iwan Lawrjonow[4], und der 56jährige Politchef der Heeresgruppe Deutschland, Generaloberst Semjon Wassjagin.
Es war das erste Mal seit 1939–41, daß die Zahl der Politoffiziere in den ZK-Gremien gewachsen war – eine Belohnung für ihre »Verschmelzung« mit den Kommandeuren: der Streit um die Vorrangstellung war längst entschieden. Die Aufnahme von Generalobersten, ja gar von Generalleutnanten in die ZK-Gremien – auch dies das erste Mal seit 1939–41, machte sichtbar, daß nun die längst fällige Verjüngung der Generalität in Gang gesetzt wurde, trotz des erbitterten Widerstandes der alten Marschälle. Fünf der 14 Militärs unter den ZK-Mitgliedern waren vor 1899 geboren.
Bei der Kriegsmarine war die Verjüngung bereits 1956 mit der Ernennung des 46jährigen Gorschkow anstelle des 54jährigen Kusnezow angezeigt worden.
Entsprechend jung waren die beiden neuen Admirale im ZK, Nikolai Amelko, 51, von der Pazifik- und Semjon Lobow, 53, von der Nordflotte.
Bei der Armee dagegen sah es düster aus. Die erneute ZK-Mitgliedschaft des 85jährigen Uraltmarschalls Woroschilow nach der von Chruschtschow erzwungenen 5jährigen Pause war natürlich ebenso bedeutungslos wie die Präsenz des 83jährigen Reiters Budjonny unter den ZK-Kandidaten. Den Beförderungsstau verursachten nicht die beiden greisen Stalinkumpel, sondern die 12 Altmarschälle im ZK – ihr Durchschnittsalter lag bei 62 Jahren.
Immerhin standen ihnen 1966 schon 8 jüngere Militärs gegenüber, so Armeegeneral Iwan Jakubowski, 54, OB Deutschland, sowie die beiden Vertreter der raketenbestückten Luftabwehr, OB Armeegeneral Batizki, 55, und der Befehlshaber des Luftabwehr-Wehrkreises Moskau, Generaloberst Wassilij Okunew, 46.
Ein Militär aber repräsentierte einen neuen Offizierstypus der Sowjet-Armee: Der 48jährige Generalleutnant Ogarkow, der erst vier Monate

zuvor sein erstes Wehrkreiskommando an der Wolga angetreten hatte und schon unter den ZK-Kandidaten saß.
Nikolai Wassiljewitsch Ogarkow war ein Ingenieur. Eine Woche vor der Oktoberrevolution in einem Dorf in Nordrußland geboren (die soziale Herkunft wird verschwiegen), war dieser Mann gerade so alt wie sein Staat. Nach dem Abschluß einer »Energetischen Arbeiterfakultät« (Werksschule für Elektriker) wurde der 21jährige unverzüglich auf die Akademie für Militäringenieure nach Moskau geschickt, wo er sein erstes Studium gerade so rechtzeitig abschloß, um als Regimentsingenieur 1941 in den Krieg ziehen zu können.
Ogarkow machte keine große Karriere, er beendete den Krieg als Divisionsing. Im letzten Kriegsjahr in die Partei eingetreten, begann er sofort das 2. Studium an der Operativfakultät seiner alten Akademie. Nach dem Abschluß 1947 diente er im Stab der Ingenieurtruppen des Wehrkreises Karpaten. Seine eigentliche Karriere begann erst, als er zur Ingenieurverwaltung des Küstenwehrkreises versetzt wurde. Der OB Fernost, Malinowski, Ogarkows letzter Frontchef bei Wien, wurde zu seinem Promoter und machte den 31jährigen 1948 zum Chef der Operativabteilung seines Stabes.
Nach Stalins Tod ging es steil nach oben. Im Jahre 1953, wieder Vizechef unter Malinowski, 1955 Chef einer Verwaltung im Stab des Wehrkreises Fernost, dann das dritte Studium, diesmal an der Generalstabsakademie. Nach dem Abschluß 1959 wurde Ogarkow mot. Schützendivisionär in der DDR unter dem späteren Generalstabschef Matwej Sacharow, im Dezember 1961 Stabschef des Wehrkreises Belorußland unter Generaloberst Penkowski, seinem Stabschef in Fernost. Nach seiner Aufnahme ins ZK wurde Ogarkow unverzüglich zum Generalobersten befördert.
Ogarkow und Budjonny, der Stabist mit 3 Diplomen und der »Feldherr aus dem Volk«, der schon 1905 gegen die Japaner Attacken ritt, 1966 zusammen unter den ZK-Kandidaten – welch ein Anblick! Zwischen dem schnurrbärtigen Haudegen und dem glattrasierten Ingenieur lagen Welten. Als Budjonnys wilder, durch Isaak Babel verewigter Haufen 1919 zu der 1. Reiterarmee wurde, war der um 34 Jahre Jüngere 2 Jahre alt. Als Marschall Budjonny auf Geheiß seines erbarmungslosen Kumpels Stalin 1937 falsches Zeugnis wider seine Kameraden ablegte, um seine Haut zu retten, beendete Ogarkow gerade seine »Arbeiterfakultät«.

Und als Ogarkow, mit 4 Orden geehrt, 1947 sein zweites Studium abschloß, war der gescheiterte Feldherr Budjonny, der im Zweiten Weltkrieg keines Ordens mehr für würdig befunden wurde, zum Vize-Landwirtschaftsminister für Pferdezucht ernannt.
Die gebrochene und die ungebrochene Generation der Sowjet-Feldherren wurde von Breschnew, kaum daß er anderthalb Jahre an der Macht war, nebeneinander gesetzt. Gerade dies manifestierte aber auch die Kontinuität der militärischen Tradition Rußlands, trotz der Vernichtung der ersten Generation der sowjetischen Heerführer.
Daß es so kam, war – unter den wohlwollenden Auspizien Breschnews – das große Verdienst Malinowskis. In der kurzen Zeit, die der fortschreitende Kehlkopfkrebs es noch zuließ, bemühte sich Malinowski gleichzeitig um die von Chruschtschow abgehalfterten Altmarschälle und um die kommenden Neuen. Die alten haben durch ihren Sieg den Weg zur Weltmacht Rußland geebnet, die jungen sollten die Früchte ernten und die Positionen weltweit ausbauen. Im Dezember 1966 wurde der von Chruschtschow geschaßte Moskalenko wieder Vizeminister und Chefinspekteur der Sowjetarmee, nach dem Flugzeugabsturz Birjusows am 19. 10. 1964[5] wurde dessen zur Generalstabsakademie abgeschobener Vorgänger Matwej Sacharow wieder Generalstabschef. Er blieb im Amt, bis es biologisch nicht mehr ging; am 22. 9. 1971 wurde Sacharow »Generalinspekteur«, am 31. 1. 1972 starb er, 73jährig.
Zugleich wurden die jungen Generale kräftig gefördert. Ogarkow war nicht der einzige Aufsteiger. Generaloberst Sergej Sokolow, am Kriegsende Chef der Pz-Truppen einer Armee, der seine Nachkriegskarriere auch 1947 nach dem Akademie-Abschluß als Regimentskommandeur begonnen hatte, wurde im Oktober 1965 mit 54 Jahren Wehrkreisbefehlshaber in Leningrad; Auch Sokolow kam mit Ogarkow als Kandidat ins ZK. Und zum Generalstabschef wurde Armeegeneral Wiktor Kulikow ernannt, der am Kriegsschluß Stabschef einer Pz-Brigade gewesen war. Kulikow, Ogarkows Kommilitone an der Generalstabsakademie und bislang OB in der DDR, war 23 Jahre jünger als sein Vorgänger Sacharow, Luftmarschall Pawel Kutachow, seit 1969 OB Luftwaffe, war 14 Jahre jünger als sein Vorgänger Werschinin.
Die neue Generation war glänzend ausgebildet. Zum ersten Mal in ihrer Geschichte standen an der Spitze der Sowjetstreitkräfte durch-

wegs Akademiker, die den Wissenschaftlern in den Konstruktionsbüros ebenbürtig waren. Die Zahl der Marschälle und Armeegenerale, vor allem aber die Zahl der Admirale stieg an.
Bis 1978 erreichten die Streitkräfte einen Personalbestand von 3 658 000 Mann, davon gehörten – seit 1973 unverändert – 1 825 000 zum Heer, 550 000 – leicht angehoben – zur Luftabwehr, 475 000 zur Luftwaffe und 433 000 zur Kriegsmarine.

Tabelle 36

Personalbestand der Sowjet-Streitkräfte 1917–81

1917:	8 000 000
1920:	5 300 000
1927:	586 000
1937:	1 433 000
1938:	1 513 000
1941:	4 207 000
1942:	5 500 000
1943:	6 400 000
1945:	11 365 000
1948:	2 874 000
1955:	5 763 000
1956:	5 123 000
1957:	3 923 000
1960:	3 623 000
1961:	2 423 000
1973:	3 375 000
1980:	3 658 000
1981:	3 673 000

Tabelle 37

Unter Stalin, Chruschtschow und Breschnew von 1935–81 ernannte Marschälle, Admirale und Marschälle der Waffengattungen/Armeegenerale

	Stalin (1935–51)	Chruschtschow (1953–64)	Breschnew (1967–81)
Generalissimus der Sowjetunion	1		
Marschälle der Sowjetunion	20	9	8
Marschälle der Artillerie	3	4	5
Hauptmarschälle der Artillerie	1	2	

	Stalin (1935–51)	Chruschtschow (1953–64)	Breschnew (1967–81)
Marschälle der Panzertruppen	4	2	2
Hauptmarschälle der Panzertruppen		1	1
Luftmarschälle	8	6	12
Hauptluftmarschälle	2	1	3
Marschälle der Nachrichtentruppen	1	1	2
Marschälle der Ingenieurtruppen	1	1	4
Admirale der Flotte der Sowjetunion (ab 1955)		2	1
Admirale der Flotte (1940–55 und ab 1962)	2	1	5
Admirale (unvollständig)1935–40: Flottenflagmane 1. Ranges)	17	12	24
Ing.-Admirale		2	2
Armeegenerale (1935–40: Komandarme 1. Ranges)	40	29	46

(Wiederbeförderungen und Degradierungen unberücksichtigt)

Tabelle 38

Unter Breschnew in die u. a. Ränge beförderte Feld- und Flottenherren

(SA = Sowjet-Armee, KP = Kommunistische Partei, KA = »Frunse«-Kriegsakademie, GA = Generalstabs-Akademie, FA = Fachakademie der Waffengattung)

	geb.	SA	KP	KA	GA	FA	Rang seit
Marschälle der SU:							
I. I. Jakubowski	1912	1932	1937		1948		1967 († 76)
P. F. Batizki	1910	1924	1938	1938	1948		1968
P. K. Koschewoi	1904	1920	1925	1939			1968 († 76)
L. I. Breschnew	1906	1935/36 1941/46 1953/54	1931				1976
D. F. Ustinow	1908		1927				1976
W. G. Kulikow	1921	1939	1942	1953	1959		1977
N. W. Ogarkow	1917	1938	1945		1959	1938	1977
S. L. Sokolow	1911	1932	1937		1951	1947	1978

	geb.	SA	KP	KA	GA	FA	Rang seit
Armeegenerale:							
I. G. Pawlowski	1909	1931	1939		1948		1967
W. F. Margelow	1908	1928	1929		1948		1967
I. I. Gussakowski	1904	1928	1931		1948		1968
S. P. Iwanow	1907	1926	1929	1939			1968
P. N. Laschtschenko	1910	1930	1931	1940	1951		1968
N. G. Ljaschtschenko	1908	1929	1931	1941	1948		1968
S. S. Marjachin	1911	1931	1931	1941	1950		1968 († 72)
G. I. Chetagurow	1903	1920	1924				1968 († 75)
P. A. Belik	1909	1927	1929				1969 († 80)
A. F. Schtscheglow	1912	1929	1939	1939	1948		1970
P. I. Iwaschutin (GRU)	1909	1931	1930				1971
W. F. Tolubko	1914	1932	1939		1950	1941	1970
Je. F. Iwanowski	1918	1936	1941		1958	1941	1972
S. K. Kurkotkin	1917	1937	1940		1958	1951	1972
A. N. Komarowski	1906	1941	1939				1972 († 73) Prof.
A. I. Radsijewski	1911	1929	1931	1938	1941		1972 († 79) Prof.
W. I. Petrow	1917	1939	1944	1948			1972
Je. Je. Malzew (PUR)	1910	1933	1931		1954		1973 († 81)
I. Je. Schawrow	1916	1935	1940		1948	1941	1973 Prof.
I. N. Schkadow	1913	1935	1938		1959		1975
S. P. Wassjagin (PUR)	1910	1932	1932				1976
Ju. W. Andropow (KGB)	1914		1939				1976
N. A. Schtscholokow (Innenminister MWD)	1910	1941/46	1931				1976
A. I. Gribkow	1919	1938	1941		1951		1976
I. M. Tretjak	1923	1939	1943	1949	1959		1976
A. T. Altunin	1921	1939	1943	1948	1957		1976
I. A. Gerassimow	1921	1938	1942		1966	1955	1977
W. L. Goworow (Sohn des Marschalls)	1924	1942	1946	1949	1963		1977
A. M. Majorow	1920	1940	1943	1951	1963		1977
W. I. Warennikow (Generalssohn)	1923	1941	1944	1954	1967		1977
W. A. Matrossow (KGB-Grenzschutz)	1917	1938					1978

	geb.	SA	KP	KA	GA	FA	Rang seit
S. K. Zwigun (KGB)	1917	1939	1940				1978 († 82)
G. K. Zinew (KGB)	1907	1941/53	1932				1978
G. I. Obaturow	1915	?	1940	noch unbekannt			1978
S. F. Achromejew	1923	1940	1943		1967	1952	1979
M. M. Koslow	1917	?	1949	1949	1955		1979
G. I. Salmanow	1922	1940	1944	1949	1964		1979
M. M. Saizew	1923	1941	1943		1965	1954	1980
P. G. Luschew	1923	1941	1951		1966	1954	1981
M. I. Sorokin	1922	1941	1943	1949	1964		1981
W. M. Schabanow	1923	1941	1947			1945	1981
Marschälle der Artillerie:							
Ju. P. Baschanow	1905	1920	1929		1953	1936	1965 († 76) Prof.
P. N. Kuleschow	1908	1926	1939		1941	1938	1967
G. F. Odinzow	1900	1920	1920			1934	1968 († 72) Prof.
G. Je. Peredelski	1913	1934	1939	1965			1973
Je. W. Boitschuk							1980
Marschälle der Panzertruppen:							
A. Ch. Babadschanjan (Hauptmarschall; Marschall 1967)	1906	1925	1928	1942	1948		1975 († 77) Armenier
O. A. Lossik	1915	1935	1941		1950		1975 Prof.
Marschälle der Nachrichtentruppen:							
A. I. Below	1917	1938	1941			1940	1973
N. N. Alexejew	1914	1935	1939			1940	1979 († 80)
Marschälle der Ing. Truppen							
W. K. Chartschenko	1911	1932	1931		1948	1938	1972 († 75) (Unfall)
A. W. Gelowani	1915	1939	1941			1936	1977 († 78) Georgier
S. Ch. Aganow							1980
N. F. Schestopalow	1919	1937	1951			1941	1981

	geb.	SA	KP	KA	GA	FA	Rang seit
Hauptluftmarschälle:							
P. S. Kutachow	1914	1935	1942		1957		1972
(1969 Marschall)							
B. P. Bugajew	1923	1943	1946			1961	1977
(1973 Marschall)							(»Aeroflot«-Chef)
Luftmarschälle:							
I. I. Borsow	1915	1935	1942			1948	1972 († 74)
Je. F. Loginow	1907	1926	1939		1949		1967 († 70)
A. I. Pokryschkin	1913	1932	1942	1948	1957		1972
G. W. Simin	1912	1931	1937		1948		1973 Prof.
A. N. Jefimow	1918	1941	1943		1957	1951	1975
I. I. Pstygo	1918	1936	1941		1957		1975
A. P. Silantjew	1918	1938	1942		1957	1950	1976
A. I. Koldunow	1923	1941	1944		1960	1952	1977
G. P. Skorikow	1920						1980
N. M. Skomorochow	1920	1940	1943	1949	1958		1981
Admiral der Flotte der SU:							
S. G. Gorschkow	1910	1927	1942				1967
Admirale der Flotte:							
W. A. Kassatonow	1910	1927	1939			1941	1965
N. D. Sergejew	1909	1927	1930			1941	1970
S. M. Lobow	1913	1932	1940				1970 († 77)
(Admiral 1965)							
G. M. Jegorow	1918	1936	1942			1959	1973
(Admiral 1971)							
N. I. Smirnow	1917	1929	1937		1959		1973
(Admiral 1970)							
Admirale:							
A. I. Rassocho	1914						1972
G. G. Olejnik	1910	1929	1937			1935?	1971? († 82)
Ja. G. Potschupajlo (PUR)	1908		1931				1971?
W. W. Sidorow	1924	1942	1949			1963	1979
W. N. Tschernawin	1928	1947	1949		1969	1965	1978
W. M. Michailin	1915	1941	1941				1969
M. N. Sacharow (PUR)	1912	1930	1932				1970 († 78)

	geb.	SA	KP	KA	GA	FA	Rang seit
W. S. Syssojew	1915	1937	1942				1970
F. Ja. Sisow (PUR)	1911	1933	1932				1971? († 77) (Unfall)
W. P. Maslow	1925	1942	1945		1966		1975
N. I. Chowrin	1922		1943				1976
W. M. Leonenkow	1921	1940	1944				1976? († 79)
E. N. Spiridonow	1925		1942				1979 († 81) (Unfall[6])

Zusätze für Nichtrussen (U = Ukrainer) Jakubowski: Belorusse; Batizki: U; Koschewoi: U; Pawlowski: U; Gussakowski: Belorusse, Laschtschenko: U; Ljaschtschenko: U; Chetagurow: Ossete; Tolubko: U; Radsijewski: Pole; Boitschuk: U; Chartschenko: U.

Von den übrigen Admiralen der Breschnew-Ära liegen keine ausreichenden Angaben vor.

Marschall Malinowski starb am 31. 3. 1967, der zweite Wehrminister der UdSSR nach Frunse, der im Amt verstarb. Um die Nachfolge entspann sich ein Tauziehen zwischen den Militärs und den ihnen im ZK überlegenen Rüstungsfachleuten. Zum ersten Mal seit der Auflösung der »Kriegstroika« und der Installierung Trozkis war der Posten des Ministers 12 Tage vakant.

Die Rüstungsbosse wollten ihren Chef Ustinow an der Spitze der Streitkräfte sehen – das hätte dem Trend zur modernen Armee entsprochen. Schon 1960 hatten 72% der Offiziere bei der eben gebildeten neuen Waffengattung der Strategischen Raketentruppen eine Ingenieur-Ausbildung. Die Generalität wollte Marschall Gretschko. Breschnew schwankte – ihm wäre Ustinow lieber als sein alter Armeechef.

Gretschkos Nachkriegskarriere war geradlinig wie eine gezogene Schnur, zielstrebig auf das höchste Wehramt gerichtet. Befehlshaber im Wehrkreis Kiew, OB in der DDR, OB Heer, OB Warschauer Pakt. Als Malinowskis 1. Stellvertreter fungierte er schon im Dezember 1966 als amtierender Minister. Malinowski, der seine letzte Ansprache bei der Revolutionsparade am 7. 11. 1966 nur noch mühsam halten konnte, erschien seitdem immer seltener im Amt.

Die Militärs konnten 1967 – noch – das Politbüro überzeugen, daß ins Amt einer der Ihren gehöre. Am 12. 4. 1967 wurde Andrej Antonowitsch Gretschko der 10. Verteidigungsminister der UdSSR. Die Mili-

tärspitze wurde unverzüglich umgebildet. Iwan Jakubowski, Befehlshaber im Wehrkreis Kiew, wurde unter Beförderung zum Marschall der Sowjetunion Gretschkos 1. Stellvertreter und OB Warschauer Pakt und damit der erste unter Breschnew nach einer fünfjährigen Pause installierte Marschall. Jakubowski, der erste Belorusse, der diesen Rang erreicht hatte, war das sechste Kind eines Dorfhirten. Mit 17 Jahren ging er, Bastschuhe an den Füßen, in die Stadt Orscha, um Lehrer zu werden. Zwei Jahre später, bei der Musterung in Minsk vom Bürgerkriegshelden Timoschenko persönlich für wehrtauglich befunden, blieb er für immer bei der Armee.
Bastschuhe trug der zweifache Held der Sowjetunion schon lange nicht mehr, ganz im Gegenteil: 1963, anläßlich einer Visite bei seinem britischen Kollegen in dessen Hauptquartier in Bielefeld ließ sich der vierschrötige Armeegeneral und OB der Heeresgruppe Deutschland, in der Meinung, sein Schuhwerk glänze nicht ausreichend, sich und dem Luftwaffengeneral Iwan Pstygo von einer britischen Ordonnanz die Stiefel wienern.
Jakubowskis Ernennung war indessen nicht das wichtigste Zeichen einer neuen Ära der nun anlaufenden sowjetischen Expansion im Zeichen der Weltgeltung. Auch Sergej Sokolow wurde, unter Beförderung zum Armeegeneral, 1. Vize-Verteidigungsminister. Zwölf Jahre später sollte er die Sowjet-Armee nach Afghanistan führen. Im November 1967 wurde auch der seit 7 Jahren vakante Posten des OB Heer besetzt. Der 58-jährige Ukrainer Iwan Pawlowski, der im Krieg als Chef der 328. Schützendivision im Kaukasus Breschnews Waffenkamerad gewesen war, bis dahin Befehlshaber des Wehrkreises Fernost, wurde unter Beförderung zum Armeegeneral Vizeminister und OB Heer. Ein Dreivierteljahr danach sollte Pawlowski die Sowjettruppen nach Prag führen.
Schon 2 Monate nach dem Tod Malinowskis stürzten sich seine Nachfolger in ihr erstes außenpolitisches Abenteuer, indem sie die Araber zum Krieg gegen Israel ermutigten. Die Zeichen standen günstig, denn zum ersten Mal in der wechselhaften Geschichte des Mittelmeerraumes durchpflügte ein russischer Flottenverband den Binnensee dreier Kontinente – die 3. Eskadra Gorschkows. Die Rote Flotte hatte aufgeholt. Sechs Jahre nach der US-Navy, der es im Februar/April 1960 mit dem Atom-U-Boot »Triton« zum ersten Mal gelungen war, um die Erde zu fahren (mit gelegentlichem Auftauchen) durchquerte ein Atom-U-

Boot-Verband der sowjetischen Kriegsmarine im Februar/März 1966 die Weltmeere, dabei wurden 46 000 Kilometer unter Wasser zurückgelegt. Verbandskommandant Konteradmiral Alexej Sorokin (inzwischen Admiral und 1. Vize-Politchef der Streitkräfte), sein Politkommissar Nikolai Ussenko (inzwischen Vizeadmiral und Politchef der Nordflotte) und 4 weitere Teilnehmer der anderthalbmonatigen Unterwasserfahrt wurden Helden der Sowjetunion.
Jedoch fand Gorschkows Mittelmeereskadra im Juni 1967 keine Gelegenheit, helfend in einen Konflikt einzugreifen, ebensowenig wie die Luftlandedivisionen des Generalobersten Wassilij Margelow. Israels 6-Tage-Krieg ließ der sowjetischen Militärmaschine keine Zeit zur Hilfe für die bedrängten Araber.
Im Jahr darauf, am 21. 8. 1968, erfüllte die Sowjet-Armee wieder ihre »Polizeiaufgabe«. Der Einmarsch in die ČSSR wurde von Ogarkow vorbereitet. Seit April 1968, dem Beginn des Prager Frühlings, war der kommende Herr der Sowjetarmee 1. Vize-Generalstabschef. Unter Pawlowskis Kommando marschierten die Truppen des Wehrkreises Karpaten vom Generalobersten Wassilij Bissjarin[7] befehligt, in Prag ein. OB Luftabwehr Batizki, am 15. 4. 1968 zusammen mit dem OB in der DDR, Pawel Koschewoi, zum Marschall der Sowjetunion befördert, breitete den Luftschirm aus. Armeegeneral Sergej Marjachin, 56, der im gleichen April 1968 den 70jährigen Marschall Bagramjan als Vizeminister und Chef der Rückwärtigen Dienste abgelöst hatte, sorgte für den Nachschub.
Die Prag-Aktion zur Beseitigung des »Kommunismus mit menschlichem Gesicht« offenbarte zum ersten Mal tiefe Meinungsverschiedenheiten über das aggressive Vorgehen der neuen Generation der Sowjetgenerale – nicht nur in der politischen, sondern auch in der militärischen Führung selbst. Da der Nachfolger des gestürzten Parteichefs Alexander Dubček Gustáv Husák nur 6 der 11 damaligen Politbüromitglieder mit einer Medaille auszeichnete, wissen wir, daß die Entscheidung für den Einmarsch in der politischen Spitze mit einer Stimme Mehrheit fiel (daß zu den Gegnern des Einmarsches die Konsumgüterfachleute Kossygin, Podgorny und Poljanski gehörten, war nicht überraschend).
In der Militärspitze passierte ein Eklat. 17 Tage vor dem Einmarsch, am 4. 8. 1968, legte der Stabschef des Warschauer Pakts, Armeegeneral Michail Kasakow, 66, »aus Gesundheitsgründen« sein Amt nieder –

ein in der sowjetischen Militärgeschichte nie dagewesener Vorgang. Kasakow hatte schon im Dezember 1956 in Budapest als Befehlshaber der »Heeresgruppe Süd« die Ungarn bekämpfen müssen. Nun wollte er nicht mehr.
Kasakow wurde »Inspekteur-Berater der Gruppe der Generalinspekteure«, sonst passierte ihm nichts. Ein deutlicheres Zeichen für das neue Selbstbewußtsein der Generale konnte es kaum geben – Stalin war ja seit anderthalb Jahrzehnten tot. Aber Kasakows Nachfolger wurde Stalins Lieblings-Stabist, der am 21. 2. 1968 wieder zum Armeegeneral aufgestiegene Schtemenko, der dann auch den Einmarsch der Russen und Polen, der Deutschen, Ungarn und Bulgaren leitete. Ein deutlicheres Zeichen für die Restalinisierung konnte es wiederum kaum geben.
Der Einmarsch in die ČSSR sagte über den Kampfwert der Sowjet-Armee nichts aus, denn es gab ja keinen Widerstand. Marjachins Nachschub offenbarte allerdings Schwächen. Dies sollte sich in Afghanistan wiederholen.
Im Jahr darauf wurde die Sowjet-Armee mit einem ernsthafteren Gegner konfrontiert, als der schwelende Konflikt mit China in seine heiße Phase trat. Nach 488 Grenzzwischenfällen in den vorangegangenen Jahren wurde am 2. 3. 1969 am Ussuri wie 40 Jahre zuvor in der Mandschurei wieder einmal eine Schlacht zwischen den seit Jahrhunderten verfeindeten Nachbarn geschlagen. Es gab Tote auf beiden Seiten und auf seiten der Sowjets auch die ersten Orden für Kampfhandlungen seit dem Kriegsende. Die unbewohnte Insel Damanski/Tschenpao blieb in chinesischer Hand.
Gretschkos Verteidigungsministerium pumpte Truppen an die längste Grenze der Welt. Bis zum Hochsommer wurden es so viele, daß am 30. 7. 1969 zum ersten Mal seit 9 Jahren die Struktur der lokalen Armeeverwaltung geändert werden mußte. Kasachstan, Kirgisien und Tadschikistan wurden aus dem Wehrkreis Turkestan herausgelöst und zum Wehrkreis Mittelasien zusammengefaßt. Armeegeneral Nikolai Ljaschtschenko, als Oberst und Chef der 106. Schützendivision im Kaukasus Breschnews Kriegskamerad, übernahm den Wehrkreisbefehl in Alma-Ata.
Die Chinesen testeten die Kampfbereitschaft von Ljaschtschenkos Truppen schon am 7. 8. 1969, eine Woche nach der Bildung des Wehrkreises Mittelasien. Die Schlacht wurde im Gebiet Semipalatinsk

geschlagen, dort, wo die in besseren Tagen gemeinsam erbaute Eisenbahnlinie auf sowjetischem Boden im Ort Druschba (»Freundschaft«) endet. Beide Seiten setzten Panzer ein. Witalij Titow, 2. ZK-Sekretär Kasachstans, regte die Bewaffnung der Grenzbevölkerung an. Der Krieg war nahe, obwohl die Führung in Moskau Titows Vorschlag vorerst nicht verwirklichte.

11 Tage nach dem Gefecht von Druschba fühlte ein Angehöriger der Washingtoner Sowjetbotschaft beim Lunch mit einem US-Diplomaten »ganz unvermittelt«[8] vor, wie die USA auf einen sowjetischen Angriff gegen nukleare Einrichtungen der Chinesen in Sinkiang reagieren würden. Die Antwort war die Annäherung der USA an China. Die wichtigste Änderung der weltpolitischen Konstellation für den Rest des Jahrhunderts begann, das Undenkbare war geschehen. Nicht die beiden kommunistischen Großmächte standen gegen den Rest der Welt, sondern die isolierte, von unzuverlässigen Verbündeten in Europa umgebene Sowjetunion.

Der militärindustrielle Komplex war für Zuschlagen, nicht nur aus militärischen Gründen. Zum ersten Mal seit dem Sieg im Zweiten Weltkrieg steckte die Sowjet-Armee in einer Krise. Der Krieg lag 24 Jahre zurück, die Armee, die in den vergangenen Jahrzehnten nur dreimal und nur als »Gendarm Europas« eingesetzt worden war, um widerspenstige Verbündete zur Räson zu bringen, hatte in ihrem Selbstverständnis keinen Auftrag mehr. Das Feindbild der Deutschen war verblaßt, zumal es seit der Teilung Deutschlands gute und schlechte Deutsche gab und auch das Feindbild der Japaner konnte nicht mehr benutzt werden.

Die Altmarschälle gaben sich redliche Mühe, die Erinnerung an den Großen Vaterländischen Krieg wachzuhalten. Alle Panzerwracks auf den Schlachtfeldern wurden zu aufpolierten, auf Denkmalssockel gestellten Mahnmalen. Als die eigenen Panzer ausgegangen waren, stellte man die Panzer des Gegners als Denkmäler auf.

Am 8. 5. 1965 wurde eine neue Kriegsehrung geschaffen, um die kollektive Erinnerung wachzuhalten – der Ehrentitel »Heldenstadt«, samt dem Leninorden und der Medaille »Goldener Stern«, wie für die Helden der Sowjetunion. Seitdem haben Moskau, Leningrad, Kiew, Wolgo(Stalin-)grad, Minsk, Odessa, Sewastopol sowie Breschnews Noworossijsk und Kertsch, als letzte Stadt am 7. 12. 1976 die Waffenschmiede Tula den Titel erhalten. Brest (das alte Brest-Litowsk) bekam den Ehrentitel »Heldenfestung«. Der Regen von Orden und Medaillen ergoß sich auch Jahrzehnte nach dem Kriegsende über die Veteranen. Allein mit der von Chruschtschow am 21. 6. 1961 gestifteten Medaille »Für die Verteidigung Kiews« wurden über 12 000 Personen ausgezeichnet. Am 3. 12. 1966 wurde am Roten Platz das Grab des Unbekannten Soldaten unter größtem Pomp eingeweiht, Breschnew persönlich entzündete am 8. 5. 1967, dem 22. Jahrestag des Kriegsendes, die Ewige Flamme.

Jedes Jahr wurden Märsche der Jugend zu den Schlachtfeldern veranstaltet, die Schlachten mit »Jungen Pionieren« (10–15jährige) unter der Leitung eines siegreichen Marschalls der Sowjetunion nachgespielt. Aber die Zahl der Altmarschälle wurde immer weniger. Allein 1968 mußten die Stützen der sowjetischen Gesellschaft viermal am Roten Platz antreten, um die alten Kameraden Woronow, Sokolowski, Rokossowski und Merezkow zur großen Armee zu verabschieden.

Die Jugend war der ewigen Kriegsgeschichten müde. Auf dem Schwarzen Markt tauchten Söhne auf, die die Kriegsorden der Väter an Souvenirjäger verhökerten.

Zwei gegensätzliche Stimmungen machten sich unter den Militärs und den Wehrwissenschaftlern breit. Ein winziger Teil des militärindustriellen Komplexes hielt unbeirrbar an der Entstalinisierung und der Aufarbeitung der entsetzlichen Vergangenheit fest. Der höchste militärische Repräsentant dieser Minderheit, Generalmajor Pjotr Grigorenko, ein Kybernetiklehrer an der »Frunse«-Kriegsakademie, forderte in einem Brief an den Ministerpräsidenten Kossygin freie Wahlen und trat für die rehabilitierten, aber noch verbannten Krimtataren ein. Grigorenko wurde entlassen.

Ein zweiter, größerer Teil der militärischen Opposition forderte die Rückkehr zu Stalin und zur stärkeren Betonung des Großrussischen. Der Wahlspruch der »Russiten« war die letzte Strophe des Gedichts vom literarischen Funktionär Alexej Surkow, Jahrgang 1899, seit 1949 einer der Sekretäre des Schriftstellerverbandes: »Die Gräber der Slawen werden sich zu den Hügeln des Ruhmes[9] erheben,/Und des Landmannes Pflug/wird die Gräber des Feindes dem Erdboden gleichmachen.« Die Biographien der von Stalin liquidierten Militärs erschienen zwar weiterhin, aber die Erklärung des frühen Todes »nach der Gerichtsverhandlung aufgrund der insinuierten niederträchtigen Anklage der Spionage und des Landesverrats erschossen«[10] ist gestrichen.

Den Falken unter den Militärs war schon das am 12. 10. 1967 vom Obersten Sowjet verabschiedete neue Gesetz über die allgemeine Wehrpflicht mit seinen Änderungen gegenüber dem Gesetz vom 1. 9. 1939 ein Greuel. Um der nicht mehr allzu wehrbereiten Jugend entgegenzukommen, wurden die Dienstzeiten radikal gesenkt. Während die Dienstzeit beim Heer weiterhin 2 Jahre betrug, bekamen Soldaten und Sergeanten mit abgeschlossener Hochschulbildung 6 Monate erlassen. Wer das 27. Lebensjahr erreicht hatte (was einem Studenten leicht passieren konnte), brauchte überhaupt nicht mehr zu dienen und wurde sogleich in die Reserve übergeführt – ein – inzwischen modifiziertes – Novum in der sowjetischen Militärgeschichte. Die Dienstzeit der Wehrpflichtigen bei der Kriegsmarine wurde von 5 auf 3 Jahre gesenkt, auch hierbei bekamen Hochschulabsolventen 12 Monate erlassen. Um die Traditionalisten zu beschwichtigen, wurden die Kriegsakademien im gleichen Jahr den Universitäten gleichgestellt, die Zahl der Professoren unter der Generalität begann zu steigen.

Die Spannungen in der Armee entluden sich im Jahr des eskalierten Konflikts mit China. Am 22. 1. 1969 verübte ein 21jähriger Pionierleutnant der Leningrader Garnison namens Anatolij Iljin ein Attentat auf Breschnew während eines Kosmonauten-Empfangs am Borowizki-Tor vor dem Kreml. Ein Chauffeur der Prominenz wurde tödlich angeschossen, ein Polizist verletzt. Trotzdem wurde der Attentäter, anders als der Kizowmörder Leonid Nikolajew 35 Jahre zuvor, nicht hingerichtet. Es gab nicht einmal eine Verhandlung. Iljin wurde, wie das Oberste Gericht (nicht das Militärkollegium) am 21. 3. 1970 mitteilte, »nach eingehender Untersuchung durch namhafte Psychiater« als ein »chronischer Schizophreniker« für unzurechnungsfähig erkannt und zur »Zwangsheilung in ein Psychiatrisches Krankenhaus des Spezialtyps« eingewiesen – eine in der UdSSR offiziell zugelassene Form des Strafvollzugs, die in der Breschnew-Ära eine große Rolle bei der Behandlung der Oppositionellen spielte. Dort saß Iljin 1981 immer noch – in der Einzelzelle, aber unter erträglichen Bedingungen.

Die Parade zum 1. Mai 1969 wurde kurzfristig abgesagt (sie findet seitdem nur noch am Revolutionstag, dem 7. 11., statt). Am 7. 5. wurde Generalmajor a. D. Grigorenko in Taschkent verhaftet, als er einem Prozeß gegen protestierende Krimtataren beiwohnen wollte. Grigorenko, dessen Leidensweg durch die »Psychuschkas«[11] nun begann, war der erste General seit Wassilij Stalin, der eingeliefert wurde.

In der gleichen Zeit starben im Laufe der Wochen vom 22. 4. bis 22. 5. 1969 hintereinander 18 Generale, darunter 2 im höchsten Rang eines Armeegenerals. Sechs der Verstorbenen waren keine 60 Jahre alt, 4 starben »plötzlich«, weitere 3, darunter der ehemalige Heeresstabschef Armeegeneral Markian Popow und der Luftwaffenchef der Luftabwehr, Generalleutnant d. L. Anatolij Kadomzew, auf »tragische Weise«. Nach dem plötzlichen Abbruch der Todesfälle, die es in solcher Häufung nach dem Krieg nie gegeben hatte, tauchten in der Westpresse (ohne Quellenangabe) Gerüchte über den Machtkampf zwischen der Partei und der Armee auf[12]. Ein im Herbst in der »New York Times« erschienener Bericht über eine Verhaftungswelle bei der Baltischen Flotte (darunter auch auf Atom-U-Booten) im Juni 1969 konnte ebenfalls nicht überprüft werden.
Die politische Führung schwankte – Breschnew ist kein Mann der vorschnellen Entscheidungen gewesen, eher ein Cunctator. Nun nahm Kossygin das Heft in die Hand. Der »ehrliche Makler« zwischen Indien und Pakistan im Kaschmir-Konflikt, der Anfang 1966 in Taschkent erfolgreich vermittelt hatte, flog Anfang September 1969 zur Beisetzung Ho Tschi Minhs nach Hanoi, wo eine Begegnung mit dem chinesischen Kollegen Tschou En-lai unvermeidlich schien.
Die Atmosphäre zwischen Rußland und China war so eisig (einen Sowjetbotschafter in Peking gab es schon seit April 1967 nicht mehr, die »Beziehungen« wurden durch einen – sprachkundigen – sowjetischen Geschäftsträger wahrgenommen), daß Kossygin den Umweg über Indien flog, um nach Vietnam zu gelangen. Er schaffte es, wieder abzureisen, bevor Tschou En-lai eingetroffen war. Auf dem Rückflug änderte die Maschine den Kurs und flog nach Peking. Dort konferierten die beiden Premiers am 11. 9. vier Stunden im Restaurant des Pekinger Flughafens.
Die beiden Staatsmänner, die das Unglück von ihren Völkern in letzter Minute abwenden konnten, sind tot, der von ihnen 1969 ausgehandelte brüchige Waffenstillstand hält an. Zwar zögerten die Chinesen noch eine Woche nach Kossygins Rückkehr am 12. 9. Das Politbüro in Moskau ging in die Klausur. Die Chance, der unzufriedenen Armee ohne Beschäftigung ein neues Ziel zu setzen, schien verlockend. Aber Kossygin setzte sich durch. Am 19. 9. 1969 veröffentlichte das Sprachrohr der Moskauer Falken, die vom Generalmajor Wassilij Moskowski, einem ehemaligen Chefredakteur der Armeezeitung »Roter Stern«,

geleitete Zeitung »Sowjetrußland«, die letzte Warnung an China: Die Zeitung erinnerte an Blüchers erfolgreichen Schlag vor 40 Jahren in der Mandschurei. Die Chinesen lenkten ein. Seitdem wird zwar ergebnislos verhandelt, aber immerhin nicht geschossen.
Der militärindustrielle Komplex und seine Repräsentanten im Politbüro wußten nun, woran sie waren.
Rußland mußte so stark werden, daß es notfalls gegen die ganze Welt antreten konnte. Die Stimmung der Streitkräfte besserte sich allmählich. Ein neues Feindbild war geboren. Es war das alte – das der Mongolen/Tataren, Rußlands Unterjocher in den anderthalb Jahrhunderten der Demütigung 1240–1380.
Ein gewisser Oleg Poskrjobyschew dichtete 1971 im »Sowjetrußland«: »Wir sind Russen mit der hellen Seele und dem Blondhaar«.[13]
Das hatte man auch schon woanders gehört.

38
Der Höhepunkt

Vorerst aber konnten Kossygin und sein Anhang die Falken überzeugen, daß das Land eine Atempause benötigt. Die Détente hob an, von Breschnew, der sich seit Kossygins erfolgreichem Chinatrip immer stärker außenpolitisch engagierte, kräftig gefördert. Das untauglich gewordene deutsche Feindbild wurde abgebaut, die Bundesrepublik Deutschland vom Buhmann zum wichtigsten Helfer der stagnierenden Sowjetwirtschaft erklärt. Noch größere Hoffnungen setzte man auf das große Geschäft mit den USA. Für Kossygin schien die Erfüllung seiner Hoffnungen auf die Hebung der Lebensqualität seiner Völker in eine gewisse Nähe zu rücken.
Zugleich wurden die Verträge mit den Verbündeten im Warschauer Pakt (Albanien, das seit 1962 nicht mehr an der Arbeit des Bündnisses teilnahm, trat einen Monat nach dem Prag-Einmarsch im September 1968 aus dem Pakt aus) modifiziert, die einseitig gegen die deutsche Gefahr gerichteten Texte geändert. So am 12. 5. 1967 in Sofia, am 7. 9. des gleichen Jahres in Budapest, am 6. 5. 1970 in Prag und am 7. 7. des gleichen Jahres in Bukarest, in Abänderung der seit 1948 (für die Tschechoslowakei seit 1943) bestehenden Verträge, die auch damals schon Verträge über »Freundschaft, Zusammenarbeit und gegenseitige Hilfe« geheißen hatten. Der Vertrag mit Rumänien ließ allerdings Deutungen zu, die ein rumänisches Herauswinden aus der Verpflichtung erlaubte, nun Truppen an die chinesische Grenze zu schicken.
Noch vor dem Ablauf des von Chruschtschow im letzten Jahr seiner Herrschaft am 12. 6. 1964 auf 20 Jahre geschlossenen ersten Vertrags dieser Art mit einem deutschen Partner, bekam die DDR am 7. 10. 1975 in Moskau einen ähnlichen Text zudiktiert wie mit anderen Verbündeten außer Ceauşescus Rumänien. Polen ging auf eine Änderung des am 8. 4. 1965 in Warschau auf 20 Jahre abgeschlossenen Vertrages nicht ein – noch ist er in Kraft. Die Formel für Hilfe bei der »Beseitigung jeglicher Gefahr der Wiederholung einer Aggression seitens Deutschlands« im Moskauer Vertrag vom 21. 4. 1945 ist durch die Formel »Beseitigung der Aggressions-Gefahr seitens der westdeutschen militärischen und revanschistischen Kräfte« ersetzt worden – heute ein Anachronismus.

In rascher Folge wurden Paktmanöver zur Pflichtübung aller Beteiligten: »Quartett« 1963[1], »Oktobersturm« 1965, »Wltawa« 1966, »Rodopy« 1967. Im darauffolgenden Jahr gab es gleich 3 Manöver hintereinander, aus denen die gemeinsame »Wiedereingliederung« der ČSSR gewissermaßen aus dem Stand erfolgte: »Schumawa«, »Norden« und »Neman«. Paktchef Jakubowski und Politchef Jepischew erkundeten vorher mehrmals das Terrain vor Ort. Der Einmarsch wurde von den Militärs für unumgänglich gehalten, nachdem sich der Generalmajor Jan Šejna, Parteisekretär des Prager Verteidigungsministeriums, am 22. 2. 1968 in die USA absetzte. Gerüchte, daß Minister Gretschko und Paktchef Jakubowski daraufhin dem Politbüro erklärt hätten, sie könnten nun für die Sicherheit der UdSSR keine Garantie mehr abgeben, sind natürlich nicht verifizierbar.
1969 folgte das Manöver »Oder-Neiße«, 1970 »Waffenbrüderschaft«, 2 Jahre danach »Schild-72«. Zum ersten Mal konnte der »Rote Stern« bei der »Waffenbrüderschaft« im Oktober 1970 aufjubelnd melden: »Kein Soldat geht zu Fuß!« Die Rote Armee hatte sich zu einer vollmotorisierten Streitmacht gewandelt, sogar mit einigem Komfort – fahrbare Saunas begleiteten die Truppe.
Im April/Mai 1970 wurde nun auch das Lebenswerk des eben 60 Jahre alt gewordenen Großadmirals Gorschkow gekrönt. Der kleine russische Lehrersohn aus dem ukrainischen Kamenez-Podolsk, seit dem 17. Lebensjahr bei der Marine, der, ein Naturtalent wie Schukow, nie eine Akademie besucht hatte (Gorschkows Ausbildung bestand aus einer 1931 absolvierten Marineschule sowie 2 Kursen 1937 und 1941), befehligte »Okean«, das erste erdumspannende Großmanöver der russischen Geschichte, an dem seine 4 Flotten teilnahmen. Das Manöver lief im Atlantik, Pazifik, dem Nordmeer, Mittelmeer, Schwarzmeer, dem Japanischen und dem Philippinischen Meer, dem Ochotskischen Meer sowie in der Barentssee und in der Ostsee ab.
Dies war auch das Jahr, in dem der Kosmische Forschungsdienst der AdW die erste »schwimmende Zentrale für Verbindung zu kosmischen Objekten«, das große Horchschiff »Akademik Sergej Koroljow« an den Vizeadmiral Anatolij Rassocho, Chef der HV Navigation und Ozeanographie im Oberkommando der Kriegsmarine, übergeben hatte. Zwei Jahre später wurde das größte der 10 Forschungsschiffe, die »Kosmonawt Jurij Gagarin«, in Dienst gestellt, der sehr rührige Ozeanograph Rassocho am 15. 12. 1972 zum Admiral befördert.

Tabelle 39

Sowjetische Forschungsschiffe

		BRT	Labors
»Akademik A. Kowalewski« (Institut für Biologie der Südmeere der AdW der Ukraine Operationsgebiet: Schwarz- und Mittelmeer	1949	455	4
»Akademik Knipowitsch« (Ministerium für Fischereiwirtschaft) Operationsgebiet: Ozeanographie	1966	3 730	12
»Akademik Kurtschatow« (Institut für Ozeanologie der AdW der UdSSR) Operationsgebiet: Atlantik (Geophysik)	1966	6 828	25
»Kosmonawt Wladimir Komarow« (Kosmischer Forschungsdienst der AdW der UdSSR) Operationsgebiet: Atlantik (Kosmos und obere Schichten der Atmosphäre)	1967	17 580	47
»Akademik Koroljow« (Hydrometeorologischer Dienst der UdSSR) Operationsgebiet: Pazifik, Indik (Ozean-Physik und Atmosphäre)	1967	6 828	24
»Akademik Toptschijew« (Institut für Biologie der Binnengewässer der AdW) Operationsgebiet: Komplexforschung in Flüssen und Seen	1967	208	5
»Akademik Schirschow« (Hydrometeodienst) Operationsgebiet: Pazifik, Indik Aufgabe wie »Akademik Koroljow«	1967	6 828	24
»Akademik Wernadski« (Hydrophysikalisches Meeresinstitut der AdW) (Operationsgebiet: Atlantik, Indik (Hydrophysik)	1968	6 828	24

»Akademik Sergej Koroljow« (Kosmischer Forschungsdienst der AdW der UdSSR) Operationsgebiet: Schwimmende Zentrale für Verbindung zu kosmischen Objekten, vornehmlich im Atlantik	1970	22 000	45
»Kosmonawt Jurij Gagarin« (dieselbe Aufgabe wie »Akademik Sergej Koroljow«) Operationsgebiet: Atlantik	1972	45 000	110

Rußland hatte sich freigeschwommen – und so konnte die neue Weltmacht Freundschaftsverträge außerhalb seines Machtbereichs anbieten. Der erste Vertrag über »Freundschaft und Zusammenarbeit« wurde am 27. 5. 1971 in Kairo mit Sadats Ägypten abgeschlossen, der Vertrag »über Frieden, Freundschaft und Zusammenarbeit« mit Chinas Todfeind Indien folgte am 9. 8. des gleichen Jahres in Neu-Delhi. Es blieb der einzige Vertrag dieser Art, in dessen Namen das Wörtchen »Frieden« vorkam.

Je tiefer sich die amerikanische Militärmaschine zu Beginn der 70er Jahre in den Vietnamkrieg verstrickte, um so freier konnte sich der sowjetische Gegenspieler in der Welt bewegen. Der Ausbruch aus der teils selbst auferlegten, teils durch die US-Stützpunktkette bedingten Isolation vollzog sich mit atemberaubender Geschwindigkeit. Die Spitzen der Sowjetarmee wurden zu Reisenden in Waffen, Stützpunkten und Militärberatern. Der Name des Obristen Michail Kalaschnikow (als Vize-Chefkonstrukteur an dem Ischewsker Waffenwerk »Ischmasch« bis 1982 tätig) wurde zum Synonym der sowjetischen Waffenhilfe, die »AK«-Maschinenpistole des Dr. sc. techn. und zweifachen Helden der Sozialistischen Arbeit zum bekanntesten Exportartikel Moskaus.

Meist entwickelte sich die Inbesitznahme eines neuen Stützpunktes für die Rote Flotte aus dem Besuch des rührigen Fischereiministers Alexandr Ischkow.

Ischkow, der nach 39 Amtsjahren 1979 über eine Korruptionsaffäre in seinem Ministerium stolperte und 74jährig pensioniert werden mußte, wurde zu dem am weitesten gereisten Sowjetminister. Er besuchte alle Kontinente. Nach dem Abschluß eines Fischereiabkommens und der

Einrichtung einer exterritorialen sowjetischen Hafen-Enklave kamen die Kriegsschiffe. Sowjetpräsenz auf den Weltmeeren wurde so allgegenwärtig, daß die beiden Weltmächte gezwungen waren, über die Vermeidung von Zwischenfällen auf See von Flottenkommando zu Flottenkommando miteinander zu reden, entsprechende Abkommen wurden 1971/72 von Gorschkows 1. Stellvertreter, Flottenadmiral Wladimir Kassatonow, ausgehandelt.

Der sowjetische Waffenhandel blühte auf. Neben den USA und Frankreich wurde die UdSSR zum bedeutendsten Waffenhändler der Welt. Versuche, sich mit den USA über die Begrenzung des Handels mit »konventionellen Waffen« zu einigen, waren bis 1980 erfolglos. Die Sowjetarmee wurde so selbstbewußt, daß die Marschälle sogar eine Vorankündigung von Manövern bis zu 25 000 Mann und der Teilnahme von westlichen Manöverbeobachtern zustimmten. Aber diese auf der KSZE-Konferenz in Helsinki 1975 zugestandene Konzession war keine. Die Großmanöver der 30er Jahre in der Ukraine unter Teilnahme der deutschen Reichswehrmilitärs waren weitaus offener und aufschlußreicher.

Der 1. Vizeminister Armeegeneral Sokolow wurde zum Reisemarschall des Sowjet-Pentagon. Im Oktober 1971 begleitete er den Staatschef Podgorny nach Vietnam, um sich von der Wirksamkeit der sowjetischen Waffenhilfe und der Einsatzfreude der Vietnamesen zu überzeugen (ein Interview mit dem Chef der sowjetischen Militärberater in Vietnam wurde – natürlich *nach* dem Fall Saigons [heute: Hotschiminhstadt] am 30. 4. 1975 – ohne die Namensnennung des interviewten Generals im »Roten Stern« publiziert). Sokolow inspizierte Flakstellungen und unterhielt sich mit einem vietnamesischen Oberleutnant, der mit sowjetischen Waffen 24 US-Flugzeuge abgeschossen hatte. Daraufhin wurde der Strom der Moskauer Waffenhilfe verstärkt. Parallel dazu lief die Ausbildung von Offizieren befreundeter Armeen. Selbst der Sieger von Dien Bien Phu, Armeegeneral Vo Nguyen Giap, Vizepremier, Minister für Nationale Verteidigung und OB der nordvietnamesischen Volksarmee, absolvierte 1962 die Generalstabsakademie in Moskau. Wer von wem dabei gelernt hatte, ist allerdings nicht bekannt.

Im Juli 1974 begleitete Sokolow den Staatschef Podgorny nach Somalia. Der General kam in Zivil, ohne Orden. Das Ergebnis war ein weiterer, am 11. 7. 1974 in Mogadischu auf 20 Jahre abgeschlossener

Vertrag über »Freundschaft und Zusammenarbeit«. Zum ersten Mal in seiner Geschichte stand Rußland mit Kriegsschiffen in Ostafrika. Die Westseite des schwarzen Erdteils, den Henry Kissingers diplomatisches Genie sträflich vernachlässigte, sollte bald folgen.

Zu dieser Zeit haben sich allerdings auch Schwierigkeiten eingestellt. Das Vordringen der hungrigen neuen Weltmacht war allzu durchsichtig, das Engagement forderte Aversionen heraus.

Rußland war stets eine kontinentale Kolonialmacht. Die Zeit, in der Alaska russisch war und das Zarenreich Ananasplantagen auf Kuba unterhalten hatte, blieb ein Intermezzo ohne Folgen. So flogen die Sympathien der Dritten Welt der Sowjetunion zu. Vom Schicksal der Wolgadeutschen, Kalmücken und Krimtataren wußten die Entwicklungsländer nichts, und selbst wenn, hätten sie dafür kein Interesse gehabt.

Nun, mit dem Engagement in Form von Schiffen, Häfen und Menschen, enthüllte sich nach dem »häßlichen Amerikaner« der »häßliche Russe«. Präsenz der Macht im Ausland zieht immer Feindseligkeit nach sich. Dies erfuhren die sowjetischen Militärs zuerst in Ägypten. Die Präsenz der Sowjets im Nilland wurde zur Quelle ständiger Reibereien und wachsenden Hasses gegen die in ihrer Enklave abgeschlossen lebenden Fremden, die Arroganz ihres Befehlshabers Generalobersten Okunew, der selbst dem Präsidenten Anwar el-Sadat den Zutritt zu dem ersten Stützpunkt der Sowjetarmee in Afrika (nach ägyptischen Angaben) verwehrt hatte, trug das ihrige dazu bei. Okunew, ein Luftabwehrspezialist, benahm sich nicht anders als die verhaßten Kolonialherren. Unter Gamal Abdel-Nasser, von Chruschtschow (ebenso wie Fidel Castro und Indonesiens Sukarno) mit dem Titel eines Helden der Sowjetunion geehrt, wäre alles vertuscht worden. Nassers Erbe Sadat aber wies Okunew und seinen 15 000-Mann-Troß im Juli 1972 aus.

Der Eklat in Kairo war ein erstes Warnzeichen, daß auch die russischen Bäume nicht in den Himmel wuchsen – trotz des nach dem Abzug der US-Army aus Vietnam 1975 offensichtlich zutage tretenden Machtverfalls des Gegenspielers in Washington.

So suchte der vorsichtige Breschnew andere Formen von Engagement beim Ausfüllen des für eine Weltmacht so anziehenden Vakuums, das Amerikas Rückzug hinterließ. Der am 9. 4. 1972 in Bagdad durch Kossygin abgeschlossene Vertrag über »Freundschaft und Zusammen-

arbeit« mit dem Irak, dem schwierigsten Land des Nahen Ostens, brachte zwar nicht viel ein, gab aber die Möglichkeit, im Jom-Kippur-Krieg im Oktober 1973 mit Waffen und hochkarätigen Beratern dabei zu sein. Moskau brachte es sogar fertig, Syrien, den größten Feind des Irak in der arabischen Welt, in dieses Engagement mit einzubeziehen. Der in Damaskus 1971 an die Macht gekommene Luftwaffengeneral Hafis el-Assad, war aufgrund seiner Angehörigkeit zu den Alawiten, der in Syrien unbeliebten Minderheit, stärker auf die Hilfe Moskaus angewiesen als der in seinem Heimatdorf verwurzelte Sadat.
So wurden arabische Berufsoffiziere wie Assad, Iraks – 1979 gestürzter – Feldmarschall Ahmed Hassan el-Bakr, Nasser, zeitweilig auch Sadat, die besten Verbündeten der expansiven Militärpolitik. Wieder waren wie in den Jahren der deutsch-russischen Zusammenarbeit Jahrzehnte zuvor die Uniform und das militärische Denken neben den handfesten politischen Interessen das verbindende Element. Diesmal aber lieferte, anders als in den Jahren der »widernatürlichen« Zusammenarbeit zwischen dem Vaterland der Revolution und dem Hort des Kapitalismus, ja 1939–41 des Nationalsozialismus, die Unterstützung der früh als nützlich erkannten Palästinensischen Befreiungsorganisation PLO Jassir Arafats den »revolutionären« Touch – wiewohl die Zusammenarbeit mit dem Gewerkschafts- und Kibbuzstaat Israel theoretisch begründbarer und logischer gewesen wäre. Aber die Sowjetunion hatte sich bei der Verfolgung ihrer Ziele und der Wahl ihrer Verbündeten noch stets nach dem Gesetz der großen Zahl gerichtet – gerade deshalb ist die Todfeindschaft Chinas für die Russen so erschreckend.
Noch im ersten Nahostkrieg 1948 unterstützte die UdSSR – die als erster Staat der Welt den Judenstaat anerkannt hatte – Israel. Es gab auch Waffenlieferungen aus Prag für die ehemaligen Untergrundarmeen der Juden. An Israels 10-Tage-Feldzug im Sinai 1956 beteiligte sich die UdSSR, durch Zusammengehen mit den USA im Weltsicherheitsrat und durch Bulganins Drohung mit Schukows Raketen, nur verbal, und zur Beteiligung am 6-Tage-Krieg 1967 kam es, infolge des schnellen Sieges von Moshe Dayan, gar nicht erst.
Am Jom-Kippur-Krieg war die Beteiligung Moskaus durch den Aufbau der ägyptischen und syrischen Luftabwehr am stärksten. Der Chef der Raketenflak der Luftabwehr, Generalleutnant der Artillerie Fjodor Bondarenko, stürzte am 13. 10. 1973, eine Woche nach Kriegsbeginn, tödlich ab – er war nicht der einzige Sowjetoffizier, der im

18-Tage-Krieg umkam. Als es den Israelis gelungen war, im Gegenstoß eine ägyptische Armee einzukesseln und den Weg nach Kairo zu öffnen, lag der 3. Weltkrieg, zum ersten Mal seit der Kubakrise, wieder in der Luft. Es gilt als sehr wahrscheinlich, daß Armeegeneral Margelow Luftlandedivisionen in Gefechtsbereitschaft versetzt hatte.
Kissinger gelang es durch seine Blitzreise nach Moskau am 20./21. 10. 1973, die Lage zu entspannen, bis er als Krisenmanager 1977 von Sadat mit seiner historischen Reise zum Brudervolk und Erzfeind abgelöst wurde. Seitdem ist Moskau in dieser Wetterecke der Weltpolitik ein grollender Zaungast.
Bis zu diesem Zeitpunkt war das Gewicht der Militärs in der sowjetischen Politik schon so gewachsen, daß sich Breschnew ihrem innenpolitischen Hauptanliegen nicht mehr entziehen konnte – er mußte nun mitten in der Entspannung 33 Marschallsterne verleihen lassen. Das waren nur 10 Sterne weniger, als Stalin 1940–47 vergeben hatte.
Um den Schein der doch so eng mit dem militärischen Ausland-Engagement verbundenen Détente zu wahren, widersetzte sich der Parteichef 6 Jahre lang allen Wünschen nach einer Erneuerung neuer Marschälle der Sowjetunion. Im ersten Jahrzehnt der Breschnew-Ära wurde der höchste militärische Rang nur dreimal vergeben. Das war gegenüber den ersten 9 Jahren Chruschtschows, in denen dreimal so viele Armeegenerale befördert wurden, ein erheblicher Rückstand, ja Brüskierung der selbstbewußten Armeegenerale vom Format Ogarkows, Kulikows und Sokolows. Letztgenannter war seit 7 Jahren 1. Vize-Minister, Kulikow seit 3 Jahren Generalstabschef, Ogarkow wurde im März 1974 Vize-Verteidigungsminister. Zumindest den beiden ersten stand der Marschallsrang dienstgradmäßig zu.
Seit der Aufnahme von Minister Gretschko ins Politbüro am 27. 4. 1973 nahm der Druck der Militärs auf die politische Führung zu. Am 1. 11. 1974 gaben die Politiker nach. Es wurden zwar keine neuen Marschälle ernannt, dafür aber sämtliche Armeegenerale den Marschällen der Waffengattungen gleichgestellt. Dies beinhaltete vor allem die Verleihung des begehrten Sternes.
Vier Monate später wurde publik, daß es noch einen Armeegeneral gäbe, dem der Marschallstern zustand.
Am 17. 4. 1975 gab Verteidigungsminister Gretschko in einer Rede bekannt, daß Breschnew ein Armeegeneral sei. Wann dem Parteichef dieser Rang verliehen wurde, ist nie publiziert worden – ebensowenig

wurde mitgeteilt, ob Breschnew nun zwischendurch zum Generaloberst befördert worden war oder ob er einen Rang überspringen durfte. Am 8. 5. 1975, zum 30. Tag des Sieges, bekam Breschnew den Marschallstern, am Vorabend war er offiziell als »Vorsitzender des Verteidigungsrates der UdSSR« vorgestellt worden.
Damit übernahm der Parteichef die Verantwortung für die sowjetische Militärpolitik nun auch offiziell. Daß er dem Hauptkriegsrat angehört hatte, konnte man mit absoluter Sicherheit annehmen, möglicherweise führte er da auch den Vorsitz. Aber es wurde nie bekanntgemacht. Wann der Hauptkriegsrat in den »Verteidigungsrat der UdSSR« umbenannt wurde, ist ebenfalls nicht bekannt. Dem Verteidigungsrat gehören neben dem Vorsitzenden Breschnew 5 Politbüromitglieder an: Premier Tichonow, Verteidigungsminister Marschall Ustinow, ZK-Sekretär Armeegeneral Andropow, Außenminister Gromyko und der ZK-Sekretär Kirilenko. Jeder von ihnen verfügt über eine eigene Militärkanzlei mit umfangreichem Berater- und Expertenstab. Es ist ein nirgendwo verfassungsmäßig verankteres Organ, das, jenseits der Nomenklatura, alle militärindustriellen Entscheidungen trifft. Als nächster Anwärter auf die Mitgliedschaft in diesem Gremium steht der mit Breschnew befreundete ZK-Sekretär Konstantin Tschernenko bereit, jahrelanger Leiter der Allgemeinen ZK-Abteilung, die Stalins Sondersektor abgelöst hatte. Unter Breschnews voller Verantwortung fand die UdSSR im gleichen Jahr eine neue Form der Konfliktbeteiligung, nämlich den Stellvertreterkrieg.
Durch die Vernichtung des sozialistischen Regimes in Chile am 11. 9. 1973 aufs äußerste geschockt, war die sowjetische Führung seitdem gewillt, jegliche Wiederholung eines ähnlichen Ereignisses, egal in welchem Teil der Welt, zu verhindern. Niemals mehr sollte ein linker Präsident wie der 65jährige Arzt Salvador Allende in seinem Palast in Santiago, durch Konterrevolutionäre ermordet werden. Sich selbst in einer ähnlich gelagerten Auseinandersetzung in der Dritten Welt zu engagieren, wollte Moskau, nach den Erfahrungen der Nahostkriege, vorerst nicht mehr. So griff im November 1975, als sich bei der Auflösung des portugiesischen Kolonialreiches ein Bürgerkrieg in Angola und Mosambik abzeichnete, Kuba unter Fidel Castro ein, mit dem die UdSSR (wie, *vor* Beendigung des Vietnamkrieges, mit Nordvietnam[2]) keinen Freundschaftsvertrag besitzt. Kuba ist (seit 1972) lediglich Mitglied der sozialistischen Wirtschaftsgemeinschaft Comecon (»Rat für

gegenseitige Wirtschaftshilfe«). In Portugal dagegen konnte Moskau die Entwicklung, die im November 1975 zur allmählichen Beendigung der »Revolution der Nelken« führte weder selbst noch mit Hilfe Kubas abwenden, denn Portugal gehört der NATO an. Die von Kuba mit sowjetischer Waffen- und Beraterhilfe unterstützten Bürgerkriegsparteien – die MPLA des Agostinho Neto in Angola und die FRELIMO des Samora Machel in Mosambik – kamen an die Macht.

Das afrikanische Vakuum wurde schnell ausgefüllt. Am Jahresende 1977 wechselte Breschnew, wieder dem Gesetz der großen Zahl folgend, in Ostafrika die Fronten und unterstützte fortan den aus einem erbarmungslosen Kampf um das Erbe des Haile Selassie hervorgegangenen Oberstleutnant Mengistu Haile Mariam, der bisherige Verbündete Siad Barre in Mogadischu dagegen wurde fallengelassen. Zum zweiten Mal platzte, diesmal erwartungsgemäß, ein »Freundschaftsvertrag«: Nachdem der völlig ernüchterte Sadat seine noch nominell vorhandene Bindung an die UdSSR am 15. 3. 1976 gelöst hatte, wechselte nun auch der Somalier Siad Barre am 16. 11. 1977 – gezwungenermaßen – die Fronten.

In Addis Abeba etablierte sich der 60jährige Armeegeneral Wassilij Petrow. Petrow diente seit 1939. Den 2. Weltkrieg begann er als Unterleutnant, am Kriegsschluß war Petrow Chef der Operativabteilung im Stab einer Schützendivision an der 2. Ukrainischen Front Malinowskis. Im Jahre 1948 absolvierte er die »Frunse«-Kriegsakademie. Ein Jahrzehnt diente Petrow im wichtigsten sowjetischen Krisengebiet an der chinesischen Grenze, wo er 1966 Stabschef, im April 1972 Befehlshaber des Wehrkreises Fernost, am 15. 12. 1972, nachdem schon 4 Generalobersten am 3. 11. zu Armeegeneralen geworden waren, separat zum Armeegeneral befördert wurde. Im März 1976 auf dem XXV. Parteitag zum ZK-Mitglied gewählt, übernahm Petrow im Mai des gleichen Jahres den Posten des 1. Vize-OB des Heeres.

Es gab Anzeichen, daß der 72jährige, gesundheitlich schwache Verteidigungsminister Gretschko das afrikanische Abenteuer Ogarkows, Sokolows und Petrows nicht billigte. Um den Altmarschall wurde es immer einsamer. Die einstigen Kameraden waren fast alle abgetreten. Zivilschutzchef Marschall Tschuikow wurde durch den 50jährigen Generalobersten Alexandr Altunin abgelöst. Zwischen den beiden stand eine ganze Generation – 21 Jahre – Altersunterschied. Von den 1955 zusammen mit Gretschko beförderten 6 »Chruschtschow-Marschäl-

len« war nur Moskalenko im aktiven Dienst. Birjusow war verunglückt, Jerjomenko verstorben, Bagramjan wie Tschuikow ein »Generalinspekteur«.
Marschall Gretschko starb am 26. 4. 1976. Diesmal stand der Nachfolger sofort bereit: ZK-Sekretär Ustinow, seit März nun auch Politbüromitglied, nahm an Gretschkos Sterbetag an der Beisetzung des 3 Tage zuvor verstorbenen Stabschefs des Warschauer Pakts, Armeegeneral Schtemenko, am Nowodewitschje-Friedhof teil. Drei Tage nach Gretschkos Tod wurde Generaloberst Dmitrij Fjodrowitsch Ustinow unter Beförderung zum Armeegeneral der 11. Verteidigungsminister der UdSSR – diesmal konkurrenzlos (Ustinows Befreiung vom Amt des ZK-Sekretärs erfolgte noch im selben Jahr). Er wurde mit 67 Jahren der älteste Wehrminister der sowjetischen Geschichte. Zum Vergleich: Trozki war 38 Jahre alt, als er mit dem Aufbau der Roten Armee begann.
Mit 33 Jahren Stalins jüngster Minister des Kriegsjahres 1941, hatte der blonde, nun ergraute Russe mit dem offenen gutmütigen Gesicht 35 Jahre lang die Rüstungsmaschine für die Rote Armee aufgebaut. Nun krönte der Waffeningenieur sein Werk, indem er die von ihm ausgerüstete Streitmacht selbst übernahm. Die Kontinuität der sowjetischen Militärpolitik manifestierte sich in dieser Ernennung auf demonstrative Weise: Die Armee dankte ihrem Lieferanten, indem sie ihn zu ihrem Chef machte. Sechs Tage nach Ustinows Ernennung wurde Breschnew zum Tag des Sieges am 8. 5. 1976 der 33. Marschall der Sowjetunion. Am 30. 7. wurde auch Ustinow zum Marschall befördert.
Im Januar 1977 war auch Ogarkow am Ziel. Der 64jährige Marschall Jakubowski starb nach langer, schwerer Krankheit am 30. 11. 1976. Zum erstenmal seit der Paktgründung 1955 blieb der Posten des Oberbefehlshabers 5 Wochen vakant – was auf ein hartes Ringen schließen läßt. Der ursprünglich äußerst prominente Posten hatte im Laufe der Jahrzehnte einiges an Wert eingebüßt, denn der Oberbefehlshaber des östlichen Militärbündnisses hat nicht allzuviel Befugnisse. Integriert ist nur die Luftabwehr – die dem OB der Luftabwehr der UdSSR untersteht. Seit seiner Gründung erfüllte der Pakt unter dem Murren der Verbündeten nur Polizeiaufgaben, die wiederum gegen die Verbündeten gerichtet waren – eine Peinlichkeit, die der NATO selbst im Konflikt zwischen der Türkei und Griechenland erspart wurde. Außerdem

forderten die Bündnispartner, allen voran die Rumänen (möglicherweise auch die Polen) den nationalen Wechsel des OB, ein Wunsch, dem Moskau niemals entsprechen wird. So ist der Posten nicht beliebt und gilt als schwach.
Das Tauziehen wurde am 6. 1. 1977 entschieden. Ogarkow wurde anstelle Kulikows Generalstabschef, Kulikow zum Warschauer Pakt abgeschoben. Beide wurden am 14. 1. Marschälle der Sowjetunion, die Ernennungen wurden, ungewöhnlich groß aufgemacht, mit Lebensläufen im »Roten Stern« bekanntgegeben.
Zum ersten Mal in der Gesichte der Roten Armee standen 2 Ingenieure an ihrer Spitze, der Feldherr wurde durch den Techniker abgelöst. Ustinow und Ogarkow teilten sich die Aufgaben. Ustinow wirkte wie immer im Hintergrund als Beschaffer und Organisator, Ogarkow übernahm die nun schon traditionelle militärische Außenpolitik und die Federführung bei den Abrüstungsgesprächen. Vor einem Jahrzehnt noch Generalleutnant, wurde Ogarkow zum eigentlichen großen Gewinner der Militärpolitik in der Ära Breschnew. Seine Persönlichkeit, die schon Kulikow in den Hintergrund treten ließ, verdrängte nun auch den bisherigen Militär-Außenpolitiker Sokolow.
Das außenpolitische Engagement wurde unter der neuen Führung noch entschiedener fortgesetzt als während der Amtszeit Gretschkos und Kulikows. Nach den Stellvertreter-Siegen in Angola und Mosambik bekamen die afrikanischen Verbündeten ihre Freundschaftsverträge. Breschnew unterzeichnete am 8. 10. 1976 den Vertrag mit Angolas Neto in Moskau. Dies war das erste Mal, daß der Parteichef selbst einen Freundschaftsvertrag außerhalb des Ostblocks unterschrieb (das erste Mal »unter Brüdern« war es am 16. 1. 1966 die Mongolei gewesen, Moskaus bravster, weil von China bedrohter Verbündeter). Am 31. 3. 1977 unterzeichnete Staatschef Podgorny in Maputu den Vertrag mit Mosambik. Auch seinem Geschmack schien das afrikanische Abenteuer nicht zu entsprechen; dem zur gleichen Zeit in der Ecke weilenden Castro wich Podgorny aus. Die beiden trafen sich nicht, was an und für sich nahegelegen hätte.
Am 24. 5. 1977 wurde Podgorny ohne Angabe von Gründen pensioniert, Breschnew am 16. 6. erwartungsgemäß sein Nachfolger. Diese Personalunion war nicht verboten. Nun war er zum zweiten Mal Staatschef, aber als Parteichef mit einer anderen Machtfülle als 1960–63 ausgestattet.

In der Sowjetunion verblaßt der Ruhm, weil staatlich verordnet, sehr schnell. Zuweilen aber kehrt der ehemals Ruhmreiche nach Jahrzehnten auch wieder. Am 20. 2. 1978 (erstmals seit Juli 1945) wurde Breschnew der Siegesorden für seine Taten im Zweiten Weltkrieg verliehen. In der Verleihungsrede zwei Tage später – zum Tag der Roten Armee – erwähnte Marschall Ustinow den Namen des Obersten Befehlshabers Stalin. Zum ersten Mal seit 1953 brandete – bestellter? – Beifall im Saal auf. Dieser Ruhm kam wieder, ein anderer verblaßte. Als Ustinow 18 Feld- und Flottenherren des Großen Vaterländischen Krieges aufzählte, die nach neuester Sprachregelung nun die größten, die einzigen Sieger waren, ließ er den Namen seines Vorgängers Gretschko aus (der geschurigelte Iwan Petrow wurde dagegen erwähnt). Das intensive Interesse der Militärs an der Außenpolitik brachte in der 2. Hälfte 1978 weitere Freundschaftsverträge ein. Am 3. 11. 1978 unterschrieben Breschnew und Kossygin in Moskau (seitdem werden die Mitunterzeichner stets nach Moskau bestellt) einen Freundschaftsvertrag mit Vietnam – den letzten von Kossygin unterzeichneten Vertrag dieser Art; seitdem machte es Breschnew allein–, am 20. 11. 1978, nach dem erfolgreichen Abschluß der äthiopischen Kampagne, kam bei einem Besuch Mengistus ein entsprechender Vertrag mit dem Erben des Negus zustande.
Petrow, der Sieger von Äthiopien, wurde am Jahresende 1978 persönlicher Assistent des Generalstabschefs Ogarkow. Es war eine neugeschaffene Position, die den Wartestand auf eine wichtigere bedeutete. Dies trat dann auch im Sommer 1979 ein, als die nach Stalins Tod gestrichene Position des OB Fernost wiederbelebt wurde. Die Wehrkreise Sibirien, Fernost und Transbaikal unterstanden nun dem neuen, alten Oberkommando in Chabarowsk, Petrow trat die Nachfolge Wassilewskis und Malinowskis an.
Die neuen Herren der Streitkräfte waren angesichts dessen, was sie vorhatten, ohnehin auf einen Wechsel erpicht. Als ein südkoreanisches Flugzeug sich in den sowjetischen Luftraum verirrte, wurde es zunächst überhaupt nicht wahrgenommen, dann überstürzt abgeschossen. – Die UdSSR unterhält mit Südkorea naturgemäß keinerlei Beziehungen, trotzdem entschuldigte sich Moskau fast für den Zwischenfall. Die mangelnde Wachsamkeit der raketenbestückten Waffengattung wurde aber zum Anlaß genommen, Umbesetzungen vorzunehmen. Der 68jährige OB Marschall Batizki, seit 12 Jahren im Amt, mußte seinen

Hut nehmen, und seinem 1. Stellvertreter, dem um 13 Jahre jüngeren Luftmarschall Alexandr Koldunow, einem Fliegeras und zweifachem Helden der Sowjetunion mit 46 Abschüssen, Platz machen. Auch die andere hochtechnisierte Waffengattung der Strategischen Raketenwaffen wies offensichtlich Mängel auf. So blieb ihr OB Armeegeneral Wladimir Tolubko, seit 1972 im Amt, unbefördert, obwohl der nun auch schon 68jährige Ukrainer, ein Panzerspezialist, seit der Gründung der Waffengattung 1960 (mit Unterbrechung) als 1. Vize dabei war. Tolubkos vier Vorgänger waren allesamt Marschälle.
Die zutage tretenden Mängel der jungen Weltmacht hinderten die Armeeführung natürlich nicht daran, ihren nächsten Schritt zu tun. Am 5. 12. 1978 wurde in Moskau ein »Vertrag über Freundschaft und Zusammenarbeit« mit dem im April des gleichen Jahres in Kabul an die Macht gekommenen afghanischen Literaten Nur Mohammed Taraki abgeschlossen. Dieser Vertrag wies in seinem Artikel 4 im Vergleich zu allen anderen bis dahin abgeschlossenen 8 Verträgen seit 1971 eine Neuigkeit auf, nämlich die Berufung auf die UNO-Satzung im Falle, daß die »Sicherheit, Unabhängigkeit und die territoriale Integrität beider Länder gewährleistet und entsprechende Maßnahmen ergriffen werden sollten, im Einverständnis beider Seiten«, versteht sich. Ein Dreivierteljahr danach, im September 1979, wurde Taraki, bei dessen Machtergreifung sein Vorgänger Mohammed Daud samt seiner Familie ermordet worden war, unmittelbar nach einem Besuch in Moskau, von seinem Premier Hafisullah Amin gestürzt und starb, nachdem er schwer verletzt worden war. Amin übernahm die Macht und den Vertrag mit Breschnew. Nachdem die UdSSR am 25. 10. 1979 einen Freundschaftsvertrag mit Südjemen, seinem wichtigsten Verbündeten in der Nähe der arabischen Ölquellen unterzeichnet hatte, ergab sich die günstige Gelegenheit, die amerikanische Schwäche bis zum Exzeß auszunutzen. Am 4. 11. 1979 wurden 53 Amerikaner in Teheran als Geiseln genommen. Damit begannen 444 Tage, die Amerikas Schwäche, ein Jahrfünft nach dem Ende des ruhmlosen Vietnamkrieges, völlig bloßlegte. Am 27. 12. 1979 war es soweit. Zum ersten Mal in ihrer 61jährigen Geschichte ging die von Ustinow und Ogarkow angeführte, unter Breschnews Oberbefehl stehende Sowjet-Armee zur offenen Expansion über. Der am 17. 2. 1978 zum Marschall der Sowjetunion beförderte 1. Vize-Verteidigungsminister Sokolow führte die Divisionen nach Kabul.

39
Die Probleme

Der Überfall auf Afghanistan markierte nicht nur deshalb eine neue Qualität der sowjetischen Politik seit 1917, weil Rußland die vor 100 Jahren abgebrochene Expansion wieder aufgenommen hatte, sondern weil die Rechtfertigung, hier sei ein ehemaliger Besitzstand des Reiches heimgeholt oder ein besiegter Aggressor okkupiert worden, diesmal entfallen mußte.

Der 27. 12. 1979 stellt den Höhepunkt des Einflusses von Militärs und Rüstungsbossen in der Ära Breschnews dar. Die Aktion war nur mühsam durch die politische Führung abgedeckt worden. Dem Einmarsch sind, anders als in Budapest und Prag, keine hochkarätigen Besuche aus Moskau vorangegangen. Noch am 23. 12. dementierte die »Prawda« die »Einmischung« mittels »Kampftruppen« aufs entschiedenste. Eine Stellungnahme der politischen Führung war nicht zu erlangen. Die spärliche politische Abdeckung der Aktion geschah nur in Form einer am 29. 12. publizierten TASS-Meldung aus Kabul vom Vortag, wonach die afghanische Regierung sich »nachdrücklich« um »dringende« Hilfe, »einschließlich der militärischen«, an die Regierung der Sowjetunion gewandt hatte. Eine Berufung auf den Freundschaftsvertrag fehlte ebensowenig wie der Hinweis, das Hilfsersuchen sei schon »früher mehrmals« vorgebracht worden.

Weiter im Text: »Die Regierung der Sowjetunion hat der Bitte der afghanischen Seite entsprochen.« Die afghanische Seite indes, die in der Vergangenheit angeblich 11mal um Hilfe bat, existierte seit dem Tag des erfolgreichen Hilfsersuchens nicht mehr; denn Hafisullah Amin wurde von einem »Revolutionsgericht« an jenem 28. 12. zum Tode verurteilt und unverzüglich erschossen. Das Hilfsersuchen war schon von seinem Nachfolger Babrak Karmal ausgegangen.

Aber auch der Chef der Sowjetregierung Alexej Kossygin, der seit Oktober nicht mehr in der Öffentlichkeit gesehen wurde, gab keinerlei Erklärungen ab. Der einzige sowjetische Regierungsfunktionär, der in jenen Tagen in Kabul weilte, war der Postminister Nikolai Talysin, der letzte Besucher des ermordeten Amin. Das Politbüro war auf Tauchstation gegangen, die Militärspitze dagegen versammelte sich demonstrativ am 5. 1. 1980 in der mongolischen Botschaft in Moskau, um den

40. Jahrestag des Sieges am Chalchin-Gol zu feiern – der eigentlich im August des Vorjahres hätte gefeiert werden müssen.
Der mongolische Premier Schambyn Batmunch, aus Ulan-Bator eingeflogen, verlieh die Gedenkmedaille für Schukows erste Schlacht in Asien an die gesamte Spitze des Moskauer Pentagon. *Diese* Gruppe der Sowjetführung war, von Marschall Ogarkow angeführt, bis auf Minister Ustinow (der es als Politbüromitglied vorgezogen hatte, nicht zu erscheinen – dies wäre das persönliche Eingeständnis der politischen Verantwortung für den Einmarsch gewesen), komplett präsent. Selbst Großadmiral Gorschkow war dabei, dessen Kriegsmarine im Binnenland Afghanistan keinerlei Aufgaben wahrnehmen konnte (und der am Einmarschtag in Hanoi weilte).
Erst eine Woche nach der kompakten Zurschaustellung des höchsten Dutzends der Streitkräfte fand Breschnew die Sprache wieder. In einem (natürlich bestellten) Interview mit der »Prawda« war er zur Abstützung der nun flügge gewordenen Militärkaste bereit.
Anders als sein Vorgänger, hatte der vorsichtige Breschnew seit Jahren versucht, Vorsorge in Form des Aufbaus eines Gegengewichts zu dem übermächtigen militärindustriellen Komplex zu treffen. Das Schicksal Chruschtschows, der die Staatspolizei diskreditierte und sträflich vernachlässigte, dann auch im entscheidenden Moment vom KGB-Apparat im Stich gelassen wurde (ein Innenministerium auf Unionsebene gab es schon seit 13. 1. 1960 nicht mehr), war eine Warnung: Auf einem Bein kann man nicht stehen.
So wurde die Innenbehörde auf Unionsebene schon am 26. 7. 1966 wieder errichtet, zunächst unter dem unverfänglicherem Namen »Ministerium zum Schutz der öffentlichen Ordnung«. Am 25. 11. 1968 wurde es in »Innenministerium« umbenannt. Die vertrauten, schrecklichen Buchstaben »MWD« waren wieder da.
Die Persönlichkeit des Amtsinhabers bürgte für Treue – der Minister war Breschnews engster und ältester Freund und Mitarbeiter. Breschnew, der sich mit Vorliebe mit den Gefährten aus der Jugendzeit am Dnepr umgibt, hatte 1966 Nikolai Schtscholokow gebeten, das neue Amt zu übernehmen. Der um vier Jahre jüngere Schtscholokow, wie Breschnew ein in der Ukraine geborener Russe und Metallurgieingenieur, war 1939–41, als Breschnew sich als Militärsekretär am Parteikomitee in Dnepropetrowsk betätigte, Oberbürgermeister von Dnepropetrowsk. Zusammen zogen sie in den Krieg. Breschnew als Vize-

chef der Politverwaltung der Südfront. Schtscholokow als Bevollmächtigter des Kriegsrates derselben Front für die Gebiete Stalingrad und Rostow am Don. Zusammen waren sie auch im Kaukasus, Breschnew bei seiner 18. Armee, Schtscholokow als Vizechef der rückwärtigen Dienste der Heeresgruppe Nord an der Trans- und Nordkaukasischen Front, zuständig für »politische Angelegenheiten«. Gemeinsam waren sie in den Karpaten – Schtscholokow als Leiter der Politabteilung des 28. Schützenkorps, und zusammen gingen die beiden nach dem Krieg in den Karpatenwehrkreis – Breschnew als Chef der Politverwaltung, Schtscholokow als verantwortlicher Sekretär der Parteikommission bei der Politverwaltung. Und schließlich begegneten sie sich wieder in Kischinjow, wo Breschnew seit 1950 als Parteichef der Moldaurepublik, Schtscholokow seit 1951 als Vizepremier fungierte. Bei diesem Vertrauten fühlte sich der Parteichef sicher und förderte ihn nach Kräften. Mit seiner Ernennung wurde Schtscholokow, eben zum ZK-Kandidaten gewählt, Generalleutnant, im Jahr darauf Generaloberst, am 10. 4. 1968 außerplanmäßig ZK-Mitglied.

Der KGB-Chef Jurij Andropow, am 18. 4. 1967 Nachfolger eines abgesägten Schelepin-Anhängers aus dem Komsomol, war Breschnews anderer Nachbar im Wohnblock der Prominenz am Kutusowprospekt 24 in Moskau. Der Innenminister wohnte im 4., der Parteichef im 5., der Chef der Staatspolizei im 6. Stock. Der erfahrene Andropow, der als Botschafter in Budapest 1956 den Sowjet-Truppen den Weg gewiesen hatte, war der zweite Garant der Absicherung des Parteichefs – auch gegen übermächtig werdende Apparate.

Die 3 Stellvertreter Andropows waren ebenfalls engstens mit Breschnew verbunden, was nicht absichtslos war. Andropow, wohl der intelligenteste Mann des Breschnewschen Politbüros und 8 Jahre jünger als der Parteichef, hatte seine Karriere bis zum Einstieg in das KGB nicht Breschnew zu verdanken. Trotzdem schaffte er es, am 24. 5. 1982, vier Monate nach dem Tode des »Unbestechlichen«, Suslow, dessen Platz im ZK-Sekretariat einzunehmen und damit im Rennen um die Nachfolge des kränkelnden Breschnew zu bleiben. Andropow, mit 15 Jahren Amtsdauer der beharrlichste aller Staatspolizeichefs, hatte gute Chancen.

So war Andropows 1. Stellvertreter Generaloberst Semjon Zwigun, zu Breschnews Zeiten in Kischinjow dort Vize-MGB. Er war, dem Vernehmen nach, mit der Schwester Wera von Breschnews Frau Wiktorija

verheiratet. Die beiden anderen Vize-KGB-Chefs, Generaloberst Georgij Zinew, 74, und Generalleutnant Wiktor Tschebrikow, 58, waren Metallurgieingenieure aus Dnepropetrowsk. Alle drei Staatspolizisten saßen im ZK. Ihre Lancierung in die KGB-Spitze erfolgte allmählich und mit der fortschreitenden Zunahme der Macht des Parteichefs. Zwigun war vom November 1967 bis zu seinem Tode am 19. 1. 1982 in dieser Position, Tschebrikow folgte im September 1968, Zinew im Juli 1970.
Der 1. Stellvertreter des MWD Schtscholokows war auch ein Breschnew-Verwandter. Jurij Tschurbanow, 45, ein Absolvent der Moskauer Staatsuniversität, wurde 1970 aus der Komsomolarbeit zum Innenministerium versetzt, wo er sogleich zum Vizechef der Politverwaltung der Innentruppen des MWD (Verfügungstruppen des Innenministeriums) aufstieg. Im September 1975 wurde er Chef der Politverwaltung und Generalmajor, am 11. 11. 1977, inzwischen Generalleutnant, dann Vize-MWD. Der so schnell beförderte junge Mann war der (zweite) Ehemann der Breschnew-Tochter Galina. Als bei der Ermordung Hafisullah Amins in Kabul auch der dorthin entsandte 1. Stellvertreter Schtscholokows, ZK-Kandidat und Generalmajor des Innendienstes Wiktor Paputin, (wohl bei einer Schießerei), ums Leben kam, machte Breschnews Schwiegersohn einen weiteren Sprung nach oben: Tschurbanow wurde am 6. 2. 1980 zum 1. Stellvertreter des Innenministers ernannt. Auf dem XXVI. Parteitag im Februar/März 1981 kamen alle 4 Staatspolizisten Breschnews auch in der Parteiführung weiter, Zwigun, Zinew und Tschebrikow wurden zu ZK-Mitgliedern, Tschurbanow zum ZK-Kandidaten befördert.
Breschnew hat es zwar nicht gewagt, einen seiner Beschützer, wie weiland Stalin den Berija, zum Marschall zu machen, aber es gab bereits 5 Armeegenerale aus der Staatspolizei. Unter Stalin und Chruschtschow hatte es nur jeweils einen gegeben. Am 10. 9. 1976 wurde Andropow und Schtscholokow »der nächste Rang« eines Armeegenerals verliehen. Ob der ungediente Andropow bis dahin einen militärischen Rang besessen hatte, ist unbekannt. Am 13. 12. 1978 wurden Zwigun, Zinew und der Chef des dem KGB unterstellten Grenzschutzes, Generaloberst Wadim Matrossow, zu Armeegeneralen befördert.
Andropows Nachfolger in der »Lubjanka«, Generaloberst Witalij Fedortschuk, bislang KGB-Chef der Ukraine, war seit Serows Zeiten der

erste Berufspolizist in diesem Amt. Das Gewicht des KGB in dem Establishment Moskaus hat gelitten: Fedortschuk gehörte nicht einmal dem ZK an. So wurden die Breschnew-Handlanger Zinew und Tschebrikow vorsichtshalber zu gleichberechtigten 1. Stellvertretern des KGB befördert – vor der Ernennung des neuen Chefs.
Im Gegensatz zu Chruschtschow, der ab 1960 ohne Deckung seitens des Polizeiapparates wirkte, war also Breschnew gut abgeschirmt. So konnte er in der zweiten Hälfte 1980, als es offensichtlich wurde, daß das afghanische Abenteuer nicht ohne Tücken war und als sich das polnische Debakel abzeichnete, der Generalität im Dissens über die Notwendigkeit der Begrenzung von Raketenwaffen Paroli bieten. Diese Unstimmigkeit zwischen dem Parteichef und der Armeeführung trat schon in der Endrunde der SALT-II-Gespräche zutage. Die entscheidenden Leute auf der sowjetischen Seite waren der Vorsitzende der Militärindustriellen Kommission des Ministerrates, Vizepremier Leonid Smirnow, nach Henry Kissingers Zeugnis »einer der tüchtigsten und intelligentesten sowjetischen Führer« mit »einem erstaunlichen Sinn für schwarzen Humor«[1] sowie Generalstabschef Marschall Ogarkow und dessen 1. Stellvertreter, Generaloberst Michail Koslow. Koslow, ein Altersgenosse Ogarkows, Absolvent der Kriegs- und der Generalstabsakademie, war zuvor Chef der Operativ-HV des Generalstabs – der Mann also, der den tiefsten Einblick in die militärischen Möglichkeiten der Sowjet-Armee besaß. Der erst 1949 der Partei beigetretene Stabist wurde 1976 ZK-Kandidat.
Koslow mauerte in der Endrunde der Gespräche – immerhin war es das erste Mal, daß die UdSSR sich auf genaue Zahlen für die Raketenwaffen festlegen mußte.
Breschnew, aus Gründen der Staatsräson gezwungen, Abrüstungsgespräche zu forcieren, war mit dem Problem des militärischen Widerstandes gegen jeden Einblick ins »Schlafzimmer« vertraut. Der Widerstand der Marschälle war schon in der Endrunde der SALT-I-Gespräche so stark, daß der Parteichef am 24./25. 4. 1972 eine Konferenz mit den Spitzen der Streitkräfte abhielt. In seinem Referat versicherte Breschnew, daß die Sorge der Partei um die Kampfbereitschaft der Streitkräfte ausreichend vorhanden sei. Alle Chefs der Waffengattungen kamen zu Wort, ebenso wie der Oberpolitruk Jepischew und Befehlshaber und Kriegsräte der Wehrkreise, Flotten und der Herresgruppen im Ausland. Minister Gretschko hielt das Schlußwort.

Trotzdem war die Regierung gezwungen, am 8. 6. 1972, zwei Wochen nach der Unterzeichnung des Vertrages »über die Begrenzung der Raketenabwehrsysteme« und der »Vorläufigen Vereinbarung über die Begrenzung der strategischen Offensivwaffen«, nachdrücklich darauf hinzuweisen, daß »die zuständigen Ministerien und Ämter die Verpflichtungen des Vertrages und der vorläufigen Vereinbarung vom Moment der Unterschrift an (der am 25. 5. 1972 von Breschnew und dem US-Präsidenten Richard Nixon in Moskau unterzeichnete SALT-I-Vertrag war noch nicht ratifiziert) einzuhalten« hätten. Das hatte es in Moskau noch nie gegeben. Eine Regierungsverordnung mußte die Zuständigen verpflichten, einen vom Parteichef unterzeichneten Vertrag einzuhalten.
Sieben Jahre später war Breschnew zwar Marschall und Vorsitzender des Verteidigungsrates, trotzdem leistete der maßgebende Mann im Generalstab Widerstand – wiewohl Breschnews Vereinbarungen mit US-Präsident Gerald Ford im November 1974 in Wladiwostok die SALT-II-Verhandlungen präjudizierten – bis 1985 muß eine neue Vereinbarung getroffen werden, sonst würden sich die Interkontinentalraketen und Mehrfachsprengköpfe auf beiden Seiten vermehren.
Koslow wurde im Mai 1979 zur Generalstabsakademie abgeschoben, wobei ihm die Kaltstellung durch die Beförderung zum Armeegeneral versüßt wurde. Generaloberst (Pz) Sergej Achromejew, 1972–74 Petrows Stabschef im Wehrkreis Fernost, Koslows Nachfolger in der Operativ-HV, löste ihn, ebenfalls unter Beförderung zum Armeegeneral, als Ogarkows 1. Stellvertreter ab. Im Jahre 1981 ersetzte Achromejew den Vorgänger dann auch als ZK-Kandidat. Trotzdem wurde der SALT-II-Vertrag nicht durch Washington ratifiziert – die von Breschnew und US-Präsident Jimmy Carter am 18. 6. 1979 in Wien unterzeichneten Vereinbarungen (die ab 1. 1. 1981 die Zahl der Startanlagen für ICBM, SLBM, SB und ASBM auf je 2400, die Zahl der Strategischen Offensivwaffen auf je 2250 begrenzten) hingen in der Luft. Auch die am 13. 10. 1973 in Wien begonnenen Gespräche der beiden Militärblöcke über die Truppenbegrenzung in Europa (MBFR) gingen im Herbst 1982 in die 28. Runde – ohne Ergebnis.
Der Abzug von 2 Divisionen und 1000 Panzern aus der DDR brachte ebensowenig ein wie ein Teilabzug aus Afghanistan im Juni 1980. Dort erwiesen sich die Sowjettruppen als ebenso unbegabt, in einem Volkskrieg zu siegen wie der Rivale in Vietnam. Die Rote Armee hatte mit

zunehmender Technisierung jene Improvisationsgabe eingebüßt, die stets den Mangel an Technik auszugleichen verstand. Der Sowjetsoldat hatte das Führen von Primitivkriegen verlernt. Die Verluste waren unangemessen hoch, eine »Befriedung« des unzugänglichen Nachbarn konnte auch drei Jahre nach der Invasion nicht stattfinden. Marschall Sokolow war ein Panzerfachmann – in Afghanistan hatte das kaum Bedeutung. Noch zwei Jahre nach dem Einmarsch in Kabul mußte die Sowjet-Armee den Tod des bislang ranghöchsten in Afghanistan gefallenen Offiziers beklagen: Generalleutnant Pjotr Schkidtschenko, vorher Vize-OB in der DDR, wurde – 1980 aus dem WK Odessa, wo er als Vizebefehlshaber die Kampfbereitschaft und die Lehranstalten leitete, nach Kabul versetzt – mit seinem Hubschrauber von den Mudschahiddins abgeschossen. Der Ukrainer, am 23. 1. 1982 vom »Roten Stern« als »in der Ausübung des Dienstes bei einem Flugzeugunglück umgekommen« gemeldet, diente seit 1939; den großen Krieg hatte er als Kommandeur eines Schützenbattaillons beendet.

Die Afghanistan-Kampagne offenbarte kaum für möglich gehaltene Mängel und Mißstände in der Sowjetarmee, 35 Jahre nach dem Sieg im Großen Vaterländischen Krieg. Als die Marschälle in der Polenkrise wieder zum Einmarsch rieten, verweigerte Breschnew die Zustimmung. Eine eiligst einberufene Gipfelkonferenz des Ostblocks am 5. 12. 1980 in Moskau mit dem Ziel, die militärische »Lösung« zu verhindern, lief gleichzeitig mit einem umfassenden Revirement in der Führung der Sowjet-Streitkräfte.

Mehrere Wehrkreisbefehlshaber tauschten ihre Plätze und kamen so aus ihrer gewohnten Sphäre heraus. Am spektakulärsten war das Auswechseln des Armeegenerals Jewgenij Iwanowski, seit acht Jahren OB Deutschland. Just am Tage des Gipfeltreffens in Moskau mußte er mit dem Befehlshaber des Wehrkreises Belorußland, Armeegeneral Michail Saizew, tauschen. Saizew wurde 1981 aus dem Stand ZK-Mitglied, aber auch Iwanowski blieb es. Auch die Befehlshaber der Wehrkreise Moskau, Nordkaukasus, Baltikum und des in Afghanistan engangierten Wehrkreises Mittelasien wurden versetzt (Breschnews Kriegskamerad Ljaschtschenko war schon 1977 zur Inspektorengruppe geschickt worden). Marschall Sokolow wurde aus Kabul abberufen (der Name seines Nachfolgers ist nicht bekannt), neue Marschälle der Sowjetunion wurden nach seiner Beförderung 1978 bislang nicht ernannt. Zugleich begann die längst fällige Verjüngung an der Spitze der

Waffengattungen. Armeegeneral Pawlowski, 71, seit 13 Jahren OB Heer, wurde durch den um acht Jahre jüngeren Armeegeneral Wassilij Petrow ersetzt. Admiral Wassilij Grischanow, 69, ebenso seit 13 Jahren Politchef der Kriegsmarine, räumte den Platz für den ehemaligen U-Boot-Kommandanten Admiral Sorokin, 58, und auch der Politchef des Heeres, Armeegeneral Wassjagin, 70, ebenfalls seit 13 Jahren im Amt, wurde abgelöst. Er ging wie Pawlowski und der zum Wehrkreis Baltikum versetzte Generaloberst Iwan Mednikow, seit zehn Jahren Politchef in der DDR, seines Sitzes im ZK verlustig.
Auch der nach dem Einmarsch in die ČSSR kometenhaft aufgestiegene Armeegeneral Alexandr Majorow, 1968–72 der erste Befehlshaber der neuen Herresgruppe Zentrum in Prag (5 Divisionen) und seit 8 Jahren Befehlshaber des Wehrkreises Baltikum, wurde abgelöst und aus dem ZK entfernt.
Nur Generaloberst Konstantin Gruschewoi, 74, seit 14 Jahren Politchef des Wehrkreises Moskau, blieb bis zu seinem Tode am 10. 2. 1982 unbehelligt. Gruschewoi, ein Kommilitone Breschnews, war 1939–41 als 2. Gebietsparteisekretär in Denpropetrowsk Breschnews unmittelbarer Vorgesetzter gewesen.
Die Söhne der siegreichen Feldherren wurden stärker herausgestellt. Marschallssohn Armeegeneral Goworow, Befehlshaber des Wehrkreises Moskau, übernahm Ende 1980 das Oberkommando Fernost und rückte zum ZK-Mitglied auf, Marschallssohn Generaloberst Merezkow, bis dahin Wehrkreisstabschef, übernahm zugleich den Befehl im Wehrkreis Nordkaukasus.
Als Novum in der sowjetischen Armeegeschichte tauchten aus Asien stammende Generale in lokalen Spitzenpositionen auf. Generaloberst Magomed Tankajew, der seinen Vornamen während der Dienstzeit als Befehlshaber der Heeresgruppe Nord in Warschau in »Michail« änderte, nahm den Namen des Propheten wieder an.[2] Und zum ersten Mal seit 1937 tauchte ein Lette in der Armeespitze auf, Generaloberst Wiktor Abolins wurde Achromjews Nachfolger als Chef der Operativ-HV im Generalstab.
Die Verjüngung der Generalität wurde 1979/81 beschleunigt: die letzten fünf 1979/81 zu Armeegeneralen beförderten Generalobersten sind allesamt Jahrgänge 1922/23. Ihr Repräsentant ist Witalij Schabanow, der den Krieg nur noch als Schüler der Luftwaffenakademie Leningrad sporadisch mitgemacht hatte. Der 1964 zum Dr. sc.techn.

promovierte Ingenieur entwickelte 1972/74 als Generaldirektor einer »wissenschaftlichen Produktionsvereinigung« die »Pioner«-Mittelstreckenrakete, die unter dem Namen »SS-20« im Westen berühmt-gefürchtet wurde.
Schabanow, 1974/78 als Vizeminister für Radioindustrie für die Erprobung und beginnende Installierung der neuen Waffe unmittelbar zuständig, wurde im Sommer 1978, unter Beförderung zum Generaloberst-Ing., zum Vize-Verteidigungsminister für Radioelektronik ernannt; wiewohl ihm als Endpunkt seiner Laufbahn nur der Rang eines Marschalls der Waffengattung offenstand, wurde er am 2. 11. 1981 zum Armeegeneral befördert – dies bedeutet, daß er einer der nächsten Marschälle der Sowjetunion werden kann und damit Anwärter auf den Posten eines Generalstabschefs oder gar des Ministers für Verteidigung. Ins ZK ist Schabanow 1981 als Kandidat schon eingezogen.
Bei der Kriegsmarine ist die Verjüngung noch weiter fortgeschritten. Admiral Wladimir Tschernawin, seit Anfang 1982 Chef des Marinehauptstabes, trat erst 4 Jahre nach dem Kriegsende in die Flotte ein. Und Ende 1981 berichtete der »Rote Stern« von einem 35jährigen Generalmajor. Die Armeezeitung fügte vielsagend hinzu: »Solcher jungen Generale gibt es bei uns nicht wenige . . .«

40
Ist die Grenze erreicht?

Zufall oder nicht: Zur gleichen Zeit als die Armeeführung teils wegen der Meinungsverschiedenheiten mit der politischen Führung in der Frage der weiteren Behandlung Polens, teils aus biologischen Gründen, umgebaut wurde, ermöglichte der Rücktritt des Ministerpräsidenten Kossygin einen radikalen Umbau der Regierungsspitze.
Die Besetzung der Position des Regierungschefs mit dem Stahlfachmann Nikolai Tichonow, einem weiteren Absolventen des Metallurgie-Instituts in Dnepropetrowsk von 1930 und natürlich einem alten Bekannten Breschnews, markierte das Ende des Einflusses der Konsumgüterfachleute in der sowjetischen Führungsspitze – soweit dieser Einfluß überhaupt noch vorhanden war. Mit Alexej Nikolajewitsch Kossygin ging der fleißigste, erfahrenste und gescheiteste Politiker der sowjetischen Geschichte von Bord – und bald aus dem Leben –, der sich in den 41 Jahren der Zugehörigkeit zur Regierung der UdSSR redlich und allzuoft vergeblich bemühte, die Balance der Prioritäten zugunsten der Hebung des Wohlstandes der Bevölkerung zu verschieben.
Zwar wurde wie bei der Errichtung des Haushaltsgeräteministeriums als winziges Gegengewicht zu der Wiederherstellung aller Rüstungsämter 1965, am 5. 11. 1980 ein Ministerium für Kunstdünger und am 20. 12. 1980 ein Gemüseministerium installiert, zwar wurde auf dem XXVI. Parteitag im März 1981 der Konsumgüterindustrie im 11. Fünfjahresplan (1981–85) ein winziger Wachstumsvorsprung von 0,8% gegenüber der Produktionsmittelindustrie eingeräumt. Die Ablösung des Textilingenieurs Kossygin durch den Metallurgieingenieur Tichonow am 23. 10., die Ernennung des Werkzeugmaschineningenieurs Iwan Archipow zum 1. Vizepremier am 27. 10. und die Beförderung von drei »technischen« Ministern zu Vizepremiers am 25. 10., 4. 11. und 19. 12. 1980 (denen zwei bis dahin kaum hervorgetretene Funktionäre der anderen Branche, am 23. 10 und am 19. 12. ernannt, gegenüberstanden) setzten jedoch allzu deutliche Zeichen, wohin der Weg auch künftighin führen sollte.
So war die Frage »Kanonen oder Butter« auch zu Beginn der 80er Jahre eindeutig zugunsten der Kanonen entschieden, die »biologische« Frage dagegen blieb ungelöst. Immer noch mußte sich die politische

Führung aus der Erfahrung der Chruschtschow-Ära heraus danach richten, daß kein Manager in Moskau freiwillig die Stellung räumt, und sei er auch noch so alt – sein Unmut kann riskante Folgen nach sich ziehen.
Natürlich waren wie bei den Militärs (von 29 Marschällen der Stalin- und Chruschtschowzeit lebte 1982 nur noch der 80jährige Moskalenko – sogar noch als Vizeminister und Chefinspekteur im Dienst), von den 25 Managern, die von 1940 bis heute die sowjetische Militärmaschine zu der ersten der Welt gemacht haben, 1982 nur noch sechs Mann im Amt. Ihr Durchschnittsalter betrug 73 Jahre. Der älteste, der Minister für »mittleren« Maschinenbau Slawski, war 84., der jüngste, der Minister für »allgemeinen« Maschinenbau Afanasjew war 64.
Da die wichtigsten Mitarbeiter des produzierenden Teils des militärindustriellen Komplexes mittlerweile genauso alt wurden, man ihnen andererseits aber auch eine Chance einräumen mußte, wenigstens ein paar Jährchen als Minister zu amtieren, kam eine Verjüngung auch hier nur schleppend voran. Als der Schiffsbauminister Boris Butoma, der eigentliche Schöpfer der sowjetischen Seemacht, 1976, nach 19 Jahren im Amt, 73jährig verstarb, wurde Michail Jegorow sein Nachfolger. Jegorow war 18 Jahre lang Butomas 1. Stellvertreter. Nun wurde er selbst Minister – mit 73 Jahren!
So waren die neuen Leute an der Spitze des Ministerrates, die seit Jahresende 1980 die Interessen der Rüstungsbosse vertraten, nicht gerade taufrisch. Dem mit 76 Jahren pensionierten, am 18. 12. 1980 verstorbenen Kossygin folgte der 75jährige Tichonow, dessen Nachfolge als 1. Vizepremier wiederum der 73jährige Iwan Archipow antrat. Von den drei neuen Vizepremiers aus den technischen Branchen war z. B. der vormalige Minister für Elektrotechnische Industrie Alexej Antonow, nach 15 Jahren im Amt, jetzt 69 Jahre alt.
Trotzdem war die Verjüngung des Rüstungsmanagements ab Mitte der 70er Jahre schon aus biologischen Gründen unvermeidlich. Die neuen Aufrüster sind mit Ausnahme des o. a. Schiffsbauministers Jegorow und des Rüstungsministers Pawel Finogenow, keine Stalin-Zöglinge mehr. Vorerst sind es 7 neue, junge Männer; einer von ihnen, Boris Balmont, ist deutschstämmig. Die Streuung der Ausbildungsstätten ist breiter geworden: Auch in der Provinz gibt es nunmehr erstklassige Hochschulen.

Tabelle 40

Das neue Rüstungs-Management

Balmont, B. W., geb. 1927, KP 1956. TH Moskau 1952 absolviert. 1952–65 Chefing. und Leiter einer Werksabteilung, Chefing., Direktor eines Werks. 1965–73 Chef einer HV im Ministerium für Allgemeinen Maschinenbau, 1976–81 Erster Vizeminister dortselbst. Seit 1981 Minister für Werkzeug- und Instrumentalmaschinenbau. Dozent (1965). Held der Sozialistischen Arbeit (1978). ZK-Kandidat seit 1981.

Finogenow, P. W., geb. 1919, KP 1943. Militärmechanisches Institut in Leningrad im Fernunterricht 1953 abgeschlossen. 1941–60 Vize-, und Chef einer Werksabteilung, Chefing., Direktor eines Werks. 1965–73 Vize-, bis 1979 Erster Vize-, dann Minister für Verteidigungsindustrie. ZK-Mitglied seit 1981.

Majorez, A. I., Ukrainer, geb. 1929, KP 1957. 1950–53 Armeedienst. Maschinenbauinstitut in Saporoschje 1962 absolviert. Am Transformatorenwerk in Saporoschje 1953–62 vom E-Monteur zum Abteilungsleiter aufgestiegen. 1962–65 Werksdirektor dortselbst. 1965 Vize-, 1974 Erster Vize-, 1980 Minister für Elektrotechnische Industrie. Staatspreis 1980. ZK-Kandidat seit 1981.

Perwyschin, E. K., Sohn eines Angestellten, geb. 1932, KP 1959. Elektrotechnisches Institut für Nachrichtenmittel in Moskau 1955 absolviert. 1955–69 Ing., Leiter eines Montage-Abschnitts, einer Montage-Verwaltung, Vize- und Geschäftsführer eines Allunionistischen Projekt- und Montagetrusts. 1969/70 Generaldirektor einer Allunionistischen wissenschaftlichen Produktionsvereinigung. 1970–74 Vizeminister für Radioindustrie. Seit 1974 Minister für die Produktion der Nachrichtenmittel. Dr. sc.techn. (1971). Staatspreis 1978, Leninorden, Orden der Oktoberrevolution, Orden des Roten Arbeitsbanners. ZK-Kandidat 1976, ZK-Mitglied 1981.

Schkabardnja, M. S., Donkosak, geb. 1930, KP 1960. Polytechnisches Institut in Nowotscherkassk 1954 absolviert. Am Werk für Elektromeßgeräte in Krasnodar 1954–68 Ing., Chef eines technischen Labors, eines Sonder-Konstruktionsbüros, Chefing. Seit 1968 im Ministerium für Gerätebau. Leitungssysteme und Automatisierungsmittel: bis 1974 als Vizechef einer HV, als Chef der Produktionsvereinigung Elektrogeräte, bis 1979 Chef einer Verwaltung, dann Vize-, seit 1980 Minister dortselbst. Dr.sc.techn. (1971). ZK-Kandidat seit 1981.

Silajew, I. S., geb. 1930, KP 1959. Flugzeugbauinstitut in Kasan 1954 absolviert. Am Werk in Gorki 1954–74: Meister, Abteilungsleiter, Vize- und Chefing., Direktor. 1974–77 Vize-, 1977–80 Erster Vizeminister für Flugzeugbau. 1980–81 Minister für Werkzeug- und Instrumentalmaschinenbau. Seit 1981, nach dem plötzlichen Tod des Amtsinhabers, Minister für Flugzeugbau. Leninpreis 1972, Held der Sozialistischen Arbeit 1975. ZK-Mitglied seit 1981.

Talysin, N. W., Sohn eines Moskauer Arbeiters, geb. 1929, KP 1960. 1942–50 Arbeiter-Elektriker. 1955, zusammen mit Perwyschin, das Institut für Nachrichtenmittel absolviert. 1955–60 am Staatlichen wissenschaftlichen Radio-Forschungsinstitut Ing., leitender Konstrukteur, wissenschaftlicher Vizedirektor. 1965–75 Vize-, 1. Vize-, 1975–80 Postminister. Seit 1980 Vizepremier. Vertreter der UdSSR im Comecon. Dr. sc.techn. (1970), Prof. (1976). Staatspreise 1968 (Geheimprojekt) und 1975, Leninorden, Orden des Roten Arbeitsbanners. ZK-Kandidat 1976, ZK-Mitglied 1981.

Ganz anders liegen die Dinge bei denen, auf die es eigentlich ankommt – bei den Denkern und Entwerfern. Die Sowjetunion war ein einziges Mal bereit, ihren Namen und Lebensläufe samt der Andeutung ihrer Funktionen innerhalb des militärindustriellen Komplexes preiszugeben. 1978 veröffentlichte sie 61 Namen der Erben Kapizas, Keldyschs, Koroljows und Kurtschatows.[1] Die fünf Dutzend führenden sowjetischen Physiker, Chemiker, Mathematiker, Elektronikfachleute und Konstrukteure sind im Durchschnitt anderthalb Jahrzehnte jünger als die führenden Politiker und Generale. Selbstverständlich sind sie im Unterschied zu den Vorgängern alle Parteimitglieder.

Tabelle 41

Durchschnittsalter der politischen, militärischen, rüstungstechnischen und rüstungswissenschaftlichen Elite der UdSSR Stand: 1. 10. 1982

	Alter im Durchschnitt
Politische Spitze	67,9
(24 Politbüromitglieder- und -kandidaten sowie ZK-Sekretäre)	67,2
Militärische Spitze (96 Marschälle der Sowjetunion, Flottenadmirale und Marschälle der Waffengattungen/Armeegenerale)	
Regierung: (102 Mann im Ministerrat)	63,9
Rüstungswissenschaftliche Spitze: (58 Gelehrte und Konstrukteure in der Akademie der Wissenschaften)	54,8

Ohne Kapiza, Kurtschatow, Koroljow und andere Wissenschaftler und Konstrukteure der vergangenen Generation wäre der Aufstieg zur Weltmacht nicht denkbar. Ohne ihre Erben von heute, die junge wissenschaftliche Elite der ehrwürdigen Akademie, ist das Halten der Weltmachtstellung nicht denkbar. Ihre Namen zu nennen, hätte keinen Sinn, da sie ja doch niemand kennt und sich niemand dafür interessiert. Jeder Politiker und jeder Publizist im Westen kennt dagegen die Namen eines jeden sowjetischen Dissidenten – das ist auch richtig. Möglicherweise werden diese Männer und Frauen, wie Lech Walesa und Anna Walentynowicz in Danzig, eines Tages eine entscheidende Wende in Swerdlowsk oder Dnepropetrowsk herbeiführen können. Möglicherweise werden aber auch die jungen Rüstungswissenschaftler in den 134 Fabriken[2] und 13 Werften Rußlands sowie die Absolventen der 21 Kriegsakademien und 131 Militärhochschulen eine ganz andere Entscheidung herbeiführen, nämlich das gegenseitige Ausschießen als letzte Entscheidung im Kampf um den ersten Platz – und niemand wird wissen, wer sie sind (was dann vielleicht gar nicht mehr so wichtig sein wird).

Erst als die UdSSR gegen die Stimmen aus den USA, die auf die Aktivierung der Entwicklung von ABC-Waffen drängten, eine Propaganda-Kampagne einleitete, lernten die geladenen Auslandskorrespondenten in Moskau am 11. 3. 1982 auf einer vom Außenministerium veranstalteten Pressekonferenz den Generalmajor-Ing. Alexandr Wassiljewitsch Fokin, den führenden Sowjetexperten auf dem Gebiet der chemischen Waffen kennen. Fokin beschäftigte sich seit dem Abschluß der Kriegsakademie für Chemische Abwehr 1935 nach dreijährigem Armeedienst, vier Jahre erst als Zivilist, dann 34 Jahre als Militär mit der Entwicklung chemischer Waffen und Antiwaffen sowie mit der Ausbildung des wissenschaftlichen Nachwuchses für seine Branche. Nachdem Fokin dem Chef der Chemischen Truppen der Sowjetarmee, Generaloberst der technischen Truppen Waldimir Pikalow, genügend Nachwuchs und Forschungsergebnisse hinterlassen hatte, ging er 1973 zur Akademie der Wissenschaften. Der Staatspreisträger wurde 1974 als Vollmitglied in die Akademie gewählt und leitete ein Laboratorium am Institut für Physiko-Chemie. Der Autor von 250 Fachveröffentlichungen und 150 Erfindungen auf seinem Gebiet war seit 1971 Stellvertreter des Wissenschaftlichen Hauptsekretärs der AdW. Auch Fokins engster Mitarbeiter, Generalmajor

Anatoilij Kunzewitsch, ist seit 1981 (korrespondierendes) Mitglied der AdW. Solche Fokins, zu denen freilich kein westlicher Gesprächspartner je vordringt, gibt es viele. Sie werden das Rennen entscheiden.
Das andere Problem der UdSSR als Weltmacht ist die Erkenntnis der Grenze. Druck erzeugt immer Gegendruck. Dieses uralte Gesetz der Geschichte traf die neue Weltmacht 1979/80 mit voller Wucht. Die explosionsartige Zunahme des militärisch unterbauten Einflusses in den von der anderen Weltmacht geräumten Positionen in der Welt draußen, rief die Reaktion des sich vom Vietnamschock erholenden Amerika auf den Plan.
Schon am 4. 1. 1976 sagte Henry Kissinger in Moskau in bezug auf das Angola-Abenteuer der Sowjets: »*Das* werden Sie teuer bezahlen« – dreizehn Jahre nach dem Satz des UdSSR-Unterhändlers Wassilij Kusnezow in der Kuba-Krise: »*Das* machen Sie nicht noch einmal!«
Jetzt suchten die USA – wie damals die UdSSR – die Antwort. Denn: Keine Weltmacht tritt ab, ohne die Entscheidung gewagt zu haben. Diese Bereitschaft der Vereinigten Staaten spürte Rußland während des afghanischen Abenteuers zum ersten Mal. Ein Versuch, durch den Abschluß des (vorerst letzten) Freundschaftsvertrages mit Syriens Assad am 8. 10. 1980 im Nahen Osten mitzumischen, brachte nun nichts mehr ein. Auch die verwundbare, gefahrenträchtige Erdölregion wurde in die strategische Planung des Gegenspielers einbezogen.
Die Wahl Ronald Reagans zum Präsidenten der USA verstärkte den Schock im Kreml: Amerika begann, das Vakuum wieder auszufüllen und warf den Handschuh des Rüstungswettbewerbs. Die Schwierigkeiten in Afghanistan ermutigten Reagan und seine Mannschaft, die Debatte um die 1977 von Bundeskanzler Helmut Schmidt in London angeregte, am 12. 12. 1979, zwei Wochen vor dem Marsch der Russen nach Kabul, in Brüssel beschlossene Nachrüstung als Antwort auf die von den Sowjets so »geliebte« SS-20 scharf und bestimmt zu führen.
Dies verunsicherte Moskau um so mehr, als die noch anderthalb Jahre zuvor – im Falle der von Jimmy Carter angekündigten, dann fallengelassene Neutronenbombe – so glänzend funktionierende Propagandamaschine »für Frieden und Abrüstung« sich trotz der geradezu bombastischen Aktivität der diversen Friedensfreunde in Europa schwer tat. So etwas klappt bekanntlich nur zum ersten Mal – wobei wiederum Afghanistan den Propagandisten Moskaus stets im Wege stand.
Selbst die beiden Spitzenmilitärs Ustinow und Ogarkow gerieten in

Dissens. Ogarkow drängte im theoretischen Parteiorgan »Kommunist« im Juli 1981 auf weitere Militarisierung Rußlands (selbst Stalins GKO wurde als Vorbild für die straffe Kriegführung herangezogen). Daraufhin konterte Ustinow unmittelbar danach auf einer ganzen Seite der »Prawda«, indem er auf die Unsummen hinwies, die Ogarkows Forderungen verschlingen würden, der eigener Erfahrung eingedenk, die er als Rüstungsminister gesammelt hatte.
Im Inneren des Systems zeigte das polnische Wunder die Ohnmacht der Panzer und Raketen – und über sie allein verfügt Breschnew in ausreichendem Maße. So zügelte er die Militärs. Seine Stimme gab am 5. 12. 1980 auf dem Gipfeltreffen des Ostblocks in Moskau den Ausschlag zum Nicht-Eingreifen.
Das in Moskau noch Undenkbare deutete sich in Warschau an: Es waren nicht nur die Arbeiter, die das Politbüro im Kreml schockierten. Als man sich in Polen nach dem Paktmanöver »Sapad(Westen)-81« am 4.–12. 9. nicht mehr zu helfen wußte, wurde Armeegeneral Wojciech Jaruzelski am 18. 10. auch Parteichef. Zum ersten Mal seit Stalin im Kriege waren die Funktionen des Partei-, Regierungs- und Armeechefs vereinigt – aber in der Hand eines Berufsmilitärs. Von da an ließ das Kriegsrecht nicht lange auf sich warten. Als es am 13. 12. über Polen verhängt wurde, tat dies Jaruzelski betont unter Hintanstellung seiner Parteiführer-Funktion.
So geschah auch in Moskau das bisher nie Dagewesene. Der Parteichef, dessen Stimme noch 1968 den Ausschlag für den Marsch in die ČSSR gegeben hatte, erklärte am 7. 4. 1981 in Prag »die Wirtschaftsfront« zur höchsten Priorität. Notgedrungen stand am polnischen Beispiel orientiert, die Hebung des Lebensstandards plötzlich im Vordergrund – ein halbes Jahr nachdem Breschnew die Rüstungsfachleute zur weiteren Hilfe für die Konsumgüterwirtschaft nachdrücklich ermuntert hatte. Aber damals hatten die Marschälle das Wort geflissentlich überhört.
Diesmal schwiegen sie, wiewohl sie wußten, daß sie immer mehr zum Zünglein an der Waage der sowjetischen Machtbalance werden. Auf dem XXVI. Parteitag wurde am 2. 3. 1981 zum ersten Mal ein Zentralkomitee gewählt, unter dessen 319 Mitgliedern nur noch 132 Parteifunktionäre sitzen. Mit 41,3% der Vollmitglieder stellen die Parteisekretäre zwar noch die stärkste, aber nicht mehr die absolut mehrheitliche Gruppe, die vielstrapazierte Nomenklatura wich den Erfordernis-

sen der technisierten Gesellschaft am Ende des Jahrhunderts. In seiner Mitte, 1952, stellten die Parteifunktionäre noch 70% der ZK-Mitglieder.
So wird es darauf ankommen, ob bei den kommenden Erbauseinandersetzungen in Moskau die »Tauben unter den Falken«, die gemäßigteren und einsichtigeren »Jaruzelskis« des militärindustriellen Komplexes der Sowjetunion obsiegen und gar einen der Ihren dazu küren, die marode Wirtschaft zu sanieren – oder ob die harte Linie des Rüstungswettbewerbs beibehalten bleibt, die den Lebensstandard weiter sinken läßt. Dahinter bleiben nur noch zwei Möglichkeiten: das Erwachen des neuen Bewußtseins der Arbeiter – wie bei dem Nachbarn – oder die Flucht nach vorn, das Suchen der letzten Entscheidung. Hierbei wird sich derjenige bewähren, dessen Ressourcen reicher und dessen naturwissenschaftliches Potential an »Menschenmaterial« größer ist.
Über den Kampfwert der Sowjet-Armee auf fremdem Boden sagt dies alles indessen nichts aus, da es darüber kaum Erfahrungswerte gibt. Nach Johann Gottlieb Fichte siegt nicht die Macht der Waffe, sondern die Kraft der Idee.

ANMERKUNGEN

zu 1: Vorgänger

[1] »Roter Stern«, 20. 5. 1980

[2] Suchomlinow (4. 8. 1848–2. 2. 1926), vom Zaren nach einer sechsmonatigen Haft unter Hausarrest gestellt, bekam unter Kerenski, der ihn sogleich nach dem Sturz Nikolais II. verhaften ließ, im September 1917 eine unbefristete Katorga-Strafe zudiktiert, die er in Festungshaft verbüßte. Lenin indes ließ ihn am 1. 5. 1918, wegen »Erreichung des 70. Lebensjahres« nach Finnland emigrieren. Er starb in Berlin.

[3] Alle Daten nach dem Gregorianischen Kalender, in Rußland am 1. 2. 1918 eingeführt

[4] G. v. Rauch, »Geschichte des bolschewistischen Rußland«

[5] »Verzeichnis der russischen höheren Führer und Generalstabsoffiziere nach dem Stande vom 1. Juli 1917 (7. Ausgabe)«, herausgegeben von der Abteilung Fremde Heere des Generalstabschefs des Deutschen Feldheeres

zu 2: Auflösung

[1] Je. N. Gorodezki, »Die Geburt des Sowjetstaates«, S. 146

[2] L. D. Trozki, »Stalin«, rororo 284 (1971), S. 93

[3] Gorodezki, op. cit., S. 356

[4] Eigentlich: »Wtscheka« – »Allrussische Außerordentliche Kommission für die Bekämpfung von Konterrevolution, Sabotage, Spekulation und Verbrechen im Amt«

[5] S. M. Kljazkin, »In der Verteidigung des Oktober«, S. 80

[6] Kljazkin, wie o.

zu 3: Neubeginn

[1] Gorodezki, op. cit., S. 425 ff.

[2] J. Reed, »10 Tage, die die Welt erschütterten«, S. 104

[3] »Iswestija«, 18. 2. 1964

[4] I. S. Steinberg, »Als ich Volkskommissar war«, S. 151

[5] »Stawka« – Hauptquartier. Im Ersten Weltkrieg gab es zwei Stawkas: Großes Hauptquartier in Petrograd und Großes Feldhauptquartier, zunächst in Baranowitschi, seit 1915 in Mogiljow.

[6] Kljazkin, op. cit., S. 159

[7] »Neues Deutschland«, 14. 2. 1981

[8] M. P. Iroschnikow, »Der Vorsitzende des Rates der Volkskommissare W. I. Uljanow (Lenin)«, S. 366 ff.

zu 4: Das erste militärische Establishment der Roten Armee
[1] »Direktiven der Frontkommandos der Roten Armee (1917–1922)«, Bd. IV, S. 11 ff.
[2] Durakow war nicht der einzige: An der Résistance in Europa beteiligten sich 40 000 Russen. 30% davon waren geflüchtete Kriegsgefangene, der Rest zum größten Teil Emigrantenkinder. Viele von ihnen ließen ihr Leben. So fiel die Dichterin Sarra Knut, eine Tochter des Komponisten Alexandr Skrjabin, 1944 bei einem Gefecht in Toulouse. Hierzu: W. I. Parotkin, »Gegen den gemeinsamen Feind«, M. 1972

zu 5: Kriegs-Kommissare
[1] J. Erickson, The Soviet high command 1918/41, S. 468

zu 6: Kommissar Stalin
[1] Die Tatsache, daß Stalin vor April 1917, also vor dem Zarensturz, keinem ZK angehörte, wurde in Moskau 1980 zum ersten Mal in der sowjetischen Geschichte bekanntgegeben. Sie erklärt alle Säuberungen unter den Altbolschewiki. Kein Stalinbiograph konnte sie berücksichtigen, da sie sorgfältig geheimgehalten wurde. Hierzu: »Enzyklopädisches Wörterbuch«, Moskau 1980, S. 1275
[2] W. W. Archangelski, »Nogin«, S. 396
[3] Die Tatsache, daß »wir sogar einen ehemaligen Grafen unter den Abgeordneten haben«, wurde vom Premier Molotow in der 1. Sitzung des Obersten Sowjet am 19. 1. 1938 ausdrücklich hervorgehoben.
[4] A. B. Ulam, »Stalin«, S. 182

zu 8: Trozkis Abgang
[1] Politbüro – Politisches Büro, Orgbüro – Organisationsbüro des ZK. Die vollen Bezeichnungen werden nie verwendet.
[2] I. Deutscher, »Trotzki«, Bd. 1, S. 456 ff.
[3] »Militärische Sowjet-Enzyklopädie« (folgend: MSE), Bd. 3, S. 22
[4] Trozki, »Mein Leben«, S. 320 ff.

zu 9: Frunses Reform
[1] Die anderen Mitglieder des nachträglich zum »Militärisch-Revolutionären Zentrum für die Leitung des bewaffneten Aufstandes« erhobenen Gremiums waren der spätere Staatspräsident Swerdlow, der spätere Tscheka-Chef Dserschinski und der ehemalige »Interrayonist« Moissej Urizki, der als Petrograder Tscheka-Chef am 30. 8. 1918, dem Tag des Attentats auf Lenin, von einem Linkssozialrevolutionär ermordet wurde.
[2] Trozki, op. cit., S. 366 ff.

[3] N. A. Piterski, »Die Sowjetflotte im Zweiten Weltkrieg«, S. 19, zitiert nach »Rote Flotte«, Nr. 8/1925, S. 5. Das Zitat wird oft fälschlicherweise Stalin zugeschrieben.
[4] Richtig wohl: Haller und Weckmann (das russische kennt kein »H«)

zu 10: Atempause
[1] Gesetzessammlung der RSFSR, Nr. 675/1922 (Bericht der »Personal-Troika«, genehmigt am 23. 8. 1922)

zu 11: Die ersten Raketen
[1] »Ossoawiachim« wurde 1948 in drei freiwillige Gesellschaften zur Förderung der Luftwaffe, der Armee und der Kriegsmarine geteilt, die 1951 zu der »Allunionistischen Gesellschaft für Förderung der Armee, der Luftwaffe und der Flotte« (DOSAAF) zusammengelegt wurden. DOSAAF arbeitet eng mit dem Zivilschutz und der Zivilen Kampfausbildung im Verteidigungsministerium zusammen.
[2] »Große Sowjet-Enzyklopädie (folgend: BSE), 3. Ausgabe, Bd. 30, S. 480. Der Hinweis fehlt im »MSE«.
[3] 1943/54 »Stalin«-Kriegsakademie der Pz- und mechanisierten Truppen, s. 1954 Kriegsakademie der Panzertruppen; seit 1967 trägt die Akademie den Namen Marschalls Malinowski.
[4] W. P. Gluschko, »Raketenbetriebwerke GDL-OKB«, S. 35

zu 12: Die Warlords
[1] Mingrelien ist ein Teil Georgiens.
[2] A. M. Wassilewski, »Marschall der Sowjetunion Boris Schaposchnikow« (in: »Feldherren und Kriegsherren des Großen Vaterländischen«, S. 9)
[3] »MS« – maly sputnik (»kleiner Begleiter«)
[4] Akulows Schwester Glafira, Ehefrau des ersten sowjetischen Ernährungsministers Iwan Teodorowitsch – eines seit 1895 in der Revolution tätigen deutschstämmigen Adeligen – war der einzige weibliche Armeekriegsrat im Bürgerkrieg. Akulow, Wyschinskis Vorgänger als Staatsanwalt der UdSSR 1933/35, dann Sekretär des ZIK, zog sich beim Schlittschuhlaufen in Moskau einen Schädelbruch zu; er wurde geheilt und 1939 erschossen. Teodorowitsch wurde bereits am 20. 9. 1937 erschossen; Glafira starb 1957.

zu 13: Das Schürzen des Knotens
[1] W. Kasack, »Lexikon der russischen Literatur ab 1917«, S. 112

zu 14: Kurzer Triumph
[1] Außerdem gab es in der RKKA bis zur Säuberung 4 ukrainische und 1

belorussische (territoriale) Schützendivisionen, ferner in allen mittelasiatischen Republiken sowie in Tatarien, Baschkirien, Jakutien, der Burjato-Mongolei und dem Daghestan nationale Einheiten bis zur Regimentsstärke. Alle diese »nationalen Formationen« wurden am 7. 3. 1938 durch eine ZK-Verordnung aufgelöst.

[2] »FAZ« v. 2. 6. 1973. Der große, leider frühverstorbene Journalist Hermann Pörzgen irrte sich da: die Sterne wurden erst 1940 eingeführt.

zu 15: In der Vorhölle

[1] Angeblich ließ Stalin Sergej Kamenews Grabtafel an der Kremlmauer entfernen; wenn es dem so ist, so wurde sie nach Stalins Tod wieder angebracht. Siehe hierzu: DER SPIEGEL 14/1970, S. 123 (Photo)

[2] R. Conquest, »Am Anfang starb Genosse Kirow«, S. 253

[3] Burka: Umhang der Kosaken

[4] W.I. Tschuikow, »Mission in China« (»Nowy mir«, Nr. 11–12/1979, S. 184–226)

[5] »Protokolle des XI. Parteitages der RKP (b)«, Nachdruck 1960, S. 850

zu 16: Die Auflösung des ersten militärischen Establishment

[1] MSE, Bd. 7, S. 410

zu 18: Bluternte

[1] Conquest, op. cit., S. 267

[2] So wurde z. B. Stalins alter Widersacher Krasnow, zusammen mit dem weißen Generalleutnant Andrej Schkuro, am 17. 1. 1947, der weiße Generalleutnant Grigorij Semjonow am 30. 8. 1946 in Moskau gehenkt.

[3] Private Information vom ausgewanderten R.S. an den Autor (10. 1. 1980)

[4] Daß German Samoilowitsch Ljuschkow – der noch am 14. 12. 1937 in den ersten Obersten Sowjet gewählt wurde – ein Jude war, hatte zu Stalins Antisemitismus im nicht geringen Maße beigetragen.

[5] Nikolai Erastowitsch Bersarin wurde am 24. 4. 1945, unter Berförderung zum Generalobersten, zum Stadtkommandanten und Garnisonschef in Berlin ernannt. Er kam am 16. 6. 1945 bei einem Motorrad-Unfall um.

[6] 1943/45 Japanischer Außenminister

[7] D. Heinzig, »Sowjetische Militärberater bei der Kuomintang 1923/27«, S. 269 ff.

[8] Conquest, op. cit., S. 556

[9] M. Garder »Geschichte der Sowjetarmee«, S. 226

[10] I.M. Maiski im Sammelband »Marschall Tuchatschewski«, S. 229/30

[11] s. Anm. 7

[12] Von den drei Militärs, die Stalin 1930 »versuchsweise« verhaften ließ, starb

Snessarew am 14. 12. 1937, Swetschin just am Tage des »Juli-Massakers«, dem 29. 7. 1938. Werchowski, seit 1936 wieder im Generalsrang eines Kombrig, wurde am 19. 8. 1938 erschossen. Stalins erster Widersacher Sytin starb zu unbekanntem Zeitpunkt 1938 in Moskau, wahrscheinlich in Haft; Smilga, Kriegsrat und späterer Politchef der RKKA, wurde 1938 erschossen.

zu 19: Das »Zwischen-Establishment«

[1] »Roter Stern« v. 19. 5. 1970

[2] A. O. Arutjunjan/O. S. Balikjan, »Admiral der Flotte der Sowjetunion Iwan Stepanowitsch Issakow«, S. 258

[3] Arutjunjan: Balikjan, op. cit., S. 225

[4] Anläßlich der Besichtigung der Stalingrader Schlachtfelder. De Gaulle zu Woronow: »Sie waren ein großer Artillerist in einer großen Schlacht.«

[5] Das Werk endete mit dem Stichwort »Warta«; »W« ist der dritte Buchstabe des russischen Alphabets.

zu 20: Chalchin-Gol

[1] »Dokumente zur Geschichte des Abkommens von München 1937–1939«, S. 312 ff.

[2] Eine sogenannte »verstärkte« Division, die natürlich nicht voll eingesetzt wurde.

[3] In sowjetischen Quellen als »O. Rippo« bezeichnet.

[4] »Literaturzeitung«, Moskau, v. 24. 7. 1974

[5] dito

[6] »MSE«, Bd. 8, S. 354. Auf der S. 353 wird mitgeteilt, daß die Japaner von über »mehr als 300« Flugzeugen unterstützt wurden.

[7] Quelle wie Anm. 4

zu 21: Die Waffenmeister

[1] Quelle wie Anm. 4, Kapitel 20

[2] S. Bialer, »Stalin and his Generals«, S. 320

[3] »BSE«, 3. Aufl., Bd. 17, S. 51 ff.

[4] Nach dem deutschen Raketenpionier Rudolf Nebel benannt

zu 22: Finnland und die Folgen

[1] B. Lewytzkyi, »Vom roten Terror zur sozialistischen Gesetzlichkeit«, S. 106

[2] W. A. Tschalmajew, »Malyschew«, S. 213

[3] Den Begriff »Höhere Schule« gibt es in der UdSSR nicht, die 10jährige Schule heißt »allgemeinbildende Mittelschule«, danach geht man auf die Hochschule. Schuleintrittsalter ist das 8. Lebensjahr. Heute nennt man die Absolventen der 10-Jahresschule auch »Abiturienten«.

[4] K. A. Merezkow, »Im Dienste des Volkes«, S. 189
[5] Merezkow, op. cit.
[6] Nachruf, »Prawda«, v. 17. 11. 1940
[7] Merezkow, op. cit.
[8] Die Generalamnestie wurde in der Tat am 17. 9. 1955 erlassen (am 14. 10. 1955 publiziert).
[9] A. W. Gorbatow, »Verlorene Jahre« (aus: L. W. Nikulin/Gorbatow, »Geköpfte Armee«, S. 123 ff.)
[10] »Roter Stern« v. 27. 6. 1981
[11] Im Moskauer Telephonbuch von 1940 gab es 10 000 Männer, die »Iwan Iwanowitsch Iwanow« hießen.
[12] G. v. Rauch, »Geschichte der baltischen Staaten«, S. 209 ff.
[13] G. v. Rauch, op. cit., S. 213
[14] Guderians »Panzertruppen und ihre Zusammenarbeit mit anderen Waffengattungen« wurde in Moskau 1940 aufgelegt (»MSE«, Bd. 3, S. 69).
[15] Machorka: grober Tabak. Es gab im Krieg 2 Päckchen Machorka pro Woche, 1000 g Brot und 35 g Zucker täglich.
[16] »Roter Stern« v. 24. 10. 1980
[17] K. M. Simonow, »Kriegstagebücher«, Bd. 1, S. 357
[18] A. S. Jakowlew, »Ziel des Lebens«, S. 276 ff.
[19] N. M. Aleschtschenko, »Moskauer Sowjet 1941/45«, S. 18

zu 23: Die Katastrophe
[1] W. Kolarz, »Die Religionen in der Sowjetunion«, S. 230
[2] S. M. Schtemenko, »Generalstab im Kriege«, Bd. 1, S. 51
[3] »MSE«, Bd. 3, S. 643
[4] A. M. Wassilewski, »Sache des ganzen Lebens«, S. 127
[5] »Männer der unsterblichen Heldentaten«, Bd. 2, S. 554
[6] F. F. Bega/W. G. Alexandrow, »Petrowski«, S. 303 ff.
[7] G. K. Schukow, »Erinnerungen und Gedanken«, 1. Aufl. (russ.), S. 291 und »Roter Stern« v. 12. 12. 1970
[8] So läßt es sich aus der Sekundärliteratur herausfiltern, daß der am 9. 9. 1941 bei Kiew verwundet gefangene Befehlshaber der 5. Armee, Generalmajor (Pz) M. I. Potapow, 1965 verstorben ist. Aus einem 1978 im lokalen Verlag »Der Moskauer Arbeiter« in einer für sowjetische Verhältnisse geringen Auflage von 30 000 Ex. erschienenen Buch über die Moskauer Volkswehr erfährt man, daß der Kommandeur der 5. Volkswehrdivision, Generalmajor I. A. Presnjakow, am 18. 10. 1941 verwundet und bewußtlos in Gefangenschaft geraten und 1943 im KZ Flossenburg »wegen antifaschistischer Untergrundtätigkeit« erschossen wurde (S. 214). An einer der bedeutendsten Untergrundorganisationen der sowjetischen Kriegsgefangenen, dem »Bruderbund der Kriegsgefange-

nen« im Offizierslager zu München-Perlach (alle Ende 1943 umgebracht) – 93 Offiziere des »Bruderbundes«, der sich über fast alle Lager in Deutschland, bis nach Österreich, erstreckte, wurden am 4. 9. 1944 im KZ Dachau erschossen – beteiligten sich keine Generale; der ranghöchste Offizier war ein Oberst. Hierzu »BSE«, 3. Aufl., Bd. 4, S. 8

[9] Originaldokument hierzu (Bericht der Abt. Fremde Heere Ost v. 4. 6. 1942) in den US-Archiven, Ablichtung im Besitz des Autors

[10] Der am 6. 6. 1941 erlassene Kommissar-Befehl wurde nach den schon im September erfolgten Eingaben der Wehrmachtführung, die einen härteren Widerstand befürchtete, am 6. 5. 1942 aufgehoben. Aber es war kaum von Bedeutung: Eine Note des Vize-Außenministers Wyschinski an das reichsdeutsche AA, die betonte, daß die UdSSR die Haager Konvention von 1907 einhalten werde, falls sich auch der Gegner daran halte, blieb, am 17. 7. 1941 über die Schutzmacht Schweden an Berlin gerichtet, unbeachtet und unbeantwortet. Hierzu: »Aus Politik und Zeitgeschichte«, B. XXVII/57 v. 17. 7. 1957, S. 435 und 440 ff.

[11] Th. Plievier, »Moskau«, S. 240, 242

[12] Merezkow, op. cit., S. 213

[13] Simonow, op. cit., Bd. 1, S. 63 (auch für das folgende Zitat)

[14] P. G. Grigorenko, »Der sowjetische Zusammenbruch 1941«, S. 163

zu 24: Der Sieg

[1] Zwar hatte auch Timoschenko (kurz vor 24 Uhr am 21. 6. 1941) einen entsprechenden Hinweis an Kusnezow übermittelt, jedoch ging der Admiral darüber hinaus. Hierzu: A. W. Bassow, »Die Marine im Großen Vaterländischen Krieg«, S. 69 ff.

[2] A. B. Tschakowski, »Die Blockade«, Bd. 1, S. 136

[3] Schukow, op. cit., S. 380

[4] Hierzu W. Kerr, »Das Geheimnis Stalingrad«. Die heutige sowjetische Militärgeschichtsschreibung deckt Kerrs These ab.

[5] Pawel Nachimow, Geschwaderkommandeur der Schwarzmeerflotte im Krimkrieg gegen England, Frankreich und die Türkei, wurde 1855 zum Admiral befördert; er starb, tödlich verwundet, im gleichen Jahr. Heute gibt es 8 Suworowschulen und eine Nachimowschule (in Leningrad).

[6] Fjodor Uschakow, 1799 als Befehlshaber der Schwarzmeerflotte zum Admiral befördert, kämpfte gegen die Türken im Mittelmeer. Er wird heute als der bedeutendste Flottenführer Rußlands verehrt.

zu 25: Die Sieger

[1] BSE, 3. Aufl., Bd. 4, S. 91 ff.

[2] Dies teilte K. S. Moskalenko im Februarheft des »Kommunist« 1981 mit. In den amtlichen Biographien sind diese Angaben nicht enthalten.
[3] Karaimen waren zum Judentum übergetretene Moslems, vornehmlich im Kaukasus ansässig; im Krieg von der Ausrottungspolitik des Judenvernichters bedroht, wurden sie durch das Eingreifen des umsichtigen Ostexperten Otto Bräutigam gerettet. Der aus Kiew stammende Kolpaktschi kam, 1961 zum Armeegeneral befördert, am 17. 5. 1961 bei einem Flugzeugunfall ums Leben.

zu 26: Neue Zähmung
[1] Schtemenko, op. cit., Bd. 1, S. 385
[2] Wassilewski, op. cit., S. 549 ff.
[3] So wörtlich: »smert schpionam«
[4] »MSE«, Bd. 1, S. 136
[5] N. G. Kusnezow, »Gefechtsalarm in den Flotten«, S. 297
[6] W. Kerr, »Das Geheimnis Stalingrad«, S. 301
[7] A. Kolman, Manuskript (russisch), S. 521
[8] FAZ v. 2. 10. 1980 und »Roter Stern« v. 7. 9. 1982
[9] S. Bialer, op. cit., S. 455
[10] Jakowlew, op. cit., S. 453
[11] GuM: Gurewitsch & Mikojan – Wortspiel in Anlehnung an das Moskauer Kaufhaus GUM
[12] Kolman, op. cit., S. 524
[13] dito., S. 549
[14] S. I. Allilujewa, »Das erste Jahr«, S. 327
[15] »BSE«, 2. Aufl., Bd. 26, S. 146
[16] N. S. Patolitschew, »Reifeprüfung«, S. 211

zu 27: Die Atombombe
[1] »Enzyklopädisches Wörterbuch«, Moskau 1980, S. 1243
[2] A. S. Abramow, »An der Kremlmauer«, 2. Aufl., S. 290

zu 28: Der »Oberste« tritt ab
[1] A. I. Solschenizyn, »Archipel GULag« (russisch), Bd. 1, S. 25
[2] W. Kolotow/G. Petrowitschew, »N. A. Wosnessenski«, S. 46 ff.
[3] Das russische »S« wird wie das deutsche »C« geschrieben.
[4] Allilujewa, op. cit., S. 250
[5] dito., S. 346

zu 29: Die ersten Schritte in der Freiheit
[1] So Chruschtschow auf dem XXII. Parteitag 1961 über Jakirs letzte Stunde
[2] I. S. Konew, »Das Fünfundvierzigste«, S. 260 ff.

zu 30: Der Sieg über die Staatspolizei
[1] P. Quaroni, »Diplomaten unter sich«, S. 163
[2] W. Leonhard, »Kreml ohne Stalin«, S. 114
[3] DER SPIEGEL, Nr. 50/1969, S. 127 ff.
[4] Allilujewa, op. cit., S. 363
[5] N. Je. Chochlow, Recht auf Gewissen, S. 265 ff.
[6] »MSE«, Bd. 4, S. 517, Bd. 5, S. 169

zu 31: Schukow am Ziel
[1] »MSE«, Bd. 8, S. 334
[2] DER SPIEGEL, Nr. 18/1974. Dieser Teil der Memoiren Chruschtschows wurde nur im SPIEGEL veröffentlicht.
[3] »Die Welt« v. 31. 1. 1981
[4] Abschriften der Bescheide im Besitz des Autors.
[5] »Chruschtschow gegen Stalin«, S. 33 ff.
[6] »International Herald Tribune« v. 15. 7. 1953. Der Name des braven Mannes war Salvatore Piazzola.

zu 32: Gendarm Osteuropas
[1] »MSE«, Bd. 6, S. 451
[2] »BSE«, 3. Aufl., Bd. 11, S. 136. In der »MSE« fehlt dieser Hinweis.
[3] Angeblich verweigerte der rumänische Parteichef Gheorghe Gheorgiu-Dej 1956 Chruschtschows Ersuchen um den Einmarsch nach Ungarn mit dem Hinweis, daß die vielen Siebenbürger Ungarn in der rumänischen Armee nicht kämpfen würden.
[4] »Keesings Archiv der Gegenwart« v. 11. 11. 1956. Im übrigen besaß die UdSSR damals gar keine Interkontinentalraketen.
[5] A. Eden, »Memoiren«, S. 305
[6] Gorbatow, op. cit., S. 123

zu 33: Ausbruch von der Erde
[1] Abramow, op. cit., S. 310
[2] J.E. Oberg, »Red Star in Orbit«, S. 22 ff.
[3] »Prawda« v. 14. 8. 1977, »Roter Stern« v. 14. 9. 1976
[4] A. Romanow, »Sergej Koroljow«, S. 47 ff.

zu 34: Auf dem Weg zur Weltmacht
[1] DER SPIEGEL Nr. 18/1974
[2] Auch Prof. Dmitrij Jefremow, zweifacher Stalinpreisträger, 1951–53 Minister für Elektroindustrie, 1952/56 ZK-Kandidat, zuletzt Vizechef der HV Atomindustrie, kam dabei um; sein Tod wurde freilich erst 4 Wochen später

bekanntgegeben. Mit Nedelin und Jefremow starben auch mehrere Generale.
[3] ASSR: Autonome Sozialistische Sowjetrepublik (innerhalb einer Unionsrepublik). Regionen (nur in der RSFSR) sind administrative Einheiten, die Autonome Gebiete (der Minderheiten) beherbergen.
[4] »Die Welt« v. 10. 5. 1980
[5] W. S. Baring-Gould, »Nero Wolfe«, S. 159
[6] S. G. Gorschkow, »Die Seemacht des Staates«, S. 271
[7] Heute: HV Raketen und Artillerie des Verteidigungsministeriums
[8] F. Gibney, »Oleg Penkowski«, S. 229 – auch für das folgende Zitat
[9] »Roter Stern« v. 4. 3. 1971
[10] Der rührige Admiral Issakow schaffte es sogar, seinen 1918 in Haft verstorbenen Schiffskommandanten rehabilitieren zu lassen. Issakow am 16. 4. 1957: »Jetzt ist sein Andenken von der Schande gereinigt, Frau und Tochter werden leichter leben . . . Auch für den jüngeren Bruder wird es leichter.« Arutjanjan/Balikjan, op. cit. S. 230

zu 35: Kommissar Breschnew
[1] A. A. Gretschko, »Jahre des Krieges 1941/43«, S. 307
[2] J. P. Nettl, »Der Aufstieg der Sowjetunion«, S. 178. Der erste Prozeß wurde 1943 im befreiten Charkow abgehalten, die Angeklagten – ein Deutscher und zwei Ukrainer – wurden öffentlich gehenkt.
[3] Zum zweiten Mal: Es gab schon vom 20. 10. 1943 bis 16. 5. 1944 eine 4. Ukrainische Front unter Tolbuchin, die aus der Südfront hervorgegangen war.
[4] K. M. Simonow, op. cit., Bad. 2, S. 568
[5] dito., S. 565, 606, 609, 640
[6] »Iswestija« v. 27. 11. 1973
[7] DER SPIEGEL Nr. 45/1974

zu 36: Militärsekretär Breschnew
[1] Ein Raubzug der Franzosen auf der Insel im Hundertjährigen Krieg blieb eine Marginalie. Hierzu: B. Tuchman, »Der ferne Spiegel«
[2] 1772–1918: Lemberg
[3] »New York Times« v. 19. 5. 1960
[4] So H. Schewe in der »Welt«

zu 37: Machtentfaltung
[1] »Geschichte der Kommunistischen Partei der Sowjetunion«, 5., ergänzte Ausgabe, am 24. 8. 1976 zum Druck freigegeben, S. 617 ff.
[2] M. Tatu, »Macht und Ohnmacht im Kreml«, S. 296

[3] Auf dem XXI. (außerordentlichen) Parteitag 1959 wurde keine ZK-Wahl vorgenommen.
[4] I. A. Lawrjonow starb schon am 6. 12. 1966; seine Position im ZK wurde jedoch »erblich«: auch sein Nachfolger Generaloberst Pjotr Gortschakow gehört dem ZK an.
[5] Den Flugzeugabsturz am Berge Avala in Jugoslawien, auf dem Weg zu einer Feier in Belgrad, hat keiner der 18 Insassen überlebt. Unter den Toten waren 6 Generale.
[6] Emil Spiridonow, Befehlshaber der Pazifikflotte, stürzte im Anflug auf Leningrad am 7. 2. 1981 ab. Mit ihm starben fast alle Herren seines Stabes, darunter der Politchef der Flotte, Vizeadmiral Wladimir Sabanejew.
[7] Bissjarin starb schon am 8. 11. 1969
[8] H. Kissinger, »Memoiren«, Bd. 1, S. 199
[9] Wortspiel: »Slawjanin« – der Slawe, »Slawa« – der Ruhm
[10] P. I. Jakir/Ju. A. Geller, »Komandarm Jakir«, S. 236
[11] »Psychuschka« wird eine psychiatrische Zwangsanstalt genannt.
[12] So »Frankfurter Allgemeine Zeitung« v. 7. 8. 1969
[13] »Sowjetskaja Rossija« v. 23. 5. 1971

zu 38: Der Höhepunkt
[1] »Quartett« war das einzige große gemeinsame Manöver der Chruschtschow-Ära.
[2] Der am 6. 7. 1961 zwischen Moskau und dem eigenwilligen Repräsentanten Nordkoreas Kim Il Sung abgeschlossene Freundschaftsvertrag wurde durch den im gleichen Jahr abgeschlossenen Vertrag Nordkoreas mit Maos China »neutralisiert«.

zu 39: Die Probleme
[1] Kissinger, op. cit., S. 211 ff.
[2] Magomed – russische Bezeichnung für Mohammed

zu 40: Ist die Grenze erreicht?
[1] »BSE«, 3. Aufl., Bd. 30, S. 574/611
[2] »FAZ« v. 4. 9. 1981. Dazu kommen 3500 Zulieferbetriebe. Je 24 Fabriken arbeiten für Heer und Kriegsmarine, 37 für die Luftwaffe, 49 für die Raketenproduktion.

Benutzte Quellen:

Russisch (M. = Erscheinungsort Moskau):

Abramow, A. S., An der Kremlmauer, 2. Aufl., M. 1978
Aleschtschenko, N. M., Der Moskauer Sowjet 1941–45, M. 1980
Alidin, W. I., Die Moskauer Tscheka, M. 1978
Arutjunjan, A. O./Balikjan, O. S., Admiral der Flotte der Sowejtunion Iwan Stepanowitsch Issakow, Jerewan 1975
Bagramjan, I. Ch., So begann der Krieg, M. 1971
Bassow, A. W., Die Flotte im Großen Vaterländischen Krieg, M. 1980
Bega, F./Alexandrow, W., Petrowski, M. 1963
Bogomolowa-Gamarnik, K. B. u. a., Jan Gamarnik, M. 1978
Breschnew, L. I., »Kleine Erde«, M. 1978
Budjonny, S. M., Der vergangene Weg, M. 1973
Chenkin, K., Der Jäger mit den Füßen nach oben, Ffm., o. J.
Dekrete der Sowjetmacht, Bd. I.–X., M. 1957–80 (für den Zeitraum 25. 10. 1917–September 1920)
Diplomatisches Wörterbuch, Bd. I.–III., M. 1971–73
Direktiven des Oberkommandos der Roten Armee (1917–20), M. 1969
Direktiven der Frontkommandos der Roten Armee (1917–22), Bd. I.–IV., M. 1971/78
Dokumente zur Geschichte des Abkommens von München 1937–39, M. 1979
Errichtung des Sowjetstaates (Dokumente), M. 1972
Etappen eines großen Weges (Erinnerungen an den Bürgerkrieg), M. 1963
Enzyklopädisches Wörterbuch, M. 1980
Gesetzessammlung der RSFSR 1917–23
Gesetzessammlung der UdSSR 1922–27
Gesetzessammlung der UdSSR und Sammlung der Ukase des Präsidiums des Obersten Sowjet der UdSSR 1938–67, Bd. I.–II., M. 1968
Geschichte der KPdSU, 5. Aufl., M. 1976
Geschichte der Sowjetverfassung 1917–56 (Dokumente), M. 1957
Gorbatow, A. W., Jahre und Kriege, M. 1964
Große Sowjet-Enzyklopädie, 2. Ausgabe, Bd. 1–51, M. 1950–58
dito., 3. Ausgabe, Bd. 1–30 und Personenregister, M. 1970–80
Jahrbücher zur 3. Ausgabe 1957–81
Gorodezki, Je. N., Die Geburt des Sowjetstaates, M. 1964
Gorschkow, S. G., Die Seemacht des Staates, M. 1979
Gretschko, A. A., Die Kaukasus-Schlacht, M. 1971
dito., Durch die Karpaten, M. 1970

dito., Kriegsjahre 1941–43, M. 1976
Grigorenko, P. G., Erinnerungen (im Manuskript) 1980
Gruschewoi, K. S., Damals im Einsundvierzigstem, M. 1972
Iroschnikow, M. P., Der Vorsitzende des Rates der Volkskommissare Wl. Uljanow (Lenin), Leningrad 1974
Jakowlew, A. S., Ziel des Lebens, M. 1968
»Iswestija«, M. 1931/41, 1960–82
Jakir, P. I./Geller, Ju. A., Komandarm Jakir, M. 1963
Kisseljow, A. N., Die Feldherren des Großen Vaterländischen, M. 1979
Kljazkin, S. N., In der Verteidigung des Oktober, M. 1965
Kolotow, W./Petrowitschew, G., N. A. Wosnessenski, M. 1963
Kommunistische Partei in der Periode des Großen Vaterländischen Krieges (Juni 1941–45), M. 1960
Kolman, A., Erinnerungen (im Manuskript), 1978
Konew, I. S., Das Fünfundvierzigste, 2. Aufl., M. 1970
Korizki, N. I. u. a., Marschall Tuchatschewski, M. 1965
Kossygin, A. N., Ausgewählte Artikel und Reden 1939–74, M. 1974
»Krasnaja swesda« s. »Roter Stern«.
Krupskaja, N. K., Erinnerungen an Lenin, 2. Aufl., M. 1968
Lipizki, S. W., Die militärische Tätigkeit des ZK der RKP (b) 1917–20, M. 1973
Maiski, I. M., Erinnerungen eines Sowjetbotschafters (Krieg 1939/43), M. 1965
Malzew, W. F., Die Organisation des Warschauer Vertrages, M. 1980
Medwedew, R. A., Vor dem Gericht der Geschichte, N. Y. 1974
dito., Vom XX. zum XXII. Parteitag der KPdSU (Manuskript) 1976
dito und Medwedew, Sch. A., Chruschtschow an der Macht, Ann Arbor 1975
Menschen der unsterblichen Heldentaten (Zwei-, Drei- und Vierfache Helden der Sowjetunion), 3. Aufl., Bd. I.–II., M. 1973
Mikojan, A. I., Zu Beginn der Zwanziger . . ., M. 1975
Militärische Sowjet-Enzyklopädie, Bd. 1–8, M. 1976–80
Oserow, G. A., Das Tupolew-Gelehrtengefängnis, Frankfurt/M., 2. Aufl. 1973
Pankow, D. W., Komkor Eideman, M. 1965
Patolitschew, N. S., Reifeprüfung, M. 1977
Pegow, A. M., Die Volkswehr bei der Verteidigung Moskaus, M. 1978
Pilnjak, B. A., Die Erzählung vom nichtverlöschten Mond, Nachdruck London 1971
Platonow, S. P., Der Zweite Weltkrieg 1941–45, Bd. I.–II., M. 1958
Popow, I. G., Die Bataillone gehen nach dem Westen, M. 1977
»Prawda«, M. 1917, 1931–82

Protokolle der Parteitage der RKP (b), der KPdSU (b), der KPdSU (bis 1956 im Nachdruck): IX., M. 1960, X., M. 1963, XI., M. 1961, XV., Bd. 1–2, M. 1961/62, XVII., Nendeln 1975, XVIII., Nendeln 1975, XX., Bd. 1–2, M. 1956, XXI., Bd. 1–2, M. 1959, XXII., Bd. 1–3, M. 1962, XXIII., Bd. 1–2, M. 1966, XXIV., Bd. 1–2, M. 1971, XXV., Bd. 1–3, M. 1977, XXVI., Bd. 1–3, M. 1981
Protokolle und Verordnungen des ZK der Baltischen Flotte 1917/18, M. 1963
»Roter Stern«, M. 1969–82
Schtemenko, S. M., Generalstab im Kriege, Bd. 1–2, M. 1968–73
Schukow, G. K., Erinnerungen und Gedanken, M., 1. Aufl. 1969, 2. Aufl., Bd. 1–2, 1974
Seliwanow, Ju. W., Die militärischen Kundschafter, M. 1978
Sitzungen des Obersten Sowjet der UdSSR 12.–19. 3. 1946, M. 1946, 19.–21. 12. 1957, M. 1958
Solschenizyn, A. I., Archipel GULag, Bd. 1–3, Paris 1973–75
»Sowjetrußland«, M. 1969–82
Sowjetunion auf den internationalen Konferenzen in der Periode des Großen Vaterländischen Krieges 1941–45, M., Bd. 1 (Moskau), 1978, Bd. 2 (Teheran), 1978, Bd. 3 (Dumbarton Oakes), 1978, Bd. 4 (Jalta), 1979, Bd. 5 (Potsdam), 1980, Bd. 6 (San Francisco), 1980
Stalin, I. W., Werke, Bd. XIV.–XVI. (1941–53), Stanford 1967
dito., Briefwechsel mit den Präsidenten der USA und den Premiers von Großbritannien 1941–45, Bd. 1–2, M. 1958
Stalin zum 60. Geburtstag, M. 1940
Tschalmajew, W. A., Malyschew, M. 1978
Wassilewski, A. M., Sache des ganzen Lebens, 2. Aufl., M. 1975
Winogradow, W. A. u. a., Akademie der Wissenschaften der UdSSR, M. 1968
Wladimirow, L., Der Kosmische Bluff der Russen, Frankfurt/M., 1973
Wladimirow, P. P., In Chinas Sonderbezirk 1942–45, M. 1973
Wosnessenski, N. A., Kriegswirtschaft der UdSSR, M. 1948

Deutsch u. Englisch:

Abosch, H., Trotzki-Chronik, München 1973
Ahnsteiner, B. P., Nationale Tradition in sozialistischen Armeen, Bonn-Bad Godesberg 1974
Allard, S., Stalin und Hitler, Bern 1974
Allilujewa, S. I., 20 Briefe an einen Freund, Wien 1967
dito., Das erste Jahr, Wien 1969
Antipenko, N. A., In der Hauptrichtung, Berlin/DDR 1973
Antonov-Ovseyenko, A., The Time of Stalin, N. Y. 1981
Arbatow, G. A., Der sowjetische Standpunkt, Ffm. 1981

Astrow, W. u. a., Illustrierte Geschichte der Russischen Revolution 1917, Berlin 1928
Bartsch, G., Wende in Osteuropa?, Krefeld 1977
Bek, A. A., Die Ernennung, Frankfurt/M., 1972
Barron, J., MiG Pilot, Los Angeles 1976
Bialer, S., Stalin und his Generals, New York 1969
Biew, A. M., Kapiza – der Atomzar, München 1959
Borkenau, F., Das Jahr 1917, Berlin 1954
dito., Der russische Bürgerkrieg 1918–21, Berlin 1954
Boveri, M., Der Verrat im XX. Jahrundert, Bd. 1–4, Reinbek 1956–60
dito., Die Deutschen und der Status quo, München 1974
Bretholz, W., Ich sah sie stürzen, Wien 1955
Buchbender, O., Das tönende Erz, Stuttgart 1978
dito und Schuh, H., Heil Beil!, Stuttgart 1974
Chochlow, N. Je., Recht auf Gewissen, Stuttgart 1959
Chuikov, V. I., The End of the Third Reich, Moskau 1978
Chruschtschow erinnert sich, Reinbek 1971
Chruschtschow gegen Stalin, Ffm. 1956
Churchill, W., Memoiren, Bd. I.–VII., Hamburg 1950
Condon, R. W., Winterkrieg Rußland-Finnland, München 1981
Conquest, R., Am Anfang starb Genosse Kirow, Düsseldorf 1970
dito., Stalins Völkermord, Wien 1970
Conte, A., Die Teilung der Welt, München 1967
Costick, M./Freidzon, S., The Soviet Defense Council/Policy Implementation, Wasch., D. C., 15. 6. 1981 (Current Analysis, Vol. III, No. 3/4, Part II).
Curtiss, J. S., Die Kirche in der Sowjetunion, 1917–56, München 1957
Dahms, H. G., Der Spanische Bürgerkrieg, Stuttgart 1962
Dallin, A., Deutsche Herrschaft in Rußland, Düsseldorf 1958
Davies, J. E., Als USA-Botschafter in Moskau, Zürich 1943
De Gaulle, Ch., Memoiren 1942–46, Düsseldorf 1961
Deutscher, I., Stalin, Stuttgart 1951
dito., Trotzki, Bd. 1–3, Stuttgart 1962
Die sowjetische Militärmacht, Wash., D. C. 1981
Dulles, F. R., Der Weg nach Teheran, N. Y. 1944
Eden, A., Memoiren 1945–57, Köln 1960
Entstalinisierung, Sammelband, Frankfurt/M., 1977
Erickson, J., The Soviet high command 1918–41, London 1962
Europa-Archiv, Ffm., 1951
Fabry, Ph. W., Der Hitler-Stalin-Pakt, Darmstadt 1962
dito., Die Sowjetunion und das Dritte Reich, Stuttgart 1971
Garder, M., Geschichte der Sowjetarmee, Ffm. 1968

Gibney, F., Oleg Penkowski, München 1966
Grigorenko, P. G., Der sowjetische Zusammenbruch, Ffm. 1969
Gluschko, W. P., Raketen-Triebwerke GDL-OKB, Moskau 1975
Gosztony, P., Die Rote Armee, Wien 1980
Haffner, S., Der Teufelspakt, Hamburg 1968
dito., Anmerkungen zu Hitler, München 1978
Harriman, A., In geheimer Mission, Stuttgart 1979
Heinzig, D., Sowjetische Militärberater bei der Kuomintang 1923–27, Baden-Baden 1978
Hillgruber, A./Hümmelchen, G., Chronik des 2. Weltkrieges, Düsseldorf 1978
Höhne, H., Kennwort Direktor, Frankfurt/M., 1972
Hoxha, E., With Stalin, Tirana 1979
Hölzle, E., Die Revolution der zweigeteilten Welt, Reinbek 1963
Irving, D., Aufstand in Ungarn, Hamburg 1981.
Iwaschutkina, A., Die denkwürdige Reise der ›Jurij Gagarin‹, Düsseldorf 1979
Jakir, P. I., Kindheit in Gefangenschaft, Ffm. 1972
Keesings Archiv der Gegenwart, Essen 1925–82
Keller, W., Ost minus West gleich Null, Stuttgart, o. J.
Kennedy, P. M., Aufstieg und Verfall der britischen Seemacht, Bonn 1978
Kens, K./Müller, H., Die Luftstreitkräfte der Sowjetunion, München 1962
Kissinger, H., Memoiren 1968–73, München 1979, 1973–74, München 1982
Kerr, W., Das Geheimnis Stalingrad, Düsseldorf 1977
Koestler, A., Sonnenfinsternis, Wien 1978
Korabljow, J. I., u. a., Kurzer Abriß der Geschichte der Streitkräfte der UdSSR 1917–72, Berlin/DDR, 1976
Kolarz, W., Die Religionen in der Sowjetunion, Freiburg 1963
Krivitsky, W. G., Ich war Stalins Agent!, Amsterdam 1940
Küng, A., Estland zum Beispiel, Stuttgart 1973
Kunert, D., General Ljuschkows Geheimbericht, Bern 1977
Kusnezow, N. G., Am Vorabend, Berlin/DDR 1973
dito., Gefechtsalarm in den Flotten, Berlin/DDR 1974
Leggett, G., The Cheka, Lenins Political Police, London 1981
Leonhard, W., Kreml ohne Stalin, Köln 1959
Levytskyj, B., Vom roten Terror zur sozialistischen Gesetzlichkeit, München 1961
dito., The Stalinist Terror in the Thirties, Stanford 1974
Loth, W., Die Teilung der Welt, München 1980
Lorenz, R., Sozialgeschichte der Sowjetunion 1917–45, Ffm. 1976
Martin, B., Friedensinitiativen und Machtpolitik im Zweiten Weltkrieg 1939–42, Düsseldorf 1974

Medwedew, Sch. A., Der Fall Lyssenko, Hamburg 1971, o. J.
v. zur Mühlen, P., Zwischen Hakenkreuz und Sowjetstern, Der Nationalismus der sowjetischen Orientvölker im Zweiten Weltkrieg, Düsseldorf 1971
Merezkow, K. A., Im Dienste des Volkes, Berlin/DDR 1968
Military Balance, London 1977–81
Nettl, J. P., Der Aufstieg der Sowjetunion, München 1967
Neumann-Hoditz, R., Nikita S. Chruschtschow, Reinbek 1980
Newhouse, J., Cold dawn/The story of SALT, N. Y. 1973
Nikulin, L. W./Gorbatow, A. W. Geköpfte Armee, Berlin 1965
Nor-Mesek, N./Rieper, W., Sowjetunion intern, Bd. 5/6, 1978, Ffm. 1979
Oberg, J. E., Red Star in Orbit, N. Y. 1981
Orlow, A., Kreml-Geheimnisse, Würzburg, o. J.
Orvik, N., Sicherheit auf finnisch, Stuttgart 1972
»Ost-Europa«, Berlin 1925–41, München 1950–82
»Ost-Probleme«, Bad Godesberg 1949–69
Paloczi-Horvath, G., Chruschtschow, Ffm. 1960
Perdelwitz, W., Wollen die Russen den Krieg?, Hamburg 1980
Pirker, Th., Die Moskauer Schauprozesse 1936–38, München 1963
Pistrak, L., Chruschtschow unter Stalin, Stuttgart 1972
Piterskij, N. A., Sowjetflotte im 2. Weltkrieg, Oldenburg 1966
Plievier, Th., Moskau, München 1952
Pokryschkin, A. I., Himmel des Krieges, Berlin/DDR 1974
Quaroni, P., Diplomaten unter sich, Ffm. 1954
v. Rauch, G., Geschichte des bolschewistischen Rußland, Wiesbaden 1959 (als: Geschichte der Sowjetunion, Stuttgart 1969)
dito., Geschichte der baltischen Staaten, München 1977
Reed, J., Zehn Tage, die die Welt erschütterten, Berlin/DDR 1960
Reinhardt, K., Die Wende vor Moskau, Stuttgart 1972
Rigby, T. H., Lenin's Government: Sovnarkom 1917–1922, Cambridge 1979
Rokossowski, K. K., Soldatenpflicht, Berlin/DDR 1973
Romanow, A., Sergej Koroljow, Moskau 1976
Rubel, M., Stalin, Reinbek 1975
Rohwer, G./Hümmelchen, G., Chronik des Seekrieges 1939–45, Herrsching 1968
Ruge, F., Die Sowjetflotte als Gegner im Seekrieg 1939–45, Stuttgart 1981
Ross Johnson, A. u. a., East European Military Establishments: The Warshaw Pakt Northern Tier, Santa Monica, 1980
Salisbury, H. E., 900 Tage. Die Belagerung von Leningrad, Ffm. 1970
Schapiro, L., Geschichte der Kommunistischen Partei der Sowjetunion, Ffm. 1961
Schwarz, H., Chronik des Krieges, 3. Aufl., Bd. 1–2, Berlin 1940

Scott, J., Jenseits des Urals, Stockholm 1944
Sherwood, R. E., Roosevelt und Hopkins, Hamburg 1950
Simonow, K. M., Kriegstagebücher, München 1979, Bd. 1–2
Smith, E. E., Der junge Stalin, München 1969
Soviet Military Power, Washington, D. C., 1981
Sowjetische Militärmacht, Bayreuth 1979
DER SPIEGEL 1947–82
Stalin, I. W., Werke, Bd. 1–12, Berlin/DDR, 1950–55
Steinberg, I. S., Als ich Volkskommissar war, München 1929
Tatu, M., Macht und Ohnmacht im Kreml, Ffm 1968
Thilenius, R., Die Teilung Deutschlands, Reinbek 1957
Thorwald, J., Die ungeklärten Fälle, Stuttgart 1950
Tolstoy, N., Die Verratenen von Jalta, München 1978
Trozki, L. D., Geschichte der russischen Revolution, Bd. 1–2, Berlin 1933
dito., Mein Leben, Ffm. 1961
dito., Stalin, Reinbek 1971
dito., Tagebuch im Exil, München 1962
Truman, H., Memoiren, Bd. 1–2, Stuttgart 1955
Tschakowski, A. B., Die Blockade, Bd. 1–2, Ffm. 1975
Ulam, A., Stalin, N. Y., 1973
Urban, K. u. a., Academie of science of the USSR, Metuchen 1971
Weber, H., Lenin, Reinbek 1973
Weissberg-Zybulski, A., Hexensabbat, Ffm. 1977
Werth, A., Rußland im Krieg 1941–45, München 1965
Wilmot, Ch., Der Kampf um Europa, Ffm. 1954
Wynne, G., Der Mann aus Moskau, Stuttgart 1967

Verzeichnis der Tabellen:

Erläuterungen zur Skizze (Seite 552 + 553):

FASU	Flottenadmiral der Sowjetunion
GA	Armeegeneral
GAU-HV	Raketen und Artillerie
GPUR	Politische HV
GRU-HV	Erkundung
HLM	Hauptluftmarschall
HV	Hauptverwaltung
KZK	Kandidat des Zentralkomitees
LM	Luftmarschall
MArt.	Marschall der Artillerie
MIT	Marschall der Ingenieurtruppen
MNT	Marschall der Nachrichtentruppen
MSU	Marschall der Sowjetunion
OB	Oberbefehlshaber
PUR	Politische Verwaltung
PWO	Luftabwehr
PWO-WK	Luftabwehr-Wehrkreis
VM	Vizeminister
VP	Vizepremier
V	Verwaltung
WK	Wehrkreis
ZK	Mitglied des Zentralkomitees der KPdSU
ZV	Zentralverwaltung

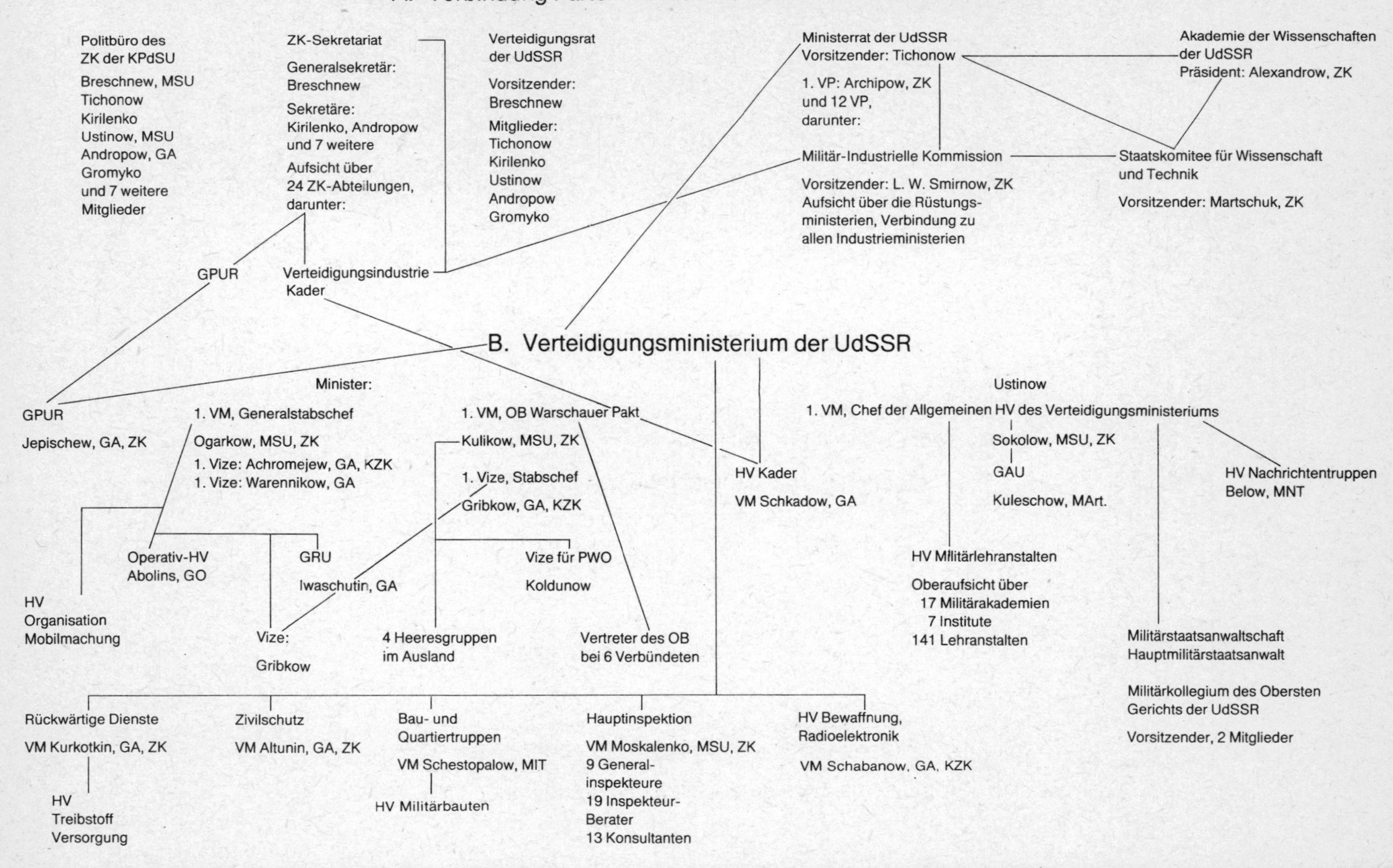

Befehlsstränge der sowjetischen Militärmacht
A. Verbindung Partei – Armee – Wirtschaft – Wissenschaft
Politbüro des ZK der KPdSU
Breschnew, MSU
Tichonow
Kirilenko
Ustinow, MSU
Andropow, GA
Gromyko
und 7 weitere Mitglieder
ZK-Sekretariat
Generalsekretär: Breschnew
Sekretäre: Kirilenko, Andropow und 7 weitere
Aufsicht über 24 ZK-Abteilungen, darunter:
GPUR
Verteidigungsindustrie
Kader
Verteidigungsrat der UdSSR
Vorsitzender: Breschnew
Mitglieder: Tichonow
Kirilenko
Ustinow
Andropow
Gromyko
Ministerrat der UdSSR
Vorsitzender: Tichonow
1. VP: Archipow, ZK und 12 VP, darunter:
Militär-Industrielle Kommission
Vorsitzender: L. W. Smirnow, ZK
Aufsicht über die Rüstungsministerien, Verbindung zu allen Industrieministerien
Akademie der Wissenschaften der UdSSR
Präsident: Alexandrow, ZK
Staatskomitee für Wissenschaft und Technik
Vorsitzender: Martschuk, ZK
B. Verteidigungsministerium der UdSSR
Minister:
Ustinow
GPUR
Jepischew, GA, ZK
1. VM, Generalstabschef
Ogarkow, MSU, ZK
1. Vize: Achromejew, GA, KZK
1. Vize: Warennikow, GA
HV Organisation Mobilmachung
Operativ-HV
Abolins, GO
GRU
Iwaschutin, GA
Vize:
Gribkow
1. VM, OB Warschauer Pakt
Kulikow, MSU, ZK
1. Vize, Stabschef
Gribkow, GA, KZK
Vize für PWO
Koldunow
4 Heeresgruppen im Ausland
Vertreter des OB bei 6 Verbündeten
HV Kader
VM Schkadow, GA
1. VM, Chef der Allgemeinen HV des Verteidigungsministeriums
Sokolow, MSU, ZK
GAU
Kuleschow, MArt.
HV Nachrichtentruppen
Below, MNT
HV Militärlehranstalten
Oberaufsicht über
17 Militärakademien
7 Institute
141 Lehranstalten
Militärstaatsanwaltschaft
Hauptmilitärstaatsanwalt
Militärkollegium des Obersten Gerichts der UdSSR
Vorsitzender, 2 Mitglieder
Rückwärtige Dienste
VM Kurkotkin, GA, ZK
HV Treibstoff Versorgung
Zivilschutz
VM Altunin, GA, ZK
Bau- und Quartiertruppen
VM Schestopalow, MIT
HV Militärbauten
Hauptinspektion
VM Moskalenko, MSU, ZK
9 Generalinspekteure
19 Inspekteur-Berater
13 Konsultanten
HV Bewaffnung, Radioelektronik
VM Schabanow, GA, KZK

C. Oberkommando des Heeres (Landstreitkräfte)

Oberbefehlshaber, zugleich Vizeminister für Verteidigung der UdSSR: W. I. Petrow, GA, ZK
mit: Hauptstab, HV Kampfausbildung, HV Lehranstalten, PUR

- HV Artillerie- und Raketentruppen Peredelski
- HV Panzer
- HV Luftlandetruppen
- HV Ingenieur-(Pionier)truppen Aganow
- HV PWO des Heeres
- HV Eisenbahntruppen
- HV Chemische Truppen Pikalow
- Oberkommando Fernost (3 WK) Goworow, GA, ZK
- 13 Wehrkreise

D. Andere Waffengattungen der Streitkräfte

unter einem Oberbefehlshaber, zugleich Vizeminister für Verteidigung der UdSSR mit Hauptstab, HV Kampfausbildung, HV Lehranstalten, PUR, HV Rückwärtige Dienste, HV Ingenieurdienste

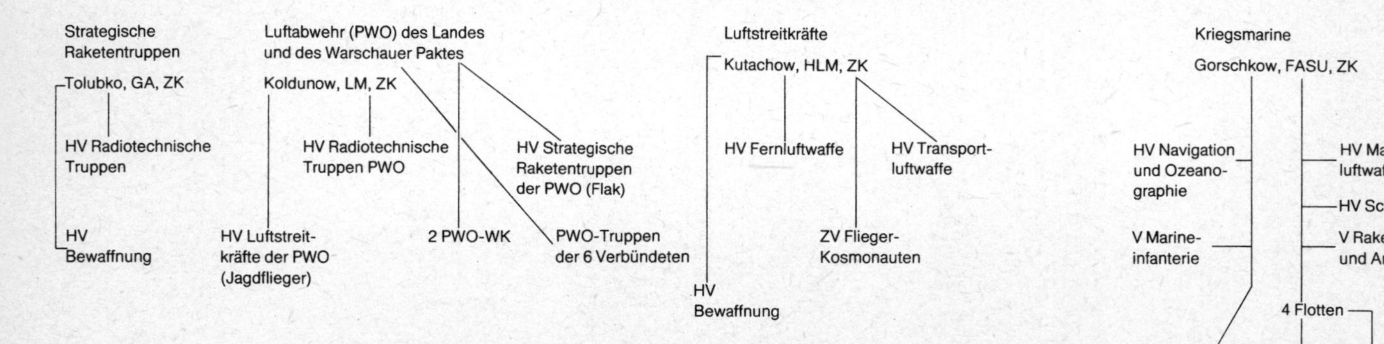

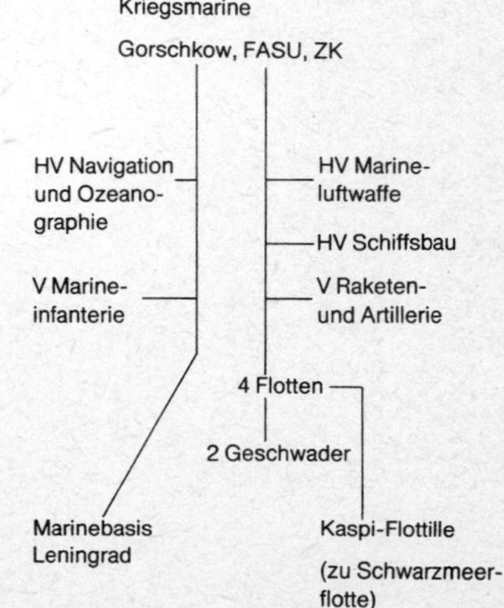

Verzeichnis der Abkürzungen:

AdW	Akademie der Wissenschaften
ASSR	Autonome Sozialistische Sowjetrepublik
GAU	HV Artillerie
GKO	Staatliches Verteidigungskomitee der UdSSR
Gosplan	Staatliches Planungskomitee (bis 9. 1. 1948: Staatliche Planungskommission)
GPU	Politische Staatsverwaltung
GRU	HV Erkundung im Generalstab (»Raswedka«)
GUGB	HV der Staatssicherheit im NKWD/MWD
HV	Hauptverwaltung
KGB	Komitee der Staatssicherheit
MGB	Ministerium Staatssicherheit
MWD	Innenministerium
NKWD	Volkskommissariat der Inneren Angelegenheiten
OB	Oberbefehlshaber
OGPU	Allgemeine Politische Staatsverwaltung
OSO	Sonderabteilung
PUR, PURKKA	Politische HV der RKKA, der Sowjetstreitkräfte
RKKA	Arbeiter- und Bauern Rote Armee
RSFSR	Russische Sozialistische Föderative Sowjetrepublik
RWS, Rewwojensowjet	Revolutionärer Kriegsrat der Republik, der UdSSR
SMAD	Sowjetische Militäradministration in Deutschland
Tscheka	Außerordentliche Kommission zur Bekämpfung von Spekulation, Sabotage, Konterrevolution und Verbrechen im Amt
STO	Rat für Arbeit und Verteidigung
WK	Wehrkreis
WZIK	Allrussisches Zentrales Exekutivkomitee der Sowjets
ZAGI	Zentrales Aerohydrodynamisches Institut
ZIK	Zentrales Exekutivkomitee der Sowjets der UdSSR
ZK	Zentralkomitee
ZRK	Zentrale Revisionskommission der KPdSU

Personenregister

(richtiger Name, bekanntester Deckname oder Spitzname in Klammern)

Letzte Tage in Schlesien

Tagebücher, Erinnerungen und Dokumente der Vertreibung

Herausgegeben von Herbert Hupka

360 Seiten, Leinen, 16 s/w-Bildseiten

Was sich seit den Januartagen des Jahres 1945 bis zur Kapitulation der Deutschen Wehrmacht, dann bis zur Unterzeichnung der Potsdamer Protokolle im August 1945, danach im ersten Winter unter fremder Herrschaft in Schlesien ereignet hat, was für den einzelnen, für die Familien, für die Alten und die Kinder, die heute selbst schon wieder Eltern sind, die Vertreibung aus der Heimat bedeutet hat und den grausamen Inhalt dieses Begriffes ausmacht, ist in diesem Buch zusammengefaßt. Eine derartige, ganz Schlesien einbeziehende Darstellung der vielen Schicksale der Schlesier hat es bislang noch nicht gegeben.
Jeder einzelne dieser 34 Berichte kündet davon, daß der Mensch sich nicht unterkriegen ließ, daß er bestanden hat, daß er überlebt hat. Der Mensch war stärker als der Unmensch. Die Schlesier haben sehr viel leiden und erleiden müssen, nur weil sie Schlesier, weil sie Deutsche sind. Niemand ruft nach Rache und Vergeltung. Aber nur die Wahrheit führt in eine bessere Zukunft. Wer überwinden will, was geschehen ist, damit es sich nie mehr wiederhole, muß die ganze Wahrheit offenbaren.

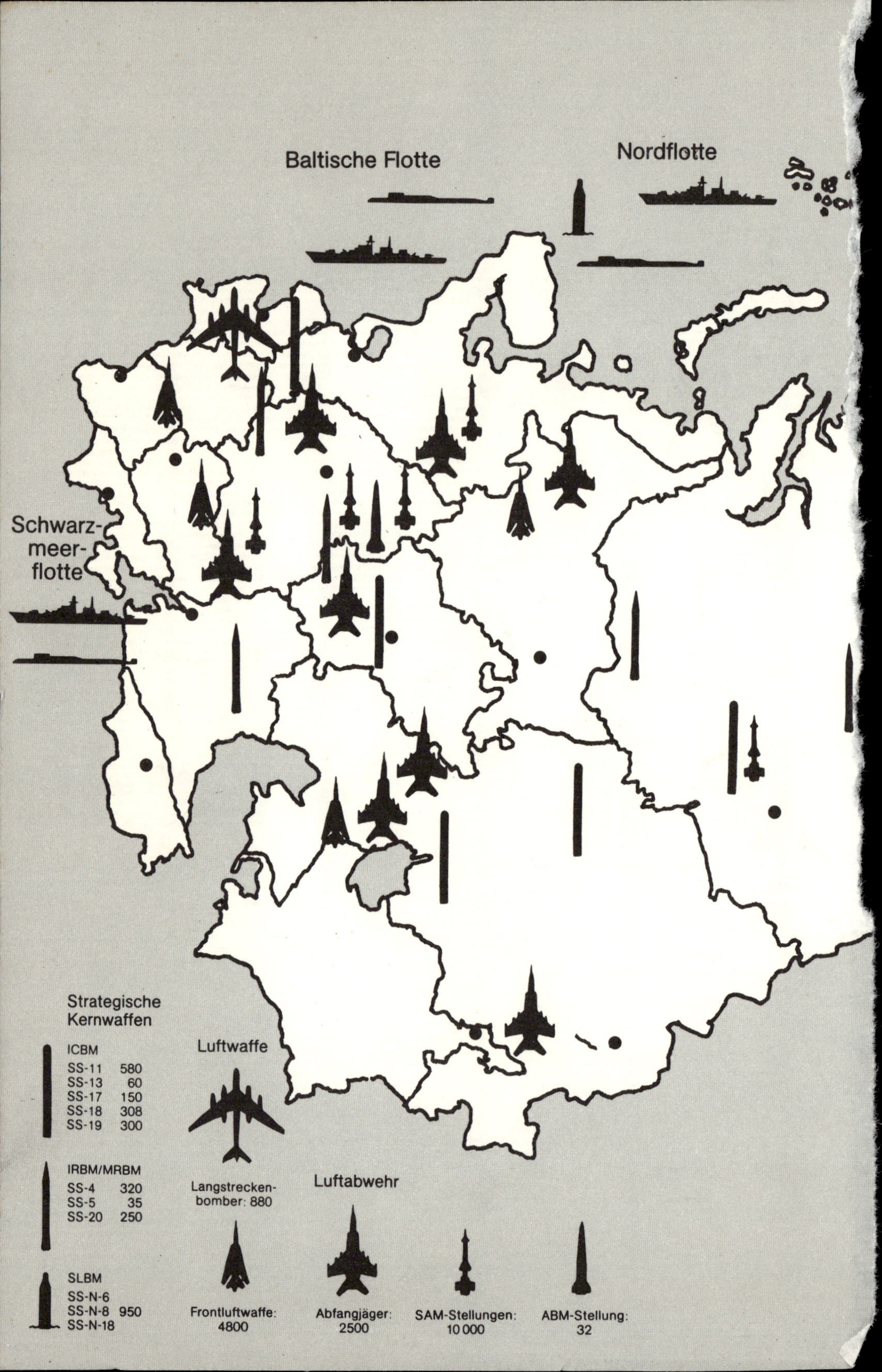
Baltische Flotte
Nordflotte
Schwarz-
meer-
flotte
Strategische
Kernwaffen
ICBM
SS-11 580
SS-13 60
SS-17 150
SS-18 308
SS-19 300
IRBM/MRBM
SS-4 320
SS-5 35
SS-20 250
SLBM
SS-N-6
SS-N-8 950
SS-N-18
Luftwaffe
Langstrecken-
bomber: 880
Luftabwehr
Frontluftwaffe:
4800
Abfangjäger:
2500
SAM-Stellungen:
10 000
ABM-Stellung:
32